虜囚

一六〇〇～一八五〇年のイギリス、帝国、そして世界

リンダ・コリー

中村裕子・土平紀子 訳

LINDA COLLEY
CAPTIVES: BRITAIN, EMPIRE AND THE WORLD 1600–1850

法政大学出版局

虜囚——一六〇〇～一八五〇年のイギリス、帝国、そして世界◉目次

凡例

一　本書は Linda Colley, *Captives: Britain, Empire and the World 1600-1850*,（2002; London: Pimlico, 2003）の全訳である。

一　傍点は原書の強調イタリック。

一　『』は原書の書名イタリック。

一　「」は原書の引用符。

一　（）［］は原書に準じる。

一　〔〕は訳者による補足。

一　原註は番号を付し巻末にまとめた。

母マージョリー・コリー、旧姓ヒューズ（一九二〇～一九九八）に捧ぐ

謝辞

この本の主題にふさわしく、私はさまざまな国や大陸でじっくり考えて本書を執筆したので、実に多くの方々のお世話になった。

イギリス史のグローバルな文脈を探求すること、すなわち、この小さな島々を越えてもっと広い視野を持つことを長いあいだ望んでいたところへ、一九九七年、この夢の実現に向けて意欲をかきたてられるような二つの思いがけない親切なお招きがあった。ケンブリッジ大学でのトレヴェリアン講義とクィーンズ大学ベルファストでのワイルズ講義を仰せつかったのだ。歴史家は伝統的にこのような機会には生涯かけて熟成させた学識を座に供するものだが、私はあえてこの機を利用して、まだ熟してはいなかったが、ゆくゆくは本書の要となっていくいくつかのアイデアや、見解、論拠を披露してみることにした。このようなこともあって、私は、ケンブリッジとベルファストでの講義を傾聴いただき有益な御意見を下さった皆さま――そして皆さまの忍耐――に感謝している。特に、デイヴィッド・アーミテイジ、クリス・ベイリー、スティーヴン・コンウェイ、メアリアン・エリオット、ロイ・フォスター、イアン・カーショー、ドミニク・リーヴェン、ピーター・マーシャル、ピーター・ジャップ、テレンス・レンジャーには大変感謝している。さらに、ジョン・ウォルシュは、ベルファストでの講義のすべてに意見を寄せてくれたうえに、幾度となく私から送りつけられた本書の草稿を読んでくれた。トレヴェリアン講義とワイルズ講義の選考委員の皆さまには、招待状と惜しみない援助のおかげで可能となったすべてのことに対し、遅ればせながらも私からの感謝をお受けいただければと願う。

次に、イェール大学の友人、元同僚、学生にも大いに感謝したい。イェール大学で仕事をさせていただいた一六年のあいだ、私は、イギリスとそのかつての帝国がより広い世界の一時的なドラマのエピソードにすぎないということを決して忘れさせてもらえなかった。私は繰り返し質問を受け、議論に引き込まれ、ブックリストを渡され、そして貴重なアイデアや洞察を与えてもらった。特に、アッバス・アマナット、デイヴィッド・ベル（現在はジョンズ・ホプキンズ大学）、ジョン・ブラム、ジョン・バトラー、デイヴィッド・ブライオン・デイヴィス、ジョン・マック・ファラガー、メイジャ・ジャンソン、ポール・ケネディ、ハワード・ラマー、ジョン・メリマン、エドマンド・モーガン、スチュアート・シュウォーツ、ジョナサン・スペンス、デイヴィッド・アンダーダウン、ロビン・ウィンクスには大変感謝している。さらに、この研究の重要な段階で休暇を許可してくれたイェール大学のアリソン・リチャード学務担当副学長にも感謝している。彼女の学究的な関心と厳しい試練に屈しない姿勢からは絶えず知的な刺激を受けた。だが何と言っても格別の感謝に値するのはジョン・ディーモスだ。その昔、ニューヘイヴンの昼食の席で私に初めて虜囚の物語を紹介してくれたのが彼だったからだ。すべてはそこから始まったのだ。

そして最後に、一九九八年にイギリスのリーヴァヒューム財団から賞をいただき、上級研究教授の地位を得られたことが何と言っても大きかった。これによって私はまとまった時間を持つことができ、野心的なトピックについてじっくり考えて執筆し、本書で論じられているさまざまな場所を訪ねることもできた。歴史家には頑丈な長靴が必要だと言ったのはR・H・トーニーだったが、今の私はその理由がわかる。イギリス本国の大きさをよく知ったうえで、かつてイギリス人が侵入した広大な地域のすみずみまで自分の足で、あるいは列車や船で実際に行って調査しなければ、かつての帝国の活動や変遷や意味を正しく評価することはできない。それゆえ、リーヴァヒューム財団の元理事長バリー・サップルをはじめとする皆さまの並々ならぬご厚意と惜しみないご支援には深く感謝している。また、この賞の恩恵にあずかっていた期間に刺激的な居場所を与えてくださったことに対し、そして、非常に多くの著名な学者が集まるロンドン大学で過ごさせていただいたことに対し、トニー・ギデンズとロンドン・スクール・オブ・エコノミクス（LSE）にも大変感謝している。特に、LSEのミア・ロドリゲス＝サルガド、ジョーン＝ポウ・ルビエス、パトリック・オブライエンに、そして、デイヴィッド・バインドマン、マイケル・ブレット、デイヴィッド・フェルドマン、キャサリン・ホール、シューラ・マークス、ピーター・ロブ、マイルズ・テイラーにも、そして、非常に多くのアイデアを私に供給してくれた「イギリス人の再定義」セミナーのメンバーの皆さんにもお礼を言いたい。ブリティッシュ・ライブラリーとポール・メロン・イギリス美術センター——そして、コネティカット州ファーミントンのルイス・ウォルポール・ライブラリーとイエール・イギリス美術センター——にも、すばらしい仕事場と、本書に不可欠な視覚資料をご提供いただいたことに対し、お礼を言わなければならない。

執筆に長時間を要する大著の例にもれず、このような形でお世話になった方々の名を挙げていくと、不愉快に思う方々を残してしまうことにもなる。長年にわたり、本当に多くの方々に力を貸していただいた。巻末の註でも可能な限り個別にお礼を述べたが、助けていただいたのに名前を記さないままになってしまった人もいることだろう。タンジールのバスの運転手もそうだ。彼は、イギリス人が町から追放される様子を、それが一六八四年のことではなくあたかも昨日のことであるかのように、フランス語で講義してくれた。バンガロールを案内してくれた完璧な礼儀正しいガイドもそうだ。彼女とは、マイソールのティプー・スルタンの息子のうち何人が一七九〇年代にイギリス人に殺されたのか（私の歴史書の中ではゼロで、彼女の歴史書の中では全員）ということに関して——滑稽なまでに——論争した。そしてイエール大学では毎年のように大変熱心な学生たちと出会い、アメリカ革命についてのさまざまな解釈に関して議論を交わした。本書は、個々のイギリス人がグローバルな事業への関与に対する自らの不安や心配を解消するために語り、やがてはイギリスの帝国事業の積極的な展開に寄与していくことになった物語を取り上げている。『虜囚』を書きながら、私が絶えず思い返したこと——そして、終始、明らかにしようと努めてきたこと——は、イギリス人がかつて作った帝国に関する、別の、まったく異なる物語が存在するということだ。

ロンドンのマイク・ショー、そしてニューヨークのエマ・パリーとマイケル・カーライルという私の著作権代理人の励ましと賢明な助言と企業家精神がなかったら、そして、ジョナサン・ケイプ社のウィル・サルキンとヤーグ・ヘンスジェン、パンテオン社のダン・フランクという、わが編集者たちの情熱と技量とプロ意識がなかったら、この本はありえなかっただろう。デイヴィッド・キャナダインがいなければ、私はここまでやってくることもなかっただろうし、この長旅を終えることもできなかっただろう。

二〇〇二年

L・J・C

虜囚——一六〇〇〜一八五〇年のイギリス、帝国、そして世界

籠《かご》（監獄）の字の竹《たけ》のかんぬきをはずすと
ほんとの竜《りゅう》がおどり出る。

ホー・チ・ミン『獄中日記』（ハノイ、一九六二年）
秋吉久紀夫訳（飯塚書店、一九六九年）より

序章

イギリス帝国の形成と意味については二つの寓話がある。第一の寓話では、ある男が交易のために波乱にとんだ航海に乗り出し、ついには船が難破する。男は自分一人が生き残って無人島に取り残されたことに気づくが、絶望はやがて不屈の精神、プロテスタントの信仰、そして余念のない創意工夫へと取って代わられる。「建築家、大工、刃物研ぎ師、天文学者、パン屋、造船工、陶工、馬具製造人、農夫、仕立屋」だけでなく「傘職人や牧師」にさえなることで、希望の持てない環境に打ち勝ち、それを実りあるものへと変えるのである。男は一人の黒人と出会うとすぐさま名前を与え、召使にする。敵意を持って侵入してくる者たちを力と策略で打ち負かす一方で、自らの権威に従う者たちはしっかりとまとめ上げる。「私はまるで王のようであった……すべての土地が私自身のまったき所有物であり……［そして］人びとは完全にわが支配下にあった」のだ。これはダニエル・デフォーの『ロビンソン・クルーソー』（一七一九年）である。これはまた、イギリス帝国の一般的イメージでもある。

この寓話において、帝国を形成するとは——歴史の多くで実際にそうであるように——戦士であることや支配権を握ることを意味する。それは土地を獲得し、種をまき、その土地を変えることである。また、銃、テクノロジー、交易、聖書を容赦なく利用し、規則を押しつけ、皮膚の色や宗教の異なる者を従属させることでもある。

ジェイムズ・ジョイスが「イギリス帝国の真のシンボルはロビンソン・クルーソーだ」と述べたことはよく知られている。しかしクルーソーは、一面では征服者や植民者の原型であるように見えながら、その一方で、まったく異なる意味でイギリスの帝国的経験を代表するものでもある。船の難破を経験する前、クルーソーはバーバリのコルセア〔バーバリは当時の北アフリカ地域や、その地域の諸民族を表す呼称。コルセアは主に政府公認の私掠船。第二章五五頁参照〕によって海で捕らえられ、モロッコで「みじめな奴隷」になる。クルーソーは所有者であるムスリムのもとを逃げ出すが、その結果、「果てしなく広がる海洋という永遠の鉄格子と閂の中に閉じ込められた囚人」となるのである。クルーソーは、無人島を植民地に変えたときでさえも、そこでの自分の生活をどう理解すればよいのか決めかね、「人によっては、統治とも、虜囚状態とも」呼ぶと述べる(1)。

イギリス帝国についての第二の寓話の主人公は、この点に関しては明確である。この男は太平洋横断交易と奴隷売買の中心地であるブリストルから航海に出、ヨーロッパの帝国主義地帯、すなわち、スペイン領アメリカ、西インド諸島、インドの沿岸地域を次々と目指す。彼がそれらの地域に到達することは決してない。それどころか、手に負えない出来事や生き物のせいで航海は繰り返し頓挫する。最初、リリパット人という見るからにちっぽけな種族が男を捕らえ、縛りつけ、彼を思い通りにする。次に、男よりもはるかに大きな体をしたブロブディングナグ人が彼を屈服させ、商品のように売り、見世物にし、性的に責め苛む。しかし、男を最も打ちのめしたのは、最後の虜囚経験である。フイナムという自分とは似ても似つかぬはるかに優れた生き物の住む島に閉じ込められた彼は、フイナムの社会に心を奪われ、その価値の前にひれ伏すことになるのだ。とうとうイギリスに戻らなければならなくなったとき、彼には、かつての同国人たちが放つ悪臭や、今ではそのように思えてしまうのだが、自らの家族の醜さがほとんど耐えがたいものとなっている。海外への冒険は、この男にいかなる領地も富も安楽な自己満足ももたらさない。もたらされるのは、恐怖、脆弱さ、繰り返される虜囚経験、そして、その過程で生じた自己の変化とひとまとまりの物語だけである。イギリス帝国についてのこの第二の寓話は、もちろん、

ジョナサン・スウィフトの『ガリヴァー旅行記』（一七二六年）であり、その主題やテーマは私の主題やテーマでもある。(2)

ここから後のページの主役は、イギリスが帝国事業を行った最初の二五〇年間にヨーロッパ外のさまざまな地域で虜囚となった何十万ものイングランド、ウェールズ、スコットランド、アイルランドの男であり、女であり、子供である。私が扱う資料は主に——といっても、決してそれだけというわけではないが——これらの虜囚たちが自ら残した非常に豊かな、いまだ実質的な調査がなされていない文書や絵である。そして、全体を通しての私の意図は、個人をよみがえらせ、帝国を見直すことにある。デフォーやスウィフトが認識していたように、虜囚経験は、イギリスの海外経験の非常に重要な部分であり、これを無視してはイギリスの海外経験を適切に理解することも評価することもできない。また、衝突したり共謀したりすることによってこの帝国がさまざまな非ヨーロッパ民族や国民に与えた影響を理解しようとすれば、虜囚の意味を十分に明らかにし、研究する必要がある。虜囚および虜囚経験はイギリス帝国の暗部だったが、これらによって私たちは新たなヴィジョンの探究に踏み出すことができるのである。

小ささゆえの脆弱さ、小ささゆえの攻撃性

帝国支配の追求によってイギリス人は数多くの多様な幽閉状態を経験することになったが、その根本的な理由は歴史上最も有名な地図の中に存在して——隠蔽されて——いる。その地図では、世界のほぼ真ん中あたりにイギリスとアイルランドが位置し、赤またはピンクで彩色されている。地図の中心から離れたところにはひと連なりの陸塊——オーストラリア、ニュージーランド、カナダ、インド亜大陸、広大なアフリカ、さまざまなカリブ

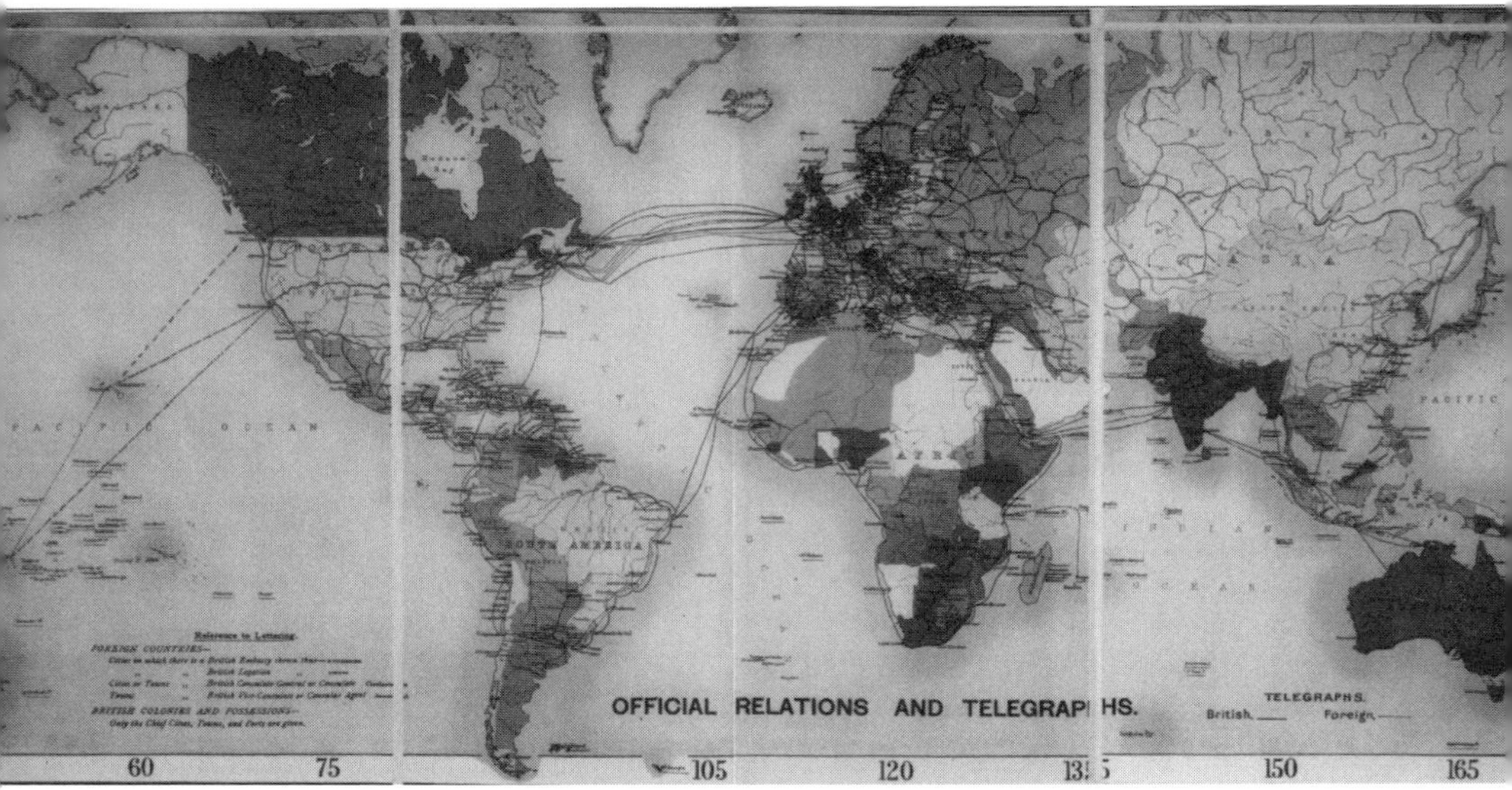

1　世界帝国としてのイギリス。1893年の地図の一部。

海の島など――がぐるりと展開しており、すべてイギリスと同じ赤またはピンクで彩色されている。十九世紀末期や二十世紀に制作された同種の地図の中には、イギリスとこれらさまざまな海外領土とのあいだをつなぐ航路や電信線が黒や、これまた赤で描かれているものもある。見たところ、車輪の中心から不規則に突き出しているスポークのようでもあり、広大な世界を覆う巣の真中にいる赤色のクモのようでもある。イギリスが自国のものだと主張する土地はイギリスと同じ色に塗られており、イギリスは遠隔にあるそれらの土地と物理的につながっているように見えるのである。

この地図は、それが描き出す帝国とともに地図帳から消えて久しいが、歴史の本や教科書には今でも標準的に掲載されている。この地図は今なお私たちの精神にしみついているのである。しかも一見したところ、この地図の背後にある物語は単純かつ単線的である。十六世紀の末までは、ヨーロッパ大陸のさらに向こうの世界に大きな関心を示すイングランド人はほとんどいなかったし、スコットランド人や、アイルランド人、ウェールズ人ではさらに少なかった。一六三〇年においてさえ、これらの島々の出身者で、入植者や商人として北アメリカ、ギニア、カリブ海、インド沿岸の居留地にとどまった人はおそらく一万二〇〇〇人ほどしかいなかったはずだ。この時代のある人物は、そういった人びとの数について、「本国の外にはすべて合わせても……ごくわずかの人が散在しているだけ」だったと述べている。[3] しかしながら、一七〇〇年代の初めにはすでに、イギリス国家とそれと結びついた主要な貿易会社は、五大陸のうち四大陸にまたがって散らばる何十万人もの奴隷や奴隷でない非白人に加えて、五〇万人以上の白人入植者に対しても支配権を主張するまでになっていた。一八二〇年代にはすでに、イギリスの支配力は全世界の五分の一にまで拡大していた。それから一〇〇年後の、地図上に赤やピンクの部分が最も広がった頃、イギリス帝国は地球上の総計一四〇〇万平方メートル以上の土地を支配下におさめていた。

このようにまとめてみると、イギリスの拡張の軌跡は動かしがたいものであり、たとえ短期間であったとしても、その絶頂期の世界覇権は絶大なものであったように思われる。事態や力関係をこのように捉えた場合、白人虜囚たちについて語る余地はほとんどないように見える。あるとすれば、植民地で虜囚となった主に白人ではない数百万人の男女についてだけである。しかし、もう一度、イギリス帝国のあの有名な地図を見ていただきたい。ほとんどの地図と同様、それは単に陸の位置を描いているのではなく、ある意味で一つの偽りであり、少なくとも一つの計算された欺瞞なのである。

この地図の欺瞞性は、イギリス帝国こそが唯一の実在する帝国であるという、事実とはまったく異なる印象を与えている点にある。この地図はまた、メルカトル図法とグリニッジ子午線を使うことによってイギリスを恣意的に、といっても偶然ではなく、世界の中心近くに配している点でも欺瞞的である。さらには、イギリスが領土だと主張するすべての土地に同じ色を配することによって、それらの土地を一つの均質なまとまりであるかのように見せかけている点でも欺瞞的である。イギリス帝国は実際にはそのようなものではなかったからだ。しかし、これに関わるもう一つ別の重大かつ巧妙なごまかしがある。この地図ではカナダ、ニュージーランド、オーストラリア、インド亜大陸、アフリカのかなりの部分、そしてカリブ海地域の一部がイギリス本国と同じ赤またはピンクで彩色されているので、人の視線はイギリスの小ささから巧妙に逸らされ、イギリス以外の赤またはピンクの部分の大きさと世界的広がりに向かうことになる。私たちが焦点を合わせるように、また、称賛するように仕向けられるのは、この帝国システムの世界的広がりであり、その中心にある比較的小さな島ではないのだ。しかし、この帝国を——そして、その虜囚たちを——理解するには、イギリス本国の小ささから始めるのが適切である。この時期、非常に多くのイギリス人が海外で虜囚となったが、それは、彼らが侵入者として他とはけた違いにさまざまな場所に出没していたからであり、それと同時に、本質的かつときには絶望的なほどに攻撃されやすかったからである。

地理的に見れば、今日の大国と比べて、イギリスの小ささは一目瞭然である。アメリカは海から海まで東西三〇〇〇マイル以上あり、面積は——中国と同じく——三五〇〇万平方マイルを超える。ロシア連邦の国境はいまだ絶えず変化しているが、それでも六〇〇〇万平方マイル近くはある。また、一九四七年までイギリスが統治することになるインドは、約一二〇〇万平方マイルである。対照的に、グレイトブリテン島とアイルランド島は両島合わせて一二万五〇〇〇平方マイルに満たない。グレイトブリテン島自体は、イングランド、ウェールズ、スコットランドを含むにもかかわらずマダガスカルよりも小さく、テキサス州にはグレイトブリテン島を二つ入れてもまだ大きなあまりが出るだろう。(4) もちろん、地政学的に大きいというだけで世界的大国になるわけでは決してないし、それは主要な決定要因でさえない。また、今日の大国を基準にすれば、かつて海洋帝国を治めていたヨーロッパの国家はどれも小さく見えるだろう。しかし、イギリスの帝国としての自負の大きさと、本国の面積や資源の小ささとのあいだの乖離は驚くほど大きい。二十世紀の初頭以前を見ると、オランダ帝国はオランダのおそらく五〇倍の大きさはあっただろうし、フランスの植民地はフランスそれ自体の約一八倍の大きさだった。しかし

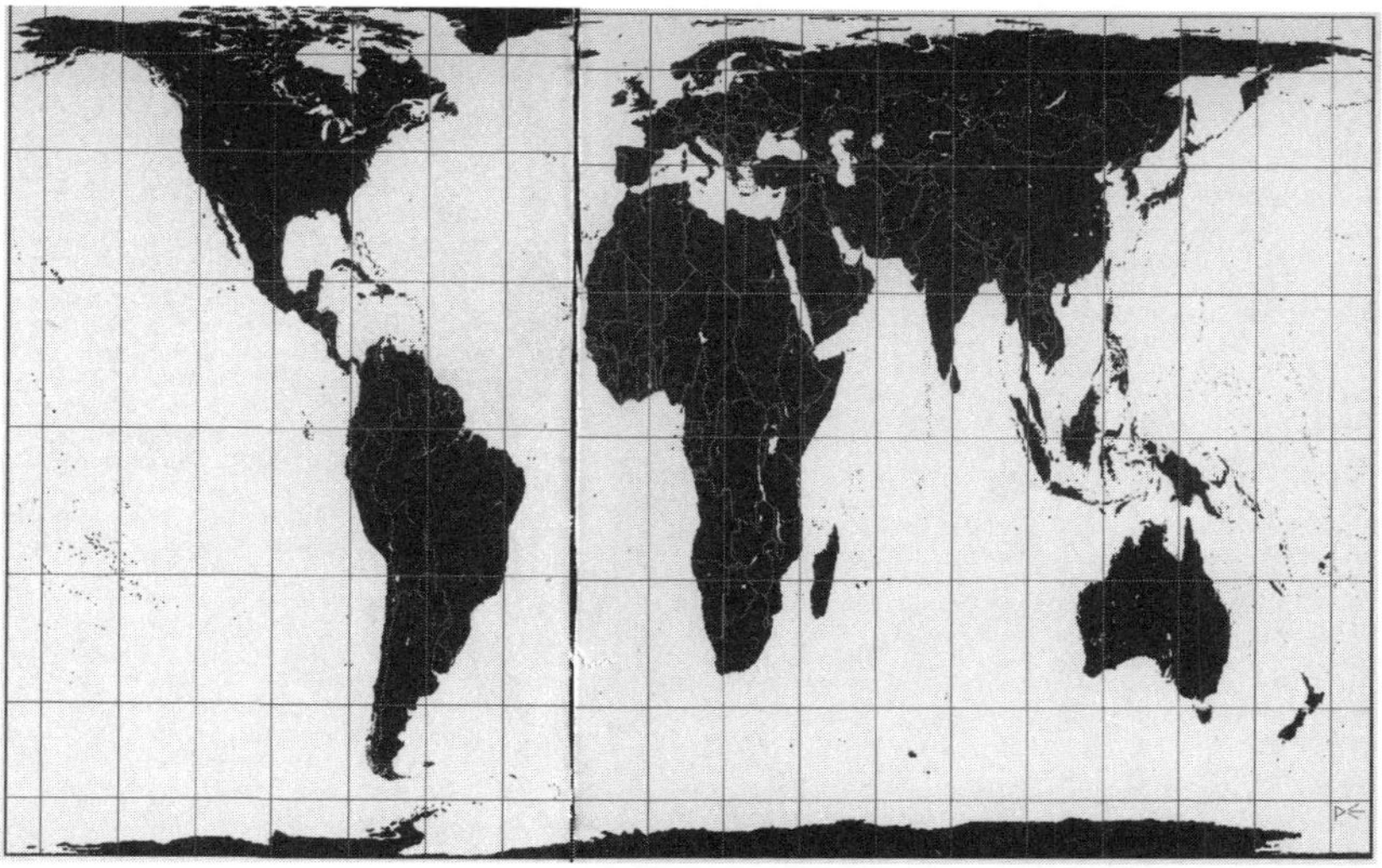

2　身の程を知る。ペータース図法で描かれたイギリスとアイルランド。

ながら、イギリスの支配は、本国の島々の一二五倍もの大きさの世界帝国に及んでいたのである[5]。

帝国のこの過剰拡大は、イギリスの小ささのもう一つの側面、すなわち人口学的側面によってさらに明確になる。ヨーロッパの基準で見ると、近世のイギリスやアイルランドの多くは急速な人口増加を経験していた。フランスの人口が一五五〇年から一八二〇年のあいだに七九パーセント増加したと推定され、スペインの人口はおそらく五六パーセントしか増加しなかったとされるのに対し、イングランドの人口は同じ時期にほぼ三倍になった。しかし、イングランドのこの目覚ましい人口増加のもととなったのが、かろうじて三〇〇万に達するほどのごくわずかな人びとだったということは述べておかねばならない。一八二〇年にはすでに地球上の五人に一人がイギリス帝国の支配下にあったが、イングランドそのものに住んでいた男女はいまだ一二〇〇万人に満たなかった。これはスペインやフランスや他のドイツ圏の王国、また、イタリア諸国の場合と著しく異なる。これらの国は、同じ時点ですでにそれぞれ平均して約二〇〇〇万人の人口を有していたのである。[6] 一七〇七年にイングランドおよびウェールズと、スコットランドとのあいだに政治連合が成り、一八〇〇年にはアイルランドとの連合法が成立したことから、本国政府では必要不可欠な人材のさらなる国内調達が可能になった。にもかかわらず、十七、十八世紀を通して――そして、その後もときおり――イギリスの統治者たちは、本国の人口が帝国としての大規模な事業に必要な陸軍、海軍、植民者、税金を生み出すのに十分なのかどうか確信が持てないでいた。実のところ、多くの政治家や有識者たちが、人と金の流出が多すぎるせいで、イギリスの人口は実際には減少していると確信していた。イギリスでは一八〇一年まで国勢調査が行われなかったが、その理由の一つは、人口調査を行うことによって人口面での劣勢がイギリスのライバルたちに――そして、植民地の被統治者たちにばれてしまうのではないかという恐れであった。[7]

人口の乏しさや、大きな常備軍を保持することに対する住民たちの反発からは、イギリスがその核心において小さいがゆえの課題を常に抱える帝国であったことのさらなる側面が見えてくる。イギリス自体の武力規模は、それが行う地球規模の対外干渉にまったく対応していなかった。これは、海においてさえそうだった。ダニエル・ボーが言うように、十七世紀以降のイギリスの海洋での影響力拡大の規模それ自体が問題を引き起こすことになったのである。この島国は、「海軍や商船隊の戦時の需要に見合う」数の船乗りを自己調達できたことなど一度もなかった。王立海軍もまた、一七〇〇年にはすでに世界で最も強力な海軍となってはいたが、ヨーロッパの敵からイギリス本国を守るにしても、世界の海洋で力を振るうにしても、十分な数の船を有したことは一度もなかった。本書が扱う二五〇年のあいだ、イギリスの艦隊が非ヨーロッパ世界の征服や威圧に関与することはほとんどなかったし、できなかった。そうする代わりに王立海軍の戦艦のほとんどは自国やヨーロッパの海域にとどまり、オランダ、スペイン、フランスといったライバル国の動きを監視していたのである。[8]

とはいえ、イギリス海軍が受けた重圧は、陸軍の受けた重圧と比べれば取るに足りないものであった。ジョン・ブルーアーが述べたように、イギリス人は時が経つにつれ、特定の大きな戦争のために自国の人材や外国人傭兵を集めることが非常にうまくなったし、そうならざるをえなかった。しかし、このように軍隊が突然ふくれ上がるのは（とにもかくにも紙の上では実際よりも常に大きく計算されていたが）、まったく例外的な事態だった。[9] そのような軍隊など維持する余裕がなかっただけでなく、日常的な帝国の需要には必ずしも役立たなかった。一七五〇年には、イギリスはすでに北アメリカの約五〇万人の男女に加えて、西インド諸島の大部分、インドの沿岸地域の入植地、地中海の重要な前哨基地に対する支配権を主張していたが、イギリス陸軍はせいぜいサルディーニャ王国の陸軍ほどの規模しかなかった。本書は一八五〇年までを扱うわけだが、その一八五〇年においてもイギリスの自家製陸軍はロシアやフランス、そしてプロシアと比べてさえ、数の上ではきわめて小さなものだった。ある軍事史家の書くところによると、「［大英］帝国の平時の治安維持や防衛のために利用でき、その務めを果たすのに十分な力を備えた陸軍など、どの時点においてもなかった」のである。[10] 帝国の力が絶頂にあったときでさえ、イギリスの陸海軍の力は、現在米国が有する海外の多数の駐屯地や他を圧倒するような海軍の存在と比べれば、取るに足りないものと見えただろう。

近世の西洋諸帝国について今でもそう考える人がいるように、イギリスが技術面での優位を常に楽々と維持していたというのであれば、兵力の乏しさなど問題にならなかったかもしれないが、実際はそうではなかった。なるほど、海では一六〇〇年にはすでにヨーロッパ列強が世界の他の地域に対して明らかな優位を確立していた（とはいえ、ヨーロッパの木造の船も長期間の航行での壊れやすさは長いあいだ変わりがなかったし、航法計器も精密ではなく、誤ることがあった）。しかしながら、陸では話が違った。一七七〇年代から八〇年代にかけて、キャプテン・ジェイムズ・クックは太平洋諸島の島民たちと遭遇する機会を持ったが、この出来事にイギリス人や他のヨーロッパ人たちが興奮し感傷的な態度を示した理由の一つは、明らかに原始的な武器しか持たない社会が存在するということが分かって満足したからだろう。これとは対照的に、この時代、アフリカの一部、北アメリカ、そして、とりわけアジアに侵入したイギリス人は、自分たちの武器と似た武器や、ときにはもっとよい武器を使う民族に立ち向かう必要が常にあった。[11] 貧弱な武器しか持たない非ヨーロッパ民族がガトリング銃などの速射式武器を持った帝国出身の白人に滅多矢鱈に掃討されるというお馴染みのイメージは、主に十九世紀末以降のものである。この本が扱う二五〇年間のほとんどで、地上戦の技術は低くとどまり、西洋と非西洋の軍備には必ずしも差異はなかった。一七九九年の時点でさえ、銃、大砲、弾薬をすべて合わせても、イギリスの地上戦のための予算の五パーセントにも満たなかった。残りの予算は、馬、荷馬車、制服、刀剣、短剣、矛、そして兵士の給料のために使われた。つまり、重要な必要項目は、古代世界の――そして、非ヨーロッパ世界の多くの――地上戦とほぼ同じだったのである。[12]

これらの物質的な要素――地理的規模、人口、武力、そして長いあいだ続いた軍事技術面でのイギリスの明らかな限界――は二次的な重要性しか持たないと言う人もいるだろう。その人たちはこう言うかもしれない。広大なイギリス帝国が出現したことは明らかだ、だから、これらの制約はさほど重要でなかったにちがいない、重要だったのはあの「意志、自信、さらには傲慢さ」だ、こういったもののおかげでますます多くのイギリス人が海外の世界を交戦、征服、搾取の対象として見ることができるようになったのだ、と。しかし、十七世紀や十八世紀に生きていていた人には、さらには一八〇〇年代の初期に生きていた人にさえ、このような見方をすることはまずできなかった。この時期を通して、個々のイギリス人が、ヨーロッパ人も非ヨーロッパ人も含めたあらゆる外国人に対する自らのとどまるところのない優越性を述べている例は、たしかに多い。しかし、この時期のイギリス人の中でも、思慮深い者や百戦錬磨を経た者には、世界的な力関係に関する限り、傲慢さや感情的愛国主義だけでは足りないことが分かっていた。言葉や文化や自己満足それだけでは、数や利用可能な武力といった面での基本的不足を自動的に消し去ってくれる魔法とはならなかった。一八一〇年、経験豊かな帝国軍兵士であり外交官であったある人物は、「この国の平民が信じている『一人のイングランド人は、二人の外国人に値する』という格言は、役に立つ場合もあるだろうが、真実ではない」と、うんざりした様子で述べている。[13]

これが示すように、イギリスの政治的、宗教的、経済的優位、つまるところは人種的優位を主張するお決まりの発言と並んで、それとは異なる、ときに非常に力強い意見が常に存在し、それらの意見は、帝国という大きな海外領土の維持は本国のさまざまな面での小ささゆえに難しく危険な課題とならざるをえないと指摘していた。「われわれは世界地図の上のごく小さな点にすぎず」、それゆえ「貿易のみで偉大な存在」となることができたのだと、一六六〇年代にハリファックス侯爵は書いている。一七〇七年にはダニエル・デフォーが「われわれはこれ以上に多くの国を支配することを望まない」と警告している。一七四四年、あるイギリス陸軍将校が自国の外地部隊について述べた嘆きの言葉である。[14]「必要なのは頭数だ」とは、独立革命期のアメリカとの戦いは帝国支配にかかるコストをはっきりと示すことになるのだが、アダム・スミスはこの頃、イギリスの平時の「兵力」は「富や力の面でイギリスに匹敵すると言えるどのヨーロッパ諸国と比べても大きいものではなかった」と述べている。「われわれの領土や影響力は、われわれの手に余るほどに拡大している」とは、未来のウェリントン公爵が一八〇〇年に厳しい顔つきで述べた言葉である。[15] しかし、ウェリントンよりもさらに若い一人の軍事・帝国評論家の言葉がこのジレンマを最も的確に表している。イギリス本国の規模と資源に関して彼は一八一〇年に一つの重要な研究を発表し、イギリスの地球規模の思い上がりは「植木鉢に植えられた一本のオークの木」に似ていると述べた。[16] 膨張した帝国は、その大きさにもかかわらず、根元となる場所の小ささによって制限されていたのである。

小さいということ――植木鉢であるということ――がイギリスの帝国としての活動や成功を実際に促した面があるのは確かである。大勢のさまざまな人が（現在もそうであるように）移民として、企業家として、冒険家としてイギリスを離れて海外の土地に向かい、イギリスの奴隷商人たちがアフリカの西海岸で奴隷たちを値切って買い求め、イギリスの貿易商人たちが原料や新たな市場を求めて他の海や沿岸を無慈悲に侵略したとすれば、この理由の一つは、本国が小さすぎて必要な土地、機会、人材、原料、市場を提供してくれないように思えたからである。イギリス人は、国が小さく自給自足できないせいで、世界中で強盗や蚕行や窃盗をする必要があったとは言えないまでも、絶えず外向きにならざるをえなかった。そして、イギリスが物理的に小さくまとまった島国であるということは、その落ち着きのなさや貪欲さを助長したにとどまらず、逃走手段や、世界貿易や世界征服の手段をも与えることになった。イギリスでは海から七〇マイル以上離れた所がどこにもなく、このことは、船旅のほうが陸の旅よりもはるかに速かった時代——こういう時代は長く続いた——においては、きわめて大きな強みであった。石炭や羊は別として、海もまたイギリス人の周りに大量にある物資の一つであり、海があったおかげでイギリス人は頭数の面での貧弱さを機動性と遍在性とで補うことができたのである。

イギリスの小ささはこれ以外の点でも帝国事業を促進した。この島々の物理的な小ささは、イングランド、ウエールズ、スコットランド、アイルランドの金持ちや有力者や野心家を、唯一の並はずれた巨大都市ロンドンへと誘うこととなった。この島々のさまざまなエリートたちは、政府機関や法廷があるだけでなく、イギリス最大の港や、造船施設、金融市場、出版元のある大都市圏に引き寄せられ、非常に早い時期から、帝国に関わる投資、着想、冒険に対して強い熱意を共有していた。こういったことは、物理的な小ささのおかげでイギリスではきわめて中央集権的な国家が発展し、結果として早熟な国家イデオロギーが結束や好戦性をごく自然に伴いながら発展したことのほんの一側面にすぎない。(17) この小ささが国家主導の政治統合と相まって、グレイトブリテン島は非常に早い時期から世界で最も効率的な自由貿易地帯の一つともなった。つまり、国内および国外の商業エネルギーの集積地となったのである。イギリスの軍事面での弱ささえも帝国活動の促進に寄与したかもしれない。小ささに引け目を感じながらもますます金持ちになり、大きさでも軍事面でも自らを上回ることの多いヨーロッパの敵国たちと戦うイギリスは、しばしば不安な緊張状態に置かれ、侵略されることを常に恐れながら、戦いに備えて用心深く臨戦態勢をとりつづける必要があった。アルフレッド・アドラーが心を病んだ人について述べたところによると、劣等感は攻撃性、そして何よりも劣等な部分を埋めたいという強い気持ちを生む。これはおそらく

国民としてのイギリス人に関しても言えることであっただろう。(18)

イギリスの小ささが生んだこれら多様な結果――一方では結束、落ち着きのない外向性、盛んな交易、攻撃性、他方では人口、軍事、資源の面での不足――が幾分かの理由となって、一六〇〇年以降、実在の大勢のクルーソーやガリヴァーたちがヨーロッパ以外の地域で捕らえられることとなった。非常に多くの零細な商人が武器も持たずに非友好的な海域や未知の海域に果敢に乗り出したが、王立海軍の護衛艦も彼らを守るには足りず、――本書の第一部で述べるように――相当な数のイギリス人が海で捕らえられることとなった。民間の入植者や貿易商人は、他人が自分のものだと考えている土地に、意を決してのことは言え、きわめて少ない人数で侵入したり、イギリス軍の護衛が不十分であるかまったくない中で定住を試みたりすることが多かったので、――第二部で詳しく述べるように――陸地においても大勢が虜囚となったり死傷したりした。この時期を通して、イギリス連隊は人員不足のまま決して性能がよいとは言えない武装で世界のさまざまな地域に派遣されただけでなく、植民地の宿営地や要塞では人員が少ないことに加え、食糧や装備も貧弱だった。その結果、帝国側は惨敗を繰り返し、軍人だけでなくさまざまな女性や子供のあいだにも多数の死傷者が出たり、高い割合で虜囚となる者が現れたりした。

人類学者のメアリー・ダグラスによると、「身体は、境界を持ついかなるシステムをも体現しうる一つのモデルであり」、非常時における身体の「境界は、脅かされ安定を欠いたいかなる境界をも表象しうる」という。(19)これと同様に、海外で捕らえられるという難局に繰り返し見舞われたイングランド、ウェールズ、スコットランド、アイルランドの人びとの身体は、イギリス帝国の侵略時期を通じて変化し続けた境界や、住民の恐怖、不安、欠乏の最前線を示していた。しかし、彼らが見舞われた難局からは、イギリス人自身に関するだけではなく、はるかに多くのことが明らかになる。これら捕らえられた人びとの身体にその後起こったことを見れば、イギリス人の侵略や搾取の対象となった非ヨーロッパ人もときにはイギリス人に抵抗したりイギリス人を罰したりすることができたこと、また、自分たちにとってイギリス人が有用だと気づくことさえあったことが明らかになるのである。

こういうわけで、この本が個々の虜囚および彼らの話に言及するのは、国家史、帝国史、世界史をさらに広く研究し、考え直すためである。

人びとや物語が重要だ

しかし、本書に登場する虜囚たちは、単なる徴候的かつ象徴的身体にとどまらない。虜囚たちは皆、最初はイングランドの、後にはイギリスの海上活動や帝国事業に参加した人びとであったが、多様な社会的・民族的背景を持ち、年齢も、宗派も、政治も、職業も、物の見方も、そして言葉さえ違う男女であり子供たちでもあった。これら数え切れないほどの多種多様な人びとが彼らを捕らえた側の者に対して示した個々それぞれの反応は、実際のところ、捕らえた側の社会が虜囚をどのように取り扱ったかということと同じく、さまざまである。だとすれば、長期間にわたって起こったこれらの多様な接触や遭遇が、どのような質のものであり、どのような内容のものであったのか、再び知りうる方法などあるのだろうか。

異文化出身の虜囚――イギリス人自身が植民地化した地域の人びと――と同じく、海外での活動の際に捕らえられたイギリス人たちも自らの身に起きたことを言葉だけでなくさまざまな方法で記録した。自らの経験を絵や、墓碑銘や、歌や、説教に表した者――または、他の人にそうしてもらった者――もいれば、コインや監禁場所の壁に引っかき傷をつけて苦悩に満ちた印象的な詩句や絵を残した者もいた。また、自らの囚われた身体に自らの思いを入れ墨した者さえいた。救出された虜囚や、最終的にイギリスに戻った虜囚たちは、自身の経験を書き残すよりは、話したであろう。軍法会議で好感を得るためだったり、疑り深い治安判事の指示によるものだったり、往来の激しい通りをせわしなく行き交う人びとを楽しませて施しを受けるためだったりしたこれらの証言は、ときに別の人物によって書きとめられたりもした。しかし、海外での虜囚経験の最も複雑で包括的な証言、したがって、この本に関する限り最も価値のある証言は、虜囚体験記であった。

虜囚体験記とは、たいてい、全体または一部がかつて虜囚だった者によって一人称で書かれた実話である。虜囚体験記は、ジャンルというよりも一つの書き方であり、通常、個人や集団がどのようにして捕らえられ、それに続く困難や苦難に犠牲者がどのように対処し、最後にはどうやって逃げたり、買い戻されたり、解放されることになったかを記述する。このような物語は長さや質の面でばらつきが大きいが、最も優れたものになると、過去の事柄に関して、今日の人類学者や民族誌学者が異質な社会に溶け込んだうえで行う分析に非常に近いものを、私たちに提供してくれる。メアリー・ルイーズ・プラットは次のように言う。

民族誌学者が「単なる旅人」より権威があるとする意見の根拠は主に、旅人はただ通過するだけだが、民族誌学者は研究対象の集団と暮らすというところにある。しかし、言うまでもなく、これは虜囚たちの多くが……経験したことでもある。彼らは、これまでとは別の文化の中であらゆる能力を使って暮らし、……民族誌学者がうらやむほど土地の言葉や生活の仕方に習熟し、民族誌学者の基準から見ても実に充実した、豊かで、正確な報告を行った。それと同時に、虜囚の経験は、依存感覚、制御不能感、孤独に対する弱さや一人にしてもらえないことへの弱さなどフィールドワーク体験と共鳴する部分が多くある。(20)

西洋および非西洋の他のさまざまな証言や証拠に加えて私がこの本の中で利用したのは、一六〇〇年から十九世紀半ばにかけて地中海および北アフリカ地域、北アメリカ、南アジアおよび中央アジアで虜囚となったイギリス

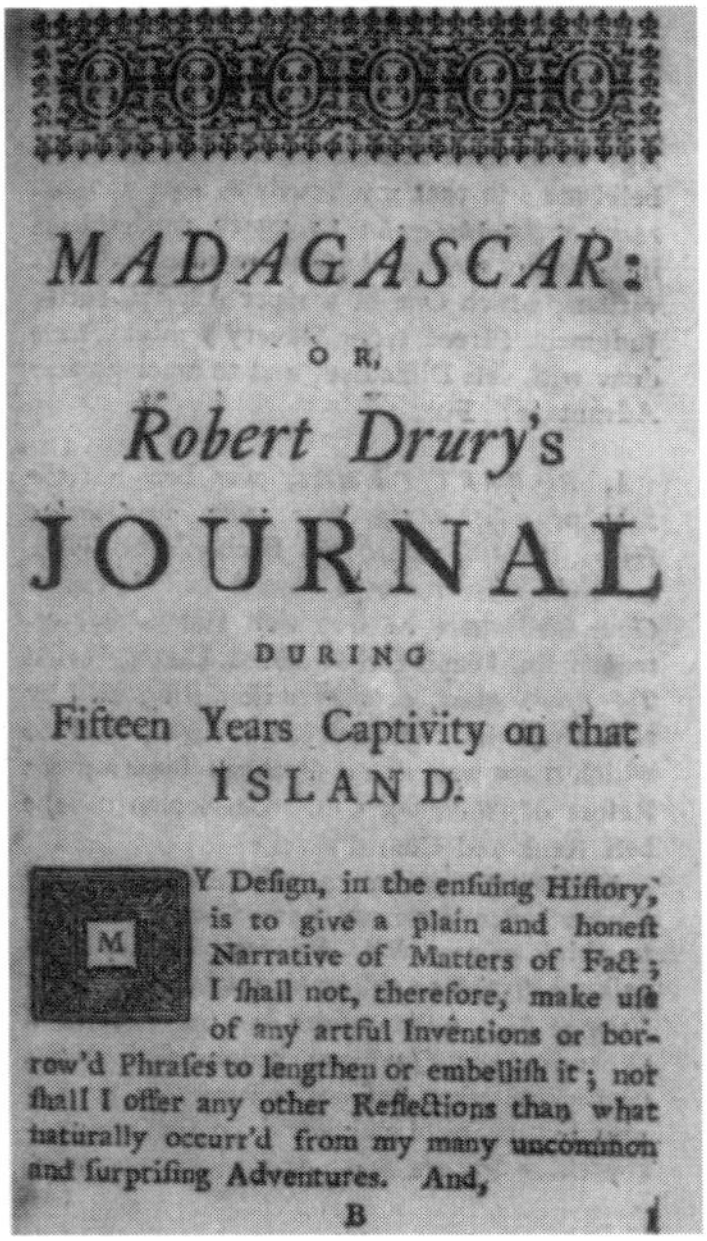

MADAGASCAR:
OR,
Robert Drury's
JOURNAL
DURING
Fifteen Years Captivity on that
ISLAND.

MY Deſign, in the enſuing Hiſtory, is to give a plain and honeſt Narrative of Matters of Fact; I ſhall not, therefore, make uſe of any artful Inventions or borrow'd Phraſes to lengthen or embelliſh it; nor ſhall I offer any other Reflections than what naturally occurr'd from my many uncommon and ſurpriſing Adventures. And,

B 1

3　ロバート・ドルリーの体験記

人が、その経験の反応として書いたり口述したりした一〇〇を超える出版物や原稿なのである。

定義上、虜囚体験談は主観的で、ときにきわめて感情的な書き物であるため、その信憑性（そして、信憑性とは何を意味するのか）については第三章で議論する。しかし、最初に強調しておかなくてはならないが、これらのテクストが虚構の挿話を含む場合があるだけでなく、当然のことながらわずかな嘘や誤りを含んでいるとはいえ、その全般的な事実的根拠はふつう検証可能であり、この本を通して検証されている。

一つの例としてロバート・ドルリーの虜囚体験談を見てみよう。ドルリーは、イングランド人の海軍士官候補生だったが、わずか十六歳のときにマダガスカル島の南岸で難破にあい、一五年間、島に住むアンタンドロイ族に奴隷として使われた。四六〇ページにおよぶこの体験談が一七二九年にロンドンで出版されたとき、ドルリーはその序文で、この体験談は「正真正銘の事実を述べた体験談」に他ならないが、「ロビンソン・クルーソーのような空想の冒険物語」だと思われるかもしれないという懸念を表明した。彼の不安は当たった。同時代の読者の中にさえドルリーの話を信じないものがいた。そして、一九四三年にはある研究論文が、これはダニエル・デフォー自身の書いたパスティーシュ作品だと「証明」した。世界中の図書館がドルリーの作品だとする目録の記載を速やかに変更し、『ブリタニカ百科事典』はこれをれっきとした人類学的観察という評価から現実離れした虚構という評価に格下げした。その後、一九九一年になって、マイク・パーカー・ピアソンという海洋考古学者がロバート・ドルリーの体験談に再び注目し、それを真剣に取り上げた。[21]

考古学者と民族誌学者からなるピアソンの調査チームによって、現在、ドルリーの乗った船の難破の事実は立証されている。この船は、デグレイヴ号という名の五二〇トンの東インド貿易船で、一七〇三年、ベンガルからロンドンへの帰路で行方不明となった。ピアソンのチームは、ドルリーの記した、十八世紀初期のマダガスカル島南部の動物相、植物相、気候、服装、料理についての報告、川の名前や山についての詳細な記述、アンタンドロイ族の戦いや割礼や死にまつわる儀式の描写、そして彼らがヨーロッパ人に対して持っていた疑念についての記述、たとえば「どの白人も、まさしくわれわれが考える食人種のように見えた」といったような記述を検討した。ピアソンはさらに、ドルリーが掲載した八ページにわたるマラガシ語の語彙目録に注目し、ドルリー自身のロンドン訛りが反映された綴りを調べた。さて、これらの学術的な探偵作業の結果はどうだったか。ドルリーやその編集者が、十八世紀の慣例に従って他の出版物から資料を借用したり、詳細を省いたり、「距離やサイズや重さの数量」を誇張したりしているのは明らかだった。にもかかわらずピアソンは、『マダガスカル――ロバート・ドルリーの日記』は「リアルな虚構作品でもなければ若干の信頼できる根拠をもとに空想によって潤色した話でもない」、と結論づけた。この作品は「主として正確な歴史文書」であるが、それはこの作品が完全無欠の資料だという意味ではなく、有用かつ重要な歴史文書であるという意味である。[22] 同じことが虜囚体験実話のほとんどについて言える。これらは、不完全で、特異で、ときにひどく偏ったテクストである。しかし、これらはイギリス人自身と、イギリス人と他国民・他民族との関係の盛衰や複雑さの両面について、驚くほど豊かで啓発的なテクストでもある。

虜囚体験記についてはときに、ヨーロッパ人が他の社会に対してかねてより抱いていた軽蔑的な見方を裏づけるだけの全体的に「安全な」テクストだったと言われることがあるが、それは断固として事実ではない。丁寧に読んでいくと分かることだが、虜囚体験記は、どんな事柄についてもそうであるように、非ヨーロッパ世界についての唯一無二のイギリス的見方があるとか、ましてや「ヨーロッパ的」見方があるなどという考えを粉砕してくれる。

理由の一つは、虜囚体験記の著者が実に多様な人びとだったからである。イギリス人の帝国観は、政治家、総督、将軍、植民地知事、君主、有名作家や知識人、豪商、産業界の大物、勇敢な冒険家など、少数の権力者や著名人が残したわずかな証言をもとに、再構成――そして、過度に均質化――されることが多かった。これらの力や自信を持った、主として男性は、本書においても繰り返し登場しないわけにはいかない。しかし、虜囚や虜囚関連のテクストを調べることの利点の一つは、実際にはイギリス帝国の人員の常に大多数を占めていた多様な人びとに接することができることである。すべての虜囚がそうだったわけではないが、多くが無名の個人だった。虜囚というのは、力を持たない入植者や農民、水兵や兵卒、下士官や零細商人、放浪者や亡命者、受刑者やさまざまな女性たちだったのである。結局のところ、虜囚となった人びとの多くは、二十世紀の一人のアイルランド人虜囚が「自分にはコントロールすることのできない地球規模のゲームの中の、小さな、とるに足りないポーン駒〔チェスの駒の中で最も価値の低い駒〕になること」と呼んだ状況を二重の意味で経験した。(23) 彼らは自分たちを捕らえた非ヨーロッパ人の意のままにされていると感じていた一方で、これらのイギリス人虜囚たちの中には、もともと属していた社会によっても制約を受けたり従属させられたりしていると感じていて、そのように書いた者もいたのである。

また、虜囚体験記は、著者の社会的地位や気持ちとは関係なく、記述されている内容のために、ある面で常に厄介なテクストである。当事者となったイギリス人にとって、海外で捕らえられるということは、突然危険にさらされたり極度に無防備な状況に置かれたりしたというだけではなく、ある種の線を無理やり超えさせられることでもあった。この線は、キリスト教圏のヨーロッパと、北アフリカやオスマン世界にあるイスラム教の拠点とのあいだの線である場合もあれば、北アメリカのイギリス人入植地と、より流動的なアメリカ先住民社会とのあいだの線という場合もあっただろう。一七七五年以降には、問題の線は、イギリス帝国側の者たちが考えるアメリカ領土と、帝国支配に逆らう人びとが新たに構想していたアメリカ領土とのあいだの線だったかもしれない。また、南アジアや中央アジアにおいては、イギリスの支配に侵されつつある地域と、土地固有の権力下にあった抵抗が起こったりしている地域とのあいだの線であったかもしれない。この本で取り上げた人の多くが、こういった線をむりやり超えさせられ、トラウマと差異の中に引きずり込まれたことに対して、終始、ひどく憤慨している。しかしながら、虜囚の中には、新たな状況に適応することを選んだりそうせざるをえなかった者もいれば、自らの体験から、民族間の境界の妥当性やかつては本国だと思っていたものの意味を疑問視するようになった者もいた。だが、事実上すべてのイギリス人虜囚が、彼らの置かれた苦境の性質上、ナショナリティ、人種、宗教、忠誠の義務、適切な振舞、権力の在り処などについての伝統的な見識を再検討せざるをえなかった――そして、多くの場合で初めて疑問視せざるをえなかった――のである。

これらの人びとは、帝国支配が争われている地帯で身体を拘束され、長引く苦難の中に追いやられた。この苦難の中で彼らは最下位におかれ、一般にヨーロッパ人ではなく、通常はキリスト教徒でも白人でもない人びとが彼らの生殺与奪の権を握った。そのような苦難を生き延びた人が自らの体験について書いたり記録したりしたことは本国の人びとにとって常に興味深く、同時に、しばしば不安を引き起こすようなものだった。ジェイムズ・A・アメランによると、「自伝形式は、近世ヨーロッパにおいて、遠方の世界についての情報を広めるにあたって重要な役割を果たした」。そして、虜囚の自伝に関する限り、このことはイギリス人にとって近世以降も変わらなかった。(24) 世界帝国は自分たちのような小さな国民にも可能な一つの選択であるとイギリス人が（決して完全にではなく、また長期間でもなかったが）自らを納得させるに至るまで、あらゆる種類のイギリス人が虜囚の物語を丹念に読み、それをめぐって苦悶することになった。それにもまた私たちは注目していかなければならない。

したがってこの本は、大規模で概観的で地球規模の事柄と、小規模で個人的で特殊な事柄とを結びつける。本書は一方において、イギリスが世界最強の国であった二五〇年のあいだに経験した緊張や危機についての、また、これらの緊張や危機の結果として自国民や他国民・他民族に起こったことについてのマクロな物語である。他方で本書は、この強国が行った絶え間ない海外進出や武力侵略と、この国の常態であり本質である脆弱性とが交錯する中、捕らえられたり助け出されたりした数多くのイングランド人、ウェールズ人、スコットランド人、アイルランド人のうちのごくわずかの人びとのミクロな物語を探究したものでもある。

これらの島を出た男女は、何世紀にもわたってあらゆる大陸で捕らえられ続けたが、私が特に注目するのは、イギリス政府やその統治者たちが継続して最も興味を抱き、帝国として最大の努力、創意、費用を注ぎこんだ三つの広大な地域である。したがって、本書の第一部は、北アフリカと地中海に焦点を当てる。この地域はイングランドやイギリスの商業活動や帝国活動の歴史では置き去りにされることが多いが、イングランドが十七世紀に最も高い代償を払って得ようとした（にもかかわらず、破滅的と言っていいほどの結果に終わった）入植地であると同時に、一七五〇年以前のイギリス軍最大の海外集結地でもあった。第二部では北アメリカ本土を取り上げ、一七七五年以降に力ずくで脱植民化を果たしたあの一三の植民地に焦点をあてる。第三部は南アジアと中央アジアについて述べるのにあて、一七六〇年以降の四〇年間にインド南部で捕らえられたイギリス人虜囚の経験のことから、一八四〇年代のアフガニスタンにおけるイギリスの失敗までを述べる。

支配力の程度や帝国としての態度の長期にわたる変化を理解していただくために、私は、これらの三つの地域を、イギリス人にとって虜囚となる危険が最も高まり、最大の注意と不安を引き起こすことになった時期の早い順に見ていくことにした。したがって、第一部は、一六〇〇年から十八世紀初期、すなわち、地中海や北アフリカにおけるイギリスの商業的・帝国的野心がそれらの地域のイスラム勢力に脅かされつつ、依存もしていた時期を扱っている。第二部は、十七世紀後半から一七八三年のアメリカ革命戦争終結までのあいだに北アメリカで虜囚となったイングランド人やイギリス人について検討する。これらの年月を通して、この地で虜囚となる危険は——この本で取り上げる他の地域と同様に——はるかに広い問題や不安とつながっていた。アメリカでの虜囚の身体は、前進を続ける土地に飢えたイギリス人入植者と怒りつつ退却する先住民族たちとのあいだの戦闘だけでなく、この攻撃的な白人定住者と大西洋をはさんで向こう側の本国のイギリス人たちとのあいだの緊張や差異に巻きこまれたのである。本書の第三部は、南アジアと中央アジアについて述べた部分であり、十八世紀半ばからヴィクトリア時代の初期までの時期、すなわち帝国出身の虜囚たちの性質や虜囚に対する本国での反応の質が、イギリスの攻撃目標や攻撃の激しさ、そして世界における支配力とともにはっきりと変化した時期を扱っている。

本書は読者に複数の大陸を二五〇年にわたって旅していただく大部の本であるため、私は道標を用意した。三つのセクションはそれぞれ、オリエンテーションのための章で始まり、そこでは虜囚、捕獲者、関係した国や文化の背景設定を行う。この本を通して私は、イギリスの世界規模の勢力範囲と、それが持ち続けた限界とを伝えようとした。私はまた、関連性を重視し、多くの場合でばらばらにしか再構成されない物語を織り合わせて記述した。さらには、出すぎたこととは思いつつ、アメリカや、アジア、地中海世界にまで意図的に手を伸ばした。なぜなら、これらの地域におけるイギリスの海外活動のパターンは——そして、それに対する抵抗のパターンは——相互に関連し合っていたからである。さらに私は、侵略者と被侵略者のあいだの線、すなわち力を持つ者と持たざる者のあいだの線を検討し、複雑さを捉えようとした。というのも、実際のところ、その線は横断されたり、曲げられたりすることがあったからである。私はまた、世界のさまざまな場所でのイングランド人、ウェールズ人、アイルランド人、スコットランド人の行動、抑留、執筆と、彼らの故郷での出来事や反応との関連を強調して述べた。この本は、イギリス本国の歴史を海外の多様なイギリス人の歴史からこれ以上切り離したままにはしておけないと主張する人びとと意見を同じくするものである。

さらに、強調しておきたかったもう一組の関係がある。イギリス人は自分たちが過去に世界の他の地域に及ぼした影響について、また、それとは逆にこれらの地域の民族や発展が何世紀にもわたって自分たちにどのような影響を与えてきたかについてさらに多くのことを知る必要があり、そうするのは当然のことである。しかし、これと同様に、アフリカの大部分や、アジア、アメリカ、さらにはカリブ海や太平洋地域の歴史を――そして現在を――理解したいと考えるならば、かつてこれらの地域でイギリス人が果たしていた複雑な役割を評価しなおすとともに、イギリス人とは現実の多様性と限界において実際にはどういう人たちだったのかを、当時彼らがどのように見られたがっていたかということや、今なお続いている紋切り型の見られ方とは区別して、はっきりと見る必要がある。この本はイギリスの帝国としての影響や経験について一つの異なる見方を提供するが、それが選ばれるべき唯一の見方だというのでは決してない。しかし、『虜囚』は、イギリス人自身を書きかえ、イギリス人が世界史の中でより正確に位置づけられるようにしようとする本でもある。

最後に、もう一つ。本書に登場する人びとはあらゆる点で現代の男女とは根本的に違っていた。特に――ヨーロッパ人であれ、非ヨーロッパ人であれ――これらの人びとの多くが帝国の存在を当然と思いがちであったという点で、違った。これはたいして驚くことではない。イギリスの海洋帝国は、フランス、スペイン、ポルトガル、デンマーク、オランダといった国ぐにの海洋帝国と併存し、しのぎを削っていた。また、これら西ヨーロッパの海を中心とする帝国は、陸を基本とした東洋の大帝国と併存してもいた。中国、ロシア、そしてオスマン帝国があるだけでなく、ペルシャにはサファヴィー朝があり、インドにはムガール帝国があった。そして、これらの帝国はすべて、一六〇〇年の時点ではイングランドやイングランドの近隣諸国よりもはるかに恐るべき強国であり、期間も成功の程度もさまざまであったが、その後も拡大し続けた。さらに、ヨーロッパ自体にも陸を基本とした帝国があった。ハプスブルク家の帝国はオーストリアや東ヨーロッパの一部とともにイタリアを包含しており、一七九六年以降にナポレオン・ボナパルトがたいそう暴力的に作りあげた帝国は、ヨーロッパ人全体の四〇パーセントを征服し、一時はイギリスをも征服する恐れがあった。

この最後の例が示すように、この時期の――そしてその後の――帝国主義は、君主的な旧体制だけでなく、革命的な共和体制によっても支持されていた。一七七六年以降、ジョージ三世とイギリスの支配に反対したアメリカ革命であったが、この革命は帝国そのものを拒否することにはならなかった。アメリカに住む白人たちは自らの御旗のもとにただひたすら西方への侵略を続け、行く先々でアメリカ先住民や他の民族を駆逐し、（かつてイギリス人と戦った）アレグザンダー・ハミルトンが恥ずかしげもなく述べた「多くの点で世界で最も興味深い帝国」の建設に専心した。イギリス人自身がどのように考え、行動したかを評価する際には、当の二五〇年間、帝国はいたるところに遍在していたのだということを心に留めておかなくてはならない。とはいえ、帝国は有史以来つねに「世界のほとんどの民族・国民にとって日常生活であった」というが、どの程度そうであったのかについても、二十一世紀の初頭を迎えた現在、留意し、よく考えてみることが必要である。[25]

私たちは、武力による植民地化はもはや現実の危険ではなくなったので、帝国は実体としても傾向としても消滅したと信じやすい。この本は、大きさと力の関係、そして世界支配の追求にともなう不利益と矛盾の関係を、それらが侵害されたり侵略されたりした人びとにとってだけでなく、侵略者自身、すなわち何かと虜囚になりやすかった兵士たちにとってどうだったかという観点からも扱うものである。こういった論点を過ぎ去った歴史上のこととしてしまっても差し支えないと思えるのなら、それで結構だ。しかし、やはりそれは賢明なことではないだろう。

第一部　地中海——虜囚と拘束

第一章　タンジール

砕け散る波

　地中海の入り口であり、これから狙う海岸へと彼らを導いてくれる細長い海は、気まぐれなことで有名だ。ヨーロッパとアフリカのあいだに伸びる最狭水域のジブラルタル海峡を渡ったり通り抜けたりすることは、今日でさえ、荒れた海をゆっくりと行く厄介な作業だ。船出のときにどれほど晴れやかであっても、急に暴風雨が訪れ、海岸線を覆い隠し、油の点在する群青色の海を三角波の立つ青灰色に変えることもある。悪天候の際には、胃がひっかき回されて危険な旅となることもある。それでもなお、モロッコやアルジェリアからの移民労働者は身の回り品を茶色い紙でていねいに包み、屈強なバックパッカーと共に旧式の大型フェリーボートに自らを委ね、たばこの煙の中、古いコーヒーのしみがついた船室で身を寄せ合う。だが、ジブラルタルからタンジールへの船旅「アフリカ日帰りの旅」を楽しみにしていたお気楽な旅行者は集団で予約をキャンセルし、タンジールとスペインのタリファやアルヘシラスを結ぶ小型の高速水中翼船は欠航することもある。アマチュア船はどうかと言えば、完全に姿を消してしまうこともある。この八マイルほどの水域で今なお毎年何百人もの男女が命を落としているのだ。

一六六二年にタンジールに初めてやって来たイングランドの占領軍にとって最も印象深かったのは、予測不能な沖合水域、突然の暴風雨、そして奇異な風景だったが、このようなもののせいで、兵士や役人や家族はもはや本国にいるようなくつろいだ気分にはなれなかった。霧に包まれた姿を遠方から見ると、タンジールの背後にある低い山々は北ウェールズの山々と言っても通用したかもしれないが、それはかえってその他のもの——地中海の陽光の鮮やかさ、広大な砂地、入植地の白や黄土色の建物の輝き、食べたことのないような果物や野菜、冬でも咲くバラ——の違和感を際立たせるだけだった。だが、サー・ヒュー・チャムリーは動じることなく、ただちに忙しく働いた。というのも、彼の任務は海そのものを統御することだったからだ。

チャムリーはヨークシャーの穏健な王党派の地主で、数学のパズルに没頭することが息抜きだと考えるような、何かに熱中せずにはいられない性分の非常に知的な人物だった。彼は国内で収入の多角化に努めるだけでなく、海外で断続的に拡大する帝国に投資したいと願う一種のジェントルマン資本家でもあった。彼は、ウィットビーにある一族の領地のミョウバン鉱山を開発したり、娘をインドのダイアモンド相場師と結婚させたりしたが、何よりも、自らの全身全霊をタンジールに捧げた。(1) イングランド、スコットランド、アイルランドの王であるチャールズ二世は、一六六一年に他の植民地の戦利品とともに、子を産めぬ悲しきポルトガル人新婦キャサリン・オブ・ブラガンザの嫁資の一部として、この入植地を得た。一年後にチャムリーは政府と、一立方ヤードにつき一三シリングでタンジールに突堤を建設するという契約を交わした。チャムリーが彼特有の緻密さで書き留めたように、突堤(mole)はフランス語・ラテン語起源の言葉で、大きな塊を意味する。その計画とは、タンジールの自然の海岸線から頑強な人工の岩場か防波堤を建造し、そこにずらりとカノン砲や他の装備を並べ、王立海軍最大の軍艦が停泊するのに十分な深さの港を作り、世界貿易における重要性を増すべく、一層安全で快適な停泊

4　タンジールの眺め。ウェンツェスラウス・ホラー作。

港にするというものだった。[2]

というのも、タンジールは今も昔も特別な場所だからだ。かつて性的逸脱や国際的な陰謀で名を馳せたことが並外れた戦略的重要性や地理的重要性を覆い隠しているが、それでも少なくとも異文化の出会いの場としての町の役割は認められる。アフリカ大陸がヨーロッパに最接近する地点に隣接しており、一方は大西洋に面し、もう一方は地中海の入り口を見渡している。それゆえイングランド人占領者にとって、いくつもの計り知れない魅力があった。ある面では、タンジールは、北アフリカ内陸部へ交易を広げ、植民地を拡大するための起点を提供した。別の面では、さらに富裕で強力なライバルたち、すなわちスペインとそれにもましてフランスの艦隊を監視するための海軍の拠点を提供した。さらに別の面では、タンジールは、当時のある人物が「世界の商業の偉大な大通り」と呼んだ領域の入り口を監視していた。この言葉によって彼が意味したのは大西洋ではなく、この時点でもなおイングランド人輸出入業者に突出して最大の利益をもたらす領域、すなわち地中海だった。[3] 南ヨーロッパや東地中海沿岸地域のトルコやレヴァントとの貿易は、一六〇〇年以前から拡大してきた。イングランド人はもちろんここで布を船積みし、他にもカトリック港向けの鮮魚や塩漬けの魚、そして十七世紀後半には供給量が増え続けていた植民地の再輸出品、すなわち胡椒、タバコ、砂糖、東インドのシルクやキャラコを積み込んだ。それと引き換えに、イングランド人はレヴァント地方のシルクや染料、トルコの綿やスペインの短毛種の羊毛、イタリアのワインやポルトガルのマデイラ、モロッコ産の革や素晴らしい馬、富裕層の食事を多様化する干しブドウ、イチジク、オレンジ、オリーブが地中海から入ってくることを期待した。タンジールはこの豊かで多様な貿易のための理想的な基点かつ取引所であるように見え、一六六二年以後にイングランド政府が行った最初のことは、自由港宣言をすることだった。

拡張論的、戦略的、そして商業的な理由で、当時のタンジールはイングランド人にとって、チャムリーが「宝石」と表現したように、ゆくゆくは何倍にもなって元がとれる非の打ちどころのない賢明な獲得物に見えた。サミュエル・ピープスは、誰もが知る社交家としてではなく、海軍の要職にあり、この新たな植民地に関する委員会のメンバーを務める者として、日記の中で、タンジールが「イングランド国王の世界の所領の中で最も注目すべき場所だろう」と打ち明けた。それに対して、やはりキャサリン・オブ・ブラガンザから贈られたボンベイの方は、遠すぎてたいして役に立ちそうにないただの「貧しい小さな島」のような印象を彼に与えた。(4) 十七世紀の帆船の時代には、ボンベイはロンドンから少なくとも半年かかり、イングランドの北米植民地でさえ三か月かかった。だがタンジールは、無限の可能性がありそうなうえに近い場所にあった。高速の商船ならロンドンから二週間もかからなかった。案の定、占領当初の頃にはこの新植民地のことが「新帝国の創設として頻繁に」官界で話題に上った。一六七〇年代に一人の賛同者は、チャールズ二世が「タンジールを利用すれば、北の世界を支配するのもヨーロッパとアフリカを従わせるのも簡単なことだろう」と力説した。(5)

植民地では、このような野望に見合うだけの金が惜しげもなく使われた。ポルトガル人がその場所を朽ち果てるままにしてきたので、オリヴァー・クロムウェルの新型軍の退役軍人が大半を占める四〇〇〇人の強力な占領

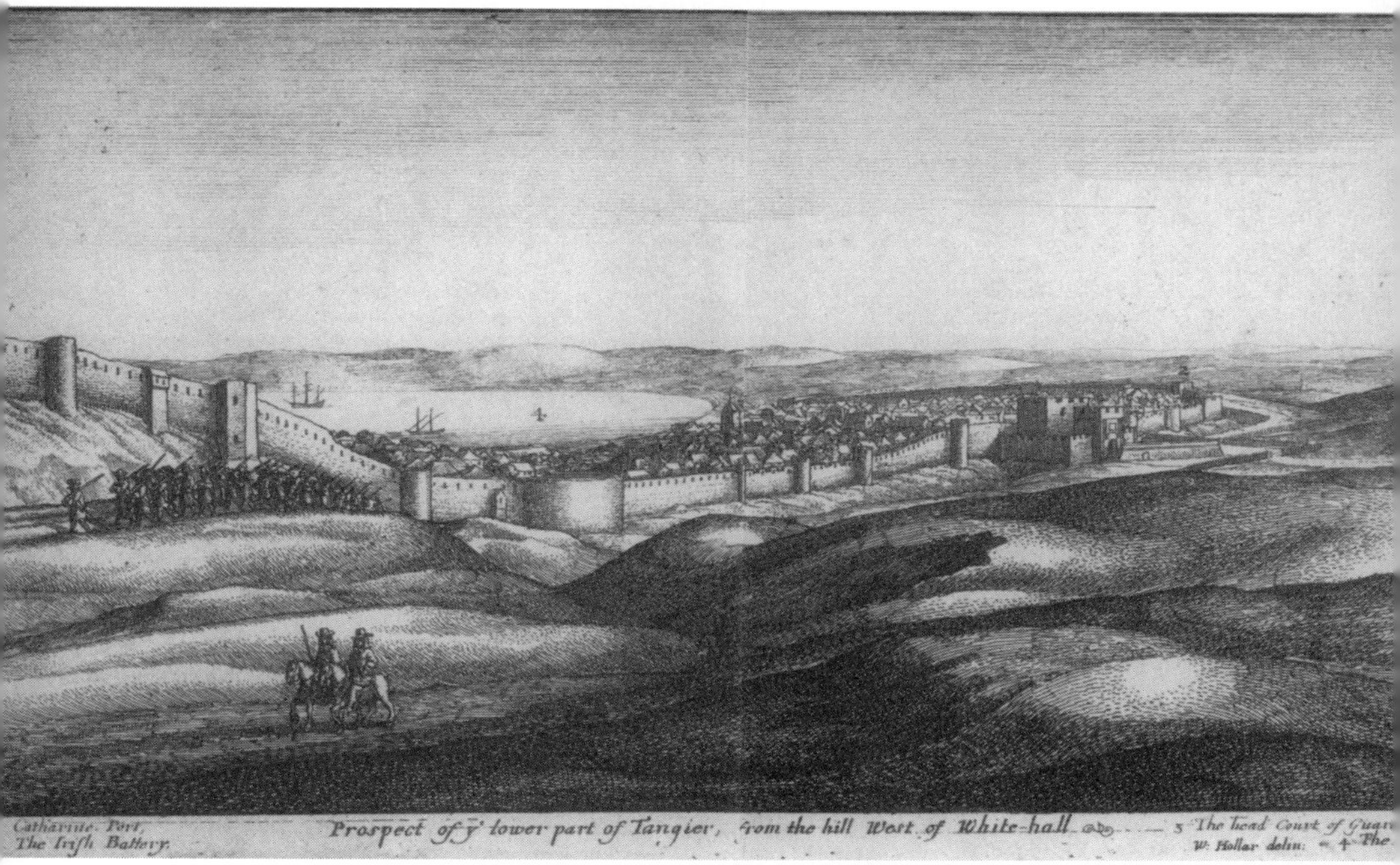

5　要塞化されたタンジール

軍が到着するや否や、大規模な再建が始まった。要塞化された長い城壁は「タマネギの皮のごとく幾重にも」入植地の外側にぐるりと巻きついていった。イングランドの宮廷芸術家となったボヘミア人彫版師ウェンツェスラウス・ホラーは、一六六九年に公的任務でここを訪れ、城壁の一部を、それによって結ばれたピーターバラ塔、ヨーク城、ヘンリエッタ要塞、チャールズ要塞、ジェイムズ要塞という新たに名づけられた塔や要塞とともにスケッチした。ホラーが完成させた最後の重要な作品である緻密で正確な線描は、イングランドのタンジールでの投資のスケールの大きさを、そしてこの段階では、その永続性への自信を示している[6]。その線描が伝えてくれることは他にもある。ホラーによるその新軍事施設の全景は明らかに好印象を与えようと意図されているが、同時に、タンジールをなじみ深いもの、本国のものに見せようとさえしている。地味なイングランド風の服装の職人夫婦が腕を組んで家の方へとぼとぼ進み、のんびり歩く犬だけが二人を守る。立派に造られた道を荷車が行く。要塞化された壁の内側の整然とした瓦葺屋根は、あたかもホラーが帰化したロンドンか出身地プラハであるかのごとく、見る者を安心させるように寄り合う。これらの場面を見ると、アフリカ北岸に位置しているということを示すものはほとんどない。

ホラーの雇い主であるチャールズ二世も、同様の考えだった。一六六八年に出されたタンジールの勅許は、植民地で官職を得ることと投票権をキリスト教徒の、当然、男性に認めた。そして、この地域のイスラム教徒の住民は「あまりにも野蛮で貧しく常に内戦に巻き込まれているので、まともな人間になる見込みは当分のあいだない」と断定した。公的な思惑としては、タンジールは、当初から領土拡大、商業の発展、イングランド化を目指す実質的な定住植民地として計画され、まずいくつかの根が下ろされた。一六七〇年代のタンジールには兵士とほぼ同じぐらいの民間人入植者がおり、五〇〇人以上の女子供も含まれていた。[7] 彼らは今やイングランドの道路名が表示され、自らの行政組織を持つ都市に住んでいた。毎週日曜日になると、タンジール市長や参事会員や一般議員は特別にデザインされた緋色と紫色のローブを身にまとい、国教会を目指してしかつめらしく行進した。そこには、緑のベルベットのクッションが並べられた信徒席が植民地総督と夫人を待ち構え、彫って彩色されたチャールズ二世の紋章がよく見えるように置かれていた。鉛の窓を通して、無頓着な礼拝者でさえも、新しい国教会の墓地にアラビア語が彫られた古代のモニュメントが今なおしっかり立っているのを目にしたことだろう。だが、もし彼らの目がそのあたりをさまよったとしても、それはおそらくほんの一瞬のあいだだけだった。というのも、礼拝の後、とりわけ男性には別のお楽しみが待っていたからだ。タンジールの新しいローンボウリング〔芝生で行う木球球技〕の球戯場では、駐留軍の将校が裕福な住民と対戦した。町にはさまざまな売春宿があった。淫らではない勉強熱心な人びとは図書館に行ったが、入植者だろうか、誰かはわからないが、ジョン・ミルトン

6　植民地タンジールの内部

7　ローンボウリング球戯場

の『失楽園』を盗んだ者もいた。(8) これらの植民地開拓者は本国にいるかのように見えた。

いまだかつてイングランド国家は、その内部の個人投資家や貿易会社は別として、ヨーロッパ外の一植民地事業に対して、これほどまでに尽力し、考えをめぐらし、何よりもこれほどの大金を投じたことはなかった。残っている収支報告書は不完全なものだが、一六六〇年代にタンジールには平均して毎年七万五〇〇〇ポンド以上の金がかかった。守備隊の縮小も、文民政権の確立も、王の乱費を減らせなかった。一六七一年から一六八一年にかけてのこの植民地関連の年平均支出は、ほぼ八万七五〇〇ポンドにまで上昇した。結局のところ、この北アフリカでの経験は二〇〇万ポンド近く、すなわち、タンジールの最後の総督ダートマス卿が述べたように、チャールズ二世が海外の他の前哨地に使った額、あるいは本国の守備隊を全部合わせたものに使った額よりも相当大きな額を吸い取ったと思われる。この金の三分の一以上が、サー・ヒュー・チャムリーの巨大な突堤の資金となった。(9)

少なくとも外見上は、この男は、不屈の情熱と技術的手腕さえあれば異国の風景を変容させて所有できるかのようにふるまった。彼がタンジールの海岸からあまりに多くの岩を持ち去ったので、町の城壁は沈下し始めた。誰が何と言おうとも、彼は入植地の西方に発破をかけて新しい石切り場を切り開き、道路を造り、そこから突堤へ石を運んだ。駐留軍は数百名規模でそのプロジェクトに取り組んでいたが、それでもまだその仕事には不十分だということが判明すると、チャムリーはヨークシャーから熟練労働者を呼び寄せてベッドタウンを造ってやり、その町に彼の故郷のホイットビーの名をつけた。彼の行く手を阻むものはないように思われた。彼の手助けをすべく呼び寄せられたおじは、病気になって死んだ。彼自身の妻は無謀にも妊娠した。家の女中は海でバーバリのコルセアによって捕らえられた。そのようなことに見舞われてもなおチャムリーは、どんどん推し進めていった。一六六八年には、悪天候をものともせず、金と人の大きな犠牲を払ってチャムリーの突堤はすでに北アフリカ海岸から約三八〇ヤード伸びていた。一六七〇年代半ばにはすでに海に向かって四五七ヤード伸び、幅は一一〇フ

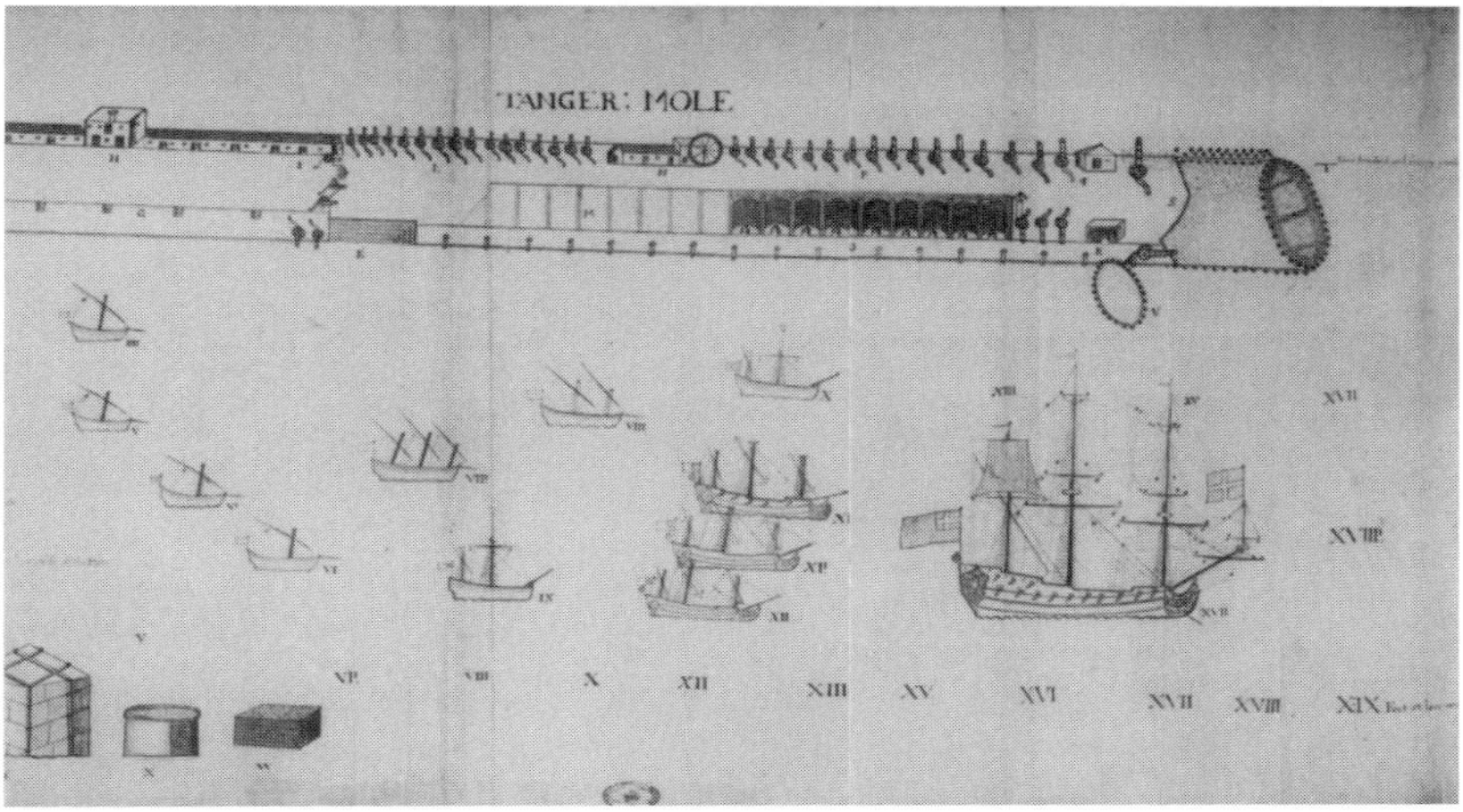

8　カノン砲を備えた突堤のプラン

イートで、海抜一八フィートだった。二六基のカノン砲が片側を守り、もう一方の側から「大型砲《グレイト・ガン》」の二つの砲台が突き出ていた。[10]

これは、この時点までに、イングランド人によってヨーロッパ外で行われた土木工事の中で、並はずれて野心的な最大の工事だった。そして他の点と同様にこの点でもまた、タンジールの重要性は、帝国的見地から見ると、それ自体よりもはるかに大きかった。その驚くべき突堤こそが、後にイギリス人が海外の帝国の至る所に造る石と煉瓦と鉄の野心的な建造物――橋、造船所、鉄道、道路、ダム、運河――すなわち、貿易や交通や支配を容易にする手段であるだけでなく、自らの技術を体現した大型耐久モニュメントを風景に押し付けることによって、本質的な小ささと人数の少なさを償う企ての出発点だった。チャムリーは、回想録の一つの草案の中で、自分自身をネブカドネザル、すなわちテュロスの住民を鎮圧するために突堤を造った旧約聖書のバビロンの支配者にたとえている。結局のところ、タンジールのイングランド人に迫りくるのは海の力だけではなかったことを除き、一層適切なアナロジーはカヌート王〔波に動かぬよう命じたという伝説のある王〕だろう。

冬の疾風と沿岸の荒々しい潮流は建設中の突堤を三〇回ほど破り、チャムリーは「際限なく海に石を放り込むこと」に若さとエネルギーを浪費しているという絶望に突然襲われるようになった。一六七七年になってようやく、彼の測量士のヘンリー・シアーズはロンドンに事業の完成を報告することができた。タンジールの三〇〇万立法フィート一七万トンの突堤全体が海中にしっかりと立ち、シアーズは「岩のようだ」というありふれた表現で誇らしげに語った。(11) そのわずか七年後に、その岩は粉砕されて瓦礫となる。一六八四年にタンジールからの撤退を余儀なくされたイングランド人は、残った力をふりしぼり、以前にあれほどまでの犠牲を払って作り上げたものを破壊した。モロッコ軍はかねてからイングランド人が危険で商機に満ちた海に注力する様子をじっと見張っていたが、そんな輩に渡すまいとして、イングランド人は、入り組んだ家々、立派な要塞、ウエンツエスラウス・ホラーが画題にふさわしいと認めた環状の城壁、そして最後にチャムリーの技術の勝利である大突堤も、何もかもすべてを爆破し、粉砕した。チャールズ二世の命により、王自身の姿が彫られた新鋳造コインはタンジールの瓦礫深くに埋められた。「ことによるとこのコインが、今から何世紀か後に他の記憶が失われる頃に、後に続く時代に対して、この地がかつてイギリス帝国の一部だったことを明らかにしてくれるかもしれない」。

今や　ああ　タンジールよ！
高くついたものだ(12)
金も　命も　運勢も……

もう一つの海、もう一つの見方

奇妙な光景だ。植民地の野望が潰えて考古学の素材になろうとするときに、煙る廃墟によじ登り、王の硬貨の試作品を埋めるための小さな墓所を熱狂的に掘っている、塩が染みつきほこりにまみれた軍人たち。しかしその一方で、タンジールでの出来事全体がよくある伝統的な帝国の物語に照らしてみると奇妙に見えすぎ、たいていはその物語から完全に外されてしまう。そのドラマと当時における重要性、注ぎ込まれた前例のない額の国庫の金、チャムリーの失われた桁外れの海の傑作にもかかわらず、十七世紀イングランドの、たいそう手が込んで高くついたヨーロッパ圏外の植民地タンジールの盛衰に関する見るべき著作はわずか一冊だけだ。この『タンジール――イングランド最後の大西洋前哨基地』(一九一二年)でさえ第一次世界大戦前にようやく出版されたものであり、そのタイトルページを飾るE・M・G・ラウスという性別がわからないように気を配ったイニシャルの持主が女性であること、つまり、ほぼ完全に男性が占めた当時の帝国史家の体制の外で仕事をした人物であることは示唆的である。ラウスの孤独で綿密な研究はほとんど影響力を持たなかった。十七世紀イングランドの巣立ったばかりの帝国に関する最新の権威ある概説書は、イギリス人学者の他にアメリカ人とアイルランド人の学者も加わったチームにより編集されたものだが、五〇〇ページをゆうに超える中で、タンジールにはかろうじて六度ほど触れているだけだ。[13] 帝国の企画者であり建造者だった例の奇妙で熱狂的なサー・ヒュー・チャムリーの方は、歴史書から名前が消えて久しく、『英国人名辞典』にも載っていない。このことは、イギリスの帝国で散発的に起こった大惨事や退却が、歴史の記録から、そして自国民だけでなく他国の人びとの記憶からさえもいかに効果的に抹消されたかを示す有力な証拠だ。

だが、この消されたタンジールの出来事は、近世の段階における帝国を正しく理解するうえできわめて重要であり、帝国のさまざまな虜囚体験の探求を行うにあたっての自然な出発点でもある。タンジールは、イギリスが束の間の世界支配に向かってたどる不確かな道沿いの単なる袋小路でないのと同様、一度きりの出来事でもない。この失敗に終わった植民地について事後検討を加えることによって、より広範に見られる傾向や特徴と、しつこく続く圧迫感や脆弱性が浮かび上がってくる。

まず、チャールズ二世が想像力豊かにタンジールに金を投じたことは、競合する国家や宗教の格闘の場として、商業の場として、そして帝国の場としての地中海の重要性を思い出させてくれる。この点はこれまで、ほとんど忘れられていた。というのも、十七、十八世紀のイギリスの帝国拡大の大きな物語《マスター・ナラティヴ》は常に、アメリカ植民地の台頭とその究極にある革命であり、現在のアメリカ合衆国の優越により一層強化されたアプローチだったからだ。フェルナン・ブローデルが、彼の見事な地中海世界の地史のサーガを一五九八年で終わらせるとともに、その海の重要性が一六五〇年以後に突如として低下したことを——少なくとも初めのうちは——示唆していたという事実もまた、歴史家の注意をそれ以後は大西洋に、そしてヨーロッパ外の商業と植民地の興隆に集中するように仕向けた。(14) だが地中海は、十七世紀半ば以後も長らくイギリスや他の海洋大国の主たる活動範囲であり続けた。なぜそうだったのかという一つの理由はすでに見た。すなわち、商業面でのこの地域の収益性だ。一七〇〇年のイギリスの貿易のうち、南ヨーロッパと地中海は金額の点でインドと北米を合せたものと同等の割合を占め、十八世紀末でさえ地中海にはおそらく大西洋と同じぐらい多数のイギリスの船と乗組員が活動していた。(15)

だが、イギリスの他の帝国事業地域と同様、地中海は決して貿易の要衝にとどまらなかった。他の場所と同様ここでも、帝国はヨーロッパ列強の対立と不安定さによって突き動かされた。タンジールの一番の魅力は、王立海軍がそこから、カディスやカルタヘナのスペイン艦隊とトゥーロンのフランス艦隊を監視することができるという点だった。イングランドは、船の再装備、食料補給、越冬に対応可能なタンジールに地歩を固めることで、自国の植民地や海岸線に対して一方の国あるいは両国が襲撃をもくろんで艦隊を集結させる場合にも、迅速な阻止が期待できた。実際に海軍基地としてタンジールがどれほど機能したのかという点については議論の余地が残されているものの、それが同等の、あるいはより恒久的な一連の要塞——ジブラルタル、ミノルカ、マルタ、キプロス、イオニア諸島——の原型であったことは間違いない。これらの基地はヨーロッパ内でイギリスの帝国を構成し、領地的に大きくなかったのでしばしば忘れられたが、戦略的には帝国の世界的大事業に不可欠な要素であり、インドとスエズ運河が占領された後にさらに重要性を増すことになる。

だが、十七世紀以後、この海に面し、この海と関わる帝国は他にもあった。ブローデルが壮大な範囲と際立った詳細さで年代順に記したように、近世の地中海はとりわけ、西洋キリスト教世界のさまざまな国家がオスマン帝国、そしてイスラム教世界と対立したり協力したりする地域だった。そして、植民地タンジールの失敗と、十七世紀から十八世紀初頭のイギリスの最大の虜囚恐怖の両方の中心に横たわっていたのは、西洋諸国とイスラム軍の地中海への野望をめぐる複雑で長期にわたる交戦だった。

ヒュー・チャムリーが破壊される運命の傑作をタンジールに建設している頃、イングランドとウェールズの住民が五五〇万人だったのに対し、オスマン帝国の総人口は約三〇〇〇万に迫っていた可能性がある。少なくとも、オスマン軍——イェニチェリ、州の民兵、ティマール制騎兵〔オスマン帝国の封建騎士〕[16]——は、一五万人をはるかに上回り、近世イングランド君主の自由になる軍隊の何倍もの規模だったという説もある。オスマン帝国は、その大きさと富と人口ゆえに海外の貿易業者にとって豊かな市場であったが、自国で先進的な製品、紙、ガラス、火薬、砂糖などを生産すると同時に、国内取引のほとんどを管理下に置いた。オスマン帝国はまた、征服事業に要する費用に長期間うまく対応する精巧な行政機構を有していた。たとえば、十七世紀中頃にヴェニスからクレタ島西部を奪って数年もしないうちに、オスマン帝国人は徴税のための調査を実施し、島の資産を最後のミツバチの巣箱に至るまで項目別に列挙した。イギリス人は本国の島々でさえ、十八世紀になるまで、オスマン帝国に匹敵するような財政的熱情と能率を示すことはなかったのであり、ましてや海外領土ではそのようなものは皆無だった。[17] オスマン帝国人は、地中海を格別に自分たちのものと見なした。彼らはセルビア、アルバニア、モレア、

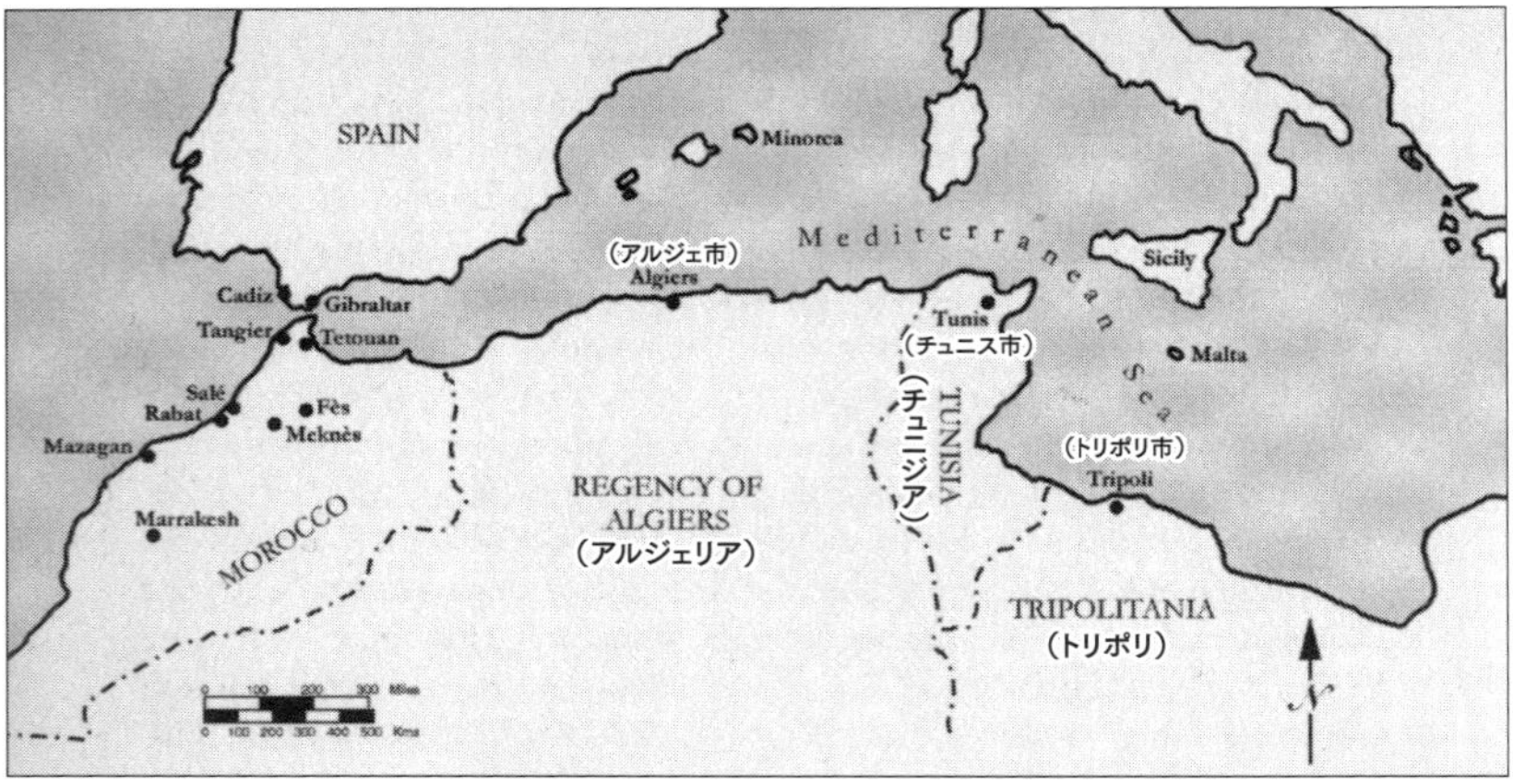

18世紀初めの地中海と北アフリカ

トルコにわたる北東海岸を支配した。彼らは、エジプトとシリアを征服することにより海の最東部分へのアクセスを、そして北アフリカの領土、すなわち、トリポリ、チュニジア、アルジェリアを通して地中海西部へのアクセスを確保した。地中海や大西洋でヨーロッパの船舶や無防備な海岸線を何世紀にもわたって餌食にしたイスラムのコルセア船団の中には、オスマン帝国の支配や影響下にあったこの最後の三つの前哨地から出航したものもあった。

他の主な北アフリカのコルセア強国はモロッコだった。オスマン帝国の一部ではなかったが、文化的にその影響を受け——すべてのムスリム国家と同様——スルタンの宗教的重要性に気を配っていた。十七世紀の最初の三分の二のあいだ、モロッコは内戦によって分裂していた。だがそこで、アラウィー朝、すなわち今日まで国を支配している王朝が出現した。アラウィー朝二代目のスルタンであるムーレイ・イスマイルはフランスのルイ十四世と交流があり、ルイ十四世を凌ぐほどではなかったにせよ大規模な建造物を作り、ルイ十四世には及ばなかったが長期間支配者の座に君臨する（一六七二—一七二七年）成熟した君主だった。ムーレイ・イスマイルは残忍で有能な中央集権者でもあり、自分の権威に刃向かう国民を厳しく取り締まり、オスマン帝国からの干渉の企てを鎮圧し、そして十五世紀以後モロッコ沿海部にへばりついている要塞化された小さなヨーロッパ人入植地の多くに対して首尾よく攻撃を開始した。スペイン人はララシュ、マモラ、アシラーから追い出された。イングランドのタンジールは「きびしい攻囲を受け、キリスト教徒たちは船に乗って海路逃走し、すっかり廃墟と化した場所を残した」と、一人のムスリム年代記編者は勝ち誇って述べた。[18] これは単純化しすぎだが、イングランドのタンジール守備隊に十分匹敵する強力なモロッコ軍からの圧力は、たしかに多くの家族に定住を思いとどまらせ、居住者の商取引と領土拡大の夢をそこない、植民地に人的損失と防衛費を課し、ついには本国の当局者の支払い意欲を削いでしまった。

イングランド人は、タンジールを占領すればイスラム社会と直接接触することになるだろうともちろんずっと気づいていたが、起こりうる結末については意見が分かれていた。ある者は、富裕で強力なムスリム帝国との接近は――ムガール朝インド沿海部にあるイギリス東インド会社の入植地と同様――商業を後押しすると確信していた。そのうえ、王立海軍がタンジールに常駐できるようになりさえすれば、そのときは北アフリカのコルセアがイングランドの船や海に出る人びとに及ぼす危険はずっと減るだろうと考えられた。だがその一方で、ヒュー・チャムリーを含む人びとは、当初からモロッコ軍によるイングランド人への脅しと抵抗に神経をとがらせていたように見える。経験を積んだスコットランド兵アンドリュー・ラザフォードがテヴィオット卿となって一六六三年にタンジール総督に就任したとき、彼は守備隊の士気がすでに弱まっており「ムーア人に対して強い恐れを抱いている」のに気づいた。テヴィオットの反応は活気に満ちたものだったが、結局のところは無分別だった。彼は植民地の防衛を強化し、ムスリムの戦争指導者を味方に引き入れることによって敵を分裂させようと試みた。そして一六六四年五月には、北アフリカにおけるチャールズ二世の帝国勢力をタンジールの城壁の向こうに拡大しうることを証明すべく、五〇〇名の精鋭部隊を城壁の外に率いて行った。テヴィオットと九名の部下を除く全員がモロッコ軍によってさっさと片づけられた。

以後のタンジール総督は、より一層強力な防御を築くことと野望を抑制することによって対処した。北アフリカ内部への出発点としてこの植民地を利用するというイングランドの当初の計画は今や暗黙のうちに断念され、単にこの地を手放さないでいることが選択された。「われわれは、彼らの国を理解したり、彼らの勢力や属領を調査したり、彼らの関心事を探るために、誰一人派遣したことはない」と一人の書き手は不愉快そうに認めた。[19] 手放さないでいることでさえ、年々望み薄に思えるようになった。一六八〇年には、モロッコ軍はタンジールの三つの要塞を奪い取るほど強力になっていた。当時の総督サー・パームス・フェアボーンは、守備につく者たちを拘束せずにいてくれるなら、これらの一つ——ヘンリエッタ要塞——を明け渡そうと申し出た。モロッコの司令官はその申し出を軽くあしらった。「彼は石垣ではなく、主人の役に立ち、殺したければ殺してしまえるような奴隷を欲しがっていた」。三日後に彼はその通り実行した。最終的には撃退されたものの、モロッコ軍はイングランド軍の数百名とともにフェアボーンを殺害するに至り、さらに五三名の兵士を捕らえて奴隷にした。[20] このような惨敗、壮絶な死、多くの虜囚体験は、イギリス帝国史の中で何度も繰り返された。

このようにして、タンジールでの束の間の冒険的な植民地事業は失敗し、その後の悪い予兆となったが、それはモロッコ軍が力を行使したせいだけではない。モロッコ軍から攻撃されるにつれ、イングランド軍の士気と結束の糸はすり減り、ときにはぷっつり切れてしまったからだ。

弱点

自らの大陸の外で帝国事業に携わるイギリス人や他のヨーロッパ人は、非ヨーロッパ人との接触や闘争によって結束力をますます高める一枚岩的な派遣団だったと想像されることがある。事実がそれほど単純明快だったことは、ほとんどなかった。そしてタンジールは、入植者同士のあいだの分断線が特に鋭かったが、それと同時にある意味、帝国の別の場所で別の時代に再発する緊張状態の極端な形でもあった。[21] ここでの根本的な問題はよくあることだったが――人員の不足だった。最初は、タンジールの守備隊は約四〇〇〇人の兵力だったが、理想的にはこの数が維持されるべきだと本国政府は大筋で合意していた。だが実際には、一六七〇年以後、入植地の兵士は一五〇〇人を超えることはめったになかった。というのも、それ以上の人数のために使える金、いや、すでにいる者への金を遅滞なく支払うための金さえ不十分だったからだ。十七世紀のあいだに、イングランドは海外ヴェンチャーにますます積極的に関心を持つようになり、このような事柄において民間企業に主導権を譲りたがらなくなっていった。だが自国の外で支配力を行使したり拡大したりする能力は――願望とは裏腹に――地中海、北米、カリブ海、あるいはアジアでも限定的なままだった。一六七〇年、チャールズ二世はジョン・ロティエに立派な銀メダルの制作を依頼し、帝国の野望のスケールを明確にしようとした。そこにはDiffusus in Orbe Britannusとの銘が刻まれていた。すなわち、ブリトン人が世界中に広まるということだ。だがわずか二年前に、王はボンベイの直接支配の試みを断念させられていた。この段階では、王室の予算も国王の軍隊も、インドでの冒険的な事業に関与することができなかった。国王軍が参戦することになった一六八六年のベンガルでの陸上攻撃は失敗に終わり、二年後のインド西部に対する海軍の軍事行動も失敗した。[22] このような状況に照らし合わせると、タンジールの運命とて何ら変わりはなかった。もっとも、タンジールは、この段階でのイングランドという国の海外における支配力や兵力の限界を一層劇的に示していたのだが。

兵員は不足し、守備隊の給料は常に遅れ、一方を荒れ狂う海に、もう一方を多勢のモロッコ軍に挟まれ、タンジールはひどい内部分裂に陥った。守備隊の多くは、議会と神聖なイングランドの共和国のために一六四〇―五〇年代の内戦で戦った経験があった。今や異国の太陽のもとで汗をかきながら、なぜ王のために自らの命を危険にさらすのかという疑問を口にする者もあった。タンジールの一人の伍長が一六六三年に次のように文句を言うのが聞かれた。「オリヴァー・クロムウェルに仕えていた頃は、人間らしい給料をもらった。だが今では誰ともわからぬ者に仕え、糞みたいな給料だ」。別のタンジール兵はチャールズ二世について、「イングランド人ではなくて、スコットランド人かフランス人だ」というたしかに間違っていない文句を口にした。この二人はどちらも処刑された。[23] 入植地の女性たちの中にも反抗する者がいた。主として、貧困、退屈、近隣や愛人との喧嘩が原因のようだったが、ときとして政治が原因のこともあった。一六六四年六月、マーガレット・サマートンという人物が、反乱の企てと煽動の罪で有罪となった。彼女は、タンジールの守備隊の一団の前で鞭打たれたのちに投獄され、公文書から姿を消した。[24]

だが、最も永続的なトラブルを引き起こしたのは、国と宗教の違いだった。名目上タンジールはイングランドの植民地だったが、すべてのイングランドの、そして最終的にはあらゆる時代のイギリスの植民地と同様、さまざまな国籍、宗教、文化の寄せ集めだった。オランダ人、フランス人、イタリア人、ポルトガル人、そしてユダヤ人入植者、人数の変動はあるがムスリム奴隷や商人もいた。そして、ウェールズ人、スコットランド人の入植者と兵士もいた。だが主要な集団はイングランド人とアイルランド人で、両陣営はプロテスタント教徒とカトリック教徒に代表された。これらの宗教的・国家的派閥は、争いを繰り返してきたが、ありきたりな争い方をしていただけではなかった。一六八〇年の包囲のあいだ、イングランド王のためにタンジールの要塞を守るアイルランド人カトリック教徒の兵士や将校は、城門の外のモロッコ部隊に所属するイングランド人プロテスタントの離反者に筒抜けになるのを防ぐために、ゲール語でお互いに指示を出さなければならなかった。[25]

この件が示すように、タンジールでは脱走が大問題だった。最初は、数十名が守備隊から毎年こっそり逃げ出していた。だが時が経つにつれて給料が滞り、刺激や職業意識が薄れて退屈し、希望も失せると、さらに多くの者が逃亡した。イングランドの最高司令部が認めたように、改宗したキリスト教徒としてタンジールで運試しをしたがるモロッコ人脱走兵よりも、常にずっと多くのイングランド兵が脱走して、モロッコ軍やイスラム教に向

9　タンジールの突堤の破壊、1684年、ディルク・ストープ作。

かった。[26] 味方につかまり有罪となった不運なイングランドの脱走兵は処刑され、死体は、太陽と腐肉食の鳥に食い尽くされるまで処刑台に吊るされたままにされた。タンジールの城壁を越えたがともかく悪意はなかったことや、自らの行いを深く悔いていることを何とか法廷に伝えることができた者は、奴隷——この語が実際に判決を下すときに使われた——となることへ刑罰が変更されたこともあっただろう。彼らは鉄の手かせ足かせをされ、無給で要塞の修理をさせられたかもしれない。このように、帝国のイングランド人（そしてアイルランド、スコットランド、ウェールズ人）で問題を起こした者は、同種の人びとによって奴隷に降格された。

実に印象的なことだが、占領者によってタンジールに適用された言葉のどれほど多くが監禁のイメージを喚起していることだろう。ダートマス卿が一六八四年初頭に入植者を退去させる前に行った最後のスピーチにあるように、イングランド人が多額の費用をかけて建設したタンジールを取り巻く城壁は、植民地の背後の丘とともに、閉所恐怖症になりそうな狭さと煩わしい束縛を思わせるものだった。これは、危険から安全へ、監禁から自由へ、追放から母国へ、連れ戻してくれることに対してチャールズ二世に感謝するタンジール開拓移民の式辞への返答の中にあった。[27]このような不平不満の一部は手に入れ損ねた物の悪口を言う負け惜しみだったのかもしれないが、その植民地に関して直接体験を持つ人びとがもっと早い時期に発したコメントも、同じような調子を帯びている。タンジールは「完璧な牢獄」だと初期の占領者の何人かが断言した。そして、ある元入植者は、守備隊がタンジールを「解放されたければ墓場に行くしかない、病んだ牢獄」と見なしていると主張した。[28]イギリス人にとっては、このような牢獄のアナロジーがその植民地の最も持続する文化的遺産となった。十八世紀末まで、ロンドンのニューゲート監獄の最悪の区画の一つは、通称タンジールだった。今日まで判断を誤らせるほどの徹底ぶりでイギリス帝国の上品な歴史からエアブラシで消されているが、タンジールはしばらくのあいだは、監禁と拘束の場として、すなわち虜囚の場として記憶され続けていた。

この点でも、最初は大切にされて称えられたが失敗に終わったこの植民地は、もっとずっと広い帝国との関連性を持っている。タンジールは、後世の幾多の非常事態や災難と同様、イングランドや後のイギリスが海外領土の野望にふさわしい兵力や財政支援を併せ持たなかったことで発生しえたリスクや危険を示している。それは、帝国ビジネスがときとして、直接行動を起こした者を、もっぱらとまでは言わないが特に貧しい白人を、隠喩的な鎖だけでなく本物の鎖につないだ経緯を描き出す。それは、人びとが家から何百マイルも離れた所に置き去りにされて追い詰められたときに、いかにして規律や忠誠が擦り切れてなくなり、民族・宗教・政治の分裂が浮かび上がってくるのかを見せてくれる。それはまた、そのような状況で、ウェールズ人、スコットランド人、イングランド人、アイルランド人の男女がいかにやすやすと囚われの身に陥ってしまうのか、あるいは、自分の自由意思を翻すのかを示している。タンジールは帝国の饗宴に水を差すものであり、実際にこの初期段階での帝国の維持がイギリス人にとっていかに困難であったか、逆に言えば、将来より大きな成功を達成するつもりであればいかに多くの調整と出費が必要となるのか、ということについての不愉快で間の悪い思い出だった。それゆえ、イギリス帝国の勢力拡大が最終的に避けがたく必然的なものとして再創造されることになったとき、他ならぬこの植民地の物語が静かに覆いをかけられて放置されたのは、さほど不思議なことではない。

だからこそ、このエピソードを掘り起こすことが重要なのだ。タンジールを徹底的に研究し、その問題の多くがどれほどまでにその後起こることの前兆であるかを認識することは、われわれに、もっと多様で偏見なく決めつけすぎないやり方でイギリス帝国にアプローチさせ、新しいものを見つけ出させる。それは、議論の余地のない恐るべき権力行使とともに――イギリス人には――選ばなかった道、退却の際のドラマ、ときおり起こる失敗、重大な制限があったこと、そして、この帝国を作った人びとが常に多彩な顔ぶれで互いに反目し合っていたことをわれわれに思い起こさせる。タンジールを研究することはまた、われわれを、地中海と、商業や海軍や戦略におけるその重要性と、十字架に連なる諸国だけでなく新月の勢力によってもこの地で示された力や攻撃性に触れさせてくれる。これらの要素のすべて――商業と海軍と戦略面の要請、そして西欧列強とイスラムの複雑な関係――が、植民地タンジールの盛衰に密接に関わってきた。これらはまた、イギリス人が捕らえられる区域としての地中海での経験について重要なコンテクストを提供してくれる。彼らを誘惑する海はまた、彼らを陥れる海でもあったのだ。

第二章　イスラム勢力と海

バーバリ

一六七〇年、ジョン・オーグルビーは『アフリカ』という簡素なタイトルの豪華な書物を出版した。スコットランドに生まれ、ロンドンで印刷業を営む企業家となったオーグルビーは、真の情報と偽の情報の入り混じったこの概説書の複数のセクションを先行書籍から剽窃し、これに独自の資料やイラストを加えて出版した。普通であればこの書物の口絵にはタンジールの光景を選ぶところであろう。何しろ、タンジールは当時まだイングランドの植民地であり、北アフリカにおける植民地支配の伸展や商業利益の増大を先導する起点として広く期待されていたからである。ところがオーグルビーは、それとはまったく異なる、穏便とは言い難い口絵を選んだ。

豹革のマントを着て笏を手にした煌びやかな黒人の支配者が、アフリカの人や動物や風景の中央で玉座についている。大きな眼をしたクジャク、偉そうな様子のラクダ、妙に細長いピラミッド、とぐろを巻いた蛇、そして奇妙な鳥がいる。「ホッテントット」すなわちコイコイ族の女性も描かれているが、その垂れ伸びた乳房を、背

10　ジョン・オーグルビー『アフリカ』の口絵

中の赤ん坊が肩越しに引っぱり上げ、必死に吸いついている。[1] この想像上のアフリカでは、すべてが不思議な魅力をたたえ、おどろおどろしく、ヨーロッパの基準からはかけ離れている。とはいえ、ここに描かれているのは、単なる白人の偏見以上のものである。この版画の右端には、黒人王をじっと見上げる一人の男がいる。頰骨が高く、口髭をたたえ、肩幅が広く、それゆえに強いこの男は、イスラム教徒の象徴とされるターバンを巻いている。彼が何気なく握っているのは裸の奴隷たちをつないだ鎖である。この奴隷たちだけが白人であり、彼らは男性でもある。オーグルビーの時代のイングランド人読者にとって、アフリカについて書かれたこの本を開く行為は、本を開いた途端に、捕らえられ奴隷にされた同類たちの絵と出会うことを意味していただろう。

当時の読者ならそれが示唆することをすぐに理解したはずだが、今日の私たちはその多くを忘れてしまっている。十七世紀の初めから一七〇〇年代初めにかけて、イングランド（後にはイギリス）とイスラム文化との接触において、最も広く知られていると同時に議論の的となっていたのはモロッコ、アルジェリア〔当時のアルジェ摂政領。現在のアルジェリア北部地域。四二頁の地図参照〕、トリポリ〔現在のリビア北部地域〕、そしてチュニジアといったいわゆるバーバリ勢力との接触であり、アルジェリア、トリポリ、チュニジアはすべてオスマン帝国の摂政統治区または軍用地域であった。一六〇〇年から一六四〇年代の初めには、これらの北アフリカ地域からコルセアが出撃し、地中海や大西洋では八〇〇以上のイギリス、スコットランド、ウエールズ、アイルランドの貿易船が襲われ、その積み荷が奪われたり、乗組員や乗客が捕らえられたりした。これらの年月にわたって約一万二〇〇〇人のイングランド臣民が捕らえられたものと思われるが、ほとんどの場合、そのまま奴隷として北アフリカやオスマン帝国のどこかで一生を過ごすことになった。一六六〇年から一七三〇年代にかけて、少なくとも六〇〇〇人のイギリス人が新たにバーバリのコルセアと出会ってしまった。合計すると、十七世紀から十八世紀を通して、バーバリのイギリス人虜囚はおそらく二万人以上にのぼる。これらの人びとは、この時期に北アフリカに拘束されたヨーロッパ人全体のごく一部にすぎなかった。フランス人、ナポリ人、オランダ人、ドイツ人、スカンディナヴィア人、ポルトガル人、アメリカ人も、そして特にスペイン人の虜囚や奴隷たちもいたのである。一七六〇年代においてもなお、アルジェリアからだけでも一四〇〇人のスペイン人が身代金を払って救出されなければならなかった。(2)

当時のヨーロッパ人――そしてそれ以降のヨーロッパ人の多く――にとって、この人間をめぐる交易を地中海の詳細な文脈の中に位置づけて述べることは、まず難しいことではなかった。彼らはその交易者たちのことを、モロッコ人であれ、アルジェリア人であれ、チュニジア人であれ、トリポリ人であれ、バーバリの海賊とかトルコの海賊といった名で呼び、海を恐怖に陥れ、合法的で平和的な交易を食い物にし、無垢なキリスト教徒を売り飛ばしてイスラム教徒の奴隷にする者たちだという烙印を押した。「バーバリ」という言葉はもともと北アフリカの原住民であるベルベル人を指すことばだった。(3) しかしながら、「バーバリ」という言葉は、イギリス人がこの言葉を使うときには通常、(エジプト以外の) 北アフリカ地域全体を表すとともに、アラブ人、ベルベル人、モリスコス〔スペインのムーア人〕、オスマン・トルコの兵士や役人などその地域の多様な民族すべてを表す包括的な言葉となった。そして、地理的位置を示す記号としてのバーバリと、侮辱を表す「バーバリアン (野蛮人)」との音の類似は容易に見いだせるものであり、論客たちはこれを何世代にもわたって予想される通りの意味でさんざんに使い回してきた。牧師であり旅行記作家でもあったサミュエル・パーチャスは一六〇〇年代の初めにアルジェリアについて、

交易の汚水溝に奴隷の悪臭、不潔な猛禽たちの鳥小屋、海の悪魔たちの住処……キリスト教世界にとっての鞭、バーバリアンにとっての防壁、ヨーロッパにとっての恐怖、……島々の災難、海賊の巣窟。(4)

と書いている。

「海賊（pirates）」はバーバリと同じく便利でよく使われる呼び名であったが、的確なものではなかった。この呼び名は、アルジェリアや、モロッコ、チュニジアや、トリポリから出港してヨーロッパの船舶を捕獲していた者たちを、イングランドの海の賊（sea-robbers）と同等に扱っていた。一六〇〇年にはイングランド沿岸にまだ当たり前のようにいたこの海の賊たちは、カリブ海やその他の海域ではそれ以降もずっと長く活動していたのである。貪欲、困窮、攻撃性はこれらすべての航海者に共通するものだったが、北アフリカの「海賊」たちは、たいてい、本国の共同体の法の外で独立して活動する者たちというよりは、共同体の歳入引き上げシステムの重要な部分として公式に認知されていた。一六八〇年代以前、オスマン帝国支配下のアルジェリアはイングランド船舶にとって最大の脅威であり、統治者は自らの管区を本拠とする船員によって捕獲されたすべての船荷と虜囚について利益の分け前を受け取っていた。モロッコの統治者たちも、海でモロッコ臣民が手に入れた人や商品に税を課していた。したがって、バーバリの「海賊」はコルセア、すなわち私掠船という名で呼ばれる方がふさわしく、北アフリカのコルセアによる攻撃は、海賊による攻撃とは違って、無差別に行われるということはめったになかった。これらのコルセア船団が標的にしたのはキリスト教徒の船舶であり、とくに、コルセアやそのスポンサーが戦争相手と考えている国の船舶であった。

この時代だけのことではないが、西洋の諸勢力はイスラム勢力の攻撃を非難するわりには、イスラム勢力の攻撃と自らの行動とが相似関係にあることはあまり認めようとしなかった。というのも、程度は必ずしも同じではなかったとはいえ、ヨーロッパ人も地中海においてコルセア活動を行っていたからである。ピーター・アールが述べているように、マルタ島の聖ヨハネ騎士団は海に出てイスラム教徒の船を餌食にすることが常で、乗組員や乗客を捕まえて、彼らを誰もが売り買いできる市場で売った。一七二〇年にはマルタ島に推定一万人のイスラム教徒奴隷がいた。地中海に立派なガレー船を有するヨーロッパの諸勢力――フランス、ジェノヴァ、ヴェニス、そして教皇領――も、オスマン・トルコやモロッコの船から捕獲されてきた奴隷の労働力に大きく依存していた。(5)

しかし、この地中海の奴隷貿易に最も複雑に関わっていたのは、非常に長いあいだイスラム勢力とキリスト教勢力との接点となってきたスペインであった。一四九〇年以降、スペイン沿岸からつぎつぎと追われることになったイスラム教徒のほとんどが、北アフリカ沿岸に落ち着くことになった。これらの人びととその子孫たち（モリスコス）の中には、不作ばかりの痩せた土地で生活していくために、そして、復讐のための聖戦を実行するために、コルセア活動を始めるものもいた。十七世紀だけでも、少なくとも一万五〇〇〇人のスペイン人男女が北アフリカの虜囚状態から救い出されなければならなかった。さらに何千人もの人が、アンダルシアの沿岸の村々がコルセアの襲撃を受けた際にさらわれたり、小さな船で沖合で操業しているところをさらわれたりして、故郷に戻る機会がないままに死んだ。しかし、こういった事柄の反面で、スペインには北アフリカの船から捕らえてきたイスラム教徒虜囚たちがいた。一七一四年、あるイギリス海軍大佐は、奴隷となった同郷人と交換するためのモロッコ人奴隷を探すにあたって、「スペインの沿岸に位置するいくつかの町には、年をとっていたり、目が見えなかったり、足が不自由だったりして、非常に手頃な値段で買えるムーア人がいるはずだ。どうであれ構わない。生きていれば皆合格だ」と淡々と述べた。(6)

では、イギリスそのものはどうだったのだろうか。スペインやフランス、そしてイタリア諸国のいくつかとは違ってイギリスはガレー船を持たなかった。そのため、イスラム教徒虜囚たちを労働力として確保しておくことには魅力を感じなかったようだ。さらに、これから見ていくように、イギリス人は帝国としての戦略上の理由から、出会った北アフリカ人虜囚を奴隷にするよりは、解放することが多くなっていった。だからといって、イスラム教徒を奴隷とすることそれ自体にためらいを覚えるようになったというのではない。モロッコ人奴隷たちは、タンジールがイングランドの植民地だった時期を通してそこで使用された。王立海軍はまた、バーバリの一つまたはそれ以上の勢力と交戦していた時期、捕らえたモロッコ人の船乗りや商人たちを、イスラム教徒奴隷を労働力として使用しているヨーロッパの国々に売り渡すこともしばしばだった。(7) さらには、ごくまれにではあるが、北アフリカ出身の男女が大西洋を拠点とするイギリスの奴隷商人の手に落ち、最後にはアメリカ南部のプランテーションで働くことになったという例も見受けられる。

したがって、アブダラ・ラルイの言葉を借りれば、虜囚の獲得や奴隷化は近世においてはまさに「地中海的……現象」であり、決してイスラム教徒だけのものではなかった。[8] 北アフリカ諸国出身の船乗りたちだけでなく、フランス人、スペイン人、ポルトガル人、イタリア人、オランダ人、イギリス人、そしてアメリカ人さえもが皆この取引に関わっていたのである。しかし、この地域で虜囚や奴隷の状態を経験した人びとや、それを恐れながら生活したり航海をしたりした人びとが、自らの置かれた苦境についてよく考えてみたり、相対的な見地から眺めてみたりすることはめったになかった。ほとんどの人びとが自分自身の恐怖のことしか考えなかったし、そこから先へ考えを進めることが仮にあったとしても、生まれや宗教を同じくする同郷の人びとの苦しみのことを考えるだけだった。このことは、イギリス人について特に言えることであった。イギリスは、フランスやスペインやイタリア諸国とは対照的に、北アフリカやそれ以外のイスラム教徒奴隷や虜囚を本国内に置いておくことはめったになかった。そのため、ブリテン諸島の男女が北アフリカのコルセア活動を自国による暴力行為や残虐行為に対する自然な反応だと捉えることはまずありえなかった。イギリス人の中で、北アフリカのコルセアによって自らが海で捕らえられる危険性と、イギリス人の奴隷商売が西アフリカの男女に与えているはるかに大きな脅威との相関関係に気づいていた者はごく少数だったと思われる。ほとんどのイギリス人にとって、バーバリのコルセア活動や虜囚獲得が単なる極悪非道の行いであり一種のテロ行為であったことは明らかである。さらに、バーバリのコルセアが引き起こす不安は、ヨーロッパにおけるイギリスの敵国が雇った私掠船の引き起こす不安とは、程度や質の点でまったく異なっていた。バーバリの諸勢力が何世紀もかけて捕獲したイギリス船、ウェールズ船、スコットランド船、アイルランド船の数をすべて合わせてみても、サンマロ港という一つの港から出航していったフランスの私掠船が捕獲した数さえ上回りそうにない。というのも、サンマロ港から出航したフランスの私掠船は、一六八八年から一七三三年のあいだだけでも二〇〇〇のイギリス船を捕らえたからである。[9] とはいえ、ヨーロッパの私掠船による損失は開戦期に限られており、イギリスでは商業的観点で捉える見方が圧倒的だった。積み荷や船は永遠に失われるかもしれないが、人が失われることはめったになかったのである。それとは対照的に、バーバリの脅威はより長く存在し続け、はるかに予測しにくく、単なる経済的リスクや損害以上のものを伴うと感じられるのが常だった。

バーバリのコルセア活動は実状とはまったく不釣り合いな警戒心と怒りを引き起こしたが、それは、イングランドの、そして、つまるところはイギリスやイギリス帝国の従来の活動を否定するように見えたためである。ジエイムズ・トムソンの「ブリタニアよ、統治せよ」(一七四〇年)では「イギリス人は決して奴隷にはならない」と宣言されているにもかかわらず、北アフリカのコルセアはイギリス人をまさしくその奴隷状態に至らしめる可能性があった。バーバリのコルセア活動はまた、イギリス人のキリスト教信仰や、さらに言えばプロテスタンティズムの信仰を傷つけることにもなった。なぜなら、北アフリカで奴隷や虜囚となれば、イスラム教へと無理やり改宗させられたり、さらにまずいことには、イスラム教の影響に長くさらされることによって自らイスラム教を選んだりする危険性があると信じられていたからである。何よりも、こういった形の虜囚獲得行為は、海上での出来事であるがゆえに不安を引き起こした。デイヴィッド・アーミテイジが示すように、十六世紀以降、著述家や理論家は国家や帝国としてのイギリスの運命について述べる際に常に海事に言及してきた。イングランド、ウェールズ、スコットランドからなる島が一個の統一された国家になること――一七〇七年まで達成されなかった――を望む人びとは、この政治的合意に神も自然も賛成していることを示す強力な証拠として、島々を取り巻く海を引き合いに出した。文字通り、海こそがイギリスに形を与えていたのである。海はまた、イギリスが愛し崇め奉る商業の媒体であると同時に、帝国というイギリスの神話にもきわめて重要なものであった。これは単にこの帝国が王立海軍の力に依拠しているという理由からだけではない。政治評論家や政治家たちは、何世代にもわたって、イギリス帝国の特徴や慈愛の源は海事力だと考えていた。彼らによると、古代ローマ帝国やカトリックのスペイン帝国が残虐さを助長し、創建者たちを堕落させ、最終的に衰退に至ったのは、彼らが軍事的な征服に頼ったからであった。対照的に、イギリス帝国は——主に海に依拠しているため——自由や繁栄を与え、結果的には持続するであろうというわけである。一六八〇年代にサー・ウィリアム・ペティは、「帝国と自由を欲する者たちよ、造船術を奨励しようではないか」と書いた。[10]

したがって、バーバリが恐れられた理由の一つは、そのコルセアが、商業、自由、力、そして誇り高きイギリスのアイデンティティの象徴であった海を、脅威の源、そして奴隷となる可能性の源へと変えたからである。バーバリのコルセアはまた、——タンジールと同じく——イギリスをイスラム権力やイスラム政治との激しく、当初は不利な出会いへと引きずり込んだことからも、恐怖を引き起こした。中欧や東欧やイベリア半島とは対照的に、イングランドや、ウェールズ、スコットランド、アイルランドは、十七世紀になるまで、オスマン帝国やイスラムの実際の力をありありと見せつけられることは一度もなかった。したがって、一六〇〇年以降、北アフリカの海の略奪者たちから莫大な損失をこうむり始めたとき、これは独特の深刻さをともなって経験された。イギリス人は、一大イスラム帝国であったムガール朝インドに商人や周縁的居住者として近づき始めたのとまさに同じ時期に、地中海や大西洋で活動するイスラムの略奪者や、あらゆるイスラム帝国の中で最も恐ろしいオスマン帝国の前線地域に対処しなければならなかったのである。

しかし、他ならぬこの虜囚パニックの帝国的意義を十分理解するためには、私たちはことをさらに深く掘り下げる必要がある。昔の地中海を主としてイスラム教勢力とキリスト教勢力とのあいだの争いや対立の場と見る代わりに、この注目に値する内海をもっと複雑な出会いの舞台と見るべきだとフェルナン・ブローデルは主張した。この舞台の役者たちはさまざまな言語を話し、必ずしもお互いの言うことがわかるわけではない。また、私たち聴衆も、実際に何が起こっているのかを常にはっきりと理解しているわけではない。というのも、プロットや話の筋は複雑で、必ずしも見かけ通りではないからだ。(11)

バーバリ勢力が商業を脅かし、イングランド人、ウェールズ人、スコットランド人、アイルランド人などの多くの不運な人びとの生命や自由を脅かしたというのは、なるほどその通りである。もう少し深く考えれば、バーバリ勢力が非常に長いあいだ憎まれ恐れられたのは、彼らが選んだ戦略や攻撃手段が海であり、彼らがイスラム教徒だったからである。しかし、イギリスとその帝国に関する限り、バーバリは次第に、単なる脅威や憎しみの的とは異なる、それ以上のものとなっていった。したがって、犠牲者の数を数えたり、どういった種類の虜囚や奴隷がいたのかを調査したりすることは重要だが、それだけでは足りない。イギリス国家はヨーロッパの小国であり、海洋帝国を築くことにかつてないほど熱心でありながら、それを実現するために常にさまざまな非ヨーロッパの補助支援に頼っていた。私たちは、バーバリとこのイギリス国家との関係の変化をも見ていく必要があるのだ。

数値的側面

バーバリの虜囚たちは皆、事実上、歴史の無知の中に閉じ込められたままである。彼らについては、私たちが知りえず、これからも決して知ることのないことが多くある。(12) イギリスや他のヨーロッパの奴隷商人たちが西アフリカ出身の男女を買い取り、海の向こうに船で運んで奴隷にしたとき、この奴隷商人たちは多くの場合、犠牲者たちをリスト化し、かかった金銭上の費用を台帳に記入した。この文書化嗜好、言葉にできないことを記録し

11　コルセア活動拠点としてのアルジェ市

ようとする傾向のおかげで、大西洋での奴隷貿易を研究する歴史家たちのあいだでは長い時間をかけて徐々に、その特性について完全とは言えないまでも大まかなコンセンサスができあがってきた。他方、これとはまったく異なるがそれに劣らぬ死亡者を出すこともあった人間貿易、つまり北アフリカのコルセアによる人間貿易に関しては、イスタンブールのオスマン帝国アーカイヴがもっとよく知られるようになれば、これらの虜囚たちのうち少なくとも一部の者については、最終的にはもっと確かな統計的基礎が得られることになるだろうが、ヨーロッパの奴隷貿易のようなリストや台帳は残っていない。とはいえ、バーバリが捕らえた虜囚たちの総合的な人数を知る方法が永遠にないと思われる一方で、彼らがイギリスに与えた衝撃については、大体の輪郭が明らかになっている。

十六世紀に漂遊中の船や船員たちがオスマン帝国やバーバリの船によって捕獲されたのは、地中海貿易へのイングランドの関与が増大したことの自然な帰結であった。(13) しかし、十七世紀の初めには、王朝の交代や外交上の変化、また、イングランドの海軍力の一時的低下のために、虜囚となる危険性がそれまでとはまったく異なるレベルにまで上昇した。一六〇三年にスコットランド王のジェイムズ六世がイングランド、ウェールズ、アイルランドの王であるジェイムズ一世となったとき、彼はスペインと和平を結び、そうすることによって、彼の王国は当代一のキリスト教帝国でありオスマン帝国とは最も仲の悪かった国と手を組むことになった。報復は素早かった。一六一六年までに、アルジェリアだけでも四五〇以上のイングランド船が捕らえられたと推測されているが、これは単なる始まりでしかなかった。(14) 一六一〇年代から一六三〇年代のあいだに、南ヨーロッパとの交易に深く関わる遠洋航海の拠点であったコーンウォール州とデヴォン州は、船舶の五分の一を北アフリカのコルセアに捕獲された。一六二五年には、たったの一年で、西南部地方の主要港プリマスから航海に出た一〇〇〇人近くの船乗りや漁民が、ほとんどの場合、沿岸から三〇マイル以内のところで捕らえられた。デイヴィッド・ヘブの計算では、全体的として、一六四二年に大内乱が勃発する以前の二〇年間で、バーバリのコルセアがイングランド船舶に対して与えた損害は一〇〇万ポンドを優に超え、これを今日の価値になんとか置き換えようとすると、一〇〇倍以上にする必要がある。(15)

この十七世紀初期の数十年間に捕らえられて北アフリカに連れて行かれた八〇〇〇人ほどのイングランド人、ウェールズ人、スコットランド人、アイルランド人のすべてが海で捕らえられたわけではなかった。この時期、アルジェリアの船団は、イングランドの西南部地方やチャネル諸島、アイルランドの沿岸をときおり襲うことができるほど強かった。一六四六年にアルジェリアから買い戻された一九人の女性の中に、エレン・ホーキンズとジョーン・ブラブルックがいたが、二人はコーク県のボルティモアで一五年前に捕らえられた女性であった。同じ年、さらに六人の女性が連れ帰られたが、彼女たちはアイルランド南岸沿いのヨールの出身だった。(16) ジェイムズ一世の後継者であるチャールズ一世は、弱体化しつつある海軍のために追加収入を得ようとして臣民に船舶税を課し物議をかもしたが、その原因の一つとなったのがこれらバーバリの――船や、積み荷や、生命や、自国の海岸線に対する——略奪行為であった。同様に、一六〇三年以降にバーバリのコルセアが生命や商業に与えた多大な損害は、スチュアート王家出身の最初の英国王たちから民衆がどんどん離反し、彼らに対する民衆の幻滅が増大していく一因ともなった。一六四二年以降、イングランドとその隣接する国々とを引き裂くことになるさまざまな内乱が起こったのにも、——イギリスの歴史から完全に省かれていることがきわめて多いが——イスラム勢力がこれほどまでに関わっていたのである。

これらの動乱の結果、北アフリカのコルセア活動に対するイングランドの反応はよりシステマティックなものとなった。議会は虜囚たちの身代金を調達するために輸出入に税金をかけ、王立海軍はやがて北アフリカ勢力のいかなる戦艦をもしのぐ戦艦を備えるようになり、脅威を増した。この急速に力を増した海軍がバーバリのコルセア活動を抑えるために即刻使われるようになったことは容易に推測できるし、これまでもときに推測されてきた。ダニエル・デフォーは一七〇七年、

広い地球をあえて漂浪しようとする者は
イギリス戦艦のもとで安全に航海すべし
さらば　忌々しいアルジェリア人もコルセアも
我らが仲間を襲い　我らが財物を攻撃することなからん(17)……

と、自慢げに語った。しかしこれは、バーバリのコルセア活動の被害を受けやすかったスコットランドの海洋貿易商人を説得してイングランドとの合同に賛成させるためのプロパガンダだった。実際には、増強されつつあるイギリスの海軍力がコルセアの引き起こす脅威を即座に拭い去ることはなかったし、できなかったのである。

私はすでに、バーバリのコルセアに対する近世の認識と、今日のテロに対する西洋人の認識とのあいだの類似

実を一つ指摘しておいたが、類似は他にもいくつかある。バーバリのコルセア活動は広範囲で起こる根深い現象であったため、強大な陸海軍でさえ優位に立てたのはほんの束の間だったという点でも現代のテロと似ていた。実のところこれもまた今日のテロと似ているのであるが、コルセアは西洋の力のもととなっているものを、一部、自らの利益へと変えることができた。一六五〇年以降、イングランド人はますます強力な海軍を築いていった一方で、この海軍が守るべきものも増えていった。一六二〇年代には一一万五〇〇〇トンあったイングランド商船は、六〇年後には三四万トンに増えていた。これらの統計は通常、当時のイングランドの富や世界における権力範囲の拡大を示す紛れもない証拠として取り上げられることが多いが、ジェラルド・エイルマーが指摘したように、「国の商業船舶が増大すればするほど、そして、その海外貿易に対する権益が遠くまで広がれば広がるほど、潜在的にそれらはよりいっそう商業略奪にさらされやすくなる」[18]。地中海そして大西洋でさえ、イングランドの船が増えるたびに、コルセアの潜在的な収穫が増加したのである。

こういうことになったのは特に、これらの船のほとんどが小さく、船員は限られ、自己防衛のための大砲もほとんど備えていなかったか、まったく備えていなかったからである。そして、北アフリカのコルセアは、ますます小さな船を餌食にするようになった。一七一四年から一七一九年のあいだにモロッコのコルセアによって捕獲されたイギリスやニューイングランド出身の二七艘の船のリストを見ると、どの船の船員も平均して一〇人に満たなかったことがわかる。それより後の数十年に関しても、現れるのは同様のパターンである。一七三四年にモロッコから約一五〇人の虜囚たちを買い戻すために派遣されたあるイギリスの特使は、それらの虜囚たちは一二の異なる船に乗っていた者たちだったと報告している。これらの船の中で特に大きい船には、二五人の乗組員がいた。しかしながら、乗組員が六人だったアン号や、スコットランド人の乗組員たった七人だけを乗せマラガ沖で捕獲されたジョン号のほうがはるかに典型的である[19]。この種の船にとってコルセアに対抗するための唯一現実的な防御手段は海軍の護送船団システムであったが、これは必ずしも利用できるとは限らなかったし、実際に役に立つとさえ言えなかった。傷みの非常に早い積み荷を運んでいる船には護衛艦隊が集合するのを待つ余裕がなかった。また、貿易商人たちは、競争相手と同じ護送船団で同時に外国の港に到着することを必ずしも望まなかった。というのも、競争相手の船と同時に港に入れば、当然のことながら、自分たちの積み荷の値が下がるからである。にもかかわらず、イギリスが北アフリカ勢力と争っているときにはいつも、地中海貿易港から海軍省に対して激しい出動要請が行われた。ブリストルのマーチャント・ヴェンチャラー組合の者たちは、モロッコとの新たな戦争が差し迫っていた一七五四年、「このような船にはいかなる防御手段もまったく備わっておらず、皆様が十分な数の戦艦をよこして下さらないならば、情け容赦ない敵の餌食になる（その結果、財産だけでなく陛下の臣民の多くの命を失う）しかありません」と書いた。[20]

この請願の年——一七五四年——を見ると、北アフリカのコルセアに対する恐怖がどれほど長く続いたかがうかがえるが、長年にわたるバーバリのイギリス人虜囚やアイルランド人虜囚の実際の数を数えることはきわめて難しい。イギリス諸島からの船に対する北アフリカの最後の総攻撃は一六七七年から一六八二年のあいだに行われたが、これは、イングランドがオスマン帝国支配下のアルジェリアと交戦中のことである。この戦争には八〇万ポンド以上の費用がかかり、少なくとも一六〇〇の商船（五〇〇という推定もあるが）が犠牲となり、約三〇〇〇人が虜囚となった。[21] 一六八二年にはイングランドとアルジェリアのあいだに協定が結ばれ、戦争は終結した。それ以降、イングランド国家は臣民の船舶にアルジェリアが同意した公式の通行証を与えることとし、アルジェリアはたいていの場合でその通行証を尊重した。しかし、これでイギリス人やアイルランド人が北アフリカで虜囚とならなくなったわけではない。主要な舞台は、アルジェリアからモロッコに移ったのである。一六八〇年以降、モロッコの恐ろしいスルタン、ムーレイ・イスマイルが国家財政の武器としてコルセア活動を組織化した。モロッコのコルセアによって捕らえられたすべての虜囚たちは今やスルタンの所有物となり、ヨーロッパ諸国は、同国人を個人または集団単位で買い戻すことはもはや許されなくなった。その代わり、彼らはいつ何どきでもモロッコにとどめ置かれた虜囚たち全員の代価を支払わなければならなくなったのである。

イギリス船舶に対する影響は、アルジェリアのコルセアによる初期の攻撃ほど致命的なものではなくなったが、その深刻さはさらに続いた。一七一一年には、モロッコのコルセア活動によってイギリスは一〇万ポンドの船や積み荷を失ったが、この年は二国間の和平が公式に結ばれていた年である。開戦中には——たとえば一七一五年から一七一九年のあいだには——イギリスの貿易上の損失は、はるかに大きかった。[22] モロッコの統治者たちは常に虜囚を身代金と交換したがっていたため、モロッコの国境内にいるイギリス人の数はどんなときでもたいてい限られていたが、常に補充されてもいた。一六九〇年にモロッコは少なくとも五〇〇人のイギリス人虜囚を留置しており、一七二〇年にはイギリス諸島出身の約三〇〇人の男性と一人の女性がモロッコにいたことが知られている。そして一七五九年には——虜囚の捕獲活動が一時的に明らかに鎮静化した後のことであるが——三四〇人を超えるイギリス人が留置されていた。しかし、こうした推定値すべてに当てはまることだが、これらの数は虜囚の状況を断片的に垣間見せてくれるにすぎず、その性質や実際の規模についてはほとんど何も伝えていない。

キリスト教徒の偏見、恐怖心、無知によって、バーバリの虜囚の数についての初期の推定値はその多くが過大に見積もられていたが、後の控えめな推定値についてもまた、今度は低すぎるというかたちで誤っていた可能性がある。イングランドに関する限り、これらの一見より思慮深く見える合計数の多くが、アラビア語を話せない北アフリカの特使たちによって提供された数値であったり、虜囚自身の嘆願に由来するものであったりした。たとえば、一六六二年に、アルジェ市にとどめ置かれた三〇〇人の男性が買い戻しを願う嘆願書をロンドンに向けて送った。しかし、これらの男性は、オスマン帝国支配下のアルジェリア（アルジェ摂政領）全体に当時とどめ置かれていたイングランド人虜囚全体のごく一部でしかなかっただろう。というのも、ある概算では、全体で約一二〇〇人の虜囚がいたと推定されるからである。[23] 虜囚状態から解放された男性や女性の数を時間の幅をもって確定することのほうがむしろ簡単である。一六四二年の大内乱勃発以前には、北アフリカのコルセアによって捕らえられたイギリス人の辛うじて四分の一しか故郷に戻る機会を得なかったようだが、一六五〇年以降はイングランド国家がよりシステマティックに虜囚の買い戻し事業に携わるようになった。一六七〇年から一七三四年にかけての政府の記録によると、少なくとも二二〇〇人の虜囚たちがイギリスに送還された。[24] これらの人びとについては、名前や出身地をかなり確実に知ることもできる。しかし、当該の六〇年のあいだに二二〇〇人の男女が北アフリカから戻ったとはいえ、これがこの時期に捕らえられたイングランド、ウェールズ、スコットランド、アイルランド出身の虜囚たちの合計数に近いとは決して言えない。

まず、買い戻された虜囚の数を示すこの二二〇〇という数には、この期間に北アフリカから自分で逃げ出した数え切れないほどのイギリス人やアイルランド人、そして、背教者となって北アフリカにとどまることを選んだ者たちの数が含まれていない。これにはまた、数多くのスコットランド人も含まれていない。というのも、一七〇七年のイングランドとスコットランドの合同以前だけでなく以後にさえも、スコットランドの長老教会や著名人たちは、スコットランド出身の船乗りたちを故郷に連れ帰るため、自らさまざまな手配を行ったからである。買い戻された虜囚たちの総数を示すこの二二〇〇という数には、捕獲の過程で殺された人びとが含まれていないことも明らかである。攻撃の的となった船がコルセアと戦うことはめったになかったが、遭遇戦の中には惨たらしい死闘となるものもあった。一七一八年にモロッコで虜囚となったイングランド人、ジェイムズ・エイモスは、二七人の乗組員の中でただ一人の生き残りであった。残りの仲間はコルセアの攻撃に抵抗しようとした際に、船もろとも吹き飛ばされてしまったのである。[25] さらに重要なことは、捕らえられた者たちすべてが後に買い戻されたわけではないということである。一六八二年のアルジェリアとの協定には、アルジェリアの住民は「自らの意思に反して、いかなる［奴隷］をも解放する」責務がないこと、そして、イングランド国家にはその臣民を買い戻す義務はないことが明記されており、後者の文言は後の協定でも繰り返し明記されることになる抜け穴条項であった。このような条項があったことを考えれば、イングランドがバーバリの虜囚に対して他の国家に比べてケチな対応しかしないという悪評がたった理由も説明がつく。一六七四年、アルジェリアの統治者はチャールズ二世に対してアルジェ市のイングランド人虜囚たちを買い戻すという以前の合意がまだ履行されていないと不平を申し立てた。「この状態のままでは、あなたの臣民たちは明らかに奴隷というわけでもなければ、明らかに自由であるというわけでもない……この件に関してあなたは処理をすることもなく、無視を決め込んでおられる」と。(26)

この問題に対するイングランド国家のケチくささはこの段階では財源が限られていたせいでもあったが、それはまた単なるケチでもあった。一七〇〇年以前、特に一六五〇年以前には、何百マイルも離れたところに留置されている虜囚のために身代金を払うことは、政府によって後回しにされることがあった。この件に関してしばしば政府が陥る無気力は、ある意味、この国のプロテスタント文化によってさらに悪化した。イスラムの私掠行為にさらされているヨーロッパのカトリック諸国は、ジェノヴァのように虜囚の買い戻し事業を扱う市民団体を組織するか、もしくは、フランスやスペインのように十三世紀以来イスラムで虜囚となったキリスト教徒のために献身してきたメルセス修道会と三位一体修道会という二つの教団を頼みにするか、どちらかだった。(27) 宗教改革のあと、これらの虜囚救出教団はオスマン帝国やバーバリで囚われているイングランド臣民を手助けすることはもはやできなくなった。国教会、スコットランドの長老派教会、そしてさまざまな非国教派の教会のどれもが、身代金を工面したり、バーバリの虜囚の置かれた状態を世に知らせたりするのに大きな役割を果たしたが、大陸ヨーロッパにおいてカトリックの虜囚救出教団が持っていたような伝手もなければ語学力もなかった。自分たちのために働いてくれる専従の宗教活動者がいないため、イギリスやアイルランド出身の虜囚たちは望みが断たれたように感じることもあった。読み書きが十分にできないある虜囚は、自暴自棄になりながら、一七一六年にモロッコから妻に宛てた手紙の中で「あらゆる国の民が必要物を供給されているが、哀れなイングランド人には国からの援助がまったくない」と書きなぐった。(28) この男が家に戻ることはなかった。

これは、海外のイングランド人虜囚やイギリス人虜囚に関する政治問題が本国での社会階級に関する政治問題といかにオーバーラップするかを示す一例である（私たちは今後さらに多くの例に出会うことになる）。あらゆる国の人びとに当てはまることであるが、この地中海での虜囚貿易の犠牲者となったイギリス人やアイルランド人のほとんどは貧しい労働者であった。いくつか目立つ例外もあった。インチクウィン伯爵は一六五九年にリスボンへ向かう途上で跡取り息子とともにアルジェリアのコルセアに捕らえられ、息子の方は攻撃を受けた際に片目を失った。しかし、虜囚の大多数は、予想される通り、零細な商人、漁師、海外の部署への異動途中の兵士、そして、何よりも船乗りであった。ウィリアム・シャーロックは、一七〇二年、北アフリカから数百人の虜囚が帰還したことを祝うためにセントポール大聖堂に集まった信徒たちに向かって次のように述べた。

この男たちがいてこそ、われわれは豊かになり、インド諸国の存在を実感し、東方のあらゆる華やかさを身にまとうている。この男たちこそが、船という木の壁に囲まれてわが国を守る男たちであり、この島の偉大なる強さであり栄光である。[29]

これは、なぜバーバリのコルセア活動がイギリスの本質に対する著しい侮辱と見られたのか、その理由を雄弁にまとめてくれている。船乗りたちはイギリスの海外貿易の担い手となったり海軍の要員となったりしたが、この海外貿易や海軍によってイギリスは帝国となることができた。しかし、船乗りたちはコルセアの第一の犠牲者であった。彼らはまた圧倒的に貧乏であり、それゆえに脆弱であった。[30] もし海で捕らえられ北アフリカにとどめ置かれたならば、普通の船乗りには自分の身代金を集めることなどほぼ不可能だっただろう。伝統的なヨーロッパの戦争で捕らえられた場合とは違って、敵側の虜囚との交換はまず望めなかった。たとえイギリスにいる家族の者たちがその船乗りの苦境を知ったとしても、彼のために金を集めるのは難しかっただろう。そのため、政府当局がなかなか介入に乗り出さないでいると、バーバリの虜囚たちは足留めをくらったまま何年ものあいだ、そしてときには永遠に、北アフリカに閉じ込められることにもなった。

ここに一つの例がある。一七〇一年、イングランド占領下のタンジールで兵士としての任務中に捕らえられた五人の男たちがモロッコから故国に戻った。当局は、このことを報告するにあたって、彼らが「二四年間にわたって奴隷で」あったと特に注釈を加えることもなく記している。[31] これは極端な事例であるが、イギリスやアイルランド出身の虜囚たちの中には北アフリカに五年以上留置される者も多く、一七〇〇年以前には、一〇年というのも稀ではなかった。最終的に虜囚状態から買い戻されることになった男女の数が、虜囚全体の人数を導きだすよい手がかりとならないのは、何よりもこれらバーバリの虜囚たちが捕らえられていた期間の長さのせいである。忍従を強いられた者たちは、虜囚状態が長引けば長引くほど相手側に寝返って改宗しがちであり、解放されるまで生き残れない者もそれよりはるかに多かった。十七世紀の半ばには、毎年、トリポリに留置されていたヨーロッパ人虜囚の五人に一人が死亡していたことが知られている。十八世紀になる頃には、バーバリの虜囚たちの死亡率は、疫病が流行した年を除いて以前より低下していたが、それでもかなりの高率が続いた。一七一四年から一七一九年のあいだにモロッコで虜囚となっていたイギリスや植民地時代のアメリカ出身者二六三人のリストを見ると、これらの人びとのうち五三人がその五年間に死亡していた。つまり、留置者全体の二〇パーセントを超える数の人が死亡したのである。同じリストからはまた、虜囚のままで死亡する危険は虜囚期間の長さに応じて容赦なく増えることがわかる。これら五三人の死亡者のうち四八人が、一七〇六年以前に虜囚としての過酷な試練が始まった成人男性や少年たちである。[32]

多くの年で、疫病は、虜囚にとっても虜囚捕獲者にとっても最大の死因であった。一六〇〇年代の初めには一〇万人くらい——当時のロンドンの約半分——だったと思われるアルジェ市の人口も、繰り返し起こる疫病の流行によって、一八〇〇年にはすでに約四万人にまで減少していた。ところが虜囚に関する限り、重要な死因は、食中毒、暑い気候に急に晒されたこと、恥辱、絶望、そして虐待であった。一六九一年二月、ジョン・ホワイトヘッドの船がモロッコ西岸に激突して粉砕した際、彼と九人の船員仲間が捕らえられ、マラケシュを通過してメクネスまで、中央アトラス山脈のふもとの丘陵沿いの二〇〇マイル以上の行程を何週間もぶっ通しで歩かされた。消耗、ショック、そして汚染された水のせいで、歩き切ったのは一〇人中二人だけだった。[33] 無理やり捕らえられ、友や家族から遠く離れた異国の地で奴隷状態に置かれたそのトラウマから死に至ることもあった。その一例が、先程述べた二六三人の英米出身の虜囚たちの実例の中に見出せる。というのも、これらの男性のうち平均して五人に一人が死亡したが、一方で、船長経験者の死亡率はそのほとんど倍に近い三八パーセントだった。一般に、船長は平均的な乗組員よりも年上だということもあったが、以前に指揮をとっていた経験がある彼らは、虜囚状態に置かれた際の地位や自律性の喪失にとりわけ敏感だった。同郷人たちはかつてないほどせっせとアフリカ人を運んで大西洋を横断していたが、そのアフリカ人たちがこれらのイギリス人犠牲者に教えてくれていたように、虜囚や奴隷たちは体への衝撃だけではなく、心への衝撃によっても死に至ったのである。

虜囚状態にあるあいだに死亡したり、捕獲の際に殺されたりしたイギリス人を計算に入れるとどうなるだろうか。また、一六七〇年から一七三〇年のあいだに買い戻されたイギリス人虜囚やアイルランド人虜囚の総計二二〇〇人という数には、逃亡者や、背教者、多くのスコットランド人、そして、ロンドン当局がまったく認知していなかったり、無視したり、取り戻すことができなかったりした人たちの数は含まれていないが、これを考慮に入れるとどうなるだろうか。さらにまた、この総数には外国の——スペインや、ヴェニスや、オランダなどの——船で働いたり移動したりしているあいだに捕らえられ、結局は、イギリスではなく、それらの外国の代表者によって対処された（または、されなかった）イングランド人や、ウエールズ人、スコットランド人、アイルランド人の船員たちも含まれていないが、これも考慮にいれるとどうなるだろうか。こういったことを計算に入れると、当該の六〇年のあいだに、恐らく五〇〇〇人を優に上回るイギリス人やアイルランド人が人生の一時期を北アフリカで虜囚または奴隷として過ごしただろうと考えられる。一六二〇年から一六四〇年代にかけてイギリス諸島出身の男女や子供たち約一万二〇〇〇人が同様の運命に苦しんだと見られ、一六六〇年代のはじめにはアルジェリアでさらに一二〇〇人の男性が虜囚となっていたとの報告もあることを考えれば、十七世紀の初めから十八世紀の半ばにかけて、北アフリカにはすべて合わせて少なくとも二万人のイギリス人虜囚とアイルランド人虜囚がいたのはほぼ確実であろう。この総数に加えて、一六〇〇年以降、オスマン・トルコの他の地域でさらにどれだけの数のイギリス人が虜囚や奴隷になったかは、今後の研究を待たなければならない(34)。

イギリス人も奴隷になる

このように捕らえられたり奴隷となる危険にさらされたりすることはイギリス人にとってどういう意味を持っていたのだろうか、また、これらの経験は本国の同国人によってどのように理解されたり想像されたりしたのだろうか。こういった問題はこれまで真剣に取り上げられたことがなかったが、その理由の一つは、一八〇七年までイギリスが演じていた黒人奴隷の売人という悪名高い役割にある。もっともなことではあるが、この役割のせいで、イギリスの住人自身が過去にまったく異なるかたちでさらされていた奴隷化の脅威から目が逸らされてしまったのである。この点においても私たちは、他のさまざまな点と同様、勃興途上にある冷酷な諸帝国が内包していた弱さ、恐れ、そして失敗の源を精査することに慣れていない。とはいえ、それらは確実に存在していたし、当時の人びともその存在を当然視していたのである。

また、オスマン帝国や北アフリカでの白人奴隷および黒人奴隷貿易は、大西洋での奴隷貿易よりも長いあいだ続いたにもかかわらず——ときには規模の面でもそれに匹敵するほどのものになることがあったにもかかわらず

――、今や、その貿易について知られることははるかに少なく、これらの地帯で何世紀にもわたって行われたさまざまな種類の奴隷所有や強制監禁についても同様である。もちろん、遺跡や現場はいくつか残っている。かつてコルセア活動の主要な拠点であった北モロッコのラバトを訪れれば、今でもメッラー門を通って旧市街地へ入り、狭く騒がしいコンシュール通りを通って、白人虜囚の売り場であったことがわかっている場所の一つである、ゲゼル市《いち》を訪ねることができる。しかし、たとえあなたが途中でフレッシュ・ミントや、挽いて粉にしたスパイス、焼きたてのパンの香りに、そして、安っぽい輸入玩具から宝石色の幾何学模様の敷物といったものまでさまざまな陳列品になんとか気をとられずに進むことができたとしても、ようやくたどり着いた目的地には見るべきものはほとんどないだろう。数知れぬイギリス人虜囚やそれ以外のヨーロッパ人虜囚たちが身ぐるみはがれて、指でいじられ、値切られた場所は、今では木陰の駐車場と、ラバトの最も優れた木彫り職人たちが住む家となっていて、その場所が以前どのように使われていたかを示すものはまったくない。

現地で書かれた証言や物的証拠の貧弱さとは対照的に、バーバリの虜囚や奴隷たちについてのイギリスをはじめとする西洋発の情報は多いが、それらはさまざまな度合いで偏りのあるものとなっている。真実は、恐れ、怒り、無知、偏見によって歪められ、絶望によっても歪められた。一六七〇年代には、オスマン帝国支配下のアルジェリアに留置されていた約一〇〇〇人にのぼるイングランド人虜囚の親や妻たちが、そのほとんどは貧しい人びとであったが、議会下院に次のような切実な訴えを行った。

上述のパトロンたち［アルジェリアの奴隷所有者たち］は、しばしば上記の虜囚となった男たちを強姦するほか、パトロンの多くは虜囚たちの肛門に鉄を突っ込み、腹をナイフで切り開き、尻を切り裂いて、その尻を酢や塩や熱した油で洗い、馬のように彼らを荷馬車で引きずります。

この嘆願書を書いた人びとは、北アフリカそのものや、北アフリカで虜囚たちが実際にどのように暮らしているのかについて、直接的な経験がほとんどないかまったくない人びとであった。彼らは、議会に衝撃を与えれば自分たちの家族を買い戻してもらえるかもしれないと微かな望みを抱いて反バーバリや反イスラム的な残虐物語をなぞって述べたにすぎない。虜囚たちもまた自分たちの苦しみを潤色した。一六四一年、アルジェリアに囚われていたイングランド人の船員が下院に対して書き送った嘆願書には、

ここに嘆願を申し立てます悲惨な虜囚状態にある約三〇〇〇人は、キリスト教徒らしからぬさまざまな労働だけでなく、ガレー船を漕いだり、荷車を曳いたり、製粉所で粉を挽いたりというようなさまざまなきわめて耐えがたい苦痛に耐え、極度の空腹に苦しみ、裸体を繰り返し殴打されております。(35)

とあった。

こういった申し立てにも幾分かの真理が含まれていたのだろうが、これらの男たちもまた、議会に行動を起こしてもらいたいがゆえに自分たちの苦境についてあくまで否定的なイメージを与えたかったのだろうと思われる。十八世紀の初頭になり、バーバリの脅威の低下が認められるようになると、北アフリカの白人虜囚や白人奴隷についてのイギリス人やそれ以外のヨーロッパ人の書き方は明らかにより微妙なものになっていく。『ロビンソン・クルーソー』（一七一九年）においてデフォーは、バーバリでの虜囚の実状と、民間伝承や伝統的な議論で見受けられるセンセーショナルな話とを注意深く区別した。主人公は、長期にわたって島に閉じ込められるその前に、モロッコのコルセアの手に落ちてサレで二年のあいだ奴隷状態を経験するのであるが、「私の受けた扱いは最初に心配したほどひどいものではなかった」と、常に冷静である。(36)

このことが示唆するように、バーバリにおける虜囚の経験の再構築がこれほどまでに難しいのは、同時代の

12　アルジェで船から降ろされる白人奴隷。イングランド人による1700年の絵。

人びとの先入観やバーバリ発の情報の乏しさもさることながら、その経験の多様さのためである。どの時代においても――そして一七二〇年代の初め以降は特に――、北アフリカのイギリス人虜囚のすべてが売られて奴隷になったり、重労働を強いられたりしたわけではない。奴隷になったり重労働を強いられたりした者たちでさえその運命はきわめて多様であったし、期間も著しく異なった。イスラム法のもとではたしかに、陸地であれ海であれ戦争で捕獲された異教徒は、白人であれ黒人であれ奴隷にすることができた。このあとはおきまりのことが続いた。すべての奴隷は世界のいかなるシステムにおいても地域においても商品となる。奴隷たちはもともと所属していたところから引き離され、自らの人生の最も重要な側面の一部またはすべてについてコントロールをはぎ取られる。奴隷には思いやりを示すようにとコーランは推奨していたが、それでもなお奴隷たちは、売ったり、相続したり、他の所有者に貸し与えたり、贈り物として送ったりすることのできる劣った身分の者たちだった。主人は奴隷の所有物をすべて思い通りにすることができた。法のうえでも実際においても、女性の奴隷は、売春をしなければならないというわけではなかったものの、性的に主人の言いなりであった。バーバリのコルセアの犠牲となったイギリス人女性やアイルランド人女性はつねにごくわずかであったが、――この立場におかれた他のヨーロッパ人女性と同じく――一七二〇年以前にはその多くが故郷には戻れなかったようである。そして、男性であれ女性であれ、若かろうと年老いていようと、白人であろうと黒人であろうと、イスラム政権下の奴隷や虜囚には、悪辣な所有者や番人や監督の支配のもとにおかれたり、性的虐待やその他の虐待を受けたりする危険があったのである。(37)

これらすべてにもかかわらず、北アフリカの白人奴隷や黒人奴隷は、カリブ海やアメリカ南部のプランテーションの大半の奴隷と比べてより多様な生活を送り、ときにははるかに自由な生活を送る者もいた。イスラム法の下では、奴隷たちは所有者の許可を得て自分の財産をもって結婚することができた。アラビア語には、商売を始める奴隷たちを言い表す特別の用語（maʾdhūn）もあった。そういった奴隷たちは、遊歴のイスラム教徒や虜囚となっているキリスト教徒に料理を提供する居酒屋などの店を持ち、利益の一部を一定の割合で所有者に手渡した。十七世紀の終わり頃のことであるが、ナッシュ氏とパーカー氏というジャマイカ在住の二人のイングランド人商人の運命は次のようなものであった。奴隷関連の経済活動に携わることで財産を増やした二人は、西インド諸島からイングランドへと戻る途中、モロッコのコルセアに捕らえられ、今度は自分たちがテトゥアンで奴隷となった。しかし、彼らの場合に限っては、これがアラビア語やその土地の商慣習を学ぶ機会となった。自由を買い戻したあと、二人は、本国には戻らずにテトゥアンで商社を設立し、この商社は十八世紀まで続いた。(38)

しかし、北アフリカの白人奴隷や白人虜囚の経験と、大西洋の向こう側の黒人プランテーション奴隷の経験との決定的な違いは――北アフリカの白人奴隷や白人虜囚にとって――故郷からの隔絶や自由の喪失は、常にとは言えないまでも多くの場合で期間の限られたものであったということである。一六五〇年以降、バーバリで虜囚となったイングランド人、ウェールズ人、スコットランド人、アイルランド人の男性は、彼らよりも金銭面や保護の面で優遇されていた女性の虜囚たちとともに、いつかは買い戻されることを期待して待つことができた。繰り返し述べるが、そのような身代金が届くのに一〇年またはそれ以上かかることもあったし、人によっては、体が弱かったり不運だったりして、ようやく届いても手後れということもあった。にもかかわらず、いつかは買い戻されるという見込みがあるために、北アフリカの虜囚所有者や雇用者たちは、イギリス人や他のヨーロッパ人虜囚たちを適度に健康な状態で生かしておこうという気になった。身代金制度は、虜囚たちに自由を得る期待を抱かせ、雇用者たちには金を得る期待を抱かせた。身代金制度は、虜囚にも雇用者にも、奴隷状態での生き残りにそれぞれ固有の関心を抱かせたのである。

それゆえ、北アフリカ勢力によって捕らえられたイギリス人は、さまざまな運命をたどった。彼らの受ける処遇は、見た目での社会的階級や裕福さの程度、年齢や性別、有する技能によって影響を受けることもあったかもしれない。捕らえる側が有益とみなした者たち——たとえば、医者、船大工、言語に堪能な者、武器製造者——に対しては、さまざまな地位向上がなされた。カーという名のアイルランド在住のイングランド人で、兄弟は海軍に勤めているという男が、一七二〇年代にムーレイ・イスマイルの銃砲鋳造師長としてメクネスで働いていた。「とても顔立ちの整った男で、とても器用で、振る舞いはたいへん紳士的」というこの人物は、かなり長いあいだ、虜囚という身分に加えて元の国籍や宗教を隠して、「ヨーロッパで作られるのと同じくらい優れた迫撃砲、弾丸、大砲など」儲けになるものを共同で鋳造した。カーはこのような生活を自分で選びそれなりに満足していたようだが、この種の高い能力のある虜囚たちは、まさに手放すには惜しいほど有用だという理由で、心ならずも身代金の協約から外されることが多かった。珍しく教養のある一人のイングランド人奴隷が一六四六年に所有者であるアルジェリア人について不平を述べたが、それは、「私は彼の帳簿と商取引の記録をつけており、そのために悲惨な状態にとどめ置かれていきます。文字の読めない他の者たちは寛大な条件で立ち去っていきます。私の育ちが私の破滅のもととなっているのです」というものだった。[39]

バーバリ虜囚の経験は、虜囚自身の特徴や能力以外の要素でも左右された。いつ捕らえられたのか、厳密にどこで捕らえられたのか、そして、誰の支配下に置かれたのかということでも左右されたのである。

ある程度健康なヨーロッパ人男性が十七世紀の最初の三分の二にバーバリのコルセアによって捕らえられた場合、彼らはガレー船の奴隷となるリスクが非常に高かった。一六五〇年以前には、アルジェリアのコルセア船団は約七〇隻からなっていた。フランスやスペイン、そしてイタリア諸国のガレー船団と同じく、それらは強制労働に頼っていた。一艘の船につき最高で二五組のオールの列があり、一つのオールにつき三人から五人の男が枷で縛りつけられ、どうやら一日二〇時間以上もこぎ続けた可能性がある。イングランド人のフランシス・ナイトは、一六三〇年代にガレー船の奴隷だった頃のことを思い出し、「脚を伸ばす隙間もなかった」と語っている。

漕ぎ方は規則正しく乱れがなかった。漕ぎ手の頭はすっかり剃り上げられ、顔は髭をそらないので醜い。素裸で、短いリネンのズボンで陰部のみ覆っている。誰の体にも血に染まった汗が玉のように浮いている。[40]

ガレー船奴隷にとっての唯一の幸運は、多くの場合で、期間が短いということであった。心臓発作、ヘルニア、手足の骨折、栄養失調、発汗に対する水分の補給不足が仕事上の標準的な危険であった。地中海での国家間やコルセアの武力衝突の激しさを考えると、ガレー船の奴隷たちには同郷の者たちによって傷つけられたり殺されたりする危険もあった。王立海軍司令官サー・トマス・アリンが一六七一年にアルジェリア艦隊を攻撃した際、彼の戦隊は多数のイスラム教徒の船乗りを殺しただけでなく、約四〇〇人のヨーロッパ人の漕ぎ手も殺したと推定されている。この漕ぎ手たちは、漕ぎ手席に鎖でつながれて身動きできず、砲火や海から逃れることができなか

13　バーバリのコルセアと王立海軍の軍艦との戦い。1670年代頃。

ったのである。[41]

一七〇〇年にはすでに、北アフリカのガレー艦隊が減少するのに合わせて、イギリス人奴隷や他の白人奴隷がガレー船の漕ぎ手になるリスクは急速に低くなりつつあった。しかし、ほとんどのバーバリ虜囚は、奴隷市場で正式に売られたのであってもなくても、いまだに一定期間の激しい肉体労働に従事させられる覚悟をしなければなかった。身分が低かったり、国の支配下に落ちたりした場合はとくにそうであった。ムーレイ・イスマイルは相当な数のヨーロッパ人虜囚を雇い、メクネスなどでの贅沢な建築計画に従事させた。虜囚たちはレンガを運んだり、基礎を掘ったり、大理石を切ったり、壁や、中庭、アーチ型の門を造ったり、今なお美しいが水を引いて造るのは大変な苦労だったと思われるあのアンダルシアの庭を鍬で掘りかえしたりするのに使われた。これらすべてのことから数々の恐ろしい物語が生まれ、イギリス人や大陸ヨーロッパ人の話の中で長く語られることになったが、これらは、いつも必ずというわけではないにしても、誇張されているにちがいない。[42] 使用している奴隷はたった一人で、いつかぜひとも身代金を獲得したいと思っている小さな家の家長と比べれば、何千人もの奴隷を意のままにできる強力な統治者は、奴隷一人一人の健康や生活にはさほど注意を払わなかった。（同様に、フランスの至高のキリスト教王、ルイ十四世は、彼のガレー船を漕いでいるイスラム教徒虜囚にはほとんど注意を払わなかったし、実のところ、彼らと並んで船を漕いでいる異端者ユグノーたちにも注意を払わなかった。）北ヨーロッパ出身のバーバリ虜囚たちにとって、監督者の鞭のもとで重労働である公共事業に従事することは、ほとんどの者にとってまったく初めての気候もあって、致命的なものとなる可能性があった。ロンドン発の三五〇トンの私掠船、インスペクター号が一七四六年の一月に嵐に遭ってタンジール港で座礁した際、一八三名の乗組員のほとんど半数が即座に殺された。九六人は生き残って虜囚としてモロッコのスルタンのもとへと送られたが、そのうち二一人が一七五一年までにイスラム教徒となった。たいていの場合、改宗そのものは最も重要な動機ではなかっただろう。これらの男たちは、くる日もくる日も暑くて長い日中に、中世の大都市フェスの外にある要塞を修復するために働かされた。[43] 彼らの中には、自己保存の唯一の手段として、改宗によってよい処遇を得ようと考える者もいたのである。

したがって、バーバリの虜囚たちの運命は一つではなく、奴隷たちの運命もそうであった。北アフリカのコルセアによって捕らえられたり難破して北アフリカの浜辺に打ち上げられたりした男女はだれもが一定の恐怖を味わった。中には、その後、身体的苦痛や心理的苦痛、鞭のもとでの強制労働、故国との永遠の断絶、そして、早すぎる死を経験することになった者もいた。しかし、バーバリの虜囚の中には、ひょっとしてこれとはまったく異なる経験をした者もあったかもしれない。そこそこの待遇を受けながら、短期間バーバリにとどまった後、身代金が支払われるとすぐに国に戻った者もいるだろう。北アフリカに何年ものあいだ閉じ込められた虜囚の中にも、新しい言葉や振る舞いを学んだ者や、イスラム教徒の家庭に順応して奴隷というよりは家族の一員として扱われた者、信念をもって改宗したり愛するイスラム教徒の女性と結婚するために改宗したりした者、傭兵、医療関係者、建築助言者、兵器製造者など報酬の高い職に就いた者もいたかもしれない。

虜囚の経験の多様性は、このバーバリの脅威の質や重要性について単純でモノクロームな判断を下すことに対する一つの警告である。一時、そしてその後も折に触れて、バーバリのコルセアによる攻撃やそれに続いて起こる白人の奴隷化が、たとえば大西洋を横断して行われる黒人奴隷貿易に匹敵するものであったと提唱されたことがあったが、これは支持できない議論である。一六七〇年にはすでに――といっても、それ以前は違ったと思われるが――、イギリス人や他の白人貿易商によって西アフリカから船で運び出された黒人の数は、毎年、バーバリやオスマン帝国のコルセアによって捕らえられるヨーロッパ人の総数を議論の余地なく超えていた。また、コルセアの犠牲者となった白人には買い戻されたり帰国したりする望みが与えられることが増えていったのに対して、この時期に大西洋の向こう側へと送り出された黒人奴隷にはそのような望みが与えられることは決してなかった。しかし、人を捕らえて利用する北アフリカのシステムと黒人奴隷の三角貿易とを比較するのが誤っているとはいえ、バーバリの略奪行為や彼らが提供した奴隷システムを過小評価したり、――中にはこう言う人もいるが――バーバリ虜囚というのはヨーロッパ人によってイスラムを中傷する手段としてでっち上げられたり誇張されたりしているものにすぎないと述べるのも同じく誤っている。[44] バーバリのコルセアは、西ヨーロッパの事実上あらゆる政府から何世紀にもわたって多額の身代金と保護料をゆすり取ることに成功したきわめて実行力のある略奪者であった。デンマークや比較的遠くにあって安全な国でさえ、地中海貿易の利益の約一五パーセントを使って彼らに金を渡していた。[45] もしバーバリの脅威が実体のあるものと判断されていなければ、また、バーバリの奴隷となることへの恐れがでっち上げにすぎないとすれば、このような金が準備されることなどなかっただろう。

近世のイギリス人にとって、バーバリに対する恐怖は非常にリアルであった。その恐怖は、理屈抜きの感情的なものだったので、コルセアが深刻な害をもたらす力を持たなくなったあとも続いた。これまであまり認識されてこなかったが、このことがイギリス人の奴隷制についての考えをゆがめることになった。しばしば述べられる意見に、奴隷制は一六〇〇年以降になると「地理的にも人種的にも周縁化された」、すなわち、最終的にはヨーロッパの白人がヨーロッパから安全な距離にある遠隔の地で異なる肌色の人びとを苦しめることができるようになったのだ、というものがある。オーランド・パターソンによると、「私たち――白人、イングランド人、自由――」という概念が「彼ら――黒人、異教徒、奴隷――」という概念と並行してできあがっていった[46]。しかし、一方に白人で西洋人の奴隷貿易商人がおり、もう一方に奴隷となった黒人犠牲者がいるという整った二項対立の図式は、オスマン・トルコや北アフリカの奴隷システムや強制労働システムに十分な注意を向けていない。十七世紀および十八世紀はじめのイギリス人にとって、奴隷制は常に確実に自分たちの外部にあるというわけでは決してなかった。奴隷という運命が自分の同類にもふりかかりうるということが、彼らには嫌というほどわかっていた。イギリス人も奴隷になる可能性があり――実際になっていたのである。そのうえ一七三〇年以前は、イギリスやアイルランドの男女は、バーバリの白人奴隷についての情報に白人以外の奴隷についての情報よりもはるかに多く触れていた。その一因は、バーバリ虜囚の多くが運送や貿易だけでなく出版文化の中心でもあったロンドンから出航していった者たちだったことにある。バーバリ虜囚の身に起こったことは、――このあと見ていくように――教会によって全国規模で推進された買い戻し金集めのための説教や要請だけでなく、新聞やパンフレットやバラッドで広く伝えられたのである。十七世紀から十八世紀初めには、バーバリで奴隷となった経験のある白人同胞や今なお奴隷のままでいる白人同胞のことを耳にしたり、彼らと実際に出会ったりしたことのあるイギリス人は、ブリテン諸島に当時居住していた比較的少数の黒人奴隷と個人的に出会う機会のあったイギリス人と比べてはるかに多かった[47]。十七世紀から十八世紀初めの時点でバーバリの奴隷は全国的な関心事になることができた。一方、黒人奴隷のことが全国的な関心事になるのは十八世紀もずっと後になってのことである。

ここで私の議論をはっきりさせておきたい。私は、バーバリの虜囚や奴隷がカリブ海や北アフリカの黒人奴隷と同等のものであると主張しているのではない。比べられないことは明らかである。要点はむしろ、この初期の段階において、イギリスでは特定の人種だけが奴隷になるとは考えられていなかった点にある。少なくとも一七三〇年以前の段階では、奴隷の顔は——イギリス人やその他のヨーロッパ人に関する限り——白であることもあった。公的な発言や私的な発言がこのことを裏づけている。北アフリカで奴隷にされたイングランド人、スコットランド人、ウェールズ人、アイルランド人の男女について言及することは、ありふれたプロパガンダだった。一六九〇年代のある国王声明文には、「海での職を穏やかに遂行する多数のよき臣民たち」が今や「……奴隷として残酷かつ非人間的なくびきにつながれ……彼らの監督者となった黒人によって追い回されて」いるとあり、これは、モロッコの黒人奴隷兵士たちがときには白人虜囚の監督に当たることもあったことを示すものであった。類似の表現は、論争を目的としない公式文書にもとつぜん現れることがあった。一七二九年、イギリス臣民を買い戻すためにモロッコに派遣されたある特命使節は、私的な覚書に、自らの使命は「不当に捕獲され奴隷とされている国王陛下の臣民たちを要求すること」であると記した[48]。イギリス人を含む白人奴隷が存在することが当然視されていたのである。

これは単に黒人奴隷貿易を黙認しやすくしただけにちがいない、と考える人もいる。奴隷制度の慣行はどこにでも何らかのかたちで常に存在しているということが広く認識されることによって、奴隷事業が——帝国建設事業と同じく——容易になったことは疑いない。しかし、人種に関わらず無差別に奴隷になりうるという認識は、ときにまったく異なる結果を生むこともあった。この認識に触発されて、奴隷状態と、当然視されていた劣等性とのつながりに疑問を持つようになった著述家たちもいた。一六八〇年にはオックスフォード大学所属のある人物が、「この島［イギリス］の誰かがアルジェリア人やバーバリのコルセアに捕らえられ、そこで陸に上げられ、売られたならば、結果としてその人は野蛮になるのだろうか。もしそうでないとすれば、なぜアフリカ人はそうだといえるのか」との問いを投げかけている。この疑問は他の多くの奴隷制反対の議論と同様に十八世紀においてはほとんどのあいだ姿を消していたが、十八世紀末に再び浮上してきた。一八〇六年には「ニグロも売られてヨーロッパ人の奴隷になる際には、たとえ自国において隷属状態にあった者であっても、イングランド人がムーア人やアルジェリア人の奴隷となる場合と同様に悲しみにうち沈むのである」と書く著述家もいた。[49]

この疑問が起こってから再浮上するまでのあいだの時代には、イギリスの著述家が自分たちの同胞が黒人奴隷に似た状況に置かれる可能性について紙上で言及することは珍しく、また、受け入れられにくいこととなっていった。しかも一七三〇年代以降になると、奴隷状態は表現のうえで英国人らしさの対極にあるものとされ、バーバリ虜囚となった犠牲者が自らの窮状を理解するのに大変な困難を覚えるまでになっていた。一七八九年にはアルジェリアで奴隷になった読み書きのおぼつかないイングランド出身の船乗りが「私はいま野蛮人の手中にあるみじめな奴隷ですが、これは真のイギリス人がバーバリの奴隷にされているということで、英国の法に反しております」と書いている。[50]「英国の法に反する」というこの確信は印象的である。このような確信が高まってきたのは比較的新しいことでもあった。十七世紀や十八世紀の初めには、状況はまったく異なっていた。その時期のバーバリ虜囚の獲得規模は、それにまつわる噂、文章、宣伝活動も含めて、イギリスの国民であることも肌の色が白いことも、奴隷の経験を避けうる確実な保証とはならないことを示していた。その時期のイギリス人はまだ海洋制覇を確実なものとはしておらず、世界制覇となるとまだまだだった。

海の襲撃者たちと一つの海洋帝国

その頃、個々のイギリス人は衆人環視のなか半裸で立たされ、見知らぬ者たちに肉づきや筋肉を入念に調べられながら、北アフリカの強い日差しの下、競売人の手で売られるのを待っていたかもしれないし、もしかしたら、おそらくは白人でない者が揮う鞭に怯えながら働かされていたかもしれない。当時の同国人にとって、バーバリが自分たちイギリス人の世界を最も劇的かつ明らかに転倒させうるのはこれらの点においてであった。そして、これまで見てきたように、コルセアが踏みにじった崇拝物《フェティッシュ》は個人の自由だけではなかった。彼らはイギリス人の偶像崇拝の神である商業を餌食とし、海を攻撃した。海はイギリス人が支配したいと熱望するものであった。しかし、振り返ってみると、バーバリが転倒させたと考えられるもっと重要な点がある。一六〇〇年以降、イギリスやアイルランドの島々は、ヨーロッパの辺境の地としての存在から、世界的な力を貪欲に追い求める、一時は第一の勢力ともなった非常に攻撃的で、一応は一つにまとまった国家へと次第に変化していった。では、バーバリはどのようにしてこれほどの長いあいだ、イギリスの貿易や船乗りへの攻撃をこれほどまでに成功させ、これほどまでの利益をあげることができたのだろうか。彼らがこういったことを成し遂げたのにはどのような意味があるのだろうか。

バーバリのコルセアが脅威でありつづけた理由、そして、イギリスが（他のヨーロッパ諸国とともに）彼らを一掃することができなかった理由の一つは、オスマン帝国の回復力およびその評判だった。現在のオスマン帝国研究者たちが明らかにしつつあるように、この帝国は十七世紀には深刻な衰退はまったくしておらず、いくつかの点では十八世紀の大半においてさえそうであった。(51) たしかに、オスマン帝国の軍隊は一六八三年にウィーンの城門から追い払われ、大陸ヨーロッパへの激しい侵攻は永遠に終わりを告げた。しかし、これが決定的な敗北であったことは、当時の人びとにとって、以後の歴史家たちと比べてはるかに認識しにくいことであった。オスマン帝国は依然として、一七一五年にはヴェニスからモレアまでのすべてを奪い、一七二七年にはイラン西部の併合を果たし、一七三九年にはオーストリアからベオグラードを奪還することができるほど強かった。一七六〇年代から一七七〇年代にかけてロシアとの破滅的な戦争をして初めて、オスマン帝国は領土のかなりの部分を失い始めるのである。

イギリス人が、他の西ヨーロッパ人と同様、一七〇〇年までにはオスマン帝国の衰退の初期の兆候にいっそうの注意を払うようになっていたことは確かであり、彼らはまた、アルジェリア、チュニジア、トリポリという北アフリカの三つの摂政政府に対するオスマン帝国の支配が弛緩してきていることにも気づいていた。しかし、オスマン帝国は今や平たく言えば次第に威張らなくなりつつあったにもかかわらず、西ヨーロッパの政府はよりしっかりとした形でオスマン帝国に挑んでいくことに消極的でありつづけ、近世のイギリスはそうすることを真剣に思い描いてみることさえなかった。スペイン、フランス、ポルトガル、オランダ、そして、このイギリスを含む海洋帝国とは違って、オスマン帝国は海の力に頼りながら世界中に散らばっているというのではなかった。それは広大で恐ろしい一つのまとまりであり、ブローデルが言うように、「ジグソーパズルのように組み合わさった複数の陸塊」であった[52]。まさにその領土の広さが巨大かつ統制のとれていない軍隊や人口の規模とともに畏怖を引き起こし続けた。そして、近世のイギリスのような小さくて人口の少ない国においては特にそうだったのである。

バーバリ勢力に対するイングランドの（後にはイギリスの）反撃がしばしば散発的で、意識的に制限されたものであった理由はこれで説明することができる。コルセアや、その途絶えることがなく、腹立たしい、金をかけた海での急襲攻撃の背後に、イギリスはオスマン帝国の威光の影をいつまでも感じ続け、攻撃の火の多くを控えることになった。ワーテルローの戦いに勝利し、ヨーロッパや世界での優位が確実になったと思われた一八一六年においてさえ、イギリス政府は、海軍によるアルジェリアとそのコルセアに対する攻撃を本格的な植民地化に向けた遠征へと転換すべきというタカ派の意見に抵抗していた。ロンドンのあるジャーナリストは、「キリスト教国が［北アフリカ］沿岸に植民地を建設するつもりなのか、……それとも、トルコ人に取って代わってそれらを静かに完全に支配するつもりなのだろうか」と皮肉たっぷりに述べ、政府のこの自制政策を支持した。どうやら彼は、政府関係者と同様、そのような期待は非現実的だと考えていたようだ。この段階でさえ、オスマン帝国の勢力圏は接近するには注意が必要で、たいていは触らずに放っておくのが賢明だったのである[53]。

さらに、そしてタンジールの陥落が証明するように、北アフリカ勢力は、オスマン帝国との関係によるだけで

14　トリポリのコルセア基地

なく、それ自体が侮りがたい脅威となりえた。十七世紀後期まで彼らのコルセア船はイギリスをはじめとする西ヨーロッパの戦艦にはまったく敵わなかったが、このことは期待されるほど決定的なものではなかった。過去にペンタゴンが繰り返し思い知らされ、将来も繰り返し思い知ることになるだろうことだが、きわめてローテクな戦闘においては最高のハイテク兵器でさえ首尾よい結果を得られないことがある。二十世紀後半のアメリカはヴェトナムを何度も消滅させるに足る核を保有していたが、伝統的な戦争においてはヴェトコンを打ち負かすことはできなかったし、第一次湾岸戦争のあいだにもアメリカにとって許容しうる費用でバグダッドに侵入することはできなかった。これと同じように、一六五〇年以降の王立海軍は、本格的な海戦でバーバリのコルセア船団と対峙することがあったとしたら、相手を全滅させることができるまでに次第になっていた。しかしこれはほとんど意味のないことだった。というのも、コルセアがこのような愚かな行動をすることはまずなかったからである。彼らの軽くて速い船は、まるで刺咬昆虫のように非武装または軽武装の商船を襲う一方、戦艦が近づいてきたらあっという間に逃げることもできるように作られていた。バーバリのコルセアは西洋式の海軍ゲームに参加することは断固として拒んだ。彼らには彼らのやり方があったのだ。

その結果、王立海軍には、コルセアの拠点となっている沿岸都市をときおり爆撃する以外にできることはあまりなかった。たとえば、一六五五年にブレイク提督はチュニスの近くのポルト・ファリーナを攻撃し、そこに停泊中の数隻のコルセアのガレー船を破壊した。しかしながら、このような爆撃の効果は――この場合もそうだが――局所的かつ一時的なものになりがちで、伴うリスクは高かった。一七六〇年代の経度の発見によって船舶は海岸に対してより正確な位置を確定できるようになったが、それ以前には危険な北アフリカ沿岸に接近して航行する戦列艦はどれも、悪天候のときには特に、そこで大破する危険があった。一七五八年に西アフリカのゴレー島へ向かう途中の王立海軍戦艦リッチフィールド号がモロッコの海岸で座礁する直前、熟練した航海士たちは、船はまだ「陸から三五リーグ離れたところにいる」と自信をもって報告していた。当時の西洋の技術の限界を示すとも言えるこの忌わしい計算違いによって一二〇人の命が失われ、二二〇人の金になるイギリス人虜囚をモロッコのスルタンに提供することになった。[54] バーバリはイギリスにとって陸での攻撃をもくろむのも容易ではない地域であった。アルジェリアは常にかなり大きな陸軍を保持しており、これが頑強な沿岸防備と合わさると、一七七五年においてさえ船三〇〇隻と人員二万二〇〇〇人からなるスペイン侵略軍を追い払うことのできる力があった。[55] モロッコもときにはイギリスが平時に保有できたよりずっと大きな陸軍を所有することがあった。一七一八年には、あるモロッコ人の役人がイギリス人使節に、「海ではイングランド人はたしかに手に負えない厄介な相手となるだろうが、陸では少しも怖くない相手だ」と冷静に語った。イギリスの常備軍は――この時点では――三万人をかなり下回っており、その一方で、ムーレイ・イスマイルの軍隊は幾人かの外交官の推定によれば一五万人を超えていたのに、どうして恐れることなどあっただろうか。[56]

この軍事力はイギリス人やそれ以外のヨーロッパ人を長いあいだ寄せつけずに食い止めるのに役立っただけではなく、直接的にも間接的にもそのヨーロッパ人たちによって維持されていた。モロッコやアルジェリアは特に、虜囚の身代金を現金だけではなく武器のかたちで要求するのが常であり、長いあいだ彼らは望みの物を手に入れてきた。一七〇〇年には、イギリスは、返還してもらいたい虜囚一人に対して銃の引き金一〇〇個を「それぞれ〔モロッコの〕皇帝によって示された型に従って」提供しなければならなかった。また、一七二一年に、虜囚三〇〇人以上を取り戻すためにモロッコに赴いたイギリスの使節団は、一二〇〇バレル以上の火薬と一万三五〇〇以上の引き金を提供しなければならなかった。(57) モロッコのフェスにあるボルジ・ノール軍事博物館――素晴らしい学識をもって配置分類されている興味深い場所である――を訪れることがあれば、今もなお、これらの「提供された」西洋の武器のいくつかを見ることができる。フランスや、スペイン、オランダ、ポルトガル、そしてイタリアの銃や、迫撃砲、大砲の展示とともに、ジョージ王朝初期のマスケット銃が何列も並べて展示され、どのマスケット銃にもロンドン塔の標章がついている。これらの中には戦闘時に購入されたものや奪い取られたものもあるが、展示されている兵器の多くは、捕らえられたり奴隷にされたりした国民の返還のためにイギリスなどのヨーロッパ諸政府から納付物としてモロッコのスルタンたちに提供されたものである。

したがって、ここにあるのは、ヨーロッパと北アフリカのあいだでの、人身貿易に寄生し、人身貿易を積極的に助長する武器貿易であった。バーバリのコルセアはイギリスやそれ以外のヨーロッパ船の乗組員や乗客を捕らえた。これらの虜囚たちは次に金や兵器と交換され、今度はその金や兵器を使って北アフリカ勢力が陸海からの自国への攻撃を撃退したり、自国のコルセア艦隊を維持したりすることになった。何とも妙なシステムのように見えるが、――きわめて重要なこの地中海地域で起こった他の多くのことと同様――この武器貿易にはもっと大きな意味があった。この武器貿易は本書でこのあと何度も見ていくことになるある重要な点、すなわち、この時期の終わりまで、そして、地上戦に関する限り、西洋諸国の武器と非西洋諸国の武器とのあいだに不変の格差などなかったということを示している。モロッコやアルジェリアは、ヨーロッパに優れた海軍技術を活用させないような戦い方をすることで対抗することができたように、十九世紀初期までイギリスその他のヨーロッパ勢力を食い止めることができるだけの高度な軍備を確保する(そして、ときには製造する)ことができたのである。これと同じくらい重要な点がもう一つある。詳しく見ていくと、この人身貿易や武器貿易は、バーバリのコルセア活動が異なる文化間の衝突を激化させるだけのようにみえながら、同時に、異文化間のコミュニケーションや交易を促進してもいたということを示しているのである。

帝国史の非常に多くが――人種紛争の起こりであれ、西洋と西洋以外の差異の拡大であれ――対立や反目を強調するために二元論的に概念化されているため、ヨーロッパの文化と非ヨーロッパの文化とのあいだで平行して常に進行している取引や妥協の物語は見逃しやすい。しかし、ブローデルがいつも主張しているように、政治や宗教の面での明確な相違に隠れてはいるが、地中海地方の特徴は個人間だけでなく政府間の交流であり協調であった。(58) イスラム教徒のコルセアはキリスト教徒の船舶を餌食にし、虜囚を商品のように扱った。その通りである。西ヨーロッパ列強はイスラム教徒奴隷を取引し、散発的に北アフリカの都市を爆撃した。これも、その通りである。しかし、別の面では、この地中海という古戦場に関わる少なくともいくつかのキリスト教およびイスラム教社会は相互に依存し合っていた。このあと見ていくように、モロッコの支配者であったシディ・ムハンマドは一七五六年にイギリス人を対象にした激しい虜囚獲得行動に乗り出したが、それは関係を断ち切るためでも戦争を引き起こすためでもなく、イギリス人に圧力をかけて自分と取引ができる人物をモロッコ駐在の領事として任命させるためであった。(59) 同様に、イギリスによるバーバリ勢力への激しいプロパガンダ攻撃と、海軍によるバーバリへの散発的暴力は、バーバリ勢力への兵站上および商業上の継続的依存と密接に関連していた。というのも、バーバリの助けがなければ、イギリスは地中海帝国を維持することなど到底できなかったはずだからである。

イングランド最古の地中海植民地で、金をつぎこんだ挙句に失敗に終わったタンジールが帝国史研究家から無視されてきたのと同じように、タンジールよりも後に建設されて長く続いたジブラルタルやミノルカも軽く扱われる傾向にある。(60) ジブラルタルとミノルカはスペイン継承戦争中にスペインから奪取され、一七一三年にユトレヒト条約でイギリスの所有が確認された。この二つはタンジールと同じ理由で非常に重要な土地と見なされた。これらは地中海におけるイギリスの商業利益を守り、その発展を促すとともに、拡大しながらも常に不安におびえるこの小国がフランスやスペインといった大きなライバル国の艦隊を監視することのできる基地となった。ミノルカのマオンは今でも訪れるのには素晴らしい場所だが、世界で二番目に大きい自然港であり、フランス、スペイン、イギリスは十九世紀初期までこの港をめぐって繰り返し争奪戦を行った。

しかし、これらの場所の重要性は、イギリス帝国がどういうものだったかについての従来の見方とうまくかみ合わないために現在はしばしば見過ごされがちである。商業上の儲けに寄与するどころか、ジブラルタルやミノルカは——アダム・スミスが『国富論』で不平を述べたように——イギリスの納税者の金を容赦なく吸い上げていた。これらの小さな領土には価値ある原料も、腹をすかせた入植者のための土地もなかった。だが同時に、これらはローマカトリックの国から奪い取った、白人のヨーロッパ人の植民地でもあった。そして、普通のイギリス人にとっては、このことこそがこれら二つの場所がこれほどまでに重要だった理由である。一七二九年、ジョージ二世が議会の開会を宣言するためにロンドンを行列行進したとき、群衆は「国王陛下万歳、そして、ジブラルタルとミノルカよ永遠にイギリスのものであれ」と大声で叫んだ。[61] このとき、アメリカの植民地の重要性については一言たりとも発せられなかったようである。

ジブラルタルとミノルカは、イギリス国家当局者によっても非常に真剣に扱われていた。イギリスにとって七年戦争の真の幕開けとなったのは、一七五六年のフランスによる短期間のミノルカ征服——これには二〇〇隻の船や未来のサド侯爵が参加した——であった。ビング提督は、この島を失ったことに対するスケープゴートにされて裁判にかけられ、他の司令官たちにイギリスの帝国的野心や、海軍力、貿易にとって地中海地域が絶対的に重要であることを忘れさせないために射殺されることになる。[62] ジブラルタルとミノルカは、イギリスのその後の世界的な戦いにおいて、アメリカ相手の敗戦と同じく非常に重要なものだと考えられていた。そして、ミノルカがスペインに奪われた際には、ジブラルタルやミノルカのほうが重要だとさえ考えられた。一七八一年にイギリスはヨークタウンを最終的に攻囲軍に明け渡すことにしたのだが、これは、フランスやスペインに同じく激しく攻めたてられていたジブラルタルに、アメリカにあるイギリス軍艦の拠点からかなりの艦隊を急派したからであった。(63) アメリカの絶対的重要性に基づく今日的な観点から見ると、この決定は理解できないものである。しかし、イギリスが軍事戦略や植民地支配や商業の面で地中海をいかに重要視していたかを思い出せば、完全に理解できる決定である。

これらと同じく必要に迫られて、イギリスはバーバリと一種の建設的な関係を維持していかなければならなかった。一七五〇年以前は、イギリスの部隊は北アメリカ全体よりもジブラルタルやミノルカのほうに多く駐屯していた。一方、イギリス海軍の船舶は一七五〇年以前も以後もジブラルタルやミノルカに定期的に停泊して食糧の補給を行っていた。(64) 北アフリカの諸勢力からの定期的な補給物――穀物、牛、魚、新鮮な果物、そして輸送用のラバ――がなければ、ジブラルタルやミノルカのイギリス守備隊に食糧を与えたり、これらの場所を王立海軍の補給や修理の中心地としたりすることは不可能だっただろう。一七五八年にイギリスのある政府関係者は、モロッコから虜囚を取り戻すためにさらに多くの身代金を払うことを考えながら、次のことをしぶしぶ認めた。

われわれの航海や商業一般の保護と発展、並びに、ジブラルタルのイギリス守備隊や地中海航行中の英国艦隊への新鮮な糧食の供給のためには、これらの人びとと仲良くやっていくほうが都合がよい。(65)

つまり、プロテスタント帝国であるイギリスがカトリックのヨーロッパ人が居住する地域や彼らから奪い取った地域を支配するためには、イスラム社会――この場合は、バーバリ勢力――からの供給に頼る必要があったということだ。このことによってあらためて強く認識させられるのは、当時は――それ以降と同様――西洋諸国とイスラムのあいだの対立が紙面や議論において多くの場合で実際の対立以上に表明されていたということである。さらにもう一つ認識させられるのは、イギリス人にとって帝国を建設し維持するということは常に、非白人や非キリスト教徒を支配するという経験だけでなく、彼らに頼ることでもあったということである。

したがって、――地中海それ自体と同じく――近世のイギリス帝国の歴史からしばしば省かれてきたバーバリは、権力をめぐる多くの逆説や限界に気づかせてくれるものであり、それゆえになおさら歴史の中に組み入れていく必要がある。バーバリのコルセアによる長引く襲撃のためイギリスは常に多額の金を費やし、ときには死者も出したが、これは、イギリスの海洋貿易の急成長の陰には攻撃を受けやすくなるという負の側面があったことを示している。コルセアを根絶したり北アフリカのコルセア基地を爆撃したりするにあたって王立海軍が経験したさまざまな困難は、当時、西洋の海軍力や技術力の発揮を阻むものがあったことを示している。当時も今も、高度な武器は、たとえそれがあったとしても、異なるルールで勝負や戦いを挑んでくる相手、特に自らの戦闘用機器を維持することに巧みで、その意志も堅い相手に対しては、勝利を自動的にもたらしてくれるものではなかった。一風変わった周縁的存在として扱われることのきわめて多いバーバリの虜囚たちであるが、十七世紀から十八世紀初期のイギリス人にとっては、黒人だけでなく白人も奴隷にされうることを示す存在だということもあり、大変な脅威だったようだ。イギリス国家は、一般に全面戦争を宣言するよりもそれなりの身代金を支払うほうがよいとして、多くの場合で自国の貿易や人員に対するこれらの攻撃を黙認した。これは、イギリスがトルコ人を警戒し続けていたからだけでなく、イギリスには他に選択肢がほとんどなかったからでもある。

というのも、バーバリ勢力と戦っているときでさえ、イギリスはますます彼らを必要とするようになっていたからである。これらの北アフリカ社会に対するイギリスの関わり方は、小さな国が大きな帝国を築くために取らざるをえなかったさまざまな方策の一部を例証するものである。チャールズ二世のイングランドは、イスラム教の北アフリカを切り捨ててまで地中海植民地を建設するほど強くはなかった。ありったけの金や、血や、技術的努力をつぎ込んだにもかかわらず、タンジールは失敗した。そして、イギリスが北アフリカそれ自体の中にまた別の入植地を築くのは、ほとんど二〇〇年以上先のことになる。にもかかわらず、一七〇〇年以降、イギリスは地中海帝国を築くことが可能になった。ただし、ローマカトリック教徒のヨーロッパ人を切り捨て、北アフリカやイスラム教徒から助けを受けて初めてそれが可能となったのである。強調して述べるのはこれが最後ではないが、イギリスは、イギリス自身の限られた資源のせいで、帝国ゲームを行うには非ヨーロッパの助力に頼らなければならなかった。それゆえ、バーバリは、他の虜囚地域と同様、イギリス帝国の歴史に異議を唱え、修正し、問題化するのである。

しかし、虜囚自身や彼らが語った物語はどうだろう。

第三章　物語を語る

公表する

海はとてつもなく広かった。彼らの乗る船は小さかった。だがそれでもなお、コルセアは彼らを見つけ出して捕らえた。魔法や呪文を使ったのだ、と信ずる船乗りもいた。まず一、二隻の船が水平線上に現れることから始まったが、船の数がそれ以上だったことはまれだった。もし船が新月の印を見せていたら、懸命に船の素性を確かめようとする人びとは、それがオスマン帝国の船で、おそらくはアルジェリアかチュニジアかトリポリから来た船であると確信した。いったん射程圏内に入り正体が明らかになると、相手方の大砲や重装備の乗員の姿は、護衛をつけていない民間船を即刻降伏させるに十分だった。だがときには砲火、木材の炸裂、殺しがあり、策略もあった。一六八二年のイギリスとアルジェリアの条約の影響で、モロッコのコルセアはアルジェリアの旗を掲げて航行することが多かった。彼らはお人好しの獲物が近づいてくるのを待ち、表向きは（条約で、アルジェリアの船長に認められていたので）海の通行証を検査するために乗員の一団を派遣し、突如大砲をぶっ放してイギリス人の乗員を取り押さえ、そして役立たずの許可証を船外に投げ捨てた。[1]

これこそ抑えようのない恐怖の瞬間であり、まったく異質だがよくわからない何かによって個人の日頃の自由や営みが不意打ちをくらった変わり目の瞬間だった。一六七〇年六月に数十人の虜囚と一緒にジョン・オブ・ロンドン号の甲板の下へ無理やり連れて行かれ、リスボンからの旅がモロッコ人コルセアによって打ち切られたとき、アダム・エリオットという将来の国教会の聖職者は最初、何が起こったのかを理解できなかった。コルセアがサレに向かって戻る際に、ヨーロッパの軍艦を避け、もっと多くの捕獲物を得るために長々と遠回りしたときになって初めて、エリオットはついに自分の考えを整理することができた。「そこで私は、自分の状況をじっくり考え始めた。というのも、変化があまりに唐突に起こり、奇妙で異様な出来事に度肝を抜かれたために、それまでは考える暇がほとんどなかった[2]」。この男のように海で捕らえられたのであろうと、あるいは他の商業区域や帝国事業区域の陸上で捕らえられたのであろうと、これが通例、個人が虜囚体験そのものを必死に理解しようとしながら厳しい試練を物語に変えていく過程の始まりの様子だった。もし彼らが生き残ったら、最初は声にならなかった物語は、何度も何度も補足されて作り変えられるだろう。その後のありとあらゆる監禁、虐待、新たな労役や出会い、そして異国やよその大陸で無理やり従属的で弱い立場に置かれることによる他のすべてのショックや適応を考え合わせるための作り変えだ。

何とかイギリスに戻った虜囚は内面的なトラウマや忍耐や発見の話をひそかに家族や恋人や友人や近隣の人びとに語り、たいていの場合、話を進めるうちにいくつもの点を修正した。あるいは、雇用主、法務官、軍法会議、聖職者、政治家といったある種の権威者たちによって、多くの人びとに対して語るように命じられたのかもしれない。だが、ときには、彼ら自身が文章や版画によって、わが身に降りかかったことを公表することを選んだ。あるいは、他人が彼らのために、説教、政治演説、小説、バラッド、絵、旅行記や他の本の題材として彼らの体験を利用して公表することもあった。

15　海景画、バーバリのコルセアとの戦い。ロレンゾ・A・カストロ作。

別の言葉で言うと、バーバリの問題は決してイギリスの外の話ではなく、また、政治家、外交官、王立海軍や、直接巻き込まれた貿易業者、船員、乗客だけに関わることでもなかった。世界の他の区域における虜囚体験と同様、帝国そのものと同様、バーバリのコルセア行為とその犠牲者は本国イギリスの文化に強烈で多様な衝撃を与え、この場合はイスラムに対する印象や恐れに影響し、人びとに北アフリカや地中海地域に関する幅広い情報を提供した。この帝国の衝撃を調べる前に、さらに詳しくイギリス本国における伝達の様式を見ておくことが重要だ。虜囚の物語は多様な形を取っており、多様な声の作品だった。最も力強いものから始めよう。

教会と国家

イギリス人がバーバリやその虜囚について学ぶ一つの非常に基本的な方法は、懐を通して学ぶことだった。一六七〇年代、政治経済学者のサー・ウィリアム・ペティは、北アフリカで拘束された虜囚を解放するには、少なくとも一人当たり六〇ポンド必要だと計算した。これはおそらく誇張だったが、その一方で、ペティが書いた当時の虜囚の数はたしかにあまりにも多かったので、国は通常の歳入で身代金を払って全員を解放することに乗り気ではなかったし、できもしなかった。その結果として、そして一七二〇年代まで、必要な身代金を工面する主たる責任を担ったのは教会だった。プロテスタントのすべての宗派――クエーカー、プレスビテリアン、ユグノー、あらゆる非国教徒――も取り組んでいたが、資金集めを最も一致団結して進めていったのはイギリス国教会だった。[3] イングランドとウェールズじゅうの国教徒は、すでに一五七九年には「トルコ人」によって捕らえられた水夫たちのために、組織的に金集めをしていた。そして、一六二四年と一六四七年にも大規模な金集めがあった。だが、政治と国民から虜囚救出の圧力が強まった一六六〇年以後、教会の関与はますます重要になった。

その後半世紀は、枢密院によって設置され、王族と時のカンタベリー大主教とロンドン主教が常任する委員会が、バーバリで虜囚となったイングランド人、ウェールズ人、スコットランド人、アイルランド人を帰国させるための国家規模の身代金集めの五つの活動を統括していた。

これらの活動は意識の形成に大きな影響を及ぼし、金集めに大成功をもたらした。募金は「バーバリのトルコ人やムーア人によって虜囚にされた人びとを救出するため」に、一六七〇年に開始され、二万一五〇〇ポンド――今日の価値では数百万ポンド――以上を集めた。富裕な個人からの多額の寄付もあったが、大半は教区や小教区レベルで組織された一般の人びとからの金集めによるものだった。予想通り、最も多く寄付したのは、地中海貿易に最も深く関わり、それゆえコルセアの被害を受けやすい地域だった。すなわち、イングランド南西地方の大きな港があるエクセター教区、そしてノリッジとヤーマスとキングズ・リンに商人の大きなコミュニティがあるノーフォーク教区、そして何よりも貿易の中心地であり政府の中心でもあるロンドンである。だが、すべての地域が、かろうじて一一三ポンドを寄付したウェールズの小さな貧しいセントアサフまでもが、何とかこの非常時の取り組みに参加した。一六九二年に始まった金集めは芳しくない結果に終わったが、ことによると、この時期の戦時重税が、金を出す能力と意志を削いでしまったからかもしれない。虜囚のために五年かけてこつこつ集められたのは、八〇〇〇ポンドをわずかに超える額だった。一七〇〇年に始まった別の全国規模の金集めは、スペイン継承戦争が迫っているにもかかわらず、人びとの心をとらえた。一七〇五年までに一万六五〇〇ポンドの寄付が集まり、その一部は翌年、一九〇名をモロッコから取り戻すのに使われた。(4)

虜囚と彼らを愛する人びとにとって、これは何よりも肝心なことだった。教会によって結集される人びとの気前のよさが虜囚を――もし、彼らが何とかそれまで生き延びていたならの話だが――自由にし、家へと連れ戻してくれた。だが、これらの活動は、決して金だけのことではなかった。事実上どこかの教会に属していることから、イギリスとアイルランドのすべての人が大人も子供も、ムスリムの北アフリカ、大まかに言ってオスマン帝国に関する、そして地中海の商業や海軍の活動に関する議論や主張や基本情報にさらされた。十字軍以来、本国の島々でイスラムの支配力や実情に関してこれほど広く大衆レベルで討議されたことはなかった。

これらの初期の災害募金協力の要請に用いられた方策は、チャリティ・ブリーフ、すなわち、あらゆる祈りの場における、そしてしばしば戸別訪問にもよる、チャリティを目的とした金集めを公認する国王の認可状だった。それは、欽定印刷所によってそれぞれの要請につき約一万二〇〇〇部が特別な書式で発行され、伝えられた。これは、北アフリカの虜囚がキリスト教徒や国家の関心事の特別な対象となった理由を非常に誇張された言葉で表明するものだった。そして、主教や教区牧師やその他の聖職者は一連の礼拝で寄付を要請し、これに先立って特別な説教が行われることも多かった。教区委員と副牧師は、一六九二年のブリーフが「すべての教区民、すなわち主人、女主人、下宿人、宿泊客、その他の家族など、あらゆる人に頼んで彼らのキリスト教徒としての慈悲深い寄付金を受け取り、そして寄付してくれたすべての人の名前を控える」と述べている通りに、近辺のすべての家庭を訪問した。最後の要件が明らかにしているように、これは厳密に自発的な寄付というよりも追加の税金に近かった。名前がないままの個人は恥じ入ることを期待され、そのように仕向けられた。通常は税金を払わない住み込みの召使も、この機会に雇い主と共に金を出すよう促された。(5)

これだけではなかった。チャリティ・ブリーフは、大人数を救出するための金集めだけでなく、個人の自発的活動を助けるためにも出された。したがって、一六六〇年から一七〇〇年代初頭にかけてバーバリの虜囚を助けるために行われた五大キャンペーンは、この問題に関して多数の人びとに行動を促す最も大がかりな要請にすぎなかった。それに加え、何百人もの個人からも要請があり、その多くは虜囚の妻や母によってなされたものだった。一六七六年には、モロッコで虜囚となっている息子エドワードの身代金集めをするジョーン・バンプフィールドという人物を助けるべく、チャリティ・ブリーフが出された。四年後には、国中の男女が教会で、メアリー・バトランドが夫アンブロウズをアルジェリアから帰国させるのを助けるよう促された。国教徒たちは毎年、さらには年に何度も、自国民がイスラムのくびきに苦しみ、捕らわれの身や奴隷の身分に置かれていることを思い起こさせられたものだった。デヴォン州タヴィストックの会衆は、一六六〇年から一六八〇年にかけて年に三〇以上のさまざまな機会に北アフリカの虜囚のために金を使った。反応には驚くほどの幅があった。[6] 一六八〇年には、タヴィストックの町の大人の人口のうちかなりの部分を占める七三〇人の市民が金を出し合い、虜囚のために一六ポンド以上を集めた。このことが暗示するように、ほとんどの人はそれほど多額の金を出したわけではなかったが、一〇シリング出して寄付者リストのトップになったレディ・メアリー・ハワードから一ペニーしか出せなかった貧しいエリザベス・ハリスまで、ほとんど全員がいくらかの金を出した。[7]

チャリティ・ブリーフはあらゆる種類の非常時に金を集める目的で用いられた。たとえば洪水の犠牲者のため、疫病発生時や町の大火による破壊時に生き残った者のためだ。だが、北アフリカの虜囚のための金集めは、より高レベルの気前のよさと、他の場合よりも多様な寄付者を集めたようで、しかも、これは説得の要素と感情的脅迫だけが原因ではなかったようだ。このようなキャンペーンの大半は自国民が奴隷にされているという事実を率直に認めており、そのことがあらゆる社会階層の人びとに、自分たちと同じ人間が奴隷にされるとは何たるひどいことかという印象を与えた。それはちょうど、黒人奴隷の貿易が遅すぎたとはいえ正すことが可能な悪としてようやく認識されるようになったときに、国内の反響もまた社会階級を越えてあらゆる人びとにはっきりと広がっていったのと同じだった。[8] 火災、疫病、洪水は神の仕業だ。だが、虜囚と奴隷は人間の仕業だ。そして、バーバリの犠牲者はイスラム勢力に捕らえられていたため、彼らの生身の肉体とともに、魂の救済の希望が危険にさらされているように見えた。「何よりも、公然とキリストの敵を名乗る者によって日々襲撃を受ける……惨めで哀れな人びとの魂へのあの忌まわしき残虐さ」を思い浮かべるべきだと一六八〇年のチャリティ・ブリーフは信心深い人びとに向けて力説した。[9] ここにもまた、十八世紀末の奴隷廃止運動との類似点がある。というのも、奴隷廃止運動においても、プロパガンダの武器庫の中で最強の武器の一つは、黒人奴隷はキリスト教世界に導かれる機会もなく死んでいくという議論だったからだ。バーバリの白人奴隷と同様、危機に瀕しているのは単に鎖に繋がれて苦しむ肉体だけではなく、不死の魂であった。

だが、バーバリの虜囚を自由にするために金を出した多くの人びとの中には（後の多くの奴隷廃止論者のように）、何よりも、巻き込まれた虜囚の多くが無力で普通の人だったということに心を動かされた者がいた。イングランド、ウェールズ、アイルランド、スコットランドの教会の後ろの方でぎこちなく立っている、土地所有者や治安判事に翻弄されるばかりの労働者たちは、海で仕事中に拉致されて奴隷にされた自分たちと同じように貧しい人びとが自分自身のことのように思えてならなかった。追い詰められていたり、孤軍奮闘していたり、子供の死を嘆き悲しむ女には、バーバリに夫や息子を取られ、どこかで生きているのに決して連絡が取れないとか、戻ってくるのかどうかよくわからないということがどのようなものかを難なく想像できた。バーバリの虜囚が働く貧民一般の弱さを特に劇的な形で体現しているという感覚があった。他の多くの点と同様この点でも、虜囚の文化は、外国人と自国民、一般的なものと非常に個人的なものを織り合わせる働きをした。

この時期、他のどんな大義よりも、バーバリの虜囚は人びとのチャリティの対象だった。虜囚の窮状を喧伝し、それに取り組んだのは、大衆の忠誠心と注目に対してこの段階でもなお疑いなく最強の影響力を所有していた機関、無敵の全国規模の組織、すなわち教会だった。だが、これらの虜囚たちを大衆に提示し意味づけるやり方を決めるのは、世俗の当局者の仕事でもあった。帰還する虜囚は手の込んだ公の儀式で迎えられたが、この儀式は聖職者だけでなく君主、政治家、地方の有力者などの参加も得ながら、国家の屈辱の惨めな代表者たちを勝利、自画自賛、愛国心誇示のエンブレムに変えるようもくろまれていた。虜囚は到着した港からロンドンのシティまでエスコートされて移動し、指定された日に人で込み合う道を通り、セントポール大聖堂で催される感謝の特別礼拝まで練り歩いた。このようなセレモニーは注意深く演出された。一七二一年十二月、そして一七三四年十一月に行われた救済の行進では、元虜囚たちは「ムーア風」あるいは「奴隷の服」、すなわち彼らが北アフリカからそのまま持ち帰った服を着るように指示された。[10] このことが彼らを「集まった膨大な数の見物人」にとってより興味深く哀れな対象とし、彼らのために寛大な寄付を呼び込む大きな助けとなった。だが、このセレモニーでの虜囚のコスチュームの奇妙さはまた、まさにそのボロボロの状態が外国の権力と宗教への非難と読めるのと同時に、彼らが以前に外国の権力と宗教に従属していたことを視覚的に思い起こさせるものとして役だった。だが今や虜囚たちは救い出されたのだ。神聖な国のキリスト教の首都にあるキリスト教の教会でのキリスト教の儀式は、プロテスタントのイギリス人として彼らを再生させ、そしてイスラムの影響の痕跡は、背中にまとわりつく醜いボロのごとく確実に脱ぎ捨てられることになるだろう。

もし、これらの点がまだ明らかになっていなかったとしても、セントポール大聖堂での説教（いつも印刷された）にはそのことを明確化しようとする意図があった。「今こうして集う幸福な機会」は「あなた方が異教徒への隷属から帰還し、祖国の自由を享受することを祝うためのものだ」と、一七一二年にウィリアム・ベリントンは数百人の救出された虜囚やその他の信徒を前に大声で言った。「傲慢な君主の独裁統治を免れ、再びイギリスの空気、イギリスの自由を享受できるようになったのだ」と彼は語った。[11] だが、義務を免れることはできなかった。というのも、その意図するところは、虜囚たちを国家に再編入すると同時に、彼らに国家への義務を忘れさせないことだったからだ。ウィリアム・シャーロックは、一七〇二年の感謝の礼拝で次のようにその約束事を簡潔に説明した。

あなた方の自由は、キリスト教徒の個人的なチャリティのおかげであるだけでなく、政府があなた方を保護したおかげでもあるのです。ですから、考えてみて下さい、国に対してどのような恩返しをすべきかを……王に忠誠を尽くし、政府に従い、どんな敵からも喜んで国を守ることを……。奴隷としてではなく、自由の身に生まれた臣民として王や政府や国に仕えることができるように、あなた方を買い戻したのです。

ここでは、「大文字の他者」を有効に定義するものとして、議論の余地もなく、イスラムが呼び起こされた。北アフリカやオスマン帝国の奴隷、侵略、暴政は、イギリスそのものを（この時点ではまだ、後に見るような、世界的な拡大を唱導するためではなかったが）特徴づける自由や情け深さ、そして真の信仰を一層鮮明に際立たせるために、引き合いに出された。自由になったが、再び臣民ともなった虜囚たちは、冷え冷えとした洞穴のような大聖堂で立ち上がり、日焼けした体にボロをぴったり引き寄せてその式典の最終段階であるさらなる行進、今度はイギリス国王に自分たちのために尽力してくれたことに対して敬意を表するための行進の準備をするのが常だった。身代金と引き換えに取り戻された虜囚たちの一七三四年の行進に関して、ロンドンの新聞は「国王陛下が宮殿の窓からご覧になり、ご満悦で快く一〇〇ギニーを彼らに分け与えるように命じられた」と報道した。[12]

公式には当時、多数の一般臣民が繰り返しコルセアに捕まって北アフリカで虜囚にされたことや、彼らの解放に相当な身代金を支払わなければならないことに対する困惑は、イギリス国家の宗教陣営によっても世俗陣営によっても抑制され、再解釈され、政治的に利用された。だが、教会が運営するこれらのキャンペーンや公の救出セレモニーは重要で注意深く組織されたが、それらはヨーロッパ大陸の同様の行事に比べると華々しさに乏しく、長期間かけて行われることも少なかった。これは一つには数字の作用だった。おそらく十七世紀初頭の数十年間以外は、イギリスは、フランスやイタリア諸国やとりわけスペインほどには多くの虜囚を北アフリカに渡したことはなかった。だが、もっと重要な違いは、イギリスには、ムスリムによる私掠行為の影響を受けていたすべてのカトリック国家においてきわめて重要な儀式的・文芸的役割を果たしたメルセス修道会や三位一体修道会の神父がいないということだった。

儀式は北アフリカの地で始まることが多かった。フランスやスペインやポルトガルやナポリのカトリック神父のグループは、母国の信者から集めた身代金を手渡すために、チュニスやメクネスやアルジェに向かった。彼らは国王とローマ教皇の旗を掲げ、三位一体の旗（白が父、青が子、赤が精霊）をもっと目立たせて、バーバリに到着した。そして彼らはそれぞれの国の虜囚を集め、彼らの罪のなさとキリスト教信仰を明示するために持参した真っ白な服を彼らに着せ、それからようやく海を渡って母国まで付き添うことになった。神父たちはまた、虜囚自身と取り決めをするのが常だった。このようにして身代金と引きかえにバーバリから取り戻されたローマカトリック教徒は、取り決めにしたがって、故郷に戻ってから特別な儀式に参加しなければならなかった。これらの儀式は一年、あるいはそれ以上続くこともあった。たとえばフランスでは、イギリスのような一回きりの手の込んだ行進と虜囚の帰還を祝う教会の大礼拝が行われたのではなく、それらが打ち続いた。最初は再入国する際の港で、すなわちたいていはマルセイユで行われた。救い出された虜囚の行列はそれから、数世紀にわたって発展してきた由緒ある経路であるツーロン、アヴィニヨン、リヨンなどをたどり、そしていよいよフランスの宗教の中心地であるパリへと向かった。ありとあらゆる短期滞在地でセレモニーがあり、地元の名士が参加し、一般人が見守った。鐘が鳴った。兵士が集合した。まき散らされた花はひしめく群衆に踏みつぶされ、芳香が漂った。小さな子どもは不承不承にケルビムや聖人などの仮装用の服に身を押し込んだ。そしてその中心にいたのは、白い服を着た虜囚たちと彼らを保護する神父たちで、神父たちは虜囚の実際の有名な苦難の話をまとめ上げて出版しようとうずうずしていた。[13]

イギリスでは、状況は非常に異なっていた。この厳格なプロテスタント文化においては、首都と地方の両方で行われるこの種の一年にもわたる見世物のための準備が整っていなかった。「われわれには、虜囚となった同胞の救出のためにあちこち歩き回って寄付を求める三位一体修道会の神父がいないし、虜囚が救済されて家に戻るときに、壮麗で厳粛で豪勢な行列と一緒に行進することを引き受ける者もいない」と一七三六年にあるパンフレット作者は言い放った。[14] このいくぶん屈折したプロテスタントの自慢が意味するように、イスラム世界からのイギリス人虜囚の帰還は、はるかに本人たちの自由裁量に任せておかれ、それは単に虜囚救出教団がなかったためではなかった。イギリスという国とバーバリの力との関係は相反する側面を持っていたことは繰り返しておく必要がある。一方では、イスラム世界との接触を強いられることによってプロテスタントのイギリス臣民が汚されるのではないかとイギリスの教会が常に心配していたのと同様に、国家としてのイギリスも当然のことながら、自国の評判、貿易、人員に対するバーバリのコルセア攻撃に憤慨した。他方では、北アフリカとオスマン世界は概して大事な貿易相手であり、しかも北アフリカはイギリスの地中海帝国においてますます必要不可欠な補助者となっていた。このような理由もあって、反バーバリ感情と虜囚への配慮の二つを合わせて政府が組織化していくことは、とりわけミノルカ島とジブラルタルの獲得後は、積極的には行われなかった。虜囚問題がイギリスとバーバリ、そしてイギリスとオスマン帝国とのあいだで結ばれた協約を妨害することは許されるはずもなかった。

イギリス当局の自制は、活動的に救出をはかる神父の欠如とも相まって、虜囚体験のイギリスでの語られ方に間接的な影響を及ぼした。カトリック文化においては、国家も教会もバーバリの虜囚の報告をもっと積極的に収集して広めていた。イギリスでは上からの介入は——存在はしたが——あまり顕著ではなく、その一方で、商業新聞網が早い段階から発展していた。このような文化においては、虜囚は自ら声を——いかに不完全であっても——発する可能性が高かった。

虜囚の声

ヴィンセント・ジュークスは宿屋の長男で、シュロプシャー州マイッドルの隣人の大半の意見によれば、何の役にも立たない輩だった。落ち着きがなくすばしこい彼は最初、けちな盗みをやってみることで村社会の束縛に抗ってみたが、まもなく、船乗りになる方が得策だと思った。これはやがて別種の拘束への道だと判明した。

一六三六年、彼と三三名の乗組員はタンジール沖で捕らえられ、アルジェリアのコルセアのさらなる犠牲となった。そのこと以外、ジュークスは誰の犠牲者でもなかった。アルジェリアで奴隷として売られた彼は、イスラム教に改宗して割礼を受け、現地の服装や行動を身につけた。これらの行動は、自動的に彼を自由にしてくれるわけではなかったが、移動と職業の選択をもたらした。彼は船乗りとしての人生を再開し、コルセア船でイスラム教に改宗した三人の元キリスト教徒や一〇人のアルジェリア人と働いた。ある航海中に、どうしたことか、四人の改宗者が再度宗旨を変えた。彼ら自身の話によると、仲間のムスリムの乗組員数名を殺し、残りのムスリムを何とか船倉に閉じ込めた。今や捕らえる側となった元虜囚のジュークスと仲間たちはスペインにたどりつくと、盗んで得たその船と生き残ったアルジェリア人を売り払った。一五〇ポンドを得て前よりも裕福になったジュークスは、一六三八年にイギリスに戻り、新しい服とよい馬を買ってマイッドルに戻ろうと出発した。市民の例の反感が不機嫌なねたみに取って代わるのを見たくてたまらなかったのだ。だが、小さな市場町を馬で一つまた一つと通り過ぎるうちに、ある種の盗難に遭った。彼は、バーバリでの手柄をロンドンのタヴァーンでざっくばらんに喋ったのだが、彼が去るときにはもうバラッドに変えられて歌われ、印刷して配られていることに気づいた。ジュークスは、自らの物語として伝えたことが他人によって加工されてばらまかれるのをどうすることもできなかった(15)。

ヴィンセント・ジュークスの物語は、あるロンドンの聖職者による説教やいくつもの海賊版に着想を与え続け、そしてついに十七世紀末にマイッドルの年代記編者のリチャード・ゴフによって記録された。ゴフの家族はジュークスのことを知っており、はっきり言って彼のことが嫌いだった。たぶんこのためだろう、ゴフ版は抜け落ちている事柄が非常に多かった。彼は、ジュークスがイスラム社会での短期滞在にいかに反応したのか、私利私欲以外の動機が改宗を促したのかどうか、あるいはなぜ本質的に根無し草の男がイギリスに帰ることを望んだのかについてまったく調査していない。ジュークスはマイッドルに戻って落ち着く間もなく「また海に出て、その後は音沙汰がなかった」とゴフは軽蔑を込めて述べる。だがゴフの伝えた話は、北アフリカ（や他所）での捕獲に関する公式見解が、口頭や活字でイギリスに流布する実にさまざまな意見によって補完されることもあれば覆されることさえあることをよく示している。ジュークスの冒険をもとにしたバラッドや説教を聴いた人びとや、彼が真新しい服に身を包み立派な馬に乗って戻ってくるのを見た人びとは、数で勝るバーバリ人に対してイギリス人が成功を収めたことに、そして流血をいとわぬ彼の帰郷の決断に心底ぞくぞくしたことだろう。人びとはさらに、イスラム社会での暮らしも自己都合でキリスト教をさっさと捨てたこともどうやらジュークスに害を及ぼすことはなく、しかも最終的に彼を裕福にしたという事実に驚いた可能性がある。

ヴィンセント・ジュークスのバラッドはもはや残っていないが、バーバリ虜囚の体験を称えるイングランド、ウェールズ、スコットランド、アイルランドの多数のバラッドは現存している。もっとも有名なのは「ロード・ベイトマン」のバラッドで、少なくとも一一二の異なる版が十七世紀から十九世紀にかけて現れた。ここでもまた、北アフリカのコルセアによる捕獲が純粋な苦痛の源泉としてではなく、思いも寄らぬ意外な出世の手段、この場合は金銭面だけでなく性的な面での向上として描かれる。イングランド北部出身の若者が海に出てトルコのコルセアにつかまり、牢屋に投げ込まれた。そこで彼は現地の支配者の美しい娘の訪問を受ける。

彼女は頑丈な牢屋を訪れ
大胆に中へ入り
居心地はどうかしらと言った
閉じ込められるのはお好きかしら……

娘は若者の逃亡を手伝い、その物語のある版では、彼をイギリスまで追ってきた。そこで彼は、この「トルコの」花嫁のために地元のキリスト教徒の婚約者を捨てた。彼女はノーサンバーランド州すべての富よりも価値のある宝石で飾られた帯を持ってきたのだ[16]。

ある面では、人気を保ち続けたこれらの詩は、西洋世界に繰り返し現れるポカホンタス・ファンタジーに北アフリカ的ひねりを加えている。すなわち、危機に瀕したヨーロッパ人男性は、有力な非ヨーロッパ人女性に救われる。彼女はただちに男と恋に落ち、彼の社会にやってくる。だが、「ロード・ベイトマン」のバラッドをこのように読むだけでは、重要な複雑さを見落とすことになる。これらの詩では、最初に脆弱なのは白人男性で、優れた力と主導権と富を所有するのは「トルコの」女性だ。彼女はたしかにこれらをそのイギリス人の利益のために用いるが、その過程で彼女は死なないし捨てられもしない。そのかわりに白人もまた境界を越え、最終的に彼女のために自分と同じ人種の女性を捨てる。例の十七世紀のシュロップシャー州の青年ヴィンセント・ジュークスの物語と同様、われわれはこれらの詩では、イギリスの世俗や宗教の関係当局によって非常に注意深く定式化して展開された北アフリカのコルセアに関する公式声明からかなり離れたところにいる。「ロード・ベイトマン」の多数のバリエーションから思い浮かべられるように、イスラム勢力に捕らえられることは死よりひどい運命というわけでもなく、頑強で一枚岩的な大文字の他者との対決でもない。そうではなくて、個々のキリスト教徒とイスラム教徒は集団を離脱して忠誠関係に背き、互いの利益のために協力する。

だが、「ロード・ベイトマン」等のバラッドと国教会の説教やバーバリに関する国王の声明とは調子や強調点が明らかに大きく異なっている反面、これらの媒体は、そこで虜囚でいることの含意を歪めている点では似たり寄ったりだった。バラッド歌手は虜囚の苦難や困窮をロマンスや冒険に変えたが、その一方で、プロパガンダを発信する政府や聖職者は、イギリスと北アフリカの強国とのあいだに実際に存在する複雑な外交的、帝国的、商業的な関係をうまくごまかして、新月と十字架のよくある伝統的な対比に逃げ込んだ。バーバリの虜囚体験を都合よく解釈して広めているどちらの媒体も、バーバリにおける個人としてのじかの虜囚体験や北アフリカ自体の直接的な知識をほとんど持ち合わせていなかった。それでは、ヴィンセント・ジュークスのような者がどうすれば自らの体験を、それを盗用して利用したがるさまざまな公的機関や商売人から取り戻せただろうか。虜囚たちはどうすれば自らの物語を掌握し、語れただろうか。

　自分の体験を語ることは、絶対に必要なことかもしれない。トラウマ体験を自らの言葉に変えることには、精神浄化作用がある。それは犠牲者たちにある程度の支配力を取り戻させる。彼らは自分たち側の話をし、話の筋の中心に自分自身を置き、自分たちが今なお重要だということをはっきりさせることができる。[17] バーバリで捕らえられた個人は、他の地域の虜囚と同様、しばしばこのように感じていたようで、たとえ短く型破りなやり方であっても、出来事について自分なりに語りたがった。アルジェ市郊外のムスタファ・シュペリュールに家を建てることを強制されたジョン・ロブソンという名のイギリス人奴隷は、自分の物語を自分に唯一可能な方法で書いた。まだ湿っている漆喰に自分の名前を一六九二年一月三日という日付と共に刻印したのだ。[18] これは、大工が自分の仕事を誇る通例の印とはまったく違うことを意味する行為だった。ロブソンは奴隷として、最も明白な自分のアイデンティティのエンブレムをはぎ取られ、イスラム教徒の所有者によって名前を付け替えられたことだろう。それゆえ、まさしくアルジェの石にイスラム暦ではなく西暦による日付、そして自らの姓とクリスチャンネームを刻印することは挑戦的な行為であり、こんな目にあっても本当の自分を今も変わらず持ち続けているという宣言だった。

　イギリスに戻った虜囚たちもまた、自分の物語を書いたり石に刻んだりすることができた。第二次世界大戦の爆撃で破壊されるまで、ロンドンのグリニッジにあったモニュメントには次のように刻まれていた。

　　ここにエドワード・ハリスの亡骸　埋葬され眠る……水夫
一八年間バーバリで奴隷

そして断固として国教会にとどまり
一七九七年国教を信仰したまま死去[19]

この詩句は信仰表明であるが、そこには不安も感じられる。エドワード・ハリスと同じぐらい長期間異質な社会に拘束された人びとは、帰国すると、体験したことを自分なりに語らねばと感じたことだろう。癒しの形としてだけでなく、自分が今なお以前と同じ人間で変わらぬ忠誠心を持っていると――これは実際には真実からかけ離れていることが多かったが――友人、親族、近隣の人びとを安心させる手段としての語りである。バーバリの元虜囚たちの中には、自らの体験を語ることを強いられた者さえもいた。その多くは労働者で、北アフリカから戻ってきたが金も職もなく、家族が死に絶えている場合もあれば離散している場合もあり、浮浪生活になり下がるのがごく普通の運命だった。そのような場合、彼らは牧師に身の上話をして施しを受けることもあれば、法廷で疑り深い治安判事にバーバリの過去を説明することもあった。たとえば、気の毒なジョン・ケイは、事実上彼の成人期全体が拘束状態の連続だった。彼は最初、実業家でもあったノーサンブリアの地主の徒弟として働かされ、それからイギリス陸軍に追いやられた。平和の訪れにより短いあいだ自由の身となり、船乗りになってヴェネチアの貿易商のもとで働いたが、たちまちアルジェリアのコルセアに捕らえられた。これにより、三年半のあいだ、北アフリカで奴隷となった。一七二四年にケイはようやくイングランド北部に戻ったが、そこで連行されて物乞いの罪に問われた。治安判事は彼から話を聞きだし、当の話し手には作成できないような書面を作り、ページの下に署名代わりの記号を書かせた[20]。

読み書きできない者にとって、第三者を通して虜囚体験を語ることが、ジョン・ケイのように強制されようと、あるいは自発的であろうと、それが記録される唯一の方法だった。十七世紀から十八世紀初頭の各地域、とりわけイングランドのデヴォン、コーンウォール、スコットランドのファイフのような海に面した州に残る記録を丹念に調査する人なら誰でも、ケイのような数十のちょっとした体験談、すなわちかつてのバーバリの虜囚によって語られたが本人が書いたわけではない物語を発見することになるだろう。[21] これらの語られた体験談のうちのいくらかはおそらく作り話だったことだろう。何らかの形で身体が不自由になった、ひょっとすると北アフリカの虜囚に関するバラッドや説教を聞いたことがある物乞いにとって、感動しやすい牧師や同情的な家の主に、「トルコの」コルセアの残虐行為によって足や目や歯を失ったと話すことは魅力的だったにちがいない。だが、治安判事たちは概してもっと利口だった。バーバリで過ごした時期があると主張する貧しい人びとと相対する際には、名前、日付、船の詳細や所有者、囚われの身となった北アフリカの場所に関する情報を求め、裏づけとなる書類のようなものまでも要求した。

滅んで久しいこのような役人の熱心さのおかげで、貧しすぎて読み書きもできないために通常は歴史の光が当たらない人びとの体験に関する並はずれて貴重な洞察が後世に残されることになった。このことは、相手側から出てきたある虜囚体験記によってきちんと立証されている。一七五三年九月に、ハメットというモロッコの船乗りが、テトゥアンの総督にイギリス領アメリカでの虜囚体験を物語った。一七三六年にサレから南方へ、現在のエッサウィーラに向けてトウモロコシを満載して出帆したとき、彼と六人の仲間はポルトガル船に捕まり、マザガンという北アフリカにわずかに残るポルトガルの基地の一つに連れて行かれた。そこで彼と友人はイギリス船に逃げ込んだ。船長はデイヴィスという名で、二人を助けてやろうと約束した。約束したといっても、何はともあれ、二人のモロッコ人の方はそう思ったということである。というのも、もちろん彼らは英語を話せなかったし理解もできなかったからだ。デイヴィスは二人を数か月続く航海に連れ出し、どうやら、イギリスの海岸が間もなく見えるからそこからモロッコへ戻ればいいというようなことを常に身振りで示したようだ。だがデイヴィスは奴隷商人の端くれで、彼らが渡っているのは大西洋だった。アメリカの陸地を確認したデイヴィスは、南カロライナのチャールストンから一五〇マイルほど離れたところにある孤立したプランテーションに二人を売った。

彼らはそこで一五年間、プランテーションの黒人労働者の食料となるトウモロコシを挽く作業をした。オーナーの破産というアクシデントが、ついに彼らを自由にした。激怒する債権者たちの到来によってプランテーションの隔絶は打ち破られ、そして今やハメットと友人は自らの名前や境遇を説明するのに十分な英語を知っていた。[22]

ある面では、これは例外的な物語だ。近世においては、キリスト教徒だけでなく、地中海圏で生活し仕事をするイスラム教徒も拘束されてさまざまな奴隷の身分や別の社会へと引きずりこまれやることがよくあった。だが、その証拠はしばしばひどく一方に偏っていた。たとえ何とか帰国できたとしても、識字率の低さと活字文化の欠如のせいで、西洋人に捕まった北アフリカ出身者は物語を後世に残す機会を奪われていた。とはいえ、実際のところはそれほどひどい状況ではないかもしれない。北アフリカやオスマン帝国の原資料がもっとよく知られるようになり、ヨーロッパに保管されている記録が非ヨーロッパの題材を求めて想像力豊かに調べられるようになると、ハメットと同様の物語が出てくるかもしれない。すなわち、自らは活字にできなかったものの——無学なヨーロッパ人の場合と同じように——書き留めてくれる役人等に向かって語る機会を得た無学なイスラム教徒の物語がもっと出てくるかもしれないということだ。

そして一つの話としては、ハメットの物語は見かけ以上に典型的だ。それは、われわれがこの先繰り返し見せつけられる事柄——言語能力が生存の可能性を左右するということ——を明示している。捕らえる側の言葉がわからないために虜囚が（ハメットと友人がデイヴィスにしてやられたように）やすやすと方向感覚を奪われ、罠にかけられてしまったり、逆に、虜囚体験自体が新しい言語習得と結びつくことで生存の可能性だけでなく成功するための力量をも高めることがあったことを示しているのである。サウスカロライナのプランテーションで一五年間重労働をするあいだに英語を多少覚えたので、最終的にハメットと友人は自分たちが何者なのかを説明することができた。彼らは植民地総督のジェイムズ・グレンに訴え、本国に送り返してくれるよう説得することができた。テトゥアンに戻った二人は、地元モロッコの総督とイギリス特使ウィリアム・ペティクルーにも自分たちの物語を語ることができた。ペティクルーは、極貧の船乗りにとっては大変な額の三〇ポンド以上もの賠償金を彼らに与えた。そして、このような行動をとった理由の一つは、二人が「英語をよく理解し、そのことが申し立ての裏づけとなる」からだと書いた[23]。

ペティクルーがこんなふうに二人に賠償したもう一つ理由は、イギリスとバーバリのきわめて重要な関係にあった。一七二一年以降、イギリスとモロッコのあいだの一連の条約は、モロッコがイギリス人を捕らえて奴隷にするのをやめること（ときおり反故にされた約束）を規定した。見返りとしてイギリスは、モロッコ人を捕らえないこと、ヨーロッパ大陸やその他の場所で奴隷にされイギリスの役人に助けを求めるモロッコ人を援助することを約束した。これらの条約の規定を認識していたことが、貧しいハメットと友人がポルトガルの手から逃れた直後に（そしてこの場合は誤って）イギリス船に助けを求めた理由の説明となる。一般にイギリス人はこれらの条約に従ったが、彼らには彼らなりの理由があった。最初にサウスカロライナ総督グレンが、そして次にテトゥアンのイギリス特使ウィリアム・ペティクルーが、極貧の船乗りたちに対して誠実にふるまわなければならないと思い、サウスカロライナからモロッコへの帰国を手配し、彼らの苦痛に対して補償したのは、たしかに、彼らがモロッコとの良好な関係をしっかり維持したがっていたことの表れだった。当時イギリスは大西洋を横断する奴隷貿易にかつてないほど深入りしており、グレンもまた黒人奴隷に依存する植民地経済の統轄者としてその状況を当然だと思っていたことだろう。だが、明らかにこの二人のアフリカ人はイギリス当局から完全に奴隷制の外にいる者と見なされ、それゆえ帰国と解放にむけて援助を受けることになったのだ。

このハメットと友人の話からは、さらに一般的に当てはまる点も浮かび上がってくる。自らの虜囚体験を語ることは、たいてい何らかの形で報われる。少なくとも気持ちが楽になって前に進めるかもしれない。あるいは、ひどい扱いを受けた誠実なキリスト教徒（あるいはイスラム教徒）として信用を回復する助けになるかもしれない。そのうえ、自らの虜囚体験を語る者はしばしば金を受け取ることも期待していた。ハメットと友人はしかるべき人びとに自らの体験を語ることによってモロッコへの帰国を果たし、かなりの額の現金を手に入れた。帰国に成功したイギリス人虜囚もしばしば、自らの苦難を語るのと引き換えに気前のよい施しを受けた。だが、イギリス人元虜囚には別の選択肢もあった。自由市場で自らの体験記を売ることも可能だった。活字にすることもできたのだ。

一六四〇年にフランシス・ナイトという名のイングランド商人は「私の知る限り、今までアルジェリアのような場所で囚われの身となった人びとの境遇や様子を活字にして公表した者はいない」と書いた。彼はさらに書き続け、七年間の自らのそこでの奴隷状態の詳細を盛り込み、その本を元オスマン帝国駐在大使サー・ポール・ピンダーに献呈することによって箔をつけた[24]。ナイトは自分が考えるような先駆者などではなかった。アルジェリアなどの北アフリカでの虜囚の体験談は、新世界での白人虜囚の物語とともに、十六世紀からヨーロッパ大陸で読まれていた。イングランドにおいても、活字となったバーバリ虜囚体験記で最古のものは一五八〇年代にさかのぼる[25]。だが、出版市場に関する限り、独自のものを提供しているというナイトの感覚は正しかった。彼の体験記は自伝風の長い物語で、型どおりの言葉で綴るのではなく、バーバリでの虜囚体験の多面性について丹念に論じたものだった。しかも、彼か出版社のどちらかが読者への気配りを見せ、特別に描かれた挿絵や「読者へ」向けた序文を載せた。

虜囚に関するこの種の複合的な語りは、必ずというわけではなかったが、活字になるか少なくとも出版にむけて準備されることも多く、一六〇〇年代から十九世紀にかけてのイングランドや以後のイギリスで数が増え、その後もときどき現れた。バーバリの虜囚体験記に関する限り、書かれた数をはっきりさせるのは現在では不可能だ。特に、非常に初期のものや出版されなかったものについては、残っていない場合もあるだろう。また、いまだ原稿のままで発見されるのを待っているものがあるのもほぼ確実だろう。印刷された物語には匿名のものもあるため、信頼性を確立するのは困難だ。しかしそもそも、このような状況下における信頼性とは何だろうか。

地中海世界に関するものであろうと、北米やインドや他の地域に関するものであろうと、フランシス・ナイトによって書かれたような体験記が複雑さと自伝的魅力の点で虜囚文化の頂点にあったが、そのような物語は数が少なかった。他の媒体で世に出る虜囚体験談の方が——新聞や雑誌であれ、詩や本やパンフレットであれ——ずっと数が多かった。だがこのような事柄は、説教、民事裁判や軍事裁判での証言、議会のスピーチ、発せられる声明、歌われるバラッド、そして近所のゴシップや個人の会話の中で口頭で説明され、論じられ、分析される方がはるかに一般的だった。バーバリに関する限り、疑いなく虜囚としてそこにいたイギリス人の物語のうち、十七、十八世紀から残っているのはわずか一五だけのようだ。だがこれらのテクストは、この特殊な虜囚体験の幅広い特色を非常によく反映している。

それらの三分の二が一七二〇年以前に捕らえられた人びとによって書かれたものだということは、イギリスに関する限り、コルセアの危険のピークがいつだったかということを的確に示す指標となっている。バーバリの大多数の犠牲者と同様、著者はすべて三十歳未満で、男性が圧倒的に多かった。これらの物語のうち、女性によるものは一編しかない。ポーツマスの船大工から転身した地中海の海軍工廠管理者の娘エリザベス・マーシュ、後のミセス・クリスプという女性による物語だ。

これらの話はまた拘束期間の点での、そしてその結果として、質的な面でのバーバリの虜囚の多様性を裏づける。書き手の三分の一は北アフリカでの拘束期間が一年未満で、別の三分の一は一年から五年ほどそこで過ごした。残りの者はさらに長期間とどまった。その一人であるイングランド南西部地方出身の漁師ジョセフ・ピッツは一五年、そしてトマス・ペロウは二三年だった。長い話を作り出すことは（必ずというわけではないものの）一定の読み書きの能力を要するので、これらの著者の中で船乗りが占める割合は、この地中海区域で拘束さ

16　モロッコで虜囚となったトマス・トラウトンと仲間たち。彼らの一人が描いた絵。

れたイギリス人全体の中で船乗りが占める割合よりも低かった。とはいえ、著者一五人のうち六人、エドワード・コクセル、トマス・ラーティング、トマス・トラウトン、ジェイムズ・アーヴィング、トマス・ペロウ、ジョセフ・ピッツが、一人を除いて皆、下級船員として商船で働いていたことが知られている。他の二人、アダム・エリオットとデヴェルー・スプラットは聖職者だった。他の五人、フランシス・ナイト、ウィリアム・オークリー、ジョン・ホワイトヘッド、フランシス・ブルックス、トマス・フェルプスは、貿易商や実業家だったようだ。唯一ジェイムズ・サザランド海尉だけが、捕まったときに軍に所属していた。後で見る通り、このことは断じて、イギリス軍人が書き手になるのを嫌ったからではない。たとえ、敗北や虜囚体験を描くことになろうともだ。北アフリカで虜囚となった陸海軍人の証言がまれであることは、帝国の地中海特有の政治状況をかなり反映している。イギリスは、北アメリカやインドでは、陸海軍から多数の虜囚を出す状況に陥ることになる。なぜなら、そこは征服、戦争、占領の場だったからだ。だが、一六〇〇年から一八〇〇年にかけては——タンジールの出来事という顕著な例外はあるものの——イギリス陸海軍が北アフリカの内部に侵攻して軍事行動を取ることはめったになかった。その結果、この地のイギリス人虜囚の圧倒的多数は常に民間人であり、侵略者よりも犠牲者の方が多かった。

そしてこの点で、これら一五の物語は北アフリカの虜囚のパターンを大まかに表している。しかし、非ヨーロッパ世界での出来事や出会いの描写という点では、これらの物語の妥当性はまったく別問題だ。「体験された出来事とその後の物語との厄介な乖離」というサイモン・シャーマの上手い言い回しは、他の虜囚体験記の著者と同様、これらの書き手も痛いほど気づいていたことであり、そして必死に真正性を立証するための戦略を考案しようとした者もいた。(26) エリザベス・マーシュは、ミドルクラスの女性として、モロッコでの短期間の虜囚生活が自分の名声を汚したことにおびえ、自分の話に何であれ虚偽である可能性が浮上することさえ許さなかった。彼女はレディだった(あるいは、そうありたかった)。それゆえ、自分が真実を語っていることについては、自らは問題にさえしなかった。そうする代わりに彼女は巧みな戦術を採用し、事実はごく一部にすぎなかったのだが、自らの虜囚体験記に「ある事実の物語」という副題をつけた。だがしかし、男性の語り手の中には、意欲的に真正面からその問題に取り組んだ者もいた。ウィリアム・オークリーは物語の第二版で「読者の方々よ、この手の物語ほど嘘の多い書き物はないということについては、ただちに同意する」と力説した。彼は実業家だったので、自分の信用を賭けて誤ったことは書いていないと述べたのだが、結局のところ、依然として懐疑的な読者たちに対しては家族に聞いてみてくれと言ってみたり、最終的には神を持ち出して「この本はプロテスタントのものであり、それゆえ嘘を嫌う」と言うしかなかった。(27)

もっと低姿勢の語り手たちは、自分たちのテクストに正当性を与えるために、社会的高位者の方に向かった。

トマス・トラウトンを一例として取り上げてみると、明らかに立ち直りは早かったかもしれないが哀れなその男は、仕立屋の見習い、左官、下級船員と次々に職を変えて働き、それから——モロッコでの五年間の虜囚生活で消耗した後——失意の画家としてやがてミドルセックスの救貧院で死んだ。一七五一年、彼は印刷屋に相対して、そしてロンドン市長サー・フランシス・コケーンその人の面前で、自分の虜囚物語の信ぴょう性を誓った。彼は、物語の正確性を立証するため、二一人の船員仲間や元虜囚仲間を市長の邸宅に連れて行くことさえした。彼ら一同の証言には字が書ける船員の署名と字が書けない者の署名代わりの×印があり、これが物語を読み始める前の読者を安心させ納得させるためのあからさまな企てとして、トラウトンの出版された本（十九世紀にもまだ増刷されていた）の序文代わりに挿入されていた。(28)

だが、いかに彼らが努力しようと、これらの、あるいは他のどんな虜囚体験の語り手にとっても、彼らが主張するすべての経験の真実を証明するのは不可能だった。問題の出来事は、あまりにも遠くで、証人として絶対に使えないような人びとの中で、しかも起こったことに関する見方がまったく異なるような人びとの中で起こった。そのうえ、これらの話はある程度は歪曲される運命にあった。それは、書き手が——すべての人間がそうであるように——先入観や偏見を持っていたという理由のためだけではなかった。たとえば、近世のバーバリの虜囚にとっては、ペンや紙どころか書く時間や自由でさえもがめったに手に入らないものだった。「われわれは物語を書き残すには実に不適任だった」とあるイギリス人は、アルジェリアにいた一六四〇年代当時のことを思い出した。「このような構想には、暇と自由とプライバシーと人目につかない場所が必要だが、われわれは何一つまったく縁がなかった」。この男——ウィリアム・オークリー——にできたことは、奴隷状態にあるあいだに観察したことをパターンとして記憶にとどめることだけで、三〇年ほど経ってから彼はようやくそれを活字にした。オークリーの立場にあった数名の人びとは、捕らえた側が彼らに持ち続けるのを許した祈禱書や聖書の欄外にメモすることができたのだが、この地域のほとんどの物語は——他の地域のものよりもずっと——記憶を頼りに、しばしばその出来事から長年経ってから書かれた[29]。

虜囚本人以外の人びとが関わって作り上げられているとすれば、さらに物語の信憑性が低下するかもしれない。コルセアによって捕らえられた人のほとんどが、貧しさのせいで教育をまったく受けていないか少ししか受けていないかのどちらかだったので、しばしば活字にすることを、そしてときには書くという作業そのものを他人――友人、パトロン、ロンドンの出版業者、あるいは他の誰か――に助けてもらう必要があった。オークリーは自分の物語に関して「友人に頼んで、もう少しよい英語で物語を話せるように教え込んでもらうまで、私は物語が出回ることに納得できなかった」と認めた。「材料と内容は自分自身のもの、仕上げと外観は人のもの」であった[30]。オークリーの場合、誰が援助者だったのかはほぼ確実だ。非常に信心深い彼は、国教会の複数の牧師から実体験を出版するように促された。物語を形にして整えるのを助けたのは、おそらく牧師たちだったのだろう。

このことが示すように、肝心なのは、さまざまな虜囚体験記が真実であるか、あるいは大体が嘘であるかを明らかにすることが役に立つというような考えから離れることだ。われわれの誰もが人生の多くの雑然とした体験を心の中で物語に変え、そうするうちに厄介な事実を一貫したパターンに整理し直し、回想する中で些細なことや不快なこと、耐えられないほど恥ずかしすぎたり辛すぎたりするエピソードを削除する。オークリーは知的で繊細な男だった。おそらく彼は、自分や助言者たちが六年間の虜囚生活の究極の真実と見なすことを意識的に語ろうと努めたことだろう。だが、彼と助言者たちにとって、このことは何よりもプロテスタントの神とその摂理の役割を強調することでもあった。「神を疑いたい気持ちになるとき、私は自身の物語を振り返り、『汝を海で救い出したのは神だということを思い出せ』と言って、信仰を強めるだろう」とオークリー（あるいは実際の執筆者）は書いた。神の慈悲を証明しようとする熱意は、オークリーに、北アフリカでの虜囚生活の記憶をカット・アンド・ペーストするよう促したに違いない。正直な男として、彼はたしかに次のようなことが起こったと認めている。

われわれがアルジェリアで囚われていた期間の話に、実際の奴隷体験の苦しみ以上のことを含めて語ることがあったが、執筆を助けてくれた相手がアルジェリア人ではなくクリスチャンで、カトリック教徒ではなくプロテスタントで、よそ者ではなくイギリス人だったことがそのようにした理由だった。だが、私は自らの意向でそのことについては何も言わないでおくことにしている。(31)

このような「意向」に添って、すなわち、プロテスタントの神の全能と、自らがイスラム世界で虜囚状態にあったときの神の慈悲深い介在を証言したいという願望にしたがって書く、あるいは他人に書かせることで、オークリーは自分の体験を切り詰めて作り直した。しかし、それはより深い道徳的真実と見なすものを引き出すためだけにしたことだった。

こうした物語の中に絶対的で純粋な真実を探すことや、著者がそのようなものを提供しそこなっていることについて深読みしすぎることが不適切である理由は他にもある。今のポストモダンの時勢であってもなおわれわれは、出版物が完全に事実であることや純然たるフィクションであることを期待しがちであるが、レナード・デイヴィスが述べているように、近世の読者は、そういったことはそれほど期待していなかった。(32)とりわけ、旅行記の作者が問題をややこしくしていることはよく知られていた。たとえば、ジョナサン・スウィフトの小説『ガリヴァー旅行記』は、十八世紀初頭の地図製作法にデザインが似た地図を——専門的に見える測定尺度や装飾的な潮吹きクジラまでも——組み込んでいたので、当時のだまされやすい読者がスマトラのすぐ南西にリリパットがあると確信したのも無理はない。逆に、ダニエル・デフォーの『グレイトブリテン全島周遊記』(一七二四—六年)は現在、ジョージ王朝初期のイギリスの社会、経済、都市構造に関する非常に貴重な情報源であると認識されている。だが、建築慣行、市が立つ日の風習、田舎の産業の発展、地方の道路状態に関して『グレイトブリテン全島周遊記』が提供する詳細で経験的な情報は、デフォーの側では、文学的な新機軸である旅行記という枠組みの中でまとめられた[33]。

ほぼ同様に、バーバリ等の虜囚体験記の正確な事実に基づく非常に貴重な資料にも、架空の、あるいは盗用された一節がはさみ込まれることがある。政治的、宗教的、文化的、人種的偏見が十分実証されうるルポルタージュと結びつけられ、ひどい無知がまれな見識や真剣な洞察と並んで提示される。歴史学者が探し回る他のほぼすべての原資料と同様に、これらはすべてが信用できる文書ではないが、抽出してふるいにかけることは可能であり——そして、そうすべき文書である。というのも、私は、正確さを求めてこのようなテクストをふるいにかけることは無益な企てだという主張も、非ヨーロッパ人との遭遇に関するヨーロッパ人の文書は観察者や書き手についてしか明らかにせず、観察される側についてはまったく明らかにしていないという主張も認めないからだ[34]。どんな史料も、その書き手の出身地を理由として、あるいは書き手がたまたまどの民族集団だと推定されるかという理由で自動的に無視されるべきではない。虜囚体験記は断片化され合成された情報源だが、文脈を考慮せずに文字通りの文面だけを分析するのは不適切——たしかに現実逃避者のようなもの——だ。途中であまりに多くが見失われる。

バーバリの物語の最も注目すべき物の一つ、すなわち一七一五年から一七三八年までモロッコで虜囚として、そして背教者として、それから傭兵として身柄を拘束されたトマス・ペロウの物語をまず見てみることにしよう。一七四〇年代初頭に出版され、その序文には「不幸な被害者の、自身の手で書かれた、正真正銘の……真実の日誌」と書かれている。この大胆な主張が誤りであることを証明するのは、いたって簡単なことだ。この時期の多くの出版物と同様、『トマス・ペロウの……長い虜囚体験記』は、他の著者から剽窃した材料を含んでいる。(そして次には、トマス・トラウトンがバーバリ物語を書く際に、この物語もまた剽窃されることになる。)ペロウの物語には、特に、恐るべきムーレイ・イスマイル、すなわち彼が仕えた最初のスルタンに関する相当な潤色とでっち上げがある。そのうえ、出版されたテクスト——われわれが持つ唯一の版——はロンドンの編集者がいらぬ手を入れているが、その加筆が不快なほど露骨なのでかえって許せてしまう。このおせっかいで無知な人物はある箇所でこう書き加えている。「モロッコが、キリスト教世界のものではない他の宗教に属しているのはたいそう残念である……〔だが〕このような話の脱線は、私の能力をはるかに超える主題と同様、私のやり方からひどく外れている」と。[35] まったくその通りだ。なぜなら、ペロウ自身の声が再び現れるとき、それは非常に異なる物語を、そしてモロッコ社会に深く長時間さらされなければ語りえないような物語を語るからだ。

マガリ・モルシによる印象的なペロウの現代版は、著者の小麦を編集者のもみ殻から効果的に分けている。[36] ペロウが一七一五年にモロッコのコルセアに捕まったとき、彼はわずか十一歳で、学校をさぼって伯父の貿易の旅に同行していたコーンウォールの男子生徒だった。彼は、乗船した日付、捕縛された日付、モロッコ到着の日付、そして辛酸を嘗めた後に非情な兵士として三十代で遅ればせながらイギリス帰国を果たした日付を注意深く提示した。だが、背教者としての時期の話では、日付を示すのはきわめてまれで、そしてこのことはときにペロウの物語がピカレスク小説と大差ないことの証拠だと見られた。だが、この主張は、非西洋の環境で長年不安定な生活を送った男の物語に、西洋の基準を適用するものだ。ペロウはひとたびイスラム教に改宗し、一五〇〇名の背教者からなるモロッコの強大な軍隊に仲

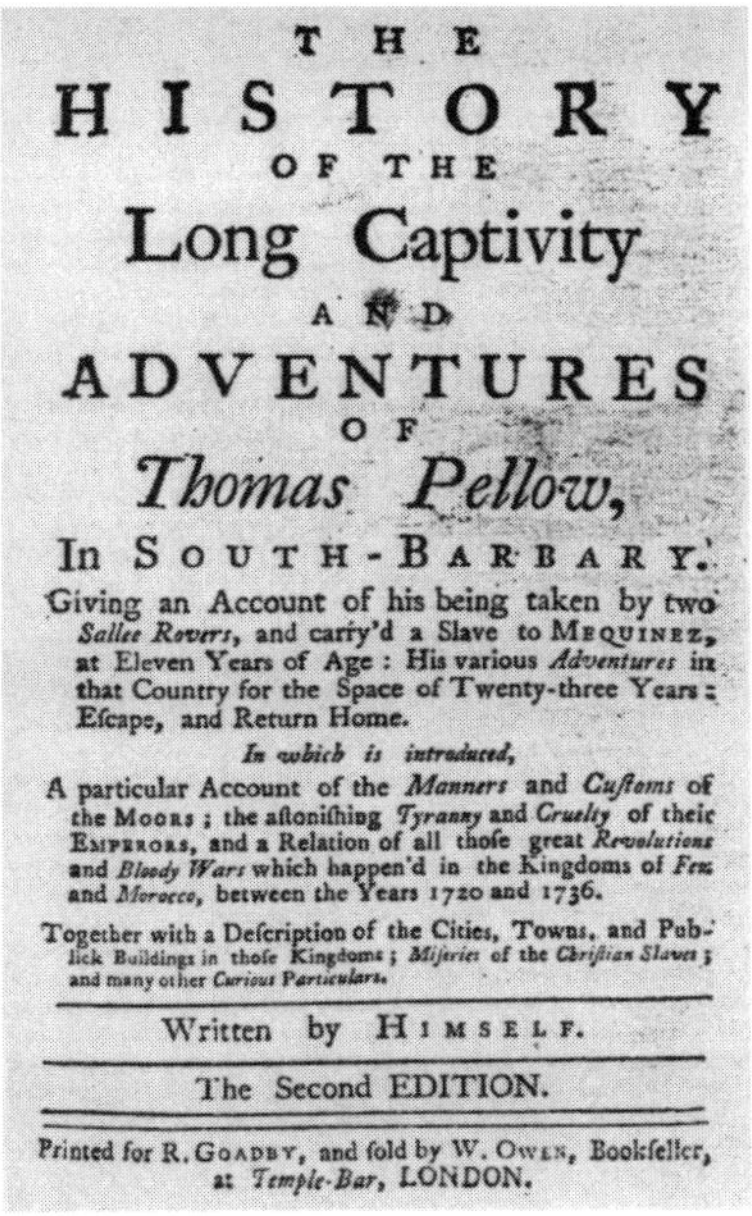

THE
HISTORY
OF THE
Long Captivity
AND
ADVENTURES
OF
Thomas Pellow,
In SOUTH-BARBARY.
Giving an Account of his being taken by two *Sallee Rovers*, and carry'd a Slave to MEQUINEZ, at Eleven Years of Age: His various *Adventures* in that Country for the Space of Twenty-three Years: Escape, and Return Home.
In which is introduced,
A particular Account of the *Manners* and *Customs* of the MOORS; the astonishing *Tyranny* and *Cruelty* of their EMPERORS, and a Relation of all those great *Revolutions* and *Bloody Wars* which happen'd in the Kingdoms of *Fez* and *Morocco*, between the Years 1720 and 1736.
Together with a Description of the Cities, Towns, and Publick Buildings in those Kingdoms; *Miseries* of the *Christian Slaves*; and many other *Curious Particulars*.
Written by HIMSELF.
The Second EDITION.
Printed for R. GOADBY, and sold by W. OWEN, Bookseller, at *Temple-Bar*, LONDON.

17　トマス・ペローの物語

間入りすると、これまでのようにキリスト教の暦に従うのをやめて、現地流の時の表現法に移っていった。彼のテクストは、モロッコでの季節の移ろいを、自由に獲物を獲ることができる時期や、あるいは妻として当てがわれた奴隷女と暮らすのを許されるときに言及することによって伝える。とりわけ、一七二〇年から一七三七年にかけて彼が戦った一七の軍事作戦、そして仲間たちとともに何度も国を横断してスルタンの敵を襲撃する際に彼が見たり駐留したり略奪したりした町と村をもとに、彼は自らのモロッコ生活を記録した。このときのペロウにとって、時間を記録する作業は、時計やカレンダーの問題というより、空間的、地理的なものとなった。彼の物語には二三〇の地名があり、中には当時のモロッコに関する西洋の他のどんな情報源でも得られないようなものも含まれている。(37)

このように、一見したところ、この物語を曖昧でほとんど作り話であるかのように見せている特徴——西洋式に日付が記入されていないこと——は、実際にはペロウがどの程度彼のもう一つの側面であるモロッコでの生活で変えられてしまったのかを暗示している。綿密なテクスト分析は、なるほど、人間パリンプセスト（もとの字句を消した上に字句を記した羊皮紙の写本）としての彼の立場に起因する緊張状態を明らかにする——すなわち、イギリス生活という元原稿はモロッコの国に仕えた二三年間によって上書きされ、そして今度はこの上書きされた版が一七三八年にイギリスに再入国することにより、部分的かつ納得いかない形で消し去られているのを明らかにする。彼の話の最後は、モロッコの内戦による動乱期に逃亡を決意し、身を隠して逃げ続け、旅の治療師を装っていた時期もあったことを物語る。ペロウは、自分の所へやってきた眼の感染症のモロッコ人農夫を、開けた眼に粉末の赤唐辛子を注ぎ込むことによって治療した顛末を描写し、その結果生じた彼らの苦痛にもまったく心を動かされなかったとコメントするとともに、「もし思い通りになるなら、バーバリのムーア人のほとんどをそんな風に扱ってやることだろうに」と述べる。

人種的動機による悪意と思われる事柄に身震いする前に、われわれは、ペロウが——あるいは編集者が——ここで試みていたことを理解すべきである。ペロウはキリスト教や母国と縁を切り、二〇年以上、さまざまなよそ者の旗の下で戦っていた。一七三八年以降、彼はイギリス社会に復帰しようと試み、当然のことながら、心の奥底では本当に背教者になったことなど決してないことを証明するために、自らの物語を利用しようとした。たとえば、彼はわざわざムーレイ・イスマイルに面と向かって、黒人やムラートの奴隷女とは結婚しないと告げ、その代わりに「自分と同じ肌の色の女を与えてくれ」と懇願したというありそうにないエピソードを盛り込んでいる。だが、モロッコでの長期滞在が生まれながらのアイデンティティを変えることは決してなかったことを証明しようとする懸命で素朴な試みも、赤唐辛子治療の話によって台無しにされる。眼感染症に、とりわけまぶたの内側の病気に粉末赤唐辛子を使うのは、彼の側の斬新で残虐な人種差別行為ではなかった。それはこの種の病気に対するモロッコの標準的な民間療法だった。イギリス人読者が、ペロウによる反ムスリム、反モロッコの行為として読むよう促されるエピソードは、実際には、かつてのコーンウォール人がモロッコの風習に同化した程度を示している。(38) トマス・ペロウはバーバリにただ単に捕らえられていたのではなかった。彼は、その過程で変えられたのだった。取り返しがつかないほどまでに変えられてしまったということは、後になってわかった。というのも、彼はイギリスに帰国したものの、自力で満足のいく暮らしを手に入れることがまったくできなかったからだ。

一つには、彼が非常に若くして、わずか十一歳で捕らえられ、二〇年以上もの長期にわたって、北アフリカで拘束されていたからだ。その結果、ペロウは自分自身が十八世紀イギリスの「家」と「自由」に戻ってみると、ちょうどジョーン・ブレイディの祖父が十九世紀後半にアメリカで経験したのとほとんど同じような、恐怖や立腹を伴う困惑を覚えた。ジョーン・ブレイディは驚くべき本『戦争の理論』(一九九三年)で語ったのだが、彼女の祖父は、赤ん坊のときに中西部のタバコ農家に売られ、実質的に子供時代と青年時代のすべてを、事実上白人奴隷のように過ごした。所有者から逃げた後、この男は——ペロウのように——「突然の、さまざまな、目がくらむほどまぶしい自由」によって最初に幸福感の高まりを感じた。だがそれからパニックと激怒がやってきた。というのも彼は、自由自体が過去を返してくれるわけでもなく、居心地よく思える現在を提供してくれるわけでもないことに気づかされたからだ。

かつてしっくりと合っていたもの――人生そのものだったもの――がもはやしっくりこなくなり、決して再び馴染むことはできなかった。[39] 普通の状態が別種の束縛になる……神自身のように、彼は一から世界を築かなければならなかったのだ。

ペロウも、イギリスに戻った直後の高揚した楽観主義から、絶望と怒りが露わになった感情へという同様の変化を体験したと思われる。両親は彼を認識できず、しばらくのあいだ、唯一の慰めは、親切にしてくれるロンドンのモロッコ大使を訪問することだった。彼の臨終の地も日付もわかっていない。

だが、ペロウが元通りに落ち着いてうまくやっていくことができなかったのは、彼自身の疎外感以外にも理由があったかもしれない。イギリスを離れているあいだに、彼だけでなく国も変わった。彼の虜囚体験記が出る頃には、すなわち一七四〇年頃には、イギリスはヨーロッパ内では第一級の一層好戦的な国家となり、ヨーロッパ外でもますます意識的に勢力拡大に努めていた。当時は、ムスリムや傭兵や亡命者となったイギリス人の物語がすんなり受け入れられたり、まして や広く評価されたりするような状況ではなかった。ペロウが自身の物語の終わりで文句を言ったように、彼は一八三八年についにロンドンに戻ってきたとき、王に謁見するために馬鹿正直に海軍省に姿を現したが、「最後に彼らから得ることができたものは、軍艦上のハンモックという何とも尋常でない恩恵だけだった」。[40] イギリスの当局者としては、今やペロウは無礼千万にも自ら（自発的でなかったとしても）捨てた国のために戦死する礼儀をわきまえてくれればいい邪魔者だったのだろう。

このエピソードが暗示するように、外国勢力に捕らえられることは常に個人的な苦難や冒険の問題をはるかに超えるものだった。そして、現在と同様、他国側の者たちによる自国民の捕獲は政治問題、すなわち国家、政府、外交官、支配者にとっての問題だった。イギリスに関する限り、自国民が虜囚となることは次第に帝国の問題にもなっていった。まったく同じことが虜囚文化にも当てはまる。すでに見たように、これは一つには口述文化によって、すなわち、説教、演説、歌われたバラッド、帰還した虜囚が語る話、彼らを知る者たちによるゴシップや物語によってさまざまな社会階級に広まった一連の思考、印象、イメージだった。バーバリでの虜囚体験はまた、——他の虜囚危機と同様——手稿のままで残されることもあったが、しばしば印刷された豊富な著作物を生み出した。私が示そうとしてきたように、これらのテクストのいくつかは当時非常に影響力があり、現在は精読と分析に報いてくれる。特に長編の虜囚体験記は、北アフリカや世界の他の地域における異文化間の衝突や癒着の詳細な顚末を提供してくれるがゆえに、しばしば感動的で面白い情報源となっている。ここには、捕獲されるときには文字通り十字砲火を浴びた、取るに足らないが重要でないわけではない人びとのたどたどしい暴露証言がある。だが、これらの注目すべきミクロの物語は——他の虜囚文化と同様——競合するいくつもの国家や帝国についての一つのマクロの物語の中に位置づけられる必要もある。

当初から、バーバリの個々の虜囚は、彼ら自身がしばしば気づきえたよりもはるかに大きな物語に捕らえられていた。一方では、イギリス、ウェールズ、スコットランド、アイルランドの人びとは、一六〇〇年以降になるとますます多く地中海で捕らえられるようになった。というのも彼らは、小さく貪欲な島々から最初は商業の、のちには帝国の野望を抱いて、陸地にぐるりと囲まれたこのきわめて重要な海にやって来たからだ。他方で、これらの虜囚はまた、恐ろしいモロッコ王国だけでなくオスマン帝国とその辺境地域であるアルジェリア、チュニジア、トリポリの需要や必要に応じて発生した。さらには意外な展開もあった。地中海におけるイギリスの力が拡大するにつれ、イギリスとこの地域の一部のムスリム勢力との密接な関係は、紆余曲折もあり途中で大きな逆行もあったとはいえ、深まっていった。最初にジブラルタル、そしてミノルカを獲得すると、イギリスはこれらの白人植民地に食料などを補給し、そしてこれらの獲得地をヨーロッパの敵から守り続けるために、北アフリカの援助に頼るようになった。この満足な関係を維持するためには、コルセアのイギリス船に対する散発的な襲撃にも、イギリス政府は見て見ぬふりをするか、自国民を取り戻すべく奇妙な取引をするか、あるいは復讐することなく自国民を死なせる必要があったが、それならそれで構わなかった。代価なしに帝国が達成されることになるなどと、一体誰が想像しただろうか。

地中海世界においては、他のイギリスの帝国事業地域におけるのと同様、虜囚体験記は、より広いイギリス、そしてグローバルなコンテクストで読まれ、解釈される必要がある。これらは決してただ単に緊張を強いられた個人の物語ではなく、力関係の経年的な変化についての解説であり副産物でもある。世界の中でこのことが特に顕著だったのがこの地域だった。われわれが見てきた通り、一六〇〇年以降イギリス、ウェールズ、スコットランド、アイルランドの多くの男女がバーバリのコルセアに捕らえられた結果の一つとして、イスラムがイギリスにおいて非常に広く話題にされ、議論されるようになった。十七―十八世紀のイギリス人の大多数はもともと、征服できることを期待してイスラム世界に近づいたわけではなかった。イギリス人がイスラム世界にますます注意を傾けるようになったのは、北アフリカ勢力やオスマン帝国やそれらが突きつけてくる虜囚問題に直面し、そうするしかなかったというのが主な理由だった。だが、これは時間とともに変化していくことになる。大ムスリム帝国はイギリスにとって危険の源というよりむしろ脆弱なものと思えるようになっていく。われわれが今研究する必要があるのは、ゆっくり時間をかけたこの大転換であり、そして虜囚体験がそれを解き明かす方法である。

第四章　イスラムとの出会い

方位修正

一七五一年四月。この季節、ロンドンは寒い。コヴェントガーデン劇場の舞台袖で出番を待つみずぼらしい痩せ衰えた男たちにとってはとりわけ寒く、彼らは体を縮めて、足枷をつけたままできる限り何度も足踏みをしている。聴衆はと言えば、今か今かとそわそわし、熱く興奮していた。ボックス席はすべてが埋まっているわけではなかったが、劇場には千人以上が詰めかけていた。平土間や桟敷席には都会育ちの若者、貫録のある市民やその妻、卸売商人や上品な小売商人、初めて見るロンドンに感心しきりの田舎者、燃えるような緋色の制服に身を包んでゆったりと腰かけている休暇中の陸軍将校が詰め込まれ、そして、最安値の座席には娼婦や、召使や、ただのケチが押し込まれている。バーバリの問題は常に多様な社会的領域にまたがっている。しばらくのあいだ、興行師の親方たちの声とどこのものともまったくわからない調子っぱずれの音楽が人びとの会話を切り裂くように鳴り響き、トマス・トラウトンとその仲間たちが追い立てられるように舞台に登場する。ところが、彼らはろうそくの輝きの中で身動きもせずにただ瞬きするばかりだ。何をすべきかわかってはいるのだが、洗うことの少ない西洋人の体が集まって発する独特の臭いや、ベールもせずに自分たちをじろじろと見つめる女性たちの白塗りの顔に気が散って仕方がないのだ。観客も身じろぎもせずに見つめている。彼らの前に立っている男たちは痩せこけて黒く日焼けし、皮膚に貼りつくかのようなボロをまとっていた。突然、一人一人が自分の手枷や足枷をつかんでそのつないでいる鎖をガラガラと激しく鳴らし、舞台の床板に強く叩きつける。この男たちは、マーリーの幽霊〔チャールズ・ディケンズ『クリスマス・キャロル』に登場する幽霊〕のように、死後に恐怖と警告のメッセージを携えてあの世から戻って来た亡霊たちなのだ。

この芝居興行の成功の立役者は、コヴェントガーデンの座元兼役者のジョン・リッチだった。トラウトンとかつての船員仲間たちがほぼ五年にわたるモロッコでの虜囚生活と苦役から解放されてロンドンに戻ってくると、リッチはすぐに彼らを探し出した。トラウトンたちにはしばらくのあいだ高い宣伝効果や観客をひきつける魅力があるということがわかっていたのである。リッチが彼らに興味を持った理由は他にもあった。リッチは十八世紀でもっとも有名な諷刺音楽劇であるジョン・ゲイの『乞食オペラ』を上演して名声と富を得たが、この諷刺劇においても、虜囚となることや監禁されることの苦しみが大いに描かれている。芝居の主人公であるキャプテン・マックヒースはこの音楽劇の大半で拘束状態に置かれていて、ニューゲート監獄で縛り首になるのではと恐れながら過ごす。(1) リッチはおそらく、トラウトンとそのやつれた仲間たちによって、監禁と監禁のメタファーを採りあげる機会が再び得られると思ったのだろう。『乞食オペラ』では犯罪者たちの闇の世界を描くことが上層社会の堕落の攻撃ともなっていたように、救い出されたにもかかわらず今だに苦しみ続けるバーバリの虜囚たちの惨状を見せつけることは、つかのまのセンセーショナリズム以上のものであった。ガチガチと音を立てる鎖の、そして、客を喜ばせて少しでもお金を稼ぎたいという男たち自身の気持ちの背後には、ある種の政治的主張があった。心を奪われたコヴェントガーデンの常連客達は、台詞や歌やパントマイムから、これらの鎖やボロはムス

18 「トルコ」の力と残酷さ。ウィリアム・オークリーの虜囚体験記の口絵。

リムの北アフリカでの苦役中にこの男たちがたいそう長いあいだ身に着けていたあの忌まわしい鎖や大きな穴の開いたボロと同じものだと知った。男たちは――トラウトンの虜囚体験記のタイトルを引用すれば――「バーバリ的残酷さ」の犠牲となった奴隷たちだったのだ。(2)

大切なのはここからだ。このパントマイムに見られるように、北アフリカのイスラム社会は専制、残酷、貧困、そして剝奪された自由を象徴しており、それはイギリス自体の持つバランスのとれた政体、商業の繁栄、そして個人の自由といったイメージとは逆の脅迫的なイメージだった。当惑し、腹を空かせた素人の集団でさえロンドンの冷え込みの激しい舞台でこれらの主張を伝えうるというこの事実は、つまるところ、観客たちがこういった主張にすでにどれほど通じていたかということの証明であった。というのも、トラウトンとその仲間たちが未熟ながらも演じてみせたのは、理解しない人などありえないほどあまりにも長く使い古されたテーマだったからだ。虜囚の身代金が必要となるたびに行われる数限りない説教や発表される国王宣旨、この問題によって生み出される大量の商業広告といったものがすべて、イギリス人にバーバリを侵略や脅威の元凶として、また、自らの対立物や天敵として見るように仕向けていた。メアリー・バーバーという名の中産階級の平凡な既婚女性が書いた面白くもない詩の一つ、「近頃バーバリから救い出された虜囚たちを見て」(一七三四年)がこれをうまく要約している。

解放された虜囚が故郷の岸にむかって歓呼し
「自由」の地を再び踏むのを見よ
……それゆえ　アルビオン〔グレイトブリテン島の古名〕よ　それが常に汝に与えられんことを願う
縛めを解き　囚人を自由にするために(3)

この繰り返し唱えられた陳腐な見解において、バーバリは明らかに「他者」、すなわち「非人間的で野蛮なムーア人たち」の場所であった。バーバリが他者であったのは、また、そう見えたのは、それがヨーロッパ的でなかったからだ。「鬘《かつら》も、首巻《クラヴァット》も、手袋も、半ズボンも、ストッキングも、彼らはどれも身に着けていない」と、一六九〇年代に一人のイギリス人虜囚が断言している。バーバリが他者であったのは、住人の多数がムスリムだったからでもある。「われらが最大の敵とは、あの野蛮な異教徒、つまりムーア人のこと」だったのである。さらにまた、バーバリはそれ自体の自由のなさゆえに他者とされた。もっとも、この不自由さにはただ一つ、イギリス人独自の特権がもたらす幸せを一層浮き彫りにしてくれるという対価があった。一時期モロッコで虜囚となっていたトマス・フェルプスは、生まれながらの自由は「虜囚や奴隷の状態を思うことによって初めて価値のわかる幸せ」だと考えた[4]。

振り返ってみるとこのような認識や言葉こそが未来を作ると同時に未来の前兆となっていたのだ、と考える学者もいる。よく知られている通り、エドワード・サイードは、最重要作『オリエンタリズム』（一九七八年）において、この種の紋切り型の非難はその真の姿ゆえに、すなわち「[西洋的]思考に対する束縛でありその限界」であるがゆえに、深刻に受け取られ認識されなければならないと述べた。サイードらによると、この種の軽蔑的な言葉を常に使うことでイギリス人はイスラムの文化を何世紀にもわたってもっぱら奇妙さや、後進性、過剰な政治性や道徳性といった観点から見ることができるようになった。「確固たる、明瞭な、議論の余地もないほど自明の」相違を「われら」（西洋）と「彼ら」（非西洋）のあいだに想定することで、ヨーロッパ、そして何よりもイギリスの帝国主義がやがて可能になっていったのである。イスラム世界やそれ以外のアジアやアフリカの地域は、文化的な面で西洋によってこれほどまで徹底的にかつ執拗に貶められてきたからこそ、そうでなければありえなかったことだと思われるが、これらの地域を侵略し支配するなどということが想像できるようになった。技術や経済や軍事面での前提条件がいったん整うと、おなじみの憎悪や軽蔑が拡張主義を生み出し、容認した。一八五〇年までに連合王国は、地理的な面ではちっぽけな島の集まりでしかないにもかかわらず、世界のどの国よりも多くのムスリムに対する支配権を主張するようになっていたのである。(5)

これは強力で魅惑的な説であり、海洋帝国を築いた張本人たちの単なる物質的な力や短期的な行動よりもむしろ、彼らの考え方や神話に関心を向けさせたという偉大な功績がある。イギリス人のような小さな国の国民にとって、グローバルな舞台での大きな考え方や大きな振る舞い方を知るのはきわめて重要であり、軍事力や経済力だけでなく、創造力や知力を働かせる必要があった。しかし、当然のことながら、古くからの強固な非難や誤った認識にばかり注目するのは、長年にわたる変化を検証し説明するのに十分ではなく、また、十分ではありえない。十九世紀にイングランド人、スコットランド人、アイルランド人、そしてウェールズ人が北アフリカや他のイスラム文化について用いた言葉や前提は、多くの点で彼らの祖先が一六〇〇年に用いたものと似ており、部分的には古代ギリシャやローマの時代にまで遡ることができる。しかし、イギリス政府が世界で行使した力はこれとはまったく別物であり、研究や説明が必要とされているのは、周辺的な国からグローバルな国へと移行したイギリスのこの変化そのものである。さらに、イスラムとイスラム社会に関する限り、言葉や考え方は決して均一ではないし、一つにまとまってもいない。ジョン・リッチはバーバリやイスラムに対する反感をコヴェントガーデンでうまく利用したわけだが、この感情的反発は実際にはこれとはまったく異なるもっと多様な反応と共存していた。では、イギリスの地中海世界におけるイスラム勢力との接触の性質を考慮に入れたうえで、他にどのような見方が可能だろうか。

前に見た通り、一七五〇年代より以前は、地中海世界こそが、イギリスとイスラムとの接触が最も広範で、最も激しく、自国民のあいだで最もよく知られている地域であった。この時点まで、一般のイギリス人にとってあの馴染み深い恐ろしい顔をしたイスラムは、事実上、オスマン帝国や北アフリカであって、ムガール人のインドではなかった。インドは地理的にはるかに遠く、東インド会社の力は軍事的なものでも領土意識の強いものでもなく、いまだもっぱら商業的なものであった。したがって、一七五〇年より前は、イギリス人の心の中でイスラムはイギリス人自身の海外に向けての野心よりもイギリスへの攻撃と結びついていた。というのも、繰り返して言うが、この地中海地域ではイギリス人こそがイスラム勢力によって捕らえられ奴隷にさえされる危険に長らくさらされていたのであって、その逆ではなかった。イギリスは、十八世紀にこの地域で影響力を拡大したときでさえ、イスラムを切り捨てたわけではなかった。イギリス人がこの地域で支配することに成功した相手は、ムスリムではなく同じヨーロッパ人でありキリスト教徒であった。実際のところ、地中海におけるイギリス帝国――ジブラルタルとミノルカ――は、前にも見た通り、維持基盤を北アフリカのイスラム諸政府に頼っていた。この紛争海域において、イスラム勢力は直接的には決して「他者」ではなく、むしろイギリス帝国のビジネスに欠かせない援軍だったのである。

このように理解すると、地中海地域での接触を考えに入れれば、イギリス帝国とイスラムとの関係について、もっと微妙でもっと変化にとんだ見方が必要にも可能にもなる。こうすることで、イスラムがどの程度異質で格下の「彼ら」と見なされ扱われていたか、そしてイギリス人がどの程度自分たちのことを共通の目的や利益に邁進する、統一された、優れた「われら」だと考えていたのかを問題にできる。地中海におけるイギリスとイスラムの関係については莫大でさまざまな資料が現存するが、この多さや多様さそれ自体もまた、長年にわたる変化についてのニュアンスに富んだ見方を提供してくれると同時にそのような見方の必要性をはっきりと示している。十七世紀にイングランド国家はタンジールで手痛い屈辱を受け、自国の貿易と自国民を餌食にするムスリムのコルセアに対して定期的に途方もない身代金を支払わなければならなかった。十八世紀の初めにもイギリスはまだ身代金を支払っていた。そして、オスマン帝国への恐れ、すなわち、歴代の支配者が中国の清王朝の皇帝たちがしていたようにあらゆる西欧人を見下していたムスリム帝国への恐れがいまだに残っていた。しかし、一七五〇年までには考え方も状況も変わりつつあったのであり、私たちにはその経緯と理由を考察する必要がある。

相手の宗教体系や政治体系をよく知ったうえで評価し、それらの体系が自らの体系と同じ価値を持つと考える、そういった意味でのコスモポリタニズムを特徴とする社会は近世には世界のどこにもなかった。イスラムに対するイギリスでの一般的なしかるべき反応は感情的で軽蔑的なものが多かったが、この種の根深く本能的とも言える偏見はヨーロッパ人だけのものではなく、イギリス人自身もまたこの偏見を非西洋人にのみ向けたわけではなかった。地中海のムスリム民族も西洋のキリスト教徒に対して非常によく似た象徴的な軽蔑や侮蔑の言葉を口にしたり書き残したりした。一六六八年、オスマン帝国駐在の新たなイングランド大使としてサー・ダニエル・ハーヴィーがイスタンブールに到着したとき、ハーヴィーはスルタンと接見するのに丸一年待たされた。これは、スルタンの宗教的・世俗的な絶対的重要性や、ハーヴィーの属する弱小王国とイスラムのこの巨大陸上帝国との偉大さや広大さにおける違いを断固として思い知らせるためだった。この後の西洋勢力の拡大によって、イスラムのほうが優位であるという従来からのこの感覚が最初だけでも和らいだのかどうか、それはまったくわからない。ワーテルローの戦いの前年にあたる一八一四年でもまだ、モロッコに派遣された一人の使者が「彼らは自分たちのことを世界で一番だと考えており、……そして他の者たちをすべて軽蔑して野蛮人と呼んでいる」と驚きの言葉を書き残している。(6)

西欧のキリスト教徒と地中海のムスリムたちは単に互いに無知で、疑り深く、軽蔑しあっている点で似ているだけではなかった。彼らは自らと競合する同宗の信徒に対して排外主義的である点でも同じだった。たとえば、トルコ人は、オスマン帝国のエジプト人を（しばしば怠惰や好色といった西欧人が常にムスリム全体の特徴だと考えていたものを理由に）見下していたが、それとちょうど同じように、イギリスの礼儀正しい庶民たちは、同じヨーロッパ人であるローマカトリック教徒を頻繁に愚弄し、軽蔑した。

欠乏と自負のほかに何がある
迷信が生み出す愚行の茶番劇
腐敗に苦悩にメランコリー
暴政による大混乱
国は富んでも　国民は貧しく
人の住まない町や不毛の土地
身につける服はなく　口に入れる食べ物もない(7)

暴政、迷信、後進性、果てしない貧困。ここにあるのは、見たところ、臆面もないオリエンタリズム、つまり、イギリス人がイスラム世界に対して繰り返し用いてきた類のまさしく紋切り型の悪口である。しかしながら、この詩は一七三〇年代に一人のイングランド人貴族がイタリアに対して述べた意見であり、カトリックのフランスやスペイン、また、ギリシャ正教のロシア（そして、今日では官僚的なことで有名なブリュッセルさえ）も同様に標的になりうるものであった。当時も今と同様、イギリス人は少数ではあるが廃れることのない排外主義的な言辞や憶見を有し、それらを見境なく利用することがあったが、ジョン・ハーヴィー卿のイタリア人をこき下ろした詩のように、これらは常に帝国的な意図を持っていたわけでは決してなかった。(8) これらの定型化され繰り返し利用される侮辱の言葉の背後にあるのはむしろイギリスの激しいプロテスタンティズムであり、これによってイギリスの小ささや潜在的な脆弱性に対する意識だけでなく、特別に選ばれた恵まれし者であるという感覚が生まれた。西洋人であれ非西洋人であれ、他民族を道徳的また政治的な欠落がある者、および／または、圧制的な者として描き出す一方で、それと同時に自らの功績や美徳を自慢するのは、近世の（そして、現代の一部の）イギリス人にとって、曇りのない優越感や練り上げられた攻撃性の発露であり、また防御のメカニズムでもあったのである。

標準的で定式化した侮辱の言葉は示唆的なこともあるが、地中海の（そして、その他の地域の）イスラムに対するイギリスの態度の変化をたどりたいなら、その先を見る必要がある。同時代のさまざまな反応をもっと広く、いくらか掘り下げて見ていかなければならない。というのも、一六〇〇年以降、イスラムに対する反応は急速に倍加していくからである。

バーバリの虜囚捕獲に関わる逆説の一つは、これによって以前から存在していたイスラムに対する敵意がいっそうかき立てられただけでなく、イギリスにおいて入手可能なイスラム情報が増加するとともに多様になり、ムスリム―イギリス間の関係の程度や複雑さが変容したということである。たとえば、一六三〇年代には、アルジェリアのコルセアが西イングランドやアイルランドの海辺の村々を攻撃し、イングランド人奴隷の身代金の交渉のためにモロッコから初めて大規模な外交使節団がロンドンに派遣された。しかし、バーバリやオスマン帝国との来るべき交渉に向けて役人や通訳を養成する目的を兼ねて、オックスフォード大学やケンブリッジ大学に初めてアラビア語講座が開設されたのもこれと同じ一六三〇年代であった。[9] 一六四〇年代には、バーバリの虜囚たちの身代金を工面するために議会によって貿易に税が課せられる一方で、初めて英語のコーランが出版された。このコーランは、フランス語版からの拙い翻訳で、おそらくはアレグザンダー・ロスという人物によるものだろうと考えられているが、何度も版を重ねた。その後、一七三四年にロンドンを本拠地とするジョージ・セイルという東洋通の男（のちにエドワード・ギボンが述べたところではセイル自身が「ハーフのムスリム」だった）がコーランの優れた新版を出版し、ロス版はそれに完全に取って代わられた。このセイル版コーランの出版と同時期にモロッコから救い出された一五〇人の虜囚たちがロンドンの街路を行進し、大群衆の前でボロと枷を披露した。[10]

しかしこれは、唯一バーバリの私掠行為だけが理由でこのようにイスラムへの関心やイスラムについての情報が急増したと言っているのではない。地中海やその他のイスラム世界との増大する貿易（コルセアがこれを餌食にすることもあった）も重要な要因であり、イスラムについてより多くを学ぶことが聖書やキリスト教についての理解を高めるという学説もまた一つの重要な要因であった。つまり、イスラム問題についてイギリス人の興味をかき立て、それに対する反応を教え込んだのは――この段階では――勝利したいという衝動よりも、虜囚であり、商業であり、キリスト教神学だったのである。

畏怖の要素もまた関係しており、これは決してなくなることがなかった。十七世紀までに、イスラム諸帝国にはすべて合わせるとおそらく世界の人口の三分の一から四分の一がいた。そして、この大イスラム帝国は、イングランドやそれに隣接する国々はもちろんのこと、西欧全体が小さく見えてしまうほどの地理的規模で世界に広がっていた。ムスリム諸帝国では圧倒されるほどの領土や軍事力が展開され、キリスト教と対抗しつつも国際的な一神教であるという点ではキリスト教と似た宗教を奉じていた。このことからわかるのは、ナビル・マタールには申し訳ないが、「ムスリムという『野蛮人』とインディアン（アメリカ先住民）という『野蛮人』がイングランド人の考えやイデオロギーにおいて完全に重なり合うようになる」などめったになかったということだ。たしかに、そのようなアナロジーを使ってみる個人もたまにはいた。オックスフォード大学出身の牧師でアイルランドを本拠地にしていたデヴェルー・スプラット（一六二〇―八八年）は、アルジェリアでの自らの虜囚生活についての手書きの回顧録を編集しながら、なぜ神は僕たるプロテスタントの者たちが北アフリカのムスリムや、ニューイングランドのインディアンや、アイルランドのカトリック教徒の手でこれほど苦しめられるのを許しておかれるのかと自問した。スプラットにとってこれらの集団がどれも同じく異教徒であり悪意ある者たちであったことは明らかである。[11]

しかし、こうした区別のなさはきわめて珍しい。アメリカ先住民はこの時代もそれ以降も長く放浪の民だと考えられており、石造りの建物を建てたり四季を通じて土地を耕したりといった気持ちを持たず、西洋人が彼らを理解するための文字記録もないとされていた。対照的に、地中海であれ、インドであれ、ペルシャであれ、ムスリムは著しく都会的であり（これは西欧人から見ると文明人にとって不可欠な特徴である）、きわめて商業化されており（これも不可欠な特徴）、影響力のある文字文化を有していた。ケンブリッジ大学のアラビア語の教授であったサイモン・オクリーは、一七一二年、「私たちが持っているこの僅かばかりの知識は、すべて東方より伝えられたものだ」と主張した。[12] アメリカ先住民の宗教は、確認されていたものに関する限り、多神教で偏狭に見えた。これとは逆に、イスラムは、近世――や、それ以降の――イギリス人や他の西洋人のほとんどから、キリスト教には劣るが、唯一神と結びついた、国際的で、畏怖の念を起させるものと捉えられていた。サミュエル・ジョンソンおなじみの辛辣さで表現すると、「興味の対象は二つある。キリスト教世界とイスラム教世界だ。あとはすべて野蛮であると考えて構わない」という風だった。[13]

したがって、イスラムについて多少の心得があるということが、イギリスの文化的教養の構成要素であった。一七〇〇年以降、オックスフォードやケンブリッジ大学ではアラビア語や東洋研究が他の多くの科目と同じく衰退していったが、この衰退でさえ、商業出版によってイスラムについての著作が以前より多く入手できるようになっていたことである程度の埋め合わせがなされた。ジョセフ・ピッツの『イスラム教徒の宗教や風俗についての偽りのない忠実な報告』（一七〇四年）は今でも読む価値のある長くて詳しい素晴らしい虜囚体験記であり、メッカへの巡礼について英語で書かれた初めての信頼できる報告である。一七三一年に出版されたブーランヴィリエの『モハメッド伝』の英訳はよく売れ、この中でその預言者は「偉大なる人物、偉大なる天才、そして偉大なる王」として描かれている。さらに、三年後にはセイルによるあの重要なコーランの翻訳も出版され、この翻訳は読者に端的にこう伝えている。

文明化した国々のさまざまな法や慣習を知るのは、現代の成功者には特に、おそらく最も有益なことであろう[14]。

ここでの前提は強調しておく価値がある。この文を一七三〇年代に書いていたセイルにとって、イスラム社会は啓示の点では自身のプロテスタントのキリスト教文化に及ばなかったが、きわめて洗練されており、きわめて繁栄していた。これはまた、当時のイギリスにおいて、グラブストリート第一のイスラム論評家であったジョセフ・モーガンの見解でもあった。モーガンは——彼はもっと知られるに値する人物だが——スペイン継承戦争中はイギリス陸軍の兵士を務め、一七〇六年にスペイン軍の虜囚となった。西洋人の仲間たちとの戦争捕虜体験は、虜囚体験ではよくあることだったが、個人的なトラウマになると同時に、自らの人生や考えを見直す機会ともなった。モーガン自身の説明によると、「たいそう残虐かつ無慈悲に」扱われたので、スペインの昔からの敵であるムスリムの北アフリカに対して深い共感を持つようになった。彼は北アフリカを何年も旅してアラビア語を学び、戦争捕虜時代に学んだスペイン語を使ってモリスコス〔五五、五六頁参照〕を調査した。ロンドンに戻ると彼はイスラムや北アフリカの国々についての本を続けて何冊も書いたり翻訳したりしたが、そのすべてが、同国人たちがイスラムについてもっと知りさえすれば偏見

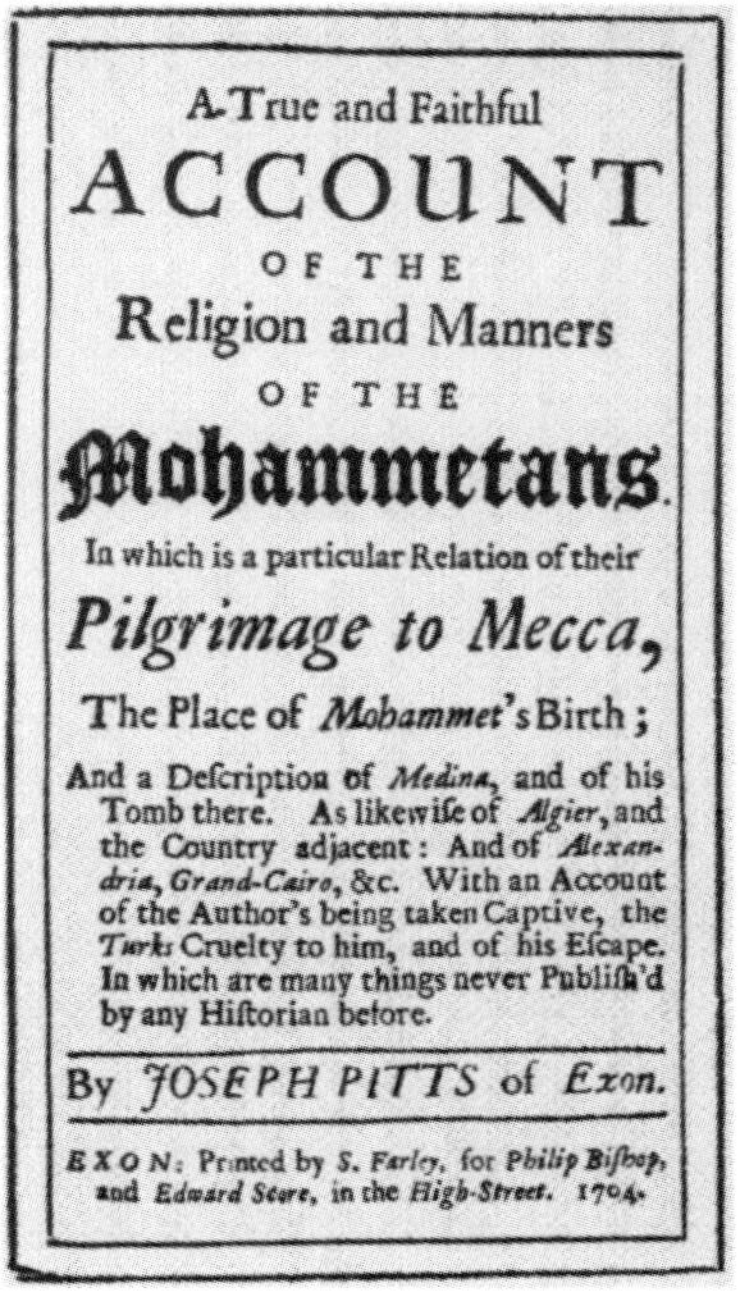
A True and Faithful
ACCOUNT
OF THE
Religion and Manners
OF THE
Mohammetans.
In which is a particular Relation of their
Pilgrimage to Mecca,
The Place of *Mohammet*'s Birth;
And a Description of *Medina*, and of his Tomb there. As likewise of *Algier*, and the Country adjacent: And of *Alexandria*, *Grand-Cairo*, &c. With an Account of the Author's being taken Captive, the *Turks* Cruelty to him, and of his Escape. In which are many things never Publish'd by any Historian before.
By JOSEPH PITTS of Exon.
EXON: Printed by S. Farley, for Philip Bishop, and Edward Score, in the High-Street. 1704.

19　イスラム体験。ジョセフ・ピッツの体験記。

はずっと減るだろうにという不満げな確信に満ちている。「キリスト教徒の服装をしたムスリムとそれと知らずにつきあえば、人は彼らを自分たちとちょうど同じような人間だと思うに違いないと私は確信している」と、彼は述べるのである。[15]

イギリスには、侮蔑的な紋切り型や、オスマン帝国とバーバリの私掠行為によって引き起こされた恐怖や憎しみとともに、イスラムについてのもっと慎重で多面的な言説も存在しており、その言説においてはイスラム信者は必ずしもはっきりと「他者」と見られたり、まったく異なるものと見られたわけではなかった。この理由の一つは、西洋の衣服を身に着けたムスリムは見分けがつかないというモーガンの言葉が示すように、イスラムの属性が人種的に必ずしもはっきりと目に見える形で区別されるものではなかったからだ。これは、この段階でイギリス人がもっとも多く接触を持っていたムスリム、すなわち、オスマン・トルコ人とその他の北アフリカ人に特に当てはまるものだった。[16]「彼らはギニア人の様には黒くない民族で、容貌や風俗は隣人であるヨーロッパの住人たちのほうにより似通っている」と、サー・ヒュー・チャムリーが一六三二年代にタンジールから報告している。船乗りで虜囚だったことのあるジョン・ホワイトヘッドは、数十年後に、より正確で微妙な説明をしようと努力し、この頃には人種の指標がまだずいぶんと流動的だったことや、信奉する宗教という点からの説明とかなり結びついていたことを明らかにしている。

> フランス人や、スペイン人や、その他の教皇派の者たちが自らをローマカトリック教徒と呼ぶように、モロッコの皇帝の臣民たちは皆、自らをムーア人と呼ぶ。とはいえ彼らは民族も肌の色も多様である。ムーア人とはすなわちアラビア人とバーバリ人であるが、バーバリ人は皮膚が白く、黄褐色のアラビア人とは別種である。[17]

少なくとも一部のイギリス人は気づかされていたが、北アフリカは、「バーバリ」という感情的含みの多い総称によって連想される均一な地域ではまったくない。これは特に沿岸の都市について言えることで、そこにヨーロッパ人の虜囚や、使節や、貿易商たちのほとんどが集まっていた。タンジール、サレ、チュニス、そしてアルジェは著しく国際的で、当時のイギリス国内の標準からすれば目を見張るほどだった。住人の中にはオスマン帝国のイェニチェリや、力のあるユダヤ人コミュニティ、サハラ以南の黒人奴隷などがおり、ときに高い地位につくこともあった。一方で、プロテスタントやカトリックの商人、銀行家、密航者、多くの落伍者や背教者などヨーロッパ人もいて、たいていは黙認されて暮らし、金持ちになることもあった。一七五六年のモロッコでの短い虜囚生活の中でエリザベス・マーシュが最も当惑したのは、彼女を捕まえたムスリムと楽しげに取引をする多数の西洋人貿易商に遭遇したことである。予期せぬ危険な経験がひどいトラウマとなったマーシュは、——彼女の虜囚体験記の初期の版が示すように——一方に極悪非道のムスリムがおり、もう一方に虐待される高潔なキリスト教徒がいるという図式で回顧し、理解したいと思った。しかし、彼女自身が直接目にしたことがそのような理解を阻み続けた。ある草稿の中で彼女は、マラケシュにとどめ置かれているあいだに、スルタンと交渉をしてそこに商社を作ろうとしているオランダ人と出会った様子を描いている。「その国でキリスト教徒がさらされている苦境など、彼は重要なことでも考慮に値することでもないと無視した」と、涙を流さんばかりに彼女は訴えている。[18] 救出のために王立海軍がやって来たときも、彼女をイギリス領ジブラルタルまで連れて行ってくれただけであり、そこでもまたムスリムの貿易商とユダヤ教徒の貿易商が自由に取引を行うのが常だった。マーシュは文化や宗教のうえでの厳格な区別を切望した。ところが、彼女が悟ったのは、彼女以前にも多くの人が悟っていたように、この地中海世界は概して共有され、互いに依存しあう世界だということである。[19]

この文化的・民族的多様性に加えて地理的位置やイベリア半島との昔からの関係もあったせいで、近世のヨーロッパ人は、北アフリカを頭の中の地図にも実際の地図にもしっかりと位置づけることができなかった。たとえば、バーバリはアフリカだったのだろうか。もしそうなら、これは、アフリカ大陸についてヨーロッパ人が伝統的に抱いていたイメージについて、どのような意味を持ったであろうか。ある虜囚が明らかにした通り、「ここには、わが国の人びとがアフリカのいたるところにあると想像している野蛮さなどどこにもない」のだった。それとも、バーバリは――ひょっとすると、一般にオスマン帝国は――、イギリス製のヨーロッパ地図のいくつかがはっきりと示していたように、ヨーロッパの反抗的一部のようなものなのだったのだろうか。[20] 十九世紀には、人種についてのイデオロギーが精密になっただけでなく、技術的、科学的、産業的変化も加速したため、西洋とそれ以外の地域とのあいだに確固たる区別をつけるのは、そうしたい人にとっては容易になった。蒸気機関や、列車、大量生産、電報、ガス灯、能率的な配管設備、医療の技術革新――そして、もちろん、速射砲――の到来が、マイケル・アダスが指摘するように、ヴィクトリア時代のイギリスや西洋の実質的な優位性と、その優位性を支えるさまざまな観念を生み出すのにきわめて重要な働きをした。[21] しかしそれ以前、特に一七五〇年以前には、イギリス人や西洋人の考える効率的で強力な社会の特徴というのは、もっとばらつきがあり、それほど定まったものではなかった。商業や都会は不可欠のものと見られたが、これらはイスラム社会でもいたるところに頻繁に見られた。イスラムの国々も、西洋人に感銘を与えるほどの規模で、ときには現在知られているよりはるかに大規模かつ長きにわたって、建物を築き、物を生み出していたのである。

たとえば、今日ではモロッコの帝都の一つメクネスを歩きながら、十七世紀の終わりから十八世紀初めにかけてこの都市を訪れた西洋人たちを驚かせたあの壮麗さを思い浮かべるのは難しい。この都市の一部は一七五五年のリスボン地震――リスボン地震とは西洋中心的な名称で、メクネスの大破壊や連動して起こった北アフリカの北部での地震を無視している――で破壊された。メクネスは一連の内戦の過程で略奪にもあい、今では町の多くが草木に覆われ、考古学的な回復を進める必要がある。しかし、もし風の門という一キロにわたる通路を歩いたり、謁見の場であった柱廊のある大きな広場に立ったりしてみると、ムーレイ・イスマイルによって建設された

20　メクネスの謁見の場

21　ムーレイ・イスマイルの蔵のどっしりとした壁

この宮殿都市の並外れた規模を今でも感じることができるだろう。これはフランスのルイ十四世によるヴェルサイユ宮殿の建造とほぼ同時期の事業であり、それに匹敵する王の尊大さと領土獲得の野心から生まれたものであった。メクネスのスルタンの宮殿はともかく「これまで見た最大のもの」だったと、一七二〇年代にモロッコのイギリス人虜囚を救出するために派遣されたある使節が報告している。馬小屋でさえ、その使節の推定では四分の三マイルにわたり、「この種のものではおそらく世界で最も壮大なもの」だった。[22] 絶頂期のこの建造物群と比較すると、ヴェルサイユはきわめてこじんまりとしたものだった。ウィリアム三世によるロンドン近郊のハンプトンコート宮殿の拡張など、これに比較すればほとんどおもちゃのようなものに見えただろう。

これは実に重要な点であった。この初期の段階においてはイギリス人にとってイスラム社会がたしかに違うものに見えていたのであり、それはイスラム社会が自分たちよりも大きく、強く、また豊かであるように見えたという理由でそうだった。

近世のイギリス人には、他の人びとと同じく、未来を予見する方法はなかった。実際のところ、彼らは、今日の私たち以上に、これまでと同じことがこれからもたいてい続いていくだろうと考えがちであった。自明のことだが、一八五〇年までにイギリス人が事実はともかく統計上何百万ものムスリムを支配するようになるなど、一六〇〇年や、一七〇〇年や、一七五〇年の時点では知る由もなかったのである。十九世紀の初めでさえ、多くのイギリス人には自信を持ってこれを予想することなどできなかった。したがって、それ以前の何世代ものイングランド人や、ウェールズ人、スコットランド人、アイルランド人が帝国的支配の運命や期待を明瞭に感じながら地中海その他のイスラムの国々ついて考えるなど、まずないことだった。自分たちの国が――やがて、しばらくのあいだ――日の決して沈まぬ帝国になるなど、知りえなかったのである。それよりも彼らはイスラムという存在を過去の知見から理解した。オスマン帝国の絶大な規模や継続する壮大さ、バーバリのコルセアによる有名な略奪行為、そうした略奪行為を背後で支援している諸政府の復元力や頑健さから理解したのである。

イギリス人のものの見方は、自国の限界への意識で特長づけられていた。一七五〇年以降になって、イギリス人は、自国の表面上バランスのとれた政体や政治的安定への満足を深めていった。強力すぎる君主、内乱、反乱、大量殺戮、手におえない貴族たち、そして頻繁に起こる暴力的な王朝の交代など度を越したことは――この頃になると――心地よいくらいに無縁なもの、つまり、イギリスではまずもって起こらないし、起こりえないこととなった。その結果、暴力的な政治、無気力な行政、王朝の無駄遣いは、良くも悪くも、地中海やそれ以外の地域の多くのイスラム教国と結びつけられ、発展を妨げる内在的原因の証拠として、また、植民主義的な奪取を正当化する理由としてさえ容易に解釈された。イギリスは統治にたけていることが明白であるがゆえに、世界中で多くの場所を支配すればするほど、それは誰にとってもますますよいことに見えた――少なくとも、政治に関与できる階級の者にとってはそう見えたのである。

しかし、一七五〇年以前は、イギリス自体の政治構造の安定性や絶対的な優位性はそれほど広く確信されておらず、公言されてもいなかった。それももっともなことだった。一六四〇年代と五〇年代にイギリスとアイルランドは破壊的な内乱を体験し、何十万もの人が死に、一人の君主が斬首された。一六八八年には軍の力で王朝の交代が実行されたが、一七一四年にも再び交代が起こり、一七一五年と一七四五年にはこれを不服として血なまぐさい反乱が起こった。しかも、その後の政体はイングランドにおいて国民の全体的な支持を得ることができず、ましてや、イングランドと合同したスコットランド、ウェールズ、アイルランドの三国ではなおさらだった。これらすべての結果、十七世紀を通じて、そして、一七四五年のジャコバイトの蜂起やそれ以後でさえ、専制主義、暗殺、退廃、宮廷での策略、汚職、そして、血まみれの反乱が、イスラム政体の他者性や劣悪さを強調する特徴だと見られることはまずなかった。この時点では、イギリス人にとってこのような政治の大変動や悪弊はあまりにもなじみ深いものであり、類似点ではあっても相違点ではなかった。一七五〇年にジョセフ・モーガンはイスラムの政治体系を擁護して、「国王を殺害したのはアルジェリア人だけだろうか」と穏やかに茶化している。

一人の王［チャールズ一世］が厳粛な裁判ののち処刑台で首を失った。……儀式や、荘厳さや、形式を取り除いてみよ。この所業はキリスト教徒のあいだではこういったもので偽装されているが、行為自体はバーバリで行われているものと同じだとわかるだろう。(23)

つまり、同じ事実の繰り返しになるが、イギリス人の外の世界に向けての態度――そして、帝国になる可能性や帝国への関心――を正当に評価しようとするならば、イギリス本国の状況とイギリス人の自己像をしかるべく考慮しなければならない。イスラムに対する、また、地中海やその他の地域のイスラム諸国に対するイギリス人の反応は、決して不変でもなければ均一でもなかった。それらは、知的背景の変化や、大イスラム帝国の力や評判の変化とともに変化した。しかし、それらはまた、イギリス本国とその潜在能力についての自己評価にも合わせて変化した。この点やその他の多くの点で、イスラムについてのメッセージは一枚岩的ではなく、雑多で変異し続けた。この地中海地域で捕らえられそこにとどめ置かれたイギリス人男女は、思ったことを口々に語り、その声はさまざまである。今こそ、彼らの声に耳を――注意ぶかく――傾けるべきときである。

証　言

地中海であれそれ以外の地域であれ、捕らえられたばかりの犠牲者たちは、当然のことながら、わが身をかえりみて、これまでの偏見をさらに深めざるをえなかった。ショックを受け、おそらくは怪我もしており、北アフリカの慣れない暑さに眩暈を覚え、大多数の人はアラビア語もスペイン語も話せなかった。そのため、バーバリのコルセアに捕らえられた男女のほとんどが、最初は、この理解出来ないことがらに対して恐怖や、憤怒や、当惑ばかりを多く記録した。一六五〇年代にチュニスで一時期虜囚となったエドワード・コクセルという名のイングランド人の船乗りは、国に戻ったあと、簡単な体験記を書こうとしたが、奴隷となったばかりの頃のことを書こうとすると言葉が見つからなかった。やっとのことで、ターバン（西洋人にとってのムスリムの標準的な印）を巻いて鞭を振り回す大男と、捕らえられたときのままの服装で鎖につながれ打ちひしがれる小さなイングランド人たちという単純な絵だけが描けた。[24] なるほど、この時点では、イスラムは「他者」として——しかも、自分たちに勝る力を持つものとして——描かれている。しかし、時を経るうちにコクセルの感じ方はこの漫画風の描写よりもニュアンスに富んだものになっていった。一人のクエーカー教徒として、自分を捕らえたムスリムたちからイングランド当局よりも宗教的に寛容な扱いを受けたのが大きな理由である。しかし、バーバリの虜囚たちのほとんどは、まず、一方に迫害者としてのムスリム、そしてもう一方に囚われて打ちひしがれるキリスト教徒という大ざっぱな対比でしか出来事を捕らえることができなかったにちがいない。

これ以上の理解を決してしようとしない者もいた。短期間しか拘束されなかった者や、まれに見る酷い仕打ちを受けた者には理解を深める機会はなかっただろう。一方で、扱われ方や拘束期間にかかわらず、自らの先入観にしがみつく者もいた。国教会の牧師であったデヴェルー・スプラットは、一六四〇年代に南アイルランドのヨール海岸沖でアルジェリアのコルセアによって他の一二〇名とともに捕らえられた。「神を疑い始めた」と後に彼は書いているが、それも短いあいだだった。英雄的だが狭量な男であったスプラットは、いったんアルジェ市にやってくると、他のイングランド人虜囚の牧師として活動し始め、彼らの魂を捨て置くわけにはいかないと、最初の解放の機会は断った。捕らえた側は、スプラットや白人奴隷信徒たちに信仰の自由を許した。スプラットも認めているが、彼の所有者は「通常よりも多くの自由」を彼に与えてくれる「礼儀正しい」人物だった。これはスプラットが他の五人のイングランド人の恐れを知らぬ脱出を見逃した後でさえ変わらなかった。スプラットによると、「私はずいぶんと疑われたが、神意により、問い質されることはなかった」のである。にもかかわらず、スプラットは自分を捕らえたムスリムたちについて興味を持つようにはならなかった。彼は、自分に対して示された親切な行為はすべてプロテスタントの神の全能性によるものだとのみ考えた。「神が私を導いてくださった」のである。(25)

アルジェリアのムスリムからのいかなる親切もこのように解釈することで、スプラットは気兼ねなく彼らを軽蔑することができた。アメリカ先住民によって捕らえられた植民者たちもしばしばこれと同じ便法を使って、先住民たちからの情け深い行為をすべて神のおかげと信じた。しかしながら、バーバリについては、スプラットのような「閉じた」物語――捕らえる側の人間性に断固として興味を示さないという意味で――は、まれであった。これは主に、バーバリで虜囚になることがかなり特異な災禍だったからだ。アメリカ先住民によって捕らえられ、その後逃れることのできた植民者たちは、復讐や怒りとは別に、先住民たちを非人間化することに明らかな関心を持った。アメリカ先住民は近い隣人であり、同じ土地を求めるライバルであり、絶え間なく訪れる身近な災禍であった。これとは対照的に、バーバリのコルセアは外的な敵で、イギリスの船舶や、自由や、生命を脅かしはするが、イギリスの領域に入ってくるのは稀であり束の間だった。しかも、ムスリムは――アメリカ先住民とは違って――神や文明を持たない者だと思われることはめったになかった。バーバリのイギリス人虜囚たちは自分たちを捕らえた者たちを憎んでいただろうし、多くの場合で実際そうだった。しかし、ある時点で一定の冷静な観察をするようになった者ももっと多くいただろう。捕らえられた直後のショックがいったん弱まると、虜囚たちは自分の周りを見回し、疑問を持ちはじめたかもしれない。

しかし、多くの場合、認識の真の混乱が始まるのはここからだった。虜囚たちは、今や、別の文化が自分たちの文化を他者化し鏡の様に反転させて映し出すのを見ながら生活し働いていかなければならないことを思い知らされた。ジョン・ハンウィックが書いているように、「イスラム教不信心者に対する偏見は、ムスリムに共通する大きな偏見」だった。そもそもイスラム法では奴隷にできるのは不信心者だけだったので、北アフリカで虜囚とされたり苦役につかされたりしているのは、結果的には、そう疑われる者、つまり、異教徒すなわち不浄の者たちだった。(26) 乗組員たちとともに一年ばかりモロッコに拘留されたジェイムズ・アーヴィングは、地元民が「われわれの唇がふれた器は決して使わない。それほどまでにわれわれに対する彼らの嫌悪や軽蔑が大きい」ということに気づき、ショックを受けた。イギリス人虜囚も他のヨーロッパ人虜囚も、自分たちの容貌が周囲の多くの人びとの目には特異で、卑しむべきものに映るということを思い知らされた。とくに、北アフリカのさほど国際的ではない内陸地域では、西洋風の衣服――男性の場合は股や足が、女性の場合はウエストがぴったりとした衣服――は、良くても奇妙だとか醜いと見られ、最悪の場合は不道徳だとか淫らだと見なされた。エリザベス・マーシュは、冷ややかに人を見定めている一人のモロッコ人女性について、「彼女は……きわめて詮索好きです。私の衣服や体をじろじろ見たがり、そして……私が姿を見せるのをとても面白がっています」と批判している。(27)

さらに逃れ難い感覚として、イギリス人虜囚たちは、ムスリムたちの非難するような皮肉な眼差しの中に自分たちがしっかりと捕らえられていることに気づいた。問題は肌だった。十四世紀のチュニスの偉大な学者イブン・ハルドゥーンは、名著『歴史序説』の中で、二種類の極端と思われる肌の色に対する嫌悪感を述べている。つまり、黒い肌の人びとと、寒冷な気候によって白く漂白された「目が青く、肌にはしみがあり、そして金髪の」人びとに対する嫌悪感である。中間の肌色をした人のみが「豊かな自制心、つまり素晴らしい中庸」を手にすることができるというのが彼の主張であった。とても濃い色の肌やとても薄い色の肌に対するこの種の偏見は北アフリカ社会のさまざまな社会階層において少なくとも十九世紀までは続いた。エクセター出身の若い船乗りで一六七八年から一六九三年までアルジェリアで奴隷になっていたジョセフ・ピッツは、自分を捕らえた者の一人からお前のような桃色の肌の者たちは不潔な動物の典型である豚に似ていると言われた。(28)

バーバリでの虜囚体験によって世界は突然ひっくり返り、虜囚たちは、別社会での偏見を応酬の機会もほとんどないまま突然経験することになった。十七世紀や十八世紀に条約締結や虜囚救出のために北アフリカの都市を訪れたイギリスの国王特使たちでさえ、地元の若者たちからの手厳しい攻撃をしばしば受けなければならなかった。若者たちは、特使たちに不信心者という侮辱の言葉を投げつけ、彼らの容貌を嘲り、頭越しに銃を放って彼らを飛び上がらせた。[29] 外交上の立場もなく身を守ってくれる護衛も持たない虜囚たちは、必然的に、はるかに攻撃を受けやすかった。攻撃にどう対処するかは相手とする支配者のみならず、しばしば、本人の人柄によっても変わった。ウィリアム・オークリーは自らの奴隷という新しい立場の無防備さを一瞬のあいだ忘れて、主人であるアルジェリア人の面前でイスラム教を侮辱したが、彼は文字通りにも比喩的にも次々と降り注ぐ殴打を何とかやりすごすことができた。彼はこの殴打の経験を思い出して、「私はここから二つの教訓を学んだ。一つは、体が奴隷であるときは、理性は自由だなどと決して思ってはならない。……二つ目は、他人の宗教を侮辱することがなければ奴隷が自分の良心の自由を享受するのは公平である」と述べている。[30]

対照的に、ジェイムズ・アーヴィングは彼を捕まえたモロッコ人に服従するという重圧にどうしても順応できなかった。そのせいで彼は死んだ。彼が虜囚になったのはオークリーの約一五〇年後の一七九〇年代であったが、この頃までにアーヴィングの階級のイギリス人ははるかに思い上がった国民的、そして、しばしば人種的な自惚れを抱いていた。しかし、アーヴィングが激しい恥辱を覚えたのは、彼の出自だけでなく生業のせいでもあった。厳格なプロテスタントだったスコットランド人のアーヴィングは、リヴァプールを本拠地として大西洋を横断する奴隷船の船長であり、彼の話によって明らかなように、自ら「黒い家畜」と名づけた人びとに対する根本的嫌悪を抱いていた。異教徒であるだけでなく、アーヴィングの目には少なくとも黒いと見える肌をした人びとによって今自分がモロッコで奴隷にされそうになっているなど、彼にはまったく耐えられない倒錯だった。この間を通してアーヴィングと連絡を取り合っていたモロッコのイギリス領事は、新たに奴隷という立場に置かれることになったのだという事実を根気よく説明しようとしたが、その説明の言葉はアーヴィングをさらに憤慨させただけだった。「失礼ながら、貴兄には、手紙であれ会話であれムーア人のことを語る際には不信心者という言葉はお使いならないようご警告申し上げます。彼らの言語ではこの言葉は最も侮辱的なものとされておりますので、彼らが手中にしております権力が貴兄の偏見に対して発動されるやもしれません」と、アーヴィングは強く諭された。[31]

これら一人一人の苦悩や適応の仕方については指摘すべき重要なポイントが二つある。一つ目は、これらによって再び例証されるように、「他の」異質に見える個人や社会に対して本能的に生じる軽蔑は、たいてい西洋の側が示す特徴としてのみ吟味されてきたが、実はまったくそうではないということである。おこがましくも「バーバリ」と名づけた地域のコルセアに捕まったイギリス人は、捕獲者が自分たちに向かって最も頻繁に投げつける侮辱の言葉もまた「バーバリアン（野蛮人）」であることを知って驚いた。二つ目は、異質だと感じられる人びとに対する偏見はどこにでもあった――そして、今でもある――が、このような偏見をどの程度信じ、どの程度それに沿った行動をとるかは個人によって大きく違ったし、もちろん今でも違う。北アフリカで虜囚となったイギリス人は、実際、常に「まずは……一人の西洋人として、その次に個人として東洋に」出会ったわけではない。[32]他の人間がそうであるように、多様なイギリス人が多様なアイデンティティを合わせ持っていた。アーヴィングのように、イスラム勢力圏に引きずり込まれた者たちの中には、自分はキリスト教徒であり、イギリス人であり、ヨーロッパ人であり、白人であるという感覚を非常に強く持つようになった者たちもいた。一方で、最初のショックから立ち直ると、このような特定の忠誠心などたまにしか気にかけなくなった者もいた。さらにまた、別のことをもっぱら優先する者もいた。少数ではあるが、キリスト教徒であることや、イギリス人であることと、そして、西洋人であるという思いをすべてひっくるめて捨て去ることで、また、これらの忠誠心に付随することをうまく調整することでバーバリの虜囚生活に対処した者もいる。ここでは、世界の他の場所と同じく、虜囚生活やそれがもとになって生まれた物語が、「文化や、国や、人種の違いに基づく……捕らえる者と捕らわれる者の二項対立」の構築や補強に決して一様に役立ったわけではない。[33] 虜囚生活やそれについての文献は、おそらく、犠牲者自身の出身社会の内部にある格差、つまり、階級・教育・富による区別、細かな出身地の違いによる区別、宗教による区別も同様に暴き出し、表面化させているはずである。

たとえば、デヴェルー・スプラットがアルジェリアにおける自らを取り巻く状況に対して断固として示す受身の抵抗は、主に強い職業的プロテスタンティズムから生じたものであり、それに加えて、自分は大学で教育を受けた聖職者でありかつてはイングランドでジェントリーの個人教師をしたこともあるという自意識から生じたものでもある。ほとんどのバーバリ虜囚はとるべき行動がこれほどはっきり決まってもいなければ、これほどの特権も持っていなかった。ほとんどの虜囚たちにとっては故郷で期待できるものも限られており、それが外国での虜囚生活におけるさまざまな問題への対応の仕方を変化させることにもなっただろう。何よりも、北アフリカの白人虜囚は、北アメリカの黒人奴隷と同じく、よい主人に出会うという奇特な状況に恵まれることもあったからだ。ウィリアム・オークリーは、三番目の所有者であったアルジェリア人の小農園主について、「新しい保護者からは憐れみや慈悲だけでなく、愛情や友情を得た。もし自分がこの人の息子だったとしても、これ以上の配慮を受けることはなかっただろうし、これほどやさしく扱ってもらうこともなかっただろう」と、書いている。イングランドでの生活において、オークリーの仕事は服従であった。彼は一六四〇年代にセー・アンド・シール子爵とブルック卿から与えられた使命を果たすために大西洋を横断している途中で捕らえられ、アルジェリアから逃れた後はベッドフォードシャーのとある地所で執事として働くことになった。オークリーが出版した体験記からはっきりとわかるのは、同じイングランド人であれお高くとまった貴族に仕えることは、たまたま北アフリカのムスリムではあったがよい人のもとで家事奴隷として楽しく働くのと比べて必ずしもよいとは言えない、そう彼が感じていたことである。

私をこんなにも愛してくれた［アルジェリア人］保護者から逃走をはかるべきかどうか、ためらい、いや、疑念とまで言えるものが生じた……。というのも、自分がよく暮らせるところはいったいどこにあるだろうか。また、自らの置かれた状況を改善できるのはどこだろうか。イングランドではひょっとしてもっとひどいところしか見つからないかもしれない。……自由とはよい言葉だが、言葉では人は食事の肉を買うことはできない。奴隷というのはつらい言葉だが、過度の苦役ではない。

結局、オークリーが逃げることに決めたのは、どんどん居心地がよくなっていく新しい生活に突然嫌気がさしたからというよりもむしろ、オークリーのように人に仕える人物が常に慮る慎重な動機のためだったようだ。つまり、「私の保護者の好意は永遠に手にしていられるものではなかった……ひょっとして彼が死んだら、私は他の保有者にゆだねられる」というわけである。(34)

とても若い頃に捕まったり、北アフリカに何年もいたイギリス人にとっては、捕獲者の社会の魅力はさらに強かっただろう。ジョセフ・ピッツは一六七八年に捕らえられてアルジェリアに連れてこられたが、そのとき、若干十五歳だった。彼は一六九三年までそこにとどまり、強いられてしたことだと本の中では主張しているが、名目だけイスラム教に改宗した。父親が密かに送り届けた一通の手紙が永遠に切れてしまったと思っていたつながりを呼びさまし、ピッツは最終的に逃亡することになった。しかし、出版した体験記には、ピッツの最後の所有者となり死ぬときには金を残してやると約束してくれたアルジェリア人の優しさや、そのアルジェリア人に対して感じる愛情について率直に述べられている。ピッツは「ムスリムであり続ける」誘惑に強くかられたとも告白している。「イングランドよりもアルジェリアにいたほうがずっと尊敬され優遇された可能性がある」と彼は書いている。この主張がどれほど正しいかは知る由もないが、ピッツ自身はどうやらそう信じていたらしい。

一六九〇年代にイングランドに戻ってくると、フランスとの大戦争の最中であり、ピッツはすぐに身柄を拘束されて王立海軍への入隊を強要された。(トマス・ペロウの事例でもすでに見たように、)労働に従事する者にとって海外での虜囚生活からの解放は、必ずしも故郷での心温まる自由の回復や持続には至らなかった。ピッツの虜囚体験記は——一七〇四年に出版されてきわめてよく売れ、一七一七年、一七三一年、そして、一七七八年に再版された——イスラム社会を個々のキリスト教徒に優れた機会を与えてくれることのある社会として率直かつ明瞭に描いている。ピッツによると、知り合いのイングランド人虜囚の少なくとも三人がアルジェリアにとどまることを選んだ。そのうちの一人は実際には身代金と引き換えに帰国したが、「強制力が働いたわけではまったくないのに、自ら望んでアルジェリアに舞い戻り、イスラム教徒になった」[35]。

虜囚体験記には、捕らわれてエジプトに連れていかれて奴隷にされた旧約聖書中の人物ヨセフへの言及が多くあるが、これらは上記のような行動の文脈の中でこそ理解できる。たとえば一六二七年、モロッコからの虜囚救出の交渉をしていた一人の使節は、モロッコの支配者を指して、「ヨセフのことを知らないもう一人のファラオ」と呼んだ。一方で、アルジェリアのデヴェルー・スプラットは「骨折って働き……ヨセフの苦しみを思い出した」と述べている[36]。これらは聖書のヨセフの物語を敵への反感をこめて用いたものであるが、聖書になじんだ男女はヨセフの教訓にはさまざまなものが入り混じっているということを知っていた。ヨセフが異国人によって奴隷にされたというのは、その通りである。しかし、まさにこの不運によって、彼はファラオの侍従長ポティファルに出会い、監理者へと引き立てられる。ヨセフはエジプトで成功して力を持ち、自らの所有者の妻からの誘惑をはねつけるまでになる。そして、「神はわたくしを苦しみの土地で豊かにしてくださいました」と誇らしげに述べるのである[37]。先に見たように、「ロード・ベイトマン」のようなバラッドによって、バーバリのイギリス人虜囚も苦しみの土地でひょっとしたら世俗的成功の機会を得るかもしれないという考えが広まった。貧しい白人の中には新月旗のもとで成功したり、少なくとも本国よりはましな生活をした者もいるかもしれない。ことによると、同じことが貧しい黒人にも当てはまるかもしれない。

イギリス出身の黒人バーバリ虜囚によるおそらく唯一の体験記が最近になって紛失した。[38] しかし、マーカス・レディカーとピーター・ラインバウの研究のおかげで、王立海軍にもイギリスの商船隊にも黒人が少数ながら常に存在していたことがわかっており、これらの男性の中には長年にわたって虜囚となっていた者がいたことも確かである。トマス・サフラという黒人の召使は一七一六年にフィラデルフィア号というロンドンの船上で捕らえられた。[39] 一七八九年にモロッコでジェイムズ・アーヴィングとともに捕らえられた一一人の船員のうち三人が黒人で、一七四六年にモロッコで難破したインスペクター号の八七人の乗組員のうち二人がそれぞれトマス・ジョーンズとジョン・アーマティッジという黒人船員だった。アーマティッジは「イスラム教徒になった」が、どうやら、モロッコのスルタン配下の黒人奴隷軍アビド・アル・ブクハリ(Abid-al Bukhari)に吸収されたようだ。この部隊はおもにハラーティーン(haratin)と呼ばれる現地の黒人奴隷から新兵を採用していたが、拿捕されたヨーロッパ船から捕まえてくる黒人たちもあてにしていた。[40]

アビド・アル・ブクハリの列兵に加わることは、身体的な危険や蛮行にさらされることを意味したが、略奪や昇進の期待もあった。これはまた、白人奴隷を監督する機会さえ与えてくれることがあり、西欧が与えてくれなかった機会をイスラム社会が与えてくれる可能性があったことをはっきりと示してもいる。これについては、オラウダ・イクイアーノの興奮に満ちた驚嘆を思い出すだけでよい。イクイアーノは、一七六八年にオスマン帝国のスミルナ市を訪れ、白人たちが「西インド諸島で黒人が白人に捕らわれているように、トルコ人に捕らわれている」のを見たのである。イクイアーノはサウスカロライナの黒人奴隷の母から生まれたらしく、のちに、王立海軍の将校に所有されるようになった。今は自由の身になってはいたがいまだに召使であったイクイアーノは、オスマン帝国への旅を通して、まったく異なる奴隷体系についての識見を得ただけでなく、それを目の当たりにして、人種間の力関係は変わりうるものだという感覚を持った。白人も自分自身がかつてそうであったように脆弱なものとなりうることを彼は悟った。奴隷のすべてが黒人というわけでも、白人のすべてが自由というわけでもなかった。その後長いあいだ――彼自身の虜囚体験記で述べられていることだが――イクイアーノはオスマン帝国に移民するという考えを抱いていた。[41] まさしくこのようにして、北アフリカの国々に捕らえられた黒人船員たちの中にはイスラム社会へと魅かれていくものがいたのだろう。ムスリム社会はときに、こういった人びとにより多くの選択肢、すなわち、別世界を提供してくれた。[42] はるかに広範囲で繰り返される出来事の極端な一例がここにあった。すなわち、好機を得る足がかりとしての海外虜囚生活、そして、本国社会においては幾分恵まれない境遇にいた人の再出発があった。

もとはイギリスに属しながらバーバリの虜囚となった黒人の存在が思い出させてくれるのは、今と同じく当時も、「イギリス人（Britons, British）」、そしてとりわけ「イングランド臣民（English subject）」や「イギリス臣民（British subject）」といった言葉にはさまざまな人びとが含まれるということである。この本が取り扱う二五〇年のあいだに、イギリスの国民意識が劇的に高まっただけでなく、イギリス国家はより複合的に、いろいろな段階でさまざまなかたちで複合的になった。バーバリの虜囚に関してイギリス政府が直面したさらに高度な難問は、そのときどきにおいて厳密に誰に救出の責任があるのかをはっきりさせることだった。イギリスを支配する王朝や、国の構成形態、国家間の同盟関係、そして、地中海などでの植民地支配の変遷は、ルールが常に変わっていたことを意味する。たとえば、オランダの統領ウィリアム・オレンジが一六八八年にジェイムズ二世をイングランド王の座から追放したあと、モロッコのスルタンであったムーレイ・イスマイルは、身代金との交換で虜囚を解放するにあたっては、「イングランドとオランダは合同し、実質的に一つの国になったとみなす」ことに同意した。[43] この合意はウィリアムの死後に無効となったが、その後、フランス系のユグノーや、ハノーヴァー王家支持者、アメリカ入植者、ミノルカやジブラルタルに住むさまざまな民族は皆、そのときどきにおいて、もしバーバリに捕らえられたならば「イギリス臣民」として救出すべき権利と義務がある人びとだとしてイギリス政府によって

返還を主張されることとなった。(44)

一六六〇年代、七〇年代にタンジールの守備隊が抱えていた問題が示すように、誰がイングランド臣民またはイギリス臣民であるかということについての上からの見解は、下からのもっと感情的な忠誠心と対立することもあった。一七四七年、イギリスの大臣はロンドン鉄器商組合に虜囚救出活動への援助を求めた。この団体が、バーバリ虜囚を身代金を払って取り戻すために特別に設立された潤沢な慈善基金の主な拠出者だったからだ。これに対して鉄器商たちが見せた渋面は、ナショナル・アイデンティティに関する深く根づいた考えが、「ブリティッシュネス」には事実上いかなるものが含まれるかということについての政府側のもっと柔軟で法的な考え方とときに衝突していたことを示す好例である。

彼らはさらに、現在［モロッコに］とどめ置かれている八〇人の虜囚のうち何人かはアイルランド人の可能性があり……、ゆえに、金を求めるならすべての虜囚がイギリス人（Britons）であるという証明が必要だと言って反対した。(45)

この組合のメンバーに関する限り、「イギリス人」という言葉の中にアイルランド人——この文章では宗教は特定されていない——が含まれないことは明らかであるが、この時点およびこれ以降も、大ブリテン島の人びとなら多くがこの見解に賛成したであろう。

これが示すように、過去の異文化間の関係や衝突を、西洋と東洋、ヨーロッパと非ヨーロッパ、イギリスとイスラムといった単純なブロックに分けて扱うのは、あらゆる側面において複雑さや重要な下位区分を覆い隠すとともに、分析をさまたげやすい。今日でさえ政治家たちが頻繁に口にするように、ヨーロッパは西ヨーロッパだけを見ても単一ではなく、かつてそうだったこともない。「ヨーロッパ人」たちがイスラムその他について皆同じ考え方をしていたわけではないのだ。イギリス本国に関する限り、国土の小ささが明白であるがゆえに、一つの相補的な利点として内部に強力な中央集権国家が生まれ、完全ではないが早熟な国家のまとまりやイデオロギーが生まれた。それでもなお、イギリスの結束は部分的で分裂しており、一七五〇年以前はとくにそうだった。何よりも、その結束はカトリックとプロテスタントの分断によって常にゆるがされ、この分断は他の内的相違と同じくイスラムやイスラム国家への反応を複雑にした。

この緊張は、つまるところ、個人のレベルでも見られる。ライバル関係にある国家や信条によって共有されたり奪い合いの対象にされたりしながら、地中海は昔から常に境界領域として機能してきた。そこでは、「男性［そして女性］が……国家や宗教を気にせず行き来し」、人生から得たいものについて、各自の、詩的な、ときには反逆的なヴィジョンを追い求めた。(46) 一六〇〇年以降、そして一七〇〇年以降さらに、国家の臣民に対するコントロールや規制が効率化するにつれてこのような個人的越境は減少したが、いかなるときも完全に途絶えることはなかった。イギリス国家に関する限り、驚くことでもないが、境界を越えてこの地で国を裏切ることが最も多かったのはカトリック系アイルランド人だった。近世のイングランドや、ウェールズや、スコットランドの住民たちがアイルランド人（特にカトリック教徒）をイギリス人だとはまず認めたがらなかったように、アイルランド人（特にカトリック教徒だが必ずしもそれだけではない）もイギリス人として行動しないことがあった。たとえば、バトラー家の者たちはアイルランドのカトリックを信仰する名だたる商家であったが、十八世紀半ばまでにはモロッコにしっかりと定着し、アラビア語にも堪能で、スルタンの大臣たちとも「親しくして」いた。彼らは親しい欧州大陸の商人たちがイギリス人のプロテスタントの商人たちを出し抜くのを喜んで手助けし、ジブラルタルを取り戻そうとするスペインの陰謀にも加担した。(47)

この地中海地域で転身したカトリック系アイルランド人の中には、一度の転身では終わらないものもいた。一七三〇年代から一七五〇年代にかけてのアルジェリアのイギリス公使たちは、アルジェリアに上陸した二九人のカトリック系アイルランド人傭兵集団の処遇をいかにすべきかなかなか決められなかった。この男たちは以前スペイン軍におり、イギリスを相手に戦ったこともたしかにあった。しかし、北アフリカにおけるスペインの拠点であるオランに派遣されると――それはタンジールでの駐屯生活と同じく希望のない厳しいものであったが――この野生の雁どもは突然、イギリス人であることに抗しがたい魅力を感じるようになった。彼らは集団で脱走し、アルジェリアに逃げてそこですぐに奴隷となり、その地のイギリス領事に助けを求めた。この者たちが本当に「イギリス臣民」であるのかどうか、そして、彼らを――そして、北アフリカでフランス軍やスペイン軍から脱走したアイルランド人傭兵を――身代金を払って取り戻す対象とすべきかどうかについての領事と本国政府との書簡のやりとりは何十年も続いた。(48)

しかし、宗教心によってイギリスとイスラムとの差異がただ単に強化されるだけではなく、むしろ曖昧にされることもありうるとはいえ、こういった曖昧化は、不満を抱いた個人の行動においてのみ見られたわけではない。これは国家の問題であり、神学の問題でさえあった。

従来からオスマン帝国やバーバリのもっとも強固な敵はスペイン、オーストリア、イタリア諸国、ときにはフランスといったカトリック諸国であった。イギリスのようなプロテスタント国の支配者や住民にとって、地中海のイスラム諸国に対してカトリック諸国が持つこの敵意は、イスラム諸国を好意的に見る根拠となりえた。敵の敵は友というよく知られた行動原理に基づいて、エリザベス一世は十六世紀末にカトリック系ポルトガル人に対して用いるための武器をモロッコ人に売った。チャールズ一世は一六二〇年代にスペインと戦うためにモロッコ人の援助を求めた。そして、これまで見てきたように、一七〇四年から後、イギリスはアルジェリアとモロッコにジブラルタルとミノルカへの食糧供給を頼り、スペインのカトリック王からこれらの地を守った。しかし、プロテスタントとイスラムとのあいだのこの協力の背後にあるのは、国家的な恨みや宗教的恨みといった理由だけではなかった。イスラムには基本的にプロテスタントにとってなじみ深く、また性分に合うようにさえ思える側面があった。結局のところ、ここにあるのは偶像崇拝を禁じ、結婚を秘蹟として扱わず、修道会を持つ気のまったくない宗教(「私たちは修道院制度は持たない」と預言者ムハンマドは述べたと言われている)であった。もっと過激なプロテスタントなら三位一体の教義に対してイスラムが抱いていた軽蔑さえ大喜びしたかもしれない。[49]

このことは、プロテスタント系の非国教徒、とくに、この越境と虜囚の地である地中海世界に捕らえられた者たちの中に、捕らえた側のムスリムたちに明らかな共感的態度をみせる者たちが少なからずいたことを説明してくれる。すでに紹介したジョセフ・ピッツも虜囚体験記の中でイスラム教とローマカトリック教とを——イスラム教にかなり有利に——比較している。ピッツは、モスクから宗教的偶像を排除しているという理由でムスリムを賞賛した。彼は、北アフリカの諸政府が他の宗教に対して示す実際的な容認の態度にも言及した。この容認の態度は、ピッツのような長老派教会員には、本国の国教会の態度よりもずっと素晴らしいものに見えたのである。独学者であったピッツはまた、アルジェリアで知り合ったムスリムの中には貧しくとも熱心にコーランを学ぶものがいること、すなわち、ムスリムが言葉を何よりも重視していることに注目した。その信仰のあり方や生き方は、「司祭に教えられたことを盲信したまま生きて死んでいく……哀れなローマカトリック教徒」とはまったく異なるだけでなく、はるかに優れているとピッツは思った。[50] しかし、ピッツが自分を捕らえたムスリムたちを批判するよりも、むしろ、彼らをどれほど注意深く観察し、彼らに共感しているかは、彼の体験記の語調や細かな部分に最もよく現れている。

ピッツは、アルジェリアで過ごした自らの人生の一時期を隣人であるエクセターの非国教徒たちに対して正当化し、そして「過去の背信のつぐない」をするために一七〇四年に体験記を出版した。体験記の目的はこのように公言されているものの、ムスリムの北アフリカにかつて魅了されたり感激したりした記憶は、彼の文章に影響を与え続けた。

この二、三日後［つまり紅海上の二〇日にわたる旅の後］、私たちは、メッカまで船であと四日ほどのところにあるラボック［ラービグ］と呼ばれる場所にやってきた。そこでは、女性を除くすべての巡礼たちが着物を全部脱いで、イフラームという大きな白い木綿の巻き布二枚だけで身体を覆う。一枚は足首に届くように腰に巻き、もう一枚で頭以外の上半身を覆うのである。そして、この巻き布以外には身体には何も身につけない。サンダルのような薄底の靴だけは履いているが、その靴の甲革はつま先だけを覆い、足の甲は丸出しである。このように彼らは、慎ましやかな悔悟者のように、ラボックから神殿のあるメッカに向かう。焼けつくような太陽の熱に繰り返しさらされ、ついには背中や腕の皮が日焼けして剝ける。……しかし、そのような簡素な服装のせいで健康を害したり害しそうになったりした場合は、誰でも衣服を身につけてよいが、その場合は、メッカに到達した際に一匹の羊を犠牲にして貧乏人に与えなければならない。……この間……彼らはまた、自分とは異なる者すべてと折り合いながら仲良くするよう気を配る。誰に対しても少しでも悪意を抱くことは非常に恥ずかしく、また、罪深いことだと考えているからである。(51)

このようにして一人の無学な男の話は、エクセターからはるかに離れたこの広い世界がかつてその男に見せてくれたものを呼び起こしながら、ほとんど二〇〇ページも続いていく。エジプトの娼婦の色鮮やかな帯、カイロの新鮮な卵の安さ、よいラクダ肉の甘い味、女性の手や足を飾るヘナの渦巻き。北アフリカの暑い夜には冷水を振りまいてシーツと枕カバーをさっぱりさせ、朝には再びカラカラに乾いて目覚めること。そして、こういった内容のあいだに、上記のような、ムスリムの信仰の真剣さについての詳しい描写が長い文章で差しはさまれる。本を書き終えるまでに、ピッツは、この本がイギリスの読者に与えるかもしれない影響に気づいていたようだが、内容を変更したいとは思わなかった。ピッツは、「もし彼ら［ムスリム］が誤った信仰を固く守っているとしたら、それは正しい信仰をこれほど怠っているキリスト教徒たちへの非難とならざるをえない」という月並の道徳なよ

22　ムスリムの勤行。ジョセフ・ピッツの体験記の挿絵。

うなものをそこからなんとか引き出そうとした。しかし、彼はまた、自らの人生におけるイスラム教の時期とキリスト教の時期を結びつけ、切り離さないような結末を模索しもした。「ああ、慈悲深き神よ。……すべてのユダヤ人、トルコ人、不信心者、そして、異端者に憐れみを。……そして、彼らを故郷に連れ帰ってください」と彼は締めくくった[52]。

この約二〇〇年前、メノキオという名のイタリアの粉屋が宗教裁判に引きずり出されたとき、同じような言葉を使って、慈悲深き神は必ずやキリスト教徒だけでなく異端者、トルコ人、そしてユダヤ人を助けてくれるだろうと述べている[53]。ある意味、ジョセフ・ピッツとメノキオは同種の人間、つまり、貧しく思慮深い独学者で、苛酷な人生を送り、重要な事柄については苦闘のすえに独自の結論にたどり着いた人物であった。しかしながら、この二人の非凡な庶民の運命には決定的な違いがあった。メノキオはその思想のために異端者として火あぶりにされた。逆に、ピッツが自らの個人的宇宙論を述べた本は評判になり、定期的に増刷された。十八世紀のイギリス——そして、十九世紀のイギリス——では、イスラム的要素に共感を示したり、ローマカトリックよりも優れた信仰だと示唆したりしても必ずしも目を付けられることはなく、ましてや、激しい迫害を招くこともなかった。どの社会レベルにおいても——ピッツがそうであったように——新月旗よりもカトリックのロザリオにつけられた十字架のほうがずっと異質で危険だと信じるイギリス人がいた。

変遷？

では、いつ、そしてどの程度、この豊かで多様な反応が変化し、硬化しはじめたのだろうか。イギリスのイスラムや東洋に対する軽蔑については、後の帝国主義横行の主な原因であるとする見方もあるが、先に述べたように、これは——一七五〇年以前は特に——深遠で創発的というよりはむしろ、明白で、騒々しく、型にはまったものだった。イスラム諸国は、演説や、文章や、芸術や、政府広報において悪意を持って他者化されることもあったが、彼らに向けられた非難の言葉はヨーロッパのローマカトリック諸国に向けられたものとよく似ていた。そして、新月旗に対する敵意はつねにさまざまな潮流や傾向と共存していた。イスラム教がプロテスタント系キリスト教よりも低く見られていたのは確かだが（といっても、すべてのイギリス人がそう見ていたわけではない）、高尚な文学と大衆文学の両方でそれは敬意をもって、そして畏怖さえこめて扱われた。ムスリムたちには高度な文明を築く能力があることがはっきりと認められ、彼らとヨーロッパ人との人種的類似や身体的類似がしばしば率直に論じられた。

地中海のイスラム諸国との関係に関する限り、イギリス人が感じる差別意識や優越感は――存在してはいたが――しばしば他の問題によって相殺された。オスマン帝国の力と比べるとイギリスの力は長いあいだ見劣りするものであったし、バーバリのコルセアによる略奪行為もあった。また、この地域におけるイギリスの陸海軍の力は限られており、陸地に囲まれた海の中にあるジブラルタルやミノルカなどの白人居留地を守るには北アフリカの助けが必要だった。しかし、地中海地域の文書に残っているイギリス人の多様な証言に見られるように、イスラムに対する差別意識は、イギリス本国内のさまざまな分断によっても相殺されると同時に問題視された。イギリスが自らの基本的結束や安定性をもっと確信するようになるまで――そして、足かせとなっている自らの小ささをそれほど意識しないようになるまで――イギリスが他国に対して見せかけではない真の尊大さを見せたり、植民地支配のための侵略行為を成功させたりできる能力は限られていた。

しかし、一七五〇年代までに状況は変化しつつあった。一七四五年から六年にかけてのジャコバイトの反乱の失敗によって、スコットランドとその貴重な人材が連合王国から脱退するのではないかという――少なくとも二〇〇年以上はゆうに続いている――恐れは消えた。さらに重要なことは、ジャコバイト主義の崩壊の結果、イギリスの王座が軍事力によってローマカトリックの王朝に奪取されるのではないかという恐れも永遠に消え、これによってイギリス国内のプロテスタントとカトリックのあいだの激しい分裂はおさまった。このように国内の問題が解消し、安定や団結が強まったおかげで、十八世紀後半において、イギリスは帝国事業を景気よく推し進めることができた。常にそうだが、海外でのイギリス帝国の軌跡はイギリス国内の発展との関係で理解しなければならず、その逆もしかりである。地中海における十八世紀半ば以降のイギリスの国力や帝国活動の増大は、他の地域同様、兵士や、船や、包囲攻撃や、戦闘の増加に現れた。しかし、この地域のイスラム社会に関する限り、一七五〇年以降に増加したイギリスの植民地獲得のための武力攻撃はあらゆるかたちで抑えられていたし、やわらげられてもいた。虜囚生活や虜囚体験記が提供するきわめて特有かつ強力なレンズを通して見ると、これがなぜそうなのかがはっきりわかるのである。

若くて、勇敢で、根が愚鈍な軍人、ハイド・パーカー海軍大佐に登場していただこう。彼は一七五六年の春にモロッコと条約を結び、そこに残っているイギリス人虜囚を取り戻すために派遣された。当時スルタン代理を務めており後にスルタンになるシディ・ムハンマドはアラビア語に堪能なイギリス領事がモロッコに常時滞在することを求め、贈り物としてかなりの量の海軍軍需品も期待していた。パーカーはモロッコのこれらの要求をどちらも拒絶するよう指示されていただけでなく、そもそも、「神の摂理と王立海軍の威力」を固く信じ込んでいる男でもあった。そのため、その海軍軍人は三角帽も重いブーツも脱がずにシディ・ムハンマドの宮殿に入り、シディ・ムハンマドの前でも常に座して動かず、そうすることで支配者であり預言者の直系の子孫であるムハンマドを侮辱することになった。パーカーとその乗組員はムハンマドの怒りの爆発を何とか逃れたが、他のイギリス人はそうはいかなかった。他のバーバリ地域と同様にモロッコも一七三五年以降はイギリス人を虜囚として捕えることはほとんどなく、六万ポンドを超える用心棒代で片を付けていた。しかしここにいたって、シディ・ムハンマドはこの金になる抑制政策をとりやめ、一七五八年までに約四〇〇人のイギリス人虜囚を獲得したのである。(54)

これによって、北アフリカの虜囚生活についてのイギリス人による著作が最後の大量生産期を迎え、女性によって書かれ、出版された数少ない長編のバーバリ体験記の一つも生まれた。その体験記の著者はエリザベス・マーシュという、ジブラルタルのイギリス海軍工廠の管理者の娘だった（武力を増強し、さらに外向きになったイギリス国家の働き手たちの、この時期における地中海での存在感の大きさにもう一度注目していただきたい）。マーシュやその同乗者たちは一七五六年八月にモロッコのコルセアによって北アフリカの沖合で捕らえられ、ハイド・パーカーの外交的失態への報復としてその年の終わりまでサレやマラケシュで虜囚としてとどめ置かれた。

熱心ではあるがまったくの素人作家であったマーシュは、自分に起こった出来事について次々と異なる草稿を書いた。最初、彼女が選んだ物語の筋は飾り気のない伝統的なものであった。彼女は、イスラム教徒がキリスト教の西洋に対して持っている歴史的嫌悪や敵意の犠牲者としてのみ自らを提示し、ジョン・ヒューズの十字軍についてのよく知られた芝居『ダマスカスの包囲攻撃』からの引用さえ行っている。

神の名において問う　いかなる信仰ぞ
かくのごとく恐怖で武装し巨人の如くのし歩くのは
救うのではなく　破滅させせんとするが如く
追い詰められた軍隊を戦場に導き
その前進を血と虐殺で跡づける(55)

一七五六年に虜囚となった直後には、マーシュにとっては――それ以前の多くのイギリス人と同様に――バーバリはいまだ恐怖、危険、そして、新月旗の恐ろしい影であった。

しかし、体験記を『女虜囚』という題で一七六九年に発表するようになるまでに、彼女の強調点も書き方も変わっていった。捕らえられてから一〇年以上を経て完成したこの二巻本の著作の中で、マーシュは、キリスト教とイスラム教の宗教的葛藤についての言及を事実上すべて削除した。彼女はまた、北アフリカの地誌や社会について、そして、モロッコにおいて西洋人とムスリムのあいだに実際に存在した個人同士の相互関係について集めた情報の多くも省いた。イスラムに対する従来からの偏見や詳細で実証的な観察も扱われ方は控えめになった。そのかわり、マーシュは虜囚としての経験をドラマチックなロマンスに変えた。マーシュによれば、モロッコでの居住を強いられた当初から自らの貞操の喪失を危ぶんだが、この恐れが最も高まったのはシディ・ムハンマド自身との二回にわたる会見でのことだった。

王子は背が高く、姿が美しく、肌つやがよく、二十五歳くらいに見えた。……王の姿は、全体として、かなり感じがよく、物腰は丁寧でゆったりとしていた。

この魅力的な人物（「私は彼の優雅な姿に目を見張った」）は、マラケシュにある壮麗な宮殿で暮らすようマーシュを説得しようとした。マーシュによると、彼女はそのために嘘をつかなければならなくなった。シディ・ムハンマドに、自分は実のところ結婚しており、自分には同類の男性との対等な関係のほうが後宮での贅沢三昧に惑溺するよりもよいと言ったのである。その後の王子の要求にも怒りにも揺るがずに耐えた彼女は、イスラム教徒への改宗を拒み、最終的には自由を勝ち取った。「彼女の出発を前にして王子はその美しいキリスト教徒に会いたくないかと尋ねられたが、少し考えた後、『やめておこう。引き留めずにいられなくなってもいけないから』と答えた[56]」。

マラケシュでこれらの出来事が起こったとされるとき、エリザベス・マーシュは二十一歳で間違いなく独身であり、シディ・ムハンマドはたしかに二十五歳くらいだった。もしそういったようなことが実際に起こっていたとすれば、ムハンマドは——そしてマーシュも——興奮に震えたことだろう。しかし、繰り返すが、虜囚生活の直後に書かれたマーシュの最初の草稿には性的危険一般、特に宮廷でのこれらの最終対決のことはテーマとしてさほど重視されていない。また、マーシュの一七五六年のモロッコでの拘留について交わされたイギリス当局の書簡はかなりの数になるが、彼女の貞操が危険にさらされたり、彼女がハーレムに連れ去られたりする可能性について触れたものはない。過去には、バーバリ虜囚となったイギリス人女性やアイルランド人女性の中に北アフリカの私邸や後宮へと消えてしまった者もいたが、マーシュのような暮らしに困らない社会的階級の女性がそのような不運に見舞われることは滅多になく、一七二〇年代以降はどんなイギリス人女性であれこのような運命に陥った例は知られていない。[57] したがって、エリザベス・マーシュが後になって性的危険や男性的で執拗なスルタンとの問題を『女虜囚』の中で強調することにしたのには、恐怖の記憶や、疑似小説を書いて売りたいという単純な気持ち以上の何かがあった。

バーバリを女性のイギリス人虜囚に性的脅威を与える場所として描くことは、この時点までは普通のことではなかった。実際、北アフリカでのイギリス人女性の経験が詳しく取り上げられることは一般にめったにないことだった。当然のことながら北アフリカ諸国では女性の虜囚は常にきわめて少数派だった。それにもかかわらず、長年のあいだ、女性の虜囚の存在は無味乾燥な政府文書の中では定期的に言及されていた。対照的に、十七世紀や十八世紀初期の英語で書かれた一般向け著作物ではブリテン諸島出身の女性の虜囚についてはまったく触れられていない。一七六九年出版のエリザベス・マーシュの二巻本が、イギリスで初めて現れたバーバリの女性虜囚の体験記だった。バーバリの虜囚となったイギリス人女性を歌ったバラッドはないようだ。イギリス人男性が書いた虜囚体験記も、女性が一緒にいたことを著者が明らかにしているときでさえ、女性の経験について考察を加えていることはめったにない。その代わりに、イギリスの虜囚文学は伝統的にバーバリにおける男性虜囚への性的脅威を強調していた。バーバリやオスマン帝国の虜囚に関して書かれたイギリス人による一七五〇年以前の議論では、異性間の性行為への言及一つに対して、ソドミーについての言及が少なくとも五つの割合で見つかり、これは高尚な文学にも、大衆文学、公式の声明、そして非常に私的な文書にも同様にあてはまる。

この件では陳情も行われた。一六七〇年代に虜囚の妻たちが、「上記の［アルジェリア人の］パトロンは、上記の虜囚たち、またはそのほとんどに対して頻繁にソドミーを行います」と、苦情を訴えた。これは議会の演説のテーマともなった。一六一四年には一人の議員が下院において、アルジェリアの虜囚生活では「子どもは奪われてソドミーのために囲われ、トルコ人にされる」と述べている。[58] ソドミーの話は、北アフリカでの任務に対する外交官たちの反応の中にも充満している。一六七七年以降トリポリのイギリス領事であったトマス・ベイカーの日記にはソドミーのことばかりが書かれ、「彼によるとソドミーはトリポリではまったく容認されており、ホモセクシャルなレイプが……公然と暴力的に行われている」と編集者は述べている。その主張が虜囚体験記に見られるのも当然である。「彼らはあらゆる生き物とソドミーを行うという話だ」と、フランシス・ナイトは一六四〇年に自らを捕らえたアルジェリア人について述べている。[59] しかし、これは、ポール・ライコートの有名な『オスマン帝国の現状』（一六六八年）のようなもっと確かな文章の中にも同様に見られる。『オスマン帝国の現状』では、オスマン帝国がキリスト教徒を虜囚として外部から移入しなければならないのは、「ソドミーという忌むべき悪徳」のために国内で生殖できないからだと述べている。そして、ソドミーの話は、あらゆる種類の架空の物語においても広まった。ロビンソン・クルーソー自身もモロッコのコルセアによって奴隷として捕らえられた。クルーソーは「若くて、機敏で、彼の仕事にふさわしい」という理由で捕らえられたのである。デフォーは洗練された読者に向けてクルーソーの仕事が何だったのかを知る手掛かりをたっぷり提供している。クルーソーが語るところによると、そのコルセア船には「とてもこじんまりした天井の低い船室《外からよく見えないみだらな場所》があり、その中には彼〔クルーソーの主人〕が、一人か二人の奴隷とともに横になることのできるスペースがあった」。両義語がつめこまれている。ウィリアム・チェトウォードの小説『キャプテン・ロバート・ボイルの航海と冒険』は、一世紀にわたって何度も再版されたが、ここではこのような言葉遊びは見られない。ソドミーは「ここでは通常のことで、単なる情事の一種と見られている」と一人のモロッコ人から教えられ、イギリス人主人公は驚愕する。[60]

このような非難にどれほどしっかりした根拠があるのか、私の目的にとっては重要ではない。[61] 北アフリカやオスマン帝国の男性をソドミーのかどで非難する人のほとんどは、非難している相手の性行動を詳述することに真剣な興味を示してはいない。また、イスラム教やイスラム教徒を「他者化する」一つの方法として、同性愛という非難を行っているわけでもない。バーバリやオスマン帝国について一七五〇年以前に書かれた文書や著作では、文脈上、ソドミーはどちらかといえばメタファーであった。つまり、イギリス人やその他の西ヨーロッパ人がイスラムの力に、そして、攻撃だと彼らが理解したものを前にして感じ続けた恐怖や不安のきわめて激しい表現だった。したがって、西洋がイスラム世界をエロティックなものとして捉えるのはイスラム世界を女性化して支配するためだという主張がなされることがあるが、この部分に関する限り、この主張は疑わしい。実のところ、この主張は裏返して見ることもできる。そもそも、コルセアの活動や虜囚についての議論の中でムスリムをソドミーのかどで非難した人びとは、北アフリカやオスマン帝国の男性がソドミーの対象となることがあるかどうかについては滅多に関心を払わなかった。むしろ、これらの不安の表現の重点は、虜囚となったイギリス人や他のヨーロッパ人はソドミーの犠牲者になる可能性があるという点にあった。侵入され侵略されるのは彼らのほうだった。受け身の役割に追いやられるかもしれないのは彼らであった。虜囚となったキリスト教徒に対してソドミー行為を行うものとしてバーバリ諸国、そして、一般にはオスマン帝国を非難するのは、イギリス人が自らの不安や、最後にはイスラムが力を用いて自分たちを屈従させるかもしれないという昔ながらの恐れを発散させる一つの方法だったのである。

オスマン帝国と北アフリカの力が衰退しているということが漠然と認識されるようになって初めて、このようなソドミー批判は完全にかき消され、代わりにムスリム男性の異性相手の色欲や、従順で芳しい香りをした女性たちのハーレムのことが強調されるようになった。トルコ人やモロッコ人やアルジェリア人は罠にかかるのがヨーロッパ人であれ非ヨーロッパ人であれ性的に従順な女性を集めて支配している、そう主張することは、これらの民族が西洋人男性を深刻におびやかすことはもはやないということの言い換えでもある。エリザベス・マーシュの二巻にわたる風変わりな虜囚体験記のより広い意味での重要性はこの点にある。マーシュの体験記は、一七五六年にハイド・パーカー海軍大佐がモロッコの支配者に対して故意にとった無礼な態度以上に、イギリス人の感じ方や前提の——部分的ではあるけれども——重要な変化を示している。『女虜囚』が出版された一七六九年までに世界の力関係はすっかり変化しており、この時点でもなお急速に変わりつつあったのである。

エリザベス・マーシュが捕らえられた一七五六年に始まり一七六三年に終わった七年戦争は、世界政治を変容させた。イギリスは、カナダを獲得したことによって北アメリカにおける地位を固めただけでなく、ベンガルを勝ち取り、イスラムの支配者が統治していた地域への大規模な軍事攻撃にはじめて乗り出し、成果をあげていく。タンジールでの失策の忌わしい記憶がようやく封印され、これ以降、世界最大のイスラム帝国の一つであるムガール帝国はイギリスの増大する激しい圧力を受けることになった。エリザベス・マーシュが体験記を出版する頃までには、もう一つのイスラム帝国もヨーロッパの圧倒的な圧力下に置かれることになった。一七六八年に始まったロシア＝トルコ戦争はオスマン帝国に破壊的な結果をもたらし、西ヨーロッパは、イスラムを代表してきたこの帝国は急速に衰えつつある時代遅れの巨人だという感覚を強めた。服をほとんど身につけていないようなハーレムの女性たちや、苦しむキリスト教徒の女性たち、堂々として妙に魅力的なスルタンたちの話で満ちあふれた体験記がしばらく前からイギリスをはじめとするヨーロッパ諸国に出回り始めていた。しかし、イスラム世界がその恐ろしい力の多くを失いつつあると考えられるようになったことから、一七六〇年代以降、エリザベス・マーシュの『女虜囚』をほんの一例として、この種の「東洋に関する」文学や芸術は目立って増加するとともに、より受け入れられやすくなっていった。[62] 外部から侵略される恐怖をイギリス人やヨーロッパ人が持たなくなるにしたがって、ムスリムによるソドミーの脅威に関する言及も減少した。それに代わってより好まれるようになった筋書きは、虜囚を題材にした『後宮からの誘拐』というモーツァルトのオペラのように、勇敢な金髪のイギリス人女性が傲慢なスルタンに抵抗するという（モーツァルトはマーシュ嬢の体験記を読んでいたのだろうか）、恐怖よりも快感をそそるものであった。

振り返ってみた場合、『女虜囚』は、長期にわたったが決して完了することのなかった変化、つまり、イギリス人の中にイスラムに対する不安や畏れが残っている状態から、イスラム関連諸国の少なくともいくつかを軽視したり見下したりする状態への変化の入り口に位置づけることができる。エリザベス・マーシュのまったく素人的な作品では、モロッコは明らかに東洋化され、異国化され、そして見下されている。しかし、それでもやはり、イギリスの文学や芸術におけるイスラム描写とイギリスの持つ強制力や植民地化の意図との関係は、一七五〇年以降でさえ、それ以前と同じく単純なものではなかった。たしかに一七五〇年代以降、地中海その他のイスラム社会に対するイギリス人の論評に傾向の変化を見いだすことは可能であり、世界におけるイギリスの力が飛躍的に増加したことももちろんである。しかし、これらの変化にともなって、北アフリカやオスマン地域におけるイギリスの物理的支配力や宗主国としての力が明らかに、そして、すぐさま高まったわけでは——重ねて言うが——決してない。

この点は、シディ・ムハンマドが怒りにまかせて一七五六年以降に虜囚獲得を激増させたことに対して、イギリスがどのような性質の反応をしたか、というよりもむしろ、イギリスがこれに反応しなかったことによって明確に示される。十八世紀にはモロッコの支配者を罰したり抑圧したりするために大砲を装備した船が差し向けられることはなかった。北アフリカ沿岸を攻撃するには後方支援の点で困難があったからというだけではない。イギリス人にはこの方面にむけて武力行使を行う気が単になかっただけでなく、そうする余裕もなかった。戦争に関する功労と公共心からやがて「愛国大臣」と呼ばれるようになるウィリアム・ピットも、地中海世界のこの地域で騒いだり戦ったりしたいとはまったく思っていなかった。そのかわりにピットは、シディ・ムハンマドに対してハイド・パーカー海軍大佐の非礼を詫び、モロッコに留置されている何百人ものイギリス人虜囚の身代金として二〇万スペイン・ドルを大人しく支払った。ピットは、イギリスの領事をモロッコに駐在させることも譲歩して受け入れた。その後スルタンはこの新しい役人について「私たちは彼を考査し、彼と話をした」と書いている。

高貴なるわれわれの前に現れると彼は丁寧に挨拶をし、義務として課せられた儀礼を遵守した。……知っておいてもらいたいが、お前たちはわれらが高貴なる先祖代々の下僕であり、そして、他のどの国よりも私たちを喜ばせることがお前たちの義務だった。しかし、その後、お前たちは堕落し……、われわれは憤慨した。これにもかかわらず、われわれはお前たちの怠慢を許し……再びお前たちと和解したのである。(63)

シディ・ムハンマドはこの公式の文書を一七六〇年に高齢のジョージ二世に送った。その頃、イギリスの軍隊(そして、多数の外人部隊)がカナダを征服し、ベンガルに乗り込み、たくさんの角砂糖を勝手にとって食べるかのようにカリブ諸島をわが物にしようとしていた。しかし、イギリスの君主も首相も、モロッコの支配者によってこのような臆面もない言葉で非難されるがまま、相変わらずその望みを従順に受け入れ、モロッコの支配者の一方的な武力誇示によって獲得された虜囚たちのために金を支払った。

地中海地域に特有の政治や慣習、そして、この地におけるイギリスの力の性質やよく知られた限界から見て、これは驚くべきことではなかった。イギリスのイスラム観はこの時点までに変化していたかもしれないが、それでもなお、イギリスは地中海の重要な植民地であるジブラルタルやミノルカを維持するために北アフリカに頼っていた。実際、一七五六年にミノルカを一時的にフランスに奪われたことによって、ジブラルタルの維持はよりいっそう重要になっていた。ハイド・パーカーの愚行によっても、その報復として行われたシディ・ムハンマドの虜囚獲得によっても、この重要な配置を混乱させるわけにはいかなかった。何よりもイギリスは、自分たちがもしバーバリ諸国と断絶すれば、バーバリ諸国は、地中海での覇権争いの一番のライバルであるフランス側に完全につくことになるだろうということを十分に承知していたのである。北アフリカは侵略してもならず、無視してもならなかった。交渉し、必要とあらば、なだめなければならなかった。一七五〇年代以降も、それ以前と同様、イギリス人はその両方をやり続けたのである。

この状況は十九世紀まで続いたが、それは単にイギリスが白人による地中海帝国や拡大しつづける地中海艦隊のために常に物資の供給を必要としたからという理由だけではない。エドワード・サイードたちが帝国建設者たちの軍事力や経済力だけでなく、その考え方や幻想を調べることの重要性を強調したのはまったく正しい。にもかかわらず、物質的な要素は重要であったし、重要なのは当然だった。しかもこの地域でのイギリスの武力配備には、意思だけでなく、能力にも限界があった。逆説的ではあるが、イギリスが行ったある武力行為がこのことを最も劇的に証明している。一八一六年、王立海軍はコルセアの活動や白人の奴隷化に終止符を打つため、海からアルジェ市を砲撃した。市の大部分が破壊されたが、コルセアはすぐに活動を再開した。一方で、この戦闘による王立海軍側の死傷者は――人員の割合で見ると――フランスやスペインと戦ったトラファルガーの海戦よりも多かった。イギリス人がイスラム勢力を女々しいものとして見くびろうが（そうでなかろうが）――この事例に見られるように――武力行為がイスラムを侵略したり打ち負かしたりするのに役立つわけでは必ずしもなかった。イギリス政府はこのことをとてもよくわかっていた。海軍によるこのアルジェ攻撃を全面的な軍事占領政策や植民地化政策へと転換せよとの国内外からの魔の声に、政府はあえて耳をかさなかった。イギリス人は、この地域での自らの能力を相変わらず低く見積もっていたが、これはおそらく次の発言に最もよく現れている。「トルコ人は皆、背が高く、私たちを見おろしているようだ」と、一八〇一年にメジャー・ロウという人物が不安げに書いた。[64] 十九世紀初めの地中海では、自国の本来的な小ささを今なお意識している国民にとって、新月旗とそれが放つ強力な光は決して衰えてなどいないように見えたのである。

オスマン帝国の中心地に加えてここ北アフリカは、イギリスが最も活力にあふれ慢心していた頃でさえあまり侵犯したくない、横断するには装備不足の境界域であり、――西ヨーロッパとの物理的距離の近さにも関わらず――長らく断固として屈服を拒んだイスラム地域である。地中海地域にはっきりと存在しながら見過ごされることの多かったここ北アフリカであるが、この地は、イギリス人という小さい国民が、その小ささゆえに捕らえら

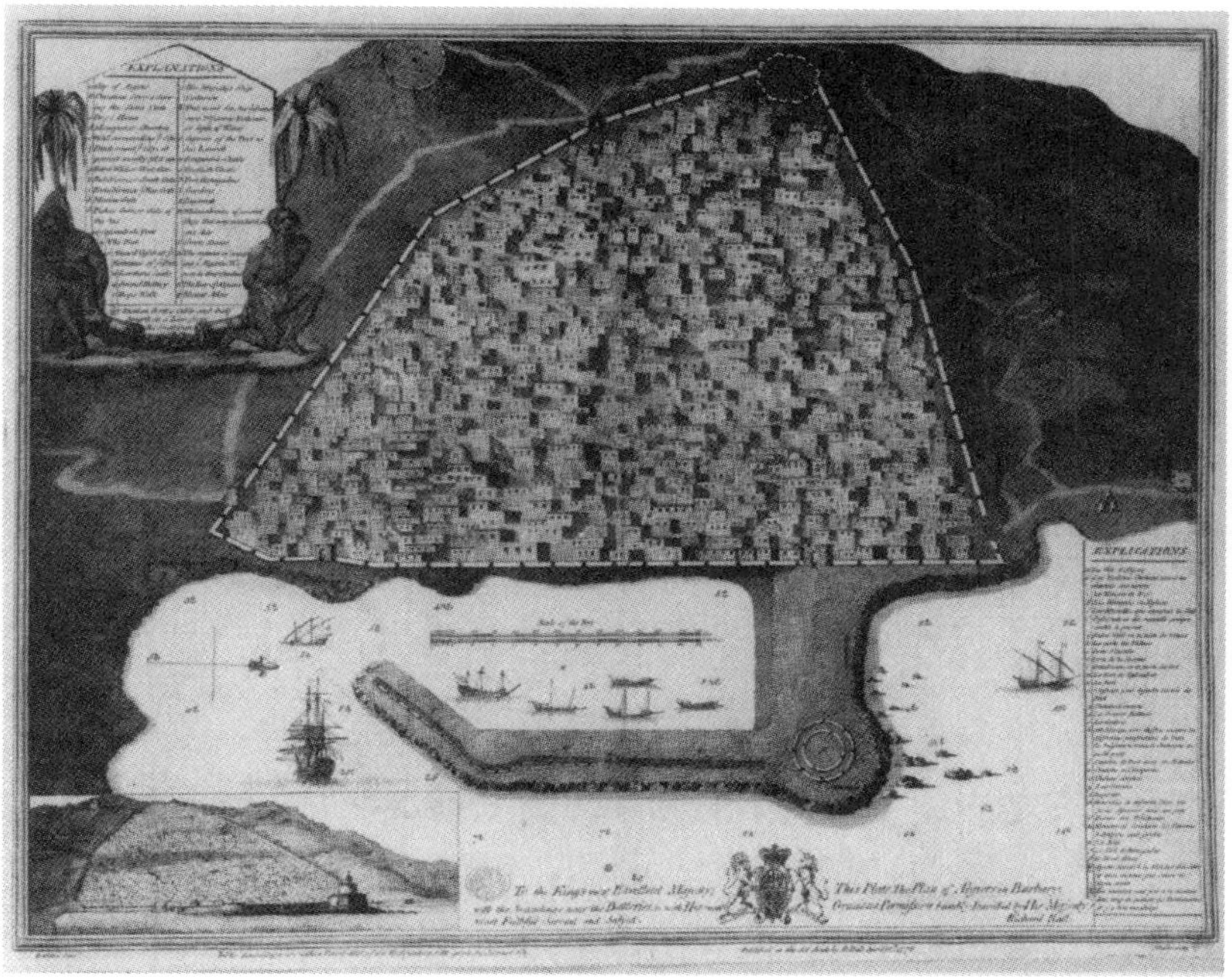

23　沿岸防備および奴隷とともに描かれたアルジェ。1776年のイギリス製地図。

れたり窮地に追いやられたりしながら、帝国支配の欲望を満足させるために甘受しなければならなかった妥協や共謀を常に思い出させてくれる場所でもある。イギリスに顕著な攻撃性とイギリスに固有の脆弱性とのこの組み合わせに関しては、それを思い出させるものが、他の場所にも多くあるだろう。

そろそろ、さまざまな領土やさまざまな宗教の狭間にあるこの海を離れ、大西洋を渡ったその先を見るべき時が来たようだ。

第二部　アメリカ——虜囚と困惑

第五章　さまざまなアメリカ人、さまざまなイギリス人

大西洋の彼方を見る

ロンドンのセントポール大聖堂西側正面の前で、あたかも待ち伏せするかのように身をかがめたアメリカ先住民が無表情に通行人をじっと見ている。大多数の人は観光や礼拝に没頭するあまり、彼女の方に目を向けることもないが、彼女を含む像の集合体は、何世紀にもわたって人びとを怒らせ暴力へと駆り立ててきた。一七四三年には、狂人とおぼしき者が無礼にもアン女王から宝珠と笏を奪い取った。一七六九年には、この像を自分の母への侮辱と受け取ったインド出身の船乗りがまたもやこの像を攻撃した。なおもさらなる襲撃が続き、一八八〇年代に、損傷した元の像は現在のくすんだレプリカと取り換えられた。それさえも激しい怒りを引き起こすことがある。ブリタニア像は先ごろ首を切り落とされ、アメリカ像は矢筒のみ残して矢をなくしてしまった。このような損傷の背後には、近い過去にも遠い過去にも、これらの女王像と寓意像の寄せ集めには陳腐な象徴主義や二流の彫刻家の奮闘以上の何かが存在するというぼんやりとした認識もあったのだろう。というのも、これはイギリ

スの力と、それが武力と狡猾さによって他国民にまで及ぶことを表す典型的な記念像だからだ。

フランシス・バードというロンドン出身者が制作した、置き換えられる前の元の記念像は、イギリスにとってスペイン継承戦争の公式な終結となる一七一三年のユトレヒト条約のための王室の感謝の礼拝が準備万端とのったところで披露された。(1) 帝国という観点から見ると、支配者や政治家や商人には、感謝すべきことがたくさんあった。一一年間の戦争は彼らに、地中海のミノルカ島とジブラルタル、黒人奴隷をスペイン領アメリカに運ぶ権利、北米のさらなる領土、すなわちハドソン湾地域とノヴァスコシアとニューファンドランドをもたらした。(2) これらすべてを意識しながら、バードはイギリスの君主制をヨーロッパ外のイギリス帝国と明白に結びつける史上初の屋外記念像を計画したはずである。アン女王のいくぶん堅苦しいその姿は、非常に信仰の厚い女性だったにもかかわらず――当時の才人が評したように――クリストファー・レンの教会建築の傑作に頑として背を向け、足下に各領土を記念する四体のバロック様式の女性像を従えてそびえ立っている。ブリタニアがいる。ハープを持ったヒベルニア、すなわちアイルランドがいる。フランスの姿もここにある。系図上は、今なお君主国イギリスの継承物の一部だからだ。四番目の像はアメリカを表している。彼女は、バードの時代もその後も長いあいだずっと白人たちが一般にインディアンと呼ぶものでもあった。

このこと自体が彼女の二面性を表しているが、それ以上のことも伝えている。バードは、彼女に姉たちと同様の古典的な容貌を与えているが、彼女の片方の足の下に白人男性虜囚の切断された頭部を置いたのだ。彼女が着ているような胸が露わな衣装は、著しく正確さを欠く。彼女の衣装は、かつてブラジルのトゥピナンバ・インディアンの特徴だった羽飾りつきのスカートと羽根を立たせたヘッドドレスだ。ヨーロッパの芸術家たちは、インディアンは北米でも南米でも皆同じような外見をしているに違いないと思い込み、十六世紀のポルトガルによる新世界の征服以降、ずっとこのように表現してきた。だが、特筆すべき注目点は、バードの構想にこのアメリカ像が含まれていることと、この像の役割だ。表面的には彼女は隷属し、勝ち誇ったイギリスの君主の足下

24　フランシス・バードによるインディアン像。セントポール大聖堂前のアン女王像の足元に置かれている。

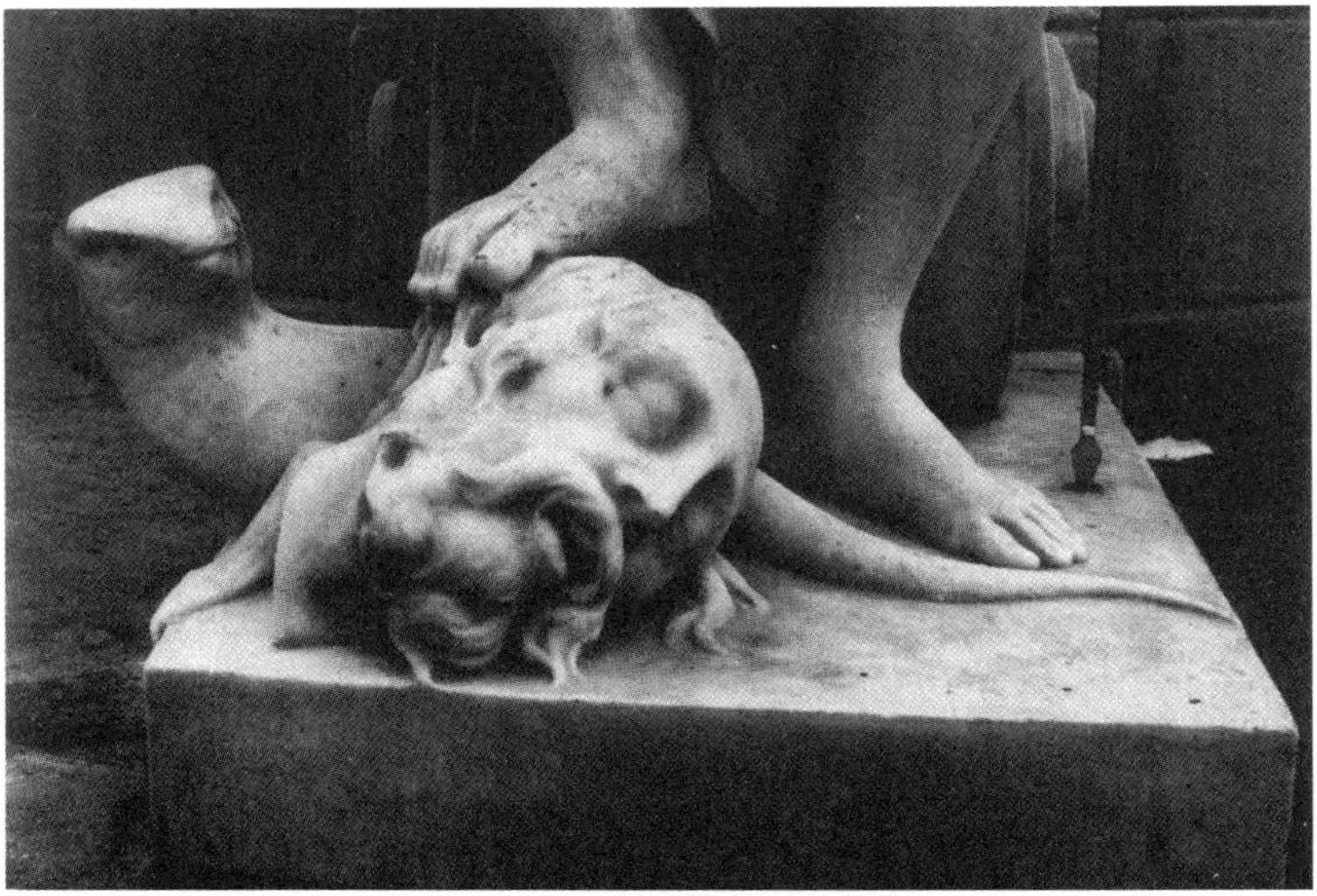

25　切断された虜囚の頭部。フランシス・バードによるインディアン像の一部。

で身動きが取れずにいる。だが彼女は必要不可欠な存在でもある。というのも、彼女の像の支えなしには、アンの像はその高い位置に立ち続けられないからだ。そして、アメリカ先住民に対するバードの見方は無知や偏見で歪められていた一方、少なくともある意味で、彼の理解は正しかった。入植開始から一七七六年の革命以降まで、インディアンと呼ばれる人びとは、イギリス近世の人びとが帝国のあのアメリカという場所を理解するのに欠かせない存在だった。

このきわめて重要な事実は、常に歴史書で明らかにされてきたわけではない。最近まで、北アメリカのイギリス大西洋帝国に関して執筆するほとんどの――とりわけイギリス側にいる――著述家は、先住民族を完全に除外する傾向があった。今でも、先住民族はしばしばゲットーに閉じ込められている。(3) 彼らは形だけ一章か二章を割り当てられるかもしれないが、それでもなお、あの有名でよく知られたサーガ――一六〇〇年代初頭からイングランド人の移民が、そして最終的にはウェールズ人とスコットランド人とアイルランド人の移民も北米東海岸に地歩を固め、さらにその後一七五年間にわたって流入を続け、君主、言語、世俗的文化、政治イデオロギー、プロテスタンティズムを本国の同胞と共有し、相互に大量の商取引を行っていたが、一七七五年以降は内戦の様相も呈した革命を機に、彼らの大多数が別々の道を歩むしかなかったという物語――の周辺にいるように見えることがある。だが、アメリカ先住民のさまざまな集団は、終始この物語の展開にしっかりと編みこまれた非常に重要な存在であり、その意味でさまざまな種類の虜囚状態にあった。

　このようなことも、ほとんどの歴史書には記されていない。数世紀にわたってアメリカ先住民による白人捕獲があったことに関してはアメリカ合衆国の学者と大衆が伝統的に長らく関心を寄せてきたが、植民地時代のアメリカと新生共和国がどれほどインディアンを捕らえて奴隷にしたのかを認識したのはごく最近になってからのことだ。このことは、人類学的に、考古学的に、そして政治的にデリケートな「ニュー・インディアン・ヒストリー」の出現によって計り知れないほど深められた。[4] だが、この新しい研究でさえ、断固として内側を向き続ける傾向がある。インディアンによる虜囚獲得が今なお何よりもアメリカのナショナル・アイデンティティや文化の発展の解明に役立つ光を求めて精査されている一方で、かつての白人虜囚による体験記もあいかわらずアメリカ特有の執筆様式として研究されている。

　今こそ、そうではないことが明らかにされるべきだ。十七世紀中に大西洋を渡ったスコットランド、アイルランド、ウェールズ、とりわけイングランド出身の約四〇万人の男女は、まず間違いなく、バーバリやイスラム諸国に捕らえられた同胞のことや彼らによって語られた体験談に関する知識を――他の多くのものと共に――携えて行ったはずだ。新月の勢力に捕らえられた話は、その後、新たにアメリカの環境やまったく異なる脅威に適用された。アメリカ先住民に捕らえられたのちロンドンでの出版に成功した最初のイングランド人の体験談、すなわち、ポーハタンの軍勢によってヴァージニアで捕らえられ、そしてその後、ポーハタンの娘ポカホンタスにより「救われた」たジョン・スミスの有名な記述は、実は、オスマン軍との戦闘中に捕らえられてコンスタンチノープルで奴隷として売られた男の著作だった。[5] このことが暗示するように、アメリカ近世のインディアンによる虜囚獲得、そしてそれらが生じさせた物語は、視野の狭い一国家のレンズを通した見方を超えた検討が必要である。とりわけ、それらは大西洋をまたいだ帝国のコンテクストに位置づけられる必要がある。

十七世紀を通して、そして十八世紀の大半にわたって、北アメリカにおける白人虜囚の身体は、何よりも帝国勢力の限界、すなわち、常につきまとい不安を生み出す小ささの兆候であるとともに、イギリス帝国の試練の象徴だった。アメリカの植民地では、イギリスが帝国事業を進める他の地域と同様、捕らえられて怯えるイギリス人の身体は、もっと広範囲の束縛、狼狽、恐怖に目を向けさせ、そのような事柄についての議論を促した。イギリスのこの帝国事業地域では、最初に捕獲する側だった者――アメリカ先住民――は、帝国にとって脅威に見えたときでさえ、ある意味、拡大するイギリス帝国によって撃退され、数を減らされ、退却する人びとだったというのが事実だったが、事実と帝国側の見方はくい違っていた。

生け捕りにする

そもそも、北米大陸へのイギリス人移住者と原住民との関係は複雑で、相互理解はできないものの、決して自動的に敵対するものではなかった。[6] ヴァージニアやニューイングランドの最初期の定住者たちは現地のインディアンに頼り、食料となるものとその育て方に関する忠告、交易、新天地で生き残るための技術指導を求めざるをえなかった。彼らはまた、インディアンの隣人に比べて最初は数の点で少なかった。ポカホンタスの義兄のトモコモが、一六一六年に彼女に伴ってイングランドへ行ったときに「目に入るすべての人の数を記録すべく、刻み目をつけるつもりの長い棒」を持っていたという少なくともアメリカ合衆国では有名な話は、単に相手を見下す作り話ではないかもしれない。トモコモが知っていたと思われるように、当時のヴァージニアの白人たちはまだごく少数だった。トモコモたちには、このまばらで、破壊的で、毛深い侵入者たちの出身地にそれ以上の人数がいるのを予測する方法はなかっただろうし、イングランド人入植者自身もこの段階では、自分たちの人数が後に急速に増加していくことになるなどと予測することはできなかった。一六三〇年でも、北アメリカ東岸沿いに散らばるイングランド人の男女は多分一万人に満たなかっただろう。(7)

最初は自分たちの人数が非常に少なく、アメリカ先住民を深刻に受け止めなければならなかったので、イングランド人は彼らに対しても、海外の諸民族に対してほぼ常にしてきたように反応した。イングランド人は単に彼らを「他者化」するのではなく、むしろ類似点や接点を探したり考え出したりした。彼らはアメリカ先住民の顔や体を調べ、この段階では赤や黄褐色ですらなく、自分たちと同じぐらい薄い色の皮膚を持った者として見ていた。彼らは首長《セイチエム》を取り巻く儀式や装飾的な所有物に注目し、これらの個人は「王」、「女王」、あるいは高貴な狩猟戦士に違いないと結論づけた。このような荒野の上流階級の人びとが多数の卑しい荒くれ者に囲まれていることは、イングランド人が本国で見慣れていた物事のあり方をあらためて反映しているだけのように思われた。「何なら、手間を省いてくれても構わない」と、ロンドンから詩人マイケル・ドレイトンは、一六二二年にヴァージニアの友人に書いた。

そちらの野蛮人について私に何か書き送る手間を
ここグレイトブリテンにも野蛮な奴隷はいるから
そちらから私に伝えることができるような者ぐらいは(8)

インディアンたちも同じようなものだと荒っぽく考えられていたり、インディアンの首長がイングランド本国の貧しい大衆よりも明らかに重視されていたからといって、そのことは断固として、インディアンの社会や文化の様式が——当時の状況では——同等の価値があると見なされていることを意味しているわけではなかった。インディアンは異教徒で無国籍の放浪者だという認識が、そのことを妨げたのであった。一六七七年にイングランド王チャールズ二世は、支持を取りつける必要があるインディアンの「王《キング》たち」について、「薄い銀板と金メッキに偽石で飾りつけをした小さな王冠《クラウン》か小冠《コロネット》を授けてはどうか」という助言を受けた。(9) 人間の重要性を光り物に置き換えた尺度は的確だ。インディアンはリーダーでさえも、この見解によれば、金・銀・宝石に値する人びとではなかった。彼らは金メッキ、金箔、鉛ガラスにまんまと引っかかってくれた。とは言うものの、これらのインディアンはやはり冠を授けられるべき者たちであり、イングランドやヨーロッパのシステムの内側に幾分かは引き入れられるべき者たちだった。これは、イングランド人自身の利己的な理由や、ときにはそれ以外の理由で、本国の政府機関や北米に駐在する大多数の役人たちによって常に好まれる戦略だった。だが、本国からここにやって来て定住した男女に関する限り、インディアンを向上させてある程度は取り込みたいという当初の願望は、ぜひとも取り組まねばならない急務と齟齬をきたしやすく、ますますそれらの急務に押し潰されるようになった。インディアンを改善して礼節をもたらしたいという衝動は、入植者の数と土地獲得への欲求の急速な高まりの前に——アメリカのさまざまな地域で、不均一に、異なる速度ではあったが——後退した。それはまた、インディアンを殺すのは驚くほど簡単だという都合のよい発見の前に色あせた。

歴史家たちは、イングランド人入植者はアメリカ先住民を劣った者と見なしたので、関係が悪化するにつれ、異様に破壊的な戦争スタイルをとったと主張することがある。(10) 事実、これらの闘争の激しさが死を招くものとなったのは——そして、当初はインディアンたちに理解できなかったのは——まさにイングランド人が、ヨーロッパ大陸でヨーロッパ人同士のあいだで通常展開したのと同様の残忍な戦略を北アメリカでも採ったからだった。こうして、一六三七年のミスティック川近辺での悪名高いキャプテン・ジョン・アンダーヒルによるピーコット族の男や女や子供の大虐殺は、インディアンの敵に直面したときの入植者特有の血に飢えた残忍性を示すものとしてしばしば引用されてきた。だがこの殺りく行為は同時期のヨーロッパでの三十年戦争と比べてみる必要がある。三十年戦争は、膨大な数の非戦闘員をも巻きこみながらドイツ諸邦の約三分の一の人口を消滅させた。また、戦いに敗れたインディアンを捕らえて西インド諸島へ奴隷として売るという行為の広がりは、イングランド本国内の反逆者に対してしばしばとられた刑罰が北アメリカにまで波及したことを表していた。オリヴァー・クロムウェルは、敗残した数百人のスコットランド人を一六五〇年代に奴隷として西インド諸島へ送ったことがあった。一六八五年のモンマスの反乱の支持者で、即座に処刑されなかったイングランド南西部地方の人びとも、同じような運命をたどった。時がたつにつれ、イギリス人入植者によるアメリカ先住民襲撃で顕著になってきたのは、行使された暴力の程度よりもむしろ、暴力が——ヨーロッパ内での慣例とは異なり——宣言された個々の戦争や反乱の時期に限定されなかったという事実だ。ここアメリカの異文化戦争にはまた別のもっと決定的な特徴があった。イギリス人や他のヨーロッパ人の北アメリカへの移住者たちは、無敵の突撃隊、つまり彼ら自身にはびこる病原菌を気づかぬうちに持ち込んだのだ。

　これらが引き起こした破壊の全容は決して正確にはわからないだろう。異文化と接触する前の北米先住民の人口規模に関してさえ意見の一致はない。推定には、二〇〇万—一八〇〇万人の幅がある。[11] 天然痘、ジフテリア、インフルエンザ、コレラ、はしかといった見えない流入者に対してインディアンは免疫を持っていなかったが、これらの影響をあまり受けなかった地域や、影響が後になって出た地域があったことは明らかだ。だが別の地域では、このような病気に——白人入植者の暴力と同様に——さらされたインディアンのコミュニティの死亡率は七〇パーセント、いや九〇パーセントにさえなった。ニューイングランドのインディアンの一〇人に九人が一六〇八年から一六二〇年にかけてのわずか一二年間にヨーロッパの病気が原因で亡くなったと思われ、一六八五年に南北カロライナのそれぞれに一万人いたインディアンは、一七一五年には総計八〇〇〇人にまで数が減っていた。[12] イングランド、スコットランド、ウェールズ、アイルランドからやってきた人びとは、理由はわからなかったがインディアンの居住地に死と病気が蔓延していることをすぐに見てとり、その一方で、自分たちが後にした島々の住民よりもはるかに高い驚異的な出生率で、入植地に人を増やしていった。

このため、流入した白人がアメリカ先住民から受ける試練の性質――結果として、アメリカで虜囚となる恐怖の性質――は、本書で考察されている他の地域とは非常に異なっていた。地中海地域と南アジアで近世のイギリス人が直面したのは、本国と同様に都市化した地域を持つが人口はしばしば数段多く、ますます増加傾向にある社会だった。これらの地域では、イングランド人およびイギリス人の大規模な入植は、(タンジールのように)不可能であることが判明するか、(インドのように)そもそも実行可能な選択肢だと見なされなかった。したがって地中海とアジアでは、イギリス人は主として商人、兵士、船員、行政官等として侵入したが、彼らの総数は限られたままで、しばしば危険なほどに限られていた。北アメリカでは(イギリスの後の太平洋植民地と同様)、事情はまったく異なっていた。イギリス人は、最初から明確な定住の意図を持ってこの地を訪れ、その後は入植そのものに高い出生率が相まって、一七〇〇年には二六万人以上、一七五〇年には一〇〇万人以上と増えていった。他方の北米先住民は、減少し続けた。だが、このような状況下でも、インディアンの部族はイングランド人を襲撃して虜囚にするのをやめなかった。というのも、インディアンをしばしば行動に駆り立てたものは、数の減少をもたらした白人による深刻な圧迫と、自分たちの土地に侵入する白人の増加だったからだ。

アメリカ先住民は驚異的に増え続ける白人入植者を阻止することができなかったが、反撃して何とか優位に立とうとした。インディアンの怒りが大規模な暴力となって噴出する可能性は、早い時期からあった。一六二二年、インディアンたちは、ヴァージニアの白人入植地を壊滅寸前にまで追い込んだ。ニューイングランド南部でのフィリップ王戦争あるいはメタカムの戦争として知られる紛争(一六七五―六年)では、最終的には粉砕されたものの白人勢力の拡大に対するアルゴンキン族の抵抗は成果を上げ、戦争に巻き込まれた白人入植者の約一〇パーセントが殺され、そして推計一万二〇〇〇棟の建物が破壊され、八〇〇〇頭の畜牛が殺された。人口当たりの比率に関して言えば、アメリカ史上最も死亡率が高い戦争だった。(13) 一七一五年のサウスカロライナのヤマシー戦争もしばしばこれと同じぐらい激しいものとなった。その入植地の白人男性の六人に一人が武器を取り、その地域の六〇〇〇人のヨーロッパ系住民うち約七パーセントが命を落とした。このような本格的な作戦に基づいた戦闘に加え、白人とインディアンの双方がもっと無防備な入植地で小競り合いや奇襲や殺戮を日常的に繰り返した。一七二四年にニューハンプシャー副総督は「われわれの衰弱具合をご判断いただけると存じますが、毎週、誰かが捕らえられるか殺されております」と本国政府に訴えた。(14)

大西洋の両側のイギリス人、と言っても特に直接被害を受ける人びとにとって、インディアンの暴力の形態は無秩序で見境なく残酷に、すなわち野蛮人の特徴に見えがちだった。戦争の常としてインディアンの暴力も残虐ではあったが、それは見境のないものというより、血や炎で書かれたメッセージであり、インディアンの憤りの気持ちを表す破壊だった。白人の牛や馬や豚を殺傷するときには、インディアンは自らが食料とする野生動物から牧草を奪ったり広大な土地を疲弊させたりする白人の畜産業をも攻撃していた。(15) 白人虜囚を裸にし、聖書から破り取った紙で性器を覆わせるときには、インディアンはキリスト教や、自らの心身に聖書を押しつけてくる聖職者に対して意見表明を行っていたのだ。白人入植地を襲撃して意図的に赤ん坊や幼児を殺すこともあったが、これはおそらく白人侵入者の高出生率に対する意識的な襲撃、そして子供たちを殺されたことに対するインディアン自身の側の報復だった。(16) また、インディアンによる白人捕獲は、無目的で手当たり次第になされるものでもなかった。とはいえ、バーバリのコルセアが徐々にそうなっていったように、圧倒的に身代金目当てというものでもなかった。

たしかに、インディアンも、イギリス人などの虜囚を活用して身代金を得たことはあった。インディアンがイギリス人虜囚をアメリカにおけるライバル帝国の代表者たち、すなわちフランス人やスペイン人に売り飛ばして金品を得ることもあった。[17] 白人虜囚が奴隷として働かされることもあった。あるいは、白人虜囚は――特に、戦闘で捕らえられたのが成人男性であれば――捕らえた側の死者の魂や嘆き悲しむ女性の魂をなだめるために、ときには何日にもわたる拷問を受けた挙句に殺されることもあった。カロライナでインディアンに通じていたイギリス人トマス・ネアンの運命がまさにそれだった。チカソー族とともに数年暮らしたことがあり、彼らを称賛していたネアンは、一七一五年のヤマシー戦争の初日に捕らえられ、時間をかけてゆっくりと火あぶりにされた。[18] 一方、虜囚の中でも特に女性や健康で順応性のある若者は、病気や戦争で失われた者を補う手段として養子にされ、インディアンのコミュニティに吸収された。白人の子供がこのようなやり方で養子の標的になりうるという認識が、ジョナサン・ディキンスンの『神の摂理、人間の最も確かな救済と防御』（一七〇〇年）、すなわち、一七五〇年以前にイギリスでよく売れた数少ないアメリカでの虜囚体験記の最も苦悩に満ちた文章の背後にある。ディキンスン、妻のメアリー、そして生後六か月の息子は一六九六年、ジャマイカからペンシルヴェニアに向けての航海中にフロリダ沖で遭難した。彼らは他の生存者たちと共に、現地のインディアンの一団に捕らえられた。ディキンスン夫妻がまず恐怖を感じたのは、（首長の妻だと思われる）女性が、夫妻の子を抱いて授乳すると言って、その子の「頭のてっぺんからつま先まで眺めたり触れたりした」ことだ。これは最初、九月二十五日に起こった。だが一週間も経つと、ディキンスン夫妻は、自分たちの子に同じ女性が同じことをしようとするたびに深い安堵を感じるようになっていた。なぜなら、

その子の母親の乳がほとんど出なくなったからだ。……しかも、生まれたときから遭難するまで瀕死の状態だった子は、いまでは元気になって食欲を出しているのだ。

さらにもう一週間すると、現に夫妻は自分たちの子に乳をやってほしいとその女性（名前は最後まで明かされな

い）に「懇願」していた。今や彼ら自身は「魚のえらや臓物、そしてインディアンが魚を煮るときに使った水を常食とせねばならず、ディキンスン夫人はひどい栄養不良と、自らを捕らえた者たちとの付き合いによる極度の疲労と恐怖のあまり、自分の子にやる母乳が出なくなっていたのだ。(18)」
だが、これほどの施しを授けてくれたこの女性に対するディキンスン夫妻の態度は、セントオーガスティンに配属されたスペイン兵士たちによって救出される直前の数日に再び変化した。夫妻は、拝借したミルクに満足するわが子の元気な丸々とした姿にはずっと慰められていたものの、ある程度のことにすぎなかった。

私と妻には、一つのことが何にも増して嘆かわしく思われた。われわれが殺されるようなことになっても、あの子は生かされ、あの者たちの一人として育てられることになるのではないだろうか。このような考えがよぎり、われわれは深く傷ついた。

自分たちの子に一心に乳を与えてくれる女性がやがて名目上その子の母になり、その子自身が言わばインディアンとして生まれ変わり、もはやキリスト教徒でもなく、イングランド人でもなく、自分たちの子でもなくなるとしたら一体どうなってしまうのだろうか。この個人的な虜囚危機が暗示するように、北アメリカで捕らえられた白人は、本書で考察される帝国のどの地域よりも、自分や自分の子が矯正されたり言いくるめられたりして別人になってしまうかもしれない可能性に直面しなければならなかった。
たしかに、インディアンは、英語を話す虜囚をあえて、アメリカをめぐって争う他のヨーロッパ人、すなわちカナダのフランス当局者や、フロリダや、ニューメキシコや、ペンサコラのスペイン当局者に売り飛ばすこともあった。だが、熱心なプロテスタントにとってこのような運命は、強制されて、あるいは自らの意思でインディアンのあいだで暮らすことと同程度の不安を抱かせた。一六九六年末にディキンスン夫妻は、自分たちを捕らえた者から買い戻されてセントオーガスティンに連れてこられ、そこでイースト・アングリアのイーリー出身のウィリアム・カーという男と出会った。彼は一六六〇年代にサウスカロライナへの途上にフロリダで船が難破し、現地のインディアンの中で虜囚として数年間暮らし、その後スペイン人に売られた。カー自身は自分の境遇に満足しているように見えた。カトリックに改宗してからずいぶん時間が経っており、スペイン女性と結婚して七人の子供をもうけ、さまざまな異質な経験から成る人生のおかげで習得できた多くの言語を駆使し、今では通訳として有給で雇われていた。だがディキンスン夫妻は、彼を見るたびにやはり身震いした。カーのイングランド人魂、プロテスタント魂はどうしたのだ。どうなってしまったのか。[20]

何人のイングランド人、ウェールズ人、スコットランド人、アイルランド人の入植者や兵士や役人が、植民地時代に北アメリカでインディアンに虜囚にされたのかを正確に解明するのは、バーバリでのイギリス人虜囚の正確な総数を算出するのに劣らず簡単なことではない。だがここでもまた、その数は相当なもので、その状態がずっと続いた。われわれは起こったことの一部分、たとえば、十七世紀の半ばから一七六三年にかけてインディアンに捕まりニューフランスに連れて行かれた一六〇〇名以上のニューイングランド人に起こったことのいくらかは知っている。[21] 帰還できたのは半数にも満たなかったようだ。この件に巻き込まれた男性のほぼ一〇分の一、女性の三分の一近くが、自分たちを捕らえたインディアンやフランス人と共に暮らすことを選んだり強いられたりした。フランス人と暮らした者の方が多かった。捕らえられたときに七歳から十五歳だった者のうち、ほぼ半数が新しい環境にとどまった。だが多くの場合、とりわけ、人里離れた農場や一人旅の道中でさらわれた場合や、戦闘のあいだに姿を消したような場合には、最終的にどうなったのか、そしてそうした者がいたことさえも知られないままに終わった。一人の歴史家が新聞報道や公文書や虜囚体験記を総合的に調査することでようやく、約二七〇〇名の白人がインディアンの襲撃によって一七五五年と一七六五年のあいだにペンシルヴェニアとメリーランドとヴァージニアで捕まったとの推計が得られた。[22] この種の大胆な総数の算出はイギリスのアメリカ植民地すべてについて試みられたわけではなく、また、植民地時代の大半についてはどのみち可能ではないだろう。

そのことはほとんど問題ではないという思いもある。なぜなら、このような虜囚パニックと闘わなければならなかった人びとも、巻き込まれた総人数の正確な把握はしていなかったからだ。このようなパニックによくあるように、彼らにとって問題だったのは、限りのない恐怖だった。一六九一年に、ボストンの最も著名な牧師コットン・マザーは「今、野蛮な敵の手中にあるみじめな虜囚に思いを巡らせなさい」と雷のような大声で言った。

最も忌まわしい人食い人種の気晴らしや楽しみとなるために、いつ生きたまま火あぶりにされるだろうかと常に気をもむ虜囚たち。裸身を覆う十分なボロ切れもないまま、身を刺す霜や寒気を耐え忍ばねばならない虜囚たち。犬も食わぬような物以外は、わずかばかりの肉でさえ口にするのを許されないような虜囚たち。目の前で身内を虐殺されるのを見ても、涙がこぼれ落ちるのを恐れなければならない虜囚たち。

また、突如インディアンに襲撃されて虜囚となった女性の「私は静かに眠っていた頃のことを覚えている……だが今は違う」という言葉は、素朴だがそれだけに心を打つ。[23] 帝国の試練の別の側面がここにあった。

これ以外にも北アメリカでの虜囚体験は、きわめて重要な点で、独特で独自のやり方で、イギリス人に試練を与えた。ここでも――他の地域における帝国の侵略や事業と同様――集団から切り離された虜囚たちは、不安を増す触媒としての役割を果たした。だが、北アメリカの白人虜囚は、長年にわたりさまざまな種類のイギリス人を切り分ける剣としても機能した。

一七七六年以前は、アメリカにおけるイギリスの一三植民地の白人住民の大半は、自分たちを全面的に、いや、一義的にアメリカ人だと見なすことすらなかった。心の中では自分はイングランド人、そして最終的にはイギリス人であり、対岸にいようともロンドンの君主の自由な臣下であった。コットン・マザーが力説したように、ニユーイングランドもまた「イングランド国家の一部」であった。[24] したがってアメリカの入植者たちは、自分たちの誰かがアメリカ先住民に捕らえられたときには、その緊急事態を単なる現地の出来事以上のことだと見なした。入植者にとって、インディアンに捕らえられることはイングランド人としての、やがてはイギリス人としてのアイデンティティに対する侮辱だと思われた。だが、大西洋の向こう側のイギリス本国では、状況が異なることもあった。本国の住民は――さまざまな理由から――アメリカ先住民や彼らによってもたらされる危険を、入植者とは違うように理解し、そして理解の程度も違ってきた。

初期のアメリカ虜囚体験記にはたいてい、自分は広大な帝国全体の一部であるという書き手の意識がはっきりと示されている。それらのうち最も有名な、『神の至高性と善性……メアリー・ローランドソンの虜囚体験と帰還』を考えてみよう。これは、マサチューセッツのケンブリッジと対岸のロンドンの両方で一六八二年に出版されたが、書かれたのはおそらく一六七八年より前だろう。[25] ローランドソンは一六七六年二月十日の早朝、メタカムの戦いのあいだに捕らえられた。マサチューセッツの小さな町ランカスターの他の一九名の住民とともに、彼女の子供のうち三人も捕らえられた。イギリス本国を離れて帝国の任地に向かった人の著作は「英」文学のキャノンから脱落するという馬鹿げた因習のせいで、ローランドソンが虜囚としてその後三か月間、ニューイングランドのニプマック族、ナラガンセット族、ワンパノアグ族というさまざまなインディアン集団の中で暮らした体験の物語は、イギリス本国内ではほとんど知られないままだ。だが、ある面で、これはイングリッシュネスの絆に執着する物語である。ローランドソンは一六三〇年代にサマセットで生まれ、農民だった家族はその頃、ニューイングランドを目指すイギリス人入植者の「大移動（Great Migration）」に加わった。やがて彼女の夫となるピューリタンの聖職者ジョセフ・ローランドソンの家族もそうだった。だが、メアリー・ローランドソンにとって「イングランド」は、単なる幼少期の曖昧な記憶や今や遥か彼方となった土地の名前をはるかに超えるものだった。彼女が物語の中で繰り返しわれわれに告げているように、イングランドはプロテスタントの神とともに、彼女が試練のあいだ中しっかりしがみついていたトーテム的な象徴だった。

虜囚としての旅の最初の夜、彼女は、「怪我をした赤ん坊」(この子は間もなく亡くなる)を抱えて進むことに疲れ、怯えたイングランド人所有者が逃げた後の打ち捨てられた農場で眠らせてほしいと懇願した。彼女を捕らえたアメリカ先住民たちは、彼女が言うには、「何だと、今でもイギリス人が好きなのか」と答えた。というのも、彼らの目的は、彼女をそのような愛着から引き離して自分たちの一員にすることだったからだ。それからの日々、彼女にできた唯一のことは、自らが徐々に後にしてゆかなければならない風景の中に、昔の自分へと導く道標を見つけることだった。彼女は「イングランドの牛」がいる場所を眺めた。そしてそのことは「たいした牛でなくても、自分にとっては慰め」だった。「イングランドの小道」に出くわしたときには――というのも、彼女のような入植者は独特なやり方で土地を特徴づけたり整えたりしたからだ――彼女はあたかもエデンをしぶしぶ追い出されたもう一人のイヴであるかのように、そこに横たわって死ぬことを切望した。そこへ突然、地平線上に馬に乗った三〇人の集団が現れ、「イングランドの服と、帽子、白い首巻き、腰には飾り帯を着用して」みすぼらしい虜囚の列に向かって馬を走らせてきたとき、彼女は安心と嬉しさで胸をときめかせたが、再び落胆した。結局、ニューイングランドのインディアンがさらに加わっただけだったからだ。彼らは、購入したのか略奪したのか、イングランド人ピューリタンの服で着飾っていたのだ。[26] これは、アイデンティティの指標は当てにならないことがあるという多くの教訓の最初のものだった。

初期のアメリカ入植者たちにとって、イングランドに、そして最終的にはイギリスに結びつけて語ることが、インディアンの虜囚という難破船のような状態の中、自らをつなぎ止める錨としてどのように役立ったかは他の多くの物語から浮かび上がってくる。現在のメイン州でマレシート族の戦士に一六八九年わずか九歳で捕らえられたジョン・ガイルズの、活字になった物語の哀歌調の冒頭部分は、彼の入植のルーツを思い起こさせる。「われわれは働きに行った。ある者たちはイングランドの干し草畑へ、他の者たちはイングランドのトウモロコシ畑へ」。彼は引き続き、やはり虜囚となった母親と最後に会ったときに、母がつぶやく様子を描いた。

ああ、わが子よ！　もし、懐かしのイングランドに行き、おまえのおじのチョーカーや他の友人たちに会えるなら、どれほど嬉しく楽しいことだろうか。(27)

北アメリカで虜囚となったほとんどの人びとと同様、狭い場所に閉じ込められるのではなく、起伏の多い土地を徒歩でえんえんと旅することを強いられたとき、この女性が見せた反応は自らを慰めると同時にひどく苦しめるものだった。彼女は想像の中では、森や低木の中を通るのではなく、広い海そのものを横切って、かつての地へ旅をした。実際には、そのような帰路はなかった。その代わりに、母と息子の前にあるのは、フランス領カナダへの徒歩の旅、永遠の別離、そしてジョン・ガイルズにとってはさまざまなインディアン集団のもとでの六年間の虜囚体験、そしてさらに三年間のフランス人の主人に対する勤めだった。

これらの初期のアメリカでの虜囚体験記の多くに漂う極度の哀愁は、ある程度は計算されたものだった。痛ましい最期の言葉や、虜囚の幼児の死の苦しみ、女たちの嵐のような悲嘆、記憶の苦しみを詳細に描くことが真実味を添え、読者、とりわけ現地で書かれた小説や戯曲がまだ珍しかった初期アメリカ植民地の読者をひきつけるのに一役買った。これらの虜囚体験記の哀調はまた、少なくともメアリー・ローランドソンがおそらく理解し望んでいたように、イギリス人入植者とアメリカ先住民のあいだの境界線を鮮明にする働きをした。だが、この著しい感傷はまた、北米で虜囚となった人びとに特有の一面と関係があった。イギリス人に関する限り、バーバリで虜囚となるのは通常、働いている人びとや兵士にふりかかる運命だった。これほどではないにしても、一八五〇年以前の南アジアでのイギリス人虜囚についても同じことが言えるだろう。だが、北アメリカのさまざまな植民地は、単なる戦争や仕事の場ではなく、移住開拓地だった。それゆえ、ここでの虜囚は通常、家族全員、あらゆる年齢のグループ、そして多数の男性とともに女性をも巻き込んだ。このことは、彼らに由来する物語の内容と形式の両方に影響した。メアリー・ローランドソンの物語は、英語圏で出版されてよく売れた初の虜囚体験記ではなく、インディアンに捕らえられた人物が書いた初の英語による虜囚体験記でさえなかった。しかしそれは、開拓移民によって書かれ、アメリカでベストセラーとなった初の体験記だった。ローランドソンの物語は、アメリカ開拓移民によるベストセラーとして、自らの虜囚体験を語ろうとするその後の男性作家と女性作家の両方に影響を与えた。アメリカ発の虜囚体験記は、北アフリカやアジアの大抵の虜囚体験記よりも、ほぼ間違いなく女性的で、たしかに家庭的で個人的だ。[28]

だが、これらの初期のアメリカの体験記における、イングランド的なものやイギリス的なものへの頻繁な印象深い言及は、個人的な感傷以上のものに満ちていた。ジル・ルポールのような初期の移住者にとっては、自分たちが今やイングランドから三〇〇〇マイル離れたところにいるという思いは、解放感と心配の両方だった。[29] 彼らは、故郷からこれほどまでに遠ざかり、まったく違う唾棄すべき他民族が危険なまでに近くにいる今、自らのイングリッシュネスを保つためにはいかにあるべきかを考えた。自分自身の本質的な部分を別なものに変えて腐敗させようとしてくる荒野に対し、身を守るためにはどうしたらいいのだろうか。実際に虜囚となるだけでなく、そのことを考えるだけでも、このような不安はすぐに表面化した。なぜなら——すでに見たように——それはアメリカ先住民社会や、ライバルのカトリック帝国への同化につながる可能性があったからだ。「私は、カナダ、つまりはフランス人のところへは行きたくなかった。フランス人に打ちのめされて彼らの宗教に屈してしまうといけないので」と、ハンナ・スウォートンは書いた。彼女は一六九〇年五月にカスコ湾でアブナキ・インディアンに捕らえられ、解放されるまで五年以上にわたって拘束された。彼女の夫であるジャージー生まれのイングランド軍の退役軍人は殺され、長男もまた殺された。他の二人の子供も、決してインディアンから救出されることはなかった。彼女の著書におけるイングリッシュネスの主張がきわめて重要に見えるのは、こうした状況下においてであった。この著書は、彼女が立派に国民的・宗教的アイデンティティを保ったことを、疑い深い人びとに、そしてまた彼女自身に対して立証した。彼女は、カナダでの虜囚生活のある日のことを次のように語った。「二人の男が入ってきて、そのうちの一人が『同郷の女性に会えてうれしい』と英語で話しかけてきた。イングランド人男性の声を聞いて元気がでた」。実際、その通りだった。(30)

早い時期にアメリカで虜囚となった人びとは、そういうわけで、大西洋を越えたつながりを長々と語った。彼らは忠誠心から、あるいは、自分たちや他の人びとを安心させるために、変わらぬイングリッシュネスとそれが意味するすべてのこと、そして最終的にはブリティッシュネスを強調した。では、このような虜囚の声は、イギリス本国ではどのように聞かれ、どのように反応されたのだろうか。一七五〇年までは断続的な反応しかなかった、というのがその答えだ。

このことは、物語の出版の歴史そのものを見ることによって、容易に立証される。メアリー・ローランドソンの物語のアメリカ版の初版は早々に売り切れ、それぞれの本が非常に多くの人に回されたので、今日では完全な形の初版本は残っておらず、あるのは汚れて折り目のついたほんの数ページだけだ。アメリカに本拠を置く印刷業者たちは同じ物語を一六八二年にさらに二度、そして一七二〇年にもう一度出した。だが、大西洋の反対側の市場は盛り上がらなかった。一六八二年に出たローランドソンの物語のロンドン版は、一九〇〇年までにイギリス本国で出た唯一の版だったようだ。

同様のパターンが、他のアメリカの虜囚体験記に関しても見られた。一七三六年にボストンで出たジョン・ガイルズの著作のように実際の虜囚体験から時間がたってから出版されたようなものは、イギリス本国ではまったく世に出ない場合があった。一七二四年に捕らえられて五か月間虜囚となっていたエリザベス・ハンソンの物語のように虜囚体験の直後にアメリカで出版されたものもあったが、これらもイギリス版は十八世紀後半まで、ハンソンの物語の場合も一七六〇年まで待たなければならなかった。一七五〇年以前にロンドンや、地方のイングランド、スコットランド、アイルランドで出版されたアメリカの虜囚物語は、商業的にはほとんど成功しなかった。ボストンでは、一七〇六年にコットン・マザーが、いわゆるアン女王戦争に巻き込まれて虜囚となった入植者の体験記を集めた影響力の大きい選集『悪より取り戻されし善——忘れえぬ虜囚体験集』を出版した。一週間で一〇〇〇部売れたが、これは人口一万五〇〇〇人ほどの町でのことだ。そしてこれまた、購入者の総数よりも、借りて読んだ人の数の方がはるかに多かった。この選集も手から手へと渡ったので、今ではわずか四冊しか残っていない。だがこのアメリカのベストセラーは、イギリス本国ではまったく出版されなかったようだ。[31] 本国の人びとは、一七〇二年にロンドンで出版された、多作のマザーの七巻本の虜囚体験集『マグナリア・クリスティ・アメリカーナ（アメリカにおけるキリストの大いなる御業）』に触れる機会は十分あった。だが、その体裁とラテン語のタイトルが示唆するように高価な本であり、購入率は低く、版を重ねるまでもなかった。[32]

近世の世界では、今以上に、出版業者が主として慈悲や理想に駆り立てられて行動することなどなかった。作家や予約購読者が自ら出版費用を賄うだけの十分な金を準備することができない場合は、本は、よく売れることが見込まれるときのみ印刷された。つまり、アメリカのイギリス人と本国のイギリス人は表向きは一つにまとまった帝国の国民だったにもかかわらず、一七五〇年以前には、イギリスの印刷業者と出版業者は明らかに、アメリカ先住民に捕らえられた入植者の虜囚体験記について、イギリス本国では需要は多くないとの営利的な決断を下していたのだ。

この理由は何か。そして、このことはわれわれに、この段階でのアメリカにおけるイギリス帝国について何を教えてくれるのだろうか。

分断

十七世紀と十八世紀初頭のアメリカの虜囚パニックに対するイギリス本国の関心と認識が限定的だったのは、植民地を担当する諸官庁自身が関心を持っていなかったからではない。商務植民地院（のちの商務植民地庁）の大量の文書が明らかにしているように、イギリス政府は定期的に役人と情報提供者から、北アメリカの虜囚の運命に関する情報を——このようなニュースは帆船が大西洋を横切るのと同じ速さでしか伝わってこなかったものの——受け取ってはいた。有名なディアフィールド攻撃の事例を取り上げてみよう。この入植地、すなわちマサチューセッツの北西フロンティアの最果てに位置し、コネティカット川に近いその場所は、一六九〇年代だけでもすでにインディアンに六度襲撃されていた。だが、一七〇四年二月二十九日には、アブナキ族の戦士たちと彼らの仲間が再び襲撃し、ディアフィールドの三〇〇人の住人のうち四八人を殺害し、子供を含む一一二人を生け捕りにした。そのニュースも当然のことながら、ロンドンに到着するのに五、六か月ほどかかり、十一月になって初めて議会で正式に発表された。大臣たちはただちに、追加の小火器の急送を許可した。イギリスの外交官たちは、マサチューセッツの入植者や「友好的なインディアン」が自らの身をもっとよく守れるように、一七一二年から一七一三年にかけてフランスとユトレヒト条約について交渉を進める中で、すべてのディアフィールドの犠牲者を含め、カナダで虜囚となっているアメリカ入植者全員の帰還を要求する条項を含めるよう気を配った。一七二一年になってもなお、パリ駐在のイギリス公使は、カナダのインディアン・コミュニティに残っている数少ないディアフィールドの虜囚を組織的に救出するよう、フランス当局に圧力をかけていた。(33)

言いかえると、ロンドンの政治家たちは、海を隔てた遠い場所で間接的に実行可能なことだけをした。彼らは、植民地の役人や苦悩する目撃者によって送られたディアフィールドの「大虐殺」の報告書（「考えられる最大の残酷な死を遂げた二人の若者の話」）を読んで理解した。(34) 彼らは、入植者が使うために普段以上の武器をアメリカに送った。外交官は、虜囚の解放をもたらすべく、可能な限りヨーロッパ各国政府に圧力をかけた。だが、イギリス本国に拠点を置く政治家たちは、この段階では、それ以上のことをする力もなければ意志もなかった。本国の人びとの大半もまた、ディアフィールドの一件でさえ多くを知る立場になかった。ましてや北アメリカの戦争全体について多くを知る立場になどなかった。この大惨事に関する重要な虜囚体験記は、ディアフィールドの聖職者ジョン・ウィリアムズによって書かれた名著『買い戻された虜囚、ザイオンに戻る』だった。彼は一七〇四年の襲撃とその影響で妻と二人の子供を亡くし、それ以後はこの悲しみに加え、もう一人の娘のユーニスをインディアンに嫁がせ、しかもローマカトリックに改宗させるという困惑と苦闘しなければならなかった。ウィリアムズの二万五〇〇〇語ほどの物語は一七〇七年にボストンで出版され、十八世紀中に六版を重ねた。イギリスではまったく出版されなかったようだ。

北アメリカの虜囚パニックに対するイギリス人の認識がこのように限定的だったこと――そのため、感情移入も限定的だったこと――の理由ははっきりしている。周知のことだ。しかしジョン・エリオットが明らかにしたように、十六、十七世紀のスペイン、ポルトガル、フランス、イングランドによる北米への侵略は、振り返ってみると、グローバルな歴史の中で将来大きな意味を持つことになる出来事だったが、当時は、本国にいる普通のヨーロッパ人たちは、このような出来事にほとんど関心を持っていなかった。イギリスが世界で最も力強い出版文化の一つを発展させた十八世紀前半でさえ、本国の読者には、大西洋の向こうの植民地情報を満載した印刷物よりも、国内問題や他のヨーロッパの国々に関する書物や詳細な報道記事を手に入れる方が容易で好みにも合った。[35]北アメリカのいくつかの危機は、たしかに、しばらくのあいだはイギリス人の興味をかき立てた。たとえば、フィリップ王の戦争については、ロンドンで一六七五年から一六八二年までのあいだに少なくとも一四の物語が出版され、そのすべてに虜囚に関する言及があり、また、官報『ロンドン・ガゼット』もニューイングランドの入植者の苦しみの実態や風聞についての記事をいくつか掲載した。だが、この時期のほとんどで、ロンドンの新聞や出版業者は、大西洋間の商取引を詳細に伝えたのとは対照的に、アメリカの入植者の経験を持続的に取り上げようとはしなかった。地方の出版業者にいたっては、一七四〇年代以前にはほとんどその問題を論じたことがなかった。[36]

一七五〇年以前のイギリスでアメリカの虜囚の取り上げ方にばらつきがあったことは、アメリカの虜囚問題に対応するための仕組みが、バーバリの虜囚問題に対処するために設立された仕組みと著しく異なるという事実を反映していた。バーバリの虜囚の場合、買い戻し金は教会主導の全国規模の募金活動を通して何度も集められた。そしてこのことは、イングランド、ウェールズ、スコットランド、アイルランドの教会に行く人びとに、文字が読めるかどうかにかかわらず、虜囚の苦境を詳細に伝える効果があった。しかも、このような募金活動は、大西洋の両側で行われた。地中海や大西洋で活動するアメリカ植民地の船乗りや商人は、コルセアの犠牲者の中に必ず含まれていた。コットン・マザー、すなわち、さまざまな虜囚を踏み台にして冷酷に聖職と出版のキャリアを築き上げた人物は、バーバリとイスラムがイングランドとニューイングランドの両方の船乗りに与える脅威について、少なくとも二つの説教をした。[37]言いかえれば、バーバリでの虜囚体験は、大西洋の両側にいるイギリス人に共通してふりかかる厳しい試練として認識され、扱われていた。

北米インディアンによる虜囚捕獲は、まったく異なっていた。明らかに、それは決して大西洋の反対側にいる人びとを直接危険にさらすことはなかった。また、インディアンは、常に虜囚の身代金を要求しようとするわけでもなかった。身代金の要求があれば、必要な現金はたいてい入植者自身によって集められたようだ。たとえば、メアリー・ローランドソンを解放するのに必要な二〇ポンドの身代金は、裕福で敬虔なボストン市民のグループによってもたらされた。植民地に親族がいるイングランドや、ウェールズや、スコットランドや、アイルランドの人びとが個人的に（そしてイギリスの非国教徒の教会も）、特定の虜囚やその家族を助けるために、金や品物を大西洋の向こう側に送ることもあったに違いない。だが、アメリカ先住民に捕らえられた入植者のための、公的支援を受けた全国規模の寄付集めは、イギリスでもアイルランドでもまったく組織されなかった。信仰上の忠誠が、この怠慢の一因だったかもしれない。バーバリ虜囚のための募金活動を一斉に進めることにおいて重要な役割を果たしたのは国教会だったが、北米におけるイギリス人入植者や虜囚は国教徒ではなくプロテスタントの非国教徒だった。初期アメリカの虜囚体験記がイギリス本国であまり取り上げられなかったことに対する一つの説明としては――主流派の国教徒にとって――これらの著作の非常に多くに充満しているピューリタンの宗教性が性に合わず、気に食わないものでさえあったという可能性が大いにある。(38)

十七世紀初めに話を戻すと、国教会の無名の牧師が、イングランドの自分の教区の信徒に、なぜ遠方で拘束され苦しんでいるバーバリの犠牲者のことを思い遣って義捐金を出すことが信徒の務めなのかを説明しようと努めた。牧師は信徒に「あわれな囚人や虜囚について」次のように話した。

彼ら（善き人びと）はわれわれのところに来ることができません……ですから、彼らを訪ねて行くことがわれわれの務めなのです。行くことができるなら直接出向き、送ることができるなら必要なものを送り、あるいは祈りと嘆願によって……彼らの囚われの状態をあなた方のくびきに、彼らの苦しみをあなた方の痛みにするのです。同じ教会の一員なのですから、仲間意識を持たねばなりません。(39)

イギリス領北アメリカの白人入植者と、大西洋を挟んで三〇〇〇マイル離れた小さな島々の住民は、法律と歴史によれば同一帝国のメンバーだったが、十八世紀中頃までは北アメリカの虜囚は、遠く離れた小島の人びとのなかに仲間意識を――予想通りほんのわずかも――はぐくむことがなかった。これは、本国にいる人びとが気にかけなかったからというよりはむしろ、彼らの多くが知ることにならなかったからであり、そのため正しく理解できなかったからだった。

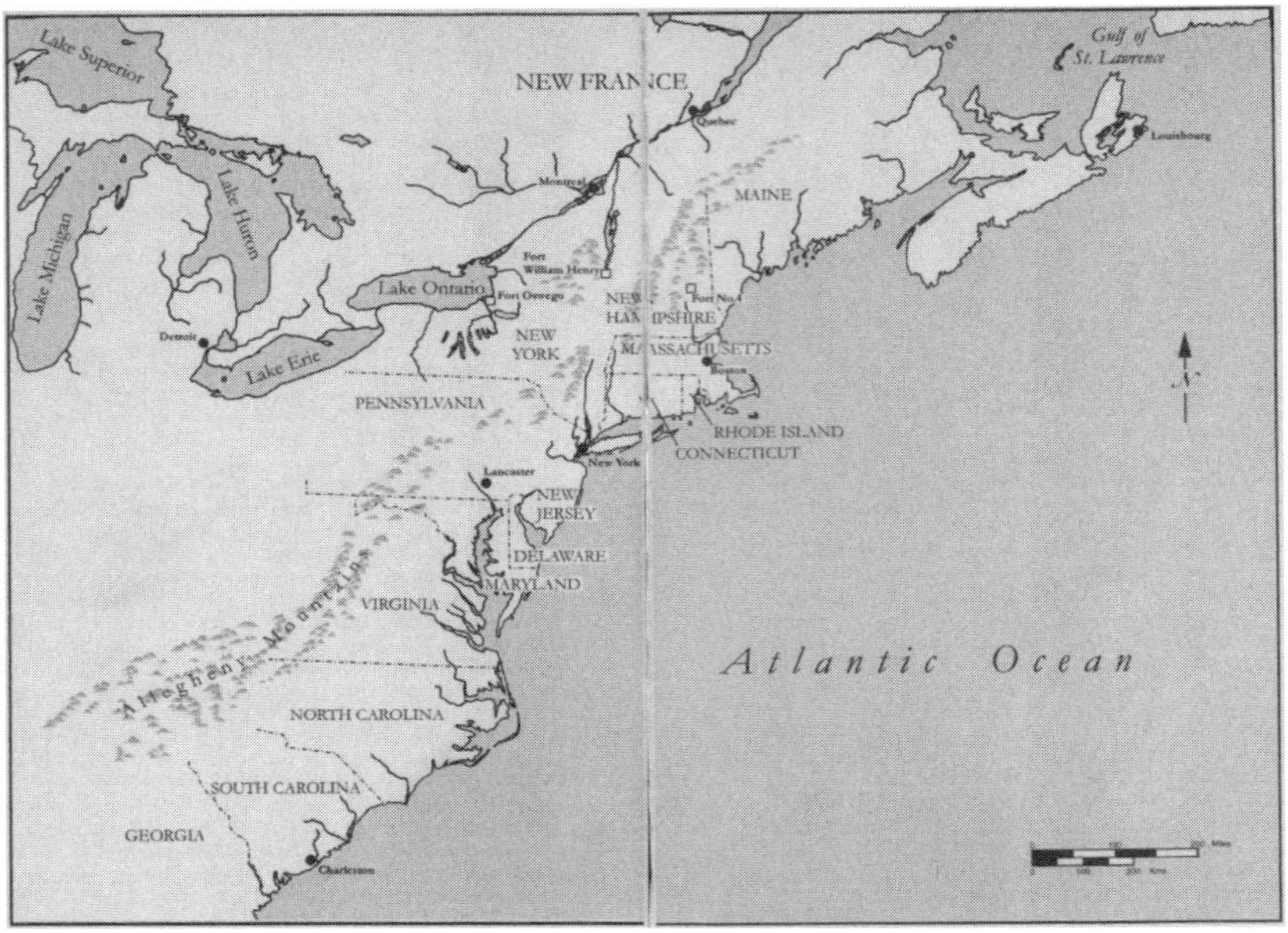

北アメリカのフランス領とイギリス領

だが、これら以上に、インディアンの虜囚に対する大西洋の両側の著しく異なる反応の背後にはもっと多くのことがあった。イギリス帝国の力が限られているという問題もあり、そして——例によって——イギリス人の数が限られているという問題もあった。

当初からイングランドの北米帝国では国家の役割は弱く、介入主義的というよりも授権的だった。エリザベス一世以降の君主たちは、個人投資家に対してはリスクを取ってアメリカで入植地を樹立することを、個々の植民地領主に対しては（法的根拠があいまいなまま）広大な土地の所有権を認めた。そして彼らが行ったことは長いあいだそれだけだった。南米におけるスペイン王室の干渉的な植民地政策と対照的に、イングランドの支配者は、デイヴィッド・アーミテイジの言葉によれば、「背後から仕向ける形で、征服と入植の重荷を個人の進取の気性に負わせておいた」[40]。この安上がりで間接的な帝国統治の一側面として、本国政府は大西洋の対岸の植民地への十分な軍事投資に対して、ほんの気まぐれにしか熱意を示さなかった。この直接の結果は、初期アメリカの虜囚体験記にはっきり示されている。そこにあるのは、インディアン等の攻撃に対して入植者をしっかり守れなかった帝国当局に対する、暗黙の（そしてときに明白な）非難だった。たとえば、メアリー・ローランドソンは物語の序文で、インディアンが「武装してランカスターに猛攻撃をしかけてきた」のは「しかるべき守備隊が置かれていなかった」からだとしている。一方、ジョン・ガイルズは、一六八九年に現代のメイン州のペマクイド入植地から連れ去られたのだが、そこは、使用可能なわずか三門の大砲とせいぜい九フィートの高さの外塁しかない時代遅れの要塞によって守られているだけだったと報告した。[41] もっと冷静な観察者であっても、同じように批判的だった。国王軍の工兵長ウィリアム・ローマー大佐は、十八世紀初頭にニュージャージーを巡回したときに、「要塞も防衛施設もない」のを発見した。ペンシルヴェニアや南北カロライナに存在するような防衛施設も、専門家である彼の目には、特に印象的に映らなかった。[42]

だが、ローマーによるアメリカの防衛の調査は、帝国の政策における部分的だが重要な変化を示していた。一六八八年のイギリス「名誉」革命は、カトリックの王ジェイムズ二世を、プロテスタントのウィリアム三世と妻メアリーに据えかえた。名誉革命はまた、一連の英仏間の戦争のきっかけとなり、戦場はヨーロッパにとどまらず、ヨーロッパ列強の海外の植民地に次第に拡大した。北米のイギリス人入植者に関して見れば、いわゆるウィリアム王戦争（一六八九—九七年）の後に、アン女王戦争（一七〇二—一三年）、ジョージ一世戦争（一七二二—四年）、ジョージ二世戦争（一七四〇—四八年）が続いた。そして、さらに一七五六年から一七六三年にかけてと、一七七五年から一七八三年にかけて、二つのまったく異なる大規模な戦いがあった。このように次々と続く英仏間のそれぞれの同盟国も加わっての争いは、北アメリカにおける戦争の質と深刻さを次第に変え——そしてまた、虜囚となる脅威を増大させた。これらのことはまた、アメリカの植民地に対する本国当局の注目度を変化させたが、その変化は一つの顕著な点でゆっくりとしたものだった。

商務植民地委員が一七〇一年にウィリアム三世に報告したように、「国王陛下は［アメリカに］非常に広大な領地を持ち、それは今や、もっと特別な管理を必要とする」ということが、ますます受け入れられつつあったのは確かだ。(43) このことは、実際問題としては、ローマー大佐によって実施されたような現地調査団を増やすこと、フランス人や彼らと同盟を組んでいるインディアンから自国民を守るための補助金と武器の供給を増やすこと、そしてごくまれではあるがイギリス国家の軍隊による直接介入を意味した。こうして一七一一年に、五〇隻以上の王立海軍の船と八〇〇〇人の兵がさまざまなアメリカ植民地部隊に加わり、フランス領カナダへの侵攻を試みたが、高額な戦費を要したその企ては悲惨な失敗に終わった。だが、この珍しく率先した行動でさえ、イギリスの地上部隊ではなく海軍力に基盤を置いていたというのは示唆的である。一七五〇年までは、攻撃のために——あるいは攻撃からの防御のために——アメリカの植民地に多数の部隊を駐屯させようとする試みはなかった。長年にわたるイギリス陸軍の部隊の配置を見ても、この点は明確である。大西洋のどちら側でも戦争がなかった一七二六年のイギリス軍歩兵大隊の配置は、ミノルカとジブラルタルの七個大隊に対して、北アメリカはわずか一個大隊だった。一七四二年までには、対仏戦争はイギリスと入植者の両方を脅かすようになっており、北アメリカに駐留する国王軍は二個大隊に増えた。とはいえ、これも、イギリスの地中海植民地を守る一〇個大隊と比べれば著しい対照をなしていた。(44)

このような北米での軍事投資の持続的な抑制の背後には、イギリスの伝統的な弱点、すなわち、兵力不足という厄介な問題があった。イギリス陸軍は、この段階ではあまりにも小さすぎて、とてもではないがグローバルな実効的役割を果たすことができなかった。このような状況で一七一五年、当時ヤマシー戦争に苦しんでいたカロライナは、議会に支援を嘆願した。この植民地は、わずか「二〇〇〇人しか有能な兵士がおらず、武器も非常に不足しており」、しかもフランス人とスペイン人の両方からから支援を受けた一万二〇〇〇人のインディアン連合と対峙していると考えられていたからだ。ロンドンは直ちに植民地に武器と弾薬を送ったが、軍隊は送らなかった。一七一三年のユトレヒト条約の後にイギリス陸軍は実質的に解隊されており、そして残ったものも今や、本国で蜂起するジャコバイトに立ち向かっていた。海外ヴェンチャーのために送り込むイギリス部隊などまったくなかった。[45] そして、繰り返し浮上する雑兵不足の問題に、もう一つ別の事態の進展もあった。一六八九年以後に高まった英仏間の対立は利害の衝突を引き起こしたが、これをイギリスは長いあいだ解決できなかった。一方では、アメリカなどにおいて、イギリス人入植者たちが今やフランス勢力の脅威にさらされ、さらなる援助を求めていた。他方では、イギリス本国が、今やヨーロッパ内で優勢なフランス軍の挑発を繰り返し受け、しばしば差し迫った侵略の危機に陥っていた。このため、すでに手一杯だった陸軍には、他の大陸での軍事的冒険のために割くゆとりなどほとんど残っていなかった。

一七五〇年までは、イギリス政府は、本国の急務と帝国の急務が対立するときには、本国を優先させることを認めるより他はなかった。フランスやその同盟国スペインに侵略されないようにするには、帝国への関与のために大人数を取られるわけにはいかなかった。地域固有の商業的・戦略的重要性の他にそのような理由もあって、この時期には非常に多くのイギリス陸軍大隊が地中海に駐留した一方で、アメリカへ送られたものはほとんどなかった。イギリス陸軍の部隊は、大西洋の向こう側に住む同胞をインディアンやフランス人の攻撃から守るために分散するのではなく、いつでも本国を守れるようにヨーロッパ内にとどまる必要があった。陸軍卿のヘンリー・フォックスは、この政策を一七四八年、それがついに変化し始めたときになって詳しく説明した。

ウィリアム王の治世でもアン女王の治世でも……戦時中には、われわれはひたすら自らの安全のために……しなければならないことだけに専心した。大臣たちは、ヨーロッパ大陸の戦争を軽視するか、それともヨーロッパ大陸を優先するために海洋やアメリカでの戦争を軽視せねばならない羽目に陥った。そしてその理由は明白だ。海洋やアメリカでのわれわれの勝利は、われわれがそれらに関わっているあいだに万が一フラン

ス人がヨーロッパ大陸の主になるようなことになれば、結局は何の意味も持たないだろうから。(46)

北米でも他の場所と同様に、イギリス固有の小ささによって帝国の性質と進む方向が決定され、そしてときに歪められた。小ささ――この場合は植民地への軍隊派遣と公的投資の不足――は、大西洋の両側での事件と世論の形成において、非常に重要になっていく。

このことは何にも増して重要だった。というのも、それによって分断が促進されたからだ。一六八九年以後、北米のイギリス人入植者は、いつしかニューフランスでの一連の大規模な対仏戦争に巻き込まれていた。以前から、入植者の多くにはインディアンの襲撃を恐れる十分な理由があった。だが今や特定のインディアンの集団は、フランス軍の（そしてときにはスペイン軍の）補助部隊の機能を果たし、武器を与えられ、物資の補給を受け、煽動されていた。虜囚となる危険性は激増した。ニューイングランドでは、最初の三つの英仏間の戦争のそれぞれにおいて少なくとも三〇〇人の虜囚を取られた――そしてもちろん多くが亡くなった。(47)入植者の目から見れば、これらは、入植者とイギリスとのつながりゆえに、入植者を巻き込む戦争だった。それゆえに、彼らが戦争に与えた名前は、ウィリアム王戦争、アン女王戦争、等だった。これらの戦争に巻き込まれて命を落としたり虜囚になったりする危険性が高まったのは、彼らが理解していた通り、海の向こうの国王の臣下という立場に由来していた。だが一七五〇年までは、困ったときにも、王の馬や兵士はほとんど助けに来てくれなかった。そのため、入植者は自ら困難を切り抜けなければならなかった。一六七六年にフィリップ王戦争が終わると、入植者たちは「イングランドからの助けなしに勝利を収めたことに大喜びし、そのことを、帝国内での長年にわたる自治の確約と受け止めた」と、一人の歴史家が書いている。このような反応は、一六八九年以後に一段と顕著になった。イギリスの小ささ――一七五〇年までは平時の陸軍の規模が十分でなかったために、大西洋の向こう側で持続的な役割を果たすことができなかったこと――に対する代償の一つは、北アメリカに独立独行の高慢な入植

者が増えたことだった。(48)

本国の軍隊が長いあいだ大西洋の向こう側に関わらなかったという事実はまた、イギリス本国の人びとの態度をも方向づけた。そしてこのことは、本国の人びとが当初インディアンの虜囚となった人びとの物語に対して示した関心が限定的だったことを説明するのに役立つ。本国のイギリス人から見ると、アメリカ先住民の攻撃の影響を受けるのは、一七五〇年まではもっぱら入植者たちや、増えつつあるアメリカ生まれの人びとや、イギリス本国で過ごすことがなさそうな人びとだった。対照的に、この段階では、本国の兵士はごく少数しかアメリカに送られなかったので、彼らがインディアンに接触したり殺されたり捕らえられたりするリスクは当然のことながら最低限度にとどまった。十八世紀中頃までは、本国の船乗りと同様、本国の兵士やその友人や家族にとって最も危険区域は――北アメリカではなく――ヨーロッパ、そしてその近くに位置するイスラム圏だった。このような状況において、本国の人びととアメリカの入植者たちが、両者を巻き込んだ一六八九年以後の一連の戦争を、異なる名前で呼んだことは示唆に富む。すでに見たようにアメリカ入植者はイギリス君主にちなんで戦争を名づけ、そうすることで大西洋をはさむ両者のつながりを主張した。対照的に、本国のイギリス人は、相変わらず彼らの最大の関心対象であるヨーロッパ世界に照らし合わせて戦争にレッテルを貼るようになった。イギリス本国の人びとにとって、一七一〇年から一七一三年にかけて起こったのはアン女王戦争ではなくスペイン継承戦争であり、また、アメリカの入植者がジョージ二世戦争と呼んだ戦争はオーストリア継承戦争ということになる。この段階でも、本国のイギリス人にとって、ヨーロッパとその周辺は依然としてきわめて重要な戦いの場であり、武器を試す場だった。最優先しなければならないのはヨーロッパだった。

十八世紀半ばには、この状況はすでに変化し始めていた。そして、一七五六年に勃発した七年戦争の後、いったん本国から相当な数の軍人やその家族が大西洋を渡り始めると、インディアンに捕らえられた人びとの体験記は、北米に関する他の情報と同様、ロンドンでの需要を急速に伸ばしていく。多くの同国人が今や――定住するためではなく、戦って、生き延びて、征服して、また戻ってくるために——アメリカに向かったため、本国のイギリス人には、この広大な領土と複雑な危険のすべてが非常にリアルで興味深いものに思えてきた。

だが、本国のイギリス人の戦争体験と北米入植者の戦争体験とのあいだに長年にわたって存在した違いは、今やなくなろうとしているものの、同じ帝国の国民でありながら分断された人びとの、特にインディアンに対する認識に、消すことのできない痕跡を残した。入植者に関する限り、一部の者はインディアンから直接危害を加えられたことで、そして多くの者は本能的な恐怖と嫌悪感に加えきわめて感情的な虜囚体験記や説教に触れたことで、「よいインディアンなどいない」という決して全員に共通してはいないが蔓延している考えが助長された。大西洋のイギリス本国側では、状況は異なっていた。非常に長いあいだ圧倒的にヨーロッパの敵に気を取られ、インディアンのことは——大西洋の向こうの土地に関する他のことと同様——実質的に何も知らなかったので、本国の多くのイギリス人は当然のことながら、インディアンに対してさまざまな見方をした。

工芸品や絵は、その違いを説明するのに役立つ。フィリップ「王」、すなわちメタカムが一六七六年八月にマウント・ホープの自宅近くで射殺された後、彼の財宝や装飾品はロンドンのイングランド王のもとへ送られた。ニューイングランドの人びとが自分たちのために取っておいたものは、フィリップの遺体だった。彼らはそれをばらばらにして、関節を木に掛け、頭をプリマス植民地に永久に飾っておいた。何年もたって、コットン・マザー——このときだけは虜囚に関する説教を書くのに忙しくしていなかった——は、「かのレビヤタンの冒瀆的なむき出しの頭蓋骨から」ワンパノアグ族のリーダーの顎の骨をひっつかみ、戦利品として持ち去った(49)。おぞましい記念品を満足げにつかんだマザーの行為は、恐怖から生まれた憎悪、すなわち、敵の敗北や死によってさえも満たされない憎悪から出たものだった。ここでも、大西洋の両側での見方の相違が、はっきり示されていた。ロンドンに送られたのは、フィリップの帯と首飾りと階級をあらわす印、すなわち、インディアンの職人技と戦士自身の地位の清潔で優雅な証だった。対照的に、ニューイングランド植民地の住民は、その男の死体の腐敗を楽しみ、身の毛のよだつ頭蓋骨に見とれた。はっきりさせておきたいのだが、イギリスの政府や政治家や商人と、アメリカのイギリス人入植者の双方が、それぞれのやり方で、フィリップ王戦争に、つまりフィリップ王を打倒することやフィリップ王が象徴する生活の仕方を徐々に破壊することに貢献した。重要な点は、大西洋の両側のイギリス人のあいだに、これらの事柄のとらえ方の傾向に必然的に違いがあったということだ。

視覚資料はその点を補強してくれる。たとえば、メアリー・ローランドソンの虜囚体験記の数多い十八世紀アメリカ版の一つを飾る木版画を見てほしい。この木版画の粗く白っぽい画質はかえって強烈に恐怖のイメージを印象づける。ランカスターの家の屋根を貫通して炎が噴出する。われらがヒロイン、メアリー・ローランドソンは、顔をこわばらせて歪め、エドヴァルド・ムンクの『叫び』さながらの恐怖のうめき声を上げながら、燃えさかる建物から両手を挙げて飛び出す。彼女の周りに群がるのは、様式化して描かれた下草によって半分隠れてはいるが、ギザギザの髪の奇妙な骸骨のような顔で、これらが修羅場の恐ろしい担い手だった。これらは——多くの入植者にとっては——インディアンの顔だった。本国で安心して快適に暮らすイギリス人は、こんなふうに物事を見る立場になく、多くの場合、想像する立場にさえなかった。もちろん、同国人の入植者によってインディアンにどんなことが行われていたかを知る立場にもなかった。本国の人びとが接していたインディアンの描かれ方は、たいていまったく異なる種類のものだった。

十八世紀前半のイギリスで最もよく出回っていたインディアンの絵、すなわち、かの有名な一七一〇年の四人のインディアン「王」によるアン女王の宮廷訪問を題材にした肖像画について検討してみたい。彼らはもちろん王ではなかったが、現在のニューヨーク州北部、オンタリオ湖地域、セントローレンス川地域の大半を支配する強力なイロコイ連合——モホーク、セネカ、オノンダガ、カユガ、オナイダからなるゆるやかなインディアンの同盟——と関係がある若い男たちだった。彼らがロンドンに連れて来られたのは、イギリス人が計画中の（そして、結局は水泡に帰した）フランス領カナダへの侵攻にあたって、イロコイ連合の支援を取りつけておきたかっ

26　家を焼け出され、インディアンに追われるメアリー・ローランドソン。アメリカの木版。

たからだ。ロンドンにいるあいだ、インディアンたちは歓迎され、もてはやされ、多くの絵や版画になった。驚くべきことに、客をもてなす側のロンドンの人びとの大半は、フランシス・バードが想像上のインディアン女性にどんな衣装を着せて彫刻すべきかわからなかったのと同様、これらの男たちの「真の」の外見が実際にはどうだったのかをまったく知らなかった。女王への謁見に備えて四人の「王」に衣装を身につけさせるよう命じられた衣装係が、各自にターバンとスリッパを与えたことも驚きだ。われわれがこれまで見てきたイギリスの地中海における危険や集中的関与を考慮に入れると当然のことだが、ロンドンの人びとにとって典型的な非ヨーロッパ人はインディアンなどではなく、ムスリム、すなわちトルコ人だった。もっとも、一番の驚きは、イギリスが公式に四人のアメリカ先住民の訪問を受け、記念の式典を催すことを決定したことだった。(50)

現存する彼らの肖像画の中で最も注目すべきは、アン女王自身から依頼されたジョン・ヴェレルストによるものである。注目すべき理由は、まず、いくつかの点で非常に個性的に描かれているからだ。ヴェレルストは、インディアンを典型的な野蛮人として描くことをせず、高貴な野蛮人として描くことすらしなかった。彼はイロコイ・インディアンを立派で体格のよい高位の人として描き、一人一人に異なる顔つきとタトゥー模様を付与した。ただ、たった一つの点で四人は画一化されており、この男たちは、近世ヨーロッパのアーティストたちがヨーロッパ大陸の男性貴族のために取らせるポーズに倣い、片腕を尊大に腰に当て肘を張り、片足を前に伸ばし、武力と地位を示す印を手に持っている。たとえば、「六か国の皇帝」(イギリス人がつけた呼び名)は、紋章獣に相当する役割のオオカミを従え、貝殻ビーズのベルト、すなわち、情報交換と政治手腕の印を持っている。「マクアスの王」は、ジョン・ヴェレルストによって強い狩人として描かれ、一方、「リヴァー・ネイションの王」はヨーロッパ風の剣の入った鞘を腰に下げ、森の地面にひだ状になって垂れた錦織の外套をまとった戦士として描かれている。二〇年後の一七三〇年に政治的な任務を帯びてロンドンに連れて来られた七人のチェロキー族の「首長」も、別の画家によって酷似した様式で、つまり、あたかもイギリス貴族か少なくとも地主階級に属する人び

27 「6か国の皇帝」ティー・イー・ニーン・ホ・ガ・ロウ。ジョン・ヴェレルスト作。

28 「マクアスの王」サ・ガ・イース・クォア・ピース・トウ。ジョン・ヴェレルスト作。

とであるかのように、風景庭園を背景として威厳あるポーズをとった姿で描かれることになる[51]。

イギリスに広く出回ったこのような絵柄を、メアリー・ローランドソンの恐怖を示す木版画のようなアメリカの絵柄と比較することは、不公平な面もある。植民地時代のアメリカのインディアンに対する白人の態度や関係は、決して画一的でも常に敵対的というわけでもなかった。同様に、イギリスにおけるインディアンに対する認識も、特に入植者との関係が深い人びとのあいだでは残忍で強硬でありえた。たとえば、非国教徒のプロテスタントであるダニエル・デフォーは、大西洋の向こう側の同宗信徒に深く同情し、一七一〇年にロンドンを訪れたイロコイ族に軽蔑の言葉を浴びせた。彼は激怒する。「やつらは虜囚を取ると必ず頭皮を剝ぐ。あわれなイングランド人の多くがそう感じている[52]」。それにもかかわらず、描写する際の強調点の違いは、実体験の違いを反映しており、さらには差し迫った必要性の違いをも反映していた。それはただ単に、イギリス本国の人びとはアメリカの入植者とは違って、インディアンから危害を加えられる心配がなく、土地を渇望する気持ちもなかったということではなかった。同じ時期にイギリス政府は徐々に、特定のインディアンのグループを積極的に有用視するようになっていた。ヴェレルストによる四人のイロコイ族の「王」の肖像画が、ケンジントン宮殿内の王立海軍提督の肖像画でいっぱいの部屋のすぐ隣に展示されたのは偶然ではない。追加の兵力を常々切望するイギリス国家の支配者にとって、インディアンの戦士たちは、帝国ビジネスにおいては、純然たる脅威というよりはむしろ将来において傭兵部隊となる可能性のある人びとのように思われた。一人の帝国当局者が陽気に述べたように――この場合は、チェロキー族、クリーク族、チョクトー族について書いた言葉だが[53]――「彼らは、われわれの友人である限り、われわれの開拓地の最も安上がりで強力な防護壁だ」と思われた。自らの小ささに苛まれ制約されたイギリス人は、帝国の段階に入ると、あらゆる種類の協力者を至る所で探し求めた。彼らには、他の方法をとる余裕はなかったのである。

そしてここで、大西洋の両側に住むさまざまなイギリス人のあいだに緊張が生じ、さらにはさまざまなアメリカ人同士のあいだにも緊張が生じた。こういったことが原因となって他の点においても大西洋の両側のイギリス人のあいだに存在する密なつながりが損なわれるということは、当初はなかった。たしかに、繰り返し言うに値することだが、虜囚体験記というものがイギリス領の北米大陸で現れたこと自体が、北米の住民が原点である本国からどれほどインスピレーションを受け続け、文化の形態を共有していたかをまさに示している。だが、北米の虜囚パニック、そしてそこから生まれた体験記は、大西洋の両側のこのようなつながりの内側に横たわって摩擦を生じさせる違い——宗教の違い、知識と経験の違い、そしてもちろんこの段階では、帆船ではどうにもならない非常に大きな地理的な違い——を証明するものでもある。ヨーロッパ外の世界への情熱的な進出にもかかわらず、近世イギリスは何よりもまずヨーロッパの大国のままであった。ライバルのヨーロッパ列強は、必然的にイギリスが自らを測るための物差しだった。そして、一七五〇年まではこのことは、不十分な軍隊と資源、当局の意向、住民の注目がヨーロッパ内の出来事や紛争に、そして近隣の状況に——もっぱらそれだけに限られていたわけではなかったものの——集中することを意味した。

イギリス人のアメリカ入植者は数が限られ、心理面などさまざまな面で「母国」に依存し、カナダではフランスの力に脅かされ、それほどではないにせよ南部ではスペインに脅かされていたので、自分たちもこれらヨーロッパの対立の巻き添えになりそうだと考えがちだった。だが、地理的な違いは着実に、入植者の展望をも違ったものに変えていくことになった。ときとして、アメリカ先住民の行動や存在にひどく脅かされ、想像の中でなおいっそう大々的に脅かされた入植者は、次第にこれらの部族の土地を欲しがるようになり、彼らがいなくなることを望んだ。ロンドンで安全にしっかり腰を据えていた政治家たちは、アメリカ先住民を潜在的で従属的な兵力、すなわち、絶えず付きまとう自国の軍人数の不足を補う一時しのぎの手段として見がちであったのかもしれないが、アメリカにいるイギリス人の白人入植者は、インディアンを邪魔者、恐るべき者、嫌悪すべき者として見る傾向が強く——次第に——いらだちを募らせて排除するようになった。

一七五〇年以後、帝国の戦争規模は広がり、本国のイギリス人とアメリカのイギリス人入植者とのあいだのこうした亀裂や相違も広がることになる。そして、このような緊張の中心に、虐待されたインディアンと虜囚の姿がくることになるのである。

第六章　戦争と新世界

衝　突

一七五四年八月二十九日、ニューハンプシャー四番地。地名だけではなく、番地があるというのは、この地では大そう新しいことだった。数少ない白人居住者は、コネチカット川を経由して馬や荷馬車でポツリポツリとやってきて点在する農場に散らばって暮らしており、商売の面では地元のインディアンたちにすっかり頼っていた。とはいえ、彼らはほとんど常に誰にも会わなかった。白人にもそれ以外の者にも会わなかった。しかし、夏の盛りのこの夜は少なくとも、スザンナ・ジョンソンは厳しい生活に一息ついていた。夫のジェイムズが遠方の隣人を連れ、スイカや、本国のイギリスでは今はエッグ・ノッグと呼ばれることの多いフリップという酒を持って、長旅から帰ってきたばかりなのだ。スザンナは自分でスイカを一切れ切り取り、よく張った腹でその冷たさを味わったが、ねっとりした黄色の酒にはほとんど触れなかった。家族の女たちは皆そうだったし、知り合いの女たちもほとんどがそうだったように、彼女も妊娠しやすかった。今は六回目の妊娠の産み月に入っていたが、彼女はこの先あと八回妊娠することになる。酒を控えざるをえず、暑さでボーっとしてはいたが、いつにない来客を喜びつつ、そのあいだもずっと皆からは一人離れていた。夫や、何とか育ってくれた三人の子どもと床につき、客たちが椅子や床に敷いた毛布の上で横になったりする頃には、大人の中で素面なのはおそらく彼女だけになっていた。彼女は腹が大きいせいもあってぐっすりと寝入ることができなかった。そのため物音に気づいたのは彼女が最初だった。

夜明け前のこと、外でのかすかな音がドンドンと打ちつけるような激しい音に変わり、ジェイムズ・ジョンソンもはっと目覚めた。悪態をつきながらナイトシャツを身につけ、よろめきながらも不安がることなく戸口へと向かった。別の住人がお祭り騒ぎに加わろうとして到着が遅れたのだろう、と彼は思った。もしくは、客の一人が用を足しに外に出たものの酔っ払っていたせいで戻れなくなったのかもしれない。が、どちらでもなかった。扉が押しあけられた。アブナキ族の戦士たちであることを、ジェイムズはただちに見てとった。彼らはフランスと協力して戦うインディアンであった。彼らはたったの一二人だったが、武装しており油断のない様子だった。一方、ジョンソンや他の男性入植者たちは武装もしていなければ、警戒もしていなかった。格闘する音や理解できない話し声を聞いて、他の家族たちも慌ててベッドから起き出した。スザンナは、最初、ショックのあまり侵入者がやってきたということも、それが何を意味するのかも理解できなかった。そのかわり、彼女は怯える三人の子どもたちが裸を曝しているのを見て、子どもたちに向かって、プロテスタントの慎みを欠いているではないかと金切り声で叫んだ。そのときようやく彼女は視線を落とし、「自分自身を見て、自分も裸だということに気がついた」。

家を慌ただしく漁っていたアブナキ族の一人が彼女にスカートを投げてよこした。何か月も前に入らなくなって仕舞いこんだスカートだった。震えながらそれを体に巻きつけると、彼女は、ジェイムズ、子どもたち、妹、そして二人の男性入植者とともに、だれもが靴も履かず、衣服もほとんど身につけないまま戸外へと追い出され、

「おそらく、イスラエルの子たちと同じくらい長いあいだ荒野をさまよわなければならなく」なった。一マイルも行かないうちに、彼女は息切れして地面に倒れこんだ。捕獲者の一人がナイフを振り上げた――が、それは単に、きつすぎる彼女のウエストバンドに切り込みを入れるためだった。子どもを産むことのできる女性であることが明らかで、まもなく虜囚をもう一人産む予定の彼女は、頻繁にはなはだしい遅れの原因とならない限り、殺すには惜しい存在だった。数日後に娘が生まれ、自分の一番のお気に入りとなるその子を彼女はその場ですぐに「キャプティヴ（虜囚）」と名づけた。出産後の回復を待つ時間はなかった。九日後、彼女のためにアブナキ族が作った粗末なベッドに乗せられ、ときには馬（食料として殺されるまでだが）の背に乗って、スザンナとキャプティヴ・ジョンソンと名づけられた赤ん坊や仲間たちは、インディアンの案内でニューフランスのシャンプラン湖東湾に到着した。彼らは一〇〇マイルをこえる旅をしてこれまでとは別の帝国に到着し、まったく異なる生活を始めることになったのである。(1)

ジョンソン家のそれ以前の生活を知る手掛かりは断たれており、断たれた糸を元通りにすることはできないが、彼らに起こったできごとはいくつかの点で長きにわたって繰り返されてきたパターンや先例に倣うものである。

一六八九年以来、フランス人とイギリス人のあいだでは熱戦や冷戦が続き、ニューフランスでの植民統治者であったフランス人は、インディアンがイギリス系のアメリカ入植者、とくにニューイングランド人を急襲して略奪や虜囚獲得や破壊行為を行うのを後援していた。スザンナ・ジョンソンの体験記は、一七五〇年代までにこの種の虜囚獲得行為がその暴力性にもかかわらずほとんど慣例化していたことを明らかにしている。一七五四年の終わりにサンフランソワのアブナキ族の村に入ったとき、スザンナと子どもたちは、二列に並んだインディアンたちのあいだを鞭打ちの刑を受けながら通らされることも、その他の苛酷な加入儀礼を科されることもなかった。村の住人たちは一列に並んで、出迎えのほんのしるしとして体を軽く叩いてくれただけだった。サンフランソワでスザンナの主人となった年配の首長は、その人自身がスザンナたちの先駆者であり同国人のようなものだということもわかった。彼の両親はニューイングランド人で、二人は一世代前の白人虜囚だった。植民地でプロテスタントのイングランド人として生まれ、大人になってからはローマカトリック教徒でありアブナキ族の高位の戦士として過ごしたこの男の足跡が示すように、虜囚生活によって最大の変化をこうむることになるのはジョンソン家においてはスザンナやジェイムズではなく子どもたちだということは大いに予測できた。被害者が若ければ若いほど、柔軟性や適応性は——常に——高い。赤ん坊のキャプティヴ・ジョンソンは第一言語としてフランス語を学ぶことになり、そのあと長いあいだ、英語を学ぼうとしなかった。一方、十一歳の息子はアブナキの村でほとんど四年にわたって一人暮らしをすることになり、英語をすっかり忘れ、父親の姿も忘れてしまった。当然のことながら、ジョンソン夫妻は子どもを失ったように感じて悲しんだが、歴史的に見れば、こういったことは新しいことでもなければ注目すべきことでもなかった。

しかし、スザンナ自身の虜囚生活にはまた別のきわめて注目すべき側面があった。一七五六年五月にイギリスがフランスに宣戦布告し、公式には七年戦争と呼ばれている戦いがはじまると、ジョンソン家の者たちに対する扱いが急に変化した。ジョンソン夫妻、娘たち、そしてスザンナの妹は、不安はあったが心地よく感じることもあったアブナキ族たちのもとからケベックの監獄へと移された。一七五七年七月二十日、ジョンソン家の女性たちは大西洋を横断してイングランドのプリマスへと向かう虜囚交換船にこのケベックから乗った。そして、北アメリカでの虜囚が本国へと向かうこの船旅こそ、これまでにはない新しいものだった。十七世紀から十八世紀のはじめにかけて、イギリスの男女は北アメリカの植民地での虜囚については間接的かつ断片的にしか知らず、限られた興味しか持っていなかった。彼らはバーバリのコルセアによる捕獲やイスラムや地中海の危険については聞き知って曲がりなりにも理解し、心の中で恐れていたが、このまったく別種の虜囚捕獲についても同程度に理解していたかというと、そうではなかった。一七五〇年代になって、今や、この点に関するイギリスの無関心や広範にわたる無知は随分と変化した。ジョンソン家の女性たちは、——七年戦争に翻弄され——まずイギリスに連れて行かれ、その後、それぞれのアメリカの家へと戻って行くことになった数多くの植民地虜囚の一部にすぎなかった。この頃にはこういった人びとが本国に滞在して、自分たちの体験を本国の住民に面と向かって伝えることができた。「私は大いに注目され、好奇心にあふれる多くの友人たちを自らの苦難の話で満足させなければならなかった」と、スザンナは六か月間のイギリス滞在を満足げに思い出している。

スザンナは人生におけるこのイギリスでの経験について次のようなことも記録している。スザンナがポーツマスでアメリカに連れ帰ってくれる大西洋横断の王立海軍の船に妹や娘とともに乗りこんだとき、船長は最初、彼女たちの奇妙でみすぼらしい身なりを誤解し、「私たちが売春婦で、軍隊にくっついて［アメリカへ］行きたがっているにちがいないと言った」(2)。これが示すように、イギリスで虜囚体験について話すことができるのは、今ではアメリカの入植者にとどまらなかった。同時に、これまでにないほど多くのイギリス生まれの兵士がアメリカで戦うために派遣されていたのである。一七五七年から一七六一年にかけて、議会は——少なくとも書類上は——北アメリカに三万人のイギリス軍を送りこみ、ときには武装した入植者約二万人がそれに加わった。これらのイギリス人正規兵と同伴した家族の一部は、アメリカ先住民やフランス人に捕らえられて虜囚生活を経験することになった。すべてが合わさって、アメリカやその住民についてのイギリス人の知識が飛躍的に増大した。新たなタイプの大西洋横断や衝突が帝国同士の激しい戦争の開始によってもたらされたのである。

イギリス人に関する限り、これまで経験したことがないほどの成功をおさめたという意味において、その戦争は明らかに画期的なものとなった。イギリス人はスペイン人からフロリダを、フランス人からはカナダをもぎ取った。セントローレンス湾支配の戦略上の要であるケープブレトン島に加えて、グレナダやトバゴやセントヴィンセント、そしてセネガルといったカリブ海や西アフリカの新領地も、また、イギリス最初の大きな行政的飛び領土であるインドの豊かなベンガル州ももぎ取った。戦争が公式に終結する一七六三年までに、イギリス帝国——イギリス人は今や自分たちのものだと主張するすべての土地をこれまでとは異なる聞きなれない呼び方で呼び始めた——は、一世紀前と比べて五倍の大きさになっていた。[3] もっと大雑把に言えば、この戦争によってイギリスや西洋全体の態度に変化が生じた。一七五〇年以前は、ヨーロッパの主要国やその海外在住者たちは、自分の同類、つまり、キリスト教徒であり西洋人であり白人である人びとが帝国を独自に築くことができるなどとはまず思っていなかった。巨大なイスラム諸帝国や計り知れないほど広大な中華帝国が存在しつづけていることが、そのような考えを妨げていた。しかしながら、一七六〇年以降、オスマン帝国とムガール帝国はどちらもこれまでになく弱体化しつつあると、西洋では認識されるようになってきた。一方で、中国についての言論においても以前ほどの畏敬や尊敬が示されなくなった。あたかも、七年戦争のきわめてグローバルな広がりとそれによって引き起こされた激しい変容が、西洋諸国に、自国の艦隊や、兵力や、急速に熟しつつある国民の結束によって達成可能な事柄を——たとえそれが西洋諸国の望みにすぎなかったとしても——新たな形で明らかにしてみせたかのようであった。アダム・スミスは紋切り型の帝国主義者では決してなかったが、にもかかわらず、西洋のこの高揚した全能感や傲慢さを幾分か持ち合わせていた。「古代において、富裕な文明化された人びとは、貧しく野蛮な民族に対して自らを守るのは難しいと考えていた」が、「現代では、野蛮で貧しい者のほうが富裕な文明化された者に対して自らを守るのが難しいと考えている」とスミスは書いている。全世界、つまり、エドマンド・バークの言う「人類の大地図」がかつてないほどヨーロッパ人の欲求に曝されていた——もしくは、今やそのように見えるときもあった——のである。[4]

これらの領土や態度の変化を見ると、虜囚や抑留の問題はイギリス人の意識から急速に遠ざかっていったと思うかもしれないが、実際はそうではなかった。イギリスの軍隊がこれまでにないほど北アメリカに関与するようになると、非常に厄介なことに、新たに大量の虜囚が生まれ、帝国のことを知る必要が新たに生じた。この七年戦争の時代になってようやく、イギリス人は入植者たちとともに不用意に増やしてきた土地の、その物理的広さや複雑さをじかに知るようになった。北アメリカの民族がどれほど多様であるかということや、イギリス出身の白人入植者は本国のイギリス人をそのまま映す鏡ではないということに今になってようやく気づかされた。アメリカ先住民は、人数こそ減りつつあるものの、潜在的に有用であるだけでなくきわめて危険でもあり、決して甘く見てはならない相手であることを、彼らは今、以前よりも鮮明に理解するようになった。

この紛争の中でイギリス人が経験した個々の虜囚体験は、あらゆる点でアメリカについての知識を急速に増加させることになった。しかし、それよりも重要なのは、イギリス人がアメリカにおける集団としての制約や困難を強く意識するようになったことである。グローバルな戦争が驚くほど成功した後、イギリス人は帝国の任務への関わりが急増した。イギリス人は、太平洋をまたいで存在する自分たちの豊かで人口の多い帝国について、大きさや機能をこれまでよりもはるかに詳しく知るようになっただけでなく、イギリス自体が持つ避けがたい限界を踏まえて、帝国が生み出す諸問題を強く意識するようにもなったのである。

荒野の中へ

本国に住む多くのイギリス人は、無知なことに、アメリカ先住民の件はこれまでにすでに片がついたこと、単に終わったことだと気楽に信じこんだまま七年戦争のアメリカでの局面を迎えた。一七五五年に一人の国会議員が北アメリカでのフランスとイギリスの対立関係について議論した際には、そういった妄信に典型的な尊大さで、「同等の二国が一つの国をめぐって戦っており、両国ともその国に対して分割されることのない権利を主張しております。……先住民にはまったく権利がないことがすべての人に認められております」と述べた。(5) このきわめて実情に疎い見方からすれば、アメリカそれ自体の複雑さなどさほど重要ではなかった。アメリカは、単に、ヨーロッパの最も攻撃的で対抗意識の強い二国のあいだの、きわめて重要かつ長期化する覇権争いの一つの戦場にすぎなかったのである。

しかし、非常に実際的な意味において、このようなヨーロッパ中心主義は、実のところ、アメリカの入植者やときに彼らが経験することになった虜囚生活について、イギリス人が理解を推し進めるのに役立った。一七五六年以降、イギリスとフランスは次々と協定を結び、「どこのどのような者であれ」戦時捕虜はすべて、「二国の交戦軍や援軍が世界のどの場所にいようと」、交換されるか買い戻されることになった。(6) イギリス―フランス間の戦闘は今や新たなかたちで複数の大陸に広がっているということが明確に認識され、この二国はグローバルな傲慢さをいっそう強く示すようになっていた。今や、ヨーロッパの内であれ外であれ、この戦争における捕虜はイギリス国民やフランス国民に限らず皆、潜在的にこの二国の問題であると宣言されたのである。つまり、英領北アメリカに関する限り、スザンナ・ジョンソンのようにフランス人やフランス人に協力するインディアンによって捕らえられた入植者たちは今やイギリス政府が責任を持つことになり、解放の途中のある段階でイギリスに移送されることが多くなった。一七五八年の十月と十一月には、たったのふた月で、このようにして捕らえられた六〇名以上のアメリカ入植者たちがニューフランスからイングランドへと船で移送され、数か月間そこで食事や衣服を与えられたあと、最終的に家へと送り返された。この戦争のあいだに入植者によって出版された虜囚体験記には、以前にはなかったこの大西洋をまたいで行われる救出のことが常に述べられている。たとえば、一七五六年四月にペンシルヴェニアのロッキースプリングでインディアンに捕らえられ、その過程で夫を失ったジーン・ラウリーは、ニューフランスで留置されていたときの様子や、一七五八年の秋にケベックからイングランドのダートマスへと船で送られたのち、翌年にニューヨークへと送り返されたときの様子を描いている。(7)

この段階まで、アメリカの入植者たちが、ほとんどの人がいまだ母国だと考えているイギリスを個人的に訪れることは珍しいことではなかった。訪問者のほとんどは成功した男性で、入植者版グランド・ツアーとしてやってきた南部の紳士、聖職叙任候補者、裕福な商人やロビイストといったような人びとだった。これとはまったく別の現象として、七年戦争のあいだに戦闘によって捕らえられたり被害を受けたりした多種多様な入植者たち（この中には、黒人もいた）がイギリスに大量に流入してきたが、これについてはこれまでまったく研究されていない。[8]この大量流入の結果、さまざまなアメリカ先住民についての、また、北アメリカの生活一般についての選択的だが豊富な情報が口頭で伝えられることになったに違いない。実際、そのことはスザンナ・ジョンソンの体験記からもわかることである。しかし、これはイギリスでアメリカについての情報がこの時期に激増したことの一側面にすぎない。これに加えて、イギリスには戦争のあいだ中、入植者から、そして、アメリカに派遣されているイギリス人兵士や役人やその家族たちから公的な手紙や私的な手紙が洪水のように送られてきていた。そして、何よりも、印刷物が爆発的に増加した。

今やイギリス人は、自分たちに所有権があると考えている大西洋の向こうの土地や住民についてこれまでにないほど多くのものを読み始めた。一つの理由は、はるかに多くの読み物が手に入るようになったことである。一六四〇年から一七六〇年のあいだにイギリスで出版された北アメリカについての書物の五冊に一冊がこの時期の最後の一〇年間、つまり、一七五〇年代に出版されている。[9]これら個々の書物に加えて、ロンドンや地方の定期刊行物がアメリカについてのより広く詳しい情報を提供した。ジョン・ブルーアーがずいぶん以前に指摘したように、十八世紀の半ばに、イギリスの出版ネットワークは急速に拡大し、複雑になった。新聞の販売数が増加した――一七五〇年代だけでも約三〇パーセントの増加だった。新聞の数自体も増加した――たとえば、奴隷貿易港リヴァプールでは七年戦争中に初の新聞が発行されたが、それはこの戦争がこの地域に強い利害関心を引き起こしたためである。そして、このように新聞や雑誌が急増したということは、翻ってみれば、特に人目を引く物語や新しい記事が繰り返し転載されたり、ロンドンなどの大都市圏から遠く離れたところにまで伝えられたということだろう。[10]しかし、アメリカなどについての情報の量的な増加はその話の一面にすぎず、最も興味深い部分ではない。提供される情報の種類の質的変化もまた、起こっていたのである。

一七五六年以前にイギリスの新聞や雑誌がアメリカについて書いていたことのほとんどは簡略で、事実のみで、そして商業に関するものにかたよっており、特定の港における大西洋航路船の出入りの記録だけということもしばしばだった。しかし、戦争の進展につれて、新聞や小冊子や書物では、アメリカの内政や、貿易以外の事柄や、人間模様に当然のことながらより多くの関心が払われるようになった。なぜなら、今や個々のイギリス人と多様なアメリカ人がこれまでになく頻繁かつ密接に出会うようになったからである。作家や評論家としての人生を歩み始めたいと切に望んでいた若くて非常にまじめなアーサー・ヤングは、一七五八年に、「現場は今やアメリカにある」と書いている。

ある場所をどちらかの陣営が獲得する場合、そのメリットやデメリットを完全に理解するためには、その場所の経度や緯度を知るだけではなく（書物の中には最も役に立つ説明がこれだというようなものも多いが）、近隣との関連から見た位置を知ることが私たちには必要である。つまり、その土地はいかなるインディアン居留地域の近くにあるのか、そのインディアンたちはわれわれに大いに好意を持ってくれているのかそれとも私たちの敵なのか、そこから最も近いフランスの要塞や入植地はどこで、そこまでの距離はどれくらいかといったことである。こういった事柄はわかる場合もあるが、人が住むのに適さないあの広大な国においては常にわかるとは限らない。

読み書きができる愛国的なイギリス人は今や、北アメリカ関しては戦略を向上させること、そして、知識を広げると同時に深めることが真に必要だということを認めるようになっていた。このより幅広い報道や知識欲に欠かせないものとして、捕虜の話やアメリカ先住民との遭遇の話がいっそう強調されるようになった。入植者によって書かれたり入植者について書かれた、最初はアメリカで出版された虜囚体験記も、今やイギリスで再版された

29　帝国について学ぶ。7年戦争後のイギリス人による人相学公開講座での忠実なアメリカ先住民についての説明。

り、抜粋して定期刊行物に掲載される可能性がはるかに高くなった[11]。そして、虜囚体験などインディアンによって与えられた苦しみについての詳しい話が、戦争のためにアメリカで活動してはいるものの、イギリスを本拠地とし、イギリスに戻ることを意図している個人によってはじめて大量に書かれ出版された。

植民地時代のアメリカ人の基準では、インディアンによって虜囚にされた人びとについて書かれイギリスで出版されたこれらの文書は当初、質的に明らかに初歩的なものであった。メアリー・ローランドソンとその宗教上の指導者たちが一六七〇年代に最初の有名な長文の虜囚体験記を編集した際、彼らはイングリッシュネスというものが自分たちにとっていかに貴重で尊いものでありつづけているかを明らかにしただけでなく、——おそらくは無意識にではあるが——自分たちのようなニューイングランド人はアメリカ先住民の生活の物的環境にすでに幾分かは馴染んでいるということも明らかにした。「カヌー」、「ウィグワム（テント小屋）」、「サガモア（族長）」、「スクウォー（女）」といった言葉がローランドソンの虜囚体験記『神の至高性と善性』では何の説明もなく使われているが、それは、もともとの読者であったマサチューセッツの人びとには説明など不要だったからである。一七〇〇年よりずっと以前には、アメリカのイギリス人入植者たちは、イギリス本国に住む人びとには不可能な方法や不必要な方法で新しい環境やさまざまな部族に順応したり、それらについての情報を吸収したりしていた[12]。入植者と本国とのあいだのこういった経験や知識の面でのギャップは一七五〇年代にはさらに広がっていた。結果として、イギリスを本拠地とする書き手が七年戦争中の虜囚体験やインディアンとの関係について書いた場合、非常に基本的な情報に仕方なくページを割かざるをえなくなることがあった。

あとでゆっくりと見ていくことになるピーター・ウィリアムソンのような人びとは、インディアンの虜囚としての自らの経験をよく理解してもらうために、イギリスとの類似点や類似品を探し出した。トマホークは「左官のハンマーのようなもの」だと彼は書いた。一方、非常に気の毒なことに、捕らえられてノヴァスコシアやニューフランスのさまざまなインディアン集団に五年以上にわたって奴隷として用いられたイギリス人兵士ヘンリー・グレイスは、自費出版した自らの辛い体験談に雪靴やウィグワム（「カバノキの樹皮で作った小屋の一種……。屋根の真ん中には煙を逃がすところがある」）の説明を盛り込んだ。これらの説明はアメリカの入植者にはたいてい余計な説明と思われただろうが、直接の読者となるイングランドのベイジングストークの人びとには必ずしも余計なものではなかっただろう。ヨークシャー生まれのスコットランド人ジョン・ラザファードがチプワ族の奴隷にされて注目すべき体験記を書いたのは、七年戦争の終わり頃、イギリス人のアメリカについての知識が劇的に拡大した時期のことだったが、それにもかかわらず、彼でさえいまだに頭皮や腰布についての注意深い観察に基づく説明を物語に差し挟むのは適切なことだと考えていた。彼は、腰布について、

> 長さ約一ヤード半、幅一フィートの青い布。脚と脚のあいだを通し、両端を腰に巻いたベルトの下に通したもの

と説明している。[13]

この場合もいつものように、インディアンによって虜囚にされた経験の扱い方はイギリスと植民地アメリカとのあいだで大きく異なっていた。しかし、すべての点で異なるわけではなかった。これらイギリス人による新たな虜囚体験記のほとんどが、植民地についての話の多くがそうであるように、インディアンによる実際または架空の暴力をポルノグラフィックに書き連ねていた。このような煽情的な文章は読者に当然のことながら嫌悪感を抱かせると同時に、ある意味、魅力的でもあったからである。一七六〇年代の初めに少しのあいだイギリスの歩兵隊の大尉としてマイアミ族の捕虜になったトマス・モリスの話は、全体としては好奇心にあふれる共感的なものだった。たとえばモリスは、自分がインディアンと呼ぶ「かつては幸せだったが、無垢で虐待されている人びと」と白人との結婚をあえて推奨した。それにもかかわらず、モリスはインディアンの拷問の種類や長さに紙数

を割いている。

囚人に対する通常の拷問方法は、焼け石を足の裏に当てる、目に針を刺す、矢を射たあと苦しむ囚人から矢を抜いて再び矢を射るといったもので、目に針を刺すのは一般に女性が行った。

「私の日誌を出版するよう勧めてくれた紳士が必要だと言わなければ、これらの拷問方法について私は述べなかったはずだ」、とモリスは率直に告白している。[14] とはいえ、イギリス人による著作がインディアンの暴力に一層多くの紙数を割くようになった主な理由は、読者の気をそそるためではなかった。理由はむしろ、同国民が今や新たなかたちでこの暴力にさらされていることにあった。インディアンはもはや、三〇〇〇マイル離れたところに住むイギリス人入植者を危険にさらしているだけではなかった。この戦争の戦われ方のせいで、インディアンのいくつかの部族はイギリス本国の軍隊の脅威、しかも恐るべき脅威となったのである。

こうなった理由のいくつかを私たちは嫌というほど知っている。そもそも、アメリカに派遣されたイギリス軍の多くは現地についての知識が足らず、訓練や適切な装備が足らず、何よりも、残念ながら予想されるように、人数も足りなかった。一七五五年七月に西ペンシルヴェニアのモノンガヒーラでエドワード・ブラドック将軍とその部隊が壊滅した件については従来、このヨークシャー人が個人的に横暴で、荒野での戦闘に適応しようとしなかったのが理由だとされてきた。これらの欠点はどうにもしようがないものだった。しかし、フランスの率いるヒューロン族、ショーニー族、オタワ族、そしてアルゴンキン族の戦士たちからなる部隊が一〇〇〇人のイギリス人（これには、ブラドック自身と将校の四分の三が含まれる）を殺戮できた大きな理由は、ブラドックの騎兵中隊がイギリスやアイルランドの大隊で不要になった人員やアメリカで採用された質の低い補充兵たちで構成されていたと同時に、ブラドックの持参した地図があまりにも不正確だったからである。[15] 同じく、一七五六年八月に起こったオンタリオ湖畔にある要塞であり交易拠点でもあったオスウィーゴの陥落——北アメリカでその年に起こったイギリス軍最大の災難の一つ——も、個人の能力のなさよりもむしろ人員や物資の不足が原因だった。オスウィーゴを制圧したフランス人とインディアンの混成部隊は三〇〇〇人以上の人員で構成されていた。これに対して、イギリス側には一五〇〇人足らずの兵士と「貧弱で憐れむべき防備」しかなかったのである。[16]

言いかえれば、最終的には圧勝することになるとはいえ、この戦争が始まったばかりの頃にはイギリス人は数々の敗北を喫し、この時点までは統治しようと決めていた——というよりも、むしろ統治しないでおこうと決めていた——アメリカ帝国を手に入れるために、高率で戦死者を出したり虜囚になる者を出したりしなければならなかった。北アメリカのフランス系入植者たちはイギリス系入植者より人口面で劣っていることに早くから気づき、高レベルの軍備でこれを補おうとしていた。ニューフランスは武装社会であり、独自の軍事貴族や文化を有していた。この地の大規模な在郷軍とフランス正規軍のあいだには緊密なつながりがあった。世俗の役人も宗教職にある者も地域の多様な部族との軍事的協力関係を育むことに絶えず関心と想像力を傾けた。一方で、ニューフランス防衛に対するフランス政府の出資金は一七一二年の約三〇万リーブルから一七三〇年には五〇万リーブルに、そして、一七四〇年代以降は毎年数百万リーブルにまで増加した。[17]

七年戦争以前のイギリスの振る舞いはまったく異なるものだった。フランスと比べて国内の人口も歳入基盤も軍もはるかに小さかったイギリスは、アメリカの入植地の防備をフランスと同程度に強化したこともなければ、この地に大規模な正規軍を駐留させたことも、先住民族たちの協力を得ることに継続的な関心を示したことも、また、入植者たちの軍事訓練に時間や労力を注いだこともなかった。[18] しかし、強調して述べておかなければならないのは、イギリス人とイギリス系入植者たちが一七五八—九年に協力的な軍事行動に乗り出し、両者の兵力を合わせてうまく活用すればニューフランスの戦闘部隊や同盟軍に対抗できることを最終的に学んだときでさえ、アメリカ先住民のさまざまな部族が断続的にイギリス正規軍を打ち破ることができたということである。

一七六〇年には、チェロキー族がアーチボルド・モントゴメリー指揮下のイギリスの大部隊をうち破り、アレゲーニー山脈のラウドン砦を攻略した。そして、一七六三年の四月から七月にかけては、ポンティアック戦争に関わったオタワ族や、チプワ族、デラウェア族、ヒューロン族、セネカ族、ショーニー族などのアメリカ先住民族からなる同盟が五大湖からオハイオにかけての地域にある防備の貧弱なイギリス軍駐屯地のほとんどを攻略することができた。

こういうわけで、イギリスを本拠地とする評論家たちは、一七五六年以降、アメリカ先住民の暴力をより感情的により詳細に探究するようになった。主に、先住民の暴力を恐れるに足る十分な理由が生じたことや、評論家たちにとってこれが真新しい事態だったことが理由である。北アメリカに派遣された幾つかのイギリス部隊は大西洋横断によってすでに空間等の認識に混乱が生じていたが、敵意に満ちたインディアンたち、すなわちヨーロッパにいるときには思ってもいなかったような敵に初めて出会ったとき、「ある種の無気力と無感覚」に陥った。一七五五年、破滅を運命づけられたブラドックの歩兵部隊は、敵であるフランスとインディアンの部隊が自分たちを一人ずつ狙い撃ちしてくるあいだ、隠れ場所を求めて森の中に散り散りになって逃げ込む代わりに何時間ものあいだ列を作って立ち続けた。このようなやり方をしたのは、通常、彼らがゲリラ戦術に無知だったからだとされる。しかし、これらの未熟な新兵たちは、こうやって体を寄せ合うことに唯一最後の慰めを見いだしたのかもしれないし、理解できない、ほとんど常に姿が見えない敵に直面して離ればなれになるのが怖かったのかもしれない。わずかながら生き残ったイギリス兵士たちの証言によると、戦闘のあいだに目にすることができたインディアン戦士はかろうじて五人くらいだった。インディアン戦士たちはカモフラージュに長けており、周囲の森も鬱蒼と生い茂っていたからである。(19) 敵意に満ちたアメリカ先住民たちが視界に入ってきたときは、なお一層、不安にかられたことだろう。やがて自分を捕獲することになる「裸で、黒と赤で彩色した」チプワ族に遭遇したとき、前年にアメリカに到着したばかりで、まだほんの十八歳だったジョン・ラザファードは「助かる希望をすべて」捨て、「言わばあきらめて最悪の事態を覚悟した」。また、無言で黙々と進軍することが軍事のプロの印だと訓練されていた未熟な正規軍兵士たちは、出陣化粧に驚いて身がすくむ――これが出陣化粧の目的だった――ことはなくても、インディアンたちが攻撃の際に上げる喚き声や叫び声には気勢をそがれることがあった。サミュエル・ジョンソンは、一七五八年にイギリスの読者に次のように伝えた。

インディアンたちの喊声は、立派な歴戦の勇士でさえ武器をとり落とし隊列を放棄してしまうような、耳をつんざき、胸を凍らせるような声であり、そういった立派な勇士でさえ命令を聞くことも、恥の意識を持つこと、つまり死の恐怖以外の感覚を維持することもなくなるようなもので、耐えられないほど恐ろしいと言われている。(20)

しかし、この種の戦争では、虜囚になるよりも死ぬ方がよいように思われたかもしれない。この戦争のあいだにインディアンによって捕らえられた成人白人男性が、長いあいだ虜囚として食事等を与えられ、生きて解放されて体験談を語るというのは、よくあることではなく例外だっただろう。一七五〇年代終わりから六〇年代初めにかけてペンシルヴェニアやメリーランドやヴァージニアでは一般入植者に対してインディアンの度重なる襲撃が行われ、約三〇〇〇人が虜囚となった。そういった中でさえ、白人女性に比べて白人男性のほうが殺される可能性は一九倍だったと推定されている。戦闘で捕らえられた軍人の場合はもっとひどいこともあった。モノンガヒーラのブラドック部隊の残兵のうちインディアンの虜囚となったのはたったの二〇人だった。そのうち八人が女性であり、彼女たちは生きることが許された。女性や少女は子を産むことができ、有用で、危険ではないと考えられたからである。一二人は兵士だったが、これらの男性は、勇気を試すためや、インディアン側の死者や遺族を慰めるために責め殺された。ヘンリー・グレイスは、これらの犠牲者の一人について、次のように伝えている。

彼らはその男を丸裸にして木にくくりつけ、その両側で二つの大きな火を起こして生きたまま丸焼きにしたが、そのあいだ彼らは男の悲嘆にはおかまいなしに周りで踊っていた。……若い一人のインディアンが二つの火のあいだに飛び込み、男の局部を切り取り、それを男の口に突っ込み、男が叫ぶのをやめさせた。(21)

恐ろしいと同時に受け入れがたく思われたのは、ただ単に、この種の暴力の極度の身体性、すなわち、血、身体各部、巧妙な身体切除、わざと長引かせる拷問、去勢の痛みだけではなかった。懸命に理解しようと努めたイギリス人も、これらすべてが自分たちには理解できない類の言語体系の中で起こっているという感覚にただ打ちのめされるばかりだったかもしれない。一七五六年にジョン・リトルヘイルズ大佐はオスウィーゴで捕らえられ、モントリオールに連れていかれた。その地に到着してほどなく、七〇人ものアブナキ族が大佐に襲いかかり、市壁ぞいに彼を引き回したり、踊りを踊らせたり、「その後、彼を棒で叩き……インディアンの言葉で彼を悪党とか、畜生とか、犬とか、ろくでなしなどと一時間にもわたってののしり続けた」が、なぜこのようなことをするのか、リトルヘイルズも一緒に捕らえられた正規軍仲間も分からなかったようだ。しかしこのときに限って、関係するさまざまな文化すべてにいくらか通じている人物がこれを目撃していたおかげで、私たちはこのふるまいをなんとか読み解くことができる。リチャード・ウィリアムズはオスウィーゴの第五一連隊の鼓手だったが、一七五五年にラ・ガレットのインディアンに捕らえられ、ニューフランスに連れてこられた。彼は、リトルヘイルズの苦難を目撃することになる頃にはすでに自ら苦難を乗り越えることに成功していた。ウィリアムズは鼻梁に彫刻入りの棒を通し、慣習に従って耳を切り、「インディアンから悟られないように体に彩色することができ」、自分を捕らえた者たちのさまざまな言葉を使えるようになっていた。そのため、彼はリトルヘイルズを責め苦にあわせているインディアンたちに「なぜ彼だけをあのように扱い、……残りの［イギリス人］将校にはそうしないのか」と尋ねることができた。彼らは、「リトルヘイルズが臆病者で振る舞い方が悪かったからで、そうでなければ彼を傷めつけたりはしなかっただろう」と答えた。リトルヘイルズは、包囲攻撃をされて捕らえられるとき、たしかに傍目にもわかるほど怖気づいていた。しかし重要なのは、彼も仲間もおそらく――ウィリアムズとは違い――戦士としてのこの個人的失態と、その後に加えられた長く残酷な打擲とを結びつけて理解することができなかったということである。そう理解するかわりに、目撃したイギリス人たちはこの暴行を、先住民の生来の勝手気ままな野蛮さの一例だと解釈したにちがいない。(22)

インディアンの暴力は忌わしいほどに残酷で予測不可能であるという思い込みは、イギリスの部隊が（他の敵には平静に対処していた者も含めて）なぜインディアンと戦うよりも戦闘を放棄したり、彼らの攻撃に際してなすすべもなくただ死んでいったりしたのかを説明してくれる。ジョージ湖の南端近くのウィリアム・ヘンリー砦では一七五七年八月九日にまさに今述べたようなことが起こり、七年戦争における最も意見の分かれるエピソードの一つとなっている。イギリスの守備隊はすでに降伏を申し出ており、これは敵方のフランスによって正式に受け入れられていたが、関係するイギリス人部隊や入植者部隊は引き続きフランスに与するインディアンの大集団によって攻撃を受け、ある観察者の報告によると、何人かの「イギリス人は茫然自失の状態で襲われ、抵抗することもなくトマホークの刃を受けることになった」。これもまた、戦闘文化の違いによって平静を失ってしまった男たちの例である。（インディアンとは違い）西ヨーロッパの慣習では、降伏した場合、命は神聖かつ侵さざるべきものであるはずだった。そうはならないとわかったとき、人によってはどう反応したらいいのかわからなくなったり、まったく反応できなくなったりしたのである。そのうえ、およそ一八〇名のイギリス兵や非戦闘従軍者の中には、こういった場合、死ななければその代わりにもっとひどいことが起こるに違いないとの恐れから、諦めてさっさと死ぬことにした者もいた可能性がある。結局のところ、ウィリアム・ヘンリー砦で虜囚になった白人男性の少なくとも半数が生きて戻り、四〇名は捕獲者であるインディアンたちのもとにとどまることを選んだようだ。しかし、このような思ったよりましな結果になるかもしれないというわずかな可能性にかけてインディアンの虜囚になるには度胸と経験が必要であり、その経験をアメリカに来たばかりのイギリス部隊は当然のことながら多くの場合持ち合わせていなかった[23]。

このような戦時の出来事や大西洋を越えて送られてきた戦時報告のおかげで、本国のイギリス人は、ある意味、入植者たちの多くがアメリカ先住民に対して示していた態度に以前よりも同調するようになった。これ以前には多くのイギリス人がアメリカ先住民に対してロマンチックな見方をしていた――これらの部族は潜在的に有用で、同化可能で、森に住む高貴な野蛮人であるという感覚を持っていた――が、実際に遭遇したり戦ったりしたショックのもとでは、このロマンチシズムは揺るぎ、ときには取り返しがつかないほど粉々になってしまうことがあった。これを劇的に示す証拠を挙げるには、ジョン・ヴェレルストが描いた一七一〇年にアン女王を訪問した四人のインディアン「王」たちの実物以上に立派で騎士風の姿と、ジョージ・タウンゼンドが一七五九年の対ケベック軍事行動に参加して描いたオタワ族やアルゴンキン族のスケッチとを比べてみさえすればよい。

タウンゼンドはイングランド貴族の息子であり、陸軍大将であり、素人画家だったが、自分と同じ国および社会的階級の白人男性についても意地悪な諷刺画を喜んで描く人物だったので、これらの絵の否定的側面を考えすぎてはならない。とはいえ、彼はいくつかの点でたしかに、画題としたインディアンをヴェレルストよりも正確に描いている。収入があったからこそできたことだが、インディアン工芸品の熱心かつ優れた蒐集家であったタウンゼンドは、ノーフォークのレイナムの大邸宅にインディアンの少年を連れて帰り、展示や観察の対象の一つとしてつけ加えた。そのため、タウンゼンドはインディアンの描き方やその生活の物的側面の描き方に注意を払った。彼らの印象深い身体的特徴、たとえば、(通常それほど背が高くない)イギリス人男性がよく言及していたインディアンの背の高さ、そして、手足の強さ、抜群の体力や敏捷さなどの特徴もなんとかして伝えようと

30　オタワ族の戦士。ジョージ・タウンゼンドによる水彩画。

した。しかし、最も示唆にとむのは、タウンゼンドが記録しようと選んだインディアン特有の生活の場面であり、彼がそれらの絵につけたタイトルである。「臨戦用の服装をして戦闘記念頭皮をもったインディアン」、「トマホークを持って負傷した敵を追いかけるインディアン」、「戦争に赴くオタワ族のインディアンとその家族」といったもののほかに、似たような絵がいくつかある。しかし、これらのスケッチのどこにもインディアン側の暖かい人間愛やユーモアを示すものはなく、また、タウンゼンド側においても魅了はされたかもしれないが共感を示すものはない。ここに描かれているのはインディアン、この場合はイギリス人の記憶にあるすぐそばで活動する、粗野で一途に獲物を獲る、礼儀も繊細な感情も通じないまったくの獰猛な生き物として描かれたインディアンであった。まったくの他者であった。(24)

イギリス人はただ単に大西洋の向こうの戦時の出来事にのみ反応してアメリカ先住民をこうした見方で見るようになったわけではなかった。この時期の西ヨーロッパ人の自惚れは、自分たちは戦争をはるかに大規模に行うことはもちろん、もっと人間的に行うこともできるという感覚から生じていた。(25) 虜囚たちはこの都合のいい考えにおいても他の事柄と同様に決定的な役割を果たした。イギリスやアイルランドには一七五七年までにすでに一万三〇〇〇人以上のフランス人戦時捕虜がおり、一七六二年までには二万六〇〇〇人を超えるフランス人がこれらの地に抑留されていた。イギリス人にとって、敗残の無力な敵国人がこれほど多く自国沿岸に抑留されているのを見るのはこれが初めてであり、戦争中は毎年、抑留者の話や抑留者の苦しみを伝える出版物やそのための予約購読が増加した。一七五九年にはロンドンや、エジンバラ、ダブリンなどの多くの大都市でフランス人抑留者への慈善のための寄付が募られた。数千ポンドが集まり、彼らの慰めにと山のように多くの靴や衣服や薬が寄付された。この全国的な慈善行為を記念して発行された小冊子の序文を書いたのはサミュエル・ジョンソンその人であり、その小冊子は「大英博物館やイギリス帝国のいくつかの大学に配架され」た。こうして、イギリスは単に世界的な勝者であるだけでなく――一七五九年までにそうなっていたことは明白である――、戦時行為にお

31　イギリス軍人の慈悲を喧伝する。ベンジャミン・ウェストの「北アメリカのインディアンのトマホークから傷ついたフランス人将校を救い出すジョンソン将軍」。

いて人道的であり、感心するほど情け深く、徹底して礼儀正しいという証拠が活字となって保存されたのである。あるジャーナリストが熱を込めて述べたように、イギリス人は「虜囚に人間として同情し、苦しんでいる敵を憐れまずにいられない」のであった。当然のことながら、フランスで戦時捕虜となったイギリス人のための似たような慈善のための寄付が募られた。フランス人も自分自身についてまさに同じように考えており、フランスで戦時捕虜となったイギリス人のための似たような慈善のための寄付が募られた。[26]

英仏海峡の両側で行われた（圧倒的に白人の）虜囚のためのこういった積極的配慮という観点からこそ、私たちは、財産、戦争、帝国について最も影響力のある啓蒙主義文献の一つとなったエメリッヒ・ド・ヴァッテルの『国際法』の要点のいくつかを理解しなければならない。スイスの法学者ヴァッテルは戦争についてのセクションで、「破壊や略奪のための不法な戦争」（ヴァッテルが特に指摘しているところでは、バーバリのコルセアによる「ほとんどすべての遠征」がこのカテゴリーに入る）と、「現在、ヨーロッパの国のほとんどが行っている人道的戦争」との明確な違いを説明した。ヴァッテルの議論によると、戦時捕虜を殺すのは不当であり、実に野蛮なことであった。勝利の輝きを「非人道的で残虐な行為」で曇らせてはならないのである。最後に彼は、「戦時捕虜の扱いを伝え聞いて、私たちはフランス人とイギリス人を称え、愛する」と言明する。[27] ヨーロッパの戦争は、グローバル化を加速し攻撃性をますます高めると同時に、他とは違う人道的かつ寛大なものとしてよりいっそうはっきりと提示されるようになり、虜囚の扱いに関しては特にそうだった。この点についてヴァッテルは、多くの軍事専門家がすでに本能的に当然だと思っていたことを体系的で知的な文章にまとめたのである。

ヴァッテルの名著が出版されたのと同じ一七五八年に、アメリカにおけるイギリスの総司令官であったジェイムズ・アバークロンビー将軍は、対するフランス軍の総司令官ド・モンカルム侯爵に、「この国での戦争をヨーロッパにおける戦争と同じく人道的かつ寛大に遂行し、すべての場所でそうしなければならない」と考えている旨を伝えた。印象的なのは、アバークロンビーがこれらの文明的特徴の重要な印として虜囚に対する振る舞い、すなわち、「戦争状態によって……われわれの手に落ちたこれらの人びとに対するよい待遇」を挙げていることだ。[28] ここでは、戦争行為へのアプローチとして——戦争に直面した際に——アメリカの先住民を人道的振る舞いが期待できる特権集団の枠外に確固として据え置くと同時に、人道的配慮をすべき相手という枠からも排除するという捉え方が見られる。今やイギリス人がそう思うさらに正当な理由は、インディアンは苦境にある敵に決して憐れみを見せない者たちであったことだ。インディアンは、戦時捕虜を拷問したりときにその肉を食らうだけでなく、より一般的には、ヨーロッパ人なら（一様ではないが）良心の呵責を感じるようになってきた方法で儀式的な人体攻撃を人前で行った。彼らはすでに武器を置いた無防備な者たちを殺すこともあり、同様に、無力な女性や子供たちを殺すこともあった。ジェフリー・アマースト将軍は、インディアンは「［女］性に対して残虐な行為を行ったり、哀れな病気の兵士の頭皮を剝いだり身体を切り刻んだりする唯一の残忍かつ卑怯な生き物である」とペンに嫌悪感を滲ませて書いている。イギリスのまた別の将軍もそれに同意して、インディアンは「殺し屋であって兵士ではないので、情け容赦がない」と述べた。[29] このあからさまに二元論的で報復的な見方において、アメリカ先住民はかっこうの標的だった。彼らは急速に拡大しつつあるイギリス帝国においてまともな役割を与えられず、ヨーロッパ人が考えるような文明に引き入れられることもなかった。獲得した白人虜囚に対する扱いは、彼らが限度も理解も越えた野蛮人、捕食者、そして怪物であることを示すことになったのである。

魅了された虜囚たち

しかし、強調しておく必要があるが、七年戦争によって育まれたイギリス人のアメリカ先住民観はこれだけだったわけではない。

この戦争から一二年が経過した年にアメリカ独立革命が勃発したため、人びと——特にアメリカの歴史家たち

──は、イギリスの軍関係者や政治に関わる者たちは一七五〇年代、六〇年代にはすでにみな冷酷で非妥協的な帝国主義者になっていた、と説明する誘惑に駆られる。イギリス人に対する大規模な抵抗が間もなく起こって成功するということがわかっているということもあり、北アメリカにおけるイギリス人の横柄さや支配の性急さの具体例が探しだされ、長々と述べたてられるのである。イギリスの兵士や役人がインディアンに対してひとしく抱いていた反感を強調するというのもその一つの形である。たとえば、ある学者は、(議論の余地なく本当にインディアン嫌いだった)ジェフリー・アマーストのことを「インディアンに対するイギリス軍の態度を」要約するものだと説明し、別の学者は、イギリス人は「インディアンを子どもっぽくて、暴力的な生き物だとする理解にとらわれていた」と主張する。[30] イギリス人の多くはその通りだったが、そうでないイギリス人もいた。実際にそれを実行したかどうかについてはいまだ結論が出ていないが、アマーストがインディアンに対する大虐殺を主唱したことは確かであり、一方の極には、このアーネストのような者がたしかにいた。しかし、他方で、ジョン・スチュアートのようにインディアンのことを熟知しているイギリス人もいた。スチュアートはアマーストの陸軍将校仲間で彼に劣らず徹底した帝国主義者であったが、混血のチェロキー族の女性と結婚し、首長アタグルカルと友達になって七年戦争中にこの首長に救われた。そして、記録によると、彼はアメリカ先住民の暴力をロンドンやパリの路上犯罪と同程度の物にすぎないと考えていた。[31] この両極端な二人の相反する考えや行動のあいだには、イギリスの軍人や役人たちのインディアンに対するさまざまな色合いの反応がある。

本国の普通のイギリス人のあいだでは、態度はさらに混在し、変化しつつあった。戦争を切り抜けたものたちの中にはアメリカ先住民は救いがたく野蛮で、虜囚に対して残酷、しかも骨の髄まで残酷だと確信している者もいた。しかし、自国の正規軍もアメリカでは大差のない振る舞いをすることがあるということを──手紙や出版物で読んだことをもとに──(当地のフランス軍や植民地軍と同様に)わかっているイギリス人もいた。戦時の私信や英米の出版物が十分に明らかにしていたように、イギリス人兵士も傷ついて死にかけている敵の頭皮を剝

32と33　見方の違い。7年戦争中にイギリス人によって描かれたイロコイ族ヘンドリックの二つの肖像画。

ぐことは普通にあり、ときには女性や子供を殺したり、虐殺に耽ったりすることもあった。(32) だから、インディアンが戦争行為において野蛮だったとしても、大西洋のどちら側で生まれたのであれ、イギリス人も野蛮になるときがあった。イギリスに流れ込んでくる北アメリカについての情報が増加したことで、別の点でも、アメリカ先住民についての感じ方が複雑化した。アメリカ在任のイギリス人の役人たちは、インディアンの暴力の多くが白人入植者の側の挑発や先住民の土地への侵入の結果であることを、イギリス政府に定期的に報告していた。一七六三年にロンドンのある新聞に掲載された手紙には、「先のいくつかのインディアン戦争のきっかけについて調べてみれば、わが国の入植者が条約において彼らを出し抜き、それなしには彼ら［インディアンたち］がおそらく生きていけなくなるであろう狩猟場や漁場を手に入れたことから生じたことがわかるはずだ」と、書かれていた。(33)

それゆえ、この戦争によって本国のイギリス人がインディアンを残忍な悪党と見るようになった一方で、インディアンたちは誤解された犠牲者だと見なされやすくもなった。戦後に出版されたイングランドやスコットランドの小説にはこれらの矛盾する傾向が見られ、それらはインディアンやインディアンの虜囚に以前よりも多くのページを割くようになった。一七六〇年代の終わりに書かれたトバイアス・スモーレットの『ハンフリー・クリンカーの冒険』には古参兵オバダイア・リスマハゴ中尉が登場し、インディアンによる拷問を巧みな話術で続き漫画的に証言する（一人の老婦人が鋭い刃物で彼〔マーフィー少尉。リスマハゴと共にインディアンに捕らえられ、殺された〕の片目をくりぬき、眼窩に火のついた石炭を入れた）と同時に、一人の「インディアン女性」との自らの実りある結婚を物語る。リスマハゴは、インディアンは「二つの矛盾する信条を崇めている。一つはあらゆる善の泉であり、もう一つは悪の源である」と結論づける。ヘンリー・マッケンジーの『世慣れた人』（一七七三年）の虜囚となった兵士もこれに劣らず矛盾している。彼はチェロキー族の残酷な拷問に遭いながらも、後にその社会に魅了され、「ほとんどいかなる誘因によっても離れる気にはならなかった」[34]。しかし、インディアンについての嫌悪と賞賛の併存するこの複雑な見方を最もよく伝えた――そして広めた――のは、虜囚体験記そのものであった。これらの文書は表面的には単純で刹那的に見えるものの、詳しく見てみると、どれも決してそうではないことがわかるのである。

　ピーター・ウィリアムソンの体験記――複数あることが重要である――について考えてみよう。彼は「かつてないほどの大うそつきの一人」であると言われてきたが、むしろ、インディアンとの短いが波乱万丈な出会いと北アメリカで長きにわたって強いられた経験とに反応して繰り返し自分自身と自分の人生の物語を作りかえた人物と見るほうがずっとふさわしい[35]。彼は一七三〇年にアバディーンシャーのアボインという村の小さな農家に生まれ、十二歳の頃にアバディーンの町を訪れた際にあこぎな貿易商人に誘拐された。十七、八世紀の若くて貧しく庇護のない若いイギリス人の多くに起こったように、彼はその後、船で大西洋の向こうに送られ、売られて年季奉公をすることになった。これがウィリアムソンの最初の虜囚経験である。第二の虜囚経験は、年季奉公を終えてペンシルヴェニアのバークシャー郡で農夫として身を落ちつけた一七五四年のことである。その年の十月のはじめに彼の家はインディアン、彼が言うにはデラウェア族の者に襲撃され、一七五五年一月に逃走するまで彼はインディアンに拘留されていた。その後まもなく、彼は植民地軍に入って七年戦争に参加し、フランスとインディアンの同盟軍相手に戦い、オスウィーゴで捕らえられて最後の虜囚体験をした。一七五六年の遅くに王立海軍の船が彼を本国に連れ帰り、まさにこのとき、彼の作家としての人生が始まった。

『ピーター・ウィリアムソンの……人生が例証するフランス人とインディアンの残酷さ』の最初の版は、一年後にヨークで出版された。最初から大部の――一〇〇ページを超える――テクストで、ある意味、平凡と言えるものだった。インディアンの残酷で「恐ろしくショッキングな」行為については通常の分量が充てられていたが、ウィリアムソンがこれらの行為に対する自らの反応を描くその生々しさは普通ではなかった。彼によると、インディアンの虜囚となったばかりのある夜、デラウェア族の者が彼を縛り上げて灯りを点し、赤く熱せられた石炭や棒を彼の顔に近づけた。恐ろしくて泣くと、彼らは、「顔が濡れているから乾かしてやろう、と言いながら」たきつけをさらに顔に近づけた、という。ウィリアムソンの度重なる虜囚体験を記したこの初版本には、少なくとも彼がある時期、実際にアメリカ先住民のすぐそばで生活したということを納得させるに足る詳細も含まれている。明らかなでっち上げや、自分自身を重要に見せるための素朴な誇張もあるが、核となる詳細で正確な独自の洞察も含まれているのである。たとえば、デラウェア族が今では西洋の消費財にある程度頼りながらも、それらを自分たちに合うように意図的に作りかえている様子が、「上層の者たちは手に入れることのできる最良のリネンのシャツを身につけ、中にはそれに襞飾りをつけている者もいるが、彼らはさまざまな色に彩色してはじめてこれらを身につけるのである」と、説明されている。しかし、『フランス人とインディアンの残酷さ』が一世紀以上イギリスでベストセラーであり続けたのは、これらの一握りの真摯な人類学的内容のおかげでも、インディアンの「多様で複雑な」残虐行為についての興味深い言及のおかげでさえもなかった。[36] ウィリアムソンには、イギリス大衆のムードの変化に時間とともに合わせて行く才能や、物語から議論へと一足飛びに移る才能があったからである。

これらの才能は一七六二年の増補版体験記に余すところなく現れた。『フランス人とインディアンの残酷さ』というタイトルが示すように、ウィリアムソンは最初から、蛮行は――人を虜囚にすることも含めて――インディアンだけが行うものではないということを強調していた。彼は、現地人を傭兵として雇い煽動しているとしてフランス人を糾弾した。インディアンを騙したりアルコールを売りつけたりしているとしてイギリスの貿易商人も非難した。そして、白人が奴隷にされることを黙認し、自分のような脆弱な若者を大西洋の向こう側へ売り飛ばして奴隷にしているとしてアバディーンの商人社会を攻撃した。このようにさまざまな国民や民族を非難することによって、ウィリアムソンは結果的に、自らの体験記においてインディアンたちをよくある例外論的な定型から解き放つことになった。彼の取り上げ方では、インディアンたちはロマンチックな森に住む貴人でもなく、常軌を逸した怪物でもなかった。彼らは自分とは異なる存在と戦う暴力的で不完全な存在であるが、彼らの相手もしばしば暴力的で不完全な存在であった。一七六二年版の「北アメリカの虜囚体験記においてウィリアムソンがさらにつけ加えたのは、政治的かつ植民主義的な主張である。「彼らをわれわれの利益に引き込むために」「何らかの方法」がとられなければ、当地におけるイギリス帝国はつねに不安定なものにとどまり続けるであろう、というのが今や彼の主張であった。

アメリカにおける最近の取引から明らかなように、インディアンの友情が望まれるが、彼らとの友好関係を維持する唯一の方法は、彼らの自由を確保するとともに、彼らの期待に応えるような提案をすることである。そして、戦時であっても提案を犯すべからざるものとするだけでなく、彼らとの条約をときどき更新することも必要である……。彼らはとても誇り高く、尊重されるのを好むのである。(37)

34　デラウェア族の戦士ピーター・ウィリアムソン。1762年版の体験記の口絵。

『フランス人とインディアンの残酷さ』はイギリスにおいて非常に広範な読者を獲得し、また、獲得しつづけたが、その一方で、独立する前のアメリカでは出版されなかったというのは示唆的である。このテクストは一八〇〇年代の初めにはロンドンではすでに複数回、エジンバラでは六回と版を重ね、ヨーク、ダブリン、グラスゴー、リース、リヴァプール、スターリング、アバディーンなどでもそれぞれ別の版が――ときには複数の版が――発行された。アメリカ先住民に関する代表的作品の中で当時のイギリスで人気のあったものと言えば、間違いなくこれだ。しかし、実のところ、ピーター・ウィリアムソンはいかなる理由で自らの虜囚体験やアメリカの先住民についてあのような書き方を選んだのか、また、なぜ長期間にわたってイギリスであれほど広範囲の読者を獲得できたのだろうか。

ピーター・ウィリアムソン自身の動機については、答えははっきりしているように思われる。ウィリアムソンこそ、言うまでもなく、非西洋人のもとでの虜囚体験を偏見のない探究的な目で見ることが予測される類の人物であった。彼は貧乏だった。疎外されていた。そして、イギリスの地理的辺境の出身、つまり、北スコットランド人だった。地中海世界についてすでに見たように、また、このあとインドについても見ていくように、地位が低く、周縁にあり、しかも/または、疎外された白人であるウィリアムソンのようなタイプは、文化的・政治的境界を越えなければならなくなったとき、このようなより柔軟な反応をすることが多い。イギリスも、イギリスの植民地であるアメリカも、ウィリアムソンの人生にはあまり恩恵を与えてくれなかった。ならば、さまざまな白人たちに不当な扱いを受けてきたアメリカ先住民たちに共感しても当然ではないだろうか。その並はずれた人生を終えるまでに、ウィリアムソンは、エジンバラで一軒のコーヒーハウス(「インディアンの」骨董品や民族衣装で飾られていた)を経営したり、農業用の機械を発明したり、出版業を営んだりした。そして、自分を虜囚にしたデラウェア族が実際には自分を子どもの頃から育て上げ、独自の知恵と哲学を授けてくれたのだと確信するようになっていた。

こうしてアメリカ先住民が育ててくれたからこそ今の自分があるのだ、ヨーロッパのヒエラルキーをものともせず自身の努力でのし上がっていくことのできる完全なる自然人となることができたのだ、と彼は一七八九年に出版された最後の伝記的著作の中で読者に断言した。彼は、「私にヴォルテールやポープやアディソンのような教育があれば」もっと洗練されたやり方で自分の体験を記録したことだろう、と認めている。しかし、彼の教育はそれとは別の、遠くにあるさほど堕落していない学校で身につけたものだった。

> ここで読者の方々は、私はいかなる学校で育てられたのかとお尋ねになるでしょう。その学校は幅が四〇〇〇マイル以上、そして高さは天と同じくらい、さまざまな部族のインディアンによって営まれていたとのみ申し上げましょう。そして、通常の教育は、彼らのあいだではどこかで教えられるのではなく、世代から世代へと受け継がれ、記録は樹木の外皮にトマホークで刻みつけて残され、何世紀も経ったあとでさえ彼らには見分けることができるのです。(38)

一七九九年にウィリアムソンがエジンバラでとうとう埋葬されることになったとき、その死装束は彼が北アメリカから持ち帰った装束（または、彼が家族にそう語ったもの）、つまり、デラウェア族の戦士たちのモカシン、房のついた脚絆《レギンス》、上衣《ブランケット》、そして羽根のついた頭飾りであった。

このように見ると、ピーター・ウィリアムソンは本質的には独自性を持つ人物ではあるが、どこかで聞いたことのあるタイプの反抗者であり理想家である。彼は自覚的なルソー信者、つまり、書斎の安楽を享受しつづけながら森や獣を崇める紳士ではなく、もっと粗野でもっと卑俗な人物だった。ウィリアムソンの第一の継承者は、イギリスに関する限り、時代ははるかに下るがアーチー・ベラニー（一八八八―一九三八年）であろう。彼は一九〇六年にカナダに移住したまったく普通のイギリス人であったが、カナダにおいて自己変革を行い、ワ・シャ・クォン・アシン（夜に飛ぶ者）、もしくは皆の知る「灰色のフクロウ」となった。ベラニーは狩猟のための罠かけや川に関する達人となり、バックスキンやモカシンを身に着け、正真正銘の先住民女性と暮らした。彼もまたカナダの大自然での牧歌的生活についてベストセラーを出版し、彼の講演には大西洋の両側で多くの人びとが集まった。その講演で彼は、野生の生物や環境を守るために人間が果さなければならない務めについて「インディアンの」教え（そのいくつかは非常に優れた先進的な教えだった）を伝えた。[39] しかし、明らかにベラニーと似た種類の人物であった一方で、ウィリアムソンの虜囚体験記や彼のイギリスでの目覚ましい成功をこの種の個人的かつ特異な観点から解釈するのは間違いであり、不十分である。むしろ、ウィリアムソンや彼の体験記は、七年戦争後のイギリスに存在したはるかに広い見方、すなわち、アメリカ先住民の社会は邪悪さだけではなく価値ある特質も備えた複雑な社会であり、虜囚となった白人はそこでの経験を魅力的かつ魅惑的にさえ感じることもあるという見方をあざやかに表現した例だと理解すべきである。

　この時代の北アメリカでの虜囚体験についての最良の記録が一人のイギリス人によって書かれているが、この記録の著者はウィリアムソンよりもはるかに確固たる社会的地位にある人物であり、ウィリアムソンのようなロマンチシズムはまったく持ち合わせていなかったにもかかわらず、この体験記がこれら先住民社会の複雑さすべてを網羅しているのは印象的である。ジョン・ラザファードは一七四六年にヨークシャーで生まれたが、スコットランドのジェントリーと親戚関係にあった。一七六二年に彼は、イギリスの元陸軍将校であるおじがデトロイトで設立した貿易組合に加わるため大西洋を渡った。デトロイトに到着すると、野心的で、知的で、自尊心の強い男だったラザファードは、カナダにおける真新しいイギリス領の市場開拓に加わるため、準備としてフランス語だけでなくいくつかのインディアンの言葉をも学び始めた。[40] そして、一七六三年五月、彼はデトロイトとミシリマッキノーのあいだの湖や河川を測量しているイギリス陸軍将校の一行に加わることを承諾し、その結果、ポンティアックの反乱に巻き込まれた。オタワ族、チプワ族、デラウェア族、キカプー族、マイアミ族、セネカ族などのアメリカ先住民が同盟し、イギリス人とイギリス人入植者をアパラチア山脈の東に追い返すために企てた大反乱に巻き込まれたのである。

この後の出来事に恐れおののくと同時に困惑しながらも、ラザファードは、自分を捕らえた者たちの行動が持つ意味合いと自分の行動が持つ意味合いの両方を常にいくらか理解することができた。チプワ族に不意打ちされたとき、部隊のイギリス人将校たちの幾人かは抵抗してすぐに殺され、頭皮を剝がれたが、その中にはラザファードの友達であったチャールズ・ロバートソン大尉もいた。ロバートソンの遺体はその後バラバラにされ、関節は火であぶり焼きにされた。そして、棒に刺された「小片」が「イングランド人の肉はとてもおいしい」という誘いの言葉とともにラザファードに差し出された。ラザファードによれば、彼はこの危機に際して自分をうまくコントロールできたそうだが、これは信じてもよいだろう。というのも彼は、捕らえられたときには恐怖で凍りつき自分や友達を救う努力を何もできなかった、と率直に認めているからだ。この段階ではまだ軍人ではなかったので、ラザファードは戦い方を知らなかったが、死にたくはなかった。そこで、彼は頭と、学んだばかりの新しい言葉を使った。戦争によってラザファードのようなイギリス人もアメリカ先住民についての知識を以前にくらべて多く持つようになっていたが、それもまた彼は活用した。自分を捕らえた者たちによる粗野な人食いと見えるものが実は「宗教儀式」に類するものであり、友人の肉片が差し出されたのは無意味な残虐行為ではなく試練であると彼にはわかっていた。ラザファードは健康で人好きのする十八歳の男性だった。彼に与えられていたのは、実際には、――身の毛もよだつような食事をとる可能性とは別に――試練を甘受し、ゆくゆくは彼自身が一人のチプワ族戦士となる可能性であった。

彼は、冷静さを保ちながら、自分の引受人となったピーウォッシュという名のインディアン男性にこう請け合った。

望みのことすべてに従うつもりであり、ぜひにと言うのならばそれさえ言うとおりにするつもりである。けれども、それは私にとって非常に嫌なことで、従うことに大いに躊躇するただ一つの命令なので、どうか強要しないでくれと頼んだ。こうして、すすんで彼に従うように見せながら、私は友の体を食べないですませた。そして、彼を喜ばせたいという気持ちを示すことで、むしろ彼の好意を勝ち取った。

その後、ラザファードはイギリスの服を剝ぎとられ、上衣《ブランケット》と腰布を与えられた。「頭頂部に小さな一房の髪と」編んで銀のブローチでとめた「二房の髪だけを残して」頭を剃りあげ、顔の彩色の仕方も教えられた。しかし、これらは単に表面的なものであった。彼は木材の伐採、トウモロコシの植えつけ、動物の皮剝ぎ、ピーウォッシュの恐ろしい妻のための雑用など重労働をしなければならなかった。従順かつ有用であることを示すことができてようやく加入儀礼の次の段階が始まった。ラザファードが描いているように(そして、当然のことながら、目撃したことについての彼の理解は限られたものであっただろうが)、祝宴があり、そこでは一匹の犬が食されたが、ラザファード自身は食べることが許されなかった。また別の犬が儀式として溺死させられた。次に、彼とその引受人は島にあるインディアン埋葬地を訪れ、一行はピーウォッシュの亡くなった息子の墓の周りに一人数粒ずつのトウモロコシの種を植えた。その後、ピーウォッシュは一頭のクマを殺し、今度はラザファードもごちそうに与ることを許された。

次の日の夜明け、全員が戻って同じ墓の周りに座り、熊の脂肪を火にくべて、ピーウォッシュが長いスピーチをした。そして、「スピーチのあいだ彼は何度も墓と私を交互に指さし、小休止のたびに私たちはコーラスのようなものを唱和した」。

これは死者の霊を鎮めるためだと私は教えられた。その霊は私が彼の代わりとして養子になることに怒っているかもしれないという。というのも、彼が（妻の乳房を示しながら）言うには、お前はこの乳を吸ったわが息子同然になるからだ。そして同時に、お前はわが息子たち［ピーウォッシュの生き残っている三人の息子たち、つまり、ラザファードの音訳で表すとメイアンスとクウィドゥとクウィダビン］のことを兄弟と思えと命じ、さらに、お前の名前はもはやイングランド人を意味するサガナッシュではなく、アメリカニレという意味のアディックとする、と述べた。(41)

このようにして、実のところイングランド人というよりはむしろスコットランド人であったジョン・ラザファードは、虜囚となるかわりに——ピーター・ウィリアムソンが切望したように——儀式によってまったく別物に生まれ変わった。一人のインディアンとして、インディアンたちの一人として生まれ変わったのである。

それ以外にこの特殊な越境が強化されることは二度となかった。一七六三年八月、ラザファードは何とか逃亡に成功し、ほどなく第四二連隊ブラックウォッチに加わってインディアンとの、そして最終的には反政府のアメリカ人との戦いに身を投じた。しかし、彼はインディアン社会に完全に同化したことは一度もなく、また、ウィリアムソンとは違ってそう望んだことも一度もなかったのであり、この事実は、逃亡の翌年に彼が書いた体験記をいくつかの点でより意義深いものとした。つまり彼は、自分がどの程度チプワ族に受け入れられていたか——または受け入れられていなかったか——を後で振り返り、一歩距離をおいて分析できたのである。ラザファードは、ピーウォッシュとその妻が自分を欲しがったのは、最初は感情などという余裕のある理由からではなく、労働力や、事態が切迫してくればひょっとして得られるかもしれない身代金のためだということをわかっていた。さらに彼は、チプワ族の多くの者たちが自分の白い肌を彩色にもかかわらず滑稽だと思い、彼をせいぜい徒弟としか考えていないことをわかっていた。改名の儀式のあとでも自分のことをアディックと呼ぶものはほとんどいなかった、と彼は記録している。そのかわり、インディアンはラザファードのことをピーウォッシュ自身の名前で呼び、彼がいまだ矮小な隷属的存在であること、能力があることをこれから証明しなければならない見習い中の奉公人であることを明確にしようとしていた。

しかし、ラザファードの知性にもかかわらず、また、人生においてインディアンであったわずかな期間を否認しながら（というのも、復讐のためや、素性に変わりはないということを証明するため以外に、元の貿易商に戻らずイギリス軍に加わる理由があるだろうか）同時にありのままを語ろうという決意にもかかわらず、彼の文章は本人が望んだ以上のことを明らかにしている。加入儀礼について書いたあとでは、ピーウォッシュやその妻や息子のことを彼がチプワ族の名前で言及することはなくなる。その代わりに彼はピーウォッシュたちのことを「私の父」、「私の母」、そして「私の家族」と呼ぶようになる。あらゆる努力にもかかわらず、あの埋葬地においてラザファードには拭い去ることのできない何かが起こったのであり、彼はそのことを認めたくはなかったが、完全に振りはらうことができなかったのだ。それだけでなく、彼の虜囚体験記には、インディアン社会に偶然もしくは自発的に入り込み、部分的または完全に同化してしまった白人たちへの言及も随所に見られる。たとえば、ラザファードとともに捕らえられてのちに殺されることになったイングランドの準男爵サー・ロバート・デイヴァーズまでもが、殺される前の二年間、ヒューロン族の者たちと暮らす中で、祖先代々の呪うべきメランコリーから自由になれることを期待しながら「彼らの民族衣装や風習を受け入れ」ていたという。また、ポンティアック戦争で捕らえられたイギリス陸軍のポーリ歩兵少尉は、ラザファードの記録によると、さっさとチプワ族の女性とねんごろになった。さらに、名前はわからないが一人のヴァージニア人がインディアンの女性と結婚しており、ラザファードはそのヴァージニア人がポンティアック自身の通訳を務めているところに居合わせたとのことである。つまり、この体験記には、イギリス人とインディアンのあいだの壁のその両側に憎悪、暴力、偏見があった証拠が豊富に含まれているわけである。しかしこの体験記からはまた、この壁はそれでもなお透過性があり、

背景の異なるさまざまな個人によって繰り返し突破されてきたこともわかる。(42)

一七六〇年代にはすでに、この壁の透過性は、イギリス国家の政府関係者のあいだでも、イギリス人一般のあいだでも広く認識されていた。ピーター・ウェイの述べるように、七年戦争のあいだ、北アメリカに駐屯するイギリス連隊では脱走してさまざまな現地人集団へと逃げ込む下層兵士が数多く出たため、インディアンとともに暮らしているところを発見されたイギリス兵が自分は虜囚になっていたのだと主張する場合、その兵士は自らの意思に反して文化の境界をむりやり越えさせられたことをどうにかして証明しない限り、軍法会議にかけられる危険があった。戦時であれ戦後であれ、アメリカ大陸進軍のあらゆる局面においてイギリス軍の高官たちには白人「虜囚」を取り戻さなければならない事態が生じたが、その「虜囚」たちが実際には虜囚でないことも多かった。ジェフリー・アマーストは、モントリオールを占領した際、現地のインディアンたちの中で満足して暮らし「インディアンの衣装を着て町に」やって来る「イギリス臣民」たちを見て、当然のことながら愕然とした。(43)経験を積んだ余裕のある将校たちはそのようなことが起こるという事実を単純に当たり前のことと捉え、はぐれた兵士たちを返してほしいという要求をインディアンとのあいだで話し合われる協約の中身に機械的に加えていた。一七六四年にヒューロン族と結ばれた協約には、「虜囚となっている、もしくは脱走兵であるイングランド人は……即座に引き渡されるべし」とある。翌年にはクリーク族とチョクトー族に対して、インディアンは「不埒な逃亡者をかくまう」ことはならず、「白人であれ黒人であれ、すべての脱走兵を引き渡す」よう再確認がなされた。(44)

ほとんどの帝国行政官の目には、自分で望んだことであれ、虜囚になった結果としてのことであれ、アメリカ先住民とともに暮らすイギリス人兵士や入植者たちは非難の対象であった。そのような混ざり合いは、グローバルな戦争に打ち勝つことで大きく拡大したイギリス人の国民的、宗教的、人種的自尊心を傷つけるものだった。しかし、それに加えて、このような混ざり合いは、帝国の安定を、きわめて現実的なレベルで損なうものでもあった。北アメリカに駐屯するイギリス軍は、一七六三年以降は特に、どう見ても兵力が乏しく、兵士が何のとがめもうけずに軍を離れて原野へと入っていくのをそのまま許しておくわけにはいかなかった。そして、「白人インディアン」となった一般の入植者たちも同じく厄介な存在となりえた。イギリス人は、武装した入植者集団が白人虜囚を取り返すことを口実にインディアンの部落を攻撃したり、インディアンの土地を侵略したりすることを望まなかった（が、しぶしぶ我慢しなければならないことが多かった）。帝国側当局が未然にこれらの問題の芽を摘むことができ、協約や話し合いによって整然とすべての「白人インディアン」を取り戻すことができれば、そのほうがはるかによかった。

しかしながら、本国の普通のイギリス人に関する限り、七年戦争とそれに関する書き物によって、白人の中にはアメリカ先住民と暮らすことを選択して先住民からも歓迎されている者がいるという認識が高まり、大きな驚きとなった。というのも、この状況は、インディアンは単なる怪物的他者ではないということを裏づけるものだったからである。少なくとも一部のインディアンは白人の心に強い忠誠心や愛着を呼び起こすことができ、お返しとして白人に対して愛情を感じることもできた。スイス生まれのイギリス人将校でありインディアンと戦う勇猛な戦士でもあったブーケ大佐は一七六四年の終わり頃にセネカ族とデラウェア族のもとを訪れて白人の「虜囚」を引き渡すよう強要したが、思慮深く感傷的なイギリス人はその際に何が起こったのかに思いを巡らせた。このようにして「解放された」白人の子どもの中には養親であるインディアンから悲鳴を挙げながら引き離され、もはや顔も覚えておらず自分の話せない言葉を話す肉親と再会しなければならない子どももいた。しかし、イギリスで最も話題となったのは、インディアン自身がこの暴力的かつ強権的な別離にどのように反応したかということであった。

インディアンたちも、まるで普段の野蛮さをすっかり忘れたかのように、このきわめて感動的な場面を盛り

35 『ブーケ大佐にイングランド人虜囚を引き渡すインディアン』。ベンジャミン・ウェスト作。

上げるのに重要な役割を果たした。彼らはしぶしぶ自分たちの愛する虜囚たちを引き渡し、滝のような涙を流して、部隊長の配慮と保護に委ねた。[45]

この「まるで普段の野蛮さをすっかり忘れたかのように」という言葉は、ブーケの任務の顚末をまとめたペンシルヴェニアの国教徒の著作に記録されており、この著作は王室地理学者が自ら関わって一七六六年にロンドンで出版されたが、態度の顕著な軟化とその限界の両方を私たちに気づかせてくれる。七年戦争の結果、この記録やピーター・ウィリアムソンの体験記などの人気からも伺えるように、イギリス人の一部は、アメリカ先住民を罪を犯す者というよりは罪を犯される対象者だと考えたり、彼らのことを西洋人よりも自由で、自然で、寛大でさえある優れた人たちだと考えたりするようになっていた。しかし、アメリカ先住民を白人たちと理性の面で同等の存在であると考えたり、そう表現したりすることはいまだまれであった。それにもかかわらず、イギリスにおけるこの種の考えや書き物の影響力はやはり重要であった。というのも、もしインディアンが実際に野蛮さを「忘れ」、虜囚やそれ以外の者たちとの関係を理解可能な人間的感情で対処していくことができるのなら、これこそ、「野蛮さ」は生得的なものではなく、「野蛮さ」自体が変化可能で向上可能なものであることを示す有力な証拠である。そして、もしインディアンが本当に変化し向上することができるなら、アメリカにおけるイギリス帝国内に彼らのための安全で保護された場所が必ず確保されなければならない。

［インディアンという］野蛮人が持つこれらの性質はわれわれの評価の正当性に疑問を投げかけるものである。彼らの野蛮さは間違った教育の結果であり、勇敢さや英雄的資質の誤った捉え方だとわれわれは寛容に考えるべきである。一方で、彼らの美徳は、彼らもわれわれと同じく本来的に教化されるにふさわしい存在であることの確証であり、それゆえ、私たちにはこのようにして自らの優位性によって与うる限りの手助けを彼

らに与えることが求められているのである。(46)

人道的理由だけでなく実際的な理由からも、これがイギリスの戦後帝国体制によってますます好まれるようになった見方であった。

勝利の成果、島国の制約からくる苦労

というのも、常にそうであったが、虜囚体験記は個人に関するよりもはるかに多くのことを語っていたからだ。虜囚や虜囚捕獲者――この場合は、北アメリカの白人と、その白人たちを捕まえたアメリカ先住民――に対するイギリス人の態度の変化は、帝国――この場合は、アメリカにおける帝国――に対するイギリス人の態度の変化や、帝国にまつわる不安と密接に結びついていた。七年戦争のあと、イギリス人はアメリカ先住民についての議論や考えの中で相反する感情をはっきりと示していたが、これはアメリカにおけるイギリス帝国全体についてのもっと純粋な不安の一つの結果であった。この地での戦争でイギリスは他所とは比較にならないほどの成功をおさめたが、桁外れの勝利も、たちまち新しい課題や不安をもたらした。

これらはアメリカにおけるイギリス帝国が今や大きく膨張してしまったその結果でもあった。一七六三年以後、イギリスの支配領域は極北のラブラドル海岸から南部フロリダの湿地帯まで延びるとともに、内陸へと約二〇〇マイル入り込み、領域内には一七五六年以前とくらべてはるかに多様な民族、宗教、文化が存在するようになった。戦時中でさえ、北アメリカに到着したばかりのイギリスの役人や兵士たちは、領域の広大さや住人の異種混淆性に驚愕した。前にも見たように、彼らは、アメリカ先住民が傭兵となった場合の有用性だけでなく、彼らの

多様性や潜在的危険性をも認識せざるをえなかった。また、アメリカでの兵士動員によってイギリス人は黒人の人口規模についても知ることになった。当時の一三植民地の全住民数における黒人の割合は、現在の合衆国人口における割合よりも大きかった。イギリスの在米総司令官は一七五六年にニューヨーク市民に向けて、イギリスは「壮健で……銃の使い方を知ってさえいれば、肌の色、身体の大きさ、年齢は問わない」と伝えた。イギリス当局が普段から人員を切実に必要としており、ニューヨーク市の人口の五分の一が黒人だった事実を考えると、これ以外の態度をとることは不可能だったのである。(47)

戦争に勝利し、カナダ、ルイジアナ、そしてフロリダがイギリス帝国の一部となった今、アメリカに駐在するイギリスの役人たちは、これらの地域それぞれの先住民族だけでなく、かなりの数の増加を見せていた新たな、英語を話さない、プロテスタントではなくてカトリックの白人臣民たちをも扱わなければならなくなった。(48) ここに、イギリス帝国の戦後課題の一つの特徴があった。北アメリカ本土におけるイギリスの支配領域は以前よりもはるかに大きくなったが、イギリス的なところは目に見えて少なくなっていた。七年戦争前にすでに存在していた一三植民地でさえ民族、文化、利害関心の面でますます異種混淆的になっているとイギリス政府は見ていた。戦時には一三植民地に多数のイギリス人兵士や役人が存在し、一三植民地についての情報が増大したことから、イギリス人は非白人住民たちについてより多くのことを知るようになっただけでなく、アメリカの白人入植者たちがどの程度自分たちと似ており、どの程度異なっているかということにもより敏感になった。一七六三年以降、イギリス人は、イギリス系白人アメリカ入植者たちのことを「アメリカ人」と呼ぶことが普通になったようである——白人アメリカ人自身は一〇年以上前に自分たちを常にそのように呼びはじめていた。かつては本国のイギリス人と同一だと安易に決めてかかられていた大西洋の向こう側の白人男女であったが、今や、すべてとは言わないまでも多くのイギリス人が彼らのことをすでに独自の、自分たちとは潜在的に異なったものと捉えるようになっていた。(49)

そしてこれによってイギリスは一七六三年以降、また別のきわめて厄介な帝国的課題を抱えることにもなった。七年戦争のあいだ、一三植民地に駐在するイギリス帝国の役人たちは軍事上の理由や行政上の理由から白人住民や非白人住民の人口を把握しようとした。間もなくわかったことは、今や、非白人と同じく白人も多くいるということだった。スザンナ・ジョンソンのような女性入植者の出生力は何世代にもわたって高水準を維持し、白人入植者の人口を一六五〇年の約五万五〇〇〇人から一七〇〇年には二六万五〇〇〇人に、一七五〇年には一二〇万人に押し上げた。たったの一〇〇年で、北アメリカのイギリス植民地人口は、同時期どうしの比較において、イングランド自体の人口の一〇〇分の一から五分の一へと増加したのである。一七七〇年までには、アメリカの入植者対イングランド人男女の割合はさらに縮まり、一対三までになった[50]。一七五〇年以降のアメリカのこの急速な人口増加は、他の事柄と同様、七年戦争の影響を受けたものだった。イギリスが勝利し、アメリカ大陸におけるフランスの野心が潰えると、大西洋を越えてアメリカへとやってくる移民が加速度的に増えた。一七六〇年から一七七六年のあいだに、約五万五〇〇〇人のプロテスタントのアイルランド人、四万人のスコットランド人、そして三万人のイングランドおよびウェールズ人が故郷を離れてアメリカへ、つまり、彼らやその同郷人たちが今やはるかに多くの知識を持つようになった領土へと渡った。国会議員たちが労を厭わず立証したように、これら大西洋を渡る移民たちの大半が三十歳未満の若い男性、つまり、イギリス本国の農業、工業、陸軍、海軍の枢軸となる年齢及び性別の人びとであった[51]。

イギリスの帝国事業を繰り返し襲うパニックの背後には常にイギリス本国の国土、資源、人口の小ささがあったが、一七六三年以降、これらは再びいらだちや大きな不安を引き起こすようになった。アメリカ植民地と比べて人口の伸びがはるかに小さいイギリス本国は、どうすれば将来も植民地に対して支配力を維持することができるのだろうか。一七六七年には一人の専門家が（専門家というのは物事を間違って捉える才能を持っているものだが）、「二〇年か三〇年たてば、そこ［アメリカ植民地］には、イングランド以上とは言わないまでも同じくらいの数の人びとが存在するようになるだろう」と予想した。同じ著者はまた、実際のところイギリスの人口は「本国と植民地の両方を合わせた国政全体を管理・運営し、イギリスの領土すべてに植民してそれらを守るにはきわめて不十分な数」であると警告した。定期的に多数の若者がアメリカ植民地へ移民してしまうのならば、イギリスは大きく拡張した帝国を保持し続けることはもとより、いったいどのようにして本国の繁栄を維持したり、戦時において本国を守ったりすればよいのだろうか。ジョージ・グレンヴィルは戦前においてさえ下院に対して次のように警告していた。

ご存じのとおり、スペインは……アメリカの入植地への移住を奨励しすぎたためにほとんど住民がいなくなってしまった。したがってこれは、この王国にとって当該の入植地がいかに有益であろうとも、そのせいで母国から人がいなくならないようにせよというわれわれへの警告である。(52)

七年戦争のあと、イギリス人のあいだでアメリカ入植者たちを自分たちとは微妙に異なる人びとだと見る傾向が強まったことから、こういった不安はさらに厄介なものとなった。以前、イギリス人は、アメリカ入植者の明らかな高出生率や人数増加をイギリス自身の勢力や支配力を自動的に拡大するものとして無条件に喜ぶことができた。今やイギリス人の中には、大西洋の向こうの入植者たちの急増、つまり、ベンジャミン・フランクリンが言うところの「アメリカの掛け算表」がいつも必ずイギリス本国の国家的・帝国的利益につながるとは信じられなくなった人もいた。「もし彼らが倍増に倍増を重ねれば、彼ら自身の領域には収まりきらなくなるだろう」と、サミュエル・ジョンソンは一七七五年のアメリカ植民地についての論説草稿の中で悲観的に書いている。この見通しはあまりにも恐ろしかったので、ジョンソンは印刷業者に回す前にこの部分を草稿から削除した。(53)

しかし、イギリス当局が最も気にかけていたのは、アメリカ人たちがやがて自ら全権を掌握して帝国的統治を行うようになるだろうということ——これはまだずっと先のことだとは思われた——よりもむしろ、いかにすれば北アメリカ大陸のイギリス植民地において当面のあいだ白人入植者と他のさまざまな部族とをうまく統治・管理し、平穏を保つことができるかというきわめて実際的な問題であった。戦時中、北アメリカのイギリス軍当局や文官たちは、入植者たちがアメリカ先住民たちの土地に絶えず侵入しており、それこそがインディアンを暴力に駆り立てる原因となっているという結論に至った。一七六三年のポンティアックの蜂起では、ジョン・ラザフアードやトマス・モリスなど多くのイギリス人が捕らえられ、イギリス軍兵士の多くが殺されたため、イギリス政府には、入植者たちとアメリカ先住民を引き離して互いに危害を与え合わないようにするとともに、どちらもが国王に対して従順で忠実であるようにしておくことが不可欠だということがきわめて明白になった。まさしくこれを達成しようとして、一七六三年以降、イギリス人は——入植者に関する限りたいそう喧嘩腰に——北アメリカに一万人からなる軍隊を駐留させようとした。大規模な正規軍部隊を常駐させれば、貪欲に土地を求め、人口を増加させつつある白人入植者たちと、領域を侵食され後退しつつありながら、いまだにきわめて危険で、鎮圧するには金のかかる相手となりかねないあの怒れるインディアンたちとのあいだの境界を維持することができるだろうと、イギリス政府は楽天的に考えていた。[54]

しかし、もっともなことではあるが、アメリカの入植者たちはよりよい治安維持のための課税を拒んだので、この一万人のイギリス正規軍が実際に配置されることは一度もなかった。一七七〇年代の初期以前には、カナダ、一三植民地、フロリダ、そして西部フロンティアからなる広大な領域を支配するためにイギリスが有している軍人は四五〇〇人に満たなかった。というのも、常備軍は相変わらず人数が限られており、平時には国内の納税者もこれ以上の人員には金を出せず、出すつもりもなかったからである。[55] しばしばそうであったように、イギリス自体の多様な小ささがその帝国的活動や権利主張を縮小させたり弱めたりしたのである。

だからといって、アメリカにおけるイギリス帝国がこの段階においてどれほど耐えがたい圧力のもとにあったかについては誇張すべきでないし、同じく、戦後のイギリスの不安の程度を強調しすぎてもいけない。一七六〇年代や一七七〇年代の初期には、大西洋の両側で、多くの男女がイギリス帝国のかつてないほどグローバルな広がりや富を無条件に享受し、互いをプロテスタントの兄弟でありイギリス人同士だと考え、さらには、商業と宗教と同一の君主を基盤とするこの英米の同盟が常に維持されるだろうと、もしくは維持されなければならないと考えていた。しかしまた、七年戦争での前代未聞の大勝利が驚くほど多くの領土や、行政および軍事面での負担、そして、応え続けるのが難しいほどの国民の期待をもたらしたということや、北アメリカにおけるイギリス帝国の支配はすでに極度の緊張下にあり、いくつかの点では後退しつつさえあるということに早くから気づいているイギリス人が大西洋のどちらの側にもいた。

これがおそらく、アメリカ先住民に対するイギリスの反応や関心が戦後はときに著しく同情的なものとなり、ピーター・ウィリアムソンが後に書くことになるさまざまな意味合いを含んだ虜囚体験記があれほどまでの人気を維持し続けた究極の理由であっただろう。逆説的なことだが、とはいっても見かけほどではないのだが、本国のイギリス人と退却しつつある北アメリカの先住民には今やいくつかの共通点があった。イギリス帝国と同じように、アメリカ先住民も増大するさまざまな困難に直面していた。そして、本国のイギリス人の一部に本国の人口規模についての不安を感じたり、イギリス系白人アメリカ入植者の人数増加や彼らの苛立ちの増大に怯えを感じたりする人がいたように、アメリカ先住民たちもさらに多くの理由で不安や怯えを感じていた。このように、イギリスの帝国主義者と彼らのかつての犠牲者である先住民は、奇妙なことに、七年戦争後にはときに共通の課題に直面することになった。すなわち、白人入植者集団は増大しつつあり、彼らには今や、アメリカ先住民の要求もジョージ三世や議会や帝国の要求もますます我慢ならなくなってきていたのである。来るべき危機をアメリカ先住民もイギリス帝国もまぬかれることはなかった。

第七章　革命

正体を見誤る

一七八〇年九月二十二日金曜日。その男の二度目の捕虜生活は短期間で終わる運命にある。船が岸辺に着くとすでに夜で、ハドソン川の西の堤防に並ぶ木々は、男の輝く上着が外套の下に隠されているのと同じように、ほとんど闇に飲み込まれている。男は誰かを見ることもなく、そしてまた誰かに見られることもなく、事前に決めてあったハベストロー近辺の場所に馬で移動するが、会合はあまりにも長時間に及ぶ。会合相手のアメリカ人、ひょっとするともはやアメリカ人ではないかもしれないその人物は、川の下手にひっそりと停泊するイギリス軍の軍艦で接触することを拒否し、そうすることで、すでにこの男を危険にさらしている。恩給、昇進、適切な保護など細かい点まで今のうちに詰めておかなければならないが、突然夜が明けてしまう。疲労で気が張りつめ、無頓着な鳥や、藪でカサカサ音を立てる小動物や、方角を特定できない砲弾等が唐突にたてるあらゆる音に過敏になっていたその男は、馬で近くの家に行って再び夜になるまで身を隠そうと自分に言い聞かせる。隠れ家はすぐそこに見えている。突然、至近距離で歩哨の声がするが、彼は了解している。国王軍在米総司令官ヘンリー・クリントンの副官であったこの男ジョン・アンドレは、ベネディクト・アーノルドという名の傑出したアメリカ革命派の将軍と裏取引をし、アーノルドが味方を裏切ってウエストポイント〔ハドソン川のほとりにあった要塞で、一七七八年に大陸軍が占領。現在はアメリカ陸軍士官学校がある〕をイギリス軍に明け渡すという話をまとめてきた。だがこの過程で、彼は自ら決定的な一線を越えていた。彼にとって、その隠れ家は少しも安全ではない。それは境界線の向こうのアメリカ側にある。

彼は最善を尽くす。とはいえ、今や判断力も神経も極度の緊張状態にある。彼は、イギリスの上級参謀将校の金の刺繍入りジャケットを、親英派が貸してくれた簡素な深紅の厚手の外套に着替え、アーノルドの秘密指令を白い絹のストッキングの足元に押し込み、その土曜の朝、ニューヨークへ、そしてイギリス軍司令部へ戻る道を見つけるために出発した。アーノルドからは通行許可証を与えられており、しかも、そのアメリカ人が味方を裏切るまでにはまだ数日あったので、彼は二組の歩哨を無事に通り過ぎ、再び中立地帯に入ることができた。ひょっとすると、彼を破滅させるのは、このときに経験した安堵感の高まりかもしれない。森では、泥が飛び散った手織りの私服を着た三人の革命派民兵が、自らの集団から逃亡した脱走兵を探しまわっていた。アンドレが彼らの正体を知らないのと同様、民兵たちの方も最初はその見知らぬ男が何者かということに確信が持てないでいた。なるほど彼のアクセントは特徴的で、無精ひげやサイズの合わないコートはその落ち着いた態度や尊大に見える身構えにそぐわないように思われたが、このような混沌として不安定な時代には、もはや予想通りに見えたり振る舞ったりする者などいない。だが彼らは、その男にとって気がかりな、そしてこの上なく愚かな質問をはぐらかすのに十分なほどには警戒していた。「どちら側の者か」とジョン・アンドレは尋ね、「味方だ」と彼らは答える。その時点で、彼は心の緊張を解き、自分はイギリス陸軍将校で、助けを必要としていると彼らに告げる。この言葉で、彼は自らの首にロープを巻きつけることになった。

36　処刑前日のジョン・アンドレ。ペンで描いた自画像。

革命派は彼をスパイとして、十月二日、ニューヨークとニュージャージーの境界近くのタッパンで絞首刑にした。男も女も子供も群がって嘆き悲しみ、彼の亡骸が切り落とされるまで優に半時間ほど揺れ動くのを見つめ、そしてそれを五〇〇人のアメリカ人兵士が押しとどめていた。アンドレと彼の運命をめぐって間もなく誕生した感傷的な神話は、特に新生アメリカ合衆国で、アンドレ自身よりもずっと長く生き続けた。十九世紀以降、アメリカの収集家はその死者の髪の房、捕虜として過ごした最後の日々に彼が仕上げたスケッチ、彼が座った椅子、彼が持っていた本を競り合った。若くてハンサムだが名前のわからないレッドコート〔イギリス軍人〕の将校の肖像画は、ほぼ間違いなく「ジョン・アンドレ少佐」のものだとされ、彼のイメージは絶え間なく変わり、増殖した。

この処刑された二九歳のイギリス陸軍少佐を取り巻くアメリカ人の熱狂は、見かけほど奇妙なことではなかった。ジョン・アンドレは、結局のと

37　ジョン・アンドレの処刑

ころ、あらゆる意味で負けた。ウエストポイントはアメリカ革命戦争で陥落せず、その一方で、ジョージ三世の軍隊はアメリカで最終的に降伏した。だから崇拝者にとってアンドレは、悪人に見えることがあっても常に変わらずロマンチックで、ただ単に不快な裏切り者にしか見えない強敵ベネディクト・アーノルド、すなわち大革命におけるイスカリオテのユダ役とは見事な対照をなしえた。しかもアンドレ自身は非常に魅力的で、尊大で横暴な帝国人というステレオタイプなイギリス人とはまったく違っていた。フランス人とスイス人の血を引き、多言語を操り、芸術に熱心で、日記をつけ、多くのイギリス人陸軍将校と同様に素人芝居の愛好家でもある彼は、女性のみならず男性も魅了するほど容姿端麗で、陽気でくつろいだ態度の持主だった。彼は明らかに商人の家の出で、物の見方においては華やかなコスモポリタンであったが、それにもかかわらず、貴族の称号を持つ堅苦しいイギリス陸軍の上層部も、アンドレの個人的な魅力には太刀打ちできなかった。そして最後の日、彼はやましいことは何もなかったが死んだ。ジョージ・ワシントンが自らのテーブルから送り届けた朝食を陽気に食べた。彼は、ただちに友達になった二人の若いアメリカ人将校と腕を組んで処刑場へ歩いて行き、絞首刑を命じた上官たちに会釈をした。絞首台とロープを見てよろめいて一瞬うつむいた（彼は軍人として射殺されることを望んでいた）が、気を取り直した。彼は、アメリカンドラムの音は思ったより耳に心地よいと述べ、そして自分を来世へと送る荷車に軽やかに足をかけた。(1)

だが、このような顛末は、その場の見物人の涙を誘い、彼の死後の評判を高めたため、アンドレがどのような人物で何を信じていたのかを分かりにくくしている可能性がある。たしかに彼は教養があり、魅力的で、繊細で、勇敢だったが、野心家で、経験を積んだ帝国軍人でもあり、強い愛国的信念から戦い、陰謀を企てた。処刑される前にイギリス軍の友人に書いているように、彼は『内戦』に終止符を打つ試みを……犯罪と考えることができなかった」。ちょうどワシントンが、騎士道精神の持ち主であるにもかかわらず、この優雅なイギリス人捕虜が絞首刑にならねばならないことを疑いもしなかったように、アンドレもまた、自分を捕らえたアメリカ人に対して愛想よく振る舞ったものの、彼らのような連中は自分の仕える帝国の優れた統治体制や大西洋両側にまたがって織り合わされた宿命を気まぐれに混乱させる反逆者であることに一瞬たりとも疑いを抱くことはなかった。われわれは、非の打ちどころのない物腰の下におそらく復讐願望が横たわっていたことも考えに入れなければならない。というのも、アンドレは以前にも捕らえられたことがあったからだ。彼は一七七五年にカナダのセントジョン要塞で数百人の仲間と共に降伏し、仮釈放の数か月間は、ペンシルヴァニアの山奥にある小さな開拓地のランカスターとカーライルで抑留された。そこでは、数で勝る共和制主義者の住民が路上で彼に石を投げつけ、手紙を盗み読み、投獄やそれ以上のことをすると脅すこともあり、「われわれを故意に侮辱して喜んだ」[2]。ここでは、アンドレの魅力や素養がほとんど役立たなかった。革命派がチャールストンとカムデンで完敗したのと同じ年に、連中からウエストポイントを奪う作戦に貢献することは、彼個人としては、非常に魅力的な報復の流儀に見えたに違いない。そして、彼自身が捕虜として味わった屈辱の記憶を拭うのに、かつて一七七七年にサラトガの戦いで何千人ものイギリス兵を捕らえたあの主たる功労者ベネディクト・アーノルドをこちら側に寝返らせること以上にうまいやり方があるだろうか。

この劇的な帝国軍事作戦では、他の多くの場合と同様、虜囚の問題が重要な役割を果たした。イギリス人に関する限り、アメリカ革命戦争中は、一般的な理由だけでなく特殊な理由のために、さまざまな虜囚がいたということがきわめて重要だった。繰り返しておく必要のあることだが、イギリス人は、植民地であるアメリカの住民をどう見るかについて合意を築くことに成功したためしがなかった。実質的には少数派である本国イギリス人にとって、大西洋の向こう側の人びとは常に遠すぎてあまり関心を呼び起こさなかった。そして、七年戦争の開始とともに北米に対する関心がイギリスにおいて劇的に増したとはいえ、そのことが見方の一致に結びつくことはなかった。ある者にとっては、一七五六年以降の勝利に多大な貢献をした一三植民地の白人居住者は、それまで以上に、向こう岸にいる自分たちの延長であるように、すなわち仲間のプロテスタントで自由を愛するイギリス人であるように思えた。だが一方で、アメリカにいる白人入植者は何よりもまず植民地の住民であり、他の北米の集団――フランス語圏のカナダ人やアメリカ先住民――が統治されるのと同じように、慈悲深く、だがまたしっかりと統治されるべき存在だと考える人もいた。

一七七五年以降、イギリスとかつての一三植民地とのあいだの戦争は、このような根本的な不確定性と不協和に由来し、またそれらを悪化させもした。ジョン・アンドレは、ボロを出して破滅した。というのも――最も肝心なときに――彼はアメリカ人を正しく判別すること、すなわち敵と友とを区別することができなかったからだ。ほぼ同様に、大西洋の向こう側の人びとをどう見るのかということをめぐる動揺と分裂は、この戦いでイギリス本国出身者は自らが虜囚を取る行為を効果的に正当化することもできず、自らの集団の中で誰が虜囚と見なされるのかということに関しても意見の一致を見ない、ということを意味した。このような根強い当惑から生み出されたものは、軍事的敗北にも匹敵するプロパガンダと策略の敗北だった。

誰を数に入れるべきか

最も直接的なレベルでは、アメリカ独立戦争では、イギリス側の何万人もの兵士や水兵が捕虜にされた。この根本的な理由は、すでにおなじみのものだ。つまり、イギリスはあまりに狭く、あまりに人口が少なく、あまりにも限定的な常備軍しか持たないので、非常に多くの現地住民や同盟関係にある強国の積極的支援を受けない限り、帝国や他の領土で大規模な地上戦を長期間繰り広げることができなかった。この点は強調する必要がある。というのも、スティーヴン・コンウェイが述べているように、「無敵というに近いイギリス軍事機構のイメージ」が、この戦いとの関連で「意識的に、あるいは無意識に……素人くさいアメリカ人の功績を大きく見せるために」しばしば喚起されるからである。[3] メル・ギブソンの映画『パトリオット』を見ればわかる。立派に見えるが邪悪なイギリス人将校に率いられて機械のごとく動くレッドコートの兵士が、みすぼらしく、十分な物資もないが、あくまでも高潔なアメリカの民兵と対決する。これが、アメリカ革命の有力な伝説だ。しかし、戦場の現実はまったく別ものだ。

たしかに、当初イギリスは、機敏だが痩せっぽちの革命派ダヴィデと敵対する巨人ゴリアテ、すなわち、七年戦争で世界の勢力バランスを変えたこの上なく攻撃的な国家のように見えた。だが、七年戦争は、アメリカ革命とはまったく違う戦争だった。イギリス人は、強力な同盟諸国——特に重要なのはプロイセン——の助けを借りてヨーロッパで戦い、そうすることでヨーロッパ大陸での敵軍の動きのかなりの部分を効果的に封じた。北米での戦いについても、イギリス人は、結局は約二万名にのぼる植民地部隊に加え、民間人入植者からの幅広い支援も確保していた。それでもなお、イギリス軍がフランスのずっと規模の小さい植民地軍を撃退し、敢然とカナダに侵攻するのに数年を要した。

一七七五年の状況はまったく異なり、はるかに危険だった。ヨーロッパ列強は、フランスのように最初からイギリスに敵対しているか、ロシアのように中立であるかのどちらかであった。アメリカの多くの入植者はイギリスに対して公然と武装し、それ以上に多くの入植者は浮かぬ顔で中立を保っていた。一方、イギリス本国の軍隊は、刃向ってくる者などないように思えた一七五九年当時の、いわゆる驚異の年の軍隊ではなかった。経済的理由により、一七六三年以後に王立海軍は縮小され、一方、陸軍の方も、計画とは異なり実際には、この新たな戦争の勃発時に召集できたのは三万六〇〇〇人未満だった。イギリス政府が反乱らしきものを封じ込めて潰してしまう最大の公算はそれを冷酷に速やかに実行するところにあったのだが、このアメリカ戦争のきわめて重要な最初の二年間にイギリス本国で追加召集されたのは一万八〇〇〇名に満たなかった。これらの数字は、同時期のワシントンの軍隊と比較すると今なお印象的に思えるが、距離と地理を考慮に入れる必要もある。革命軍は、常に友人に囲まれていたというわけではなかったものの、ホームグラウンドにいた。対照的にイギリス軍は、アメリカで必要な食糧、衣類、銃器類のほぼ全部を、海の向こうの三〇〇〇マイル離れたところから船で運ぶか、現地の住民から徴発せねばならず、そのため、現地の入植者と不和になる危険を冒さなければならなかった。[4]

そのうえ、この戦争は規模が非常に大きかった。イギリス人がかつて戦ったどの戦争よりも大きかった。アメリカ人は当然のことながら、一三植民地、すなわち後に新しい国となり（やがては）新たな帝国となる起源の地で起こったことだけに注目する傾向がある。だが、これらは当時、大西洋のイギリス帝国にあった二六の植民地の半分にすぎなかった。大西洋のイギリス帝国には他にカナダ、ノヴァスコシア、フロリダ、カリブ諸島、そしてホンジュラス湾やモスキート海岸の非公式居留地があった。これらの地域の住民のほとんどは一七七五年には暴動を起こさなかったが、これらの領地のほとんど全部が戦闘か何らかの小競り合いを経験した。そして、それらすべてにイギリス軍と補助部隊が巻き込まれ、イギリス人は虜囚の境遇になったり、病気になったり、死んだりする可能性が高まった。[5] フランスが公式に参戦して革命派側についた一七七八年以後、状況は計り知れないほど悪化し、翌一七七九年にはスペインが、そして一七八〇年にはオランダもこれに続いた。これによって、アメリカ人が活用できる陸軍と——何よりも——海軍の軍事資源は増加し、戦いは他の大陸にも確実に波及することとなった。オランダ、スペイン、フランスのあらゆる植民地が、そして地中海、アフリカ、インドのあらゆるイギリス領が、今や戦闘の恰好の標的、すなわち新たな死と虜囚体験の場となった。一七八〇年にはイギリスの指揮下にある陸軍は一〇万人を超えていたが、この段階ですでに戦争の地理的範囲が非常に拡大していたため、イギリスが北アメリカの地での戦いに充てることのできる部隊は三〇パーセントもなかった。[6] この見かけ倒しのゴリアテは、すべての関節から大量に血を流した。

この戦争の規模と性質は、この間のイギリス人虜囚の数が非常に多かったことと同時に大いに議論の余地があることを説明するのにいくらか役立つ。当初から、かなりの数のイギリス人戦闘員や民間人が、陸と海の両方で捕らえられた。少なくとも二五〇〇人が、一七七五年十一月にセントジョン要塞のたった一度の交戦で、ジョン・アンドレとともに捕らえられた。二年後、捕虜を担当するアメリカ軍兵站総監の職にあったエリアス・ブーディノットが計算したところによると、イギリス軍は六五〇〇人近くのアメリカ人捕虜を保有していたが、アメリカ側はさまざまな形で拘束された約一万人のイギリス軍人を保有していた。(7) 戦時捕虜に関しては、一七八〇年にチャールストンとカムデンの戦いの結果としてイギリス側が一気に優勢になったが、ヨークタウンと他のいくつかの小規模な戦いでのイギリスの敗北が情勢を一変させた。一七八二年五月、総司令官クリントンはイギリス政府当局者に、「われわれの五〇〇〇人に対し」、敵は今や一万二〇〇〇人の戦時捕虜を保有していると、落胆して伝えた。(8)

だが、このような数字はある種のカテゴリーにあてはまる捕虜についてのおおまかな見積りにすぎない。イギリス陸軍省が認めたように、

敵に捕獲されることによって失われた人数を突き止める手段は皆無で、年ごとの新たな捕虜の総数、あるいは、途中で交換されたかもしれない捕虜数についての報告はまったくなかった。

アメリカ革命派側の当局者は、アメリカで捕らえたイギリス人捕虜を調査が容易な少数の仮収容所や短期収容所に集めることは決してなく、広範囲に、でたらめとさえ思えるほど分散させたこともあって、正確で包括的な虜囚の記録を残せる可能性はさらに低下した。たとえば、サラトガで捕らえられた二五〇〇人余りのイギリス人兵はその後、かつての一三植民地のうち九つの植民地に、そしてさらに三〇の異なる開拓地に分けられた。(9) 捕虜たちがこのようにやみくもに分散させられたことを考えると、当局者がいかに勤勉であっても、捕虜であるあいだに何人が死亡したのか、あるいは逃亡したのか、あるいはまた、何人が敵に寝返ってアメリカ大陸軍や各地の民

38　アメリカで拘束されたイギリス人戦争捕虜を救出する親英派の人びと。たいていはこれよりもずっと過酷な状況だった。

兵組織に所属したり、現地女性と結婚してコミュニティにさっさと溶け込んだりしたのかを把握するのは困難だった。

人びとが捕虜の総数と考えてきたものには、他にもすくい切れていない面があった。上記に述べられた人びとのような、軍人によって捕らえられたイギリス人虜囚の推定人数からは、通常、アメリカの私掠船によって海で捕らえられた王立海軍出身の捕虜と、イギリス商船の船員や船客など何千人もの人びとが除外されていた。海軍捕虜担当の兵站部将校デイヴィッド・スプロートは、戦後、一七七九年頃には「イギリス人船員が、アメリカのほとんどすべての牢獄に（世話もされずに）……寝転がって」おり、彼自らが七七〇〇人の捕虜の交換を指揮したと述べた[10]。これらの人びとは、この戦いのあいだに海で捕らえられたイギリス人の総数のごく一部にすぎなかった。いったんフランス、スペイン、オランダが参戦すると、それぞれの海軍と私掠船隊も虜囚獲得の仕事に加わり、その一方で、大西洋やイギリス海峡で活動するアメリカの私掠船は、フランス、スペイン、オランダで捕まえたすべてのイギリス人虜囚をわざわざアメリカまで船で連れて帰る必要がなくなり、各国の港で降ろすことができるようになった。一七七九年、ベンジャミン・フランクリンは、イギリスの監獄にいる彼の同郷人よりも、フランスにいるイギリス人の戦時捕虜の方が多いと断言した。これはプロパガンダによる策略、すなわち、将来の捕虜交換に精神を集中させるようにイギリスの大臣たちを仕向ける露骨な企てにすぎなかったかもしれない。あるいは、フランクリンの側の、情報を十分に集めたうえでの推測だったのかもしれない。イギリス側の計算によると、終戦までに少なくとも二〇〇〇人の船員がスペインで投獄され、その多くはアメリカの私掠船によってそこへ連れて行かれた(11)。

それゆえ、アメリカ革命戦争のピーク時の数年間に虜囚となったイギリス陸海軍の軍人と商船乗組員の数は、アメリカとヨーロッパで捕らえられた戦時捕虜の総数に、さらに西インド諸島やラテンアメリカやアフリカ沿岸、——そして後の章で見るように——インドでの一連の戦争において虜囚となった者の総数を加える必要があり、二万人を超えていたように思われる。世界規模の戦争は、世界規模で虜囚を生み出した。だがこれも、そして当時の記録管理の質の悪さも、この帝国の負け戦において虜囚がイギリス人にとって何を意味したのかを推測するにあたって大きな障害ではない。定義に関係した、もっと厄介で特有の難題がある。この戦いで、誰が「イギリス人虜囚」の推定数に含まれることになるのだろうか。厳密に誰を数に入れるのか。歴史は今なお圧倒的に勝者の視点から書かれており、それゆえ、この戦争のたいていの記述は、独立宣言に含まれる主張に一致している。このことは、一七七五年以後、主たる戦闘員は通例、あたかも当時からの明瞭で、了解済みで、同意済みの両極であるかのように、イギリス人・親英派、もしくはアメリカ人・親米派の二つに分類されたことを意味する。だがこれは、一定の明瞭さと均質性を、つまり実際にはしばしば著しく欠けていたものを、この戦争での忠誠関係と一人一人の虜囚に押しつけることになる。

女性の関わりについて考えてみたい。一七七五年には、北米のさまざまなイギリス軍キャンプにひしめく総人員の約八分の一を女性が占めていた。終戦の頃には、これらの部隊において、兵士に対する女性の割合は四対一に近づいていた。必然的に、女性の軍隊随行者や軍人の妻の中には、戦闘中に、あるいは行進中の待ち伏せに遭って革命軍に捕らえられた者もいれば、レイプされたり殺されたりした者もいた。一七七五年にカナダでアンドレと一緒に捕らえられた「イギリス人」の四分の一弱は女性と子供だったことが知られている。サラトガでイギリスが降伏した後に、さらに数百人の女性が捕らえられた。虜囚の男たちの後を女たちが重い足取りで通り過ぎるのを見てゾッとしたある上品な女性目撃者は、「おそろしく下劣な一団」と書いた。

非常に多くの女性は、荷役用の動物のように見え、ブッシェルかごを背負い、そのために前かがみになっていた。かごの中身は鍋、やかん、さまざまな家財道具、焼き網から覗き見る子供、そしてその他の台所用品だった。さらには、路上で生まれたばかりの赤ん坊、裸足でぼろをまとった女性、空気に充満する悪臭……そのとき彼女たちが煙草を吸っていなかったら、私は汚される心配をしたことだろう。(12)

ここにあるのは、武装したイギリス帝国主義のまったく別の顔だ。看護、料理、洗濯を提供してくれる女性は軍隊にとって必要不可欠だったが、戦争が進むにつれ、実のところアメリカ生まれの女性の比率が増加していった。こういうわけで、イギリス軍の野営地では、戦争のあいだ中、女性の姿がますます目につくようになっていった。その多くは戦いのあいだに親や夫や一家の稼ぎ手を亡くした難民で、食料の分け前やわずかな保護と親交を求めて、通りすがりのイギリスの連隊に加わった。中には、イギリスの連隊がすぐ近くに野営しているあいだに特定のイギリス兵にただ単に心ひかれ、その後、もしかすると自らを内縁の妻だと考えて進軍する連隊に加わった女性もいたかもしれない。このような武装した「侵略者」たちは、結局のところ、彼女たち自身と同じ言語を話し、似たような習慣と文化を共有していたため、「敵との親交」というのは、ここで起きていることの適切な描写とはかけ離れていた。ここで、次のような疑問が生じる。このような女性が捕らえられた場合、どのように分類されることになるのだろうか。彼女たちが慰みを提供している男たちのように、イギリス人と見なされるべきだろうか。あるいは、味方によって捕らえられたアメリカ人と見なされるべきだろうか。ほぼ確実に、軍隊に同行した女性の大半については、立場の複雑さと実際的な必要性に見合う適切な定義づけは困難だっただろう。

この戦争では、イギリスの補助部隊の男性の中にも、分類が容易ではない者がいる。本国のイギリス人は通常、彼らの敵と同様、自国の正規軍と、一七七八年には北米「イギリス」軍の約三分の一を占めていたヘッセン人などのドイツ人傭兵とを明確に線引きした。革命軍の兵士ジョシュア・ピルスベリが、一七七七年の十月にサラトガで投降した人数を数えたときも、この区別は非常にはっきりしていたが、その数え方には彼自身の中でくすぶり続けている混乱もまた無意識に表われていた。彼は、ジョン・バーゴインの敗軍の中には二二四二人の「イギリス人捕虜」がおり、それに加えて、二三九〇人の「外国人」もいたと算出した。どうやらピルスベリにとって、イギリス人は明らかに敵ではあったが、まだ外国人ではなかった[13]。イギリス人の側でも、自分たちの部隊で軍務につくヨーロッパ人と、自分たちと同盟関係にあるアメリカ先住民とを明確に区別した。イギリス人は、書類上でも心の中でも、アメリカにおけるさまざまな白人の支援者と、南部植民地のイギリス軍に集まってきた膨大な数の黒人奴隷とを、さらに明確に区別した。だが、アメリカの親英派の分類は、(今でもそうだが)はるかに困難だった。

当然のことだが、熱狂的な革命派の目には、親英派は危険な敵を支援し煽動する裏切り者、腐敗や圧制や不自由の友と映った。一七七七年十二月、大陸会議は、どんな形であれ自発的にイギリス人の味方をした者すべてが各州によって拘束されて処分を下されると定めた。それによって、該当者は戦時捕虜と言うよりも犯罪者として扱われることになり、かなりの数の親英派がしばしば長期間投獄され、財産を奪われ、国外に追放され、場合によっては拷問やリンチで殺されることになった。フランスの一七八九年以後と同様、アメリカでも革命は、自警主義とさまざまな恐怖を通して草の根レベルで広められた側面がある。ペンシルヴェニアのランカスターに住むジョン・マグワイアは、逃走中のイギリス人戦時捕虜を自宅にかくまう危険を冒し、その後自らが「見つかり、投獄され、今や破滅してしまった」。他の男女も、まずい場所でまずいことを言ったために、あるいは、正しい勝利を疑いの余地がないほど十分に称えることをしなかったとして、あるいは、ただ単に隣人から怪しまれるか嫌われているという理由で、現地の革命委員会と揉めた。(14)

当然のことだが、親英派から見れば、自分たちは反逆者などではなく、まさにその正反対だった。彼らは自らを、生まれたときからの忠誠心を誠実に守り続けている者と見なし、多くの者が自らを、イギリス国王の臣民であるだけでなく、ただ単純にイギリス人だと考えていた。ゆえに、再び「このタイプの男女は、どのように分類されるのか」との疑問が生じる。たしかに、一七七五年から一七八三年にかけて獄中にいた、あるいは他の形で拘束されていた北米のすべての親英派が含められることになるなら、この戦いで虜囚になったイギリス人の総数は軽く五万人に到達するだろうし、ことによると一〇万人に迫ることさえあるかもしれない。

さらに複雑な状況があった。すなわち、表向きは明瞭な「アメリカ人」と「イギリス人」という言葉の中に、実は不安定で激しい論争を巻き起こす意味もあったのだ。一七七九年までに、約二〇〇〇人のアメリカ革命派の戦時捕虜がイギリスやアイルランドの至る所で収容されていたが、圧倒的に多かったのはイングランド南岸部で、捕虜の大半は王立海軍やイギリスの私掠船によって海上で捕らえられた水兵だった。(15)このこと自体は、それまでも多数の戦時捕虜がイギリスで収容されてきたので、目新しいことではなかった。そして、捕虜が、地元の人びとからの同情を集めることもまた、目新しいことではなかった。七年戦争のあいだ——われわれが見たように——イギリスで収監されている数千人のフランス人のために、捕虜生活を快適にするものを買うべく義捐金が集められ、一七七五年以後にも、同様の献金が、新たなアメリカの捕虜を支援するために計画された。本当に目新しかったのは、アメリカの捕虜に対する見方が非常に曖昧だったことだ。一七七七年にスコットランド人画家アラン・ラムジーは、かつての一三植民地との戦争は、明らかに外国の敵との戦いでもなく、純粋に国内の敵との戦いでもなかったと端的に述べた。そうではなくて、「最近、アメリカには新しい部類の人びとが現れた。その人たちは調べてみると、これらの二つの部類のどちらにも属していないことがわかる。そして、それゆえ、大変厄介な人びとだ」と彼は主張した。(16)

イングランド、ウェールズ、スコットランド、アイルランドのさまざまな沿海都市で拘束され、イギリス人の軍人や看守たちと同じ言葉を話し、ボロ服を着た怒れる者たちは、単純に戦時捕虜となった敵だったのだろうか。それとも、彼らもまた捕らわれの身となったイギリス人だったのだろうか。それとも、ひょっとして、彼らはそれ以外の何か別の者だったのだろうか。イギリスの、反戦派のホイッグ党員や急進主義者たちにとって、その答えははっきりしていた。彼らにとって、戦時捕虜となった独立革命の戦士は、北米で収監されようがイギリス本国で収監されようが、自由という大義のための殉難者、ジョージ三世の圧政の犠牲者、そして何よりも、同胞のイギリス人であった。だが、他の多くのイギリス人は、アメリカの虜囚であり敵である者たちをより複雑な態度で、そしてより的確に見ていた。イギリス人の多くは、たしかにアメリカの捕虜をそれまでの敵とは違うものと考えていたが、どんな人間なのか、あるいはどの程度自分たちと似ているのか、あるいは違うのかということについては、確信が持てないままだった。

これは、イギリスの当時の諷刺漫画家が解決することができないまま表現した難問だった。十八世紀の大半にわたり、イギリスのグラフィックアートにおいては、アメリカの入植者はインディアンの服装をしていた。このことは、一七七五年以降は明らかに不適切だった。というのも、アメリカ先住民は、この戦争では着実にイギリスの味方になっていったからだ。では、「忠誠心を欠く」アメリカ白人をどのように表現すればいいのか。非常に印象的なことだが、革命戦争のあいだ、イギリス人画家や版画家たちは、これらの人びとを区別するために、誰もが認める納得のいくステレオタイプにたどり着くことのないまま、さまざまな種類の服装を用いるという手

39　アメリカ大陸会議と会談するイギリス代表団。1778年イギリスの版画。

を頻繁に使った。というわけで、革命派のアメリカ人は、戦時中のイギリスの絵においては、蜘蛛の巣の張った屋根裏部屋から借りてきたような滑稽で締まりのないお仕着せを着た姿で示されている。あるいは、マサチューセッツ知事ジョン・ハンコックの純粋な革命主義は、ノース卿の洒落た錦織や絹の靴下やガーター・リボンと対照的な、奇妙で毛皮の飾りのついた服や筋肉質のむきだしの脚の描写によって、誇示されると同時に陰険に嘲笑される。あるいは、議員たちが紛れもなく独自の服装で頭と体を覆い、見るからに異国のヤシの木陰から、むなしい和平提案をする気取った痩せ男のカーライル伯爵をとがめるように凝視するのが示される。このような絵には、少なくとも一部のアメリカ人は自己を新たに作り変えつつあるとイギリス人が意識するようになっていたことが伺える。だが同時に、このような絵に見られるアメリカ人の特徴は、相変わらず大部分が服装、すなわち身につけられているが、再び取り去られる可能性がある物に限定されているのは示唆的である。

この戦争の大半が、アイデンティティと忠誠心の問題——「アメリカ人」と「イギリス人」が互いをどう見るかということ——に関係していたという事実は、戦争中に拘束された男女が、平時よりもはるかに、本来の自分以上の意味づけをなされるようになることを意味した。これは戦争の当事者双方に共通していたことだったが、死傷者数や税金の増加とともに、虜囚の人数が大変な数に上ったことは、ただ単にこの戦争が年とともにいかに危険で高くつくものになっていくかを示しているだけではなかった。このアメリカの戦争で非常に特徴的だったのは、敵方の虜囚の見られ方や扱われ方の問題が、国と帝国の境界線がどこに置かれることになるのかという広範な論争のテーマに加えられ、議論の的となったことだ。

一つには、これは、戦闘員が文学遺産を共有していたためだった。本国のイギリス人と北米のイギリス人入植者の両方が、虜囚体験を物語り、それに取り組む独自の伝統を進化させてきた。本国のイギリス人は、本国や帝国の強さと弱さ、そして、自分自身とさまざまな敵との相違点や共通点について考察するためにこのような物語を用いることを習慣化してきた。だが、この帝国主義戦争では、虜囚体験記は特別な意味を持っていた。というのも、中心にいる当事者たちが言語を共有し、活字に対する執着を共有していたからだ。その結果、イギリスにいる男女は、単に自国の兵士と支持者による苦難と虜囚体験の物語だけでなく、しばしば、攻撃する側や捕らえる側としてのイギリスの役割を非難するアメリカ人によって書かれ、活字化された物語にも触れた。このようなユニークな状況下で、虜囚に関して書いたり論じたりするビジネスそのものが、戦争の一面、そして革命の策略となった。

網でライオンを捕らえる

一七八一年六月一日、ウィリアム・ウィッジャーという男が夢を見た。マサチューセッツのマーブルヘッド出身の、革命派の私掠船の船長で読み書きが不得手だったウィッジャーは、横帆の二本マスト船フェニックス号の残りの乗組員とともに、王立海軍によって一七七九年に捕らえられてイギリスに連行され、他のアメリカ人の戦時捕虜とともにプリマスのミル監獄で過ごした。監禁の場としては、ここは冷酷な施設などではなく雑な作りの建物で、当時の水準では死亡率は低く、脱獄者は多く、ウィッジャーは獄中記をつけて隠すのにほとんど苦労しなかったようだ。彼が自分の見た夢を書きとめ、その意味を解明しようと試みたのは、この記録の中においてだった。彼は、寝ているあいだにアメリカから何千マイルも離れたこの地から一気に移動し、再びマーブルヘッドのおなじみの道を歩いているのを想像していた。もっとも、そのときでさえ彼は――夢にはよくあることだが――これが夢にすぎないこと、そして自分が見ているのは幻影だということを、どことなく理解していたのだが。シルヴェスター・スティーヴンズという名のかつての隣人が突然霧の中から現れて彼に呼びかけ、そしてしばらくのあいだ、彼らは次のような話をしたようだった。

私は彼に言った。「くそっ、こんなに家が近いのに行けない」。

私は彼に尋ねられたように思った。「どうした」。

私は言う。「私はなぜ道のこちら側にいるのだ」。

ウィッジャーの夢の中では、広い大西洋が劇的に狭められてニューイングランドの埃っぽい一本の道となり、その一方の側に彼はしっかり縛られていた。手を伸ばしても自分の出身地に実際に触れることはできないが、故郷の思わせぶりな姿はそれでもまだ識別できるかのようだった。汚いプリマスの監獄の中で、彼は「家のすぐ近く」にいる気がしたにもかかわらず、実際にはそうではなかった。(17)

無意識は、目も眩むほど的確に象徴的表現を選び出すことができる。そして、ウィッジャーの夜の想像物は、この戦争において両軍の多くの戦時捕虜が経験したと思われる感覚、すなわち、なじみの環境や生活から一気に切り離されたが、この戦争の特異な状況ゆえに、完全にそうだというわけではないという感覚を、非常にうまくとらえていた。イギリス人であろうとアメリカ人であろうと、対処しなければならない敵は、皮膚の色も服装もしばしば自らとまったく同じで、そして、同じ言葉を話し、同じプロテスタントの神を敬い、通常は同じように考え同じように反応しそうな相手だった。したがって、普通は戦争の際に下りてきて容赦なく一方と他方を分断する想像上の壁は、このたびの戦争では、著しく不安定になることがあった。男も女も、名実ともに敵である人びとをちらっと見て、鏡を凝視する自分自身を発見したことだろう。

この戦争で残された虜囚体験記の実質的にすべてが、このような多義的で曖昧な本質を露呈する瞬間を含んでいる。イギリス陸軍将校でイートン校出身者のトマス・ヒューズにとっては、その瞬間は一七七七年の終り頃、ヴァーモントのベニントンでやってきた。その年にタイコンデローガで捕らえられ、銃を突きつけられて行進させられたヒューズは、突然町の住人に取り囲まれ、そして彼自身の顔にも表れていたかもしれない何らかのショックを住人たちの顔に認めた。「われわれが自分たちと同じような外見であることを発見して、彼らは驚いているようだった」と彼は書いた。(18) 革命派側の船舶ハンコックのキャビンボーイであったジョン・ブラッチフォードは、洋上で捕らえられてポーツマスに連れてこられたが、イギリスの居室の古い装飾品に囲まれたときに、敵対する者同士の境界が崩れる感覚を持った。彼は中へ通された。

何人かのレディの好奇心を満足させるためだった。レディたちはヤンキー(彼女たちは私をそう呼んだ)を見たことがなかった。私は入った。すると彼女たちは私がイギリス人に見えることに大いに驚いたようだった。彼女たちは、私がヤンキーなどではなく自分たちと同じだと言った。

仲間の革命派の水兵で別のイギリスの港町に収監されたチャールズ・ハーバートは、自らの虜囚体験記の中で、よく似た言葉のやり取りを記録した。彼の場合、見てわかる通りのことを指摘したのは、王立海軍の水兵の詮索好きな妻たちだった。彼女たちは、初めてアメリカ人戦時捕虜を目にする前には、「どういう人たちなの」、「白人かしら」と尋ねていた。

捕虜の何人かが立っている場所を示されたとき、「まあ」と彼女たちは叫んだ。「私たちと似ているし、英語を話しているわ(19)」。

同じ容貌と言語を持つ敵同士の、このような相互認識の瞬間は、この戦争ではかなり頻繁に起こったに違いない。だが、このような遭遇を回顧しながら描く者の中には、まず間違いなくある秘かな思惑を抱いてそうした者がいた。先に引用したような一節の中では、捕らえられてイギリスに連行されたアメリカ革命戦士がイギリスの見物人によって「自分たちにそっくりだ」と判断されるわけだが、アメリカ人の虜囚体験記では、そのような一節のあとに真実は逆だということを示す出来事や会話が続くことが多い。チャールズ・ハーバートの死後に出版され、大いに編集された物語では、イギリス人水夫の妻たちがアメリカ人戦時捕虜を見た目で「自国民のようだ」と認識する話のあとに、これがまったく事実ではないことを明らかにする逸話が続く。ハーバート（あるいは彼の編集者）は、その後、フォートン監獄のイギリス人看守によって保管されていた「反逆者の囚人用」と明示された食料リストを手に入れた経緯を描いている。ハーバートはただちに「反逆者」（rebel）という言葉を消して、その代わりに「アメリカ人」(American)と書いた――と、われわれは聞かされる。この版では、虜囚になるという厳しい試練はハーバートの愛国者としてのアイデンティティを傷つけるが、最終的には以前にも増してそれを力強く表明することになる。[20] 敵の領土での抑留の苦難は、ハーバートや彼の仲間が、外見とは違って実際はどのような人間なのかということ、つまり、自由で独立心の強いアメリカ人であることを明らかにするのに役立つ。この例が示すように、アメリカ革命戦争時の虜囚に関する書き物は、意識的な政治的もくろみを多分に含んでいる。双方の当事者にとって、だがとりわけ革命派にとって、虜囚体験を書き表し実演することは、思想の戦いに不可欠な要素になった。

イギリス人に関する限り、アメリカの虜囚に対する見方を正確に示すことが、最初から肝要であるように思われた。イギリス議会がこのような者たちに公式に「戦時捕虜」の地位を与えるのは、すべてを失う一七八二年になってからのことだ。もっと早い時期にそのようなことをすれば、彼らが敵である一つの主権国家の者たちだということを認めることになっただろう。そうする代わりに公式にとられた方針は、アメリカ人捕虜を「国王の、誤り導かれた臣民」とする見方だった。その公式見解では、イギリスは情け深い国なので、これらの者たちは、慣例的に謀反人にふりかかる野蛮な刑罰にさらされることはないとのことであった。それでも、謀反人は謀反人に他ならなかった。[21] アメリカ側の独立要求を否定するようなやり方で革命派の虜囚を扱うべく、他の方法が模索された。ゲイジ将軍は当初、捕虜のアメリカ人将校に、アメリカ人兵卒と別の場所を提供することを拒んだ。ジョージ・ワシントンによって承認された軍の階級はどれも認めないこと、認めるのはジョージ三世の命により承認された階級のみであることを明確に示すためだった。将校を含め、ますます多くのイギリス人捕虜がアメリカ人に捕らえられ、その手中に置かれるにつれ、この政治的意思表示は断念されたが、戦争中ずっと、同様の主張をする言葉が使われ続けた。一七七七年、当時のイギリスの北米軍総司令官サー・ウィリアム・ハウは、部下に、差し迫った捕虜交換の実施手順に関して忠告した。

もう一つ注意点を追加させてほしい。それは、交換において、当方の国王陛下の名前も、相手方の会議の名称も表に出すことは許されないということだ。なぜなら、合意はワシントン氏と私とのあいだに存在することにせねばならないからだ。

勝手に独立を宣言した合衆国に対する大陸会議の権限も、反乱を指揮している以上はジョージ・ワシントンの軍の肩書の正当性も、イギリス当局の公式交渉においては認められるものではなかった。[22]

今日の視点から見ると、おそらくこのようなことは、ひどく現実離れした帝国の頑固者集団のくだらないこだわりのように見られがちだろう。だがもちろん一七七七年には、ハウも世界中の人びとも、ワシントンの大義が最終的に勝利することを知るすべもなかった。イギリスの政治・軍事エリートのメンバーが知っていたこと、いやというほど分かっていたことは、自らの側のちょっとした言葉の間違いでも、同じ言語を持ち、印刷されたプロパガンダに同じように大喜びをする敵によって、嬉々として悪用されるだろうということだ。革命派のエリートたちもまったく同様に、自分たちに対するジョージ三世の支配権を認めるように見えるような言い間違いをしないように注意し、言葉や身振りを計算した。実質的にすべての捕虜交換交渉において、アメリカ人は、「将校は将校と」、「兵士は兵士と」、「市民は市民と」、という原則を用いた。[23] 交換されるのが市民であると主張することもまた、彼らがイギリス人と同様、自らの主権国家を有していると宣言する方法だった。だが、アメリカ革命派は虜囚の問題を、いくつかの点で、敵方のイギリス人とは異なるやり方で利用した。アメリカ人は、もっとずっと露骨に、そしてはるかにうまくやってのけた。

この理由の一つは、北米においてイギリス軍あるいはその同盟軍によってなされたいかなる残虐行為もジョージ三世の指令に基づいて行われたと見なすという、一七七六年七月十日の会議の決議にあった。これは革命派に、戦時下のイギリスの残虐行為の証拠をできるだけ集め、吹聴し、もし必要ならでっち上げるための、この上なく強力な動機を与えた。しばしば、実際にそのような証拠が多数存在した。アメリカの情報源だけでなくイギリスの情報源も、この敗北した帝国戦争のあいだに幾度も、個々のイギリス兵が、ときには将校の許可を得て無力な女性をレイプし、気まぐれに一般市民の財産を破壊し、日常的に戦場で負傷者を殺害し、革命支持者であることが確定的な者も疑わしい者も独断で投獄し、そしてときには拷問して絞首刑にしたことをはっきりと示している。[24]アメリカ人の戦時捕虜は、イギリス人による行き当たりばったりの、そしてときには周到に計画された残虐なむち打ち刑をうけることもあった。収監された約一万一五〇〇人のアメリカ人がニューヨーク港に停泊するイギリスの監獄船の暗く病原菌がはびこる船倉で顧みられることなく死んでいった話は、愛国的なアメリカの教科書に欠かせないものとなっている。回収できた遺骨が一八〇八年にこの都市で公式に埋葬されたときに、この数字は石に刻まれて追悼された。実際は、このようなぼろぼろの監獄船で亡くなったアメリカ人戦時捕虜の総数は、決してわからないだろう。イギリス人自身はまったく記録を残しておらず、そして一万一五〇〇という数字（正確には一万一六四四）は、一七八三年にニューヨークの新聞によって作り出され、その後ずっと忠実に繰り返されてきたようだ。[25]

だが疑いなく、イギリス人に捕らえられた多くのアメリカ人虜囚が、ニューヨークなどで、天然痘、栄養不良、赤痢、放置、絶望、そしてときにはサディスティックな行為によって亡くなった。しかし、たいてい忘れられている明白な事柄がある。戦争中は常にそうだが、残虐行為と苦難は、決して一方の側の専有物ではない。陸海のかなりの数のイギリス兵に加え、親英派の軍人や民間人、さらにはイギリス側についた黒人やアメリカ先住民もまた、レイプ、略奪、拷問、恣意的逮捕、リンチ、行き当たりばったりの虐殺にあうことがあり、イギリス側の非常に多くの戦時捕虜もまた命を落とした。イギリス側には、ニューヨークのアメリカ人戦時捕虜のための食料、燃料、医薬品を横領したとされる憲兵司令官カニンガムのような悪党がいたのに対して、アメリカ革命派には、マサチューセッツのケンブリッジでイギリス人戦時捕虜を銃剣の練習のために使ったとされる悪党ヘンリー大佐がいた。[26] ニューヨークに停泊するイギリスの監獄船の暗い船倉で汗にまみれて病気になるアメリカの革命派に対しては、ボストンやコネティカット沖に停泊するこちらもまた不衛生なアメリカの監獄船の中で汗にまみれて病気になるイギリス人水兵や商船員の虜囚がいた。イギリス人のうち何人がアメリカの手中にあるあいだに死亡したのかを苦労して解明した人はいないが、沖合だろうが陸上だろうが、イギリス人戦時捕虜と親英派の囚人の生活、そして命は、しばしば劣悪で短かったようだ。「私の監督下にある気の毒な者たちは、ほとんど全員が病人と死人だ」と、（この場合は人情味のある）アメリカ人の監獄統轄者は一七七八年に書いた。[27] 徐々に内戦へと変化する戦争の常として、革命戦争に関わった非常に多くの人びとには数かずの共通点があり、たいていは、残忍さをいっそうひどくすることはあっても、それを抑えることはあまりなかった。

　戦争がおさまった一七八二年に起こった、偉大なるアメリカ革命の悪名高い事件の一つであるキャプテン・ジョシュア・ハディの件を取り上げてみよう。ハディは、イギリス側が保有する捕虜で、ニューヨークで収容されていたが、二人の仲間と一緒に捕虜交換されることになった。引き渡し場所までこの三人の男を護衛することを命じられた親英派部隊は、そうする代わりに途中で立ち止まってハディを絞首刑にし、遺体の首に次のようなプラカードを巻きつけた。「フィリップ・ホワイト（処刑された親英派）の報復として、ハディは昇天」。このことは当然のことながら、ジョージ・ワシントンに、丸腰のアメリカ人虜囚を殺した者たちを即刻逮捕して引き渡さなければイギリス人戦時捕虜に対して報復するという、イギリス総司令官宛ての怒りに満ちた脅迫の手紙を書かせることになった。クリントン将軍がこの件に関してうんざりしながら収集した文書と供述書は、この有名な一件の残虐行為だけでなく、今では忘れ去られている多くの残虐行為の、気が滅入るような証拠を示している。ハディが本拠としていたモンマス郡の革命派の住民は、ハディの愛国的資質を証言した。だが、モンマス郡の親英派は、まったく予想通りに、異なる話、すなわち――ハディの引き伸ばされて折れた首に掛けられたプラカードが暗示する通り――暴行の連続とその後の壮絶な報復の物語を語った。親英派が言うには、ハディと彼の自警団員は、地元の一人の親英派をベッドから引きずり出して絞首刑にした。ハディの一味は、複数の親英派の遺骸を墓から掘り起こして、もてあそんだ。彼らは一人の親英派の脚を折り、目をえぐり出し、走って逃げろと命じた。だが、クリントンがうんざりして放り投げたに違いない最も悲痛な供述書は、また別の物語を語っていた。この親英派の証人は、恐ろしい行為がモンマス郡の彼の同志に対してなされ、首謀者はハディだった可能性があることに同意した。だが、彼は確信しているわけではなかった。[28]

もし、このすべてが、聞き飽きたような話に思われたとしたら、その通りだ。さまざまな残虐行為があり、人違いが死を招き、一方の側の無力な人びとに対するひどい暴力がもう一方の側の罪のない人びとへの暴力を生み出すといった似たような物語が、われわれ自身の時代にも、世界中のさまざまな紛争地域で繰り返されている。アメリカ革命戦争は、それに付随する理想と最終的にそこから生まれた善ゆえに後で振り返って立派なものとされているが、当時は、他のすべての長引く戦争と何ら変わりはなく、卑劣で、公正を欠き、多くの戦闘員や罪のない一般市民を無差別に命の危険にさらすものだった。ここで、素朴な疑問が生じる。この戦争では、惨禍や残虐行為が――虜囚もそうだったが――一方の側だけの専売特許ではなかったのに、なぜアメリカ革命派側は敵方よりもこれらのことを非常にうまく利用することができたのだろうか。サラトガで捕虜となったイギリス人将校トマス・アンビュリーは、数年間、アメリカのさまざまな捕虜収容所に収容され、一七九一年にロンドンで二巻本の虜囚体験記を出版したが、出版の理由は――序文に書かれているように――多くの人の見方に立腹したからだった。彼には、大勢の人が「[アメリカの]独立に好意的な人びとには人好きのするすべての資質があり、母国の権利を支持する人びとには並の感情も、さらには人間性そのものも欠如している」と見ているように思われた。[29]アンビュリーの憤慨は理解できるものの、彼の言葉は、実質的に、イギリスは一三の植民地を失っただけでなく、プロパガンダの戦争にも負けたことを認めている。

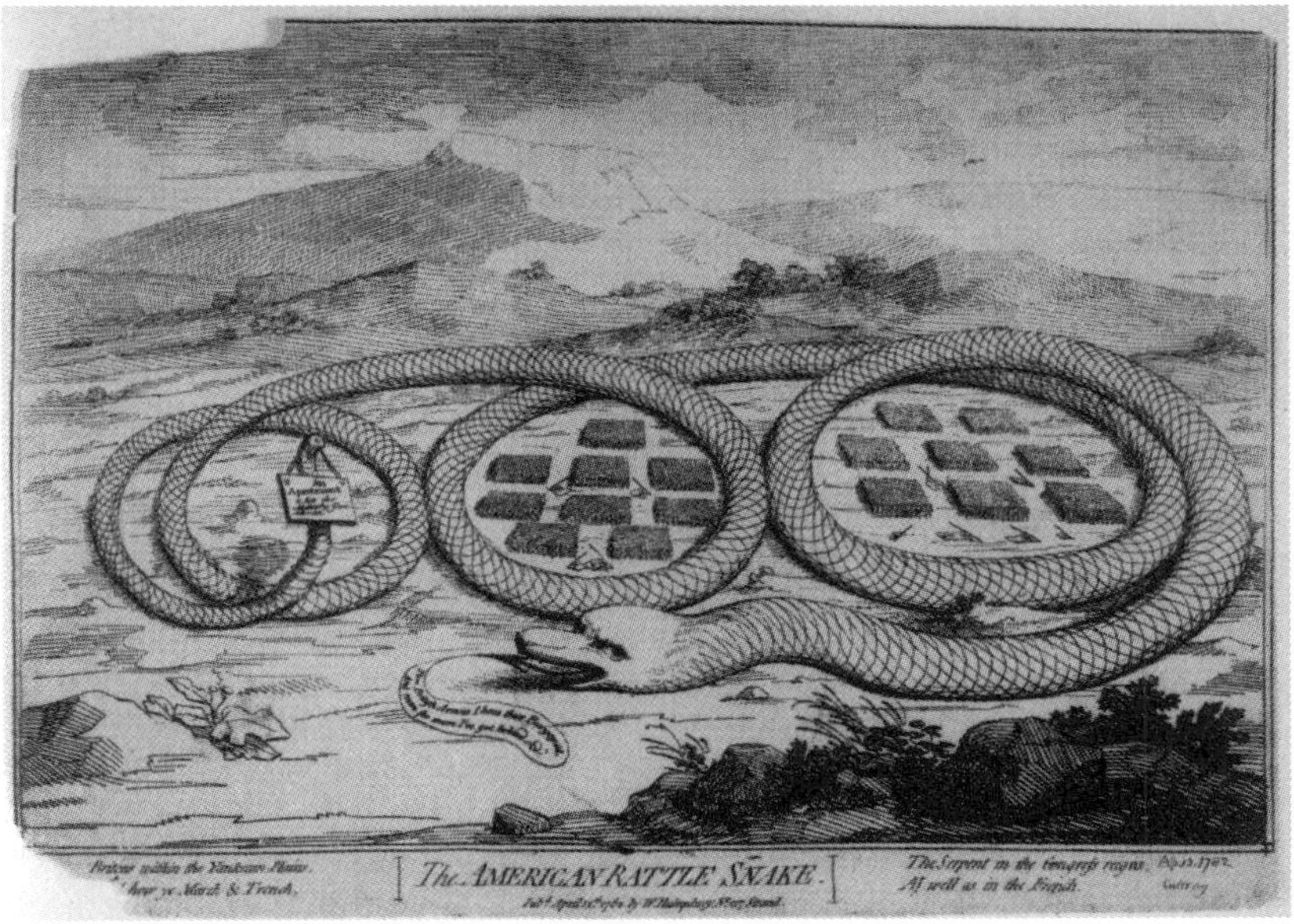

40　サラトガとヨークタウンでイギリス軍に巻きつくアメリカのガラガラヘビ。ジェイムズ・ギルレイの初期の見事な版画。

こうなった理由の一つは、革命派が――そうせねばならないことがわかっていたので――一層努力したからだった。最初から、彼らは圧力をかけ続けた。もちろん、歴史上のほとんどの戦争において、お決まりのように、両陣営がそれぞれ敵の残虐行為を非難する一方で、味方の人間性や倫理性が秀でていることを主張してきた。とはいえ、アメリカ革命派は一貫して「十八世紀の戦争においては尋常でないやり方で」、とりわけ捕虜に対する「敵の残忍性と執念深さを強調した」。彼らの主張は多方面にわたったが、常に活字を視野に入れていた。大陸会議は、その言葉が北米や他の地域の革命派に同情的な新聞で特集されることを知ったうえで、実際の、そしてねつ造されたイギリスの残虐行為を非難する決議を次から次へと可決した。[30] イギリスと交わされたどの公式文書も、同じやり方で仕立て上げられた。それゆえ、ヨークタウンの戦いの後、その地で捕らえられた八〇〇〇人のイギリス人捕虜の一部に対するアメリカ側の取り扱いを見て、その場に居合わせたフランスの傭兵部隊はショックを受けた。にもかかわらず、ワシントンが不運なコーンウォリス卿に宛てて書き、世界中に知れ渡った手紙はきわめて断固としたもので、「常にアメリカ人によって順守されている、捕虜に対する慈悲深い扱い」についてはっきりと言及していた[31]。

革命派エリートたちによるこのような注意深く計算された言葉づかいの他に、一般の男性、ときには女性によって寄稿された、イギリス人から受けた苦しみや虜囚経験についての物語が何百もあった。たとえば、一七七七年の六月に『ボストン・ガゼット』紙は、捕らえられ、本人の申し立てによると、横柄なイギリス陸軍大佐によって足を撃たれ銃剣で突かれたフィリップ・ジョーンズの物語に第一面を割いた。この虜囚体験記は——正確だったかもしれないし、そうでなかったかもしれないが——その後、コネティカットの数紙に転載された。捕虜の物語、アメリカ人戦時捕虜のリスト、そして敵方イギリスに捕らえられて非人道的扱いを受けた庶民の宣誓供述書が、何年にもわたって革命派新聞のおなじみの内容となったので、有力な親英派の新聞『ニューヨーク・ガゼット』の編集者ジェイムズ・リヴィングトンは、悪ふざけを試みた。一七八一年、彼は、偽の新刊書『新しく完全な虐待の体系——その技法における現代のさまざまな改善を含む。監獄船内部を描いた上品な口絵つき美装本』の広告を印刷した。少々興味をそそられる広告だが、これもまた、革命派がプロパガンダで圧勝したことを暗に認めるものであった[32]。

イギリス人も実際、自らの虜囚体験記や、自らが受けた残虐行為の物語や、手荒に監禁された兵士や本国支持者の物語を出版することがあったが、何をするにも思うように進まなかった。まず、本拠地からこれほどまでに離れたところで、さしたるヨーロッパの同盟国もなく軍事行動をとっているせいで——他の非常に多くの点と同様、出版においても——彼らは不利な立場に置かれていた。北米でイギリス人に捕らえられるか虐待された、あるいはそのように見られたい革命派の兵士や水兵や市民の近くには常に、好意的な出版業者があっただろう。しかし、アメリカでは、革命派の新聞に比べて親英派の新聞はずっと数が少なく、ロンドンの出版業界とは三〇〇〇マイルも離れているという状況にあり、イギリス人や親英派の犠牲者が速やかに自らの物語を活字にするのはかなり難しかった。[33] そのうえ、革命派の虜囚体験記の方が国際的によく出回り、イギリス人の同種の物語はまったく太刀打ちできなかった。ベンジャミン・フランクリンやヨーロッパ在住のアメリカ人は、フランス、スペイン、オランダ等のヨーロッパの報道網に適切な題材が絶え間なく確実に供給されるようにした。これは、アメリカの革命派の新聞に比べて検閲がずっと緩かったイギリスの戦時中の新聞を含んでいた。たとえば一七七七年にフランクリンは、巷で噂に上っている、イギリスにおけるアメリカ人戦時捕虜の取り扱いに関して、イギリス人のストーモント卿と手紙を交わした。この書簡からの抜粋が改ざんされ、ただちに戦争反対の反政府系新聞『ロンドン・クロニクル』に流された。[34] このように、絶え間なく小さな事実――そして嘘――を活字にしてまき散らすことが、イギリスの決断と評判を着実にすり減らしていった。

だが、これよりもずっと革命派に有利な点があった。虜囚体験を語るということは、イギリス人にはまったく当てはまらない意味合いで、この戦争におけるアメリカ人の要請に応えた。イギリス人にとっては、かつての植民地開拓者がいかに自分たちに勝利し、監禁や残虐行為によって自分たちの兵士や水兵や親英派の人びとを苦しめたかを事細かにまくしたてるのは、あまりにも屈辱的すぎるように感じられた。反戦急進派のジョン・ウィルクスは、一七七八年に下院で「すべてのヨーロッパとアメリカの新聞がサラトガでのわが軍の恥辱、協定の恥ずべき条項を報じております」と満足げに言った。だが、イギリス当局自体は、何であれ、その協定の条項のもとで自国の軍隊から連れ去られた何千人もの捕虜の物語を、たとえこれらの人びとが受けた扱いがときに非常に残酷であったとしても、刊行する気は毛頭なかった。実際、イギリスの歴史学者は今日まで、これらの捕虜の多様な体験をまだ調査していない。[35] 自国民たる植民地開拓者のせいでこのような事柄が強大な帝国の兵士に起こるなどとは、まったく想定されていなかった。だが、アメリカ革命派にとっては、状況は異なっていた。彼らにとっては、インディアンやずっと後世のアイルランドのナショナリストにとってそうだったように、自らの集団から捕らえられた虜囚たちは、屈辱の不快な象徴ではなく、手本とすべき姿だった。アメリカの戦時捕虜の苦難と監禁は、恐ろしいイギリスの悪党によって、一三植民地全体に加えられた拘束と虐待の縮図のエンブレムとして、まるで神のはからいによってもたらされたかのように見えた。別の言葉で言えば、革命派にとって、捕虜はとりわけ、今まさしくアメリカとして作り出されようとするものと、今や外国だと宣言されることになるものとのあいだの、境界線を強固にする手段を提供してくれるという理由で有用だった。

これまで見てきたように、アメリカ革命戦争は、本質的に、当初は曖昧なアイデンティティによって特徴づけられていた。たいていの戦争では明確な「われわれ」と「彼ら」のあいだの厳格な分断がこの戦争では著しく欠けており、その代わりに、双方の当事者がしばしば自分たちに共通点があることを思い出すという不快な経験をした。イギリス人にとってはこのことは最初から最後まで問題だったが、彼らの敵にとっても最初は深刻な問題だった。一七八九年以後のフランス、一九一七年以後のロシアでそうだったように、アメリカにおける革命の勃発も団結した国民の行為などでは決してなく、かなりの数の活動家の仕業だった。彼らはその後、他の国民を説得し、必要ならば強要して、同じ考えを持たせなければならなかった。これは大きな問題となっていった。熱心な親英派は、かつての一三植民地の白人人口の少なくとも五分の一を占めると推定され、ときには三分の一近くを構成するまでになったかもしれない[36]。サラトガにおけるイギリス人捕虜に対するジョシュア・ピルスベリの反応が示すように、革命派の仲間内でさえ、イギリスを明確に外国勢力と見なす気になれない者が多かった。このような理由から、大陸会議と革命派の活動家は戦争中ずっと、真偽を度外視して虜囚体験記やイギリスの残虐行為を活用することに全力を尽くした。彼らは、自らの支持者に、中立の人びとに、そして可能な限り多くの親英派にも、イギリス人は冷酷であり、そしてそれゆえ外国人だということを納得させるために、自らと敵のあいだに堅固でゆるぎない壁を構築する必要があった。

戦争中に出版された最も有名な虜囚体験記は、この戦略を非常に明確に示している。ある面では、イーサン・アレンは屈強で凶暴な男、生まれながらの民主主義者で、しかもヴァーモント人ならではのとびきり血の気が多い男だった。戦前には、彼は、仲間の土地所有権を強化するため、そしてニューヨーク植民地から北東に広がりのちにヴァーモントとなる地域から敵を追い払うために自警団グリーン・マウンテン・ボーイズを率いて、あるアメリカの歴史家が言うところの「フロンティアのならず者」としての役割を果たした。だが、アレンはまた、自己を徹底的に作り直すための、そして世界を作り直す手段としての、言葉の可能性を解する生来の法螺吹きでもあった。彼が述べたように、「ある物語は、別のものが語られるまでは正しい」のだ。したがって、革命が起こると、彼は順当に、古い物語を消し去る手段として自らの物語を書いた。彼は、カナダは彼が臆面もなく「アメリカ帝国」と呼ぶものの一部を形成する運命にあると確信し、一七七五年の革命軍の侵攻に加わり、モントリオールで捕らえられた。もしイギリス人に先見の明があったなら、彼を撃ち殺すか、解放するかのどちらかにしたことだろう。そうせずに、彼らはアレンを、ときに悲惨な状態で、そしてときに並はずれた自由を与える状況で、二年以上も解放しなかった。[37] こういった微妙な点は、アレンのその後の虜囚体験記にはほとんど含まれておらず、体験記は二年間に八版を重ね、無数のアメリカ、ヨーロッパ大陸、そしてイギリスの新聞で引用され、エドマンド・バークによってイギリス議会で肯定的に言及された。

アレンの執筆目的は二つあった。彼は、イギリス人を「横柄で残酷な国民」として悪者扱いすることを望み、同時に、優れたアメリカ人の美徳がいかにイギリス人を打ち破ることができるのかを示したかった。彼は、「周到に準備された組織的な計画は……われわれの土地の若者を全滅させるための」大量殺戮に他ならないとして、イギリスの指導者を非難した。アメリカ人の戦時捕虜は、いつも決まって、残忍に扱われるか、即座に殺されるか、故意に天然痘に感染させられるかだと、彼は主張した。だが彼本人は、大胆不敵に頑張りぬいた。しばらくのあいだイギリスのファルマスで投獄されたときには、彼は「アメリカ人の不屈の精神のよい手本を示すべく、自分自身を元気づけ、大胆不敵な兵士のごとく振る舞うことを固く決意した」。彼は、不運な牢番や愚かにも獄中の彼を訪ねてくるイギリス人に対して革命の原理や、それを抑圧する試みの無益さについて説教した様子を、次のように描いた。「あなた方は島にすぎないことを考えなさい！　そして、あなた方の人間性の行使よりもあなた方の権力の方が長らく存続してきたことも」。その覇気に満ちた態度は人をおののかせ、そして見たところ恐れも疑いもない様子は、動揺する革命派をただちに元気づけ、しかもその効果的は絶大だった。[38]

政治的な理由により、イギリス人はこの種の攻撃に反撃することがどうしてもできなかった。イギリス人は味方が何千人も捕虜に取られ、ときには残虐行為を加えられたことを敵方以上に認めたがらなかったが、それはただ単に帝国の自尊心のせいではなかった。真の問題は、もっと根深かった。イギリス人は、彼らの戦争目的の性質上、革命派から残虐行為を非難されてもそれに対して同じやり方で十分応酬することができなかった。アレンや彼の同志たちは、できるだけ多くのアメリカ人がイギリスを完全に拒絶し、その代わりに独立のために全力を尽くすように、躍起になって彼らをイギリスから離反させようとした。それに対して、イギリス軍と政界のエリートたちは、アメリカ人に対する徹底したヘイト・キャンペーンを煽動したがらなかったし、できなかった。なぜなら、この戦争を戦うイギリス人のそもそもの目的は、可能な限り多くのアメリカの人びとを帝国内にとどめておくことだったからだ。頻繁に起こったことだが、イギリス人は気がつくと、数字に手足を縛られていた。イギリス人も、アレンと同様、自分たちが「島にすぎない」こと、そしてそれゆえ、広大なアメリカの帝国を軍事的手段だけで保持するのは不可能であることもわかっていた。十分な兵力がなかったうえに、この先も十分な兵力をもつことはない。イギリス人の帝国事業の常として、彼らは、自分たちが支配しようとする人びとのうち相当数の人びとからのある程度の支援を必要とした。

この戦争において、イギリスのプロパガンダ工作からその潜在力の多くを奪うだけでなく、軍事戦略の進行も妨害したのはこの問題だった。イギリスの司令官や政治家は、懐柔を図りながら、自らが反逆者と見なす者たちと穏やかに付き合っていくべきか、それとも、他のすべての敵に対するのと同様、彼らに対しても戦争の犬たちを解き放つべきか、態度を決めかねた。さらに、イギリス人は、敵に対して文書や絵で激しく非難する場合であっても、それと同時にしばしば彼らを味方に引き入れようとした。独立宣言の一か月後の一七七六年八月、ハウはワシントンに、将来の戦時捕虜の交換について厳しい調子で書いたが、次のような、内面をうかがわせる訴えで締めくくった。

この手紙を終えるにあたり、先の戦争のあいだに私が光栄にも体験したものとはまったく違う植民地の不幸な状態が、こんなことにならなければ楽しめたはずのもっと個人的な交流を私から奪ってしまうことに対して、深い憂慮を示さずにはいられません。(39)

アメリカ革命派に対して軍を進めながら、ハウは同時に、双方に共通する文化的・政治的遺産に訴えかけようとした。逆説的に、だが見かけほど逆説的でなく、ハウはアメリカ人が自分と自分が支持するすべてのものを愛してくれることを願った。革命派は、そのような内的葛藤を次第に経験しなくなっていった。アメリカ人には、イギリス人が自分たちを愛してくれるかどうかはどうでもよかった。彼らは、イギリス人の愛を望まなかった。彼らは、自由になるのを望んだ。

帝国を黒くすること、複数の帝国を新たに築くこと

虜囚の苦しみは、その後、この戦いの当事者たちを結びつけると同時に、彼らをさらに大きく引き離した。何

千人ものアメリカ革命派が、この戦争の一部あるいはすべての期間を苦悩しながら、不安定な状態で、獄中で過ごした。それは、何千人ものイギリス帝国の支持者たちも同じだった。だが、このすべてから圧倒的に大きな政治的利益を引き出したのは、アメリカ人の方だった。監禁された仲間が実際に受けた、あるいは受けたとされる苦痛は、ジョージ三世とイギリスの大臣たちのせいで自由がさまざまな攻撃にさらされたことをわかりやすく効果的に表すメタファーを革命派に与え、その一方で、アメリカ人虜囚に対する残虐行為はイギリス人を「他者化」し、新たな共和国への支援を結集するのに役立った。だが、この戦争においてイギリスは、拘束された親英派の人びとから引き出したプロパガンダの利点がはるかに少なかった一方で、終始、より根本的で集団的な束縛、すなわち、人数の不足、救いようのない本国の小ささに悩まされた。このことに対処するためにイギリスが採用した戦略は、イギリスと白人入植者だった人びととのあいだの溝をいっそう広げた。

まさにその様子を伝えてくれるのが、あの捕らえられて殺害された乙女の物語であり、これは戦争のプロパガンダを流布する人びとにとっては理想的な物語であった。一七七七年七月、ニューヨークのフォートエドワード出身で二十代前半のジェイン・マクリアが家を出て、護衛つきで、婚約者の待つカナダへ向かった。婚約者は、デイヴィッド・ジョーンズという名の親英派の将校で、イギリスのバーゴイン将軍の指揮下で軍務についていた。彼女の残酷に断ち切られた旅で具体的に何が起こったのかは、知る由もない。一説によると、マクリアの一行は、イギリス軍所属のアメリカ先住民によって誤って襲撃され、彼女は射殺された。一方で、その女性を捕らえたのは護衛団そのものの二人のアルゴンキン族であり、彼女と以後の身代金に関してどちらが実権を握るかということをめぐり揉めているあいだに彼女が殺されたと示唆する資料もある。かなり確かなのは、「結婚するはずだった日の朝」に（と、バークは下院で気の毒そうに報告したが）、捜索隊は――いくつかの報告書によると――頭皮を剝がれたマクリアの裸の遺体を発見したということである。それ以後は、単なる事実は、まったく重要視されなくなった。(40)

その後続いたプロパガンダの嵐の中で問題とされたのは、一人の罪のない一般市民がイギリスに雇われたインディアンによって殺され、その遺体がひどく傷つけられたことだった。そのうえ、マクリアは親英派が大多数を占める家の出であり、国王を支持して雄々しく戦うもう一人の親英派と婚約していたのだった。革命派の宣伝者《プロパガンディスト》の主張では、マクリアの運命が恐ろしい証拠となって示しているのは、無慈悲なイギリスが、誰であれアメリカの住人すべてを、政治的立場の如何を問わず脅かしているということだった。きわめて重要だったのは、マクリアが女性、しかも白人の女性だったことだ。つまり、方々に配られたバーゴイン宛の公開状の中でアメリカ側の将軍ホレイショ・ゲイツが表現したように、「美しく、徳が高く、誰からも愛される若い女性」だった。(41) 事件から何年も経って完成したジョン・ヴァンダーリンの絵画の中で、ジェイン・マクリアは蒼白と言えるほどの白い肌で、聖母の衣の色である青色の服を身にまとい、褐色の肌の筋骨たくましい二人のインディアンによって無理やりひざまずかされている。その一人が、彼女のほどけた長い髪、彼女の御自慢の黒髪を後方へ引っ張っている。もう一人は、彼女の伸ばされたむき出しの腕をつかみ、トマホークを振り上げている。女性の恐怖も慈悲を求める嘆願も、まったく効果がない。そして、彼女の着衣の乱れと共に、彼女を苦しめる半裸の屈強な者たちの脅威は、死のみがこの虜囚に向けられた唯一の暴行ではないことを示唆している。革命派の報道は、真偽のほどは不明だが、発見時のマクリアは裸体だったと忘れずに主張するようにした。

ある面では、これもまた、すでに言及した革命のプロパガンダ戦術が大成功を収めた特に劇的な例だった。すなわち、身の毛のよだつような残虐行為の事例と故意に結びつけることによって、イギリス軍とその傭兵部隊を変性させ、完全に外国の敵に仕立て上げたのだ。

ああ　残酷な野蛮人！　鋼鉄の心！
ああ　残酷なイギリス人！　情けを知らぬ者よ！

何処でその短刀　その冷酷な刃を手に入れたのか
それが作られた所　イギリスから送られてきたのだ
トマホークや殺人用の短刀は送られてきたのだ
その目的のために　残忍な野蛮人へ
そうだ　送られてきたのだ　まさにイギリスの王座から

だが、イギリス人は、一人の凡庸な愛国詩人によるこの詩行が示す通り、これを機に残虐行為と結びつけられることを通して単に「他者化」されただけではない。この場合だけでなく他の多くの場合にも、革命派は、イギリス帝国の大義を非白人と融合させることによって、イギリス帝国を黒くすることに努めた。マクリアに関する大量のプロパガンダは、責めを負うべきアメリカ先住民がイギリスに雇われた者であることを知らしめただけでなく、先住民とイギリス人自身のあいだの境界を崩壊させた。

イギリス軍は　ときにインディアンの集団と結託し
かたや剣を　かたやナイフとトマホークを手にし
叫び声をあげ　森を行く
肉食獣のごとく　人間の血を求め(42)

この詩においては、新たなイギリス帝国の脅威は、旧来のインディアンの脅威を大規模にしたものとして、酷似した言葉で描かれている。

ジョージ三世は「笏を持った野蛮人」に他ならず、イギリスの帝国主義者はあまりに邪悪で、もはや真の白人

41　『ジェイン・マクリアの殺害』。ジョン・ヴァンダーリン作。

ではないというジョン・アダムスが述べたこの考えは、戦時中に虜囚となったアメリカ人の体験記の中にも現れた[43]。ジョン・ドッジの物語は一七七九年にフィラデルフィアで出版され、翌年に版を重ねたが、彼はその物語の中で、彼を捕まえたイギリス軍人たちと彼らの味方の先住民とのあいだの友情と親近感をことさらに強調した。「あのイギリスの野蛮人どもは、未開人たちの最初の叫び声を聞いただけで飛んで会いに行き、彼らを胸に抱き寄せた」。別のアメリカ人の虜囚体験者は、「イギリス人が、アメリカの白人と戦うためにインディアンに加勢を求め、小火器、弾薬、トマホーク、頭皮を剝ぐナイフを渡した」のを覚えていた。似たような主張がなされたのは、実は、あらゆるアメリカの虜囚体験記の中で最も有名なメアリー・ローランドソンの物語のおかげだった。彼女の物語『神の至高性と善性』、すなわち、インディアンに襲撃されたもう一人の心細き白人女性の物語は、一七二〇年から一七七〇年にかけては、北米で絶版になっていた。だが、一七七〇年代、すなわち革命の一〇年間にローランドソンの物語は七つの違う版が世に出て、そのうちのいくつかの版には明らかに目新しい挿絵が含まれていた。伝統的に、そして挿絵が入る場合は、ローランドソンの物語には、彼女の無防備な小屋を取り囲んで火をつけ、彼女と近所の人びとを恐怖に陥れるインディアンたちの絵がついていた。一七七〇年代に、この見慣れた表現様式が変化した。それまでと打って変わってローランドソンは銃で武装し、軍服を着ているようにも見えるやせ細った男たちの隊列から家を守る勇敢な婦人へと作り変えられた。レッドコート《イギリス軍人》は（そしてこれは、もしかすると、アメリカ革命派が選んだ興味深い侮辱表現だったのではないかと思われるのだが）、今や、レッドスキンと呼ばれることがますます多くなった先住民の代役にされていた[44]。

　これだけではなかった。書き手の中には、イギリス人はその悪行のために、もはや文明人であるとも、つまり白人であるとも思えないほど「他者化」されたという主張を強化するために、イギリス人をアメリカ先住民だけでなく黒人と結びつけた者もいた。戦争の状況が、これを非常に容易にした。大陸軍に入って戦い、一七七七年にタイコンデローガで捕らえられたエベニーザー・フレッチャーは、一時期収容されていたイギリス軍の駐屯地にはさまざまな民族がいたことを強調した。「インディアンが頻繁にやってきて、彼らの言葉でわれわれを罵倒し」、おまけに、「年取ったニグロがやってきて、私の横笛《ファイフ》を取り上げた。敵と過ごすあいだに受けた最大の侮辱だと思った」と彼は書いた。一七八〇年に親英インディアンによって捕らえられたクエーカー教徒のベンジャミン・ギルバートが経験した帝国軍との出会いは、さらに面白くて変わっていた。カナダに護送された彼は、そこでジョージ三世のために戦うフランス人ゲリラに出会い、親英モホーク族に出会って敬服し、そしてさまざまな黒人にも出会った。

　このニグロたちは監禁から逃れ、インディアンに見つかったときは、ナイアガラに行く途中だった。誰何された彼らは「国王の味方だ」と答え、ただちに保護された。[45]

　彼らは王の味方だった。このことが示すように、アメリカ革命戦争におけるイギリス軍についてのステレオタイプな見方——訓練を受け、赤い軍服を着用した白人男性の均質な集団——は、著しく不適切だ。一七七五年以降、北米のイギリス部隊は、異なる背景を持ちさまざまな制服を着用した親英派、ドイツやヨーロッパ各地からの多数の移民、そして同行する非常に多くの女性を引き入れた。それに加え、必要に迫られて、彼らは長年にわたり、数は常に変動したが相当数の非白人と手を組んで軍事行動をとった。このことは、ある程度は、敵方についても当てはまることだった。少なくとも五〇〇〇人の自由黒人が、マサチューセッツのストックブリッジ・インディアンのような先住民族の戦士とともに、革命派側について戦ったことが知られている。[46]だが、非白人の傭兵数に関しては、両陣営は比較にならなかった。最初は、多くのアメリカ先住民は中立的立場にとどまろうとしたが、コリン・キャロウェーが述べているように、戦うことを決意した「アメリカ先住民は、やがて全体として、イギリスの側につくという考えに傾いていった」。黒人については、サウスカロライナのおそらく二万五〇〇〇人にものぼる奴隷が、戦争中に所有者から逃れてイギリス軍に逃げ込んだ。ジョージアの黒人の四分の三も、また、トマス・ジェファーソンが正しいとすると、彼自身の多くの奴隷を含め、ヴァージニアの三万人の奴隷も、同様の行動をとった。さらに北部植民地の黒人もしばしば同じくイギリス側についた。(47)

イギリス人がこのような状況すべてを統制する限りにおいては、これほどまでに膨大な数の非白人の傭兵を求めて受け入れた直接の理由はいたって単純だった。あいかわらず、彼らには選択の余地がなかったのだ。イギリス側のプロパガンダ発信者の一人は、物憂げに説明した。

イギリス軍の常備編成は非常に小さいので、われわれや父親の世代が記憶する限りでは、外国人兵が雇われなかった戦争はない。

小さいことは、素晴らしいことではなかった。重圧を受ける中での帝国支配に関する限り、小さいことは絶望的だった。イギリス人は、手当たり次第にアメリカで支持を取りつけるしかなかった。「戦力が必要になってきたので……手先となるのがドイツ人だろうとカルムイク人だろうと、ロシア人だろうとモホーク族であろうと、たいした違いはないだろう」。だが、そのように判断し、非常に多くのアメリカ先住民や逃亡中の黒人奴隷と共に一丸となって戦うことによって、イギリス人はまた、アメリカ革命派の白人が自分たちを体質的に完全に異質なもの、すなわち非白人として描写するのを容易にした。このように、マクリアの事件は、若くて無力な親英派の女性がイギリスに雇われたインディアンに殺された(らしい)というだけでなく、バーゴイン将軍が責めを負うべき者に対し思い切って報復的な行動を取ることができなかったという理由からも、プロパガンダ上の大惨事だった。バーゴインにできることは、おそらく真実だったのだろうが、事件に関与したインディアンには「計画的な残虐行為はなかった」と主張することだけだった。(48)だが彼は、味方のアメリカ先住民の支援をつなぎ止めることが是が非でも必要だったために、たとえ自らが望んでいたとしても、革命派の宣伝者《プロパガンディスト》の要求通りに、犯人とおぼしき人物を処刑できる立場にはなかった。目新しいことでもなかったが、イギリス人は自身の動員可能数の限界――根本的に彼らを縛り、決して解放してくれないもの――によって、一種の軍事多文化主義を強いられた。

だが、それだけでは、この戦争における「イギリス」兵の際立った多様性を十分に説明することはできない。というのも、一時期、帝国軍と手を結んだアメリカ先住民や自由黒人や黒人奴隷の動機について、これはわれわれに何も語ってくれないからだ。この戦いにおける理念や献身は、決して革命派《ホイッグ》だけの専売特許ではなかったのと同様、白人の専有物でもなかった。一部のアメリカ先住民にとっても、一部の黒人にとっても、一七七五年以降にイギリス軍に加わることは、単なる贈与や賄賂やさまざまな強制に対する反応以上のこと、あるいは、ただ単に他に行き場がなかったという理由以上のことを意味していた。ベンジャミン・ギルバートの番人の黒人たちのように、「国王のために」戦うことを選択する者もいたのだ。なぜか。

イギリスに生まれて北アメリカで任務にあたる役人や軍人の大部分が、彼らの支配に抵抗した白人アメリカ入植者の大多数よりも、現代的な意味でのレイシストである度合がいくらかでも低かったという考えを、われわれは即座に否定することができる。明らかに、そうではなかった。トマス・ジェファーソンが痛烈に指摘した通り、ダンモア卿のようなイギリスの帝国主義者が一七七五年にアメリカの南部で「奴隷に自由を」と宣言したことは、ある意味きわめて偽善的だった。(49) そもそも、船で運んできた黒人の大多数をその地で奴隷状態にした責任者は、イギリスの奴隷商人だったからだ。イギリスはさらに、カナダやアフリカ等で極度の危険にさらされている一部の民族や集団のために戦後の避難所を提供したものの、一七八三年の白人アメリカ人やヨーロッパ列強との和平交渉では、戦時中に味方だった黒人と先住民を完全に蚊帳の外に置いた。

だが、この場合、イギリス帝国当局者がサバルタンに対する配慮に明らかな制限を加えていたことを認めると、最初の問いがより一層興味深いものとなる。アメリカ革命戦争において非白人に支援を求めたイギリス自身の軍事面や人口面の理由はよくわかるが、なぜイギリス軍は、結局は失敗に終わったとはいえ、あれほどまでに多くの支援を取りつけることができたのだろうか。これに答えるためには、われわれは再びこの戦いの核心部分、すなわち、ジョン・アンドレが見せたような絶えず変化するアイデンティティ構築に関わる部分へと向かわねばならない。

一七七五年以降に、イギリスと、アメリカに渡った白人入植者が戦争に踏み切ったさまざまな動機すべての背後にあるのは、帝国が何を包含するのかということに関する対立した考え方だった。革命を選んだ人びとと本国イギリスの革命支持者の大半に好まれたのは、大西洋をはさんだ帝国は、本質的にエドマンド・バークが述べたように「イングランド国家の二つの分枝」以下でも——以上でも——ないという考え方だ。このような見方をする人びとは、北米の白人イギリス人入植者は、イギリス人が本国で主張するのと同じ権利や自由や特権を(だが、同じ税金を払うことなく)持つべきだと考えた。白人入植者はまた、イギリス政府が、フランス系カナダ人であれ、アメリカ先住民であれ、黒人であれ、帝国の北アメリカ地域にいる他のすべての民族よりも、はっきりと自分たちを優遇してくれることを期待した。だからこそ、帝国の北米地域に住む人間など誰でも似たようなものだろうと思っているイギリス人がいるのを発見したとき、ボストンの法律家ジェイムズ・オーティスは激怒したのだ。彼は一七六四年に、植民地に定住しているのは「イングランドの庶民が愚かにも想像するような、イングランド人とインディアンとニグロが混ざった雑種の合いの子などではなく、自由の身に生まれた白人のイギリス臣民である」と書いた[50]。オーティスの言葉に内在するのは、アメリカで本当に重要な唯一の民族はイングランド系の人びとであって、その他のグループは政治的には目に見えない存在であり、またそうあり続けなければならない、という前提である。白人で、プロテスタントで、イングランド系のアメリカ入植者は、さまざまな入植者の中の筆頭であることを望まなかった。彼らは、特別な存在、すなわち、対岸のイギリス人と対等の仲間であることを望んだ。

イギリス帝国の当局者たちは、彼ら特有の理由により、そのような排他的な立場をとることができなかった。これまで見てきた通り、彼らは十八世紀のあいだ、特に一七五〇年以降には、よりハイブリッドな帝国の建設をアメリカで進めてきた。征服の規模や範囲が世界中に拡大したことで、彼らは征服地に関する政策や認識の転換を余儀なくさせられた。自己の権益と防衛について考慮したことも、この転換につながった。イギリスを支配するエリートたちは、本国の領土と人口の限界と、それによって起こる権力と勢力範囲の制約を、いやというほど認識していた。したがって、急速に増加し、拡大し続ける北米のイギリス人入植者に特権を与えて野放しにしておくのは、軽率で危険なことかもしれず、そのうえ——イギリス政府の一部の者たちにとっては——不当なことだと思われた。分割統治という、帝国のいつもの手を使う方がはるかに得策だった。北米のイギリス領の種々さまざまな集団すべてに一定の保護と恩恵を施す方がはるかに得策だった。そうすれば、どの集団も忠実であり続け、バランスを取りながら共存し続けることだろう。したがって、イギリス政府は一七六三年以降、土地に飢えた白人入植者をアメリカ西部から締め出してアメリカ先住民に保護を与えようと試み、さらに、一七七四年のケベック法では、カトリック教徒とフランス語使用者が多数を占めるカナダの合法的特権と区域を拡大しようとした。イギリス政府のこのような率先した取り組みは、今や広大となった帝国領土アメリカに内包される多様性についての現実的認識と、潜在的に強力になりすぎた特定の臣下に対する防衛手段の両方を表していた。だが、自らを同じイギリス人と見なすアメリカの入植者にとって、このような政策は裏切りのにおいがした。

われわれは、このような背景に照らし合わせて、一七七五年以後にイギリス帝国と運命を共にすることを選んだ非イギリス系の数千人の人びとを位置づける必要がある。あるイギリス帝国関係者は革命前夜に、イギリス本国政府だけがインディアンの土地を貪欲な植民地辺境開拓者から守ることができるのだと、クリーク族とチェロキー族に語った。そして、多くのアメリカ先住民は、イギリス側の言うことが正しいと判断した。というのも、

42　奇妙な服装のアメリカ革命派たちが一人の黒人を踏みつける。1778年のイギリスの版画。

他にどんな選択肢があっただろうか。アメリカ南部の黒人奴隷に関しては、イギリスが自分たちに微々たる恩恵ばかりか――ことによると――自由も与えてくれるかもしれないという浮かれた発想が、一七七二年にロンドンで下されたいわゆるサマセット事件〔アメリカからイギリスに連れてこられたのち、逃亡し、再びジャマイカに送り返されることになった奴隷サマセットの自由が争われた裁判〕の判決のニュースのせいで助長されていたように思われる。これは、イギリスの領土では奴隷制度が違法であることを確認するものだと、大西洋の両岸で広く見なされた。そのため、ある歴史家は、いくぶんか誇張しつつ、革命戦争における「イギリスの勝利」は「アメリカにおける奴隷制度の根絶」につながるだろうという、「奴隷社会全体が共有していた考え」を記している。(51)

言いかえれば、黒人とアメリカ先住民がこの戦いでイギリスの側についたのは、ただ金を渡されたからとか、他にほとんど選択肢がなさそうに見えたためではなく、事例によっては現実的であろうとなかろうと、一定の希望を持って行動した結果でもあった。自意識が非常に強く急速に増殖する白人プロテスタントが多数派を占める新興独立国アメリカよりも、遠隔地ロンドンからの支配の方が、自分たちの集団の利益にとってはよいだろうと判断したのは、黒人とインディアンだけではなかった。やはり神経を尖らせていたマイノリティ・グループも――おおむね似たような理由から――同様の判断を下した。母国語だけを話し、英語を話さないオランダ人とドイツ人の移民、フランス語を話すニューロシェルのユグノー、ゲール語を話すスコットランド・ハイランド出身の入植者……これらすべての人びとが、ほとんど例外なく、一七七五年以降は頑として親英派側を選んだ。[52] いろいろな意味で、アメリカ革命におけるイギリス支持層は、さまざまなマイノリティの連合体で成り立っていた。このことが、イギリスが負けた一つの理由だったが、それはまた、今や運営や気風において必然的に人種差別的であると見なされることの非常に多い帝国が、本質や政策において、そうせざるをえなかったからとはいえ、いかに著しく多民族的になりうるかを示す実例でもあった。

アメリカに拠点を置く多民族のこれら帝国支援者の多くは、ぐずぐずして敗戦の余波を受ける危険を冒すのを嫌った。一七八二年以降、新生アメリカ合衆国を逃れ、カナダ、イギリス、西インド諸島、ときにはアフリカへ向かった人の数は、一七八九年の革命後にフランスを離れた人数の五倍に上った。この大移動に加わったさまざまな白人に関する限り、結局はそのような動揺はほとんど無用だった。彼らのような白人に対しては、新たなアメリカは、過去にも現在にも世界の他の社会に匹敵するものがないほどの、一定の平等主義と機会を与えてくれることになるのだ。だが、長期にわたって、この驚異的で先例のないアメリカの豊かさの代価は、他の人びとが支払うことになる。格別に自由で著しく理想主義的な新生アメリカ合衆国はまた、実際、イーサン・アレンのような革命派の予言通りに、厳格な排他主義と攻撃的拡張論を推進する帝国になっていく。非常に多くの黒人とアメリカ先住民が革命戦争中にイギリス側についたという事実は、その新生共和国が、黒人や先住民の集団を完全に締め出すやり方で市民権を定義するのを容易にしてしまったのだ。

アメリカ革命後の半世紀は世界的に見て帝国の重要時期となり、ヨーロッパ主要海洋帝国のすべて、すなわちフランス、スペイン、ポルトガル、オランダ、そしてとりわけイギリスに大きな変化が起こることになる。これとまったく同じ時期——一七八〇年代から一八三〇年代まで——は、土地を基盤とし、他国と国境を接する帝国にとっても、将来を大きく左右する時期となる。中国やオスマン・トルコのように絶望的なほど弱体化する国もあれば、ロシア帝国や新生アメリカ帝国のように、計り知れないほど強大化する国もある。トマス・ジェファーソンはアメリカ先住民たちに関して、「彼らの歴史の終焉」こそが自らの望みであると述べることになるが、彼がその言葉で意味したのは、アメリカ先住民の土地所有様式や移住の風習を終わらせることだった。そうすれば、何世代もの白人農民や家族が、意気揚々とさらに西へ移り住むことができる。そして、状況はいつしかその通りになっていった。(53)

革命戦争の敗北が帝国に及ぼした影響は、イギリス人にとっては、トラウマともなったが、同時に、新たなものの形成にもつながった。それがもたらしたのは「イギリス第一帝国の崩壊」(まったくのアメリカ中心の新造語)ではなかった。というのも、帝国は常に一三植民地よりも大きかったからだ。この戦争での敗北は、むしろ、苦々しい屈辱と、以前からの根強い、そして——どうやら——的中しつつある根強い不安の問題だった。イギリスはあまりにも小さすぎて海外の大帝国をうまく維持できないと主張した人びとは、自分たちの見解の正しさが十分に立証されたように思われた。そして多少なりとも、このことは、イギリス人が決して忘れない教訓となった。彼らは二度と、ウェストミンスターから海外の主要植民地に直接課税しようとはしないだろう。帝国の一画が自由を得ようと決意したとしても、彼らはもう二度とそこにしがみつき、いくつもの前線で——長期のゲリラ作戦ではなく——全面戦争を長期化させるような危険を冒すことはないだろう。この点で、十八世紀のアメリカ革命の成功は、二十世紀にイギリス人が植民地解放に素早く応じた理由の説明に役立つと言えるかもしれない。

彼らは苦い経験から学び、兵站と戦闘の限界を知ったのだ。

他の点でも、アメリカ革命は、帝国の負担や苦悩に関する教訓を与えた。革命がイギリス政府関係者に示したのは、ニュージーランドとオーストラリアが十九世紀に入ってからようやく確認することになる事柄だった。すなわち、白人入植者の土地への渇望と、先住民への中途半端に寛大な処遇とのバランス調整をするイギリスのような帝国につきまとう極度の困難だ。アメリカ革命はまた、帝国が国家のアイデンティティに対する危難となりうることを明らかにした。この戦いにおいて、イギリス人は、さまざまな理由によって自分たちが分裂し、これまでの連帯感が弱まっていることを知った。ところが、敵方は、より鮮明な目的意識や使命感を構築する能力があることをはっきり示したのだった。イギリス人が国際舞台でその小ささを補う唯一の方法は、群を抜いて首尾一貫していることだった。この帝国の戦いの悲惨な結果に、本国における国家と政治の一貫性はぐらついてしまっていた。

だが、しばらくのあいだは、これらのさまざまな失敗からの回復は目覚ましく、海外での災難や困難に対する絶え間ない不安、小さすぎて大きなことを成し遂げられないのではないかという常につきまとうあの不安も薄らいでいく。一八二一年のこと、イギリスの派遣団がニューヨークとニュージャージーの境界上に到着した。そこは、ジョン・アンドレの遺体が四〇年ほど前に慌ただしく埋められた場所だった。ウエストミンスター寺院にある彼の空っぽの墓へ持ち帰るべく、その遺骸を掘り返すことは、予想以上に難しかった。アンドレの頭蓋骨は砕けた首の関節から外れ、近くの桃の木の根が「網のように」絡みついていた。(54)だが、軍人と当局者の静かな小集団は、帝国の失策とそのなれの果ての拘束の悲しき遺物を見下ろしながらも、さほど落胆しなかった。というのも、今や、イギリス帝国は、違う方角に向かってではあるが、これまで以上に目を見張る速さで発展していたからだ。そしてこの新たな帝国の姿で、イギリス人は、地中海やアメリカでの過去の経験から推測されるよりずっと長期にわたってさまざまな虜囚の問題を首尾よく解決していくことになる。そろそろ、東に向きを変えて、インドを考察する時が来た。

第三部　インド——虜囚と征服

第八章　インドへのもう一つの道

セアラの話

一八〇一年、ロンドン。ジョン・アンドレ少佐の絞首刑からようやく二〇年が過ぎたばかりだが、この静かな裏通りの一室で耳を傾けている男たちは少佐の頃とはまったく異なる世界に暮らし、男たちもそのことを承知している。彼らの前で話をしているのはアンドレ少佐と同じくらい筋金入りの帝国軍関係者だが、その他の点では、単に目で見てはっきりとわかる以上にまったく異なる人間だ。これは別の国の話であり、そのうえ、この女は生きながらえることを心に決めている。女の名前はセアラ・シェイド。そして、彼女が語る話はインドの話である。彼女は生活する中で文字が読めるようになり、複数の言葉を話せるようになったが、文字の書き方は身につけなかったので、話は記憶から再現するしかない。そのため、日付や出来事の正確な順序については言い淀んでしまう。しかし、ひるんだりあきらめたりしている余裕はない。今年は世界的な戦争が行われているだけでなく、イギリスでは食料品の価格と失業率が上がっているので、ここにいる慎重で慈悲深い紳士たちの関心と援助を確保することが不可欠だ。この慈善基金団体の理事たちは、貧しい労働者の悲惨な話は嫌というほど知っていて、金を引き出そうとする詐欺師たちにも用心しているが、幸いなことに、聞いてみてこれは本物だと思うことができた。セアラの経験は根掘り葉掘り聞きだされ、適切に訂正され磨かれ、よく売れて彼女と現在の夫の生活を支えてくれることを願って、小冊子にして出版された。このようにして、インドで征服を企てそこで虜囚になるとはどういうものかということについての、労働者階級のイギリス人女性による最初のかなり信憑性のある体験記が生まれたのである。(1)

これは、従来の帝国史が――ポスト・コロニアル史でさえもが――通常取り上げてきた類のテクストではなく、そういった類の個人でもない。一見したところ、シェイドは実に特異な人物であり、その貧しさやジェンダーが理由となって、必然的な成り行きとして周縁に追いやられている。インドでイギリス帝国支配のために働いた彼女は、それゆえに従来型の犠牲者でさえなかったが、にもかかわらず彼女自身にはもともと英雄的なことを試みる力も、魅力も、能力もなかったたし、自分が巻き込まれた出来事の広い意味での重要性にも気づいてすらいなかったはずだ。『セアラ・シェイドの人生の物語』には「帝国」という言葉はまったく出てこない。しかし、それにもかかわらず、シェイドとその物語は典型的で、注意深く見ていく価値のあるものである。

一七四〇年代から一九四七年の独立獲得までインドで働いたほとんどのイギリス人がいくつかの点で彼女とまったく同じ、つまり、下層階級で軍に属するものであったという点で、彼女は典型的であった。そして――伝えられ方の特殊性にもかかわらず――彼女の語った物語はこの時期のイギリス国民のムードや帝国の目指す方向の大きな変化から生まれたものであり、それに注目させるものでもあった。庶民階級のイングランド人女性でインドでの冒険について体験記を出版したのはシェイドが初めてではない。初めてそれを出版したのはハンナ・スネルであり、ゴーストライターが書いた彼女の回想録『女兵士』は一七五〇年に圧倒的な成功をおさめた。書籍業者が述べるように、スネルは夫に捨てられた後は男性の衣服を身に着けていた。彼女は海兵隊員としてイギリス

43　帝国の兵士ハンナ・スネル

軍に加わり、一七四八年までにはインド南部の（コロマンデル）海岸にあった東インド会社の要塞に赴任しており、その後、フランスの拠点であるポンディシェリに対するイギリスの攻撃に参加した。股間——よりによって——を負傷したにもかかわらず、スネルは、連隊がイギリスに戻り自由に体験を語ることができるようになるまで正体を秘密にし続けた。当時、この話は広く信じられていたようだ。チェルシー病院は、帝国の戦争において傷を負った退役軍人として彼女に院外年金さえ与えた。しかし、出版されたスネルのインド冒険記にごくわずかでも正確な部分があったかどうかはいまだ疑わしい。(2) たしかに、『セアラ・シェイドの人生の物語』と並べて読むと、両者間の差異と急激な時代の移り変わりとの両方を即座に感じとることができる。ハンナ・スネルの話が概してでっち上げだと思われる一方、セアラ・シェイドによるインド生活の詳細はおおむね文書館で実証されうるものだが、それだけではない。(3) 字を読めるが書けない貧しい女性のこれら二つの記録のあいだには五〇年という隔たりがあり、この五〇年のあいだに世界帝国やイギリスとインドとの関係のパターンは激変したのである。

『女兵士』では、インド亜大陸も、一七四〇年代にその南岸のある場所をめぐって争ったヨーロッパの小部隊も、どちらも勇敢な下層階級の女性が失恋によって冒険と異性装を余儀なくされるという旧来型の話のエキゾチックな背景にすぎない。一方、半世紀後に書かれたシェイドの体験記は、それとはまったく異なる。彼女の文章は、二〇年以上にわたる南インドやベンガルでの実体験への言及であふれている。インドの料理、野生動物、景色、海運、言葉、そして、イギリス人とインド人との性的関係への言及があり、インドの地名も多い。それらの地名をシェイドは流暢に発音していたようだが、ロンドンの冷淡な聞き手たちは間違って文字化することもあった。かつて一七五〇年には、ハンナ・スネルの書籍業者たちは、異性装や女性の逸脱のエピソードに頼って彼女の話を売ろうとした。しかし、一八〇一年にセアラ・シェイドの話を書きとめた男たちにとって、重要なのはインドについての情報であり、それももっともなことであった。今や、北アメリカにおけるイギリス帝国の最も豊かで最も古い区域が独立し、政治や国民の関心はこれまで以上にインド亜大陸へと移りつつあった。イギリス人にとってのインドの重要性は「別の大きな属領が分離したことによって被った損失に比例して増大した」とは、シェイドの冒険記が出版された当時の首相ウィリアム・ピット（小ピット）の言葉である。(4)

セアラ・シェイドと彼女が語った話は、インドに対するイギリスの関心や欲求の高まりに由来すると同時にそれを喚起するものでもあった。シェイドはまた、この段階のイギリス帝国主義体制の特質をより直接的に表してもいた。出版された彼女の話だけでなく、彼女自身の身体さえもが帝国のテクストであった。インドにいるあいだに、彼女は顔に二度の傷を負った。マスケット銃の銃弾が右足のふくらはぎを貫通したこともあった。サーベルによって右腕を切りつけられたことがあり、「目立つ傷痕が残っていた」。これだけではなかった。彼女は強い鉤爪で襲われたこともあった。そして、その虎につけられた傷跡も残った。このように切り裂かれ損なわれた肉体を持つ彼女は、インドや世界のすべての大陸におけるイギリスの海外活動の並はずれて暴力的な側面を非常によく表していた。戦争の地理的範囲や、戦争の過程でイギリスが領土を獲得したり失ったりする割合は、一七五〇年代以降増え続けていた。もっとも、一七八〇年代からは、暴力の世界的広がりがさらに顕著になり、つぎ込む資金もいっそう増加し、敗北の際に被るかもしれない不利益もはるかに増大していた。アメリカ独立革命では、スペイン、オランダ、そして何よりもフランスが介入してイギリスから一三植民地や、カリブ海、地中海、アフリカの領土をはぎ取った。セアラ・シェイドが体験談を口述する頃、すなわち十九世紀の初めにはすでに、イギリスとフランスは、一七九三年に正式に始まりほとんど休みなく一八一五年まで続いたより大きな戦争に巻き込まれていた。この間の大半でイギリスは戦争に負ける危険を抱えていただけでなく、数の上で勝っていたナポレオン・ボナパルトの軍隊によって侵略される危険や、イギリス帝国の鈍ることのない「繁栄」についての従来の説明ではしばしば忘れられている点だが、海外領土の一部またはすべてを奪われる危険も抱えていた。ある経験豊かな陸軍士官は、一八一〇年に、イギリスは「はるかに優勢な軍隊によって破壊される恐れがあり」、その「七海の帝国」はそれほど長続きしそうにないと考えた。この時点でさえ、イギリス人には、自分たちが間もなく並ぶもののない世界的支配を手中にするなど知る由もなかったのである。[5]

インドにおけるイギリスの侵攻および拡大は一七五〇年代以後の世界戦争の激化と結びついていたが、これらはこの時期特有の極度の不確かさ、不安、顕著な浮沈を伴うものでもあった。当時、このインドへの移行はしばしば「東方への転換」と呼ばれたが、この転換は後になって安心して振りかえって見るよりもはるかに際どく、危なげなものだったようだ。イギリスに絶えずつきまとうジレンマ、すなわち、深刻なまでの自国の小ささと海外に対する過剰な野心とが組み合わさるというジレンマを考えると、そうなるしかなかったのではないだろうか。インドの地理的規模や先住民の膨大な数に照らしてみると、イギリスの小ささは特に厄介で危うく見えた。イギリスにとっての課題は、いつものことながら、これを回避する方法を見つけるかでっち上げるかであったが、そうするのは難しく、リスクも高かった。セアラの傷だらけの身体は、その体験記同様、当時のインド亜大陸とその諸民族の大部分を圧倒した、そして、ときにはイギリス人自身をも怖気づかせたり縮みあがらせた激しい暴力や恐怖を呼び起こしたのである。

だとすれば、この女性のインドへの、そして、インドでの奇妙ではあるが異例とは言えない旅に同行することは、常にあまりにも大きく人が多すぎると思われてきた場所での、イギリスによる積極的な帝国活動の初期の様子を探究する一つの方法となる。これはまた、インド亜大陸におけるイギリス人の虜囚危機の本質的背景を確認する方法でもある。セアラの物語は、海の物語であり、東インド会社の物語であり、イギリス人の嘆かわしいほどに乏しい数によって強いられた制約と共謀の物語である。それは、侵攻と死に物狂いの右往左往の話であり、そして――結局は――虎たちの物語である。

リミット

セアラは本国での選択肢が非常に限られていたので、ひと財産つくるか、少なくともなんとか暮らしていければと願い、同国人の多くがしばしばそうしたように、インドに向けて出発した。彼女は一七四六年にヘレフォードシャーの職人の家に生まれ、セアラ・ウォールと名づけられたが、十代のはじめに孤児となった。セアラ自身の説明によると、彼女はその後、農業に従事する使用人として「奴隷の生活を送った」あと逃亡し、バーミンガムのボタン製造業者のもとで働いた。継父であり、愛人でもあったかもしれないジョン・ボールトンが彼女を追いかけてきて、次の提案をしたのはこのバーミンガムでのことであった。「親はいないし、そのうえ、手短に言えば器量がいいから、［僕と一緒に］インドへ来るといい」と彼は言い、二人はそうしたのだった。

彼らが三層甲板の東インド貿易船ニューデヴォンシャー号に乗ってマドラスに向けて出港したのは一七六九年一月二十日のことだった。マシュー・ホア船長がきちんとつけていた日誌によって二人がロンドンで乗船したことが裏づけられており、セアラはこの旅のためにジョン・ボールトンの妻のふりをしていたこともわかる。(6) 東インド会社のこの種の船舶日誌は価値がありながらいまだ十分に利用されていない資料であり、「世界最大の商業集団」の力量、勤勉さ、大胆さを大いに伝えてくれるものである。日誌にはこれらの船の荷積みや調整や簿記の複雑さとともに、ニューデヴォンシャー号のような巨大船舶にロンドンのさまざまな工廠から何週間もかけて、危険の多い海域での長旅に必要な積み荷や、大砲、火薬、陸軍新兵や海軍新兵、家畜や食糧を供給するための組織の複雑さが記録されている。日誌はまた、これら大量の荷を積んだ複雑な船をイギリスからインドへ、そして、中国へと操縦していく際の技術や苦労の度合いをも明らかにしているが、こういった航海は一七六〇年代でも一年近くかかったにもかかわらず、下級船員にはたったの二二ポンドしか支払われなかったようだ。(7)

イギリスの船舶画家は東インド会社の貿易船を描くのを好んだ。国の勢力や富の明白な象徴であるこれらの船は、文字通り、数百枚もの絵に描かれた。貴重な商品を国に持ち帰るために船体を海面下に低く沈めながら航行している姿や、私略船を寄せつけないように一団となって出航する姿、水にぬれた巨大な帆が風をはらみ、紅白の縞柄の社旗（これは星条旗のデザインに影響を与えたに違いない）がはためく様子が描かれた。しかし、別の角度から見ると、これらの絵は単にイギリスの海洋での勢力や商業上の勢力を伝えているだけではなく、その力の質や限界をも伝えている。イギリス人が海の絵を好んだのは、海で優位を占めていたのが――二世紀かそこらのあいだ――イギリスの商船や海軍の船舶だったからである。しかしながら、イギリス人が海洋画を好んだのは、オランダ人と同じく、海のおかげで世界的な遍在性を手に入れられるからでもあった。この遍在性によって、本国の地理的規模や人口規模の小ささに付いてまわるさまざまな制限が決して完全にというわけではなかったが、相殺された。海や船のおかげで、これら小国の人びとはどこにでも行くことができたし、実際に行った。しかしながら、船は陸地では航行できない。そのため、イギリス人にとって上陸後はいつも事情がまったく異なり、通常ははるかに困難なものとなった。東インド会社に関する限り、事情はまさしくこの通りであった。

東インド会社は一六〇〇年にエリザベス一世から特許状を得て設立され、イングランドのアジア貿易の独占を許された。この段階では、君主も、東インド会社の総裁もロンドンを本拠とする二四人の理事も東方の帝国を真剣に思い描くような立場にはなかった。彼らはむしろ、イングランド人を世界で最も豊かで、最も先進的で、最も競争の激しい製造・商業区域の一つにおいて、有能な端役として立ち回らせようとした。設立されてから一世紀のあいだ東インド会社は毎年八隻かそこらの船を送り出していたが、これらは当初、インドネシア諸島産の香料や、丁子、ナツメグ、胡椒、シナモンの樹皮、ショウズクなど、冷蔵されていない食品の臭みや汚れた体の悪臭を抑えてくれる物品を主に運んでいた。しかし、十七世紀の後半に入る頃には、東インド会社はイエメンのモカ産のコーヒーや中国産の茶や磁器だけでなく、ますます多種多様なインドの布地を輸入し、イギリス人の生活様式や消費行動を変え始めていた。インド亜大陸に関する限り、東インド会社は沿岸部に三つの活動拠点を持つ

44　イングランドの東インド貿易船。ポール・モナミー作、1720年頃。

ようになっていた。最も古く最も南にある拠点は、一六三九年に設置され一七〇〇年にはすでに約一〇万人のインド人人口を抱えていたマドラス（現在のチェンナイ）であった。西岸にはキャサリン・オブ・ブラガンザの結婚持参品の一つとして一六六一年にタンジールとともにイギリスのものとなったボンベイがあった。そして、北東には、ベンガルの熟練織師を使って利を得たり、ガンジス川やジャムナ川流域での通商を行うために一六九〇年に設置されたカルカッタがあった。この魔法の三角形――マドラス、ボンベイ、カルカッタ――によって、東インド会社は次第にまさしくイギリス最大の営利事業となっていき、インドの輸出業において競争相手であるオランダ、デンマーク、ポルトガル、そしてフランスの貿易会社より大きなシェアを確保することになった。(8)

しかし、東インド会社は長いあいだ、自らの役割や本義を私的かつ商業的観点から見続けた。これもまた、当時の絵画を通して効果的に示されている点である。一七三一年、東インド会社の理事たちは、ロンドンのレドンホール通りに新しく建設された本部の壁に掛けるため、ジョージ・ランバートとサミュエル・スコットに六枚の油絵を委託した。できあがってきた絵は、当時の東インド会社の制限された自己イメージと、インドについての限定されたイメージとを非常によく伝えている。記念の画題として六つの拠点が選ばれたが、そのうち二つは実際にはインド亜大陸の外、すなわち南アフリカのケープ植民地（当時はオランダの支配下にあった）と大西洋南部のセントヘレナにある拠点だった。これが示すように、この段階では、東インド会社は自身をもっぱらインドのみに関わる貿易業者というよりは、さまざまな大陸をまたいで活動する貿易業者だと見ていた。選ばれたインド内の四つの場所――ボンベイ、マドラス、カルカッタ、そしてマラバル海岸のテリチェリー――でさえ、海からの眺望、すなわち外からの眺望が描かれていた。たしかに、スコットとランバートは、東インド会社の勢力の源泉を抜かりなく前景化した。彼らの油絵には、大きなマストの東インド貿易船が大砲を轟かせ、ペナントをなびかせながら、マドラスのセントジョージ要塞の壁の前やボンベイにある東インド会社の倉庫の前で停泊している様子が描かれているのである。しかし、これらはやはり、まぎれもなく海と沿岸の景色である。これらの絵に

45　ボンベイ。ジョージ・ランバートとサミュエル・スコット作。

はインドの内部は描かれておらず、インド人も描かれていない。というのも、十八世紀になってさえはじめの数十年は、東インド会社はこういったものに関して最低限の影響力しか持たず、断続的に興味を示すだけだったからである。(9)

しかしながら、一七六九年にセアラがインドへ渡る頃までには事情は変わっていた。そして、いかに無意識であろうと、彼女はさらに激しくさらに根本的な変化に関わり、また、それらを目撃することになった。すべての変化の背後には、三つの異なる帝国体制の運命の変動があった。十八世紀には時代の進行とともに、インドのムガール帝国の皇帝の権力や支配力が悲惨なほどに衰えていった。他方、これと同時期、イギリスとフランスの覇権争いが、北アメリカで動乱や虜囚が生まれる原因となったのと同じく、インド亜大陸にも影響を及ぼしはじめていた。

一七四四年以降、コロマンデル海岸で活動するフランスやイギリスの貿易商たちは、少数のセポイ（現地人兵）を採用したり、それぞれの本国からさらなる兵員を召集したりし始めた。彼らのほとんどはそれぞれの会社から給料を支払われたが、一部は正規軍が支払った。これは一七五〇年以降にインド各地で起こったより広範な英仏戦争や、インドの紛争や政治に対するより情け容赦ない介入の最終リハーサルとなった。一七五六年六月、ベンガルの新たな若き太守シラージヴッダウラがカルカッタの東インド会社入植地を掌握した。反応は即座で厳しいものだった。マドラスにおいてかつて東インド会社の一介の社員であり後に軍人となったロバート・クライヴは、まずカルカッタを奪還し、一七五七年のプラッシーの戦いにおいてシラージヴッダウラを打ち倒した。ひき続く小競り合いはフランス人と現地人の同盟を徐々に弱体化させ、その結果、一七六四年にはインド北部のブクサルで東インド会社が大勝利をおさめることになった。翌年、この時点で知事兼東インド会社軍の総司令官であったクライヴは、ベンガル、ビハール、オリッサのディワーニー（diwani）、すなわち地税徴収権を、ムガール皇帝シャー・アーラム二世から（皇帝の側ではしぶしぶではあったが）授与された。かつてはインドやムガールの関心の周縁にとどまっていた一つの貿易会社がこうして約二〇〇〇万のインド人、そしてまた——きわめて重要なことだが——インド亜大陸の最も豊かな地方の責任を負うことになったのである。これ以降、東インド会社は、昔からインドで求めてきた布地、香辛料、そして硝石を買うためにイギリスから金塊を船で送ってもらう必要はずっと少なくなった。その代わり、購入品の代金を支払うためにインドでの地税を使うことができるようになったのである。やがて、この税収によって、ますます増え続ける東インド会社の兵士や官僚たちの給料も支払われるようになった。[10]

しかし、ディワーニーを確保したあとでさえ、東インド会社の行政権はベンガルとハイデラバードの近隣地域、北サルカールズ、そして、ボンベイやカルカッタの古くからある沿岸入植地に限られており、イギリス人の社員は危険なほどに数が少なかった。[11]実質的には、セアラのインドでの経歴全体が、イギリス人のこの数不足の一側面にすぎなかった。一七六九年にイギリスを出発した彼女は、その航海の途上、自分が一八五人の男性とともに「乗船しているただ一人の女性」であり、男性のほとんどは東インド会社軍の者たちであることを知った。当

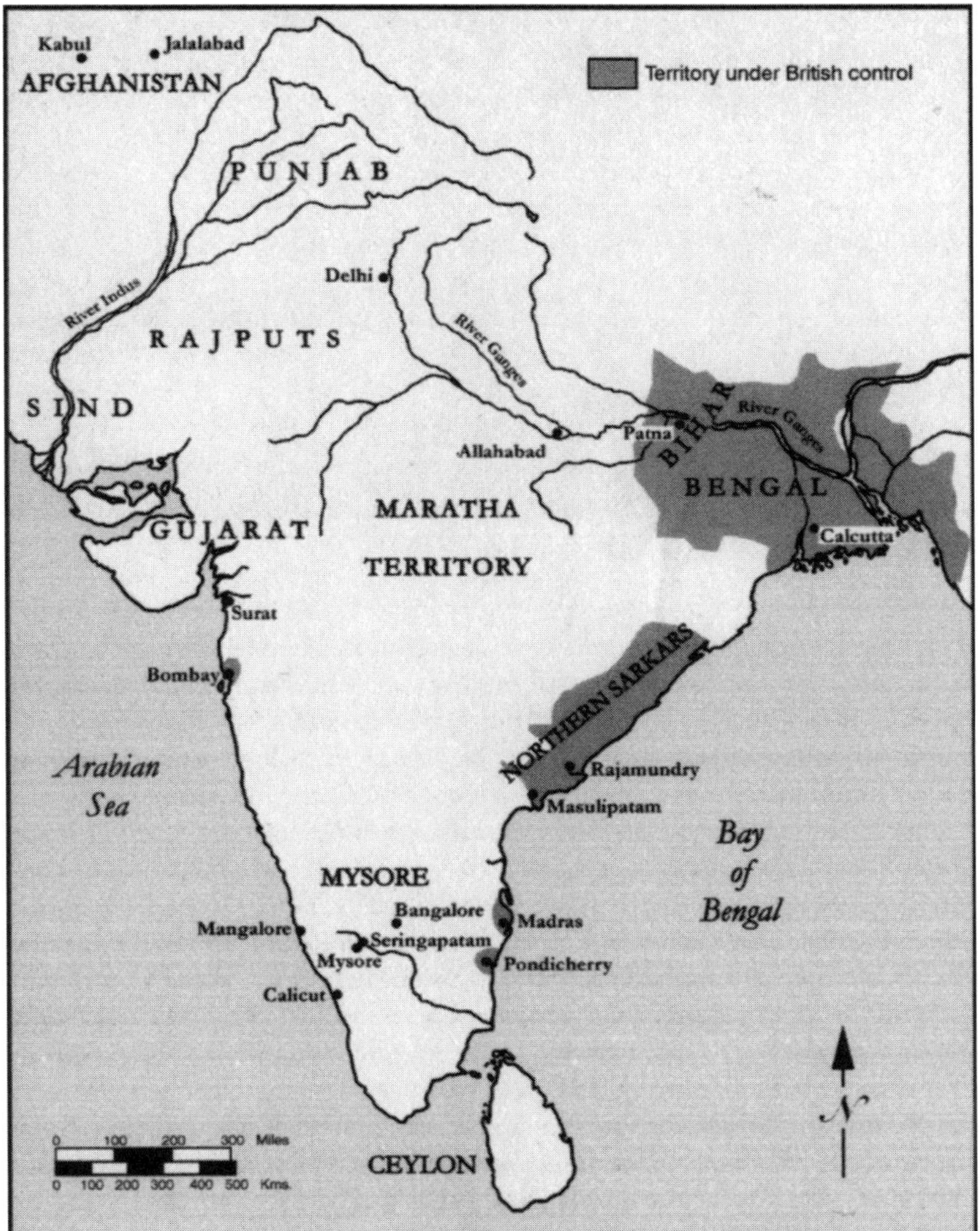

1764年のブクサルの戦い後のインド〔色の濃い部分がイギリスの支配下にある地域〕

時、イギリスからインドへの片道運賃は最低でも三〇ポンド（今日の価値では優に一〇〇〇ポンドを超える額）で、東インド会社はそのような金額を兵士の妻や雑役の妻のために使うのを嫌がった。そのうえ、セアラは妻ではなかった。航海に出て三週間が経った頃、義父は「酔っ払った挙句」にセアラの希少価値を利用して乗船している兵士の一人に彼女を売ろうとした。船長がその取引をやめさせると、二人の男は怒りと不満にかられて船長と喧嘩になった。マドラスに到着するとすぐに、セアラは東インド会社のある中尉の保護下に置かれ、そのベッドに引っ張り込まれた。この中尉は彼女をなかなか手放そうとはしなかったが、最終的には彼の部下であるジョン・カフ軍曹が結婚によって彼女を手に入れた。一七八〇年代にインド南部でカフが死亡すると、その地で戦闘中の一人の伍長があっという間にセアラを妻にした。注目すべきは、年齢や戦争やインドの太陽のせいで容色が衰えるにしたがって、軍の階級が情け容赦なく下がっていっていることである。

しかし、セアラ・シェイドがインドで引き起こした目を見張るような争奪戦は彼女の個人的魅力と関係があるというよりも、むしろ、インドでのイギリス人の決定的な少なさの一側面でしかない。いつの時代であれ、インド亜大陸は、東インド会社やイギリスの政治家から移住植民地になる可能性のある土地として見られたことはなかった。イギリス人女性がインドにやってくる割合は一七五〇年以降増加したが、非常に限られた数のイギリス人男性と比較しても、彼女たちはごく少数派であった。相当な数のイギリス人をそこに定住させ、イギリス人同士の性交渉によって数を増やしていくなど、当局が意図したことは一度もなかった。そのほうがよかった。というのも、十八世紀もそれ以降も、インドに渡った人びとの多くは、子どもを作れるほど生き長らえることがなかったからだ。一七〇七年から一七七五年のあいだにベンガルの東インド会社で働いていた男性の軍務以外に従事する社員《シヴィル・サーヴァント》六四五人（たったの六四五人！）のうち、約六〇パーセントがそこで亡くなり、任用されてほんの数年で亡くなった人も多かったことが知られている。その世紀の終わりでさえ、インド駐在の四人に一人のイギリス人兵士が毎年亡くなっていた。[12] エドマンド・バークは、インドの先住民たちは白髪のイギリス人に出会うということがどういうことかをほとんどわかっていないと述べたが、この有名な非難の言葉は、偏った言い分であると同時に、皮肉なほどに正確である。バークの非難にあるようなことができたのは、すなわち、インドで莫大かつ違法な利益を得て百万長者のネイボッブとして意気揚々とイギリスに帰国できたのは、東インド会社の上級社員のごく少数にすぎなかった。この段階では、インドのイギリス人の大半は限られた財しか築けなかったかまったく築けなかったかのどちらかであり、単純に言って、帰国できるほど長生きはできなかった。インド最古の英国国教会であるマドラスの聖メアリ教会を一回りすればわかるように、インドで死んだイギリス人たちの記念碑や墓石に好んで刻まれた碑文の一つは、必然的に、「英知は人間にとっての白髪である」であった。一八二〇年の前後でさえ、イギリスからインドに到着した人びとの多くにとっては、これこそが唯一入手可能な白髪だったのである。(13)

インド亜大陸では同国人の人数が非常に少なく減少も激しかったので、イギリス人は、自分たちがインドを十分かつ永続的に支配し続けることはできないということ、そして独力ではそれを試みることさえできないということを常にある程度は理解していた。インドは自国から遠く離れすぎていた。それは、大きすぎ、複雑すぎ、そして何よりも人が多すぎた。一七八八年に政治家であり退役軍人でもあった一人のスコットランド人の試算によれば、インドにはイギリスとアイルランドを合わせた人数の「十一倍の人」がいたとのことであるが、おそらくこれは実際より少なく見積もりすぎている。(14) 十八世紀の初めでさえインドの人口はすでに一億八〇〇〇万に達しており、それは当時でも今と同じく世界の人口の五分の一がインドにいるということを意味した。対照的に一七八〇年代のイギリスとアイルランドを合わせた人口は一三〇〇万人に満たなかった。もちろん、イギリスの人口とインドの人口をこのように比較することで生じる明らかな誤解もある。ベンジャミン・ディズレーリが述べたように、十八世紀から十九世紀にかけてのイギリス人は、臆病なことに、インドを御しがたい巨大な単一体だと見なしがちであったが、インドは単一体などではまったくなかった。(15) インドはこの時点ではいまだ一つの地理的表現、つまりさまざまな藩王国や王国や宗派をひとまとめにした一つの言葉のようなものであり、それは何十万ものきわめてローカルな村社会によって細かく分かれていた。結局は、これがイギリスの成功にとって非常に重要な役割を果たすことになった。最も繁栄をきわめていた頃、ムガール帝国の皇帝たちは効率よく課税し、安定を維持し、武力を独占する力を有しており、その後出現した継承国もまたそのいくつかは非常に洗練され、柔軟性があった。しかし、インド亜大陸には、全体として、非人格的で統一的な国家機構や国家イデオロギーがなかった。それとは逆に、東インド会社は、イギリスという、領土が小さくてコンパクトであることが主な理由となって早い段階から中央集権化するとともに国家主義的度合いを増していた国家との結びつきを強めていたのである。

　これらすべてにもかかわらず――東インド会社の商業的成功や金融における影響力にも、東インド会社がインドの支配者たちには夢見ることさえできなかった規模の海軍力をイギリス国家を通して利用することができたことにも、また、東インド会社がインド亜大陸内の宗教的、文化的、政治的分裂を精力的かつきわめて有効に利用したことにもかかわらず――インド在住のイギリス人とインドの先住民とのあいだの人数面での大きな格差は、前者が後者に対して常に依存的にならざるをえないということを意味していた。オム・プラカッシュとK・N・ショーデュリーが明らかにしてきたように、東インド会社は――ヨーロッパのライバル会社と同じく――インドの銀行家や海運業の助けを得たり、最初はささやかな砦を作るためにインドの支配者から土地を賃借したり、さまざまな地域経済において地元の商人たち、たとえば、インド洋西部のグジャラート人や南部の金貸し《チェッティ》やイスラム教徒の交易商人と密接に関わったりすることによって、はじめて確固たる地位を築くことができたのである。一七四〇年代になっても、東インド会社が拠点とするマドラスで使われる船の約半数がいまだインド人所有の船だった。そして、一七五六年にシラージウッダウラがカルカッタを攻撃した際、白人住民のほとんどすべてがインドの金貸しに借金があった。[16] その後半世紀にわたる武力征服への移行は、単にイギリス人の新たな形の依存を生みだしただけだった。東インド会社は人や税金を集めるために地元の支配者や、仲介者、地主への依存度を高め、インド人情報提供者、スパイ、供給業者、事務員、管理者などあらゆる種類の人をますます多く雇うようになった。とりわけ、東インド会社は、伝統的にムガール帝国の皇帝たちに仕えてきたのと同じ武装農民たちからなる巨大労働市場から兵士を調達しなければならなかった。C・A・ベイリーによると、これらの征服者たちは常に「自分たちにできることがきわめて限られていた。というのも、インドにおけるイギリス帝国はいまだかなりの程度でインド人によって運営され守備されていたからである」。(17)

支配を強めていこうとしている対象へのこの依存状態は、インドにいるイギリス人の虜囚体験のあり様と、東インド会社やその従業員に対する本国の人びとの見方の両方に影響を与えた。地中海地方や北アメリカでは、非西洋人によって捕らわれることとは、普通、当事者となったイギリス人入植者、兵士、旅行者、商人にとって、異質な習慣や、異質な文化、異質な食べ物、異質な言葉、異質な服装を、そして、ときには異人種間の性交を、突然、衝撃的なかたちで経験することを意味した。しかしながら、インドにおいては、イギリス人は数が少なく、地元の人びとに依存していたので、ある程度の期間ここに滞在している人びとはいずれにせよこういったことをいくらか経験していた。インドの料理、言葉、服装、そして、しばしばインド人の性的パートナーといったものは、一八二〇年代より前に亜大陸にいたほとんどのイギリス人(特に男性)にはいくらか馴染みがあったものである。そのため、インドでの虜囚体験は多くの場合、特に被害者が貧しい白人であった場合は、他の海外事業地域での体験と比較すれば、大したカルチャーショックではなかった。

セアラ・シェイドとなった女性はまさにうってつけの例である。最初の夫であるジョン・カフ軍曹とともに捕虜になり、マイソールの支配者であるハイダル・アリーの軍勢によって一一か月のあいだバンガロールで拘禁された際、彼女は軍人である配偶者との関係以外からも慰めを得ることができた。この段階——一七八〇年代の初め——までに彼女はすでにある程度仕方なくインドに同化していたが、そのことも助けになった。バンガロールでのインド人守衛の一人が実は東インド会社のマドラス軍からの脱走者であり、「[彼女が]彼の言葉を話し、料理法を理解しているという理由で、彼女に興味を持った」が、その料理とはもちろん南インド料理のことであった。この逸話は本当というには出来すぎた話に見えるが、嘘ばかりでもなさそうだ。たしかにセアラは、ロンドンに戻り、一七九〇年代に再び夫を亡くしたあと数年のあいだ、野菜カレーなどのインド料理を作ることで身を立てていたということがわかっている。彼女は、これらの料理を、ロンドンに住む「東インド会社の複数の社員家族」相手に、注文に応じて高値で調理していた。彼らは――彼女と同じく――名目上の故国へと戻っては来たが、後にしてきた広大なインド亜大陸をふと懐かしく思うことがあったのである。

このことは、イギリス人のインドでの虜囚体験が他とは異なるもう一つの点を指摘してくれる。本国の多くのイギリス人の目には、インドでかなりの時間を過ごしたイギリス人はすべて、文字通りとは言わないまでも、基本的にインドで虜《とりこ》になる危険性があった。インドのイギリス人は数があまりに少なく、あまりに多くの点で地元民に依存していたので、本国では常に――この初期の段階ではとくに――彼らがインドの環境に乗っ取られたり、先住民の環境や価値観に取り込まれたりして、真正のイギリス人ではなくなり、現地人化してしまうのではないかという恐れが表明されていた。

一七九〇年代にロンドンで東インド会社の白人元社員たちのあいだでセアラのカレーが熱望されたことが示すように、これらの不安はまったくの見当違いというわけではなかった。しかし、これらの不安を声にした人びとは、インドのイギリス人は味覚や好みだけでなくもっと深刻に悪影響をこうむっている可能性があると信じていた。彼らは、ネイボッブを、インド固有の腐敗や暴政に屈し――そして悪化させ――これらの悪を本国に持ち帰っているとして非難した（イスラムの支配者を意味するナワーブという言葉が転訛してインド帰りの富裕なイギリス人を意味するようになったことはもちろん示唆的である）。ある東インド会社の退職者は、彼や彼と同種の人びとがイギリスに戻って経験した反応について、「気づいてみると自分たちはよそ者になっており、常々そのように思われてきた」と不満を述べている。

正直で気前のいいインド人は「イギリス人社員が自分自身についてこの言葉を使っていることに注目！」異教徒以下で、すべての宗教を嫌っていると常に考えられている――つまり、略奪や暴力の結果、母国の嘘偽りのない美徳をことごとく毒したり根絶やしにしたりするあの不信心な罪人の一人であると考えられているのだ。(18)

これは一七九七年に書かれたものだ。これ以前の数十年間には、軍人であれそれ以外であれ、東インド会社に雇われた白人に対する敵意はイギリス国内ではるかに顕著であり広まってもいた。これは、インドに関しては虜囚体験記がなかなか出版されなかった理由の一つである。一七四〇年代より前には、インドのイギリス人は、たいてい、現地の政権にとってわざわざ捕らえる価値があるほど有用でも危険でもなかったようだ。しかし、このあと――イギリス人にとって虜囚になるリスクがはるかに高まったあと――でさえ、この地域の帝国事業に由来する虜囚体験記の出版はしばらくのあいだまれであった。(19)これには、本国の人びとにとってインドのイギリス人はいまだはるか遠くの者たちであり、国民全体のというよりはむしろ貪欲でがめつい東インド会社の手先であり、世間で取りざたされる彼らの振る舞いも異質であり、こうしたものすべてをひっくるめてあまり共感する価値のない相手だったということがあるにちがいない。インドのイギリス人がときに苦痛を経験することがあったとしても、本国のイギリス人は、彼らの苦しみについて読んだりそれを自分のもののように感じたりしたいとはあまり思わなかった――そして、一七八〇年代の終わり頃までずっとそうだった――のである。

これに対する明らかな例外にみえるジョン・ゼファナイア・ホルウェルの『ブラックホール監獄での……死についての本当の物語』（一七五八年）もかえってこの点を補強するものとなっている。一七五六年六月にシラージウッダウラがカルカッタを奪取した際、ダブリン生まれで東インド会社の上級職員だったホルウェルは一八フィート四方の仕置牢に、本人曰く、一四五人の者たちとともに一晩閉じ込められたという。彼によると、朝までに二三人を残してすべての者が窒息したり、脱水によって死んだり、空気を吸うことのできるただ一つの窓に必死になってたどり着こうとする仲間の虜囚たちに踏み殺されたりした。本当の死者はおそらく約五〇人であり、そのすべてがイギリス人だったわけではない。しかし、ホルウェルがシラージウッダウラを悪魔化したり、自らの経歴に与えられたダメージと友人たちの死の報復をするために実際の出来事を明らかに誇張したりしているとはいえ、このこと自体は大して驚くべきものではない。それよりもはるかに印象的なのは、ホルウェルの「ブラックホール」の物語や出来事そのものが当時のイギリスでは限られた影響力しかもたなかったことである。ヴィクトリア朝時代になると、人びとはやがて「カルカッタのブラックホール」を英領インドの樹立にまつわる痛切な神話へと、つまり、後のマコーレー卿が一八四〇年に述べた「まれに見る残虐さで記憶されるあの大犯罪」へと変換していくことになる。ホルウェルと同世代のイギリス人は異なる反応をした、というよりも、多くの場合でまったく反応しなかった。なるほど、一七五八年に彼の虜囚体験記からの抜粋がイングランド、スコットランド、アイルランドの新聞や定期刊行物に転載されはしたが、その後、英語での新しい版が現れることはなかった。イギリスの版画家や画家たちも十九世紀になるまではこのエピソードに対して想像力を働かせることはなかったようだ。「犠牲者」の記念碑は、ホルウェル自らが委託して費用を払ったおかげでようやくカルカッタに建立された。それはすぐに粉々に砕け、一九〇〇年代のはじめにインド総督のカーゾン卿が介入するまで新しいものに取り換えられることはなかった。[20]

でっち上げの部分もあるこの情緒的な帝国物語がなぜこれほど長期間にわたって無視されていたか、その理由のいくつかはすでに述べた。東インド会社とその社員に対するイギリス民衆の共感や、愛国的な一体感はこの段階では限られたものであり、この状態はさらに数十年のあいだ続いた。一七五六年のカルカッタ陥落に対する一人のイギリス人将校の反応は、「ムーア人たちを怒らせた責任は大いに東インド会社にあると思う」というものだった。対照的に、シラージウッダウラに向けたホルウェルの悪口はこの時点では一般には受け入れられなかった。一七七二年の議会喚問で、ある証人は「イングランド人をブラックホール監獄に閉じ込めた際、そのインド太守には虐殺する意図はなかったと思う」と断言している。[21] ホルウェル自身の体験記をいちど注意深く読むだけでも、この時点では私たちが、インドでの東インド会社やその仕事をユニオンジャックで丁寧に包装するなどということからいかにかけ離れたところにいるかということが明らかになる。ブラックホールの犠牲者の中で英雄的に描かれている者はほとんどない。その代わり、彼らは、服を脱いで沁み込んだ汗を必死で吸ったり、自分の尿を飲んでその濃厚な酸味に吐き気をもよおしたりする者として描かれている。また、——暑い夜がだらだらと続き、酸素が使い尽くされると——まだ生きている者たちが、生き残るためにただ一つの窓にたどり着こうとして、動物的本能のみにかられて死者や死にかけている者たちを踏みつけにしたことも私たちは知る。十九世紀初期のある著者は、「思いやりや愛情などの配慮はすべて失われてしまった」、「誰も他人のために遠慮したり譲ったりしようとしなかった」と、嫌悪感とともに思い起こしている。明らかに、これはわくわくするような帝国的冒険といったものではなく、このエピソードの直接的原因もまたそういった冒険にふさわしいものではなかった。一七五六年にシラージウッダウラの軍勢がカルカッタに押し寄せた際、立ち向かう東インド会社兵士はたったの七〇人だった。ベンガル全体でもイギリスの軍勢はたったの五〇〇——おそらくそれ以下——だったのである。[22]

セアラがやって来た一七六〇年代のインドは、実質的に変化したというよりも、むしろ変化が予想された。なるほど、ヨーロッパの国々は今や世界史上初めてインドの政治秩序を混乱させることに成功し、イギリスの武装商事会社がインドでもっとも富裕な地域の一つであるベンガルに定着し、うわべはムガール皇帝の一臣下として勢威をふるっていた。しかし、この段階で東インド会社がインドの内部に入り込むことができた程度は——あるいは、誰もがそう期待していた程度は——いまだに非常に限られており、そのような企てへのイギリス国内の関心や共感も限られていた。何よりもまた、他の地域での海外事業よりも目立って、インドにおけるイギリスの人的資源は著しく限定的であり、きわめて脆弱であった。この地での勢力を拡大するために、イギリス人は軍事力と利用可能な人員を飛躍的に増大させることが必要であった。セアラがインドに滞在しているあいだに、イギリス人は飛躍的増大を達成する方法を学んだ。その対価は金だけでなく、恐ろしい暴力や戦闘そして虜囚で支払われた。

虎に乗る

セアラは、インドでの生活のほとんどにあたる一七六〇年代の終わりから一七九〇年代を軍のキャンプで過ごすか、軍服姿の男性たちのあとについて次々と軍事作戦の現場を渡り歩いた。彼女の体験記の副題にあるように、彼女の話は、「ポンディシェリ、ヴェロール、ナーガパッティナムの包囲にあたって、軍隊とともにその国を横断する」女性の物語であった。インドでこれほどの頻度で戦争を戦い続けていくには、イギリス人がかつて経験したことがないほど劇的で目立った兵力増強が必要であった。一七四四年も戦争の年であったが、このとき、東インド会社はカルカッタ、マドラス、ボンベイを合わせてもたった二五〇〇人の西洋人兵士しか雇わなかった。一七六五年にはすでに、東インド会社の兵士の人数はベンガルだけでも一万七〇〇〇人を数えるようになっていたが、これは始まりにすぎなかった。一七七八年には、インド亜大陸でのイギリス軍および東インド会社軍は――書面上は少なくとも――六万七〇〇〇人だった。一七九〇年代にセアラがインドを去ったとき、総数は一〇万人を超えていた。一八一五年までには、インドにおける東インド会社の軍隊は二五万人に達していた。(23)

この軍隊の増強とインドにおける東インド会社の支配地域の拡大とのあいだの関係はよく知られている。ある面、カルカッタの陥落のような突然の破滅的敗北の可能性はずっと少なくなった。軍事力の増強によって、東インド会社は、これまでの領地を手放さずに維持し続けるのがはるかに容易になった。また別の面では、搾取が容易になった。個々のインド人支配者から地税やそれ以外の税を搾りとる、あるいは用心棒代をゆすりとったり協約を迫る際には武力が大きくものを言った。さらに別の面では、この強大化しつつある乱暴な軍隊のおかげで、東インド会社は、ロンドンの政治家や理事たちが望む以上にインドの内部に入り込むことができた。一七五七年のプラッシーの戦いから半世紀のあいだ、議会での議論や、ロンドンの東インド館〔レドンホール・ストリートにあった東インド会社の本社〕とインドの軍人や職員とのあいだの大量の書簡には「征服はわれわれの望みでは決してない」というテーマがさまざまなかたちで現れていたが、ともかく彼らはそれを達成した。(24) とはいえ、武力や暴力の増大によってインドにおける包括的なイギリス帝国の出現が確かなものとなったわけではなかった。一七五七年以降、東インド会社の立場は、軍隊の規模の急速な拡大によって示唆される見かけの姿よりも少なくとも四つの点において脆弱だった。

第一に、亜大陸とイギリスとの距離、人口、そして地理的広がりという永続的な課題があった。インド史が今日でさえどれほど「他者化」されたままであるかを示す一つの指標は、北アメリカにおけるイギリスの支配力の分析に通常使われているロジックがインドにはあまり適用されていないということである。これまでもよく言われてきたことだが、アメリカでの革命を阻止しようとするイギリスの意思は、土地の純然たる広大さ、増加傾向にある人口、そして軍需物資を大西洋を挟んで三〇〇〇マイルも輸送するにあたっての兵站上の困難といった試練にさらされていた。ところが、インドのイギリス人もしばしば、自身が同様の困難にさらされていると考えていた。ここインドでも——輝かしい勝利をときおり勝ち取る可能性はアメリカより高かったけれども——こういった勝利だけでは決して十分ではないと思われていたようだ。敵である現地人は一時的に退却しては無尽蔵の人的資源を利用し、フランスの援助を受けたり東インド会社に劣らぬ兵器増強を行ったりしながら、新たな戦いのために再編成を行うのが常だった。あるイギリス軍将校は、後に命を落とすことになるインド南部のマイソール王国相手の軍事作戦についてあきらめ口調で次のように書いている。

ハイダルを戦地から追い出しても、われわれには彼の砲兵隊を捕らえることも、退却を阻止することもできない。これらの場合にわれわれが失う人員はわれわれにとってことごとく貴重な人員であるが、彼にとっては、たとえ一人につき一〇人を失うとしても、問題ではないのだ。(25)

これが示すように、イギリス人が直面する課題の一つが常にインドとその人口の圧倒的大きさである一方で、もう一つの課題はイギリス人自身の救い難い限界であった。一七五六年以降、東インド会社軍は書面上はこれまでになく立派なものとなったが、戦場において適切かつ実行力のあるヨーロッパ人軍を維持できるかどうかはまた別の問題であった。第一に、十分な数の白人兵士をインドへ送り込むことさえ難しかった。イギリスでの東インド会社の新兵徴募員は正規軍の新兵徴募員と同じく受けが悪く、そして、農業の繁忙期である夏は特に一般からの志願兵はまれだった。プラッシーの戦いのあとの六〇年間は戦争の国際化によって兵員不足がさらに進んだ。一七七六年には、アメリカとの戦争によってイギリスの人的資源が吸収され始めたため、東インド会社の計算によれば、大砲類は不可欠な兵器であるにもかかわらず、インドにおける東インド会社の砲兵隊は少なくとも七〇〇人は不足していた。一七九四年にはイギリスは革命期のフランスとすでに戦争をしていたが、この年、東インド会社のヨーロッパ人連隊の欠員は実際に戦場に出ている歩兵隊員の二倍くらいの数であったと見積もられている。(26)

イギリスで首尾よく徴兵された兵士たちは、さらに生きてインドへ到達しなければならなかった。一七九〇年以前には、東インド貿易船や輸送船に乗船した白人兵士の死亡率は、鎖に繋がれて大西洋横断の奴隷船に乗せられた黒人たちの死亡率より高いこともあった。一七六〇年には、オスタリー号に乗ってインドに行こうとした

46　『東インド貿易船の難破』。J・M・W・ターナー作。

将校や兵士たち五三人のうち三三人が到着までに死亡した。一七八二年には、ポンディシェリ号に乗船した兵士の三分の一が、喜望峰から、マドラスへの経由地となることの多いジョハンナ島まで航海するそれだけの間に死亡した。一七八六年に東インド貿易船のハルスウェル号に起こったように、ときには、船全体が兵士やその奥方候補もろとも荒海に沈むこともあった。[27] 生きて航海を終え上陸を果たした東インド会社軍兵士たちは、この先さらに、絶えざる病原菌、特に赤痢や、水を媒介とするコレラ、マラリアと戦わなければならなかった。常に、インドにおけるヨーロッパ人兵士の約二〇パーセントが病気のために戦線を離脱していたと見積もられている。東インド会社付きの外科医たちのあいだではよく知られていたことだが、インドで負傷したヨーロッパ人兵士が回復できるのは、よく似た状況下のセポイと比べて六分の一であった。というのも、インドのヨーロッパ人兵士たちの免疫系は度重なる病によって損なわれたり、行きすぎた飲酒でそれがさらに悪化したりしていることが多かったからである。

このような状況に陥らざるをえないことが東インド会社には早いうちからはっきりとわかっており、そのことが絶えることのない第三の問題を生みだした。広大なインドを支配しようとすれば、東インド会社の人員の多くはインド人にせざるをえなかった。それゆえ、一七五〇年代以降のインドでの「イギリス」軍の驚くほどの増大は、錯覚のようなものである。東インド会社もイギリス国家もこれ以降、亜大陸にさらに多くのヨーロッパ人男性を送り込んだが、東インド会社軍の規模の拡大は主に、イギリスがますますインド人に依存していくことを意味していた。プラッシーでさえ、ヨーロッパ人の二倍以上のインド人が「イギリス」側で戦った。次の半世紀間には、東インド会社に雇われている白人兵士とインド人兵士との数の差はさらに目立つものとなった。一七六七年には、コロマンデル地域の東インド会社軍の兵士の中でヨーロッパ人に分類されるのはたったの一三パーセントであり、実のところ、その数にはドイツ人、スイス人、ポルトガル人、フランス人、さまざまなイギリス人だけでなく、アメリカ人やカリブ海の黒人も含まれていた。その一〇年後になると、東インド会社がインドで雇っていた白人兵士はわずか一万人余りとなった。東インド会社軍のセポイの人数は七対一の割合で白人兵士を上回っていた。[28]

白人のあいだで病気が発生すれば、すでに明白であったこれらの差異がさらに顕著になったが、そのことが際立っていたのが東インド会社の辺境拠点だった。ボンベイの南六〇マイルのところにあるヴィクトリア要塞では、セポイ一六〇人とその上官であるインド人将校を、一七七〇年代にはたったの三名の、しかも軍人ではない白人職員が、名ばかりの監督をしていた。基地の中には、ときおり、白人がまったくいなくなるところもあったようだ。一七八〇年代のあるイギリス人将校の記録では、彼がたまたま訪れたインド南部のある「イギリスの」要塞には一人もイギリス人は残っていなかった。セポイたちは東インド会社によって糧食を供給されており、それが理由で持ち場を離れずにいるだけだった。皆、「何年もヨーロッパ人を見た」ことがなかったので、彼を見に集まって来た。[29]これは極端な例だが、一つの永続的な現象を示している。インドにおけるイギリスの軍事力と言わ

47　ボンベイの東インド会社軍のセポイ

れるものを推定するにあたっては、そのほとんどがイギリス人ではなかったという事実を常に考慮に入れる必要があるのである。

ヴィクトリア時代の初めには、もっぱら一部の被支配者の身体や剣や銃によって帝国的支配を行うこのシステムは、普遍的とは言えないが広範囲で当然視されていた。しかしながら、それ以前は、このシステムに内在する不安定さや大胆さが、不安だけでなく恐怖さえも引き起こした。一七六九年には東インド会社軍の将校が「あとで認められることになるでしょうが、われわれが支配し続けようとしている国のまさにその住民を大いにあてにするのは危険な策です」と率直に書いており、これと同様の議論が議会の討議やインド館とその現地社員とのあいだの通信文の中に繰り返し現れる。[30] ある意味、こういった不安は、東インド会社に関する限り、大規模なセポイ・システムはいまだ新しく、消滅したり雇い主に敵対したりすることなく長続きするとはまだ誰も確信できないという事実を単純に反映しているだけだった。しかし、イギリス人職員の中には、この拡大し続けるインド人傭兵軍に給料を払い糧食を供給するための十分な金をいつも用意し続けるのはひょっとして無理ではないかと心配する者もいた。

これは、ロンドンにいる東インド会社の理事たちが、軍部の一部による無責任と思える拡張方針に反対したその理由を説明してくれる。インドでの戦争はそれ自体が費用のかかるものであったが、それと同時に現地の通商や農業や納税者に大打撃を与えるものでもあった。インドの商業や農業や土地が衰微したら、東インド会社のセポイへの給料はどうやって支払うことができるだろうか。実際、一七六八年の第一次マイソール戦争のときには、糧食の不足がひきがねとなって東インド会社の軍隊からのセポイの大規模な脱走が起こり、一七八〇年代のはじめには、食物や現金の供給が途絶えたために深刻なセポイの反乱が起こった。ジョン・ゼファナイア・ホルウェルたちには、プラッシー後の暴力の悪循環は東インド会社そのものを飲み込むことによって初めて終わるように思われた。

かずかずの新たな一時的勝利によって、われわれは新たな領土獲得へと促され、駆り立てられている。新たな領土は、それを守るための武力の大幅な拡大を必要とする。かようにしてわれわれは獲得と出費を続け、ついには両手に一杯抱え込みすぎて痙攣や麻痺を引き起こし、手放さなければならなくなるだろう。(31)

四つ目の、しかも最後の点になるが、東インド会社軍の拡大が非生産的であり、インド人だけでなくイギリス人自身にとっても危険であったと思われる点がもう一つある。東インド会社は他と隔絶された状態で活動していたわけでは決してない。プラッシーのあと半世紀のあいだ、東インド会社は、競合するインド勢力の中で拡大し続ける一個の外国勢力であった。南アジアの研究者たちが現在認めるところでは、一七二〇年以降のインドで起こったムガール帝国の政治的・軍事的権限の縮小は決して全般的な崩壊や混乱につながったわけではない。いくつかの地域では強力な継承国家が現れ、それらはときに、近代化に向けてムガール帝国皇帝よりも大きな能力や意志を示した。軍事的変化に関する限り、これら新たなインドの国家は決してヨーロッパだけをモデルにしていたわけではなかった。十七世紀にはすでに、マラータ同盟のように、封建的軍隊からより大きな集権的軍隊への明らかな転換を遂げていたものもあった。一方、十八世紀初期のペルシャやアフガニスタンによる侵攻や、インドのさまざまな王国のあいだでの紛争によっても、亜大陸での軍事的転換が推進された。(32) とは言っても、また、一五〇〇年代からずっとそうだったように、インドの支配者たちの中にはヨーロッパの技術や戦術や傭兵制度を体系的に真似たり採用したりする者もいた。インドにおける東インド会社の軍事体制の拡大によって、これに匹敵する武器や装備を備えた巨大な軍隊が他にも出現した――そして、東インド会社軍はそれらと戦わなくてはならなくなった――のである。

プラッシー後やブクサル後のイギリス人の著作にこれらの変化に対する認識の高まりを見て取ることは容易で

ある。インド人の生まれながらの従順さや素直さについての心強いお決まりの意見と、インドの情勢は実際には軍事的にますますダイナミックかつ危険になりつつあるという認識とが、とくに機密文書やハイレベルの書簡においてかつてないほどに混在していた。一七六〇年代の終わり頃、東インド会社のある陸軍大佐はマイソールでの作戦について、「黒人勢力は年ごとに軍事の知識を増している」と書いている。[33] 一七八一年にはマドラスのイギリス人知事が「インド人はわれわれの武器を以前ほど恐れておらず、われわれは彼らの抵抗を以前ほど馬鹿にしてはいない」としぶしぶ認めている。ある退役兵は一八〇〇年代の初めに起こった戦闘を振り返り、「[イギリスの]人びとの大半は……インドの好戦的部族のあいだで起こっている変化に関して無知であり……そのせいで、数の上での優位性と生来の勇敢さを兼ね備えている彼らとの戦いはきわめて血なまぐさいものとなっている」と書いている。[34]

プラッシーの戦いやブクサルの戦いの直後にイギリス人が抱いた、インドでの戦闘や勝利は常にたやすいという楽天的な思い込みは、こうして、インドでの戦争についてのより現実的でより厳しい評価に取って代わられた。この場合もやはり、セアラ・シェイドの体験記は核心をついている。勝ち誇ったようなところはどこにもないこの体験記は、イギリスのインドでの二〇年にわたる帝国進出の証言であるだけでなく、哀愁と喪失と吉凶が混在する武運の物語でもある。これまで見てきたように、シェイド自身もマイソールで捕らえられ、何度も負傷した。彼女は二人の夫も失い、そして、行軍を共にしたイギリス連隊の中で――一週間のあいだに――「一六人の士官の妻が未亡人になるのを見た」。彼女の体験記の最も重要な文脈は――そして、この体験記が今なお興味深くあり続けている理由は――インドにおけるイギリス勢力の拡大と、そこでのイギリス人の恐怖心や繰り返し起こるどんでん返しである。これは、インドで虜囚となるイギリス人が増加した最も重要な背景でもあり、さらには豊かな虜囚体験記を生みだした背景でもある。

自らの行動に伴う大きなリスクに直面した際の不安や驚きは、インドだけでなく本国のイギリス人のあいだにも見られ、それらははっきりと表明されることもあれば間接的に表現されることもあった。一七五〇年代以降、イギリス人の想像力の中を虎が闊歩する。セアラ自身、ジョン・カフと結婚した最初の数年のあいだに虎に咬まれている。彼女の腕には鉤爪による消えない傷が残った。彼女は再びその動物に遭遇することがあったが、そのときは虎が東インド会社軍の将校の妊娠中のインド人伴侶を貪り食うのを目撃した。(これはひょっとして、東インド会社軍におけるさまざまな異人種間性交の情報に憂慮を抱いたゴーストライターが付け加えたものだろうか)。これらのすさまじい経験に対する恐れをもとに、書籍業者はセアラの体験記にインドの野生動物を説明する特別の付録を挿入し、中でも虎が最悪だと主張した。

虎は自然が生み出した最も獰猛な動物の一つである。見かけは堂々と威厳があるが、行動は臆病なうえに非常に狡猾で、獲物に正面から立ち向かうのではなく、待ち伏せて飛びかかるのである。

この説明に現れている強い不安感は、興味深くも示唆的でもある。ここで説明されている虎は、堂々としているが勇気はなく、危険で狡猾な野獣である。何よりも虎は、インド自体が予想不可能に思われたように、予想不可能である。この頃には、イギリスの文学や芸術では、このような虎の擬人的描写は珍しくなくなっていた。しかしながら、プラッシーの戦い以前のイギリス人は、昔の動物寓話や紋章の図案集の中のひどく不正確なイメージ以外では虎のことをほとんど知らなかった。この動物がイギリス人に注目されるようになったのは、ベンガルの征服がきっかけである。ベンガルで働いていた東インド会社社員は野生の虎と遭遇したり、王侯の動物園や虎狩りで虎と遭遇したりした。ほんの数名ではあるが、生きた虎をイギリスに持ち帰ることに成功した人もいた。カンバーランド公爵は一七五〇年代に数頭の虎を与えられた。一七六二年には、のちにベンガル知事となるロバート・クライヴが一頭の雌虎をモールバラ公爵に贈っている。ジョージ・スタッブズが三度も描いたのはこの虎である。ヒョウやチータの油絵もさることながら、スタッブズの『堂々たる虎の肖像』（一七六九年）は何度も模写されることになった。[35] 上手い模写もあれば下手な模写もあり、版画も、謄写印刷も、刺繡さえあった。スタッブズの虎は一つの芸術様式ともなった。続く数十年のあいだ、ジェイムズ・ウォード、ジェイムズ・ノースコートなどの画家も虎の油絵を描いた。他方、北イングランド出身のトマス・ビューイックと若きエドウィン・ランドシアは、画集から児童文学までさまざまな本に虎の素晴らしい版画を掲載した。[36]

しかしながら、それは、東インド会社の数々の勝利によって本国のイギリス人がインド亜大陸で最も印象的な動物についてよく知るようになったということの単なる一例にとどまらない。きわめて示唆的なことに、虎はイギリス人の心の中ではインドそのものと同義であり、亜大陸観の変化や亜大陸についての不安を表現するためのイメージとなった。「虎はアジア特有のものである。［しかし］その大多数はインドで見られる」と、ビューイックは書いている。[37]

虎は多様なレベルで適切なメタファーだと思われた。インド自体が広大で、豪奢で、多数の王からなる国であったように、虎は巨大で、堂々として王者のようだった。優美で危険な虎は、エドマンド・バークがプラッシーの戦いのまさにその年に書いたように、崇高な動物でもあった。

> 驚異的な力を持った動物を……見よ、さすれば、内省以前に汝にはいかなる観念が浮かぶであろうか。この力は汝に役立つだろうというものであろうか。……否、汝が感じる思いとは、この甚大なる力が強奪や破壊のために用いられてはならぬというものだ。……崇高なるものは……陰鬱なる森で、荒涼たる原野で、……虎やヒョウやサイの姿をしてわれわれのもとを訪れるのである。

これが示すように、虎は危険で、人知を超え、御し難いものであるということから、この段階ではイギリス人に

48　ジョージ・スタッブズの雌虎

49　ジェイムズ・ウォード作『ライオンと虎の闘い』

とって最も強くインドを思い起こさせるものだった。スタッブズは雌虎がゆったりと横たわっている様子を絵に描いたが、その美しい縞模様の毛皮の下には大きな筋肉組織がはっきりと見え、輝く目——鑑賞者のほうには向いていない目——はまったく非人間的である。ジュディ・エジャトンが述べるように、この堂々たる動物が「しなやかにきわめて優美に跳びかかる」力を持っていることを私たちは確信させられる[38]。

一七五〇年以降に広く出回った虎の絵や像は、インド亜大陸に対してますます暴力的に関わり始めたもののいまだ予測不可能な状況にある、イギリス人のためらいや不安の表現の一つだと考えなければならない。それは強迫観念と恐怖の合わさったイメージだった。実際、作家や芸術家はまもなく、ライオンと虎との戦いによってもっと大きなイギリスとインドとの戦いを論評するという奇抜なアイデアを弄びはじめた。スタッブズの『ライオンと死したる虎』や、ジェイムズ・ウォードの残酷な『ライオンと虎の闘い』が思い出されるが、どちらもインドでの激しい帝国戦争の時代に描かれたものである。十九世紀になると、この種の動物同士の想像上の争いはちょっとした自己満足の源となった。ランドシアが『ライオン、虎、ピューマ、そしてヒョウの二〇の版画』(一八二三年)で述べているように、「さまざまな年齢の人が一致して」ライオンは「野獣の王だ」と断言していた[39]。インドとインドの虎は、無事、ライオンであるイギリス帝国に降伏したように見えた。そのため、ヴィクトリア時代には、多くのイギリス人男性が死んだ虎の皮や死骸のうえでしっかり足を踏ん張っている姿を絵に描かせたり、後には写真に撮らせたりした。狩りで捕まって殺された虎や檻に閉じ込められている虎は、以前はムガール帝国の王たちにとっての支配の象徴であったが、今やイギリス人にとってのインドに対する帝国支配の象徴となった。一八〇〇年代の初め頃までは、亜大陸に関するこの自信ある動物支配意識はまれであった。というのも、虎はいまだに気づかれずにイギリス人を襲うことができたからである。トマス・ペナントは一七八一年出版の『四足類の歴史』の中で、「それら[虎]はあらゆる種類の動物を、ライオンさえも攻撃し、よく知られているように、闘いの中で双方が死ぬことがあった」と述べているが、一七八一年は南インドでイギリスがひどい敗

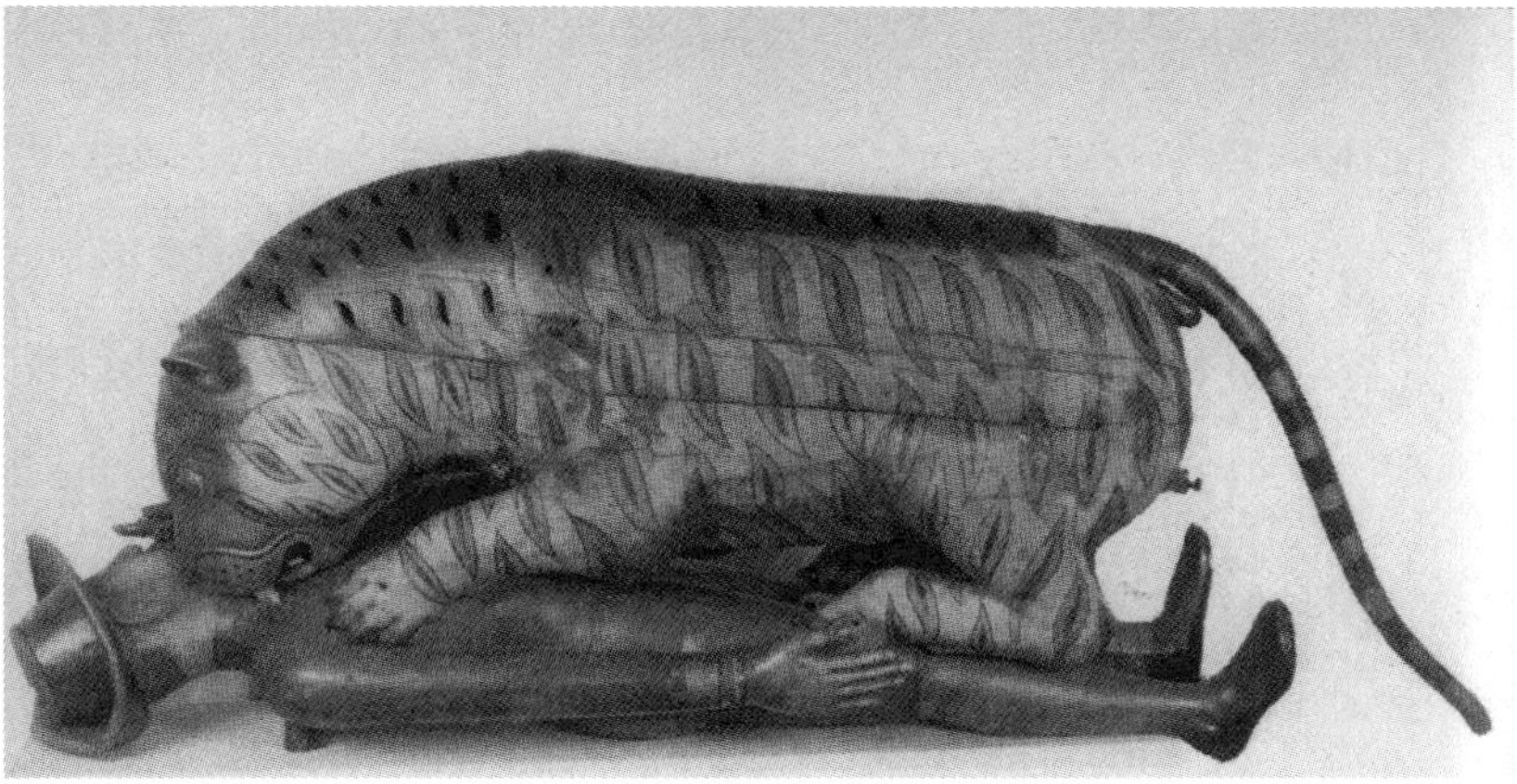

50　イギリス人兵士を貪り食う虎。マイソールのティプー・スルタンのために作られた木製のぜんまい仕掛けの彫像。

51　マドラスにある虎の頭のついたマイソールのカノン砲

北を喫し、虜囚になる者が出た年であった。(40)

その頃、虎はイギリス人の心の中ですでに、ティプー・スルタンの治世（一七八二―九九年）以前のインドの象徴となっていた。ティプー・スルタンはマイソール王国の統治者で、自身の宗教的・儀式的目的のために虎の象徴性を体系的に利用した。彼は一七八〇年代や九〇年代にイギリス人のあいだに大きな虜囚危機を引き起こした悪者でもあり、実のところ、セアラ・シェイド自身を数か月のあいだ虜囚にしたのは彼だった。ティプーの虎で飾られた宮殿、兵士たちの制服の虎縞模様、そして、ティプーの指輪や剣の柄頭からうなり声を上げている宝石で飾られた見事な虎の頭は、イギリス人にとって、インドへの進出は危険に満ちており、自分たちは実のところ虎に乗っているのだという昔ながらの混沌とした恐怖を結果的に鮮明にするものだった。そして、虎とライオンのイメージは、イギリス人にとって、また別のそれほど認知されていない意味があった。

イギリス人の目にインドがややもすると大きくて、獰猛で、手なずけることのできない、不可知の野獣に見えたとすれば、これと同様、イギリス人も亜大陸の諸民族や世界中の多くの民族の目にはなお一層危険で、無慈悲に見えた。イギリスがベンガルを勝ち取った一七六四年のブクサルの戦いから半世紀後には、イギリスの軍事行動がかつてないほどの激しさを見せるようになり、その多くは――インドでそうだったように――一種の傭兵、すなわち剣や銃や船を持ち、金儲けに夢中で、実際はイギリス政府やその管理の及ばないところで活動することの多い連中によって実行されることになっていく。彼らは鎖を解かれた貪欲な野獣のように世界全体に襲いかかり食いちぎることになっていくのである。

ライオンが言う。「私がこれを襲うのは、歯があるからだ。首にたてがみがあるからだ。鉤爪があるからだ。そして、この最後のひとかじりは、私を支持したり、私がそれを口にすることを正当化したりする真実があるからでも、理由があるからでも、また正義があるからでもない。私がライオンだからだ」と。(41)

セアラ・シェイドはイギリス軍のうしろを疲れた足取りで懸命について行った。イギリス軍は前進を続け、マイソールでは、虎の口を象った大砲と対峙することになる。しかし、そういったことの前に、獰猛な野獣たちはすでにイギリス人の心を捕らえていたのである。

第九章　虎と剣

マイソールとその意味

一七八〇年九月十日。ポリルア。聖地カンチプラムの北西一〇マイル、マドラスからは強行軍でほんの数日の距離。帝国の悪夢の時だ。弾詰まりを起こすガトリング銃〔多数の銃身が束になって回転する初期の機関銃〕はまだなく、そして、生き残った一人のイギリス人大佐にはまだいくらか残された時間があるが、彼を取り巻く赤い軍服の方陣は、見る見るうちに小さくなっていく。その外側では、はぐれた者たちがすでに、一人ずつ狙い撃ちされたり、首を槍で突かれたり、逃げようとするところを湾曲した残忍なサーベルで頭をはねられつつある。方陣の中にも安全な場所はない。マスケット銃を持っていたところで、弾薬の荷車はたった今爆発してしまったから、まもなく彼らは、剣や矛や素手で戦うことになるだろう。四方八方から押し寄せてくるのは、マイソール軍の緋色、青、緑にきらめく騎兵隊の波だ。ウィリアム・ベイリー大佐は、負傷して輿《パランキン》に横たわり、ブレードで覆われた地厚な軍服に汗をしたたらせ、苦悶のあまり爪を噛んでいる。対照的に、マイソール王ハイダル・アリ

ーの長男で、間もなくその後継者となるティプー・スルタン・ファトフ・アリー・ハーンは冷静に指揮をとり、さっぱりとした虎縞模様のシルクのチュニックを着ている。彼は軍用の象に乗って大量殺戮を見渡し、バラの香りを楽しみ、何人のイギリス人を殺そうか、何人を生け捕りにしようかと思案をめぐらす。

だが、セリンガパタムのすぐ外側にあるティプーの優雅な木造の夏宮殿の壁から輝きを放つ、ポリルアを描いた全長三〇フィートの壁画は、単にマイソールの勝利を記念しているだけではない。よく見ると、ティプーに仕える無名アーティストによるこの媚びを含んだプロパガンダ作品は、戦士の男らしさとその欠如に関する考察でもある。ティプーと彼が率いるターバンを巻いた軍勢は例外なく皆、格好のよいあご

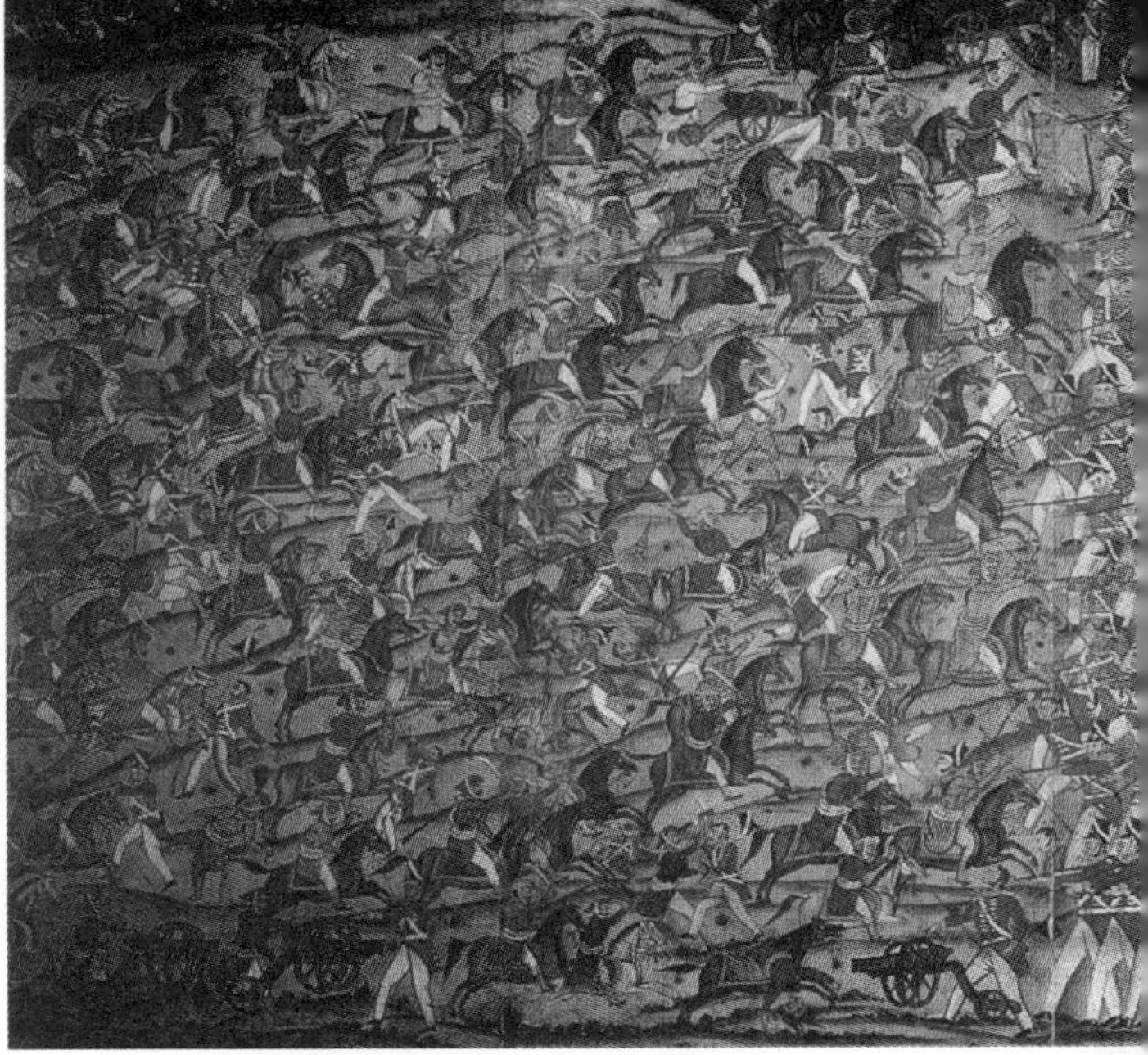

52　ポリルアの戦い。名も知れぬインド人画家による1820年の模写の細部。

ひげか口ひげを生やしている。ティプーの側について共に戦っている味方のフランス人の顔にも、ひげがある。だが敵方のイギリス人は、まったく違う描かれ方がなされている。実際には、ベイリーの部下の中にはその日、タータン・キルトやさまざまな色の服を着て、もがき、死んでいった者もいたことだろう。(1) だが、この壁画では、彼の部下の白人兵士はすべて赤色の軍服を着て登場している。この色は血や生殖や力を連想させ、インドでは宦官や女性の連想もある色だ。ベイリーの部下はまた、例外なく、はっきりと目立つほどにきれいにひげをそっている。彼らは、きれいに剃られた顎、シカのような目、可憐なピンク色の唇を持った、少女にも似た、あるいは、少なくとも完全な男性ではないような生き物のように描かれている。これは、この時代

53　セリンガパタムのダリヤ・ダウラット・バックにあるポリルア戦の壁画（原画）。ヴィクトリア時代の写真。

のインド亜大陸における嘲りの型としては、特に珍しくもなかった。別のインドの支配者が一七八〇年に書いた言葉によると、イギリス人は「女以下」で、愚かにも虎に挑んだ狡猾なキツネのような商売人だった。そして今、イギリス人が破滅する時が来たのだ。(2)

当時のイギリスの反応は、どれも大差がなかった。マイソール軍団に対してポリルアや他の戦場で劣勢に転じたというニュースが一七八一年にロンドンに到着したとき、それは、「万人の驚愕」を引き起こした。ヨーロッパのライバル国の政府にも革命期のアメリカにも、驚きと他国の不幸を喜ぶ気持ちの両方の思いがあった。結局のところ、これはヨークタウンの戦いの年であり、大西洋の向こう側の帝国最古の豊かな地域を保持せんとするイギリスの望みに終止符が打たれた年だった。今や、イギリスの東の帝国もまた、重大な圧力を受けつつあるように思われた。イギリスの反帝国主義のホイッグ党員ホレス・ウォルポールは、「インドもアメリカも逃げていく」と予言した。これは意気揚々としすぎではあるが、首相としてノース卿が認めた通り、ポリルアでの敗北が「世界の注目を集め……そして、大衆のどよめきと不安を引き起こした」のは事実だった。(3) そして、それに続く南インドでのいくつかの勝利が東インド会社とマイソール間の戦争をこの局面においては引き分けに終わらせることになったものの、帝国の自信は激しく傷つき、しばらくのあいだはその状態が続いた。一七八四年に議会は、東インド会社の業務を規制する新たな法案を可決し、「征服計画や、支配権の拡大は……わが国の願望、名誉、方針と相いれない」と将来イギリスがインドで勢力拡大する可能性をはっきり否定した。インド亜大陸における進軍続行の実現可能性――そして望ましさ――に対する疑いは、一七九〇年にマイソールとの戦争が再開したときには、明らかにまだ存在していた。当時ロンドンで刊行された政治関連の出版物は、ほぼ例外なく、イギリス軍は敗れて屈辱を受けるだろうと予測した。(4)

帝国のこのような退場ムードの根本原因は、ある意味、あまりにも明らかである。すなわち、アメリカでの敗戦と、その結果起こった世界的な反響と国内の内省だ。「ヨーロッパでは、われわれはミノルカ島を失った」と、一人の議員が物憂げに列挙してみせる。

アメリカでは、一三植民地と二か所のペンサコラ〔フロリダ植民地の中心地。イギリスは東フロリダと西フロリダに分けて統治していたが、両方とも失った〕。西インド諸島では、トバゴ。アフリカでは、いくつかの入植地。インドでは、ベンガルのシャンデルナゴルとすべてのフランス人入植地を手放した。ポンディシェリ――カライカル――そして、フランスから勝ち取ったコロマンデル海岸やマラバル海岸沿いのすべての入植地。(5)

振り返ってみると、一三植民地から追い出されたことによって、イギリスがより圧倒的な影響力を持ってインドや他の場所での帝国のプロジェクトに全力を注ぐことができるようになったのは明らかだと思われる。だが、当時のほとんどのイギリス人には、これが事実となろうとは予測できなかった。それどころか、彼らの中には、世界のさまざまな場所での敗北は、自国があまりにも小さすぎるがゆえに、広大な領土を有する帝国を恒久的に保持することは望めないということの決定的証拠だと判断する者もいた。これほど破局的な見方をしない人びとでさえ、対米戦争後のインドでの行く末に不安に感じていたようだ。

われわれが見てきた通り、その亜大陸のあまりの広さ、そして特にその人口の規模は、当初から、人を魅了し興奮させるだけでなく、威圧し狼狽させる作用があった。ポリルア等での敗戦は必然的に、イギリス人がインドにいるということは「数名による数百万人の危うい支配」に他ならず、当然のことながら、長続きしないに違いないという不安を増大させた。一七〇〇年以後には類例がないここでの大敗の経験はまた、インド駐在のイギリス人に対する以前から存在していた疑念を、他の点でもさらに深めた。これらの失敗に対する議会の調査は六巻もの膨大な量に及び、前ベンガル総督ウォーレン・ヘイスティングズの行動に関する調査とともに、すでにうすうす気づいていた人がいたが、さまざまなレベルでの、これまでは決して十分にあるいは公に文書化されなかった、東インド会社の腐敗と無能さを暴露した。(6) イギリス人がインドから受ける――そしてその逆方向の――退廃的な影響に関する長年の懸念は、今や完全にその正しさが立証された。少なくとも、一七八〇年代のイギリスの帝国全般の見通しに関する、そして特にインド事業に関する悲観論の一部は、軍人も軍人以外の社員も恥ずべき人間であることが、あるいは、よくても救いがたいほど無能な人間であることがはっきりわかったという意識から生じた。彼らは成功に値しなかった。ましてや、インドで成功することなど、もはやありえないだろう。

マイソールとその同盟国を敵にまわした戦争は、インドの継承国家のいくつかが進化して一流の軍事国家となりつつあることを裏づけた。無学だが非常に有能な軍司令官のハイダル・アリーは、一七六一年にマイソール王国の王の実権を奪い、急場しのぎの統治の当初から軍隊の近代化に熱心に取り組んだ。一七八二年に後継者ティプー・スルタンは、これをさらに推し進め、国費をつぎ込み、マイソールを恐るべき軍事国家に変えた。[7] その成果は戦場で明らかになった。東インド会社は、一七六七年から九年にかけてのマイソールとの初の長期戦において、危うくマドラスを失いそうになり、講和を求めざるをえなかった。ポリルア戦の年、一七八〇年には、マイソールの軍事機構はますます巨大化し、その財政、商業、領土面での国力はさらに増していた。その情報網は見事だった。物資の供給網と同様、軍事施設も、東インド会社自身のものよりもよいということが一般に認められていた。騎兵隊もはるかに優れていた。マイソールの武器の三分の二は、ヨーロッパ製だった。だが、自らの兵器庫、鋳造所、軍事技術も所有していた。[8] そして、その地上部隊は、東インド会社のマドラス管区が自由に使える部隊を数で上回っていた。

ハイダル・アリーは一七八〇年代の初めに九万人を率いていた、と東インド会社の一人の将校は主張した。いや、一五万人だ、とイギリスの評論家は大胆な見解を述べた。二〇万人だ、と別の人物は報告した。どの推定値も実際は疑わしいが、マイソール軍の規模と危険性に対するイギリスの警戒の度合いを示唆している。[9] これは、マイソールとのこの二度目の大戦争において、イギリスがあわや制海権を失いそうになったという事実により強められた。昔のアルジェリアやモロッコがそうだったように、ハイダル・アリーやティプー・スルタンの支配下にあるマイソールも、ヨーロッパの地上部隊だけなら物ともしないだけのイスラム国家（ヒンズー教徒が大半を占めていたのだが）だった。今ある軍隊だけでも、この戦いにおける以上に統制がとれ、それが海軍力と効果的に結びつけば、ここでイギリスを壊滅させることも可能だった。ハイダルは「陸上では彼らを負かすことができるが、海を飲み込んでしまうことはできない」と言ったとされる。[10] だが、フランス軍ならやりかねなかった。そして、ある時期、まさにそうする寸前だった。

一七六〇年代でさえ、ハイダルは、フランス人や他のヨーロッパ人傭兵、技術者、職人、通訳、医者を意図的かつ巧みに活用していた。[11] 一七七九年から八四年にかけての戦争では、ハイダルとティプーにはフランスとの正式な同盟があった。フランスは、アメリカにおけるイギリス帝国の勢力を弱体化させるのに忙しく、マイソールに対して双方が申し分なしと考えるだけの人と金を提供することができなかった。とはいえ、フランス艦船の四分の一を超える合計約二〇隻の主力艦が、コロマンデル海岸を巡回するために派遣された。シュフラン提督率いるこの軍が、イギリス軍と交戦するのみならず、イギリスから人と金と情報と糧食がマドラスに届くのを阻止することにも成功していたら、東インド会社の南の拠点であるマドラスは陥落しただろう。仮にそのようなことになっていたら、東インド会社のインド南部のセポイ部隊は、報酬や食料を断たれて雲散してしまっただろう。実際、一七八〇年代初めに、東インド会社のセポイはマイソール側へ寝返ったり反乱を起こしたりした。[12]

一八〇〇年以降もフランスがインド人の反抗を援護し続けたことが、マイソール王国とそのムスリム軍司令官たちがイギリス人のあいだにこのような持続的な不安を引き起こした一つの理由だった。もちろん、この頃のフランスは、インドにおけるヨーロッパ最強国として単独でイギリスに取って代われるような立場でもなく、三角形のマイソール王国だけが亜大陸南部を支配していた。一七九一年には、ティプーの支配は九万二五〇〇平方マイルに及び、東インド会社のベンガルの財政・農業基盤よりもわずかに規模が小さい程度だった。[13] だがティプーは、ハイダルよりもずっと巧みに多くの農民兵を動かし、貿易を推し進め、資金集めができることを見せつけた。もし彼がフランスから軍艦と大砲の追加支援を受けることになれば、その場合は、将来イギリス人に勝利することもありえた。そうなれば、それが他のインドの国々に次々とドミノ効果を及ぼしたかもしれない。上層部の会社経営陣とロンドンの政治家が共に気づいていたように、インドにおけるイギリスの存在の小ささが意味するのは、イギリスの権力の拠り所が、つまるところ、金もしくは単なる武力にあるというよりもむしろ意見や想像力にある、すなわち、イギリス側の暴力が散発的に効果を上げ成功していることで維持される不死身さという考えにすがっているということだった。イギリスはインドで勝利するところを見られなければならなかった。というのも——率直に言えば——イギリスは負ける姿を頻繁に見られるわけにはいかなかったからだ。会社軍の高級将

54　ポリルア戦で追い詰められたイギリス軍

校は、一七八一年に下院での演説の中で、そのことを詳しく説明した。彼は、イギリスがインドを掌握することは「現実的でなく、これほどの人口差を伴うあの広大な地域を服従させることなど、空想にすぎない」と述べた。したがって、ポリルア戦でのような敗北は、二重に危険だった。なぜなら、メンツを失うことにつながったからだ。「彼ら［インド人］はじきに、われわれが自分たちと同じ人間にすぎないこと、あるいは大差がないことを見抜くのではないかと心配しています」。そして、いったんそうなれば、インドのイギリス人はどうなるのだろう。[14] それゆえ、ヨーロッパにおけるイギリスの最大の敵フランスと連携して領土拡張を推し進める強大なマイソールは、それ自体が脅威となっているだけではなかった。それはまた、アメリカでの敗戦のトラウマを抱えるイギリスに、インド全体でさらに広範囲にわたってイギリスの評判――したがって権威――が失墜するのではないかという不安をかき立てた。

そして、マイソールがイギリス帝国の名声をむしばむ不快極まる事柄があった。マイソールが多数のイギリス戦士を捕らえ、そのうちの一部を説得して寝返らせたことだ。

一体何人のイギリス人がマイソールと東インド会社との一連の戦争で虜囚となったのかは、決してわからないだろう。ポリルアだけでも二〇〇名以上のイギリス人が捕らえられた（約三〇〇〇人の白人とインド人の「イギリス」兵はその場で殺された）。だが、他にも虜囚を生み出す多くの敗北や小競り合いがあった。たとえば一七八二年、フランスは、海軍艦艇が海で捕らえた四〇〇人のイギリス人水兵と六〇人以上の王立海軍将校をハイダルに引き渡した。マイソールにおける多くのイギリス人虜囚（東インド会社のセポイで虜囚となった者の数はそれよりずっと多かった）は、病気にかかったり、ひどい扱いを受けたり、あるいは虜囚になったときにすでに重傷を負っていたために、生きて解放の日を迎えることができなかった。だが、一三〇〇名以上のイギリス兵と少なくとも二〇〇〇名以上の会社軍のセポイが生き延びて、一七八四年の平和条約締結時に引き渡されたことがわかっている。また、それとは別に、イギリス生まれの四〇〇名の虜囚が一七九〇年代までマイソールに残っていたこと、一部の者はイスラム教徒に改宗して自発的にとどまったことがわかっている。[15]

もっと後年のアジアでの虜囚の恐怖、たとえば、一九四二年のシンガポール陥落後に一三万人のイギリス兵が日本軍に捕らえられたことと比較すると、このときのマイソールの虜囚は、数の上では著しく少ないように思われる。だが、マイソールの虜囚については、この段階でインドにいたイギリス出身の兵士の少なさ――せいぜい一万人――と、亜大陸を席巻するにはその程度の微々たる数の白人と数連隊のインド人傭兵で十分だという昔の悠長な考えの双方の観点から見ていかなければならない。一七五七年にプラッシーでは、六〇〇人の白人兵と二四〇〇人のユーラシア人とインド人の兵士から成る「イギリス」軍が、人数において一五倍ぐらいもある軍隊を打ち破った。しかし、一七七九年以後マイソールによって虜囚にされた白人およびインド人の人数――少なくとも亜大陸にいたイギリス軍人の五人に一人――は、軍事技術、戦術、規律の点で、インドにおける明らかなヨーロッパ優位の時代が完全に終わったことを何にもまして劇的に知らしめた。虜囚となった一人のイギリス人将校がマイソールに捕らえられた仲間たちについて書いたように、「二〇年前ならこの程度の軍隊でインドじゅうを席捲できた」。[16] だが、もはやそうではなかった。イギリス本国でも、マイソールにおける虜囚の数もさることながら、その存在がどう見られるかが問題だった。マイソールはとにかく「イギリス人虜囚であふれている」という考えは、ヴェトコンの虜囚になるか戦闘中行方不明になった未確認だが大幅に誇張された数の米兵の運命について、ヴェトナム後のアメリカ人が抱いた不安にも似た衝撃を与えた。どちらの場合も、虜囚の実際と風説の規模が、不首尾に終わった帝国戦争の屈辱を増幅し、狡猾であまりに有能な非西洋の敵に対する憎悪と不安を呼び起こした。[17]

だが、他ならぬこの虜囚危機には思いもよらぬもう一つの重要な面があり、そのことは、セリンガパタムにあるティプーのダリヤ・ダウラト宮殿のポリルア戦の壁画を再び見ることによって理解できる。すでに見たように、これは力強い芸術であるとともに、マイソールのプロパガンダでもあった。だが、その絵を委託された無名のインド人画家は、イギリス人を壊滅的状況に追い込んだマイソールを称え、イギリス人を男らしく描かないように努めているときでさえ、無意識のうちにイギリス人の強さを示している。極限状態であっても、イギリス軍の方陣は――少なくともこの絵では――はっきりと結束を保ち、不気味なほど統制がとれている。一七八〇年代の初めから十九世紀まで続いた、マイソールにおけるイギリス人虜囚に関する相次ぐ手稿や書籍などの出版は、世界的な大敗直後のイギリス帝国の懸念や、特にインドに関する不安を露呈した。だが、これらのテクストはまた、より強靱で徹底的に軍事的な帝国スタイルの進化や、イギリス本国内でのより自意識が強く自信に満ちた国民文化と帝国文化の出現も同じく記録している。まずはアメリカで、そして今度はインドで経験した先例のないイギリスの敗北から、何か非常に異質な、比較にならないほど危険なことが起こることになる。

マイソールに虜囚がいた期間は、全部合わせてかろうじて四〇年ほどで、よくわかっているのは、そのうちせいぜい二〇年ほどだ。だが、マイソールに抑留されたイギリス人の多くは――バーバリで虜囚となった者やアメリカ先住民の虜囚となった者たちの大多数とは対照的に――教養が高く、しかも、相当数の者は耐え忍ぶこと以外ほとんど時間の使い道がなかったので、彼らが生み出した虜囚のテクストは、内容も形式も豊富で多様性があった。だが、これらのテクストには際立った一つの特徴があった。書き手のほとんどが軍人だったことだ。

少なくとも、二人の女性がマイソールの虜囚体験記を書いた。前章でわれわれが出会ったセアラ・シェイドと、弁護士の妻イライザ・フェイだ。フェイは、一七七九年にカリカットを旅しているところを、他のヨーロッパ人九人とともに捕らえられた。そして、ヘンリー・ベッヒャーのような民間人男性の語り手もいた。ベッヒャーは一七九〇年から一七九二年のあいだにマイソールで虜囚になった商人で、彼の物語はボンベイで出版された史上初の英語のテクストとなった。現存するものよりはるかに多くの虜囚体験記がこれらの戦争中に書かれたのは、ほぼ確実だ。マイソールの当局者は、隠された紙や本を見つけ出そうと、監獄や虜囚を定期的にくまなく調べた。また、見つかるのを恐れ、虜囚自身が書いたものを自ら破棄することもあった。書き手が書かれたものと共にこの世から消え去る場合もあった。一七九一年七月、セリンガパタムの近くの要塞に侵攻したイギリス軍は、そこにある倉庫で「小さな日記」を発見した。倉庫管理人は彼らに、それは九年ほど前に捕らえられ、大工仕事ができるという理由でマイソールに抑留されていたハミルトンという名のイギリス人船員のものだと語った。ハミルトンは、祖国の人びととの新たな侵攻に対する罰として少し前に処刑され、彼がマイソールの職人として過ごした九年間に労を惜しまず書き続けた秘密の日記も、現在まで残らなかったようだ。(18)

だが、仮にマイソールの虜囚の記録が損なわれずに保存されていたとしても、関係するイギリス人について言えば、依然として同じことが言えただろう。書き手の圧倒的大多数は男性、戦い殺すことを仕事とする男たちだったということだ。

イギリスの歴史家は、ヨーロッパ大陸の一部の歴史家に比べ、軍人と広範な文化や知識の歴史とを統合しようとしてこなかった。陸海軍の歴史の研究者は今なお研究対象者の行政的・社会的・軍事的役割に焦点を合わせ、その一方で、文学史や思想史の研究者はしばしば、軍人の知性というのは言葉の矛盾だとするオルダス・ハクスリーの意見に暗黙に賛同するかのような書き方をしている。[19] 軍服の男性（あるいは女性）が、主張し、考え、自分たちのいる社会について執筆したり反応を示したりする人間として、民間人と連動した形で研究されるのはきわめてまれだ。だが、ミシェル・フーコーが認めたように、「駐屯地の人びと」（そして、彼は海軍の人びとを加えてもよかっただろう）が、ヨーロッパの啓蒙運動の主役だったのだ。[20] これは一つには、一七四〇年以後、ヨーロッパのすべての大国で軍人の人数と重要性が著しく増加したためだったが、もう一つは、これらの人びとが――特に将校レベルに限らず――同時代の知的好奇心や論争に自然に加わるような相当の教育を受けた人びとだったからでもある。フランスでは、ロバート・ダーントンが示すように、メスやモンペリエのような守備隊駐屯地では、軍人の『百科全書』購読者の割合も、啓蒙主義文学に対する需要も、著しく高かった。そしてここでは他のヨーロッパ諸国と同様、軍人が文化の熱心な消費者であるのと同時に、生産者としてもときに非常に活動的だった。[21]

ばか息子、そして／あるいは、知性のない体力自慢という紋切り型の評判がいつまでもついてまわっていたものの、十八世紀あるいはそれ以後のイギリス軍人が知的活動に消極的だったと信じるに足る根拠は一つもない。他のたいていのヨーロッパ諸国と同様、イギリス陸海軍の将校は、不自然なまでの割合で、地主、財産家、職業人、聖職者の家の次男以下の息子から採用されることが多かった。このことが必ずしも彼らを賢くしたわけではないが、確実に何らかの教育を受けさせることにはなった。すでに登場したあのサラトガで降伏したイギリスの将軍ジョン・バーゴインは、異論が出るかもしれないが、軍人としてよりも、ロンドンの劇場と緊密なつながりを持つアマチュア劇作家として成功を収めた。そしてまた、書き物の世界への関心は、バーゴインただ一人のものというわけでもなかった。彼はまだ中佐だった一七五〇年代に、指揮下のすべての陸軍将校に、フランス語会話、数学の基礎知識の習得、毎日の読書、英語の「速く正確な」筆記をさせることにしていた。[22]

このことが示唆するように、書くことは、イギリス人将校が職務の一環として行うことを期待される事柄になっていった。日記や詳細な日誌をつけることは、大量の手紙を書くことと同様、この職業の男性にとっては大半が命令に対する対応であり、単に私的で個人的な気晴らしではなかった。アドラークロン大佐が国王軍の連隊とともに一七五四年にインドに赴いたとき、「定期的にあらゆる行動を日記に書くこと」という、国王ジョージ三世と司令官カンバーランド公の二者からの命令を携えていた。イギリス帝国の野望が大きくなるにつれ、情報への飽くなき渇望が生まれたが、そのことは、下級将校も、ときにはその部下さえも、外国の状況や遭遇したものをつぶさに観察して書きとめるよう求められることを意味した。ここインドでも、ほとんどの陸軍将校は東インド会社に雇われた者であって国家の直属ではなく、概してイギリス正規軍将校よりも家柄が低いことが多かったにもかかわらず、情報の記録をたしかに期待されていた。「国じゅうを行軍しながら注目に値するあらゆることに対して見解を述べ……、要するに日記のようなものをつけている将校は、厚遇するに値する」と東インド会社の史料編集員のロバート・オームは、一七六〇年代に勧告した。[23] 軍人は帝国のために戦うだけでなく、それを紙面に記述し、分析し、伝達する重要な役割を果たした。

この時期に書き手を兼ねた戦士が増加したことは、このように、一つには、軍人としての専門職意識の高まりの結果だったが、さらには、国家がヨーロッパ以外の世界に関する現場からの詳細なルポルタージュを求めていたためでもあった。だが、兵士は、ただ単に上官の命令に従ったとか、任務の一環だからという理由で書いたのではなかった。楽しみのため、そして／あるいは有名になりたい、もしくは金儲けにでもなればと思って書いた

55　1841年のルイーザ・ブラウン夫人。手にしているのは、息子で東インド会社軍将校の軍隊日誌。

者もいた。この時代のイギリスの新聞や定期刊行物にざっと目を通せば明らかなように、陸海軍将校は物語、回想録、地図、そしてヨーロッパ内外の作戦行動や踏査時のスケッチを個別に本にして発表するだけでなく、定期的に報道機関にも売り込んでいた。したがって、若きウィンストン・チャーチルが、インド北西辺境地やボーア戦争での帝国と軍に関する記録——と虜囚体験——を出版したとき、彼は完全にイギリス陸軍の伝統に従って行動していたのである。[24] 軍人が出版や報道機関への寄稿に向けて選ぶ題材は、いつも変化に富む傾向があった。何らかの不満を抱えたある退役将校は、公的な方針に従うよりもむしろ、たとえ罵倒されようとも、自分が被った災いが金で償われるように、物議を醸す厄介な事柄の出版を決意したようだ。兵卒と水兵に関しては、執筆したり出版したりする際の題材の制約はずっと少なかった可能性がある。そういうわけで、マイソールの虜囚の著作が制服を着た人びとによるものだったからといって、これらのテクストも一律に同じだというわけではなかった。これらの著者の多くは、書き方や緻密な観察の技法を自らの任務によって習得した。国家や、東インド会社や、政治家に仕えることを切望する紋切り型の愛国者や、戦士や、出世第一主義者もいた。その一方で、そうでない者もいた。彼らが書いたものは、独特ではあるが雑多なものが混在するジャンルだった。

だが当初は、マイソールで虜囚状態にあるあいだに書いた人びとの大半は、抵抗と生存の戦略として書いた。ハイダル・アリーとティプー・スルタンがわざわざ大人数のイギリス人を捕虜にして食べさせてやっていた理由は二つあった。最初の理由は、これらの男や数は少ないが女は外交ゲームの持ち駒であり、それによって東インド会社は降伏を早め、領地の放棄や譲歩をせざるをえなくなるだろうということだった。もう一つの理由は、ハイダルもティプーも、イギリス人などのヨーロッパ人の中には、少数だが、有用で利用できそうな人材がいると思っていたことだ。ハイダルとティプーは、彼ら自身が野望に燃えた拡張主義の支配者だったので、当然のことながら、土地に関する東インド会社のもくろみを疑っていた。だが二人とも——インドの支配者たちが一五〇〇年代から思い続けてきたように——個々のヨーロッパ人は有益な技術をもたらしてくれ、彼らを自国に取り込む

56と57　セリンガパタムの将校用の土牢の外観と内部

ことが可能だろうと考えていた。[25]したがって、二人とも、イギリス人捕虜をさらにうまく支配して活用するために、捕虜を分割した。

その結果、バーバリとアメリカ先住民の虜囚経験が一様でないのと同様、マイソールの虜囚経験もたった一つではなかった。同じ連隊、中隊、守備隊、艦から軍人が集団で拘束されたときでさえ、マイソールが取った戦術は、迅速に彼らを分割することだった。同じ要塞、同じ都市に抑留される場合も、軍人はたいてい別々の区域に収容された。現在でも、廃墟と化した巨大要塞都市セリンガパタムを訪ねると、カーヴィリ川の中洲に位置するその要塞は草に覆われて崩れかかってはいるが、今なお非常に印象深い。ツアーガイドはおそらく、一七八〇年代初めに約三〇〇人のイギリス人将校が投獄されたと言われているアーチ型天井の監獄を見せてくれるだろう。この監獄は特に、ヴィクトリア朝の帝国主義者たちによって保存され、あまりに頻繁に下塗りと漆喰を施されたため、今では、苦痛・不潔・恐怖の場ではなく、どちらかと言うと、地下のエレガントなワインバーといった趣きがある。だが、標準的な観光ルートから抜け出し、徒歩か自転車でセリンガパタムを探索してみるとすぐに、また別のろくに案内標識もない荒れ果てた監獄に行きあたる。こちらの監獄は、イギリス人下級軍人が東インド会社のセポイや他のインド人とともにかつて投獄されていた場所だ。(26) すべてではなかったにせよ、マイソールのほとんどの要塞では、下級軍人を将校と引き離して監禁するのが標準的だった。だが、将校同士も部下同士も分割されることが、ときには繰り返し分割されることが予想され、抑留されているあいだはそれぞれ異なる待遇を受けた。英国軍艦ハンニバルで働いていた少年ジェイムズ・スカリーは、海上でフランス軍に捕まり、マイソールに引き渡され、最初は仲間とともにバンガロールに連れて行かれた。いったんそこで、この虜囚の一団は三つに分けられた。彼のグループは別の集落まで連行され、そこでさらに年齢別に分けられた。スカリーは最終的には、最年長者が十七歳で最年少が十二歳という五〇名ほどの少年兵や水兵とともにバンガロールに戻ってきた。(27)

当時のマイソールでの虜囚の状態は、それを体験しているイギリス人の結束に対する意図的な攻撃を含んでいた。それはまた、他に類を見ないほどではなかったが、肉体的にも厳しかった。すでに見たとおり、この時期のヨーロッパ人の書き手は、戦争捕虜の扱いはその国の文明のレベルを判定する重要な尺度だという点で意見が一致していた。だが、戦争捕虜の扱いに関しては、アメリカ革命戦争でも見られたことだが、平時にはあるはずの良心のとがめが現実の戦争の重圧下で打ち捨てられることも多かった。監獄改良運動家のジョン・ハワードは、囚人が置かれた状況への関心を初めて呼び起こしたのは、七年戦争中のフランス人によるイギリス人捕虜の「残虐」な扱いだと述べた。逆に、シュフラン提督は、イギリス人が北米とインドでフランス人戦争捕虜に加えたとされる苦痛に言及することによって、一七八〇年代にイギリス人捕虜をマイソールに引き渡したことを正当化した。(28) ヨーロッパの内であれ外であれ、戦争捕虜の、とりわけ低い階級の者の生活は危険に満ちており、その命はときに非常に短かった。捕虜の苦しみ自体はどの場所の捕虜も味わったものだが、マイソールのイギリス人捕虜は彼らに特有の苦しみも味わった。

一年を通じて、南インドの熱帯気候、冷える夜に続く焼けつく日光、破壊的なモンスーン、何百万もの刺咬昆虫、そして長引く疾患にさらされ、下級軍人の場合は、塹壕掘りや要塞の補修という戸外での労働を強制されることによって過酷さは増した。適切な治療を受けることもなく、捕らえられたときに負傷していた者の多くは亡くなるか、もしくは完治することなく、骨が折れたまま、内臓が飛び出たまま放っておかれた。[29]虜囚たちは九ポンドの重さの足かせと鎖が足首につながれていたので、足を引きずって歩くことしかできず、一生足が変形してしまった者もいた。看守の多くには東インド会社やイギリス人を愛する理由などまったくなく、彼らによる日常的な言葉の虐待や、ときには身体的な虐待もあった。そのうえ、生体の営みのすべてを人前で行わなければならないこと、めったに、あるいはまったく入浴できないこと、十分な食物や食べ慣れたものが与えられないこと、食べるときにナイフ・フォークの類が使えないことなど日常の屈辱もあった。しばしば書物は不足し、常に自由はなく、そしてアルコールもなかった。多くのイギリス人男性はインドで深酒していた。だが、厳格なイスラム教徒かヒンズー教徒に監視された虜囚は、この気晴らしの手段も奪われたことだろう。イギリスの和平委員が一七八四年にマイソールを訪れたとき、そこで虜囚となっている人びとのためにありとあらゆる慰めとなるもの、たとえば薬、帽子、靴、保存肉、イギリスでなじみのマスタード等の香辛料を携えていた。だが、彼らは何よりも酒を、マデイラ酒だけでも一二〇〇本を持ってきた。[30]

そして、常にそういうものだが、虜囚状態は精神を蝕む。一七八〇年代初めにマイソールのイギリス人戦争捕虜がほとんど脱走を試みなかった理由の一つは、この時点では、一体どこに逃げていけばいいのかが絶望的と言えるほどわからなかったことだ。セリンガパタムは、東インド会社の牙城マドラスから、過酷な地形とはいえ、わずか二五〇マイルしか離れていなかった。だが、もしマドラス自体が陥落したらどうなるのだろうか。虜囚たちは、マイソール軍が手に負えない恐ろしい敵になりうることを誰よりもよくわかっていた。他の虜囚から引き離されて獄中にある彼らは、敵が最終的にどこまで軍を進めようとしているのか、知る由もなかった。マイソールの虜囚体験記は、このような状況に置かれたとき、噂というものがいかに人を衰弱させるものであるかを立証している。新入りの捕虜は、イギリスの新たな敗北の知らせを伝えたことだろう。あるいは、さらにひどい場合は、イギリス勝利のニュースを伝えた後、それが誤報であったことがわかることもあったはずだ。ときには、マイソールの衛兵が、捕虜の士気をくじく目的で情報を流すこともあった。こうして、一七八二年二月二十七日に、セリンガパタムに抑留されている将校たちは、南インドのイギリス人司令官アイル・クートも今や自分たちと同じく虜囚の身であることを知り、翌日には「自分たちの軍の一五大隊が捕らえられ」たという情報と、ハイダル・アリーの軍隊とともに七〇〇〇人のフランス軍がマドラスを包囲しているという情報を伝えられた。[31] どの情報もでたらめだったが、イギリス人虜囚は、それを見破ることができなかった——同様に、最終的に自由になれると確信することもできなかった。一七八〇年代初めにマイソール軍によって捕らえられたイギリス人は、監獄で、一七六七—六九年のアングロ＝マイソール戦争で捕まった同郷人の虜囚に出会った。ある将校は、長期間虜囚状態に置かれたそれらの人びとについて、「彼らは、支配的な監視を受け、すっかり意気消沈しているようだった」、「西洋の服を着ることは認められているが、ひどく汚い」と書き留めた。[32] この時点で、この男たちは戦争捕虜として一二年以上もマイソールにいた。これでいったい、どんな逃走のチャンスがあるというのか。

不安や、恐怖や、肉体的苦痛の有害な影響に対処する必要があったこと、また、同僚と引き離されていたことが、虜囚の多くが書くという手段に訴えた理由を説明するのに役立つ。全員が字を書けたというわけではない。マイソールで拘束されているイギリス人兵卒や水兵の中には読み書きできない者もいた。そのうえ、紙は乏しく、監獄経済においては高価な商品だった。獄中で紙を手に入れるためには、インド人の看守や使用人にわいろを贈らねばならなかった。さもなければ、死んだ将校の稀少な本から、文字や絵のないページをむしり取らねばならなかった。あるいは、時間を見つけて、手近にある間に合わせの材料で自分用の紙とインクを作らなければならなかった。捕虜たちにはまた、看守の見張りを逃れて安全に書くことができるような時間とスペースも必要だった。下士官や兵卒はこれらすべてに恵まれなかった。彼らは厳しい労働をさせられ、混雑した部屋に入れられて獄中虜囚記をつけていた。だが、手紙を書くことは別問題だった。手紙のやり取りは何よりも虜囚たちを結束させた。短い走り書きの伝言は、丸められ、餅や葉巻煙草や煉瓦の中、あるいはゆるんだタイルの裏に隠されて、絶えず彼らのあいだを回っていた。少なくとも一度、虜囚の将校が伝言を小さな細長い紙片に書き、羽ペンの中におさまるように固く巻き上げたことがあった。ペンとその中身はその後インド人召使の肛門の中へと消え、召使は歩いてそれを要塞から持ち出して、目的の受取人に届けた。[33]

明らかに使い走りの者とのある程度の合意を頼みとするこの策略は、広く行き渡ったパターンの中で特に劇的な事例であった。一七八〇年代のマイソールでは、インドのあらゆる地域と同様、そしてあらゆる時代と同様、イギリス人は現地の援助者に頼り切ったままだった。伝言を書いたのは、（少なくとも一通のセポイの伝言が現存しているものの）圧倒的にイギリス人虜囚だったようだ。だが、マイソール王国のさまざまな都市や要塞にあるさまざまな監獄間でこれらの伝言を運んだのは、必然的にインド人の召使や、洗濯人や、看守や、作業員だった。[34]身の安全をある意味危険にさらさざるをえない行為の動機は種々多様だった。金で買収されたインド人メッセンジャーもいた。東インド会社軍からの脱走兵のセポイもいたが、彼らは残った忠誠心から元の雇い主の代わりとして白人を助けることを選んだのかもしれないし、あるいはこの時点ではどちらの陣営が南インドで最終的に勝利するのかわからなかったためにそのような行動に出たのかもしれなかった。伝言の運び手の中には、ハイダルとティプーをムスリムの不法占有者と見なすヒンドゥー教徒も若干名いたようだ。また、われわれの手元にある記述によると、ただ気の毒に思って行動しただけの者もいた。

動機は何であれ、これらの仲介者はさらに広い意味を持っている。一見すると、徐々に進化してマイソールの虜囚たちに情報を伝達するに至ったメッセージ・ネットワークは、彼らにとって、『ボーイズ・オウン』〔主として雄々しい冒険物語が掲載された少年誌の総称〕にも似た特性を持っている。たしかに、後に出版された虜囚体験記の物語のいくつかは、イギリス人の大胆さと創意工夫が、彼らを分断して士気を低下させようとしたマイソールの企てにいかに打ち勝ったのかを最も重視していた。だが実のところ、すでに見た通り、虜囚同士のコミュニケーションは、実質的にはインド人の大胆さと創意工夫によるものだった。しかも、イギリス人虜囚を分断して士気を低下させようとするマイソールの企てのすべてが失敗に終わったわけではなかった。この虜囚危機のあいだに、インド人が個人的に宗教と人種の境界を越えてイギリス人を助けたとすれば、その逆もまた真実だった。イギリス人の中にも、一線を越えてマイソールを助けた者がいたのだ。

これが、絶え間ない伝言の密かなやり取りの背後にあったものだ。マイソールにいるイギリス人虜囚はさまざまな理由で、すなわち、慰めの言葉をかけたり、最新情報を回したり、医学的助言を求めたり、同じ階級の誰がその日亡くなったかを知らせたり――もし将校であれば――他の場所で拘束されている部下と連絡を取って影響力を維持するために、極秘に伝言のやり取りをしていた。だが虜囚たちは、仲間のうちで誰がまだ頼りになるのか、そして逆に誰が忠誠心をひるがえす兆しを見せているのかをはっきりさせるためにメッセージ・システムを利用することもあった。

現存する最も尋常でない虜囚体験記の一つは、一七八〇年から一七八四年にかけてセリンガパタムで投獄されていた東インド会社のアイルランド人将校クロムウェル・マッシー（このファーストネームを持つことから、彼はプロテスタントだと推測しても差し支えない）によるものだ。原本は、現在、ロンドンのブリティッシュ・ライブラリーにあり、縦が四インチ少々、幅もせいぜい二インチほどだ。[35] マッシーは、自分用のインクを作っただけでなく、間に合わせの紙を自ら縫い合わせ、顕微鏡的な文字で日記を書きつけ、夜になると服の中に隠した。だが、一部暗号で書かれたこの簡潔な日誌は、単なる個人の記録ではなかった。マッシーはまた、数ページ分の紙を使い、要塞の別の場所にいる虜囚たちに手紙を送った。それらのミニチュアの手紙は、その後インド人の看守や召使によってこっそり持ち出されて届けられた。返事もこっそり――やはりインド人仲介者の手を経て――

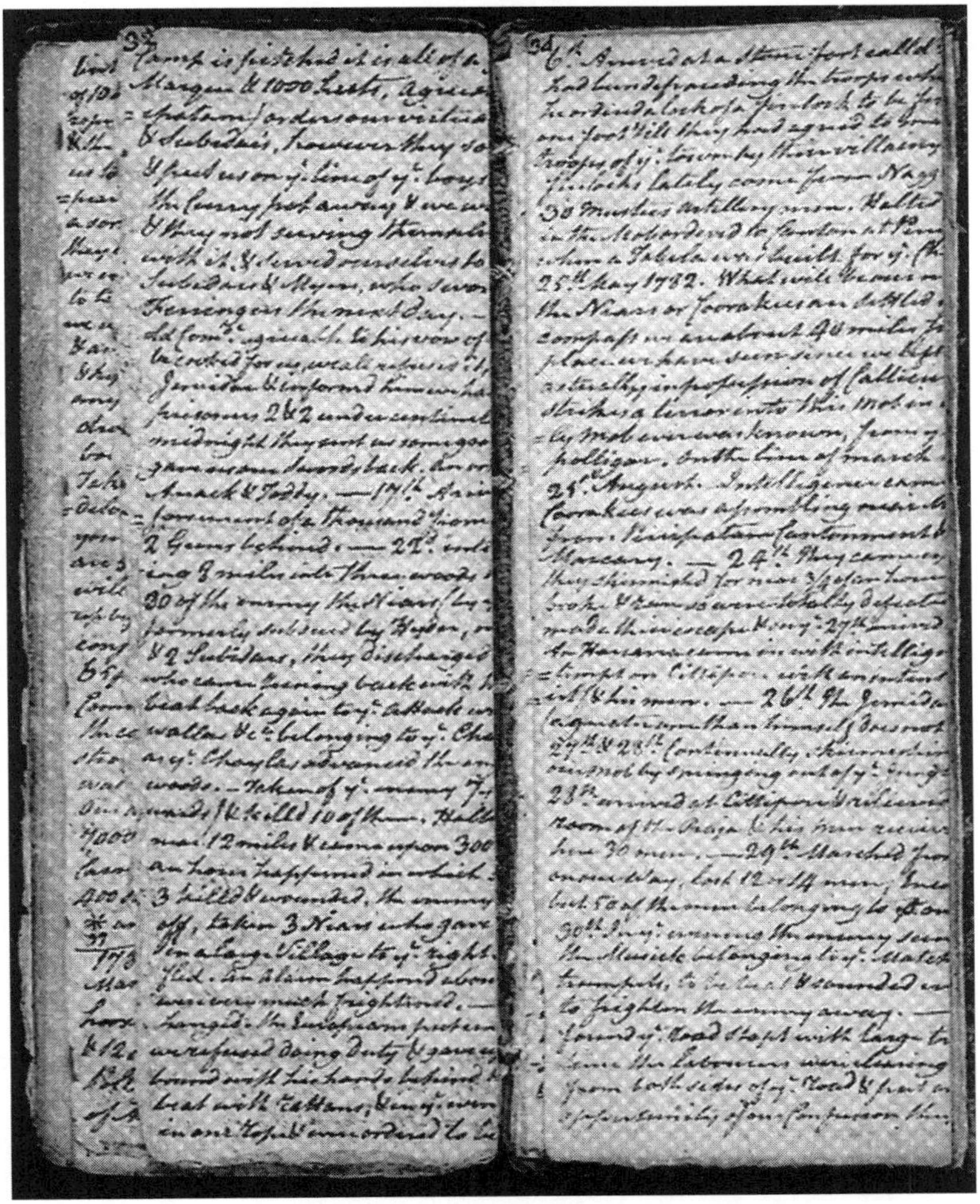

58　クロムウェル・マッシーの獄中記

379　第九章　虎と剣

戻ってきた。そして、マッシーの日誌に注意深く縫い付けられるか、もしくは書き写された。最終的にできあがったものは、長期間の過酷な虜囚生活が人を苦しめ変えてしまうありさまの証拠である。

一七八一年のある時点で（マッシーの日付は曖昧だ）、彼と他のセリンガパタムの虜囚は、居房の窓から外を見て、マイソール軍の中隊がイギリス流のやり方で白人によって訓練されていることに気づいた。数か月のあいだに、このような訓練を担当する白人軍曹やマイソールの軍服を着た他の白人の数は一〇〇名以上に達した。[36] マッシーは腐敗を観察した。十月に、ある軍曹が彼に手紙をこっそり届けた。そこには、要塞に監禁されているイギリス人兵卒のうち一五人の「健康そうな若者」が、マイソール軍に加わるよう圧力をかけられた様子が記されていた。彼らが拒否すると、そこから「一人ずつある部屋に連れて行かれ」、体毛を剃られ、大きなボウルの上に全裸で仰向けにされ、両手両足を看守に押さえ込まれ、それから「力づくで……割礼を」施された。だがマッシーはまもなく、この改宗の苦難を体験したイギリス人離反者のすべてが強要されてそうしたわけではないことを知った。割礼を受けた若い将校は、彼に次のような手紙を送った。「率直に言うと、バラモンが悪魔の目的のために若者を選びに来たとき、私は自ら志願して認められました。」マッシーはまた、このような越境的行為がセリンガパタムに限ったことではないことも知った。バンガロールの情報提供者は「五一人の少年と青年が……今、要塞におり……全員が割礼を受け、そのうち三名は海軍士官候補生です」と書いた。[37] これは恐らく、一方のイギリスと、他方のハイダル・アリーやティプー・スルタンのマイソールとが重なり合う部分の、最も重要ではないにしても最も劇的な事例だった。マイソールの武闘派の支配者は、多くのイギリス人将校や兵士を捕らえてその一部を自分たちの国に組み入れるだけでなく、イギリス流の軍事訓練を試みていた。イギリス人虜囚はどうかと言えば、自発的に、あるいは不本意ながら、政治的・宗教的忠誠の境界を越えてマイソール軍に取り込まれ、その過程で身体に消えることのない印をつけられた。

敗北への適応

私が強調するのは、マイソールの虜囚の規模と性質と複雑さだ。というのも、それらはイギリス人を喜ばせる単純なプロパガンダ、すなわち、苦闘する帝国が現地の危険な敵を中傷する際に使えるわかりやすい材料として解釈されることがあるからだ。だが、マイソールの虜囚はさまざまな種類の解釈をされ、それらの解釈は決してイギリス人にとってすべてが快いものでもなく、また好都合でもなかった。東インド会社が本来の商業的役割から変容して以来、インドの国が、会社軍の多数の白人兵やインド人兵と国王軍の軍人を捕らえて何年も抑留するほど強くなったのは、この頃が初めてだった。このような状況では、イギリス人虜囚の身体は、どうしても敗北と不名誉の厄介なエンブレムに見えてしまった。とりわけ――一七八四年の第二次マイソール戦争終結時には――イギリス側には、勝者としての条約も重要な領土の獲得もなかったからだ。解放された虜囚はただ単純にインドでの任務に戻るか、力なく本国へ帰って行った。あるイギリス人歩兵少尉は、「政府は、無愛想と不作法の限りを尽くしてわれわれを迎えた」と、マドラスへの帰還について苦々しく記した[38]。この男はベドヌルで拘束され、その後、一緒に捕らえられた九三名の将校のうち四分の一以上がマイソールの牢獄で死んでいくのを見た。今や彼は再び自由になったが、自国民に歓迎されていないことに気づいた。人びとが自分のような元虜囚や自分が象徴する事柄を忘れてしまいたがっている気がした。驚くことではないが、少しのあいだ、マイソールから解放された元虜囚の軍人は、誰一人体験記を出版しなかった。実際、それ以降も、マイソールで自分の虜囚体験を綴ったイギリス人将校の誰一人として、そのテクストを直接本名で出版した者はいなかった。これらの手記は出版されはじめても、匿名によるものであったり、死後出版であったり、決まってかなりの編集が加えられたものであった。

マイソールの虜囚体験記がこのようになかなか世に出なかった理由のいくつかは明らかだろう。あのような非常事態では、イギリス人の連帯感は一枚岩を保てなかった。当時の推定によると、一七八四年の時点で、約一七〇〇名のイギリス生まれの男性虜囚がマイソールで生存していた。このうち四分の一近くが、強制されて、あるいは自ら選んで、捕獲者側に寝返った。そしてその多くが割礼をうけたということによって、母国民には彼らの背信がさらに悪いものに思われた。イギリス人虜囚の中にも理解していた者はいたが、ムスリムにとっての割礼は、神聖な儀式的意義よりも社会的な意義の方がはるかに大きい。それは、イスラムの五つの原理——礼拝、信仰告白、喜捨、断食、メッカ巡礼——に含まれるものでなく、むしろグループの構成員になることを意味する慣行である。[39] したがって、マイソールにいるイギリス人虜囚が割礼を受けるということは、アイデンティティに対するとりわけ払拭不能な暴行、すなわち復元不能な「他者化」に思えた。一人の歩兵少尉の言葉によれば、「キリスト教徒のイングランド人であるという、過去にも、そして未来永劫までも一番の誇りであり続けたはずのものを、その恩恵のすべてを陰茎包皮とともに失った」ということだ。[40] この言葉は、滑稽味と苦悶と説得力を合わせ持っている。この男は、元の宗教と国籍を主張すると同時に、それらが皮膚の小さな切痕とともに取り返しがつかないほどに奪い取られたことを示している。

だがもちろん、最も怒りと不安をかき立てたのは問題の皮膚だった。なぜマイソールの権力者がイギリス人虜囚に対する割礼を命じたのかは、正確にはわからない。当時のイギリス人は、ティプーの「宗教に対する偏執」に言及することによって説明を試みたが、これはかつてバーバリでの虜囚捕獲への反応に影響を与えた、イスラム教への強制的改宗に対する古来の恐怖を再び表明したものであり、説得力に欠ける。ティプー・スルタン、あるいはハイダル・アリーがムスリムとしてどの程度厳格だったかは、今なお、意見が分かれる問題である。明らかなのは、ティプーが父親と同様の現実主義者であり、ヒンドゥー教徒を支配することと、割礼を受けていないフランス人やポルトガル人の傭兵や援軍と行動することには慣れていたことである。[41] 彼、あるいは役人たちが、数百人のみすぼらしいイギリス人に真の同宗信徒になることを望んだり期待したりしたと想定する理由はほとんどどないように思われる。彼らの場合は、割礼はむしろ新たな所有者を表す印として、これらの男たちのマイソール国家への取り込みの拭い去れない象徴として企てられたのだろう。さらに、屈辱や、懲罰の要素さえも含まれていたかもしれない。マイソールでは、重罪犯が犯罪の永遠の恥辱の印として、耳たぶを落とされるとか、鼻を削がれるといった、何らかのやり方で切られるということが伝統的にあった。イギリス人戦争捕虜にも、見つかった悪事に対する罰のようなものとして切られて印をつけられた者がいたのだろうか。それもありうるように思われる。[42]

たしかにイギリス人は、一部の仲間の身体に起こったことを、恥や堕落や恐怖の観点から見た。フロイトが注目したように、知識や理解に欠ける人びとにとっては、自分の宗教にその儀式がない場合、割礼は去勢と同じように見えることもありうる。マイソールの複数の獄中記によれば、イギリス人虜囚が一部の仲間に課された割礼を国籍や宗教の点からの激しい侮辱としてのみならず、男らしさに対する攻撃としても受け止めていたことは明らかだ。あるとき、クロムウェル・マッシーは、「今朝、われわれは包皮を大変心配した」と走り書きした。[43] マイソール当局が自分たちの男らしさを奪おうとしているという恐怖心は、ティプーが最も若い虜囚たち、鼓手、給仕係等の幾人かをラムザニとして、すなわち女性の伝統衣装をまとった少年ダンサーとして採用して宮仕えをさせたという――後にイギリスで報道された――事実によって強められたかもしれない。[44] そしてこの意味でも、このマイソールの虜囚危機にまきこまれたイギリス人の身体は、国家的侮辱という観点で見られた。インドにおける敗北と連帯感喪失としてだけでなく、去勢のエンブレムとして見られることがあったのである。

マイソールの虜囚をどのように見るべきなのか、彼らについてどのように語ればよいのかということに関して、当初、イギリス人にためらいがあったのは、虜囚の中に多くの陸海軍の将校がいたこと、中には上級将校や社会的地位が相当高い者もいたためであった。本書で考察を加えてきた虜囚の多くは、多方面にわたる貧しく凡庸な人びと、すなわち、ごく質素な家の出の一般人、商船の船員、兵卒、商人、男女の入植者、放浪する旅人などであり、近世の人間の大半を占める典型的な者たちだ。だが、マイソールの虜囚は、アメリカ独立革命中に虜囚となったイギリス軍人と同様、まったく違っていた。圧倒的多数は戦闘時に捕らえられた陸海軍の軍人であり、それゆえ、彼らの身に起こったことは国家の威信の問題だった。さらに、軍の指揮官は自らを将校かつジェントルマンであると見なしていたため、個人の名誉と専門職の誇りを非常に強く意識していた。このような男たちは、犠牲者を演じたことなど皆目なかったし、虜囚体験記の中で、そのようなものとして軽々しく、あるいはふさわしいやり方で描かれることにも慣れていなかった。

このようなタイプの人間にとっては、場所を問わず、ほぼすべての長期虜囚体験が困難なことだっただろう。服従を命じ、肉体的勇気を尊ぶのに慣れていた彼らが今や、生き延びたいと思うなら服従を学び、侮辱を甘んじて受けなければならなかったのだ。かつて人を支配する地位にあった男たちが今や、異国の地で無力な卑しい者でいることに順応しなければならなかった。弱冠十九歳のときにポリルアで捕まった陸軍中尉ジョン・リンジーは、マイソールの役人から鍛冶屋か何かの技能を持っているかと問われて「非常に傷ついた」と記した。リンジーは、家に帰ればスコットランドの伯爵だったが、セリンガパタムでそんなことを気にする者がいるだろうか。だがリンジーは快活で知性もあり、間もなく、捕らわれの身であることによって自分自身や周囲の仲間にもたらされる変化からある種の楽しみを引き出すようになった。

毎日、寝台の端にやってきて政治を論じ、両切り葉巻を吸うジェントルマンの一団に悩まされている。インドやヨーロッパでの勢力バランスの行方にやきもきしたりせずに、私のように、古いシャツの穴を繕うことでも考えるようにと忠告する。(45)

リンジーが認識しているように、虜囚となった戦士たちはもはや世界の檜舞台を闊歩することも、ましてや世界

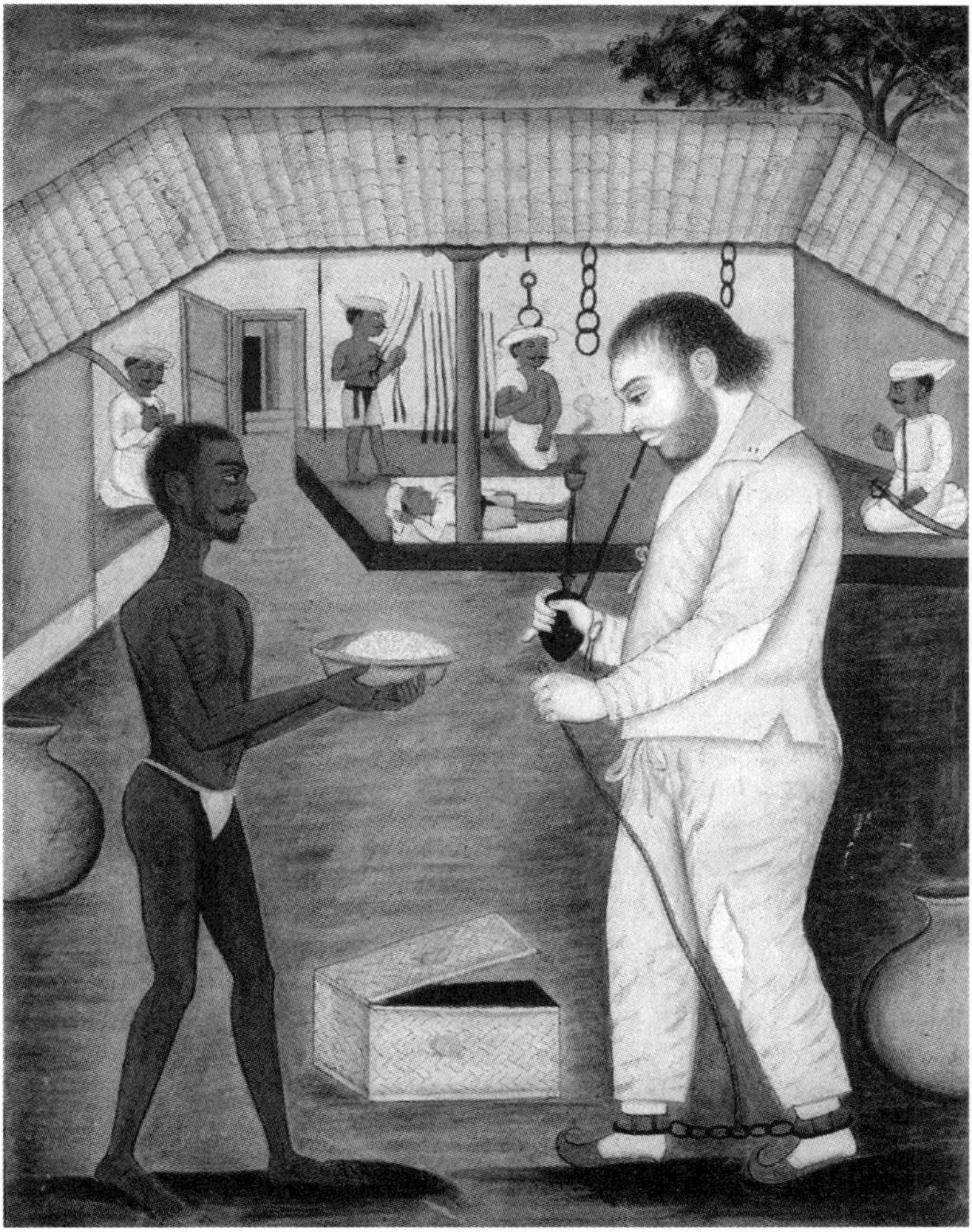

59　セリンガパタムの元虜囚の将校からの依頼で、インド人画家によって描かれた肖像画。召使も描かれているのは、恥辱を相殺するためか。

がどうなるかを決定することもできなかった。彼らは格別に居心地が悪く狭い私的領域に移されたが、これには、通常は女性や召使に任せるようなつまらない室内の仕事もせっせと行う虜囚が最もうまく対処した。

リンジーの場合、このことは、セリンガパタムの監獄の外壁上部のゆるんだタイルを定期的に取り外し、外したあとにできる隙間から、自分が締め出されているマイソールの街の生活を見つめることを意味した。

膨大な数のバラモンの少女が川へ沐浴に行くのが見える――四、五百人の騎兵隊が、大勢のカルナティックの住民の護衛をしながら通り過ぎていく――一人の良家のムーア人が結婚を祝いながら堂々とした様子で通り過ぎ、妻は駕籠の中だ――二人の年老いたムーア人が建物の下で文句を言っている――周りの多くの人に向かって、自分たちの言い分を話している。タイルを閉じる。彼らが見上げて私を見つけるといけないから。

服従させられ、隔絶を強要され、文字通りそばを通り過ぎていく外の生活を盗み見ることしかできないリンジーは、あたかも尼僧院か後宮の一員のようだった。だが彼は、若者の楽観主義と彼の社会階級からくる自信という防具を身につけていた。彼は、見たものをすべて注意深く記録することを自分に課し、そして繕いものに戻って行った。(46) 彼の獄中日誌が示すように、彼は服の制作と修繕という新発見の能力を大いに自慢するようになった。セリンガパタムでの四年間を生き延び、百歳を超えるまで生きたクロムウェル・マッシーも、家事と書き物をすることによって恐怖と退屈をしのいだ。少なくともこの点では、二十世紀でもっとも有名な囚人ネルソン・マンデラに先んじているが、マッシーは戸外に無用の一画があるのを見つけ、耕して庭を造った。だが、イギリス人将校の中には、非ヨーロッパ人の手にかかって無力な虜囚になったことに耐えられない者もいた。一七八一年から一七八四年にかけてバンガロールで抑留されていた王立海軍大尉リチャード・ルンワ・ボウヤーの獄中記録は、彼の死後になっても、決して出版されることも引用されることもなかった。(47) 読めば、その理由がわかる。ほとんど文字通り苦痛と混乱のわめき声なのだ。

質素な家の出の敬虔なプロテスタント教徒で、リンジーよりもさらに若いボウヤーは、彼よりはるかに激しやすかった。だが、ボウヤーが心に深い傷を負ったのは、初めてイギリスからインド亜大陸へ向かったときに南インド沖で捕らえられたためだった。そのため、彼はいきなりそれまで接したことのない国と気候と文化への、そして自分が一度もインド人に対して権力を振るう立場にならないまま、自分に対して非白人の非キリスト教徒が絶対的権力を振るうという経験への順応を余儀なくされた。その結果、ボウヤーは錯乱状態でのたうち回り、自分の宗教や国家や人種の優位性をつなぎとめる確固たる基盤を見つけようと絶えず試みたが、しばしば失敗した。この苦闘を記録した純朴さが彼の物語を、異文化ショックに関する、私が知る限り最も生々しい文書にしている。

彼は、あからさまな立場の逆転や虜囚虐待——たとえば、バンガロールで彼と同僚が毎日むちを持った「黒人」将校によって召集されたという事実——は、仰天するようなことではなく日常的なことで、見たところ害のない体験であることに気づいた。彼は、自分を捕らえた側のマイソールに優しい者がいる(「この待遇は、われわれがこれまでフランス人から受けたどんな扱いよりも、キリスト教徒らしさがあるということを認めなければならない」)ことに気づき、心を乱された。共に投獄されているマイソールの飢えた罪人が、彼がキリスト教徒の隣人愛を意識的に示して差し出した食物を拒絶したときには(「彼らは、われわれから与えられたものは何であれ、それを活用することは自分たちを汚すことだと思い込んで……受け取らないだろう」)、深く傷ついた。超然としていることができない——虜囚生活は「黒人に完全に依存する」ことを意味すると苦々しげに書いた——彼は、自己の尊い独自性を守り、かつ主張するようなやり方で捕らえた側の人間と交流するにはどうすればいいのかさっぱりわからなかった。

黒人は闘鶏を非常に好み、それはわれわれの監獄で流行っている。私も仲間の何人かと同じように雄鶏を一羽購入した。黒人がしばしばわれわれに挑んできたので、掛け金のファナムを奪ってやろうと思い、彼らと賭けをした……私は運よく一羽の鶏で八シリング儲けたのだが、その後は、野蛮だと思ったのでやめてしまった。

またしてもボウヤーは失敗した。

あるとき、彼の精神は著しく不安定になった。彼自身の極度の精神錯乱から生じただけと思えるほど異様な体験をしたのだ。ボウヤーの主張によると、一七八三年に親しくなったバンガロール刑務所長のムスリムが、西洋の服を貸してほしいと頼んできた。来訪中のフランス人の仲間の一人のために似たようなデザインの衣服を作ってやるのだという。ボウヤーによると、「夜、音楽が奏でられる中、所長はこの似非フランス人を連れて、ものすごい数の野次馬とともにわれわれの監獄にやってきた」。そのときになって、その「フランス人の手と顔は白く塗られているだけで、真新しい胴着とぴったりしたズボンとのあいだに正真正銘の黒い色の肌が見える」ことに気づいたと、ボウヤーは述べている。これはすべて、あるいはその大半がボウヤーの苛まれた想像力の産物、恐怖や酷暑や監禁の影響、そして人種や権力や美徳に関する思い込みだったのだろうか、それとも、バンガロールの刑務所長がボウヤーの偏見と強い不安感を見抜き、この仮装パーティによってそれを摘み取ってしまおうとしたのだろうか。祖国にいるときには、ボウヤーは、ロンドンや地方の劇場の舞台で、白人が黒人を演じるのを気楽に眺めることができたことだろう。だが今や彼は、自分自身の白さをまねてあざ笑う「黒人」に直面しているのだと思った。そしてそれには耐えられなかった。時代と場所を問わず、誰が笑う側になるのか、また逆に誰が常習的に笑われる側になるのかは、権力と自信がどこに帰属するのかを最もよく示す指標である。この場合、ボウヤーを笑った人びとは実際、彼が嫌というほどわかっていたように、彼と彼の仲間が一時的に陥っていた無力の極致を笑っていたのだった。(48)

ボウヤーは一七八四年に解放されると、ほぼすぐに帰国して親しい人びとの中に逃げ込み、自分と同郷のハンプシャー州出身の女性とただちに結婚した。だが彼は、決して獄中の話を世に出すことはなく、彼の仲間の虜囚たちもしばらくのあいだは本を出版しなかった。彼らのこの寡黙さは、この虜囚体験の苦難の特質のせいでもあるに違いない。それは勝てそうに思えたこともあった亜大陸でのイギリスの敗戦と結びつけられた。それは、イギリス人の男らしさに対する侮辱と解釈されることもある身体の切除を含んでいた。マイソールの虜囚の一部は陸海軍の高級将校であり、彼らは狼狽し、恥じ入りながら、恐怖や不潔や妥協を振り返った。また、イギリス人虜囚の中にはマイソールに亡命した者もおり、その結果、恥ずべき厄介者となった。だが、虜囚生活について書き上げるにあたっての最大の障害は、一七八〇年代には、インドや他の地域で経験した軍事的敗北や帝国の挫折について、回復可能だと確信するイギリス人がほとんどいなかったことだ。敗北の中での忍耐力は、国家がある程度の自信と成功を取り戻したときにはじめて称賛できるものとなる。それゆえ、ヴェトナムからの復員兵は、アメリカの世界規模での介入と支配の能力が再び効果的に示されたときにはじめて、祖国で歓迎される人物となったのだ。マイソールの虜囚に関しても、帝国の勢いと国家の自信が回復するまでは、擁護は難しかった。イギリスのより広範な成功の徴候が再びはっきり現れてくるまでは、彼らは何一つうまくいくことがなかった。

その間に——そしてまたもや、アメリカのヴェトナム退役軍人とまったく同じように——マイソールの虜囚は、自分たちがただ敗北者としてだけでなく、残虐行為に加担した攻撃者として批判されていることに気づいた。虜囚の大半が解放される前年の一七八三年、エドマンド・バークが関わった定期刊行物『アニュアル・レジスター』は、ハイダル・アリーに関する追従的死亡記事と、東インド会社の歩兵少尉からの、軍人仲間たちによる南インドでの略奪やレイプや大虐殺を非難する手紙の両方を活字にした。一七八四年と一七八五年に別の定期刊行物に転載されたこの手紙は、マイソールの要塞都市アナントプルに対するイギリスの一度の攻撃で、「兵卒が非道の限りを尽くすあいだ……」に、「四百人の美女」が死傷したと訴えた。東インド会社の他の残虐行為に対する非難の数々が今度はフランスの新聞に掲載され、イギリス議会でも、元ベンガル総督ウォーレン・ヘイスティングズを訴追しようと躍起になっているイギリス人政治家によって非難が向けられた。(49) だが、批評家が何度も蒸し返したのはアナントプルでの女性の大虐殺に対する非難で、そしてそれはなかなか収まらなかった。その結果、マイソールの虜囚体験記が出版され始めた当初、その基調は著しく自己防衛的だった。ベドヌルで捕らえられた将校ハリー・オークスによって書かれた陰気な回顧録は、ティプー・スルタンのイギリス人虜囚に対する扱いは「明らかに、報復の原理に基づいており……東インド会社軍の不当な行為が敵の行為の正当化にかなり役立っている」という旨の、弁明の序文がつけられてロンドンの出版社から世に出た。(50) 二年後の一七八七年に、東インド会社とイギリス正規軍の将校の一団が、ここにもまたオークスが加わっているが、ボンベイからロンドン本社に正式な書簡を送り、アナントプルでの罪状はでっちあげだと主張し、イギリスで繰り返し報道され続けていることへの驚きを表明した。

> われわれは、軍に欠点が一つもないと主張するふりはしない……(そうではなくて)われわれの現在の目的は、遠いこの地に住むあいだに私たちが人間らしい感情を持つ資格をことごとく失ったわけではないと、世間を説得することだ。(51)

東インド会社はこの手紙を活字にするよう命じ、下院は一七九一年にこの命令を繰り返したが、効果は限られていた。南インドに侵攻した東インド会社とイギリス正規軍の将校が女性を虐待して殺したという非難が向けられ続けた。その非難は、ティプー・スルタンの戦死後、一七九九年にロンドンで出版された印刷物において再度浮上した。略奪して回るイギリス人、将校の目印であるモールや肩章や三角帽子が、あらゆる意味でティプーのハーレムに侵入している。将校の口から出ている吹き出し(「君に乾杯。今度はあそこに《ブラック・ジョーク》」)は、この版画を、

60 『ティプーの死、すなわち、ハーレムに殺到!!!』、トマス・ローランドソン作。

今なら間違いなく人種差別的と呼ばれるようなものにしている。女性の肌は褐色に描かれているが、服装も顔立ちもヨーロッパ風だ。白い羽飾りがカールした髪につけられ、白いストッキングが上品に膝上で留められている。この純粋に想像上の場面において、ティプーに先立たれた女性たちは取り乱した上流夫人となっているが、これは、そうすれば疑いなくイギリス人読者から一層容易に同情を集められるからだ。だがこの版画では、将校たちもまた実際より悪く見えるように作り変えられている。顔は肉欲で醜くゆがめられ、特に鼻は男根の衝動を暗示するために作者によって荒々しく引き伸ばされている。騎士道精神のような慎みは著しく欠如している。一人のイギリス人将校は、マイソールの凌辱された半裸の犠牲者の下に力なく横たわっている。囚われの身となったレイピストは、滑稽ですらある。

勝つための書き直し

では、状況はどのように変化していったのだろうか。このようなマイソールでの虜囚体験は、どのようにして不安や敗北や恥のエンブレムから、一転して、イギリス帝国物語の非常に有力な構成要素へと変わっていったのだろうか。その答えの一部は、一七八九年に勃発したフランス革命と、それが引き起こし、十九世紀の最初の二〇年間まで続いた世界的な危機と関係がある。最初、この革命の危機は自由主義的で平等主義的な力であり、さらにはいくつかの点で反帝国主義的な力でもあったが、その結末は、逆説的ではあるが、多くの国民国家の権力強化であり、また、世界の——いくつかの——内陸帝国と海洋帝国の著しい強化だった。スペインとポルトガルの南米の帝国はこの危機で弱体化して末期的状態になり、オランダと、そして最終的にはフランスの帝国も後退した。だが、他の国家の中には、フランス革命から続くイデオロギーの混乱と軍事動乱に精力的に対処したこともあって、結果として、前例のない勢いで領土を拡大するための弾みと組織と機会を獲得した国もあった。このことは、一八〇一年にグルジアを、そして一八〇九年にフィンランドを飲み込んだロシアに当てはまった。それはまた、一八〇三年にルイジアナを買収することによって領土を倍増させた新帝国アメリカ合衆国にも当てはまった。だが、最も劇的に当てはまったのはイギリスだった。(52)

一七八九年以降、イギリスの統治機構と軍事組織は、大規模で最終的に大成功を収めることになる戦争に関してだけでなく、政治論争とプロパガンダに関しても攻勢に出た。世界の他の地域と同様、インドもその影響を受けた。三年間の激戦の末、一七九二年にティプーは東インド会社に対し、最も豊かな場所でも重要な場所でもなかったとはいえ、マイソールの領土の一部の譲渡を余儀なくされた。七年後のさらに激しい戦闘で、首都セリンガパタムの城壁は破壊され、ティプーは殺され、マイソールは元のヒンズー王朝のウォディヤール朝に戻った。以前の対英戦争の場合と同様に、マイソールはフランスからの支援を得た。だがこのたびのフランスの援助は、イギリスに損害を与えるよりも、結局はティプーの破滅を確実にする方に働いた。[53]

たしかに、一七九〇年代のあいだ、イル・ド・フランス（フランス領フランス島）に拠点を置くフランスの私掠船は、インド洋を行き来するイギリスの数千隻の船やボートを襲撃し、ナポレオンは一七九八年に、インド侵略の足掛かりとして利用するつもりでエジプトに侵攻した。[54] だが、フランスはこの魅力的な大事業に気を取られてしまい、ティプーは、フランスの強力な援軍を最も必要とするときにそれを得ることができなかった。コーンウォリスによる一七九〇年代初頭のマイソール侵攻は、目を見張るものでも、成功を収めたわけでもなかった。仮に、この時点でフランスが軍事介入したとすれば、それが決定的な役割を果たしたかもしれないが、フランスは今なお自国の革命に飲み込まれていた。だが、マイソールとフランスの関係が知れ渡っていたために、革命やナポレオンのフランスがもたらす脅威に対してイギリス王党派が反発したとき、その反発は確実にティプー自身に対しても向けられた。イギリス本国侵攻をもくろむヨーロッパの大国と関係があるインドの国に対し、イギリス人が共感を抱くはずもなかった。一七八〇年代と同じく一七九〇年代にも、イギリスのプロパガンダは決して、もっぱら「他者」としての、すなわちアジアの君主でありイスラム支持者である人物としてのティプーにのみ注目していたわけではなかった。イギリスのプロパガンダはまた、ティプーをキリスト教徒における、すなわちヨーロッパにおける最大の敵と同列にも扱った。このような見方をすることで、ティプーとナポレオンは、同じコインの表と裏となった。

独裁は、ティプーただ一人が持つ特質だとされたわけではないし、何よりまずインド人やムスリムの支配者だからという理由によるものでもなかった。それはむしろ――イギリスのプロパガンダの見方によれば――ナポレオン、すなわちもう一人の強奪者との共通項だった。[55] この点だけで、マイソールの元虜囚は今や、イギリス帝国論議の価値ある構成要素となった。白人虜囚とセポイの虜囚の両者が一七八〇年代に受けたとされる（「バーバリの奴隷以下の」）ひどい扱いが、一〇年ほどたった今掘り起こされ、ティプーは白人とインド人のどちらにとっても暴君だという主張を補強するのに使われた。ここにきて初めて、イギリスと東インド会社は、インドに関する虜囚体験記の執筆と出版の組織化を開始した。東インド会社はさっそく、マイソールの収容所を逃れてきた人びとが提供してくれるあらゆる情報と、願い通りの感動的な物語を求めて、全員と面談することにした。最良のものは、東インド会社ロンドン本社に急送され、すぐに官報『ロンドン・ガゼット』に掲載する手はずが整えられた。たとえば、一七九一年八月にマドラスは、王立海軍士官候補生ウィリアム・ドレイクを含む五人のイギリス人虜囚がセリンガパタムから脱走したことを知った。直ちに一人の陸軍将校が、「彼らから出来る限り多くの情報を収集する」ように指示された。年末までに、マドラスはロンドンに、「ウィリアム・ドレイク氏と……他の捕虜によって語られた……彼らが受けた扱いに関する報告を含む物語の原稿」を送ることができた。ドレイクの物語は、翌年四月に『ロンドン・ガゼット』で公にされると（『カルカッタ・ガゼット』でも特集された）、ロンドンの『タイムズ』や他の商業紙にもすぐに再掲され、「暴君ティプー」についての数々の社説の中で、「おそらく、これ以上興味深い物語は今後現れることはないだろう」と言及された。[56]

だがティプーは、イギリス人の想像の中では、単なるアジアのナポレオンではなかった。彼はまた——彼自身の王宮の儀式と選ばれた象徴が示すように——タイガー・プリンス、すなわち、イギリス人にとって、インドに関する危険で予測不可能に思えるあらゆるものの化身だった。今やイギリスのプロパガンダは、彼の、「悪知恵や強欲の犠牲となった無力な者を切り苛む」虎としての一面を描き始めた。これは、相当な転換だった。一七八〇年代に遡ると、イギリス人虜囚でさえほとんどの場合、穏やかな礼儀正しい言葉でティプーのことを表現している。「勝つことに慣れた男のように成功をおさめ、高慢なところや横柄なところはまったくなかった」とタンジョールで拘束された経験を持つ大佐は書いた。マンガロール陥落後にティプーと相対した別のイギリス人将校は「物腰はゆったりとしており、人当たりがよく、話し方も振る舞い方も感じがよかった」と記録した。[57]「ゆったりと」、「人当たりがよく」、「感じがいい」——これらは、ジェイン・オースティンが小説中で読者の注意を好ましいジェントルマンに向けようとするときに使いそうな言葉だ。そして、イギリス人はティプーを描写するにあたって、当初は、イギリスのジェントルマンを意味するおきまりの言葉を使っていたが、これは断じて偶然ではない。また、ティプーの肌が──父もそうだったが──しばしば白に近いと表現されていることも偶然ではなかった。一七八〇年にポリルアで捕らえられたロバート・キャメロン陸軍中尉は、習慣的に自分の牢獄の看守を「黒人」と呼んでいた。だが、ティプーの前に連れて来られた彼は、ティプーを見て「色が白く、感じのいい顔をしている」と思った。マイソールで拘束された別のスコットランド人将校イネス・マンローは、インドにおける異人種間結婚については「イギリス人の顔色に黄ばんだ色合いを加える」恐れがあるとして批判的に述べているが、一方で、平気でハイダル・アリーをプロイセンのフリードリッヒ大王にたとえ、それでよしとしていた。[58] 一七九〇年になってもあるイギリス人はティプーをアキレスにたとえ、この比較からうかがい知ることのできるような軍人らしい勇敢さや均整のとれた体格についてあれこれを記した。[59] よくあることだったが、権力と地位──ハイダルとティプーの場合には、さらに証明済みの軍事的成功──を備えた非ヨーロッパ人は、ヨーロッパ人の人種的反感のこもったまなざしをそらしたり矯正したりすることができた（そして、逆もまた同じだった）。

だが十八世紀末になると、官民双方のイギリス人によるティプーの描写はあらゆる意味で黒ずんできた。一七九九年に廃墟と化したセリンガパタムで彼の裸の亡骸を見たあるスコットランド人陸軍高級将校は、次のような言葉で記憶を綴った。

彼の身体は、全体的には、インドのイスラム教徒にありがちな体型だった。胸部は肉付きがよく、大腿部はいくぶん短かった。……顔色は浅黒く、東洋の上流家庭の男よりもずっと黒い。彼の顔の色は、おそらく死んで少し白く見えているのだろう。……見境のない［女性との］肉体関係がその影響をこのスルタンの死体に残していた。

南インドの有力な支配者は、もはやイギリスに打撃を与えることができず、ここでは、死して敵の掌中に落ちたティプーは黒く塗られ、オリエンタル化されている。彼の死体はもはやアキレスの姿を喚起することはなく、胸と短い太腿を付与されたという点では、むしろ女性化されている。一七八二年の昔にキャメロンが称賛したあの色白の肌は今では黒くなっている――死んで蒼白になっているにもかかわらずだ。そしてティプーの性的放縦に対する書き手の露骨な非難は、身体的損傷の、それどころかもしかすると不能の暗示さえ含んでいるかもしれない。だが、この単独では不快な一節も、選択的な引用を行うことや、人の言動は終始一貫していると安直に思い込むことに対する警鐘となる。書き手は、ティプーの死に顔は「穏やかで安らかで、……生前のように際立った静かさと礼儀正しさをたたえていた」と最後に認めている。彼はまた、イギリスは今や「さらなる拡大目標を求めることなく」、既存のインド領を強固にすべきだと力説して締めくくっている。(60)

一七九九年のティプーの死とセリンガパタムの陥落は、紛れもなく激震的な出来事、すなわち、イギリスがインドにおける覇権に向けて前進するための非常に重要な要素であり、イギリス本国における大衆の興奮と注目を集めるものだった。だが現存する証拠は、当時のイギリス政府が活字にして認めたこと、すなわち、ティプーに対する態度はたしかに否定的になったものの、彼の死後も生前と同様、複雑なままで変動を続けたことを裏づけている。イギリスがインドで進攻し続けることの望ましさについても、実現可能性についても、新たな合意の形成はなかった。このため、一八九三―四年のマラータ同盟の崩壊までは成功の度合は疑わしいままだったが、進軍が止まることはなかった。だが、イギリスの後ろめたさは持続した。それは高官の書簡の中でも表面化しており、たとえば、セリンガパタム陥落後にイギリス人が行った暴行のひどさに対するボンベイ知事の抗議(「われわれの年報がおそらく提供しうる世界のあらゆる場所におけるあらゆる事柄を、卑劣さにおいて超える国家の汚

61　セリンガパタムの城壁。イギリス人画家の1792年の作品。

点」）の中にも表れている。[61] この後ろめたさは十九世紀前半の、低俗、高尚を問わず、あらゆる文化においても姿を現す。一八二〇年代に、ホジソン児童劇シリーズに入っている『ティプー閣下、あるいは、セリンガパタム襲撃』を子供のために購入した愛国的な親は、ティプー自身に割り当てられた冒頭の演説に、いささか不意を突かれたに違いない。

よし、勇敢なるわが民よ！　お前たちの忠誠心は心得ておる。今このときも破壊の脅しをかけてくる非道な国を恐れることはない！

東洋的暴虐というものがあるとすれば、インドにおける東インド会社軍の暴虐は今やいくつかの点でそれに匹敵するものになったという主張が、この時期、イギリスにおける他の数々の公私の文書の中で、さらに如才ないやり方でなされるようになった。[62]

そしてここで体制派が重宝したのが、新世代種のマイソール虜囚体験記だった。これらの体験記は、イギリス軍の規模とグローバルな侵略がかつてないほど拡大しても、大衆の想像力の中で軍隊を人間味のあるものにするのに役立った。

この点で言えば、早い時期に書かれて影響力が大きかった著作は一七八八年に出版されたウィリアム・トムソンの『アジアにおける先の戦争の回想録』で、またたく間に多くの部数が売れ、翌年には増補版が出た[63]。トムソンが兵士ではなく、牧師を経てプロの物書きになった人物だったということは重要である。しかも彼はスコットランド人で、このことも重要だった。ティプー自身が気づいていたように、一七八〇年代と九〇年代にマイソールに侵攻した会社軍とイギリス正規軍の連隊は、不釣り合いなほどの人数のスコットランド人将校と兵士を含んでいた[64]。この時期、インド担当の閣僚を務めたのもまたスコットランド人のヘンリー・ダンダスであり、彼は、南インドのポリルアや他の軍事的失敗に対する議会の調査の任にあたった。ダンダスにとって、インドはきわめて重要であり、同時に、対アメリカ戦敗北後の帝国の退場と幻想崩壊のムードは忌まわしいものだった。彼の考えでは、帝国は前進し続けなければならなかった。なぜなら、イギリスの権力者全般と、スコットランドの、とりわけハングリー精神に富む有能な男性がそれを当てにしていたからだ。トムソンがマイソールの捕虜に関する二巻本を政府や東インド会社の指示に従って書いたという証拠はないが、彼はスコットランド人のエリートやスコットランド軍高官と密接なつながりを持っており、そのことが本の体裁にとって非常に重要だった[65]。

『先の戦争の回想録』というタイトルではあるが、この著作は戦史というよりもむしろ受難史である。「読者へ」の前書で言明されている通り、これは「野蛮人と一緒に監禁されたわが同胞の体験談」であり、そしてそのような体験談として、帝国や戦場ではなく、むしろ「個々人の運命」を詳しく取り上げている。トムソンは、ためらうことなく南インドでのイギリスの敗北を記録した。なぜなら、彼はそれを別物に変える術を知っていたからだ。たとえば、ポリルアの戦い後の東インド会社軍の敗残兵は、彼の著作では「わが小軍の勇敢な生き残り兵」となり、誇りの源泉と化した。さらに、トムソンは、マイソールで虜囚となった人びとの威厳に欠ける側面も恐れずに語った。彼の著作には、不潔、苦痛、恐怖、悲嘆、強制的な割礼、すなわち、虜囚状態が冷静さや忠誠心や士気に及ぼす重圧のすべてが含まれている。それもそのはず、トムソンは、自ら認めている通り、元虜囚の多くの将校から直接聞いた話や彼らの獄中記を大いに利用したからだ。だが、出所をまったく明かさずに将校らの物語や記憶を自らのテクストに取り入れることによって、トムソンは個々の情報提供者の男性としての、また、ジェントルマン、職業人としてのプライドを踏みにじることなく、囚われの身の苦悶と悲哀のすべてを引き出すのに成功した。その過程で、この著作は、表向きは帝国戦争の年代記だが、違うものになっていった。

> 戦闘ではなく苦難の……悲劇……。心ある読者が、書かれている多くの事実や状況に対して、熟慮せずいきなり立腹することのないよう望む。暴力にさらされながら倫理観を問われる状況は、人間の魂の情熱と力を引き裂いて見せてくれる。虜囚となったわが同胞の感受性……。互いの強い共感、極度に不安な中で、哀感に満ちた素朴な詩の一節を作ったり、他の詩から拝借したりするときに感じる安堵感[66]……。

このような文学的な戦略と非常に文学的な文体を用いることによって、トムソンの著作は東インド会社とイギリス国家を、新しい人びと、すなわち、よりその時代に即した言い方をすれば「感情の人びと（men of feeling）」に変える作業に着手した。叙述の焦点は、物議を醸す出来事や暴力のすべてを含め、南インドの軍事行動を年代順に記録することから、極度の重圧を受けた状況でのイギリス兵の情緒的ストレスや苦悩、そしてそこからの回復の感動的な描写へと、かなり意図的に移された。

　トムソンは非常に熟練した売文家だったが、独創的な作家ではなかった。この文学的手法と様式は、彼が発明したものではなく、借用したものだった。出どころは明らかだった。非常に強い影響力を持ったサミュエル・リチャードソンの感傷小説三作品、すなわち『パミラ』（一七四〇―一年）、『クラリッサ』（一七四七―八年）、『サー・チャールズ・グランディソン物語』（一七五三―四年）だった。リチャードソンが小説の中で異なる人物の手紙や物語をつなぎ合わせたのと同じように、トムソンの場合も、さまざまなマイソールの虜囚の書き物をつなぎ合わせることによって、事実に基づいているとされる物語を構築した。トムソンはまた、リチャードソンの倫理的に生真面目である点、細部を好む点、そして——何よりも——いかにして個人が苦しみによって試され、そこから救われるのかということについての関心も真似た。

トムソンの本が出版される前でさえ、もっと教養のあるマイソールの虜囚の中には、リチャードソンによって描かれたクラリッサ・ハーロウの苦境と、遠く離れた所にいる男性である自らの苦境が「ぴったり合う」ことを認識していた者もいた。小説では、クラリッサは売春宿に閉じ込められ、執拗な迫害と試練を受け、薬を飲まされ、そしてついには固く守ってきた純潔を悪党ラヴレイスに奪われる。だが、彼女は凌辱を受けても本質的な美徳を持ち続ける。彼女は逃げ、衰弱し、死を受け入れるが、死後に救われる。一方で、彼女を苦しめた男は、最終的に自らの暴力に滅ぼされる。『クラリッサ』は、別の言葉で言うと、それ自体が架空の虜囚体験記である。そして、トムソンの著作の出版後、イギリス帝国の虜囚体験記に対するその影響力に加え、他の感傷小説の影響力もますます顕著になった。[67] マイソールの虜囚に関する限り、クラリッサの話は特にふさわしいと思われた。虜囚たちもまた苦しみ、監禁された。割礼という身体の凌辱の前触れとして薬を与えられた者もいた。だが、男たちの本質的な美徳とアイデンティティもまた、損なわれずに残っていたことが暗示される。なぜなら、彼らの身体になされたことは、彼らの意志に反して力ずくで行われたからだ。そして今やこれらの苦しんだ元虜囚は自由の身となり擁護され、一方、彼らの物語の悪役である親玉ティプー・スルタンには、暴力と当然の報いの破滅が待っていた。

そして、一つにはグローバルな戦争と、帝国の運勢の回復と、より保守的なイギリス・ナショナリズムの出現のせいで、そしてまた、マイソールでの虜囚体験に関する著作におけるこれらの重要な変化のせいで、以前は屈辱的で不潔で敗北的だと思われたものが非常に興味深く、そして倫理的熱情と悲哀を帯びて見えるようになった。

トムソンのベストセラーに続いて出版されたマイソールの虜囚体験記の多くで、そのような変化が起こっているのを見て取ることができる。たとえば一七九二年、東インド会社のカルカッタの出版部門は、『ジェイムズ・ブリストウの苦難の物語』の出版資金を融通した。その序文が指摘しているように、これは『アジアにおける先の戦争の回想録』と共に読まれるように企画された。トムソンの本はイギリス人将校階級に焦点を当てていた。だが、ブリストウの物語は東インド会社の身分の低い一兵卒の物語で、彼は捕らえられ、割礼を強制され、マイソールの奴隷連隊の一つに押し込まれたが――少なくともこの口述された物語の中では――心の底で忠誠心を持ち続け、ティプーの手中を逃れて、最終的には自らの仲間のところへ戻った。しかもこれは非常に深刻で詳細な報告でもあり、軍事行動や南インドにではなく、敵に囲まれた一個人の苦悶と決意に焦点を当てていた。トムソンの著作と同様、これは今なお感動的な物語であり続けているが、当時は商業的にも大成功を収め、少なくとも一七九三年にロンドンで二つの版が、一七九四年にもまた別の版が出て、一八二〇年代まで版を重ねた。(68)

したがって私の考えるところでは、一七九〇年以降のインドや他の場所におけるイギリス帝国の復活と侵略の成功を兵力、陸海軍の武勇、経済・技術・工業力の拡大、保守的・国家主義的イデオロギーの硬化の観点から説明することは、ある程度正しいが不十分でもある。空前のグローバルな武力介入の瀬戸際で、当時のイギリス人は――むしろ現在のアメリカ人のように――超大国であるだけでなく、高潔で、努力を惜しまず、献身的な国民だと信じることが必要だった。軍事力の誇示や征服にいくら成功しても十分ではなかった。たしかに、常備軍に対するイギリスでの長年の不信感の伝統を考慮すると、軍事力の誇示そのものは、一七八〇年代のアナントプルでの大虐殺をはじめとする東インド会社が行ったとされる残虐行為に対する激しい抗議がはっきり示したように、憎悪されかねなかった。インド亜大陸の要塞や町や村で傍若無人に振る舞ったイギリス兵は、一七七五年以降にアメリカの謀反人と対決したイギリス兵と同様、ただイギリス兵だというだけでは本国での支持を確保することはできなかった。イギリス兵はまず、善人であり、したがって悪い行いができないと見なされなければならなかった。一七八〇年代以降のマイソールの虜囚の試練を書き直すことは、国内での売れ行きの改善のために、海外のイギリス軍が——公的支援を得て——包装し直されるやり方の一つだった。[69]

この風潮が別の表れ方をする場合もあった。たとえば、本国イギリスの世論において、虜囚の件は別として、一連のマイソール戦争で最も称賛された出来事がコーンウォリス卿によるティプー・スルタンの二人の息子の「親切」な受け入れだったことは印象深い。二人は、父親が東インド会社に領土と相当な額の現金の両方を譲渡する保証として、一七九二年に拘束された。ミルドレッド・アーチャーが以前指摘したように、これは、一連のマイソール戦争の中で最も豊富に図版化されたエピソードだった。書物、詩、新聞記事の他に、多数の絵画、木版画、銅版画、記念品、刺繡さえもあった。なるほど、ティプーの死とセリンガパタムの陥落に匹敵するほどの芸術的注目が、イギリス人を慈悲深く見せてくれるこのエピソードに向けられた。[70] 現実には、もちろん、外交の持ち駒として利用するために二人の男の子を家や父親から引き離すのであって、イギリス人の側には限定的な親切心があっただけだ。だが、国内の読者や観衆のためにこの場面を言葉や絵で記録した人びとの大半は、そこから直接的教訓や、イギリス軍の高潔さとティプーの有名な組織的残虐さを鮮明に対比させる寓意を引き出した。数千人のイギリス人や東インド会社のセポイを捕らえる力を持っていたときには、ティプーは虜囚となった者たちを苦しめた、とこれらは指摘した。だが今やイギリス人は、ティプーの実の息子を虜囚とするほどの力を持つただけでなく、子供を大切に扱うことによって自分たちの優れた人間性を示した。というのも、たしかに、幼い王子たちはその後大事にされ甘やかされたからだ。

このような行為は、さまざまなレベルでの理解が可能だ。その一つは、一七八四年にエドマンド・バークが、次のようにまとめ上げた注目に値する洞察だ。

彼らの政策の要は、先住民を完全に人目に触れないようにすることだった。われわれは、どんな偉大で輝かしい功績が日々、人目を引く大劇場［インド］で、イギリス人によって成し遂げられているかということについては、十分耳にすることもあるだろう。だが……われわれの耳には、先住民の演技者のことは決して聞こえてこないことになっていた。(71)

イギリス軍の疑いの余地のない性質、すなわち、勇気、統制、忍耐、自己犠牲、友愛などに焦点を絞ることによって、新世代の軍と帝国の広報は、軍人とその仲間たちがインドや世界の他の場所で現実に何をしているのかという、より物議を醸す問題から効果的に注意をそらしていた。軍事力による帝国拡大政策に必然的に付随する死傷者、略奪、破壊は、脇へ追いやられた。その代わりに、イギリス人は、情感に満ちた倫理的まなざしを、苦しんでいる勇敢で模範的な男性であり一個の人間という役割の将校や兵士に集中させるよう仕向けられた。こうして、ジョン・リンジーの子孫の一人が一八四〇年についにリンジーのマイソール獄中記録を出版したとき、彼は原文中の陰気で世俗的で皮肉を含む題材の一部を削除しただけでなく、序文を付け加えた。

この日誌のすべてのページから、深い教訓が知らず知らずのうちに伝えられる。読者の目には涙が浮かび、心は悲しみに沈むかもしれないが、熟読することで、読者がより賢明でより善き人になっていくと、私は確信する。(72)

だが、イギリスの帝国と軍隊と虜囚の描写におけるこのような転換について、少々違った見方をすることも可能である。ティプーの宮殿でポリルア戦の壁画を担当した無名のインド人画家が、戦闘隊形をとったベイリー大佐の部隊を意図的に女性化しようとしたとき、それは明らかにイギリス軍を嘲り貶める意図を伴っていた。だが、逆説的になるが、イギリスで支持されたインド等の駐留軍の書き換えもまた女性化の要素を伴っており、虐待された女性を描いたサミュエル・リチャードソンの小説から発想を得るほどでさえあった。ここで起こったことはテリー・イーグルトンが「英雄的資質の飼いならし《ドメスティケイション・オブ・ヒロイズム》」と呼ぶもので、「野蛮な軍人精神、むきだしの権勢誇示、男性的な横柄さ」は隠されるか、少なくともより「当世風の美徳である……感受性や、礼儀正しさや、優しさ」によって相殺された。[73] このように書き換えられた新たなイギリス帝国の戦士は、ジェントルマンとなるだけでなく、妙に――少なくともお互いに――優しくなった。「虜囚状態が続くあいだ、誰もが、自分自身のことよりも苦しむ仲間のことを心配するように見えたことは、この恐ろしい監禁状態における最も顕著で美しい特徴の一つだ」と、マイソールの元虜囚でのちにティプーを破滅させたサー・デイヴィッド・ベアード将軍の伝記作家は一八三二年に書いた。[74]

ヨーロッパ外で戦争に巻き込まれた西洋人の情緒面や倫理面の成長に焦点を絞るというこの効果絶大の常套手段は、今日に至るまで使われ続けており、イギリスに限定されなくなってから久しい。ヴェトナム戦争を描いたどれほど多くのハリウッド映画が、戦争に批判的な作品でさえも、主人公は決まってアメリカ人で、彼らの勇気や苦痛や精神的苦闘を中心に据えながら、ヴェトナム人自身を端役に限定していることを考えてみればいい。また、アメリカのグローバル・ヴェンチャーを描く映画の中でも、先住民はたいてい人目に触れないようにしっかり隠され、その一方で、感情的なスポットライトは西洋の侵入者側に集中的に当てられる。だが、海外に駐留する軍隊の描き方をこのように率先して転換させたのがイギリス人だったということには特有の理由があった。イギリス人は、十八世紀が終わる頃にはますます攻撃的になり、不安感を――あとで見るとおり――ずいぶんと払拭していたとはいえ、人口統計学的には人数は限られたままだった。一八〇〇年以降も、それ以前と同様、イギリス帝国の戦士たちは常に、戦いに敗れ、虜囚となり、苦難を背負う危険性があった。というのも、帝国戦士の数と資源基盤の規模が彼らのグローバルな野望にまったく釣り合っていなかったからだ。それゆえ、イギリスに関する限り、散発的に起こる失敗や大惨事自体が、英雄的な高潔さや、道徳的向上や、愛国的な貢献――ある種の勝利――として表されるような、帝国戦争の描写方法を発展させることが不可欠だった。

さらにもう一点。東インド会社とマイソールとの一連の戦争は、遠く離れた所で、そして先例のない規模で帝国を築こうとする小国の激変する運命を浮き彫りにする。第一次、第二次マイソール戦争は、それぞれ一七六七年から一七六九年まで、一七七九年から一七八四年まで続き、東インド会社のインド進出がいかに当初の予測をはるかに超えて困難になっていったのかを、そして、インド亜大陸やアメリカや他の場所での敗北後にイギリスを捕らえた幻滅、いや、絶望とさえ言えるような深淵を露わにした。悲観論者にとっては、すでに見たように、マイソールのイギリス人虜囚の一部に押し付けられた割礼は、国家の去勢、男らしさの喪失の究極的かつ決定的なエンブレムに思われた。イギリスはもはや、七年戦争が暗示するように思えた必然的な勝者でなく、撤退する国家、衰退する帝国になったように見えた。仮に一七八〇年代に世論調査が実施されていたとしたら、多くのイギリス人は、ことによると過半数の人びとが、十九世紀が彼らの世紀になるなどありえないと予想したことだろう。イギリス人はピークに達してしまい、今や坂を下っているというわけだった。ほとんど同じように、だが、はるかに根拠を欠く状況で、一九八〇年代の多くのアメリカ人もまた、ヴェトナム戦争での敗戦はアメリカ帝国がピークを越えてしまったことを示すものだと信じた。アメリカ人はしばらくのあいだ、二十一世紀はアメリカではなく、どこか別の大国のものになるだろうという不安にとりつかれていた。これらのアメリカ人の悲観論者は間違っていた。一七八〇年代の絶望するイギリス人もまた間違っていた。

というのも、アメリカでの負け戦とともに、最初の二度のマイソール戦争が、海外領土の獲得は一部の人びとが愚かにも想像していたような朝飯前の仕事でなくなりつつあることをイギリス人に教えたとしても、一七九〇年代に戦われた最後の二度のマイソール戦争は、同時期に発生したヨーロッパでの反フランス革命の戦争のように、世界での惨敗の後で再浮上し自己再編するイギリスの能力を示した。イギリス人は以前よりも暴力的に反撃に出て、さらに多くの勝利を得た。すでに見た通り、このような帝国の復活は、インドや世界の他の地域における軍事行動の拡大以上のものを伴っていた。帝国イデオロギーと国家イデオロギーの重要な再編もあった。マイソールの虜囚が、国家の不名誉と恥辱の象徴から、犠牲と苦難を経て、国家の男性の最高の模範である勇ましい英雄へと推移していったことは、このイデオロギーの再編作用を示している。ほぼ同様に、アメリカのヴェトナム帰還兵も最初は、無関心や、きまりの悪い哀れみや、同国人からの露骨な嫌悪とまでも戦わなければならなかった。帰還兵のその後の英雄への地位の推移が非常に著しかったので、アメリカ退役軍人組織は今や、ヴェトナム戦争を体験したと虚偽の主張をするアメリカ人男性の蔓延に対処しなければならなくなっている。(75)

アメリカでは――二世紀前のイギリスのように――精神的痛手を被った敗戦の後に、戦いへの意志とグローバルな支配への意志がうまく再編された。だが、行きすぎた米英の比較は禁物だ。というのも、いくつかの点で今のアメリカ帝国がいかにイギリス帝国の初期の状況と似ていようとも、帝国の中心地の規模の点で、明らかに根本的な違いがあるからだ。アメリカ合衆国は一つの大陸に及んでいるが、イギリスの場合は、非常に小さな島国であることが、海外帝国に向かう誘因としての役割を果たすと同時に、それを達成するうえで繰り返し障害となった。だが、この点でさえも、マイソールとの戦いは重大な転換点となった。当初イギリス人は、インドの膨大な人口と大きさにおじけづいた。また、自分たちの味方として戦わせるためにやむなく大量に採用したセポイが追い詰められた状況下でも当てになるかどうかを疑問視する者もいた。マイソールとの戦いは、この不安を大幅に和らげた。ハイダル・アリーとティプー・スルタンに捕らえられたイギリス人虜囚たちは、自らの伝言を大きな危険を冒して運ぶよう、個々のインド人を説得することができた。また、東インド会社のセポイのうち、少数はマイソールとの戦争において反抗したり脱走したりしたが、大多数は忠実であり続けた。「わが勇敢なるセポイの不屈の精神と忠誠」は、マイソール戦争期のほぼすべての虜囚体験記に出てくる話題だった。(76)このことは、イギリス人にとっては、きわめて重要な驚くべき新事実だった。彼らは、アメリカ先住民を、帝国戦争の遂行に望んでいたほどには補充兵として組み込めたためしがなかった。それは一つには、先住民の数が比較的少なかったこと、また一つには、自国民の白人入植者が反対したためだった。だがインドでは――イギリス人もようやく気づいたのだが――状況が非常に異なっていた。インドでは、イギリス軍は先住民を大量に動員することによって、自国の兵士の少なさを効率的に補うことができた。さらに、そしてマイソール戦争が実証したように、そのような形で補充された兵士は概して勇敢に戦い、必要であれば、東インド会社やイギリスの支配権ために命を投げ出した。

一八〇五年にインド総督ウェルズリー卿によって書かれた秘密の覚書は、ありとあらゆる人種差別主義者の思い込みが滲み出ていたものだが、本質的に的確だった。

傭兵部隊として、インド先住民は他の何者にもまして、従順で、御しやすく、忠実だ。このような性質は、その民族に本来備わっているものだ。というのも、このような性質は、この国の軍隊に負けず劣らず、イギリス軍でも際立っているからだ。［彼らは］わが同胞とほとんど変わらぬ忠誠心を持ち、われわれが彼ら自身の国を従属状態に保つのに力を貸してくれた。

これは、対米戦争に敗北した後に、イギリスが帝国復活に向けて踏み出した大きな一歩だった。イギリス本国が一層強力で保守的なナショナリズムを推進させるのと同時に、イギリスの政治家と軍人は――自国が進出している地域には成熟した国家イデオロギーが欠如しているため――自国民の人数の少なさを埋め合わせるために先住民を補充兵として採用することが可能だということにかつてなかったほどはっきりと気づくようになった。イギリス人は実際、もともとあった分断を利用して支配した。ウェルズリーが書いた頃には、東インド会社のために戦う約十七万人のセポイがおり、地球の裏側では、黒人奴隷の連隊が同じぐらい役立つことを証明しつつカリブ海域諸島でイギリスのために戦っていた。(77)

だが、このことにもかかわらず、イギリス人はなおも自らの限界によってもたらされた問題と戦い続けた。先住民の戦士への依存度が増したにもかかわらず、イギリス人はなお、自身の信頼できる中核を必要としていた。一七八〇年代のマイソールの虜囚危機では、イギリス軍のほぼ四分の一が捕らえられ、そのほとんどが下士官以下の兵士だったが、自発的にせよ非自発的にせよ一線を越えて向こう側に行ってしまった。それゆえ、イギリスは、帝国の拡大が一層危険で広域に及ぶ新局面に入ると、陸・海軍所属の劣等白人《プア・ホワイト》によって提起された問題への対処も必要となった。どのようにして、そしてどの程度まで、このような人びとが帝国軍の信頼に足る雑兵にされえたのだろうか。見てみよう。

第十章　制服姿の虜囚たち

数当て賭博に勝つ

一七九八年、つまり、西暦で考えた場合、ティプー・スルタンがまる一年を最初から最後まで生きることのできた最後の年、帝国に関するこれまでで最も影響力のある文書の一つがイギリスで出版された。問題の著作は、小説でもなければ、従来型の政治理論書でもなかった。それは、トマス・マルサスという名の穏健な知識人によって書かれた大部の妥協のない論文であり、題名は『人口論』であった。マルサスはその後、東インド会社の文官を養成するために一八〇五年に設立されたヘイリーベリー・カレッジの政治経済学の最初の教授になったが、彼の論文は、インドにもイギリス帝国一般にもはっきりとは関連しているわけではなかった。また、初期の編集者が認めているように、最初のうちは広く読まれたわけでも一般に理解されたわけでもない。しかし、それは、読者の枠や著者の意図を越えて人の意識を変容させるような本の一つであった。マルサスとマルサスの議論を激しく嫌ったウィリアム・ハズリットでさえ、「マルサス氏と言えば、『人口論』である。そして、『人口論』

と言えば、あらゆるくだらない主張とははっきり異なる、世界を動かす梃子を据え付けるべき土台となる注目すべき卓越した説である」と述べている。[1]

論文の命題ははっきりとしていた。抑制されなければ人口は食物の供給よりも先に指数関数的に増加するだろう、つまり、「人口の力は土地が人間の食糧を生み出す力よりも限りなく大きい」というものだった。『人口論』の終末論的論調は、イギリスが実際にすでに人口過剰に悩まされていることをマルサスが憂慮していたからというよりも、フランス革命の影響力をマルサスが個人的に恐れていた（そして、おそらくは著述中にひどい歯痛が彼を襲った）結果であった。[2] にもかかわらず、彼の本は当時の議論の前提条件を変えた。これより前、イギリス人はしばしば、自国に人が少なすぎるということを恐れていた。しかしながら、『人口論』の出版後は、ほとんどの人がイギリスの人口は加速度的に、さらに言えば手におえないほどに、拡大しつつあると信じるようになっていた。今や、課題は、人が多すぎることであるように見えた。そして、この認識の革命的変化は、イギリスが十九世紀にますます帝国への関与や投資を増加させていくにあたり、きわめて重大な役割を果たすことになるのである。

前世紀の大部分を通して、すべてというわけではないが広範な人びとが、イギリスの人口は急激に減少していると信じていた。十八世紀後半の数量調査の増加もこの幻想を振り払うことはできなかった。当時最も尊敬されていた人口統計学者リチャード・プライスは、都市の死亡率や家屋税のデータの綿密な利用によって、イングランドとウェールズの人口は一六八八年以来減り続け、一七八〇年代には五〇〇万人以下になったと証明した。（本当の数は、プライスの執筆時には、イングランドだけでも七〇〇万人以上であった。[3]）この広く行き渡った暗く歪んだ見通しが、帝国において深刻な結果を生んでいた。イギリスの政治家は長いあいだ、海外に多数の軍隊を駐留させたり、労働者階級のまっとうな人びとを大規模に移民させたりする勇気を持てなかった。すでに減少しつつある自国の人口が致命的に欠乏してはいけないからだ。一七七一年には一人の議員がインドへの派遣軍の増強に反対して、「私たちの人口状態はあまり好ましいものではなかった。……人が減った。そして……イギリスの防衛のために私たちはできるだけ多くの人を保持しておかなければならない」と警告した。すでに見たように、このような不安はアメリカでの敗北や南インドでのいくつかの大きな躓きによって強められた。これらの敗北や躓きは、大きな帝国戦争のために必要な税や人員を調達しながら同時に本国での繁栄を維持するには、イギリスはあまりにも小さく人口が足りないということを裏づけているようだった。世界規模の貿易は別にして、大規模な領土征服はこの国には不可能であり、すべきでもない贅沢であった。(4) しかし、マルサスの有名な本は、認識構造の変容が起こり始めたことを示すとともに、その変容を早めることにもなった。

広く理解されているように、マルサスの『人口論』は、一八〇一年に行われたイギリスとアイルランドでの初めての国勢調査によって人口が合わせて一六〇〇万を超えることが示されたことも重なって、イギリス人に帝国の需要に対してもっと先を見越した取り組みをしようと感じさせることになった。新種の政治的算術家の一人で政府とも緊密なつながりを持っていたパトリック・コフーンは、影響力を持った『大英帝国の富・力・資源についての論』の中で予測される結果について詳細に説明している。彼の目的は、なかなか消えない「帝国の資源に関する憂慮」を根絶することであった。彼は、一八一一年の第二回国勢調査に基づく人口に関するおびただしい数の表を、世界でイギリスの自由になる軍隊がインドなどの外国駐留軍も含めて今や一〇〇万人を超えることを示す統計データとともに出版し、「もっとも楽観的な想像力をもってしても、人口、領土、力のこれほどの増加は予期できなかっただろう」と述べている。あの有名な言い回しの初期の使用例として示唆的であるが、彼は「英国旗に日が沈むことはない」と高言し、また、勝利に終わった対ナポレオン世界戦争によって「征服の実際的可能性」が決定的に立証された、と豪語した。帝国の拡張によってイギリスの富や人口が奪われることを恐れる必要はもはやなかった。適切な見方をすれば、帝国はどちらにとっても必要不可欠であった。一八一七年にまた別の論客が提案したところでは、イギリスは五年ごとに「少なくとも一〇〇万人」を放出する必要があった。

帝国事業に関わる新たな土地、機会、そして戦闘は、マルサスの言う余剰人口を受けとめてくれるまさに幸運な受け皿であった。「植民地化は……救いの手としてのみ見ることができる」のであった。[5]

イギリスは今や海外へ拡散したり、海外の運命を操ったりできるほどの大国になったという自信の高まりには、さらに二つの事柄が寄与している。つまり、アイルランドの保持と、ナポレオン一世時代のフランスの敗北である。マルサスの名著が出版された一七九八年には、イギリス政府の支配に対して、カトリックだけでなくプロテスタントのアイルランド人も加わった数千人規模の反乱が起こった。この反乱は大量の血を流した末に鎮圧され、一八〇〇年には連合法によってアイルランドが連合王国に併合された。アイルランドの人的資源はイギリスの人的資源よりも早い速度で増加しつつあったが、その資源は今や帝国の武器庫に確保された、または、そのように見えた。このことは非常に重要である。というのも、この段階でのイギリス帝国の猛烈な拡大は、アイルランド人なしにはまず不可能だったと思われるからである。一八三〇年代にはすでに、アイルランド人は部隊の四〇パーセント以上を占めるようになっていた。かの大飢饉以前は、インドの白人兵士の半数以上がアイルランド人だった。「アイルランドという育児室は無尽蔵であるようにみえる」と、東インド会社のある社員は満足げに述べている。[6] 一八一五年のワーテルローの戦いに参戦したイギリス連隊でのアイルランド人の割合は驚異的と言ってもいいくらいである。フランスに対するこの決定的勝利はイギリス帝国の規模の変容をいっそう確実なものとし、帝国のさらに大規模な拡大に欠くことのできない前提条件を提供することになったのである。

革命期およびナポレオン一世時代のフランスとの戦争（一七九三―一八一五年）によって、イギリスの植民地の数は二六から四三に増えた。アフリカではケープ植民地、シエラレオネ、ガンビア、ゴールドコーストが、カリブ海ではトバゴ、セントルシア、トリニダードが、そして、地中海ではマルタとイオニア諸島がイギリスのものになった。加えて、オーストラリアやインドの広大な土地が征服され併合された。[7] 地図上に拡散したこれらの新たな暗赤色の斑点は非常に印象的ではあったが、ある意味、世界的な武力外交における決定的変化はヨーロッパそれ自体の内部で起こっていた。現在では、ヨーロッパ人たちが他の大陸との関わりにおいて昔はどれほど攻撃的であったかということがしばしば強調して語られる。しかし、このような非難は、たとえ理解できるものだとしても、ヨーロッパ人が実のところ常に何を第一の攻撃対象としていたのかということを曖昧にしてしまう。第一および第二千年紀のどの世紀においても——唯一、明確な例外はあるが——ヨーロッパ人たちは、ヨーロッパ以外の民族を憎んだり、それらと戦ったり、侵略したりということよりも、互いに憎み合い、戦い、侵略しあうことのほうにより多くのエネルギーを注いできた。マーク・マゾワーの言う暗黒の大陸は、他の大陸を侵害するというよりもむしろ、つねに自らを消耗し続けていた。この強迫的に繰り返されたヨーロッパ内戦争の二〇〇〇年以前の唯一の部分的例外は、ワーテルローの戦いから一九一四年の第一次世界大戦の勃発にいたるまでヨーロッパ諸国のあいだで続いた比較的平和な一〇〇年間であり、イギリスに関する限り、この平和はクリミア戦争（一八五四—六年）によってほんのわずかのあいだ途切れただけだった。

ヴィクトリア時代のイギリス人が、ヨーロッパ大陸の前例のない平穏や、ヨーロッパにおける自らの覇権を完全に確信したことはめったになかった。彼らは、古くからの敵であるフランスや、ロシアおよびそのインド進出の目論見、そして最後には、新たに統一されたドイツについて常に憂慮していた。にもかかわらず、ワーテルローから一九一四年のあいだは、イギリスも他のどのヨーロッパの国も、七年戦争やナポレオン戦争のような規模の戦争は経験しなかった。そして、イギリスはこの間一度も、アメリカ独立戦争で経験したり、一九一四年以降に再び経験したりするように、連合したヨーロッパ諸国によって自らの在外基地を攻撃されるということがなかった。この一〇〇年にわたる部分的平和の利益および対価として、西洋、特にイギリスは前例がないほど自由に世界帝国に専心できるようになった。一八〇〇年には、ヨーロッパ諸国はロシアやアメリカとともに、世界の全陸地の約三五パーセントを獲得した。ワーテルロー以後にヨーロッパ内部での戦争が減ったことが大きな理由となって、世界で西ヨーロッパ、ロシア、そしてアメリカが権利主張する土地の割合は、一九一四年までに八四パーセントにまで増加した。[8]

そのため、一八一五年にはすでに、イギリスが海外で存分な帝国活動を行うにあたって常に主な障害だと考えられてきた内的事情への――人口の限界と領土の小ささへの――不安が急速に減少しつつあった。しかし、この点について自信を増したことは、煩わしいヨーロッパでの戦争が一旦終結したことや、これまでになかったほどの経済力を手に入れたことと併せても、イギリスの虜囚危機をすぐに消し去ることはなかった。起こったのはむしろ、帝国の虜囚の性質の変化であった。イギリス国家は今や、可能だと感じられたからというだけでなく、イギリス帝国の規模のせいでそうせざるをえなかったのであるが、長期にわたる海外生活を強いられる自国民の数を目に見えて増加させていた。これらの不本意な海外生活者の多くは、帝国の任地に送られてかなりの締めつけのもとで働くことになった労働者階級の男女であり、いつ、または、いつか本国に戻れるのかといったことについてほとんど決定権のない人びとであった。一八五〇年以前のオーストラリアでは、イギリス労働者階級出身のこれらの白人の大半が流刑に処せられた罪人であった。しかし、アジアでは大多数が兵士、つまりイギリス帝国の働き蜂であり、さらに言えば、自国の虜囚、または制服を着た虜囚とも言っていいような人びとであった。

十八世紀の後半と十九世紀の最初の三分の一において、イギリスの兵力には、規模の面でも世界的な分布の面でも革命的変化があった。一七四〇年には四〇余りのイギリス陸軍連隊のうちヨーロッパ以外に駐留している連隊はたったの三つだった。一七七〇年代までには情勢はすでに変化しつつあり、一定期間の海外勤務は、どの正規軍連隊にとっても普通のことと考えられるようになっていた。一八〇〇年までには、そして、一八一五年以降はさらに、状況は再び大きく変化した。ヴィクトリア女王の即位前夜の一八三七年、一〇〇余りのイギリス正規軍連隊の四分の三以上が帝国圏に駐屯していた。[9] これらのうちの少なくとも二〇連隊は守備隊としてインドに派遣されたが、そこにはすでに、今では二〇万を超える兵士を抱える東インド会社自体の軍隊があり、東インド会社軍の大半はセポイだった。

これらは劇的な変容だった。しかし、これらの変容が本質的な軍事帝国の建設を表しているという主張は、いくらか慎重に扱う必要がある。[10] なるほどそうだ。しかし、この拡大は、以前のイギリス軍の拡大や国際的展開は目覚ましかった。なるほどヨーロッパや非ヨーロッパの軍隊と比べるとそれほどでもなかった。一七五〇年以降のイギリス軍の基準から見て目覚ましいものだった一方で、同時代のヨーロッパの軍隊と比べるとそれほどでもなかった。一八五〇年までにイギリスの軍隊は本国と、インドを除く海外「領土」のすべてを合わせて、たったの一〇万五〇〇〇人余りだった。これは、当時のフランス軍の規模の三分の一、そしてロシア軍の八分の一にも満たず、植民地を持たないプロイセンの軍隊と比べてもずっと小さかった。[11] なるほど、この比較には東インド会社軍も加えなければならないが、東インド会社軍の兵士のほとんどはインド人であってイギリス人ではなかった。また、ある将校が一八三三年に指摘したように、――ここでさえ――イギリス人とインド人からなる帝国軍人の数と、亜大陸の大きさや人口との乖離は著しかった。その将校の見積もりによれば、四五〇〇人のインド人住民に対して帝国軍兵士一人という割合であった。たとえば、当時はまぎれもない二流国であり、正規兵と民兵からなる軍人の数と人口との比率が一対一〇〇に近かったアメリカの状況と比べても、これは貧弱な状況だった。つまり、

英領インドの地図を眺めてみると、無防備な長い国境線がしばしば一つの正規軍連隊も、また、セポイの分遣隊さえも駐留させることなく続いているのが信じられないように思われるのだ。[12]

言いかえると、イギリス軍が海外でさらに広く駐留するようになったり、軍人や民間人の海外移出に対する国内の態度が軟化したりしたことは、この時期の、イギリス帝国の総力の実際の持続的拡大よりも顕著な変化であった。[13]「帝国の過剰拡大」は、ヴィクトリア時代の終わりになってイギリスが突然に経験し始めたことではなかった。陸軍（そして、海軍）の兵力と、見かけ上支配していた領域のあいだの隔たりという点で、イギリス帝国

の拡大はつねに過剰であった。イギリス正規軍がまばらにしかいないこの状態は、より厳密に言えば、異常とも呼ぶべき状態だった。だからこそ、この時期の海洋での確固たる軍事的優位や、西洋と西洋以外の地域との技術的格差の急速な拡大にもかかわらず、ヴィクトリア時代のイギリスの軍隊は、帝国の任地において散発的で野蛮な屈辱——死、敗北、ときには大規模な虜囚化——を経験し続けたとも言えるのである。

しかし、イギリスの海外での人的資源とその世界的な権利主張のあいだの隔たりによって、海外ではまた別種の虜囚が生まれることになった。一八一五年にはすでに、ほとんどすべてのイギリス正規軍兵士が、任期の半分またはしばしば三分の二を植民地の配属先で過ごすことを覚悟していたと思われる。軍の大きさには常に限りがあり、その結果、交代する連隊にもこと欠いていたので、一八五〇年代以前には特に、これらの部署での在任は必然的に長期に及び、連続して一〇年、多くの場合で二〇年続いた。一八二八年に当時の陸軍長官であったパーマストン子爵は議会で、これから海外に派遣される予定の二連隊は非常に珍しいことにこの六年のあいだ国内にいた、と述べた。しかしながら、それよりさらに前には、これらの連隊は「東または西インド諸島かセイロンで、連続して一七年間の海外勤務を経験していた」。このような長期にわたる海外生活によって、表面的にはまぎれもなくイギリス帝国のための働き手であったはずの兵士たちが、実際は不測の行動をとる可能性のある者たちとなっていた。陸軍補給局長は一八三六年にこう認めている。

> 植民地での軍隊の状態を見たことがある人は知っているはずだが……兵士たちが直接、または妻を通してある程度の地域性を身につけることを防ぐのは、最良の規律をもってしても、不可能とは言わないまでも非常に難しい。(14)

当局からすれば、地域性の程度こそが苛立ちの種だった。帰省休暇の規定もないままに非ヨーロッパ地域に何年も閉じ込められていれば、普通のイギリス人兵士なら、その過程で取り返しがつかないほど変化してしまうのは防ぎようがないのではないだろうか。また、そのような変化のあとには何が起こるだろうか。成人後の生活のすべてを実質的に他の大陸で過ごした兵士たちは、本来の宗教的、政治的、国民的アイデンティティが損なわれるほどに「現地化」する危険があるのではないか。なかには脱走して完全に寝返ってしまう者もいるのではないだろうか。本国から遠く離れ、コミュニケーションもままならない場所で活動するイギリス人兵士たちを、どのようにしたら適切に監視・監督できるというのだろう。

この点に関する当局の不安は、ヨーロッパ外からの圧力だけでなくヨーロッパ内からの圧力という観点でも理解しなければならない。一七七〇年と一八四〇年のあいだの時期は、フランスや南北アメリカ大陸で革命が起こり新たな共和国が成立した時代であると同時に、イギリスの中でも人口、都市化、生産手段、識字率、印刷文化、社会階級意識が加速度的に増大・進展した時代であった。現在では一般に認められていることだが、このさまざまな変化に対するイギリス国家の国内での対応と、海外での帝国活動の性質とのあいだには共通点がある。後期ジョージ王朝時代のイギリスやアイルランドの統治者たちによって、保守的で軍事的なナショナリズムが推し進められ、儀式の誇示や宗教的真面目さが改めて重視され、加えて兵舎や監獄も急増したが、それと同時に、カナダからケープ植民地やさらにその先にかけての地域では、イギリスの帝国活動家たちによってより厳格な管理政策やより積極的なイデオロギー主張が行われるようになっていた。(15) しかし、この時代のイギリス国内での加速的変化とイギリス帝国の性質とのこうした関連にはまた別の側面もあった。一七七〇年代から一八四〇年代にかけて、イギリス本国の下層階級および中流階級はより不穏になり、政治化し、不平を口にするようになった。この同じ時期、ほぼ同じように、イギリス帝国の統治者たちも下からの騒乱や抗議の増加に直面していた。彼らが統治しようとしていた現地の人びとだけでなく、本国出身の劣等白人《プア・ホワイト》たち、すなわち制服姿の虜囚たちの騒擾や抗議にも直面していたのである。

これらの男たちは、明らかに、以前の章で取り上げた人びとのような単純な意味での帝国の虜囚ではない。表面上、彼らは自由民かつ武装兵士であり、明らかな犠牲者というわけではなかった。しかし、海外に駐留し、現地には不向きのウール地の赤色の制服を身につけ、薄汚く害虫のはびこる兵舎で汗まみれで（もしくは、凍えながら）暮らすようになった多数のイギリス人兵士たちと、白人や非白人の植民地エリートたちとの差は非常に大きいものだった。そして――ある意味――これら海外派遣された白人兵士は黒人奴隷と同じく束縛されていた。ある兵卒は文法的にあやしい文章で次のような不平を述べている。

インドでは、兵士は一般に機関士の思い通りになる一個の大きな機械の多数の部品であると見なされている。そして、分別や感情については顧みられることなく、兵卒は最下級の動物と見なされ、九尾の猫鞭と憲兵軍曹によって従わせるしかないと思われている。(16)

こういった男たちは、勤務している場所や戦っている場所、また、自らが代表するもののために非ヨーロッパ人の捕虜になりやすかったが、同時に、イギリス国家の奴隷であるとも感じていた。彼らはしばしばひどい状況で、ときには意志に反して船で外地へと送られた。家族や、女たちや、彼らの本来の文化から何十年にもわたって、しばしば永遠に、引き離される可能性があった。言うことを聞かないとか反抗的だと判断されれば、鞭で打たれるかもしれなかった。脱走をはかれば、ひょっとして死刑になるかもしれなかった。とどまって命令に従い続けたとしても、どのみち早死にする可能性が高かった。

帝国の兵士なら誰しもある程度はこういった困難と戦わなければならなかったが、インドでの兵士たちの記録には独特の深刻さがあった。というのも、インドやアジアでの軍役の辛さは特別だったからである。特別なのは、服務期間の長さや、死亡率や不満の割合の高さだけではなかった。オーストラリアや、ニュージーランド、カナ

62　インド人への依存。ロバート・クライヴは東インド会社の貧しい白人兵一行の帰国のために太守より援助を賜る。エドワード・ペニー作。

ダ、南アフリカのイギリス人兵士たちとはちがって、アジアに派遣された兵士たちには通常、定住地、つまり自分自身の土地が与えられる見込みは事実上なかった。また、インド駐在の白人兵士の大部分は、軍役中に結婚したり、子をもうけて元気に育て上げたりすることを望めなかった。しかし、彼らが直面した最大の困難はおそらく、監督者たちの目には自分たちが必要不可欠であると同時にさほど重要ではない者たちと見えていたことである。一八三〇年には東インド会社軍とイギリス正規軍に三万六四〇〇人の白人将校と兵士がおり、インドに居住するイギリス人男性の九〇パーセントをこの者たちが占めていた。[17]それでもなお、イギリス軍において、これらの白人兵士の数はインド人セポイよりも少なく、五分の一だった。東インド会社とイギリス国家に関する限り、少なくとも一八五七年までは、セポイが重視されるのも理屈からして当然だった。苦難の時期において配慮や懐柔を最も要するのはセポイたちであり、自国の労働者階級出身の兵士たちではなかった。一般に認められていることだが、イギリス帝国がインドにおいてどうしても頼らなければならなかったのは白人兵士ではなくセポイであった。その結果、正確な認識ではあったのだが、インド駐在のイギリス人兵士たちは自らを最下層の存在だと感じることが多かった。彼らは言わば異質な環境の虜囚であり、自国の虜囚であり、また、セポイ兵のほうが重視され、そのためにいくつかの点でセポイ兵のほうがよい待遇を受けるという状況の虜囚だったのである。

イギリス帝国のインド駐在白人兵士の中には自分のことを奴隷だと感じる者がいたが、奴隷の場合と同じく、彼らについては支配者によって集積保管された文書以外で知ることは難しい。これらの兵士の多くは字を書くことができなかった。また、十分読み書きのできる兵士でさえ、書くことを許されたり、あえて書こうとしたりする内容に著しい制限が加えられることもあっただろう。しかし、これらの兵士を調査するにあたっての最大の障害は、後世の人びとの無関心と偏見である。黒人奴隷は、私たちから適切な回顧的共感を得ている。彼らは苦しめられ、しばしば反抗もしたと考えられており、それに応じて証拠探しも行われている。しかし、現代人の目には、イギリス人やイギリス人以外の帝国軍兵士たちは、性に合わない者たち、もしくは、よくても凡庸な者たちに見えがちだった。彼らは（実際にそうだったが）暴力的だったと思われており、（実際にはそうではなかったが）必然的にも本質的にも順応者だったと思われている。とすれば、これらの兵士について、さらには帝国圏での彼らの多様な虜囚経験について調査するためには目隠しを外す必要がある。兵士自身が書き残したものが乏しいということは、雑多で不十分な証拠に頼りながら想像力を働かせること、すなわち、エドワード・サイードの言葉を使えば、「型破りの資料や無視されていた資料」を用いて、公認の帝国史に「代わるべき歴史」を構築することを意味する。[18] 私たちは、インドの帝国の総督や金権家たち中心の豪華な年代記に覆い隠された、それとは異なる、もっと見えにくいところにある、それほど立派とは言えない物語を探り、明らかにしなければならない。つまり、離反者や脱走者の物語、処罰と抵抗をめぐる物語、ときに歯ぎしりをしながらも表面上は従順でありつづけた大多数の忠実なイギリス人兵士たち、すなわち、白い顔をしたサバルタンたちの物語を明らかにしなければならないのである。

出ていった者たち

この五〇〇年間の世界史に興味があるなら、ロンドンの国立陸軍博物館を訪れるべきである。しかし、チェルシーまで行きながら、かの有名な病院や庭を通り過ぎ、このずんぐりとした味気ない一九六〇年代の建物〔二〇一七年に新装開館の予定〕を訪れて、数多くの賛否の分かれる難解かつ重要な収蔵品を見る人はほとんどいない。博物館の図書目録はいまでもカード式であるが、世界中でイギリス人が大なり小なり参加した戦闘のほとんどあらゆる側面に関する書物や、パンフレット、新聞雑誌類、地図、手書きの文書などの綿密なガイドとなっている。戦闘の変わりゆく様相、恐怖や征服や虐殺の意味、白人や非白人の、男性や女性の、何百万もの戦争犠牲者や勝利者の運命がここで再構築されるのを待っている。だが、博物館のカタログが断固として役に立たない領域もある。使い古したカードをどれだけ検索しても、「離反者」についての文献は見つからないし、脱走者の記録のありかがわかることもない。たいていの国家以上に、イギリス当局は、敵側に寝返ったり脱走したりした兵士がいたことを公式には認めていないのだ。

しかし、この点については、検閲よりも忘却や神話化のほうが問題である。少なくとも一八一〇年代から、イギリス国家は植民地のあらゆる地域からの脱走兵のリストを編纂していた。イギリスはまた、これらの兵士たちの数がかなりのものであったことを裏づける任意の統計も発表していた。一八一五年には、インドや、南アフリカ、地中海植民地、北アメリカからの兵の帰還が深刻なまでに不完全であることをもとに、これらの地域からのイギリス人脱走兵の数について、二四〇〇人との推定が出されていた。[19] しかし、これらの数字や、これらの数字からわかるイギリス帝国の人員の質や態度についての、長期にわたる包括的研究はほとんど行われてこなかった。イギリスの帝国礼賛の風潮のただ中では、兵士の忠誠心に揺らぎが生じるなどほとんど考えられないこととなっていたのである。かつてボンベイ知事であったある人物は、一九〇七年に、十八世紀から十九世紀初頭におけるインド軍の白人傭兵に関する本を紹介するにあたって、「イギリス人は傭兵には不向きだっただろう。なぜなら、イギリス人が同国人を敵に回して戦うなどということはおそらく当てにできないからだ」と述べた。したがって、この元ボンベイ知事は（きわめて不正確ではあるが）、「使える兵員は大陸出身者［だった］だろう」とほのめかした。[20] 近年の歴史もまた、このサー・リチャード・テンプルの断固たるエドワード朝的欧州懐疑主義に劣らず、視野を狭められている可能性がある。イギリスからの離反者たちは全体像から削除されたり、悪漢、すなわち馬に乗って現地人を脅かす冷淡で抜け目のない白人として扱われたりしている。だが、帝国の前線での離反者たちの多くは、もっと平凡な人たちだった。彼らは、常に少数派でありながら、その経験によって自分自身のみならずそれ以上のものを照らし出す人びとでもあった。

ヨーロッパ圏外で離反した白人兵士のほとんどは、十六世紀に北アフリカへと派遣されたスペイン軍に関してブローデルが書いているように、帝国での軍役が多くの男女にとって島流し同然だったからこそそうしたのであり、これは島流しからの一種の逃亡であった。[21] インドに関する限り、イングランド人やイギリス人のさまざまな離反者たちは商業取引が始まった初期の頃から多様なかたちで存在しており、その数は東インド会社の力や勢力範囲と反比例している。十七世紀から十八世紀の初めにかけては、G・V・スキャメルが言うように、当時のインド亜大陸における東インド会社の地位は取るに足りないものだったことから、社の記録には離反者たちについての「非常に豊富な」情報がある。イギリスの兵士や、船乗り、商人、技術者は、いったん沿岸の居留地を出て広大で仕事にありつけそうなムガール帝国へと入ってしまうと、皆等しく、呼び戻すことも、報復することもできない者となってしまった。チャールズ二世は一六八〇年に、ジェイムズ二世は一六八六年に、インドの現地人に仕えるようになった臣民に本国帰還を命じる布告を発した。しかし、ポルトガル国王や、オランダ国王、フランス国王による布告と同様、これらは無視できるほどのわずかな効果しか生まなかった。[22]

離反者の行動パターンは、フランスとイギリスがインドでの戦争を激化させた一七四〇年代に変化し始めた。今や、インド諸国だけでなく互いに対立する白人からも兵士や技術者に対する需要が高まり、イギリス人の中にはこれに乗じて一度ならず鞍替えをする者もいたが、罰を受けずに済むことも多かった。一七五二年五月、フランスの分遣隊がインドのコロマンデル海岸で東インド会社に降伏したが、この分遣隊にはイギリス軍からの脱走者が三五人含まれていることがわかった。健康な白人兵士は数が足りなかったため、これらの男たちは許され、東インド会社の軍隊に再吸収された。[23] なるほど、この初期の時代においては、インドにおけるどの軍隊であれ（そして、ヨーロッパの軍隊についても同じことが言えるのだが）、詳しく見れば見るほど、雑多なものをひっくるめて一応国や民族などの呼び名がついているだけだということがますますはっきりしてくる。一七六〇年にセポイ、スイス人、ドイツ人、アメリカ人、フランス人、カリブ海地域の黒人、イギリス人、アイルランド人からなる「イギリス」軍を率い、同じく種々雑多な者たちからなる「フランス」軍と南インドで闘うことになったアイル・クートは、兵士たちに「帽子やターバンにタマリンドの緑の枝をつける」ように指示した。自国軍と同じく寄せ集めの敵軍との区別をはっきりさせる方法はこれしかなかったからである。このような種々の国籍、種々の人種の者たちが入り乱れる戦争の現場では、敵方に寝返ることは帽子から一本の枝を抜き取ればすむような簡単なことだったのである。(24)

他のヨーロッパ諸国の駐印軍に兵士をとられることは、十八世紀の終わりまでは、東インド会社にとってまだ小さな問題にとどまっていた。一七八五年にカルカッタだけで毎月三〇人の白人兵士が脱走したが、その頃はまだ東インド会社はフランス人やオランダ人と捕虜交換条件をとり結んでいた。その交換条件とは、イギリスやアイルランドの脱走兵は東インド会社の領域に迷い込んだフランス人やオランダ人と交換に引き渡されるというものだった。(25)しかし、最大の不安は常に、インド諸政権へのイギリス人の脱走であった。ある軍事弁護士は一八二五年に次のように書き残した。

ヨーロッパの兵士がそこ［インド］で脱走すると、それによる結果は重大なものとなる。というのも、彼らがもし誰にも見つからずに逃げおおせたならば、おそらくは現地の王侯の一人に仕えることになり……そして敵に情報を流すことになるからである。

インドにおける反乱や脱走を罰するために次々と出された陸軍の合同命令や議会の決議において、兵士たちの離反傾向を抑止するために割かれたスペースは、この点における当局の憂慮が長く続いたことを示している。一八一三年には、「敵側はいろいろ約束したことだろうが、この罪を犯した［敵側に寝返った］者は今、最も低く最もつらい任務についているだけだ」と、すべての白人部隊やセポイ部隊にはっきりと通達された。(26)このような警告では不十分だということがわかると、帝国の確固たる強みの一つである金という手段に訴えることになった。一八一〇年までには、正規軍であれ、東インド会社軍であれ、兵卒も下士官も、インドで捕虜となった者は「再びイギリスの軍隊に復帰する」まで、給料から毎日六ペンスが差し引かれることになった。明らかに、兵士たちがあえて捕獲されたり、必要以上に虜囚の身分にとどまったりしないようにすることが目的であった。四〇年後、規則はさらに厳しくなっていた。今や、アジアにおいて「戦争捕虜として欠勤することになった」イギリス軍兵士は皆、その間の給料やその分の年金をすべて失うことになった。復帰したあと軍事裁判において「敵軍の配下で軍務に服したり、敵軍を何らかの方法で助けたり」しなかったことを立証してのみ、未払い金を取り戻すことができた。[27]

このような法律は東インド会社のセポイに向けたものでもあった。しかし、十九世紀初めまでには、脱走はむしろインドにおける白人部隊の特徴となっていた。そして、これらの規制がセポイだけでなく白人兵士をも大いに念頭において策定されたものだったことは、議会での演説や将校たちの手になる文書が示している。理由ははっきりしている。一八〇〇年代の初期にはすでに、イギリスでは兵士を一人リクルートしてインドに送るのに一〇〇ポンド以上かかるようになっていた。さらに訓練や装備の費用もかかった。だから、他の軍隊に加わるつもりはなくただ脱走しただけという兵士でさえ資金のかなりの無駄づかいとなった。しかしながら、イギリスの兵士が脱走して現地のインド軍に入隊するのははるかにまずいことであり、それは人員の損失だけが理由ではなかった。繰り返し言ってもいいことだが、イギリス人には、イギリスに対抗するインドのいくつかの政体が軍事的に洗練の度を増していくことを憂慮するに足る理由があり、これはマイソールを征服したあとでもそうだった。それゆえ、離反者は脅威となった。そうした者は現地の新たな雇い主にイギリス軍に関する知識や、新しい軍事技術についての情報、リーダーシップや規律についての優れた慣行を伝えるかもしれないと考えられていたのである。[28]

これは当局側が抱いていた悪夢である。では、離反者自身の動機はなんだったのだろうか。帝国の辺境で逃亡して敵軍に寝返った者たちが自分たちの話を語ることは滅多になく、ましてや出版することもなかった。しかし、あるとき、彼らの代わりにイギリス国家が話を伝えた。一七九二年五月十八日、官報『ロンドン・ガゼット』の特別版が出版され、それにはティプー・スルタン支配下のマイソールで「いまだ生存中の」二〇〇人を超えるイギリス人の話が六ページにわたって掲載されており、二〇〇人のうちほとんどが陸軍または海軍の兵士であった。この情報は、ティプーの要塞から最近になって逃亡し、進軍中のコーンウォリスの隊と接触をとるため続々とやってくるイギリス兵から集めたものであった。主に一七八〇年代の初めから虜囚になっていたこれらの兵士は同国人がマイソールに押し寄せてくるまでなぜ逃げようとしなかったのか、その理由について同時代人が思いをめぐらせたかどうかは疑問である。詳しく見ても、『ガゼット』の報告はどちらとも言えないものだ。『ガゼット』は、マイソールで捕らえられて絶望のうちに自殺を図ったり、栄養不足から失明したり、処刑されたりしたイギリス人の名前を挙げながら、意図したとおり、この虜囚体験のまぎれもない恐怖を伝えている。しかし、『ガゼット』はまた、虜囚の中には順応して身を落ちつけたものがいることも実証している。六〇人以上の者がもとのイギリス名とともに新たなイスラム名でリストに挙がっているが、イスラム名の綴りの混乱は、印刷工たちが馴染みのない言葉を扱おうとして上手くいかなかったことを示している。たとえば、マドラスの東インド会社の歩兵少尉だったジョージ・クラークは『ガゼット』ではMurtount Khanという名で掲載され、ジェイムズ・スネリング軍曹は「その国でのSultan Begという名で」リストに挙がっている。マイソールではこれらの者たちのほとんどが牢に入れられず、一種の有給雇用の状態にあったこと、また、彼らの中にはティプーの軍隊によって捕らえられたというよりもむしろティプーのもとへと脱走した者たちがいたことも明らだ。この官報では触れられていないが、東インド会社の文書記録によると、これらの者たちの中にはインドの服装を身につけ、地元のヒンズー教徒やイスラム教徒の女性と一緒になって身を落ちつけた者もおり、母語を忘れてしまう場合もあったが、そのことを当局の者たちも認識していたことがわかる。[29] 表面上は虜囚となったイギリス帝国出身者のリストに見えながら、これは同時にどのような兵士が、必要または得とあらば、敵に寝返る可能性があるのかを示す情報にもなっていたのである。

敵に寝返った者たちは概して下士官兵だった。『ガゼット』にリストアップされている兵士の中で陸軍将校や海軍将校だったものはたったの一一人で、そのうち一人として高級将校だったものはいない。だからといって、イギリス軍の将校の職権を持っている者たちがインド人の雇い主に傭兵として仕えることを常に嫌がっていたかというと、そうでもない。一八〇三年、将来のウェリントン公爵は、マラータ人に対して雌雄を決する猛攻撃を加えるにあたって、まずはマラータ軍に雇われているヨーロッパ人将校たちを彼らから引き離すことにしたが、これらの雇われ将校のうち六〇人がイギリス人またはイギリス系インド人であることが判明した。[30] しかし、将校クラスの男性にとっては、この場合でもそうだったが、同国人と戦わなければならないということになると、傭兵としてとどまることは例外となることがあった。インドの東インド会社軍将校たちは、イギリスの正規軍将校たち苦境にある者たちは物心両面で失うものが多すぎて考えられないことであった。とはいえ、金銭面で非常なよりも社会的出自が多様であり、なかには東インド会社軍を離脱する者もいた。イギリス人の複数の虜囚体験記に登場するアレグザンダー・デンプスターは、マイソールの離反者の中でも「イスラム教徒の衣服をまとい、大きな赤いターバンをつけた」大胆な者の一人であったが、「とても立派な古い家柄」の出身だった。デンプスターは破産者でもあった。彼はイギリス国王軍将校の職権を仕方なく売ってインドに行き、結局はマドラスの砲兵隊の下士官になり下がってしまった。ここから彼は脱走し、マイソールで再び将校にしてもらった。彼の離反者仲間の一人であるトムソンという名の男も敵に寝返らざるをえなかった男である。一七九〇年代に彼があるイギリス人虜囚に説明したところによると、ポンディシェリ出身のフランス人女性と結婚したあと、半給〔イギリス軍将校の休職給、待命給、退職給〕で二人が生きていくのは難しいとわかり、「軍の生活が好きだったが、イギリス軍での将校任官は不可能だったので、職を求めてティプーのもとにやって来た」、とのことである。[31]

敵に寝返ったイギリス兵についての公式の説明は、当事者を貶める一手段としてこうした金銭的動機を強調する傾向にあった。金銭欲や金銭の不足が強い動機であったのは当然のことで、俸給の少ない低い階級の兵士たちのあいだでは特にそうだった。さらに、軍紀の厳しさから逃れたいという気持ちもまた強い動機となった。マイソールで身を立てることになった者として『ガゼット』にリストアップされたイギリス人兵卒や水兵の大部分は、出世の見込みが少なく、救出される見込みもほとんどない者たちだったので、そのときそのときで取りうる最も安易な道を選びがちであり、その選択肢が基本的快適さを与えてくれるものであれば特にそうであった。一七八三年には、マイソールに先に亡命していた幾人かのイギリス兵が、新たな主人たちが包囲しているインド南部のマンガロール要塞の壁の外から、要塞の中にいる昔の仲間たちにむかって、寝返った場合の見返りに、「高給、軍紀の縛りからの自由、食物、女、そして、さまざまな酩酊手段」が与えられると熱弁をふるった。これらの誘惑の言葉に乗って、少なくとも一七人以上の白人イギリス兵がマンガロールを脱走したが、その中の一人であった第四二連隊の物資補給担当の軍曹は、ある夜にその町をこっそり抜け出して初めて「一人のヨーロッパ人女性から金を強奪した[32]」。

マイソールに居続けることになった多くのイギリス人がとても若い者たちだったことも示唆的である。いつの時代もどこにおいても、若者は誰よりも容易に昔の仲間を忘れて、新しい技術を覚え、順応していくが、敵側に寝返って成功するのに必要な資質とはまさにこれである。王立海軍の水兵だったジェイムズ・スカリーは、彼自身の話によると、コーンウォリスの部隊が接近してきて初めてマイソールからの逃亡を企てることになったとのことだが、捕らえられたときはたったの十六歳だった。彼の虜囚仲間の一人であった東インド会社水兵のウィリアム・ホワイトウェイはたったの十四歳だった。インドにおけるイギリス軍の中では少年兵はまれではなかった。一七七九年には東インド会社新兵のほとんど三人に一人が十六歳以下だった。その割合は一七九三年から一八一五年まで、つまり、世界規模の戦争による需要の高まりからイギリス陸軍および東インド会社軍と王立海軍とのあいだで熾烈な兵士獲得戦が再燃した期間と、ほぼ同じであった。適任の大人の新兵が供給できなくなると、イギリスの徴兵隊は次善の選択肢、それどころか三番目の選択肢で間に合わせるしかなかった。[33] またもや、私たちは、イギリスの限りある人的資源と膨れ上がった世界規模の野心とが組み合わさることで必然的に生じる問題へと戻ってくる。イギリス人の兵士はどうしようもなく不足していただけではなかった。時期や場所によっては、それは未成年だったのである。

一八二四年にロンドンでスカリーの体験記とともに出版されたホワイトウェイの虜囚体験記は、イギリス帝国軍の下層の兵士たちには敵に寝返るまた別の理由があったことを、つまり、単なる強欲からというよりもむしろ自らを向上させたいというもっと漠然とした欲求から敵に寝返ることもあったということを示している。[34] 一七八二年に海上でフランス人によって捕らえられたとき、ホワイトウェイは東インド貿易船のキャビンボーイだった。マイソールに譲渡された結果、彼は人生で初めて教育を受けた。彼は「ペルシャ語の知識を得る準備としてマラータの学問やアラビア語を学んだ。……所有主たちのことを、ホワイトウェイ氏は、非常に賞賛している」のだった。この経験によって培われた彼の考えは生涯変わらなかったようだ。一八二〇年代に自らの物語を口述した際、彼は従来の帝国体験記とは完全に袂を分かった。ハイダル・アリーとティプー・スルタンがイギリス人虜囚に課した状況はときに残酷だったが、しかしこれは「二人の性格を判断するには公平とは言えない基準」であり、ともかくも、イギリス人が予期しうるもの、つまり、「攻撃は報復を引き起こす」というものだった。ホワイトウェイの記憶によれば、ティプーは単なる暴君ではなく、「気品のある」、「堂々とした」、「あらゆる分野の学問の奨励者」であった。

このような考えから、彼は、戦果として自らの手に落ちたヨーロッパ人たちの才能を確保しようとした。そして、彼らの本来の能力を引き出し、彼らの胸にある故国へのあらゆる愛着を消し去るための労を惜しまなかった。これらの多くに、彼は成功した。……彼はヨーロッパ人たちが自らの臣民の一人となっているのを見た。

生涯において最初で最後のことであったが、マイソールでの拘禁によってホワイトウェイはさらに広い可能性を感じるようになったようで、彼は「私は願ってもないほど幸せで、何一つ不自由せず、健康に恵まれ、皆に愛された」と述べている。離反者としての一〇年間がこれほどまでに純粋に満足のいくものだったかどうかは疑ってもよいだろうが、彼がその一〇年をバラ色に色づけして思い出したいと切望する理由は明らかである。来襲するイギリス人によって裏切り者として処刑される恐れからに違いないが、一七九〇年代の初めにマイソールを逃げ出さざるをなくなったホワイトウェイは、とうとう故郷へ、というよりもむしろイギリスへと戻ることになった。東インド貿易船で働いた期間があまりにも短かったので、彼には年金をもらう権利も未払い金をもらう権利もなかった。特別の譲歩として、東インド会社はホワイトウェイにロンドンの倉庫での労働を与えたが、そこではペルシャ語がほとんど役に立たなかった。「昔に習得したことは記憶から薄れており、今や彼は、かつて馴染みのあった文字を並べて単語を書いてみるぐらいのことしかできなかった」。

青年期には異国での虜囚生活によって磨きをかけられ、成熟期になると帰国によって貧乏になったホワイトウェイの経験は、彼独自というわけではないが、ある程度まれな経験である。しかし、彼の哀れな物語は、このような者たちにはより広い意味で重要性があることを示してもいる。離反者たちは、単なる周辺的人物ではなく、特異な反逆者でも、敗者でも、規格外れの立身出世主義者でもなかった。彼らはたいてい、出身社会や軍隊によく見られた弱点や寄る辺なさを極端に示す存在である。たとえば、マイソールの離反者の多くの年齢的な未熟さは、東インド会社軍の白人兵士たちが一八一五年以前には一般に過度に若かったことを反映している。そして年少者の多さが不安定さの原因だと広く認識されていた。同様に、ホワイトウェイのような経験は、この時期の多くの急進主義者や軍改革主義者が闘っていたこと、すなわち、改革前のイギリス軍は国内でも海外でも下層の出身者には昇進の機会や報酬をわずかしか与えていなかったということを裏づけている。[35] 司令杖を持つ見込みがまったくない通常の低階級のイギリス兵士は、正当であろうとなかろうと、残念ながら相手側の芝生のほうが青いと確信して脱走したり、帝国の任地において敵側に寝返ったり（または、単に虜囚で居続けることに決めたり）したのである。

海外のイギリス軍からの離反者や脱走者は、また別の点でも、より広く大きな裂け目に注目させてくれる。彼らの多くがアイルランド人であったのだ。

アイルランド人は脱走しがちだというのは十八世紀に英語を話す人びとのあいだでよく言われたことであり、インドに関して言えば、それを証明するようなもっともらしい逸話は多い。[36] マイソールで敵に寝返ったデンプスターはアイルランド人だった。このあとすぐに述べることになるジョージ・トマスもアイルランド人で、彼は完全な伝記が書かれた唯一の離反イギリス兵である。しかし、マイソールやその他のイギリス帝国の前線における脱走兵を徹底的に調べてみるまでは、さまざまなアイルランド系の人びとが非アイルランド人と比べてどれほど離反しやすかったか、脱走などの問題を引き起こした兵士たちの中でアイルランド人が目立っているのは当時のイギリスの軍隊に単にアイルランド人が多かったこととどれくらい関係があるのかといったことはわからない。ブルボン朝のフランスと同じく、ナポレオン時代のフランスも、イギリス軍の潜在的な弱点はカトリック系アイルランド人であるという前提のもとに動いていたことは確かである。これらの前提は、ヨーロッパでの戦場や、植民地においてイギリスがヨーロッパのカトリック国の軍隊と対峙した場所でときに実証された。[37]

しかしながら、イギリス軍におけるカトリック系アイルランド人が、敵がキリスト教徒でもヨーロッパ人でもない場所や状況において、他の集団よりも信頼できない集団であったかどうかは明らかでない。インド勤務の多くの将校たちが、アイルランド人は信頼できない者たちではないと判断した。たとえば、自身もアイルランド人の血が混じっていて、カトリック系アイルランド人の不満に共感を持っていたチャールズ・ネイピア将軍は、植民地で軍務に就くアイルランド人部隊は実際のところイングランド人部隊やスコットランド人部隊よりも扱いやすいと考えていた。また別の将校は、インドで指揮をとっていたアイルランド人部隊について「迅速に従い、厭わず行動する」者たちで、それは「他のどの集団においてもまず見たことがない」と書いた。[38] たしかに、イギリス軍のカトリック系アイルランド人の半分をわずかに超えたくらいの人数の者が反乱を起こしただけでも、インドなどでの帝国事業はひょっとして頓挫していたかもしれない。なぜなら、この段階でのカトリック系アイルランド人兵士は大そうな数だったからである。さらに、アイルランド人は宗教改革以来長らくスペインや、フランス、ポルトガル、イタリア諸国など他勢力の傭兵となってきたが、この伝統によってアイルランド人兵士たちは、植民地の任地において雇われ先を変えても、よりスムーズに、そして確固たる態度で役割を果たすことができた。これはジョージ・トマスの例に顕著に現れている。

トマスは自らの素性を故意に曖昧にし続けたが、おそらくはカトリック教徒で一七五六年にティペラリで生まれている。彼は、一七八〇年代の初期にマドラスで王立海軍から脱走したあと、北インドで傭兵として成功をおさめていった。トマスは次から次へと目まぐるしく仕える相手を変えた。ポリガールと呼ばれる封建領主たちに仕え、現在メーラトと呼ばれる地区では一人の注目すべき女性支配者ビーガム・サムル（レディー・サムル）に仕え、そしてマラータ人たちに仕えた。その後、「一七九八年の半ば頃」、トマスは「自分で独立公国を作るという奇抜かつ困難な計画を立てた」。デリーの北西九〇マイルのところにあるハンシに拠点を置くと、彼は約五〇〇〇人の住人の大君主であると宣言し、「彼らに対して法に適ったあらゆる放縦を認めた」。要塞を築き、さまざまな人種の傭兵からなる軍隊を作り、鋳造所を開設して大砲を作ったり、造幣所を作ってルピーを鋳造して「わが軍とわが国で流通させせた」りした。[39]

少なくともこのうちのいくらかは真実であった。トマスのルピーの実物が今でも残っている。しかし、トマスが一八〇二年に書いた、というよりも口述した可能性の高いインドでのさまざまな冒険の物語や、ウィリアム・フランクリンによって翌年に出版された彼の伝記は、その生涯が並外れたものだったことを示しているだけでなく、大部分が秘密にされたままで、結局のところは失敗だったことも露わにしている。ラドヤード・キプリングの素晴らしい物語が明らかにしているように、非西洋圏で「王になろうとした」白人は、制御も理解もできない出来事に翻弄されるのが常だった。[40] ハンシでのトマスの統治実験はかろうじて一年続いた。その後、彼の軍隊が支払い不足のために反乱を起こし、彼のインド人の「臣民」たちは立ち去り始め、近隣の有力な軍指揮官たちが移住してきた。一八〇二年のはじめに、「大勢の執念深い敵の迫害から無事に逃れる唯一の手段として」、彼はイギリスの支配地域に戻っていった。その後の彼の物語はインド総督であったリチャード・ウェルズリーのために編集された。トマスの体験記は、異なる文化を横断した一人の兵士による弁明の書であるT・E・ロレンスのあの『知恵の七柱』と比べると短くて洗練の度合いも低いが、内容を慎重に選択しながらも隠したはずのことを意図せず明らかにしてしまっている点で、この二つは似ているのである。

イギリス人との信用関係を再び築こうと必死であったトマスは、王立海軍からの脱走をめぐるさまざまな事柄や一七九三年以前の行動については述べようとしなかった。これら

63　ジョージ・トマス。ウィリアム・フランクリンの伝記の口絵。

には東インド会社軍としばしば戦ったことも含まれている可能性がある。そのかわり、彼はウェルズリーに北インドの政治や王侯軍についての風変わりで完全に非個人的な情報を提供したり、自らの忠誠心を力説したりすることに集中した。ハンシでの事業は最初からイギリスの統治領域を拡大するためのものであり、「私は川岸の町アトックにイギリスの軍旗を打ち立てる……ことができるようになりたいと願っていた」と彼は主張した。トマスはイギリスの軍旗を見捨て、二〇年ものあいださまざまな旗の下で満足して働いたのだから、控えめに言ってもこれは厚かましい。しかし、彼の離反兵としての経歴の書き換えは、東インド会社の中佐であり、才能ある東洋通の探検家であり、帝国への完全なる献身者であったフランクリンによって強く支持された。トマスが一八〇二年八月にベランポールで死亡する直前にフランクリンは彼と出会い、この男に魅了された。フランクリンはトマスの伝記の註を編集し、その註の中でトマスのことを「われらが友そして英雄」、「古代ローマ人」、また、伝記の副題にあるように「並はずれた才能と冒険心によって、微賤のところから将軍の地位にまで出世した」男と表現した。[41] フランクリンはさらに「多くの現地人によって……彼［トマス］の人柄に対して示された驚くべき稀に見る愛着」についても強調した。「インド人の性格をかつてないほど徹底的に研究し、適切に評価した者」であるとも書いた。[42] インドの衣装をしばしば身に着け、ペルシャ語やウルドゥー語に堪能な、このカリスマ性のある六フィートのアイルランド人の話は、後にアラビアのロレンスをめぐって築かれることになるさまざまな伝説と同種のものであることが見て取れる。フランクリンの紹介では、トマスは非白人のことを彼ら自身よりもよく理解し、それゆえに戦闘において彼らの指揮をとることができると同時に、常に帝国のために奮闘する白人となっている。

離反者の経験のこのような神話化が試みられるようになったのは帝国がイギリスの文化や自己像の掌握を強めるようになったしるしであり、トマスの場合でだけそうだったのではない。[43] 実際、非ヨーロッパ地域で敵に寝返ったイギリス人や他のヨーロッパ人が傭兵として行動できる範囲は厳しく制限されていた。トマス自身の北インドにおける政治的自治の試みは失敗に終わった。そして、インドの王侯軍で高く評価されたヨーロッパ人指揮官や専門の技術者でさえ雇用者によって厳しく管理されていたようだ。[44] 離反者が白人歩兵であった場合、ヨーロッパの軍隊にいたときよりも現地軍でのほうが多くの自由や報酬を得られることもときにはあったかもしれないが、ほとんどは歩兵のまま、元の社会とは異なるが変わらず階層的な社会で低階層の人間のまま過ごした。イスラム教徒のある報告によれば、一七九〇年代には四〇〇人あまりのイギリス人がいまだティプーの本拠地である首都セリンガパタムにいた。その頃まで、彼らのほとんどがティプーのチェイラ、すなわち奴隷大隊で兵士として、あるいは制服を作る織り手として働いたり、貨幣鋳造所で硬貨を鋳造したり、武器庫や要塞で働いたりしていた。この報酬として、彼らは「一日につき一ルピーと一瓶のアラック酒」を受け取った。働くことのできない白人にはお情けで「ひと月当たり、一定量の米、インド・バター、カレー粉、そして約七ルピーにあたる一五ファナム金貨」が与えられたが、彼らは要塞の外に出ることは許されなかった。[45] 一七九九年にセリンガパタムにイギリスが最終的な進撃を仕掛けてきた際、実質的にはこれらの者たちすべてがティプーの命令で処刑されるか、セリンガパタム陥落のときの混乱の中で命を落とした。これはジョージ・トマスとウィリアム・フランクリンによって語られた大胆不敵な軍指導者の輝かしい物語とはかけ離れていたが、アジアにおける大多数の白人離反兵の経験におそらくはより近いものだった。

しかし、トマスは、T・E・ロレンスとちょうど同じように、離反兵としての冒険物語を計算しながら紡いでいるときでさえ、意図した以上のことを明らかにしていた。ロレンスにとってもトマスにとっても「先住民のようになる」ことが選択肢になかったことは明らかだが、どちらの男にとっても別の社会の中で猿真似をしながら生き、その過程で変化せずにいるのは不可能だった。

これらの年月をアラブ人の服装をして暮らし、彼らの基本的心性を真似る努力をすることによって、イギリス人としての自己が取り除かれ、私は西洋やその慣習を新たな目で見るようになった。新たな目が私にとっての西洋のすべてを破壊した。同時に、私はアラブ人の肌を真に身につけることはできなかった。……私はある形態を脱ぎ捨てながら別の形態を身につけることはなかったのである。(46)

結果として生じた精神の分裂状態や疎外感についてのロレンス自身の評価は、ロレンスほどにはっきりと語ることはなかったが過去にいた多くの、非ヨーロッパ社会へと寝返ったイギリス人たちにも当てはまることだったにちがいない。非常に若い者だけがときにこの種の移行を断固として満足のいく形で果たすことができた。トマスにはその度胸と行動力をもってしてもできなかった。彼は結局、望み通りにインド人の役割を構築することも、イギリスの帝国社会に再び溶け込むこともできず、そうしようとして間もなく死んでしまった。体験記のある箇所で彼は、「われわれの軛から逃れる見込みがあるというときに……どうしたら気のはやるインド人たちを「蜂起」させないでおけるのか」と問うている。そのあとすぐに冷静になって、「トマス氏は、インドの先住民が自分たちを支配する現政府のことをそのように考えているのをわかっていて、わざと軛という言葉を使うと述べている」。そうかもしれない。しかし、それよりも、物語のこの時点でトマスは語りの基盤を失い、自らの多様なアイデンティティと語られる内容とのあいだの裂け目に滑り込んでしまった可能性のほうが高いように思われる。彼は、ほんの束の間、イギリス帝国や自分自身の要求と、二〇年にわたるインド人との共存やおそらくはアイルランド出身であるということとのあいだで揺らいでいたように見える。(47)

ジョージ・トマスの運命には、実質的にすべての離反兵に当てはまる部分がある。表面的にはこれらの者たちは自由な者たちであり、規則を無視して好き勝手をした反逆者たちであった。しかし実際のところ、こういった者たちは危害に曝されやすくなり、大きなリスクや、ときには卑劣な妥協や、束縛を経験した。何ができるか、それをするためにどれだけ生き続けることができるかは、常に、彼らよりもはるかに力のある国家システムや支配者にかかっていた。だからこそ、帝国の辺境という文脈でこのような者たちを考察することは有益である。インドやそれ以外のアジアでの離反イギリス兵たちは、単に一風変わった個々人であるどころか、現地政府にはイギリスその他のはぐれ者のヨーロッパ人の心を引きつけて雇い入れる能力や意志がどれだけあったか、また、帝国当局自らの兵力統制能力が時を経ていかに変化していったかを知る一つの物差しである。イギリスのインドにおける覇権獲得が近づくにつれて、インドにおける白人軍人の行く手や行動の選択肢は狭まり、規則や規制が増えた。ではこのあたりで、この少数派である白人離反兵から、多数派である軍服を着た白人虜囚、すなわち、軍規に大人しく従わされ続けた者たちに話を移そう。

鞭で軍隊を従わせる

ジョセフ・ウォールは一八〇二年一月二十八日にニューゲートで縛り首になった。絞首台に上るとき、彼の服装はこれまでになく控えめで上品だった。服を着ていなくても、六フィート四インチもの身長があれば、裕福で、常に栄養の行きとどいた人物であることがはっきりとわかっただろう。ウォールは、東インド会社の元陸軍中佐で、スコットランドの貴族の娘と結婚していた。しかしながら、通常なら貧しい者たちを処刑するための場所で金と地位のある者が死んでいくのは、この場に集まった群衆の規模や振る舞いとくらべれば驚くほどのことではなかった。ウォールは二〇分かかって死んだが、ニューゲート監獄の前からさらに周辺の通りへとあふれ出している六万人の見物客たちは、その多くが赤や青の制服を身につけた者たちで、覗き趣味的な憐れみや、気絶や、羞恥の叫びといったよくある反応は見せなかった。彼らは勝利の叫び声を上げ、拍手喝采した。しかし、ウォールはよくある化け物でもなければ、子殺し犯でもなく、無力な女性を殺したり強姦したりした者でもない。彼の

64　ジョセフ・ウォールの粗悪な版画。綴りの誤りに注目。

一番の犠牲者は、屈強な陸軍軍曹だった。一方、彼の真の犯罪は、イギリス帝国の拡大と活動に伴って生じる、より矛盾をはらんだ虜囚問題とコスト問題の一端を露わにしたことであった。(48)

二〇年前、ウォールは、アフリカ西海岸の奴隷貿易基地であり、七年戦争の中でイギリス人が獲得したゴレー島の総督だった。その地は、非常に多くの黒人だけでなく、そこに派遣された白人の大半をも死に至らしめていた。気候や、病原菌、野蛮さといった危険を冒してまでウォールがその地に赴いたのは、凶暴な性格だとか、男女関係のスキャンダルを起こしたとか、決闘で人を殺したという評判のせいで、この頃にはより望ましい地位への就任が難しくなっていたせいであった。ゴレー島のイギリス守備隊は「反抗、脱走、……といったような理由で評判の悪いいくつかの連隊」から、つまり、他の選択肢も未来もない手におえない男たちから成り立っていた。ウォールが総督の任期を終える日の前日、これらの部隊の六〇人が彼の宿舎を襲い、未払い金があると主張してその支払いを求めた。ウォールは首謀者のうち五人を捕らえ、裁判にかけることなく一人八〇〇回の鞭打ちを命じた。

五人のうちベンジャミン・アームストロングを含む三人は「普通の道具ではなくロープで、普通の人ではなく黒人によって鞭打たれ」た。黒人たちはこのために特別に集められた者たちで、英語を話せず、一七八二年七月のその日、兵士一人一人を交代で「二五回ずつ、八〇〇回に達するまで鞭打った」。ウォールは懲罰を監視しながら、「黒い野郎ども、打て。さもなくば、お前たちを打つぞ」と、繰り返し、そして、意味もなく叫んだ。苦難の終わりもまだまだ先というときに、アームストロングは脱糞し、血の小便を流し、肺にあふれる血で息を詰まらせた。その後四日にわたって彼が死んで行くのを見ていた外科助手は、アームストロングの背中の傷跡が「真新しい帽子のように黒かった」と興味深げに記録している。

このエピソードのあと、ウォールはヨーロッパ大陸に身を隠し、十九世紀のはじめになってようやくロンドンに戻った。彼は、時の経過や、ナポレオン戦争による動乱、姻戚関係にある貴族たちのおかげで、赦しを得られるものと思っていたらしい。しかし、枢密院の素早い決定のとおり、これは問題外だった。ウォールはどの方面においても困惑の種だった。イギリスはフランス革命のイデオロギーや革命軍と事実上まだ戦っている途中であり、統治者たちはある種の愛国主義的で階級横断的なコンセンサスを維持したいと切望していた。しかし、ウォールはイギリスの貴族階級とのつながりがあり、労働者階級の兵士たちに対する殺人やサディズムとのつながりがあった。この頃までに、奴隷反対運動は、あらゆる階級のイギリス人男女に黒人奴隷を鞭打つ西インド諸島の恐ろしい監督者たちのイメージを植えつけていた。しかし、ウォールの事例は、鞭がイギリス自身の軍隊文化における不可欠な部分となっていることを暴露した。それ以外の面でもウォールは厄介だった。彼の裁判での法務長官の発言も、その裁判についての事実上あらゆる出版物やそれを描いた木版画も、アームストロングや仲間の犠牲者たちが、つまり白人兵士が、黒人によって死ぬまで鞭打たれたという点を強調していた。

人種や型にはまった人種観は、ウォール総督事件の重要かつ明瞭な要素であった。これらはまた、この時代に高まっていた、イギリスの軍紀維持の一形態としての鞭打ちの正当性をめぐる議論の中心的要素でもあった。奴隷状態の代名詞とも言える鞭がときに死を招くほどの野蛮さで兵士に対して用いられているというそのことが、イギリス兵士の、自分たちは自国の虜囚、すなわち白人奴隷なのだという自意識の中核をなしていた。[49] 白人兵士と黒人奴隷のあいだのこれらの類似点は、奴隷制度廃止に反対する人びとによってその目的のために執拗に指摘され続けた。エドワード・ロングが臆面もなく人種差別的な『ジャマイカの歴史』（一七七四年）を編纂したときには、こういった議論はすっかり定着していた。ロングによると、「私には彼ら［プランテーションの奴隷］とイギ

リスの水兵や陸兵との比較を再び行う必要はない」のであり、

強く主張する必要もないことだが、ほんの些細な規律違反を行っただけでこれらの哀れな者たちに与えられる通常の懲罰が、もしもジャマイカの黒人に与えられたならば、唾棄すべき野蛮な行為として広く非難を受けるだろう。

ジャマイカ以外の場所での非白人に対する肉体的暴力についても、それを正当化しようとする白人によって同様の議論が裁判所で述べられることもあった。たとえば、一七八七年には、東インド会社の上級館員であり南インドのナーガパティナムの代理弁務官であったバジル・コクラン閣下がインド人使用人に対する鞭打ちを命じ、その結果、その男を死なせたかどで裁判にかけられた。コクランは弁護のために何人もの陸軍将校を次つぎと証人として立て、この鞭打ちが苛酷さの点で「ヨーロッパ人兵士に常に加えられている罰に匹敵するほどではない」ことを証言させた。[50]

黒人に対する鞭打ちと白人兵士に対する鞭打ちとのこのような比較は、不純な目的で――奴隷制その他の悪弊の重大性や非道さを矮小化しようとする目的で――行われるのが常だったので、真剣な学者からはたいてい見過ごされてきた。たとえば、ウォール総督の事件は、階級、人種、帝国のからむ有名な事件の一つであるが、歴史学者による研究はまだこれからであり、驚くべきことに、イギリスの帝国や、軍や、男性の文化における体罰やその意味の変遷についても同様である。[51] しかし、ロングのような者たちは偏狭な考えを持つ者たちではあったが、だからといって彼らがして見せた比較が根拠のないものだったということではない。シーモア・ドレッシャーが論じているように、一七七〇年以降の黒人奴隷をめぐる議論や運動の高まりの一つの結果として、労働者の扱いについて新たな形での世界規模の議論が起こった。イギリスの植民地での黒人奴隷の苦しみに対する認識の高まりによって、自国の白人大衆の窮状、とりわけ、兵卒や水兵の窮状もまた照らし出されることになった。[52]イギリス帝国の境界の防御や拡大において最大の働きをし、最大の危険を賭している者たちが——下層の兵士たちが——ある意味で黒人奴隷に比較しうる存在として描かれたり、自分をそういう者だと見なしたりすることがこの時期にはますます増えてきた。イギリス国家のスポークスマンたちがこのような比較をやけに軽視しようとしたそのことこそが、これらの比較が持つ辛辣さを証明してもいる。一八一二年にはある国会議員が「イギリス人兵士が……アフリカ人奴隷よりもひどい状態にある」という主張は驚愕すべきものであると明言した。[53]同じ討論でパーマストンは、「イギリスの兵士と黒人奴隷との……比較」はどれも怒りをもって応ずるべきだと主張した。

Governor Wall contemplating on his unhappy Fate in the condemn'd Cell.

65　処刑を待つジョセフ・ウォール

チャールズ・ネイピア将軍は、「兵士を鞭打つことと黒人を鞭打つこととのあいだには」何ら共通点はないと書いている。[54] しかし、ウォール総督の事件が嫌になるほど明らかにしているように、共通点はあった。どちらの場合でも、情け容赦のない統制の結果として、また、鞭を受ける者たちの心的状態や価値の低さについてのさまざまな思い込みから鞭が用いられたのである。

当時、ロバート・サウジーが述べたように、ウォールの処刑の際の大衆の高揚感は基本的には根拠のないものであった。ウォールが有罪とされたのは、三人のイギリス人兵士を鞭打ちによって死に至らしめたからではなくて、彼らにまず裁判を受けさせなかったからであった。「彼がもし臨時軍法会議を招集していたら、同じ判決が下され、同じ結果となっていたとしても、彼自身はまったく責任を問われなかったかもしれない」のである。[55] イギリス陸軍（そして、海軍）での鞭打ちは一八〇二年以降もよく行われ、それ自体としては増加してさえいたかもしれない。帝国の任地においてはとりわけそうだっただろう。一八一七年、ウィンワード諸島とリーワード諸島では駐屯していた六九二人のイギリス人兵士が、ジャマイカでは六三五人の白人兵が鞭打ちの罰を受けた。これらの数が明らかにしているように、鞭打ちを受けるのは少数の不埒な者たちだけではなかった。脱走兵に焼き印が押されることがあったように、鞭打ちは低い階級の生活の一部となりきっていた。バミューダでは、一八二二年にたったの一年で五人に二人の白人兵士が鞭打ちを受けた。[56] インドでの処罰についての統計はそれほど網羅的ではないが、この点において東インド会社軍はイギリス正規軍と同じく甘くはなく、より厳しかったかもしれない。一八三六年に一人のベンガルの砲兵が述べたところによると、社の三一人の白人兵は過去六か月のあいだに一人当たり平均三八〇回の鞭打ちを受けたとのことである。この頃には、連合王国内の兵士が二〇〇回以上の鞭打ちを宣告されることはまれであった。[57]

ヴィクトリア時代のイギリスの統計学者たちが熱心に集めたこれらの数の背後には、軍隊における鞭打ち儀式の特徴である乱切りされた肉体、飛び散る凝結した血や皮膚、ぱっくりと割れた筋肉、打ちのめされた精神、そして吐き気といった人間の現実があった。一八一五年までにフランスやアメリカでは軍隊における体罰は廃止されており、プロイセンにおいてもおおむねそうだった。一八二〇年代までには、西インド諸島の各議会でさえ少なくとも書類上は監督者や所有者が黒人奴隷に行使できる鞭打ちの回数について厳しい制限を設けるようになっていた。では、このような体を傷つける暴力的な罰をイギリス国家が自国の白人兵士に対する、とりわけ、海外の領地における白人兵士に対する懲罰の一形態として許容できるものだと見なし続けたのはなぜなのだろうか。

正当化するための最もありふれた理由の一つは、奴隷所有者にもなじみのあるものだったろう。ジェイムズ・ウォルヴィンが述べるように、奴隷に対する鞭打ちは公開のものだから見せしめとなるという理由で、つまり、他の黒人たちに「畏怖と規律」を与え続ける手段となるという理由で、カリブ海地域やアメリカ南部では常に擁護された。これこそが、ウェリントン公爵が軍隊での鞭打ちを擁護した理由でもあった。兵士の一人を拘禁したところでイギリス軍の兵士たちには何の影響もない、と彼は述べた。対照的に、鞭打ちの「真の意味」は「……見せしめ」であった。[58] 鞭打ちの犠牲となる兵士自身が改心するかどうかは、より広い抑止効果とくらべてさほど重要ではなかった。また、兵卒の現状では体罰以外で彼らを効果的に罰するのは難しいという了解もあった。奴隷と同じく、これらの兵士たちには金も所有物もほとんどなく、罰金を科しても効果はなかった。拘禁したところで、苦役と訓練の日常から解放されるのであれば、罰というよりは褒美のように見えたかもしれない。流刑もきっと同じだったろう。一八三四年には一人の議員が「中央インドの焼けつく日差しのもとで苦しむ兵士が、涼しくて快適なシドニーへの旅を嫌がったりするだろうか」と強い口調で述べた。[59] オーストラリアでは誰もに土地所有や定住地獲得の可能性があることから、アジアに駐屯しているイギリス人兵士の中には、囚人としてオーストラリアに送られることを望み、繰り返し違反を行うものがいたことが知られている。フォーブズ兵卒は、一八二九年にカルカッタのウィリアム要塞から七回脱走し、ようやく流刑の望みを達した。同じ場所で軍役についていたライダー兵卒も、一八三四年に軍曹の顔を殴りつけ、その軍曹に「ニューサウスウェールズへの流刑を実現するためだった」と語った。[60]

これが示唆するように、インドにおける白人兵士のあいだでの規則違反や反抗は高率で起こった。一八〇九年以降――それ以前は違ったが――本格的な反乱は実質的には東インド会社のインド人兵士の専有的行為となったが、それほど劇的ではない日常的な違反はことに白人兵の領分と言ってもよかった。人数は一対五の割合で白人兵よりセポイのほうが多かったとはいえ、一八二〇年代から三〇年代にかけて脱走罪に問われるのはセポイよりも白人兵士のほうが一一倍多かった。[61] この頃までにインドで離反兵となる機会は急速に少なくなってきていたが、それ以外の逃亡は、脱走であれ、許可なき欠勤であれ、軍務から放免される手段として自分の手足を切断する行為であれ、そして酩酊は特に、軍服姿の白人虜囚によって行われることがきわめて多かった。軍法会議の記録が嫌になるほど絶えず示しているように、反逆的行為や、上官への不服従、言葉による煽動、暴力沙汰もそうだった。規律至上主義者にとっては、これらはすべてイギリスの兵卒のモラルの低さを示す証拠であり、結果として、鞭が不可欠であることを示す証拠であった。一八三二年にサー・ヘンリー・ハーディングは、彼らは「いい奴ら」だが、軍隊に入る前の生活における「ほかならぬ品行の悪さ」ゆえに「体罰によってのみ与えることのできる厳しい鍛錬」が必要だ、と議会でよどみなく述べた。[62] 歴史学者はときにこの手の論法を黙認してきた。そのような学者たちはおそらく、奴隷所有者たちも黒人は生まれながらに怠惰だとか不品行だという理由で黒人奴隷に対する鞭打ちを正当化していたことを忘れていたのだろう。これらの集団のどちらも場合も、たいていの場合、まさにこういった理由で体罰を正当化していたのである。

東インド会社自体の官僚主義とジョエル・モーキアやコルマック・オ・グラーダの綿密な調査のおかげで、私たちには現在、インドの白人兵士の大多数が犯罪者まがいの外人部隊的タイプの者たちではなく、大ざっぱに言って、本国の人口における年齢群や階級群の典型であったということがわかっている。[63] たとえば、一八〇二年から一八一四年のあいだの東インド会社軍の新兵のほぼ一〇パーセントが織工だった。さらに一〇〇〇人の者たちが、大工、靴屋、仕立屋といった標準的な職人だった。これらの者たちに加えて、新兵として、非常に多くの農業従事者や都市の不熟練労働者、そして失業率の高い時期には労働者階級の貴族と呼ばれる下級事務員、事業に失敗した印刷業者、低級な教師などがいた。これらの者たちは、新兵として入隊したときには、たいていの場合、手のつけられない無法者などではなかった。また、インドに派遣されたイギリス正規軍兵士も、東インド会社の新兵と比べると読み書きできる者が少なかったが、そのほとんどが無法者ではなかったようだ。これらの新兵たちの多くがかろうじて教育を受けただけの、暴力を叩きこまれていた若者であったとはいえ、なぜ彼らがそれほど頻繁にそういったやり方で反抗したり規則に背いたりしたのかについては、原罪説では充分な説明がつかない。

少なくとも、アジアのイギリス軍を特徴づける規則違反や不服従のいくつかは、本国との関係で理解すべきものである。E・P・トムソンがイングランドの労働者階級の形成と呼んだ事象は、アイルランドや、スコットランド、ウェールズだけでなく、さらにはるか遠くの地でも起こっていた。イギリス帝国やイギリスの移民の規模の大きさゆえに、これは地球規模で起こった現象であり、そのようなものとして緊急に調査される必要がある。インドの白人兵士たちは概してイギリスやアイルランドの労働者の典型を示していたので、彼らの異議申し立てのパターンは、ときに、連合王国で行われているパターンを取り入れたものだった。たとえば、一八一六年十一月に東インド会社軍のキアナン伍長が「幾人かの騎馬砲兵と協力して」秘密の誓いを行ったあと、自分の武器を持って脱走し、そのかどで罪に問われた。彼は捕らえられて射殺され、その末路はインドのあらゆる連隊で読み上げられた。[64] この処罰が広く公表されたことについては現地特有の理由もあったが（砲兵たちこそがインドの現地の支配者たちが離反兵として引き入れたがっていた類の白人兵士だった）、本国により関連が深い政治的理由もあった。協力する、秘密の誓いを行う、不正に武器を集めるというのは、当時、違法な労働組合や、新たな産業機械に反対するラッダイトたちや、統一アイルランド人連盟のような秘密結社の中でよく使われた戦法だった。[65] キアナン伍長（おそらくアイルランド人だったと思われる）が処刑された理由の一つは、海外で起きたことではあったが――本国のこれらの反体制派の人びとと同じく――イギリス国家の権威に盾突いたからであった。

しかし、異議申し立てのやり方の共通性というのは話のごく一部にすぎなかった。アジアの白人兵士が著しく手に負えない者たちであったのは、仕事や生活に特有の事情があったためでもあった。東インド会社軍はまだ多くの点で民間の自律的軍隊として行動していた。東インド会社軍はイギリス正規軍よりもはるかに政治化しており、将校に関しては中流階級のものが断然多く、しばしば騒動を引き起こした。一七九五年には小ピットがイギリスにおける五〇人以上の「煽動的」集会を禁止する法律を議会で急いで通過させたが、この年、ベンガル総督だったコーンウォリス卿も東インド会社軍内での「雑多な集会」を禁じた。注目すべきは、これが将校級の者たちに向けた禁止令だったことである。一八三二年に一人のイギリス軍上級将校が述べたように、もし兵士たちが東インド会社軍の将校たちが行っているように「委員会を組織し、代表を任命し、基金に出資する」ために定期的に会い、「権利の侵害」や、「破られた協定」、「支配者たちの不誠実」について話し合っているのならば、従来のような「軍における服従を説いても無駄」であった。東インド会社の兵士の御しにくさや、彼らの非常に明晰な異議申し立ての少なくともいくらかは、政治に興味を持ち、ときには攻撃的になることもあった彼らの上官たちによって育まれた可能性がある。[66] しかし、インドではイギリス正規軍兵士も東インド会社軍兵士も異議申し立てを行ったのであり、しかも、それには理由があった。

彼らが耐え忍ぶ苦難にはその補償となるものがあったのも確かで、それで満足する者も、また、任務に打ち込む者さえもいた。戦時には略奪や実戦のスリルがあり、おそらくは国民的優越感や人種的優越感を再認識する者もいただろう。また、仲間意識、雇用や給与の確実性、同国人のほとんどが決して見ることのない景色を見る機会、さらに、読み書きの能力がある東インド会社軍の兵卒に関する限り、軍曹への昇進の機会も常にあった。しかし、その一方で、散発的な危険や、間断なく襲い来る暑さや病気、だらだらと長びく退屈、野蛮な訓練、大きな故郷喪失感や個人的な幽閉感があった。一八三四年にはインドの総督が「ヨーロッパ人兵士の生活の退屈さは本当に嘆かわしい」、「……彼が監督し点呼している兵舎は一種の牢獄と化している」と綴った。[67] 何よりも士気をくじいたのは、これらの兵士たちは、インドに滞在せざるをないと同時に、インドでは肝心な点で根なし草のままでいなければならなかったことである。一八四〇年代まで、イギリス正規軍の兵士たちは一度の中断もなく最長二〇年間インドにとどまるのが普通だった。東インド会社軍兵士は一二年間の雇用契約を結ぶことが許されていたが、年金を受け取るのは二一年後からであったため、ほとんどの兵士が終身雇用契約、というよりも死ぬまでの雇用契約を結んだ。一八三〇年代には、ボンベイの白人兵士はイギリスを本拠地とする兵士の二倍以上の確率で死んでいた。マドラスでは白人兵士の死亡率はイギリスでの白人兵士の死亡率の三倍以上であり、ベンガルではほとんど五倍だった。十九世紀半ば以前には、生きながらえて軍隊での雇用期間を勤め上げてイギリスへ帰還することを望める兵卒や下士官はほとんどいなかった。[68] しかし、この者たちにはインドを故郷とすることも許されなかった。

インドは植民地ではなかったので、東インド会社は白人たちにそこに定住しないように仕向けた。雇用期間の最後までなんとかたどりついた白人兵士たちはその期間の終わりに直ちにイギリスに送り返された。肉体的または精神的なダメージを受けてそれ以上軍務につけなくなった兵士たちもそうだった。この網を逃れた者もいたが、身体に障害を負った者や、心身が消耗した者、引退した者は集められ、インドにおいて彼らが軍以外での相応な職や地位に着かないようにするために当局によってあらゆる手段がとられた。この方針から、この地のイギリス人兵士は結婚もしないように仕向けられた。ほとんどの兵士は入隊の際にはまだ若くて結婚していなかった。結婚している兵士たちはたいてい妻をイギリスに残して行かなければならず、ほとんどの場合で妻と二度と会うことはなかった。統制がすでにずいぶんと緩まっていた一八六一年でさえ、インドに派遣される各連隊の一二パーセントの兵士しか妻を連れていくことが許されなかった。インド亜大陸に到着したこれらの兵士たちを待っていたのは、予想できることだが、禁欲生活ではなく、彼らの性行動や、彼らが抱いたであろう家庭を持ちたいという欲求の周到な管理であった。これを強調する必要があるのは、彼らとインド人女性との関係の質から兵士たちの人種的態度を推測しようとする試みがときになされてきたからだ。[69] しかし、これらの兵士たちは自由行為者ではなかった。ラル・バザール（lal bazar）、つまり連隊付き売春宿は自由に利用できたかもしれない。しかし、インド人女性と自由に結婚したり、イギリス当局によって認められてそのような縁組をしたりするのはごく稀なことだった。

一八二〇年代までに、東インド会社は、「キリスト教徒……だけは結婚できる」という考えに傾いていた。キリスト教の孤児院で育てられた「混血の」女性と結婚した兵士は、兵士である夫に伴ってインドまでやって来ることができたごく少数のイギリス人妻に与えられていた結婚手当のきっかり半分を妥当なものとして要求してよいと考えられていたが、これがすべてだった。[70] この時期まで、兵士のインド人の妻や未亡人は金銭的手当てをまったく受け取っていなかった。インド人妻は兵士がイギリスに戻る際について行くことはできなかったし、彼らのあいだに生まれた欧亜混血児もそうだった。白人兵士のインド人家族は、兵士がアジアの他の任地へ転勤になるときでさえ同行を禁じられていた。たとえば、一八一七年に第六六連隊はベンガルからセントヘレナへの転勤を命じられた。その後には生活の資を持たない五五人の「結婚していない女性」と五一人の子どもが残された。[71] 関係するイギリス人兵士の中にはこれらの関わり合いから解放されることを喜ぶ者もいたかもしれないが、連隊以外で持つことのできる唯一の仲間である家族と引き離されることに強く当惑するものもいただろう。よくあるように、現存する証拠からはこの種の兵士たちの心は見えてこないし、この種の女性たちの心はなおさら見えない。重要なのは、イギリス国家と東インド会社がこれらの人びとに選択肢を与えなかったことである。当の兵士たちは非白人の家族をセントヘレナには連れて行けなかった。彼らは軍との契約条件を破ってベンガルにとどまりつづけることはできなかった。軍から脱走すれば、捕らえられるか、給料も年金もなく餓死の危険にさらされながら不安定な状態で逃亡し続けるかのどちらかになる。奴隷同様、こういった兵士の性や家族のあり様は、事

66　1780年代に描かれたインド人画家による東インド会社軍セポイとその妻の絵。当時の会社軍白人兵士の肖像画はまったくと言っていいほど存在しない。

実上、支配者のなすがままであった。一八五〇年代にはインドにいるある兵卒が「イングランドであれば、もっとも貧乏な労働者でさえ、日々の仕事から戻ってくれば憂さを晴らしてくれ、あらゆる疑念や不安を共にしてくれる人がいるものだ」と書きなぐった。[72] 東インド会社のセポイも、ほとんどの場合、軍務に服しているあいだ自分の部屋で妻と一緒に住むことができた。しかし、インドのイギリス人兵士の大部分にはそのような慰めは許されなかった。

支配階級の中にもこれは間違っていると考える者がいた。一八三二年にはインド勤務の一人の上級将校が議会委員会で「彼らの［兵士たちの］結婚を妨げるのは不当であり、賢明ではない」と述べている。

ヨーロッパ人兵士が現地人女性と関係を築いて兵舎の外で暮らしているところでは、一般に、兵士たちの素行のよさ、真面目さ、任務への専心は注目すべきものである。これらの女性は兵士たちに忠実で、戦場での重宝な随行者である。……これらの関係はヨーロッパ人兵士のさまざまな偏見を取り除くことが多く、雇用期間を終えて退職した際には有用な入植者となるだろう。[73]

しかし、この委員会の最終報告が明らかにしているように、イギリス人兵士がインドで異人種間結婚をして入植する可能性に関するこのような主張は、この時期にはきわめて少数派の主張であった。この理由には、人種や社会階級に対する態度だけでなく、インドにおけるイギリス帝国の力の基盤や鞭の妥当性についての認識が大きく関わっていた。

インド現地人との異人種間結婚への反対は、人種の違う外国人に対する嫌悪感にいくぶんかは由来していた。これはまた、他の多くの事柄と同様に、数の問題による部分もあった。「インドの混血の人口」はこの時点ですでにインドに駐在するイギリス人文官の総数より二万人多く、東インド会社もイギリス政府もその増加を危惧していた。白人兵士とインド人女性とのあいだの結婚を広く認めれば、この目立たない集団の増加速度がさらに速まるのは必然であり、これは重大かつ有害な影響を及ぼすかもしれない——と考えられた。一八一〇年代から二〇年代にかけて、南アメリカではポルトガルやスペインの帝国領においてクレオールや混血人種の革命が成功した。イギリス人の中には、拡大しつつあるイギリス系インド人集団と自国の不良白人兵とが将来危険なかたちで結びつく可能性を考える者もいたかもしれないが、特に、インドの白人兵士のほとんどが当時はイギリス国家によって直接雇われているわけではなく東インド会社によって雇われていたので、そう考える者がいたのかもしれない。

また、兵士がインド人女性と異人種間結婚をすることによってイギリス人男性が悪影響を受けて弱体化すると言う人がいる一方で、当局レベルではしばしばこれとは逆の点が強調された。つまり、イギリス人兵士がインドに定住して永続的な関係を築けば、彼ら自身が悪影響を及ぼすことになるだろう、というのだ。ダグラス・ピアズが指摘するように、イギリス人将校のあいだでは、インドその他の白人一般兵士の大半はもともと貧しい労働者で、圧倒的多くが都会出身であり、放縦で、言うことを聞かず、不敬で、もちろん勇敢ではあるが、それも向こう見ずで獰猛だからこその勇敢さであるという統計的には不完全だが有力な認識があった。対照的に、セポイ、特に上層カーストの田舎の小作農と考えられていた者たちは、熱意、節操、信頼、節度、体格、とりわけ従順さゆえに賞賛された。[74] あるイギリス人陸軍大佐が一八三二年の議会委員会で「現地人の道徳性はヨーロッパ人よりもはるかに優れている」と述べている。ある少将も同じく、退役した一般のイギリス人兵士がインド定住を認められれば、その国にとって有害となるだろうと考え、「管理されなくなったら、彼らはたいへんな不良どもとなるだろう」と述べた。サー・エドワード・パジェット将軍閣下の評価では、白人兵士は「大酒飲みで放縦な者たち」であった。また別の上級将校はこれより以前に、「イギリス人兵士はインドの現地人の実に悪い手本となっている」と述べていた。[75]

このようなコメントには、イギリス本国との関係で理解しなければならない部分がある。一八二〇年代、三〇年代、そして四〇年代はじめのイギリスやアイルランドで起こった議会改革やローマカトリック教徒解放、労働組合、そして最終的にはチャーティズムをめぐる民衆運動は、帝国におけるイギリス人エリートのあいだにも必然的にさまざまな態度を形成した。帝国圏で服務する社会的に低階層のイギリス人やアイルランド人について高位の将校や当局筋の者たちが発した不安や嫌悪の表現は、当時、イギリスの支配階級の者たちが本国での大規模な抗議運動に対してみせた同様の反応と切り離すことはできないし、切り離すべきでもない。どちらの場合でも、下層の者からの潜在的脅威に対する不安の高まりと、管理や規律を維持しようとする決意の高まりが見られた。実際、本国における社会の両極化の進行というこの文脈の中でこそ、なぜイギリス国家が白人兵士に対して鞭を行使し続けたのかがいくらか理解できる。マイケル・ブッシュによると、奴隷たちはいくぶん異質なものに見えるがゆえに奴隷として扱うことができる。(76) 彼らは黒人なのだ。また、イスラムの奴隷制度においては、奴隷は非イスラム教徒、おそらくはユダヤ人かジプシーだった。違いを感じる原因がなんであろうと、違うがゆえにその社会を本拠とする者たちとは違う劣った扱いをすることができたのである。同様に、帝国のために戦うために派遣された一人の兵卒がこぼしているように、裕福で力をもったイギリス人の大多数が「一般兵を仲間として見て」はいなかった。(77) このため、イギリス国家は、優れて自由であることを誇りにしながらも、不自由の象徴である鞭をこれらの兵士に行使できたのである。実戦に役立つ一般兵士であるためにはタフで、野蛮で、無分別であることが必要だと広く信じられていた。そして、イギリス人兵士はタフで、野蛮で、無分別であった――しかも、ある程度異質だった――がゆえに、彼らは鞭によって従わせることができたし、そうしなければならなかったのである。

しかし、これにはもっと実際的でインド特有の要素も関わっていた。一八三〇年には推定で三万六四〇〇人のイギリス正規軍および東インド会社の将校や兵士がインドに駐留していた。しかし、東インド会社軍には一九万人近いセポイがおり、これらのインド人兵士はインド亜大陸のみならず、一八〇〇―一年のエジプトでの対フランス作戦や、一八一〇―一一年のモーリシャス島やジャワ島への遠征などのインド以外での軍事行動においてもイギリス人にとって不可欠な存在となっていた。こうなった理由はイギリスの首脳部には明白だった。インド――そして、世界のそれ以外の場所において――イギリス帝国は、セポイの服従期間を越えて存続することはできなかった。しかし、支配者層のイギリス人の多くはセポイを理想化していたので、一種の完全かつ不朽の結びつきを、将校クラスの熟練した勇敢なイギリス人軍人と、気高く、数も多いが、非常に扱いやすいインド人セポイ軍とのあいだに築くことができると信じており、当然のことながら、そう信じざるをなかった。インドのイギリス人下級兵士は、この結びつきにはほとんど関係のないものと見られていた。サー・ジョン・マルコム将軍が一八三〇年にインド総督であるウィリアム・ベンティンク卿に語ったところによると、

最もよくある誤りは、［白人部隊が］先住民軍に対する抑止になると考えることである。白人がそのようなものになったことも、これからなるということも決してない。……抑止の必要性は不信の存在を意味しており、侮辱的である。ただひたすら信用することによってのみ、インドの先住民軍に有能性を発揮させ、政府に愛着を持たせることができるのだ。[78]

この論理の道筋に完全に従うかたちで、ベンティンクは一八三五年にインド人部隊に対する鞭の使用を廃止したが、一方で、インドのイギリス人兵士の背への鞭の行使は引き続き認めた。彼の議会での説明によると、インド人兵士はイギリス人兵士よりもはるかに素行がよかった。しかし、ベンティンクが指摘したように、彼らは数の面でもはるかに勝っていた。

彼には、二万人の〔原文のまま〕罰を受けて当然の者たちを怒らせないために一五万人が〔原文のまま〕……体罰を受けなければならない理由がわからなかった。[79]

史上前例のない規模で今や世界的な帝国活動を行っているイギリスのような小国にとっては、単なる人種ではなく、人数が重要であった。

帝国の兵士たちについての見方を改める

イギリスの世論においては、ベンティンクの改革は、彼が思ってもみなかった意味で決定的なものとなった。一年後の一八三六年、当時のホイッグ政権は軍隊における鞭打ちについての議会喚問をしぶしぶ認めた。ある政治家によると、ベンティンクが主導して、最終的には「その体系は覆される」こととなった。イギリス人兵士がいくつかの点でアフリカ奴隷と同様の扱いを受けることは長らく当たり前のことだった。彼らは、今や、インド人兵士よりもかえってひどい状態に置かれることになりそうだった。ある議員は、

われらが同国人の性格や習慣や気質には、インドの現地人に対してはなすべきとお考えになった配慮をするに値しないと思わせる何かがあるのでしょうか、

と質問した。また、アイルランド人急進派のダニエル・オコンネルは、帝国部隊における同郷者の存在感の大きさを念頭に置きながら、なぜ鞭が「黒人の中でさえ用いられなくなったのに、イギリス人兵士の背には用いられ

る」べきなのか、と詰問した。(80)

こうした思わず発せられた質問の背後には人種の違いをもとにした前提があることは明らかである。オコンネルの「黒人の中でさえ」という言い方は多くのことを語っている。しかし、オコンネルらが明らかにした逆説は、現実に存在する厄介なものであった。近世のイギリス国家には、労働者階級の民間人たちに鞭をふるうという習慣はなかった。十八世紀最後の四半世紀から十九世紀はじめの四半世紀にかけて、政治家や国民は黒人奴隷に対する体罰の使用についてますます大きな良心の呵責を覚えるようになっていた。しかし、この同じ時期、イギリス自身の兵士を統率し威嚇するために、鞭がますます使われるようになっていた。この矛盾はしばしば見過ごされてきたが、それはおそらく、兵士たち、特に帝国圏の兵士たちに、過去に彼らに対してしばしば向けられた見下したような態度や軽蔑と同じようなものが今も向けられているせいである。これらの者たちは暴力的で、無学な者たちだった。彼らは鞭打たれた。だからどうした、というわけだ。しかし、これらの兵士たちが自国によってどのように見られ、扱われたかということは、イギリスの最も激しい帝国活動の時代の理解にとってきわめて重要である。

一七五〇年代以降、そして一七九〇年代以降はいっそう活発に、イギリスの軍隊は人数を増やしながら海外で活動し、前例のない早さで帝国の地理的規模を変容させていた。世界規模の侵略が特に激しかったこの一七九〇年代以降の時期に向けて備えていこうとする政治的意思は、イギリスの人口が急速に拡大していなければ、また、急速に拡大していると当時認識されていなければ生じなかったであろう。ここにきて初めて、イギリスには十分な数の若い男性がいて、余ってさえいるということが広く認識されるようになった。戦争や帝国のために、イギリス自身を弱体化させる恐れなく若い男性を雇ったり選出したりできるようになった。しかし、実際は、それほど単純ではなかった。連合王国の人口は今やこれまでになく増加しつつあったが、人口や軍隊は他のヨーロッパ列強と比べればいまだに小さかった。それゆえ、世界の多くの地域にかつてと同じく決然と侵入していくためには、イギリス国家は、ヨーロッパや非ヨーロッパ地域の敵対者に関してだけでなく、イギリス自身の人的資源に関しても並はずれた決意と暴力に訴えざるをなかった。あまりにもよく言われることだが、一七七〇年頃から一八四〇年頃にかけてのあの有名なイギリスの先駆的産業化時代の特徴は、本国において、労働者がより情け容赦なく組織的に扱われたことである。同様に、イギリスの海外帝国における同時代の特徴は、海外に駐屯する自国白人兵士に対するより計算された、妥協のない、しばしば野蛮でもある懲罰だった。少数派の赤い軍服組はかつてないほど容赦ないやり方で統制され、これらの兵士たちは、勝利のために文字通り鞭打って働かされたのである。

彼らは、イギリスの帝国活動にとって不可欠な存在であったにもかかわらず、見下されたり、責められたり、非難されたりすることもしばしばだった。また一方で、これらの軍服を着た虜囚たちの経験は、帝国は人種的概念や人種的アイデンティティを強化するだけでなく、混乱させることもありえるということを実証している。非ヨーロッパの他者との接触は、イギリス人の連帯の確かさを決して明白かつ一意的に強化してくれるものではなく、ヨーロッパ人の連帯についてはなおさらだった。それは、白人移住者のあいだにすでに存在していた区別や緊張をさらに鋭く浮き立たせることも多かった。東インド会社やイギリス当局は、インド人セポイに対していくつかの点で（そして、土地持ちで、商売に携わる、インドの上流のエリートに対してはさらに）、そうするしかなかったからではあるが、自国の労働者階級出身の白人兵士に対するよりも親切で敬意のこもった扱いをした。同時に、インドとの接触は、他の帝国の任地との接触と同じく、白人兵士自身を試練にさらし、変化させ、ときには疎外することになった。少数の者は敵に寝返った。脱走した者はそれより多かった。自分は奴隷なのだと感じたり、自分を鞭打つ支配者にさまざまな方法で食ってかかったりした者たちはさらに多かった。一八四〇年代から五〇年代にかけてインドに駐留した一人のイングランド人兵卒の匿名の日記では、インド人たちを貶めるよりも、冷淡な上流階級の同国人を激しく非難するために多くのスペースが割かれている。この男が憎んでいたのは「われらが生まれた島の上流階級の者たち」であり、さらには、彼が「口ばっかりの紳士たち」と呼んでいたイギリスの中流階級の改革者たちであった。この改革者たちは、彼のような一般のイギリス兵の扱いよりも口のきけない動物たちへの虐待に関心があるように見えたのである。(81)

この種の怒りによって、不満を抱いた帝国の兵士たちが急進的な政治運動のような方向へ向かうことは、滅多になかった。また、このように考える兵士たちが周囲の現地人に共感するはずもなかった。「インドでは将校の犬の世話係ほども重んじられていない」という感覚から、白人兵の側に人種的偏見が募っていくことになった可能性もある。(82)海外における軍服を着たイギリス人虜囚たちは、自国の貴族や裕福な中流階級に対しては、怒りや、欲求不満や、倦怠感をいかにぶつけたくともできなかった。逆に、身体的であれ、口頭であれ、心の中だけであれ、おこがましくも「先住民」と呼んでいた人びとを攻撃するのは簡単すぎるほど簡単だった。

しかし、これらの兵士たちを単一的に捉えたり、上層部の者たちが述べる彼らの特徴を鵜呑みにしたりする罠に陥るべきではない。イギリス人将校たちは下級兵士たちの不適切な人種的偏見を常に非難しており、多くの場合で非難は疑いなく正当なものであった。しかし、一般兵士を野卑な人種差別主義者だと非難するのもまた、これらの者たちを教育のない人でなしと捉えるエリート的理解の結果である。この点や、そのほかの点においても、帝国兵士を他のサバルタンたちと同じく、できる限り彼ら自身に由来する資料から捉え直し、彼らの多様性を理解することがきわめて重要である。(83)さらに、彼らを本国の同じ階層の民間人と並列させて考えることも避けてはならない。十八世紀後期から十九世紀初期にかけての海外のイギリス帝国の長所や短所を評価するにあたって理解しておかなければならないのは、帝国の白人の陸兵や水兵たちは、本国において識字率を高め、治安を紊乱することが増え、多くの場合で政治的により活発になりつつあった社会・職業集団の出身者たちであったということである。この時代、帝国の白人兵士を管理することは、イギリス国家にとって、ときに、本国での秩序を維持したり、海外で現地人を支配したりするのと同じくらい厄介なことであった。

しかし、一八三〇年代までには、帝国兵士についての見方は国内でも国外でも見直されるようになってきていた。これらの兵士たちの身体的・精神的福祉に対してより積極的な配慮がなされるようになり、兵士の子どものための学校や、駐屯地の病院、連隊用図書館、レクリエーション設備、軍用礼拝所、そして（比較的）清潔な住居といった施設が増加した。一八三〇年代の終わりまでには、海外のイギリス人兵士の死亡率は、インドのような熱帯地方においてさえ大幅に下がっていた。そして、一八四〇年代の終わり頃には、兵士を海外に滞在させることのできる年限が定められるようになっていた。[84] また別の大きな変化もあった。鞭の行使は継続していたが、陸軍（そして、王立海軍）での鞭の利用は、海外でもイギリス自体においても大きく減少していた。一八二二年にはバミューダに駐屯していたイギリス人兵士の五人に二人が鞭打たれた経験があった。一八三六年までには、帝国のこの地域で鞭を受ける兵士の割合は一〇〇〇人のうち五人を下回り、他のイギリスの植民地や海外基地においても同様の劇的な減少が見られた。[85] ベンティンクの統治にも関わらず、一八三五年にはインドでも白人兵士の鞭打ちは、地域によっては東インド会社のセポイに対する鞭打ちほど急速ではなかったが、著しく減少した。

一八三〇年以後のイギリスの帝国兵士の状況改善には、それに先立つ数十年のあいだの著しい無秩序状態がそうであったように、国内での社会的、政治的、宗教的そして経済的変化の海外への延長という部分があった。当時、イギリス本国では産業大都市圏が拡大しつつあったが、そこにいる労働者階級の状況を改善（そして、管理）しようとする関心の高まりと、在外軍の福祉（そして、規律）を改善しようとする努力とのあいだには明らかなつながりがあった。たとえば、一八三〇年代までに、イギリス政府は在外兵士たちに本や新聞を慎重に選んで支給するための年間助成金を出すようになっており、東インド会社やさまざまな慈善団体もそうだった。「彼らの精神を陶冶し、放蕩な傾向を減じ」ようとするこの運動の結果、ベンガルや、ボンベイや、マドラスその他の、イギリスが帝国事業に取り組んでいた地域の下級兵士たちは、大量の宗教上の小冊子や、地理や自然史についての書籍、また、イギリスの過去や現在の心揺さぶる物語を入手することが可能であった。彼らは『ロビンソ

ン・クルーソー』のような小説や、――ぴったりではあったが――『危険と虜囚状態』と題された書物も受け取った。(86)

他の点でも、当時のイギリス国内の状況と、帝国における状況とのあいだには緊密なつながりがあった。帝国兵士の生活状態は本書が扱う期間の終わりである一八五〇年までに明らかな改善が見られたが、これはこの時期までのイギリス経済の浮揚に負うところが大きく、この経済浮揚は国内の労働者階級の福祉も同様に変容させていた。今や、雇用機会の増加や収入レベルの上昇が見られ、鉄道建設は活況を呈し、大規模な工場生産が広まりつつあったので、労働者たちを軍隊に勧誘するのは以前よりもずっと難しくなっていた。その結果、イギリス国家はそうしたいからという理由だけでなく、そうせざるをなかったために軍人に対してより多くの配慮をするようになった。一般のブルーカラー労働職の雇用機会が増加すると同時に連合王国の労働者階級の国外移住の割合も増加していたので、軍務はより魅力的なものとしなければならなかった。一八四五―九年のアイルランド飢饉はこの傾向をただ強める結果となった。この飢饉は、その後のアイルランド人の国外移住の急増とも相俟って、インドその他の帝国軍がそれまで大きく依存していたプロテスタントやカトリックのアイルランド人新兵の数を――ゼロにしてしまったわけでは決してないが――非常に大きく減少させることになった。おそらくはこれもまた、イギリスがそれまで放置していた兵士たちに対して以前よりも配慮や心遣いをしなければならなくなった理由の一つであろう。

これらすべてがこの本を通して私が議論してきたことの重要性を示してくれている。つまり、イギリスの歴史やその海外でのさまざまな冒険的事業の歴史は個別にアプローチしても十分ではないということだ。良かれ悪しかれ、それらは結びついている。一方では、さまざまな大陸に派遣されているイギリス人兵士の扱いには、実際には帝国の現地人兵士の扱いもそうだったが、イギリスの国内状況の影響があった。他方、アフリカやカリブ海地域の黒人やインドのセポイの労働条件は――前に見たように――軍人であれ一般人であれ、イギリス自身の労働者をめぐる議論に影響を与えた。庶民レベルにおいては、他の社会階層でもそうだが、今や世界は相互に繋がりあった世界となっていた。

それはまたイギリスが今や議論の余地のない超大国となった世界でもあった。一八三九年、ヴィクトリア女王の地理学者であったジェイムズ・ワイルドが出版した地図は、イギリス帝国の広がる範囲が三〇〇万平方マイルほどにもなると示していた。彼の主張では、その規模はスペイン帝国の二八倍、フランスの帝国の四〇倍だった。[87] これらの数値は疑問であるが、小さな島国が地球上のこのような広大な範囲をどれくらい本気で支配し、維持できたかというと、同じく——なお一層——疑問である。しかし、ワイルドの作成した地図をほんの一例として、イギリスの帝国の勢力範囲の広大さについての意識の高まりは、帝国兵士に対する見方を変えることになった。これらの兵士たちを——不用意にでさえ——人でなしだとか、ごろつきだとか、不品行な除け者だとか、人間のくずだなどと呼ぶのは今やきわめて不適切だと思われた。というのも、これらの兵士たちにこそ、この膨張した帝国は実質的に頼らなければならなかったからである。ヴィクトリア時代が進むにつれて、軍服姿のイギリス人虜囚たちに対する一般の同国人の見方はますます大きく変わり、「これ見よがしなほどにキリスト教徒らしい軍隊」、海外のわれらが勇敢なる者たち、と見なされるようになった。[88]

しかし、世界的大国というまったく不慣れな立場をくつろいで受け入れ始めた頃、イギリス人たちの多くは、海外での危険で予想のつかない対立や衝突の時代が過ぎようとしているという希望を抱いた。彼らは自国の領土の小ささと人口の少なさという長らく続いた束縛からとうとう逃れた、もしくはそう見えた。今やたしかに、イギリスは真剣に戦いを挑むことができないほど強く、海外での虜囚経験のトラウマにこれ以上悩まされることがないほど恐ろしい存在となった——と、彼らの多くはあえて信じることにしていた。この点において、彼らは正しくもあり間違ってもいたのである。

終章　アフガニスタンへ、そしてその先へ

さらなる虜囚、さらなる物語

世界最強の国家にとって、その秋にアフガニスタンを攻撃することはたやすいことだった。アフガニスタン侵攻は、たいてい容易だ。たしかに、今その名前で通っている地域は、十一月から四月まで続く容赦ない冬と、ヒンドゥークシの高い山々と、そして中核地域の北、西、南方の半砂漠状態によって守られてはいるが、そのような気候と地勢による厳重な防備も、人を引き寄せる呪われた位置の前には、数世紀のあいだほとんど意味を持たなかった。アショーカ王の治世から、亜大陸に近いせいでこの地域は歴代のインドの支配者の野望にさらされてきたが、他方では、アレグザンダー大王の時代から、インド半島に対して野心を抱く強国は、いつも決まってアフガニスタンを軍隊の出入口や集結地点と見なしてきた。貧しく、埃っぽく、さまざまな民族が混在し、しばしば驚くほど美しいこの地は、それ自体の様子のためよりもむしろ、それがどこに位置するのか、そして隣人が誰なのかということのために、侵略され慣れている場所だ。

新たな侵略者も、まさしくその典型的な一例だった。戦闘で、そして食料と避難場所を断たれて数千人が亡くなったが、それでも彼らは、アフガニスタンの民衆と戦っているわけではないと主張した。侵略者はまた、アフガニスタンの領土の永久的で大規模な併合を求めているわけではないことも——この場合はかなりの真実を伴って——主張した。戦う相手は、侵略者自身の利益と安全を脅かす現在のカブールの支配者だった。武力政変《クーデター》が強引に推し進められ、別のもっと好ましい人びとがカブールをしっかり統治してくれれば、侵略者はすぐにでも満足してそこから撤退するつもりだった。そして、その通りに——最初は——なった。そして、この革命が容易かつ迅速に成し遂げられたように見えたので、侵略者は、政変がアフガニスタンの大衆に支持されたという思いを強めることになった。

一八〇〇年まで、イギリス人はアフガニスタンのことも他の中央アジアのこともほとんど知らなかったが、インドでの支配力が増すにつれて、案の定、この方面に対する彼らの好奇心と渇望も増大した。ナポレオン戦争のあいだ、イギリス政府は、フランスがアフガニスタン経由でインド北部に侵入して帝国の最も豊かで人口の多い地域を不安定化させるのではないかと心配していた。イギリスは、インドへの足掛かりとしてアフガニスタンを利用しようとするヨーロッパの敵を恐れていたが、ワーテルローの戦い以後になると、その恐怖の対象は自国軍よりはるかに大規模な軍隊を持つ別の大国、すなわちロシアへと移っていった。一八三七年、すなわちヴィクトリア女王の即位の年に、ペルシャは、ロシアに促されてアフガニスタン西部のヘラートを包囲した。これで十分だった。翌年末にインド総督オークランド卿は二万一〇〇〇人の進攻軍、すなわち、インダス軍という大仰な名前の軍隊をアフガニスタンに送ることを命じた。公言された目的は、元の国王、すなわち三〇年間亡命中のシュジャー・アル＝ムルクを復位させ、ロシア寄りの、少なくともあまり親英的だと思われない現王ドースト・ムハンマド・ハーンを追放することだった。一八三九年八月には政変が達成され、シャー・シュジャーはカブールに戻ってきた。帝国がすっかり過去のものとなった後で他の国々がようやく知ることになる事柄にイギリスは気づ

67　アフガニスタンで捕らえられたイギリス人将校。アフガニスタン人のスケッチをもとに、ロマンティックに描かれた1844年の版画。

かされたが、後の祭りだった。アフガニスタンを侵略するのは比較的容易だった。だが、そこにとどまること、そして変化を強要することは、容易ではなかった。(1)

シャー・シュジャーの応急措置的な政治体制を強固にしたいと思い、進攻軍の一部がカブールにとどまった。労働者階級の白人兵の大半にはもちろん認められなかったことだが、この軍の五分の四を占めるインド人兵の大半は妻子を連れてくることをすでに許されていた。今や、カブール残留組のイギリス軍将校でインドに家族がいる者は、自分たちのもとに呼び寄せてくつろぎ始めた。彼らは交際の予定をたて、競馬場を建設し、クリケットをし、素人芝居にふけり、園芸コンテストを開催し、現地人と闘鶏に興じた。彼らはまた、この町に営舎を建設したが、すぐ壊れそうでいいかげんな代物だった。例によって金と人手は枯渇し、カブールの要塞はいい加減な造りとなり、食料と弾薬の貯蔵所を宿営地の防壁の外に置くことが認められた。それで一体どこがいけないのだろうか。一八三八年の軍事作戦の当初から一八四〇年までのあいだにアフガニスタンで死亡したイギリス人将校はわずか三四人で、このうち戦死したのはわずか五人だった。精巧で金のかかる要塞は無用に思われた。侵略者側の技術的優位が認められていること、アフガニスタン人自らが歓待してくれていること、部族が分断されていることが、十分な防御となっているように思われた。だが、一八四一年に状況は変化し始めた。(2)

このとき起こったことは従来、イギリスの受けた尋常でない屈辱として、すなわち、現地の個別的で特異な要因のせいであれよあれよという間に手の施しようもなく広がった小さな帝国戦争として説明されてきた。(3)一八四一年を通じて派遣軍とアフガニスタン部族集団のあいだの関係は悪化し、待ち伏せ、暗殺、死亡率が増加した。ラマダン月の十一月に、カブールで暴動が起こった。宿営地は六〇日以上にわたり包囲され、無力な砦が崩壊するのと同時に、防戦に努めるインド兵の、そしてもちろんイギリス兵の士気と統制も崩れ落ちた。十二月末にイギリスは降伏し、一八四二年一月に、約四五〇〇人のイギリス兵とインド兵に加え一万二〇〇〇人の軍随行者がカブールからジャララバードへの一一六マイルの距離を歩いて移動し始めた。二月には、男も女も子供も大半が死んだ。風雪と凍傷によって、あるいは飢餓や病気によって死ぬこともあれば、人気のない雪道を下るうちにどんどん細い谷や峡谷に追い込まれ、追い込まれた先で、山の上に陣取ったアフガニスタン部族民から一方的に撃たれることもあった。だが、死なない者もいた。よく知られているように、捕らえられた者もいた。

このようなことがさまざまなやり方で、さまざまな段階に起こった。一八四一年の十二月に、勝ち誇ったアフガニスタンの武将たちは「イギリス軍は支配下にあり、そうしようと思えばいつでも完全に破壊することができる」と発表し、六名の既婚の陸軍将校とその妻を人質として引き渡すことを要求した。関係するイギリス人将校の中には、ムスリムの軍人に（そして、その結果として、彼らの想像では、ハーレムへ）委ねるぐらいなら妻を撃ち殺すと脅しをかける者もいたので、代わりに六名の独身将校を渡すことが認められた。[4] 後に、インド人とイギリス人の両方の女性と子供がジャララバードへの退却時に誘拐され、永遠にアフガニスタン各地の村々に姿を消したが、インド人のセポイの中には——そしてイギリス人男性の中にも——捕らえられ、カブールの市場で奴隷として売られる者もいた。[5] 非常に劇的なことであったが、イギリス本国の世論においては、雪、氷、弾丸の中を退却する人びとが大勢亡くなり始めたからには、イギリス人将校の妻をその夫や負傷者の一部とともに引き渡すべしというアフガニスタンの提案が、彼らの生存を保証する唯一の方法かもしれないとして支持を得た。一人のイギリス人女性は後に、どのようにして他の人びとと要塞に連れて行かれたかを描いた。

三室が私たちのために空けられており、互いの部屋への小さなドア以外に出口はなかった。そして部屋はもちろん暗くて汚かった。私が属していた一団は、トレヴァー夫人と七人の子供、ウォラー中尉夫妻と子供、スタート夫人、マイン氏、私自身、兵士の妻であるスミス夫人とバーンズ夫人、そして第一三連隊の兵士ストーカーの息子で、その子は、丘陵地に彼を連れて行こうとした人びとから救い出されてきたのだが、母親のものと思われる血を浴びていた……。私たちの部屋の広さはせいぜい縦横一四フィート×一〇フィートほどだ。

全部で何人が捕らえられたのかは、決してわからないだろう。だが、イギリス人に関する限り、三二人の将校と五〇人以上の兵士、二一人の子供、そして一二人の女性が一八四二年九月に生きて同郷人に引き渡された。[6] それよりかなり前から、非常に高い割合の虜囚が執筆を始めていた。

彼らがそうしたのは、ありふれた理由からだった。当初は生き延びることが「本当に大変疑わしい」と思われ、出来事に関する自らの見解はもちろんのことだが、自分自身の痕跡を残したかったので書いた者もいた。(7) 先人たちと同様、これらの虜囚が書いたのは、プロテスタントの文化が深く根づいた場所で彼らが育ったためだった。この文化は書き言葉を重視し、彼らに特異で辛い試練に対する覚悟と究極の救済を信じる心を与えたのである。ある者は次のように走り書きしている。

神が、長年にわたりわれわれに逆境の厳しい試練を与えることを望んだのだ。だが、道の上にかかるすべての雲に神の慈悲の虹がくっきりと輝き、われわれに絶望することを禁じ、われわれが神の御加護の対象であることを思い出させる。(8)

その年が進み、別の軍隊がインドからカブールへ出発して救出と復讐に向かうと、これらの虜囚のさらに多くが自らの苦難、感情、冒険について書いた。というのも、イギリスへの帰還とそれについての書き物の出版が今また可能なことのように思われ、彼らは――他の非常に多くの者がしたように――出版と束の間の名声の期待にしがみつこうとしたからだった。

このことはレディ・セイル、すなわちサー・ロバート・セイル将軍の妻のフロレンティアについてはたしかに当てはまる。(9) 彼女が書いた虜囚体験記『アフガニスタンの惨事の日誌』(一八四三年)はベストセラーとなり、その原稿や活字となった言葉は大臣によって暗唱され、国会で引用され、ヴィクトリア女王によって熟読された。彼女は、カブールのイギリス軍駐屯地が包囲される前からどうやらすでに日記を書き始めていたようだ。いったん状況が悪化すると、彼女はできるときにはいつでもメモを取り、それを服の下の、腰に巻きつけられたバッグの中にしまった。帝国軍人の世慣れた妻、そして有刺鉄線のようにタフなフロレンティア・セイルは少なくとも、たとえアフガニスタン人の手中に落ちたとしても、自らの貞節は――したがって文書も――無事に保たれるだろうと確信していたように思われる。執筆に当たっての彼女の当初の意図は、のちに彼女が主張したところによると、軍人である義理の息子(退却中に死亡)に、戦争の本格的な記述を提供することだった。だが、この驚嘆すべき、勇ましい、偏狭な、非常に利己的な女性、身内以外のほとんどの男性に我慢ができなかったこの女性はまた、自分の意見を聞いてもらい、時の人になることを望んでいたのではないかと思われる。初期ヴィクトリア朝の人びとにとって、フロレンティア・セイルはたしかにヒロインであり、海外での軍事活動への自身の貢献に関連して、そして、フローレンス・ナイティンゲールに先立つ人物として、全国的な名声を得た史上初のイギリス人女性となる。だが、アフガニスタンでの虜囚仲間にとって、フロレンティア・セイルと彼女の執拗な話題探しは苦痛であり、ちょっとした笑い種だった。一八四二年六月にウィリアム・アンダーソン大尉は、夫人が紙と鉛筆を手に持ち、監視がゆるい彼女自身の部屋から自分たちの部屋へ舞い戻ってきた後、「もっと詳しい話を聞き出そうとしてレディ・セイルがロレンスと兵士たちのところに来ている」と、不満を述べた。アンダーソン自身、「昨日彼女に作り話をしてやった」ばかりだった。(10)

68　囚われの身のフロレンティア・セイル。ターバンでシラミのたかった髪を覆っている。

アンダーソンの口調の背後には、個

人的な憤激と男性的横柄さの要素だけでなく、文学的な競争意識もある。これらの虜囚の多くが教育を受けた者であったことから、また、シラミを殺したり、自身や互いの悪臭に耐えたり、そして既婚女性の場合には子供を産むこと以外にすることもないまま、非衛生的ではあるがそれなりに良好な状態で何か月間も閉じ込められていたことから、物語を書くことが、彼らのあいだに広く行き渡った習慣、そして競争の激しいビジネスとなった。現在まで残らなかったテクストもあるようだが、一八四一年から四二年にかけてアフガニスタンで虜囚となった少なくとも一二名のイギリス陸軍将校が物語を書いたことが諸々の言及によりわかっている。[11] 帝国戦士の中には平時または有事に本能的に執筆を始めた者がいたが、アンダーソン自身も、これまでの東インド会社の軍人と同じく、その一人であった。彼は、コレラにかかったときやサソリに刺されたときの治療法、疲れた馬用の塗布剤の準備法、スエット・プディング等の懐かしいごちそうのレシピといった、同業者に役立つ情報を常日頃からノートに書きとめ、それをアフガニスタンに持ち込んでいた。いったん虜囚となると、アンダーソンは、この手作りの自助マニュアルを逆にして裏表紙に「プライベート」と書き、右側のページにイラスト付きの日記、左側のページに訓練を受けた通りの非主観的観察という具合に、整然と自らの物語をペンで書き始めた。

レディ・セイルだけでなく何人かの女性の虜囚もまた、帝国と軍隊の活動の真っただ中にいるという、すなわち、「現場の状況を自ら判断できる」という滅多にない機会に、ペンと鉛筆と紙で自ら応えた。彼女とともに監禁された匿名の女性は、「私たちの一団は物書き熱に取りつかれ、誰もがカブール暴動における『たった一つの真実、詳細な報告』を書くのに夢中になっているように見えた」と記録した。この女性はまた、以前の多くの虜囚の語り手と同様、周囲の書き手たちの何人かがいかにいろいろなでっち上げの手段を用いたかということも書き記した。「日記には、実際よりも古い日付が記入され、その時期に書かれたメモの調子や特徴を装わされた。最も記憶力のいい者か、でっち上げに長けた者が、この作業において最も成功を収めることになりそうだった」。[12] 軍人や非軍人による、そして男性のみならず女性による、このアフガニスタンでの惨事をを題材とした非常に多

69　ウィリアム・アンダーソンの虜囚体験記に描かれた彼の居房

くの多様なテクストは――あるレベルでは――この時点までにイギリス人が海外の虜囚危機にいかに慣れていたのか、そして、いかに自動的にそれらをさまざまな種類の散文に変えていたのかということに関する決定的な証拠となっている。イギリス人には以前にもこのような状況に陥った経験があった。そして、怒り、屈辱、退屈、恐怖の中で、彼らは何をすべきか知っていたのである。

同じままだったこと、違ったこと

ある意味たしかに、アフガニスタンで起こったことは、イギリス帝国の観点から見れば少しも逸脱したことではなかった。本書で取り上げられているどの虜囚危機にもあったように、ここでも特有の要因があった。老人に対する偏見を打破すべく、大胆だがこの場合はお粗末な判断によりカブールに派遣されたイギリス司令官エルフィンストン将軍の頼りなさなどがその一例だ。だが、このような人目を引く愚かさが当時の痛烈な批判を呼び、以後もこのアフガン戦争に関する小説や歴史書で諷刺の対象とされてきた一方で、そういったことだけに焦点を絞ることは、もっと重要で永続的な問題や失敗や傾向を軽視することにつながる。

このアフガニスタンのエピソードにおいて明白なことは、一六〇〇年代にはすでに存在し、二五〇〇年後になってもなお一定の状況下で問題となりうる、イギリスの支配力におけるある種の制約だった。一八四〇年現在でも、イギリス人は兵士の総数と動員の可能性に関して重圧を感じ、軍事面で苦しむことがあった。アフガニスタンは陸に囲まれているので、王立海軍の可航距離や射撃能力はほとんど重要ではなく、それゆえ負担は陸軍、すなわちイギリスの長年の泣き所にのしかかった。「ロシア人は数十万の軍隊と莫大な富を持っていると言われていた」と、イギリスのために戦ったセポイのシータ・ラムは、この危機の前に聞いたことを記録した。ラムによると、その結果、彼の仲間にもイギリス人の中にも東インド会社による支配の崩壊を予想する者がいた。「イギリス政府《サーカー》の支配の終わりが予想された。というのも、当時インドにいたヨーロッパ人のわずか一二――一三連隊で、どうすれば敵に抵抗できただろうか(13)」。

これは、実際には、この時点までにインドにいた白人兵の数を過小評価するものだった。とはいえ、事実として当然のことながら、インダス軍の兵士の大半はイギリス人ではなく、シャー・シュジャーを支持するアフガニスタン人であり、何よりもまず、東インド会社軍出身のインド人の騎兵隊と歩兵隊だった。危機が訪れたときに、これらの「忠実なアフガニスタン人」は信頼できないことが証明されたが、一方のインド人兵士もまた、育った環境ゆえに極寒にはまったく不慣れで、その寒土に早々と屈服した。十九世紀の帝国主義者には圧倒的な技術的優位があったと今でも普通に考えられがちだが、そのようなものを実際にイギリス人が有していたなら、平然としていられたのかもしれない。しかし、彼らはそうではなかった。アフガニスタンは、本書で取り上げた他の虜囚危機が示していたことを、さらにもう一度例証する。すなわち、一八五〇年までは、そして陸上戦では、高度に組織化された西洋諸国とその他の国々との技術格差は――それが現に存在しているときであっても――常に当てにできるものではなく、また、最終的に決め手とはならないことがあった。一八四一年のカブールでは、イギリス人の方がはるかに優れた大砲を圧倒的に多く所有していたものの、アフガニスタン人の方がよいライフル銃を持っていたことと、後者の射撃の腕前が上回ることが多かったという事実によって、その効力を封じられた(14)。

そしてまた、カブール駐留時やその後の退却時にイギリス人のあいだに起こった士気と結束の喪失のようなものは、一六七〇年代から八〇年代にかけてタンジールで不承不承任務についていた守備隊のあいだでもよく起こっていた。カブールでも、タンジールでのように、連隊の支払いはひどく遅れることがあり、一部のイギリス人兵とアイルランド人兵との緊張が表面化し、兵士の中には、任務を放棄しようとしたり、ただ単に拒絶したりする者もいた。これらの軍規違反者は概してインド兵ではなく劣等白人《プア・ホワイト》のイギリス兵とアイルランド兵だったということは、本書の読者にとっては驚くにはあたるまい。あるイギリスの雑誌はカブールでの大敗に関して、「セポイだけが、最後まで実直に行動したように見える」、「ヨーロッパ兵には、規律と当然の忠誠心の嘆かわしい欠如を示す証拠が山ほどある」と糾弾した。「われわれの軍務につく原住民の兵士は、しばしばヨーロッパ人よりも、勇ましさとひた向きさを持って行動した」と、スコットランド人ジャーナリストは認めた。[15] アフガニスタンは実際、「勇敢なセポイは……われわれの優秀な義勇農騎兵団とまったく対等に、持ち場を守る」という、イギリス人エリート政治家や軍人のあいだにあった意見が正しいことと、その一方で、イギリス人とアイルランド人の兵卒の大半は著しく劣った連中であり、決して帝国にとって貴重な人材ではないことを立証した。[16]

このことが暗示するように、いまだに、帝国を実現することに携わるイギリス人は決して一枚岩ではなかった。本国の小ささは、目を見張るほど強力な国家によって、そして他に先んずる、かつてないほど積極的な集団的国家イデオロギーによって補われたが、それでもイギリス人はその特徴として今なお、海外事業で表出した非常に多くの内部分裂を抱えていた。ヴィクトリア朝初頭のこの時期でさえ、同国人のあいだでの分裂、つまり、社会階級の分裂、宗教の分裂、言語や厳密な出身国の分裂、そしてジェンダーの分裂は、イギリス人と特定の非ヨーロッパ人とのあいだの違いよりもときおり耳障りでひどく目立つことがあった。

アフガニスタンでも、一六八〇年代のタンジールや一七八〇年代のマイソールにおけるのと同様、敗北と虜囚は、イギリスの軍内部が大きく割れる分断線となりえた。一八四二年一月にイギリス軍が哀れな隊列を組んでカブールから撤退する際に、アフガニスタン人リーダーたちは複数名の将校の妻を要求して受け取ったのだが、夫は進んで妻に同行したようだ。そうすることによって、彼らは、自分たちの指揮・監督下にある下級の者——インド人だけでなくイギリス人も——の運命を天に任せた。生き残った一人の下士官が苦々しく思い出したように、前方の兵士がそのとき「将校たちは、人のことはどうでもいいのだ。先に行きたいのなら、行かせてやれ。

われわれは、後方の仲間がやって来るまで、行軍をやめよう」と言った。[17]

そういうわけで、これらの白人サバルタンは待ち、そしてその大半が死んだ。虜囚の経験と、それによって生み出された書き物は、イギリス本国の貧民層と特権階級の格差を強烈に露呈した。その頃から大部分の原稿と出版物は、囚われた将校の妻を決まって「レディ（ladies）」と呼ぶ一方で、それ以外の女性に言及するときには「女性（women）」あるいは単に姓で表現されている。将校でない者の女性家族の中には、記録から完全に削除された者もいる。われわれは、少なくとも二人の兵士の妻、すなわち、ミセス・バークとミセス・カニンガムという名の女性がいたことを知っている。この二人は、カブールからの退却時にアフガニスタンの部族民に捕らえられ、二度と戻ってこなかった。その代わりに、この女性たちは死ぬまでアフガニスタンにとどまり、新たにイスラム教徒の、すなわちアフガニスタン人の夫を受け入れた。彼女たちの思い出はアフガニスタンの民間伝承の中に残り、異教徒の侵略者に対するイスラムの勝利——そしてアフガニスタン人男性の男らしさ——の証拠として大切にされている。だが、イギリスの当時の（そしてそれ以後の）ほぼすべての書き物は、これらの女性のことも、同様の運命をたどった他の女性たちのことも黙殺した。[18]

だが、同時代の記述の大半は、アフガニスタンにおける虜囚の経験が——他の虜囚危機と同様——どのようにイギリス人のアイデンティティをときにひずませたり変えたりしたのかを認識している。いつもそうだが、最も影響を受けやすいのは最も若い虜囚だった。アンダーソン大尉とその妻は、一八一四年に、十一歳の娘の「トッツィー」を数か月にわたってカブールのアフガニスタン人一家に奪われた。その娘は、両親の元へ戻されたときに、今や両親の顔を見て異教徒と呼び、「完全に英語を忘れており、ペルシャ語しか喋れなかった」と報告された。[19] このような虜囚状態に巻き込まれた大人の中にも、変わってしまった者はいた。しばしば、イギリス人、とりわけイングランド人は、外国や帝国の風土にさらされても、頑として、そしてこれ見よがしに故郷の習慣や仲間にしがみつくと言われる。言ってみれば、ブラック・タイかパールを身につけ、頑固一徹「ジャングルで、晩餐に」ローストビーフを食べるのだ。だがこれは、国家や帝国の新しく厳選された神話だ。本書の無数のエピソードが示すように、十七世紀から十九世紀初頭にかけて、さまざまな非ヨーロッパ人に囲まれたイギリス人の中には、相手に順応し、融合した者もいた。同様のことは、一八四〇年代のアフガニスタンでも、いくぶんかは当てはまり続けた。

この点に関して、虜囚の二つの非常に異なる肖像画は検討するに値する。一つは、インド総督オークランド卿の非常に聡明な妹で、彼の大邸宅の女主人をつとめたエミリー・イーデンという女性の作品だ。彼女は一八四一年六月に、地位を追われたアフガニスタンの王ドースト・ムハンマド・ハーンと、彼の一族の三人の男性をモデルにして頭部の肖像を描いた。彼らは当時、イギリス人に捕らえられ、バラックポールで優雅な監禁状態に置かれていた。品位のある厳粛な顔つきをした黒い瞳の男たちは、凝った白いターバンと豪華な服を身につけ、あごひげをたくわえていた。そして、そのうちの三人が鋭く凝視する先は、ベールも被らずに――彼らの文化の観点から見ると――不作法極まりないやり方で肖像画を描くアマチュア女性画家から離れた場所だ。これらの別格の(間もなく勝ち誇って帰還することになる)アフガニスタン人の虜囚たちは、明らかに、周囲の状況に順応するつもりも、置かれた状況を認めるつもりさえもほとんどなく、しぶしぶ体面を汚している。これを、ヴィンセント・エア中尉が描いた、カブールのイギリス人捕虜の肖像画のいくつかと比較してみよう。自らの虜囚体験記が出版にこぎつけたら(彼は生き延びて初志貫徹した)、その挿絵にするつもりで描いたものだ。一人目は濃いあごひげをたくわえたイギリス人将校で、髪をターバンでまとめ上げ、室内履きの足を衣服から突き出し、あぐらをかいて、木製の収納箱にもたれかかっている。もう一人の女王陛下の将校は、外衣を肩にかけ、髪を縞模様の布でまとめ上げ、手にした精巧な水ギセルをふかしながら、裸足で立っている。もし知らなければ、誰もこれらの人びとがイギリス人だとも、キリスト教徒だとも、帝国の職業軍人だともほとんど思わないだろう。

70　四人のアフガニスタン人の虜囚。エミリー・イーデンによる水彩画。

71　バイグレイヴ大尉。ヴィンセント・エア作。

これらの二つの型の肖像画の相違には、境遇の違いからくる部分があった。ドースト・ムハンマド・ハーンと彼の一族はエリートの虜囚であり、表向きはバラックポールでの総督の客人だったので、しきたりが守られた。彼らのあごひげは召使によって整えられ、油を施された。また、従来通りの服装が手入れされて洗いたての状態で保たれた。一方、アフガニスタンのイギリス人虜囚はぼろを身にまとい、より厳しい状況に対処している連中だった。彼らの皮膚は日に焼けて褐色になり、カミソリや身づくろいに必要な物はほとんど手に入らず、元々着ていた服は着潰されたか、退却の際になくなってしまった。だが、これらの虜囚が描かれるに任せた様子の相違は、もっと根本的な違いだ。エアの絵のモデルとなったイギリス臣民の中には、それまでと違う新しい服や姿勢を積極的に受け入れている者がいることがはっきり見て取れる。エア自身が出版前に元々の絵に華々しさの要素を加えたのかもしれないが、その様子を、無遠慮にずうずうしく異文化に出入りする、自信に満ちた帝国主義者のふんぞり返った態度と解釈するのは誤りだろう。逆に、彼が最初にスケッチをしたときには、彼も絵のモデルたちも自分たちが負けたということは嫌というほどわかっていた一方で、帰国はおろか、自分たちが生き延びることになるかどうかもわからなかった。少なくとも、ある程度ではあるが、これらの絵は、変容を甘受し、哀れにも新しい環境に順応し、そして場合によっては、自分の意志で融合しようとさえする個人を描いた絵だった。このような率直さは、エアが実際にテクストや挿絵をロンドンで一八四三年に出版したときに、それらが数名のイギリス軍の高官から激しく非難された理由の一つだったかもしれない[20]。

72　虜囚にして芸術家。イギリス帰国後のヴィンセント・エア中尉。

本書が示してきたように、異質な環境に強制的にさらされたときのこのような柔軟さには、多くの前例があった。地中海で、北アメリカで、あるいはインドで繰り返し捕らえられたイギリス人は男も女も、行動、言語、外見、そして政治的・宗教的忠誠までをも改めた。しばしばこれは強制されて一時的に起こっただけだったが、永遠に、そしてある程度は自らの意志で起こる場合もあった。他の文化に直面したときのこのような順応性は、決して囚われの身になったイギリス人に限ったことではなかった。海外にいるイギリス人が奇妙で偏狭な習慣に固執するという決まり文句（「狂った犬とイギリス人は日盛りに外に出る」など）は、他のあらゆる決まり文句と同様、一部ではなくすべての証拠を踏まえたうえで、注意深く疑いの目を持って調べる必要がある。イギリス人は常に数の上では少ないので、もし仮に彼らの一部に実際、著しく無節操な性質がなかったとしたら、あれほどのスケールの帝国を築こうとすることはほとんどなかった――あるいは、望まなかった――だろうし、今日に至るまで熱心に海外移住を続けることもなかっただろう。

アフガニスタンで拘束されたイギリス人の場合、ある程度の適応や模倣は比較的容易だったかもしれない。なぜなら、彼らを捕らえた人びとはムスリムだったからだ。この点においても、一八四一年と一八四二年にここで起こったことは、昔の虜囚危機に似ていた。またしても、そして、モロッコやマイソールにおけるのと同様、イギリスの海外事業は、イスラム勢力によって減速させられ、妨げられ――このたびは打ち負かされた。またしてもイスラム教は、西欧の帝国に対抗する複数の非西欧の敵に、しばしば他の状況では見られない結束を与える力を示した。とはいえ、アフガニスタンでの出来事は、世界の他の地域の出来事と同様、一方のムスリムと、もう一方のイギリス帝国主義者とのあいだに、鮮明ではっきりした隔たりを見せることはほとんどなかった。イギリス人は一八三八年に侵略する際に、追放されていたムスリムの支配者と結託し、他のムスリムからの軍事支援を受けて、実行した。そして、たいていの場合と同様、イスラム文化との接触に関して彼らが記録に残した反応もまた、種々雑多で混乱していた。

この危機に巻き込まれたイギリス人は、自分たちと戦い、自分たちを打ち負かし、そして自分たちを捕らえたアフガニスタン人のことを、野蛮人、そして「白いあごひげをたくわえたイスラム法学者」の影響下にある冷酷な、未開の、油断のならない「粗野で凶暴な人びと」と、繰り返し描写した。[21]だが同時に、アフガニスタンのムスリムのことをまったく同一の手紙や物語や報告書の中で、自由の「勇敢な」擁護者であり、「活力と行動力」に満ち、「率直で腹蔵がなく、男らしく……勇敢で勤勉だ」と、ヴィクトリア朝初期のイギリス人が自らを描くときに好んで用いたのとまったく同じ言葉を使って描くこともあった。[22]アフガニスタンが寒い山国で戦士が多いということが、もちろん役立った。イギリス人に抵抗し、それが成功したことも役立った。今回の虜囚危機でもやはり示されたように、イギリス人や他のヨーロッパ人にとってイスラム社会が完全かつ純粋に後進的、あるいは有害な対立物であるように見えることはめったになかった。新月旗に愛着を持つ人びとは、しばしばヨーロッパ人の敵となり、そしてたしかにしばしばヨーロッパ人の支配下に置かれた。とはいえ、彼らは安易にただ軽蔑されることも、完全に他者化されることもなかった。そのことが、虜囚のイギリス人将校がアフガニスタンの服を着てポーズをとって描かれるのを厭わなかった一つの理由だった。

だが、一八四一年と一八四二年のアフガニスタンにおける出来事が本書で扱われたテーマにふさわしいクライ

73　ミュア中尉。ヴィンセント・エア作。

マックスであり要であることを示す最も顕著な点は、この時代のイギリス人の帝国戦争体験や本国のイギリス人による帝国ビジネスの理解の仕方にとって虜囚が中核をなしていることを、アフガニスタンでの出来事がまたしても明示している点だ。この戦争を批判する人びとが不満を述べたように、一八四一年十一月のカブールでの暴動までは、イギリスの議会もメディアも、自国の軍隊とアフガニスタン人やインド人から成る傭兵部隊がアフガニスタンで行っていることに、ほとんど注目を払わなかった。アフガニスタンは、おそらくほとんどのイギリス人が地図上でなかなか特定できない場所だった。「イングランドの閣議室で書かれた数語が、まるで大きな蒸気機関の小さなかんぬきを突然はずしたかのように、ものすごい勢いの混成部隊を解き放った！」と、ホイッグ党の植民地行政官で改革派のヘンリー・ラシントンは書いた。

東洋の戦争の大きな装置が動きだし、作動する。軍隊が行進し、大砲がとどろき、土地が荒れ、都市が襲撃され、アジアの君主が倒され、半数の人間が恐怖に震える。そして、こうしたことにもかかわらず——国民は気にもしない。(23)

だがイギリス国民は、ひとたび事態が悪化して虜囚が出るようになると、非常に心配し始めた。それまでも常にそうだったように、虜囚となったイギリス人は、海外と帝国の出来事や緊急事態を個人化し、それらを国民の眼前に迫っているように見せ、彼らを夢中にさせる働きをした。虜囚の運命は「戦争の他のあらゆる出来事よりも、母国で関心をかきたてた」と、あるイギリスの雑誌は一八四三年に評した。『イラストレイテッド・ロンドン・ニュース』は、カブールの虜囚に関する同年の記事の中で、「世界の歴史には、これ以上に興味深い場面はほとんどない」と述べた。大衆の抗議があまりにもすさまじかったので、政治家は行動せざるをえなかった。カブールでの惨事の後、事実上すべてのイギリス当局と軍の行動は、M・E・ヤップが主張するように、国家の威信回復と虜囚奪還という、同一と見なされる政策目標に焦点が移った。[24]

このようなことすべてが虜囚をめぐる別の国際危機を連想させるように思われるとすれば、それは——あらゆる意味で——その通りだ。一八四二年のアフガニスタン抑留者をめぐるイギリス人の激しい怒りにそっくりな最近の事例は、一九七九年から一九八一年にかけてのイランにいる人質の運命をめぐるホワイト・ハウスとアメリカ国民の没頭だった。二つの危機はどちらも、それぞれの時代の最強国によって引き起こされたもので、これらの強国が非常に不人気なムスリムの支配者——イギリスの場合はシャー・シュジャー、アメリカの場合は退位させられたイラン国王——を支援したことに関係している。そしてどちらの場合も、人質危機に直接巻き込まれた人数は、世界の暴力の一般的な尺度からすれば、さほど多くはなかった。だが、一八四二年のイギリス人と、約一四〇年後のアメリカ人の双方にとっては、そういう問題ではなかった。イランの人質解放に尽力したアメリカ国務副長官のウォーレン・クリストファーは、それをうまく表現した。

長い歴史の中で、イラン人質危機は、ほんの一ページを占めるにすぎないかもしれない。だが、それは、アメリカ政府を一四か月以上のあいだくぎ付けにし、これまでのどんな事件でもほとんどなかったほど国じゅうの心を奪った。[25]

本書の第二部が示すように、イギリスと現在のアメリカ合衆国は長いあいだ、影響力の大きい虜囚文化を共有してきた。その文化は、大西洋の両側でたいてい異なる表れ方をしたものの、双方の社会のつながった過去と共通のプロテスタントの伝統に由来し、その共通性やつながりを示している。この大西洋の両側にわたる虜囚の文化は、ほぼ間違いなく、ある共通の孤立主義と島国根性を示している。現在のアメリカ合衆国とかなり似ているのだが、帝国期のイギリスは世界に対する多大な関心と影響力を有する大国だったものの、同時に、一般の国民が自国の国境を越えた場所の出来事にほとんど関心を持たない内向きの社会だった。海外の虜囚危機とさまざまな物語は、イギリス帝国に関する限り、何世紀にもわたって重要だった――そして、アメリカでは重要であり続けている――が、その理由の一つは、それらが一方にあるグローバルなものと、もう一方にある国内的・地域的なものとをつなぐ架け橋となるからである。通常の状況では外の世界を無視することは可能かもしれないが、イギリス人（あるいはアメリカ人）がそこで劇的に拘束され苦しんでいるときには、そういうわけにはいかなかった。

だが、一八四二年のアフガニスタンの大惨事に対するイギリス人の反応と、一九七九―八一年のイラン人質事件に対するアメリカ人の反応の最も重要な類似は、もっと根本的なところにある。

イギリス人にとって、十七世紀と十八世紀、そして一八〇〇年代初めでさえ、海外の虜囚事件はしばしば、帝国の領土を拡張して維持することはあまりに危険で能力を超えたことかもしれないという、より深い不安を生じさせてきた。虜囚の物語は、そもそもイギリス人自身の侵略行為から注意をそらすという理由で生み出されて精査されたわけではなく、そのような効果を持つことがあったとしてもごくまれであった。それらは、恐怖、危険、心に深く刻まれた抑圧の探究として走り書きされ、熟読された。だが、アフガニスタンの虜囚危機は、かなり異なる。たしかに、一八四一―四二年に示された弱点や亀裂のいくつかと、それ以前のイギリス帝国の敗走とのあいだに連続性はあったものの、国内の反応に関しては、それとわかる重大な変化もあった。一八四二年にイギリス人によって示された最初の感情は――一九七九年のアメリカ人によるものと同様――怒りでも、屈辱でもなく、ショックと驚愕だった。一八四〇年代になると、繁栄を謳歌するイギリスは、もはや国際舞台で失敗することも著しく抑圧されることも予期しなかった。アフガニスタンの虜囚をめぐる本国の動揺は程度においても規模においてもかつてなかったほど大きなものとなり、ヴィクトリア朝のイギリス人が自国の比類なき「成功の体質」をどの程度まで当然だと思うようになっていたかということを、逆説的に立証した。[26] イラン危機のときやそれ以後のアメリカのように、彼らは今や自らを世界最強国と見なし、そしてその結果として、比較的弱い敵が自らの同胞を傷つけて意のままに拘束したとき、完全に不意を突かれて心的外傷を負い、強迫観念に取りつかれた。

この点で、アフガニスタンの虜囚危機は、本書で取り扱われたテーマの多くの概要と、イギリス帝国主義と帝国の自覚が新たな段階に入ったことの両方を示す。その危機の直後にはたしかに、著述家と政治家の一部が帝国の昔のトラウマを思い起こさせた。アフガニスタンでのイギリスの敗北は、ときおりアメリカ独立戦争における敗北の屈辱にたとえられ、ティプー・スルタンの虎軍団やマイソールの虜囚への言及もなされた。だが、印象的なのは――今回の場合――、他のもっと冷静な意見がすぐに割り込んできて、事後の分析を引き受けたことだ。冷静沈着なアーノルド博士は、カブールの教訓を熟考しつつ、古代史はローマの数々の執政官とその軍団が帝国の散発的な戦闘で壊滅させられる例に満ちている「が、翌年にはもう、別の執政官と軍団が、以前と同じように出陣する」と書いた。ローマとの類似点を持ち出したアーノルドの説明は説得力があり、彼の楽観は正しいことが完全に証明された。ジャック・ギャラハーとロナルド・ロビンソンによる有名な地名列挙は、それを示している。

一八四一年から一八五一年にかけて、イギリスは、ニュージーランド、ゴールドコースト、ラブアン、パンジャブ、シンド、ホンコンを占領または併合した。次の二〇年間には、ベラール、アウド、下ビルマ、カオルン、そしてラゴスとシエラレオネ付近、そしてバストランド、グリカランド、トランスヴァールに対するイギリスの支配が確立された。さらには、クイーンズランドとブリティッシュコロンビアに新たな植民地が築かれた。(27)

帝国と軍隊の大惨事を受け、ヴィクトリア朝イギリスの軍人や商人や聖職者や企業家の軍団は、以前のようにただ単に外へ出て行こうとしたのではなかった。もっとずっと早く、そして、もっとずっと遠くまで行こうとした。

大敗と大規模な虜囚危機直後の時期に苦悩を伴う持続的な内省が欠如していたことと、イギリスが世界進出と武力侵略を進めていくにあたって一八四一年以後は小休止すらなかったことは、多くの点でわれわれを別の帝国主義時代へと導く。われわれの物語が始まった一六〇〇年に遡ると、イングランド人にとって帝国とは、イスラムの偉大な権力者や中国人やヨーロッパのカトリック信者が精通しているものであって、自身とは無縁のものだった。イギリス自身のヨーロッパ圏外への進出に関する限り、長いあいだ、失敗が成功と同じぐらい目立ち、完全撤退に終わることも多かった。ジョイス・ロリマーがわれわれに思い出させてくれるように、十七世紀初頭には、イングランド人はしばしば北米の大西洋岸の入植地よりも、ギアナの植民地建設にずっと多くの知恵と金とエネルギーを注ぎ込んだ。だが、ギアナ地域におけるさまざまな取り組みは失敗し、彼らはオランダとの競争にさらされて引き下がらざるをえなかった[28]。これまで見てきたように、イングランドは空前の額の金をつぎ込んでタンジールを夢見た。だがそれも断念を余儀なくされ、それ以来、イングランド人、後にイギリス人は、ほぼ二世紀のあいだ、北アフリカに永続的な飛び地を確保しようとする真剣な試みをしなかった。その代わりに、彼らはその期間の大半をバーバリのコルセアの存在に耐え、イギリス軍のジブラルタルとミノルカ駐留に必要な代価として、苦々しい思いで身代金や保護金を支払っていた。それでも、ヨーロッパのライバルたちは、二度、ミノルカの基地から武力で彼らを追い払うことができた[29]。

そして一六八九年から十七世紀末にかけてイギリスの勢力がヨーロッパ内外にすさまじく拡大するあいだも、政治家と国民はずっと不安を感じ、懐疑的ですらあった。新たに世界で得た勢力範囲や富や威光を、『裸の王様』の服のごとく、気恥ずかしくなるほど急に失ってしまうこともまだありうるように思われた。それゆえ、将来の首相シェルバーン伯爵がアメリカ革命派に対するイギリスの敗北を考えたとき、彼はただちに、これは崩壊の始まりにすぎないのではないかと恐れた。「漁業と二万人の船乗りが消え、西インド諸島も、そして時がたてばアイルランドまでもがこれに続くだろう」と、彼は意気消沈しながら予測し、「われわれはこの島の境界を越えて一歩たりとも足を踏み入れさせてはならない」と続けた。[30] 同様に、ハイダル・アリーとティプー・スルタンに東インド会社が敗北を喫して捕虜を取られたことはロンドンを恐怖に陥れ、一七八四年にはインドにおけるさらなる進攻は考えられないとする公式宣言がなされ、一部の人びとに、アジアもまた遠すぎるフロンティアだという見方をさせるに至った。「イギリス帝国の台頭」というわれわれから見た回顧的な理解を当然のことながら持たなかった男女のあいだにそのような不安感がいかに強かったかを、われわれは忘れがちだ。一八〇〇年代初頭にも、経験豊かな判断力のある軍人や学者や政治家はいたが、彼らは、間もなくイギリスが征服されてヨーロッパのナポレオン帝国の一部になることのほうが、ヨーロッパ圏外のイギリスの帝国が非常に長期間持ちこたえることよりも、ずっとありそうだと考えていた。[31]

だが一八四〇年代にはすでに、イギリス人にとっても、彼らと共存、対立、抗争する人びとにとっても、世界の様相は変化していた。たしかに、アフガニスタン危機は最大級の身震いを引き起こした。エミリー・イーデンは一八四一年にインド総督の兄について、「ジョージは毎日、どうすれば私たちがこの国を一週間保持することを許されるのか、思い悩んでいます」と書いた。[32] イギリス人が、勢力の頂点にあっても、インドを自ら完全に支配するのではなく保持することを許されていると認識していたことは、大いに注目に値する。だが、帝国の不確実性や不安定性の表明が続いた――そしてそれが続きそうに思える理由もあった――にもかかわらず、それらは今や、いとも簡単に打ち消された。代表的なイギリス人の声はもはや、不評を招いて間もなく総督の職を解かれることになるオークランド卿のそれではなかった。より代表的な声は、武力によるアフガニスタンの虜囚救出を歓迎する、いかにも無名のへぼ詩人から発せられた。

勝利万歳！　アフガニスタンに勝利！

勝利万歳！　我等が任務は完了！
虜囚よ！
自由を得し今、
英国民は汝と絶縁せり！(33)

十九世紀　結論

だが実際、これがどの程度真実だったのだろうか。いかにして、そしてどの程度まで、これらの小さな島々が最終的に、本質的制約を逃れることができたのだろうか。

イギリスの国家の自負心と一八五〇年までの帝国の勢力範囲を支える国内基盤は、今ではよく知られており、そのうちのいくつかについてはすでに言及した。強力な国家と財政の創意工夫が――長期間ずっと――あった。無類の海軍と商船隊があり、その背後には世界中の一連の造船所と基地が控えていた。古くからの土地所有層と新興富裕層の両方が関わるロンドンのシティの金融の影響力があった。イギリスが早い時期に奴隷貿易から手を引いて一八三八年には植民地の奴隷を正式に解放したという事実、そして海軍と外交官が他の大国にも同じことをするよう繰り返し強要しているという事実があった。多くの人びとにとっては、このような先駆的な取り組みが昔のイギリスの活発な奴隷貿易に関する罪悪感を締め出し、帝国と近代的な自由と情け深さは十分共存できるという反論し難い証拠を提供してくれた。富と力と充足感の源泉を補完しつつ、イギリスは、道徳的に生真面目で、積極的に改心し、偉業を成し遂げるよう神によって運命づけられた選ばれた国であるという、広く行きわたった確信があった。アフガニスタンの虜囚文学の際立った一面は、巻き込まれた著者が――もっと早い時期の多くのイギリス人将校クラスの虜囚とは異なり――日曜の信仰の儀式や私的な祈りのひとときを、いかに頻繁に詳しく記録しているかということだ。(34)

　さらに、イギリスの地理的な小ささは、新しい活力にあふれたやり方で報われた。その影響全体が姿を現すまでにはかつて想定されていた期間よりも長くかかってしまったものの、鉱物を基盤とした世界初の本格的な産業革命を引き起こすことができたのは、石炭や鉄の豊かな鉱床が、豊富な水力と共に、非常に狭い区域内に都合よく近接して存在していたことが大きかった。一八〇〇年になってもイギリスはまだ、世界の製造業生産高に占めるシェアに関しては、中国とインド亜大陸に後れを取っていた。その時点でも、いくつかの経済基準によれば、「支配的な中心を伴わない複数中心的《ポリセントリック》な世界」を考えることが可能だった。(35)一八五〇年には、そうでなくなっていた。その頃までに、産業における未知のレベルでの技術革新と生産力がイギリス伝来の金融や商業の富と結合され、広大な帝国の海外領土の獲得・経営・開発の事業を――どんな時代でも決して楽ではなかったが――ずっと容易にした。

　産業と技術の高度化と共にもたらされたのは、支配と弾圧のための、より強力で効率的な大量生産の武器だった。ヴィクトリア女王の蒸気で動く装甲艦は古代の「テュロス、アテナイ、カルタゴ、ヴェネチア、ジェノヴァをひっくるめた」全艦隊を「一五分」で滅ぼすことができるだろう、とマコーレー卿は自慢した。産業と技術の高度化は、帝国の特定の地域間、そしてそれらの地域と本国間における通信が、より速く、安く、信頼できるものになることを意味した。鉄道や電信は、以前には管理不能に思えた距離まで延びた。移民、兵士、船乗り、行政官、輸出品、知識が、はるかに速いペースで、はるかに大量に、帝国の目的地に向かって出て行った。そしてその一方で、かつてないほどの情報、輸入品、利益がイギリス本土に戻ってきた。一八四二年、サー・ジョン・ホブハウスは、「きわめて強力な蒸気船の小艦隊が……造られた」と下院で満足げに述べた。

それらは、インドとイングランドのあいだの通信を定期的で迅速なものとし――インダス川をイギリスとの交易に開き――歴史上初めて、チグリス・ユーフラテス川に、イギリスの旗を掲げた。[36]

そして、これが示唆するように、産業と技術の高度化はまた、イギリスは近代化の先陣を切っているがゆえに海外侵略は当然であり、かつ、世界の発展の原動力だという傲慢な感覚を助長した。一八三〇年代に、あるスコットランド人駐在官はアフガニスタンのリーダーたちとの会談について、「私は彼らに、蒸気機関、軍隊、船、医薬、そしてヨーロッパのあらゆる驚異のことを伝える」と書き記した。[37] だからといって彼はその後、滅多斬りの憂き目にあわずにすんだわけではなかったが、彼の自信は誤解の余地がなかった。

通信の改善はまた、イギリス政府が本国において帝国の物語を形成し、統制するのを容易にした。海外ヴェンチャーに対するイングランド人、ウェールズ人、スコットランド人、そして（もっぱらとまでは言わないが、当然のことながら）アイルランド人の反応は、決して一致しなかった。常に――広範な無関心と深刻な無知とともに――意見の相違、疑念、そして激しく食い違う物語があった。たとえば、一八三八年のアフガニスタン侵攻は、インドのほとんどの英字新聞と同様、ロンドンの『タイムズ』と『スペクテイター』、そして低俗ないくつかの新聞によっても非難された。[38] イギリスの出版物の莫大な量と範囲は、異議を唱える声や、ときおり起きる非常に厄介な暴露を防ぐことを――常に――ほぼ不可能にした。だが、帝国の地からロンドンに戻るまでの情報伝達速度の向上に加え、鉄道、マカダム道路〔砕石を重ねて敷き固めた舗装道路〕、安価な新聞印刷用紙、読み書き能力の向上によって可能となったイギリス本国内でのニュースのより迅速な伝達が、政治家や帝国の役人に、以前は乏しかった世論の先導や形成の手段と機会を与えることとなった。

一七七〇年代と八〇年代に遡ってみると、イギリスの公式見解が出回る前に、アメリカ革命派が戦争に関する自分たちの見解や論議をロンドンで印刷して販売しようと企てることがあった。当時の検閲や統制の甘さを、一八五七年のインド人の反乱の際の帝国当局による情報の細かな系統化や序列化と比較してほしい。

> 一—二週間の間隔で、新たな出来事に関する公的な報告が……ベンガル、北西地方等の行政機関によって……まとめられた。その報告は総督に渡され、そして写しが取られ、そしてロンドンに送られた。さらに、郵便船が出るのに合わせ、軍事情報の概要が軍当局によって二週間ごとに準備された。[39]

今や、非常に詳細で権威があるように見えるこの種の報告が以前よりもずっと早くロンドンに届き、しかるべき修正が加えられた後に新しい全国紙によって直ちに行き渡るようになったので、人びとは否応なくその影響を受けることになった。そして、帝国や遭遇した困難に関する特異で個人的な物語は、読者を見つけることが、いや、出版業者を見つけることでさえも難しくなった。

帝国による著作物の監視の強化と、出版されたものの均質性の増大は、すでにアフガニスタン危機のあいだに明白になっていた。その中から現れ、最も成功し、よく知られた虜囚体験記が一人の女性によって書かれたものだという事実は、この点に対して反証を挙げるものではなく、むしろその逆だった。フロレンティア・セイルの物語は、言葉に毒を含み、読む人を喜ばせ、独立独行の精神が滲み出ていたものの、本質的には体制順応的で、帝国的情熱にあふれるテクストだった。「私たちの国の名誉と比べれば、私たちの命なんて一体何なの」——これこそ、陸軍将官の妻であり、ヴィクトリア女王のお気に入りであり、首相と手紙をやり取りしていた人物に期待された通りの言葉だった。著者が女性だったという事実もまた、おそらく、彼女の虜囚体験と敗北の物語を昔ながらのイギリス人の愛国者と帝国主義者にとっても容認しやすいものとしたのだろう。書き記された弱さや恐怖は、彼女のジェンダーのせいにすることができ、その一方で、自己犠牲と度胸を示す言葉は一人の女性から発せられたものであるがために、それだけいっそう印象的に見えた。別の面から見ると、この活字化されたアフガニスタン危機の物語は、さらに強い体制順応性を示していた。この出来事に関しては、将校クラス以外の者によって出版された虜囚のテクストはなかったようだ。セアラ・シェイド、ウィリアム・ホワイトウェイ、ジョセフ・ピッツ、トマス・ペロウ、そして疑いなくジョージ・トマスと同じような人びとは、もはや自らの物語を世に出すのが困難だということを知ることになる。不満を抱いた軍人捕虜や、帝国の駐屯地で苦しむ劣等白人《プア・ホワイト》は書き続けたが、一八五〇年以降は、出版にこぎつけることは少なかったようだ。(40)

だが、産業化がヴィクトリア朝の帝国の自信と侵略行為に対して最も貢献した点は、工場の煙突でも、汽船でも、印刷の機械化でも、結局はガトリング砲でもなく、かねてからの人口レベルに関する不安が軽減されたことだった。一方では、これによって新たな雇用と農業生産性の向上が可能となり、マルサスが予測した食糧危機とは無縁なまま、十九世紀のあいだにイギリスの人口は四倍近くに増えた。(もっとも、アイルランドが産業や人口の面で経験したことについては、大きく、そして恐ろしく異なるものだったのだが。(41))他方では、この空前の人口増加のおかげで、ヴィクトリア朝のイギリス人は、兵士、水兵、行政官、移民が本国から絶え間なく流出するのを冷静にながめることができるようになった。彼らはもはや、旧世代ほどには、自分たちの人数が少なすぎるという心配をしなかった。その代わりに、パトリック・コフーンが展開した議論、すなわち、イギリス人の人口の絶対的な多さゆえに海外領土は理にかなった必要不可欠なものだという議論が今や広く受け入れられることとなった。十九世紀末には、アメリカの有力な反帝国主義者カール・シュルツが、次のような言葉を用いて考えるようになっていた。彼は「人口がその狭い国境線を圧迫したので、イギリス人が群れをなして世界中に出て行かなければならなかったことほど、自然なことはない」と書いた。(42)一八〇〇年までは、このような原因と結果の説明が自然に見えることはまったくと言っていいほどなかった。

たしかに——一八五〇年までに、物質的な富、科学技術、そして物理的な力が増え、そして役者たちが巧妙に立ち回ったにもかかわらず——イギリスの帝国では実際のところ、いくつかの重要な点において非常に不自然でひどく奇妙ですらある状況が続いていた。もちろん、帝国は常に、被支配者側の男女の多くにとってはひどく不自然なものに思われた。もっとも、それを支持する人びともいたし、生き延びることに忙しすぎてそのことについてあれこれ考えることができないような人びともいた。だが、イギリスの帝国はまた、例のおなじみの理由で、本質的に不自然だった。すなわち、根底にある絶対的な小ささだ。相次ぐ虜囚危機の中の埋もれた声を取り戻すことは、さまざまなイギリス人が長いあいだどのようにして小ささという難題に対処したかを——他の多くのこととともに——明らかにしてきた。だが、臨機応変の対処、すさまじい変化の速度、おそろしいまでに増大する力を有しているにもかかわらず、イギリス本国の範囲は根本的に変えようがなかった。この点で、ヴィクトリア女王は、彼女の帝国のまさしく象徴だった。彼女の（必ず実物より大きく、台座の上に高く掲げられた）像は、世界中の都市の広場に鎮座し、彼女の名前は今でも広大な土地や強大な自然現象と結び付けられたままだ。だが、世界の至る所に作られ、計算されたうえでとてつもない大きさに再現されたこの像の背後にある現実は、実は五フィートに満たないずんぐりした女性だった。偉大なヴィクトリア（Victoria the Great）は、小柄なヴィクトリア（Victoria the small）でもあった。

最も声高な帝国のプロパガンダにおいても、本国の面積と、その帝国の壮大な外見との差異の認識が表面化している。元王室地理学者G・H・ジョンストンは、一九〇二年にロンドンで開催された第三回帝国会議を記念して出版された、惜しみなく赤く塗られた地図で説明した。

イギリス帝国は、フランスの五五倍、ドイツの五四倍、アメリカ合衆国の三倍半の面積があり、全ロシアの四倍の人口がある。

労を惜しまぬ計算は、選ばれた比較地点——そのすべてがイギリス本国よりも物理的に大きな大国——と同様、すさまじい自尊心とある種の恐怖感を物語っている。「グレイター・ブリテン、すなわち、イギリス人の海外の領土はグレイト・ブリテンの一二五倍だ」と、ジョンストンは続けた。(43) では、いったいどのようにしてこの並外れた構築物がばらばらにならずに保たれると思われたのだろうか。

すべての帝国と大国は不安と無常感に悩まされる。これは傲慢と攻撃性の裏返しだ。だが、イギリスの支配権は特に、それを統轄する人びとがときおり認めたように、制御不能な時の運や国外の傭兵部隊を頼みとしていた。その領土と影響力の大半は、東洋の大帝国の没落やスペイン、ポルトガルの帝国の弱体化、すなわち、イギリスが一助となったことはあっても引き起こしたことはほとんどなかった推移によるものだった。パックス・ブリタニカの始まりは、それまでイギリスの植民地に異議を唱えて揺さぶりをかけ、領土を求めて常に激しく争ってきたフランスが、ナポレオン後に疲弊したことに付随するものだった。パックス・ブリタニカが持続したのは、一八七〇年まで単一のドイツ国家が存在しなかったという事実によるものだった。イギリスはまた、ロシアが中国と同じように自らの内部の悪魔や自らの帝国に注意を向け続けてくれることを、そして、アメリカが年々拡大して裕福になってもグローバルな役割を求めないままでいてくれることを当てにしていた。ことによると、イギリスの支配権は何よりもまず、アジア、アフリカ、太平洋、北アメリカ、ヨーロッパの被支配民が、イギリス人自身が非常に早くから築いてきた猛々しい国家主義的イデオロギーの類を発展させなかったことによるのかもしれない。思慮に富むイギリス人は気づいていたのだが、彼らの帝国の優位性を支えるこのような外的な前提条件が長続きするとは思えなかった。

イギリスの卓越は、さらに危ういまでに大きく他者に依存していた面があった。イギリス帝国と呼ばれるものは実際のところ必要に迫られて常に異文化《クロスカルチュラル》にまたがる大事業であり続け、地中海では北アフリカのイスラム勢力の支援を当てにし、さまざまなネイティヴアメリカンからは重大な情報や軍事支援を引き出し、そして——カリ

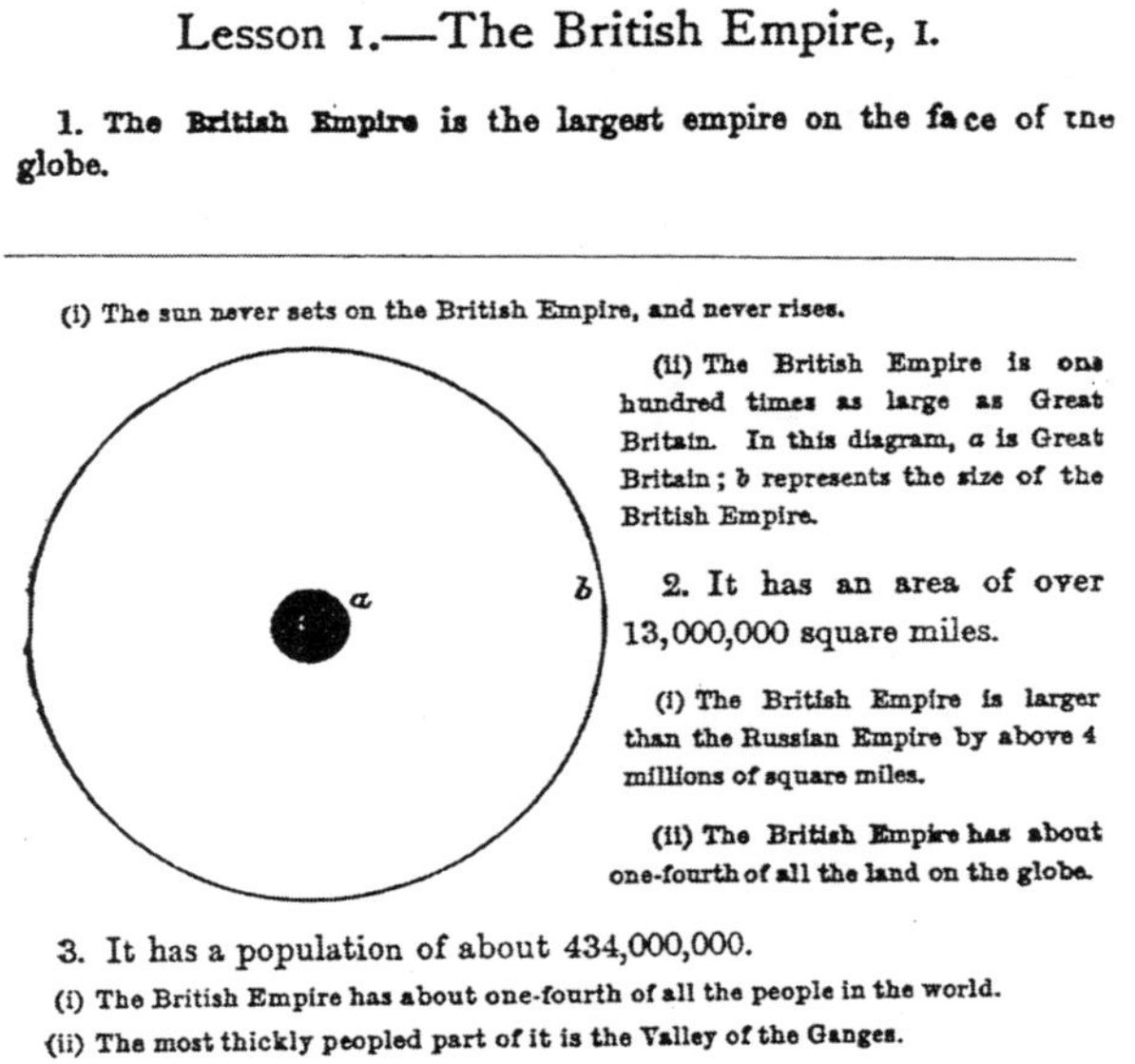

Lesson I.—The British Empire, I.

1. The British Empire is the largest empire on the face of the globe.

(i) The sun never sets on the British Empire, and never rises.

(ii) The British Empire is one hundred times as large as Great Britain. In this diagram, *a* is Great Britain; *b* represents the size of the British Empire.

2. It has an area of over 13,000,000 square miles.

(i) The British Empire is larger than the Russian Empire by above 4 millions of square miles.

(ii) The British Empire has about one-fourth of all the land on the globe.

3. It has a population of about 434,000,000.

(i) The British Empire has about one-fourth of all the people in the world.

(ii) The most thickly peopled part of it is the Valley of the Ganges.

74 高慢と不安。1913年の教科書は、イギリス本国の大きさとイギリス帝国の格差を示している。

ブ海と同様アメリカでも——有事の際には黒人兵を採用した。だが、帝国の動員可能兵士と彼らに支払うべき金に関して、イギリスのインドへの依存はまったくスケールが違っていた。インド亜大陸のみならず、徐々にアジアの他の地域、中東、そしてアフリカにおいても、イギリスが巧みに操った「命じるための杖、防御のための盾、そしてさらに前進するための剣」のかなりの部分をイギリスに提供したのは、東インド会社のインド人部隊——と、インド人納税者——だった(44)。この認識が、勇敢で信頼できるインド人セポイ礼賛の背後にあり、また、一八五七年から九年にかけてのセポイの反乱と呼ばれる出来事に対するイギリス人の反応——恐怖と憎悪——の大半の根底にあった。

このパニックの最も鮮烈な表現が虜囚の物語の形、この場合はフィクションの形をとったということは、今では意外なことではない。一八五七年十二月に、チャールズ・ディケンズは「イギリス人虜囚の危機」という題名の短い物語を、雑誌『家庭の言葉』に発表した。物語の舞台は一七四四年の南アメリカということになっているが、ディケンズが考えていたのは——読者が認識していた通り——実際は、つい先頃殺されたり、拘束されたり、そうでなければ、目下のインドの反乱で危険にさらされているイギリス人だった。物語の主人公は、イギリスの駐屯部隊で反乱が起きたときに他の男女や子供とともに捕らえられた王立海兵隊の兵卒である。加担した反逆者たちは、「黒んぼ、野蛮人、海賊。忌まわしさ、けがらわしさ、獰猛さ、この上なし」と描写されている。この慎重に選ばれた社会のはみ出し者たち（というのも、イギリス人を拘束した昔の悪党ども、すなわちバーバリの海賊と北米の野蛮人のエコーが明らかにある）を率いるのはもちろん、ローマカトリック教徒の「おぞましいポルトガルの小猿」だ。イギリスの宿営地には、スパイの「クリスチャン・ジョージ・キング」と呼ばれる黒人、言いかえればセポイの姿をして忠誠心を誇示するが密かに裏切る者もいる。多くの苦難、英雄的行為、痛ましい犠牲の後、海兵隊の仲間とイギリス人の同胞は、「同国人の虜囚である私を、興奮した表情を浮かべて見る……青や赤の立派な軍服を着た人びと」によって救出された。

この不快な物語に関しては、多くのことが言えるかもしれない。極度の時代錯誤が目につく。すなわち、過去をヴィクトリア朝中期の帝国に合わせるべく再創造するやり方だ。十八世紀（そしてそれ以後）にヨーロッパ圏外で捕らえられた現実の兵卒は本格的な救援隊が助けに来ることを期待することはまずなかっただろうし、ことによると、救出されることを望むことすらなかったかもしれない。本書のさまざまな虜囚体験記が示唆するように、このような個人は——生き延びたとしても——現地の住民によって奴隷にされたことだろう。あるいは、現地人の中で穏やかに身を落ち着け、本来のアイデンティティを捨てて現地妻を見つけることもあったかもしれない。だが、現代の読者にとって不快なのは、この物語の公然とした人種差別主義だ。その海兵隊員は断言させられる。「私は、自分が学のない男だとはっきり述べた。だから、もし私が偏見を抱いているとしても、大目に見てもらえるのではないか……私はネイティヴが嫌いだった。そういう名を持つ牡蠣の一種〔当時、イギリスで育った牡蠣をネイティヴ・オイスターと呼んだ」は別として」[45]。

普段は温かい人間性と結びつけられる小説家から発せられたこの種の言葉に遭遇する衝撃は、ディケンズの激怒の根底に横たわるものの認識を妨げてしまう可能性がある。彼と他の多くのイギリス人はたしかに、その「反乱」と白人犠牲者のことを読んでぞっとしたが、もっと根源的な部分ではうろたえていた。誰もがわかっていたことだが、フィクションの領域の外では、イギリス本国は、非常時に自国のために戦い自国を救うことを「立派なブルージャケットとレッドコート」だけに頼るわけにはいかなかった。なぜなら、徴兵制以前の時代には、十分な数の本国出身のヒーローが揃わなかったからだ。十分な数が揃ったためしなど一度もなかった。本国の軍隊、とりわけ陸軍は規模が限られており、帝国の世界的規模の点から言えば、まったく話にならなかった。その結果、帝国の防衛、帝国の拡大、帝国の秩序は、事実上、ディケンズがおこがましくも「ネイティヴ」と呼んだ人びとに頼らねばならなかった。それでももしも、これらの人びとがクリスチャン・ジョージ・キングのように信用できないとわかったら、あるいは、かつて帝国軍兵士だった数万人のインド人が今まさにしているように「いっせいに」反逆したらどうなるだろう。一八五七年から九年にかけての出来事に対するイギリスの反応をそれほどまでに過剰で感情的なものにしたのは、この根本的な動員可能兵力に関する苦境であり——単に大量殺戮やレイプの物語ではなかった。今やグローバルな権力と富の頂点に迫った彼らは、常に下に横たわっている亀裂が位置を変えて広がり始めた気配を感じていた。

二十一世紀の問題

亀裂がぱっくり口を開け、イギリス帝国を、かつて共に植民地をめぐって争い、その広さの面で最終的にイギリスに勝ちを譲った他のヨーロッパの植民地帝国もろとも飲み込んでしまってから長い時間が過ぎた。現在の多くのイギリス人にとって、振り返ってみると、帝国はきまりの悪さか嫌悪を抱かせるもの、あるいは穏やかな郷愁と後悔の対象、あるいはまた単に無関係なもの、すなわち、あらゆる点で失われた世界のように思われる。いずれにせよ通例、帝国は既知のものという前提がある。それはグローバルな権力に関連するものだったが、それをイギリスはもはや持っていない。本国以外の多くの人びとにとっても、帝国はやはり既知のものに思われる。それは実際、グローバルな権力に関連するものだった。その通りだ。だが、それはたしかに、さまざまな時期や場所において、弾圧、搾取、暴力、傲慢、奴隷所有、人種差別に関連することでもあった。また、イギリス人とその援助者がかつて行ったことはホロコーストを先取りするに等しいものであり、それは謝罪と補償が必要だが、理解するためのさらなる調査や多大な努力は必要ないと考える人がいる。またしても帝国は、既知の、一様な性質を持つ特殊なものとして扱われる。

イギリス帝国は、断固として、「すべてを理解することは、すべてを許すこと」という格言が適用されるべき対象ではない。だが、それは——そして、これが私の結論に相違ないのだが——まだ十分に理解されてもいない。実際、あらゆる面で、イギリスの帝国は未知数であり続けている。これは、歴史家にとっての難題でもある。イギリス人が支配しようとした人びとの側の視点や行動について、われわれはなお、今よりもはるかに多くのことを知る必要がある。終始ヨーロッパ内外の他の帝国から影響を受け、そこから支配の手法やアイデアを繰り返し借用したイギリスの帝国が、いかにしてそのような他の帝国と肩を並べるようになったのかを、われわれは、これまでよりもはるかに徹底的に検討する必要がある。それに加え——そして異なる二つの点で——イギリスとその海外の帝国を検討するには、一般的な昔ながらの分離した形ではなく、もっとずっと連動させた形でのアプローチが必要だ。

ある面では——サー・ジョン・シーリーからサルマン・ラシュディに至るまでさまざまな著述家が論じたよう

に――そのようなアプローチはイギリスを、どこか別の場所にある帝国の超然たる先導者としてではなく、帝国ビジネスに自らも巻き込まれ、そのことだけの影響というわけではないものの、形を変えられトラウマを負わされることもあった社会として扱うことを意味する。[46] 本書の目的の一つは、帝国の痕跡がいかに広範囲で見られる多様なものであったか、すなわち、それがいかにイギリス経済、物質的な生活、政治に作用したかということはもちろんだが、公的・私的な文書、宗教的・世俗的な文化、上流・大衆の芸術にも、そして社会のあらゆる部門に影響が及んでいたかを示すことだった。帝国は決してジェントルマンの（あるいはジェントルマンでない）資本家、政治的有力者、そして帝国で名を上げた大物たちだけに関わることではなかった。世界のどこでもそうだが、イギリスとアイルランドでは、帝国の影響をじかに感じるのはもっぱら、取るに足らない人びとや貧民、兵士や水兵、自発的なあるいは強制された移民や開拓者、小規模交易業者や漁師、無数の女性と非常に多くの子供だった。帝国の歴史は、しばしば国家間・大陸間の対立・接触・衝突の、すなわち、破壊や大量虐殺の勇壮な構想や大規模な行動の、壮大で恐ろしいサーガとして再構築されてきた。そしてそれは実際、これらの事柄のすべてだった。だが、侵略された側の人びとと同様、イギリス人にとっても、帝国は、それによって人生をまったく違うものにされ、ときには台無しにされてしまったごく普通の人びとの小さな物語を重要な構成要素として築かれたものだった。本書は、そのような個人の物語のいくつかを明るみに出した。さらに何千もの物語がイギリス本国の島々で、そして彼方の地で、発見されて綿密な分析を受けるのを切望し、叫び声を上げている。

イギリス人の帝国経験の異種混交性を主張することは、単にイギリス人自身にとって重要なだけではない。なぜなら、イギリス人は帝国の過去を受け入れなければならないという主張が強まっている――そして私も同感する――ものの、自然に引き出される結論がしばしば見落とされているからだ。イギリス人はかつての帝国についての理解を深める必要がある――その通りだ。だが同様に、世界の他の場所への帝国の影響に関心を持つ人びとにて必要なのは、イギリス本国に関する正確で、包括的で、繊細な理解、言いかえれば、以前の強かったときの様子だけでなく、海外での力が常に制約を受け衰微することもあった様子の理解だ。本書において私は、複雑さを力説すべく、「イギリス人」のあいだの永続的な分裂、そして帝国内部でイギリス人が同国人以外の人びとに恒常的に依存していた度合い、そして——とりわけ——限られた人口、限られた地理的大きさと資源、そして限られた本国の軍事力が帝国事業を全面的に変化させたり歪ませたりした経緯に注目した。私の意図は、特定の時期、特定の場所における彼らの破壊力や衝撃を事実でないこととして否定することではなく、これらの人びとが戦士であっただけでなく、さまざまなあり方で虜囚でもあったということを示すことだ。

歴史学者以外の人びとにとっても、イギリスのかつての帝国の権力と暴力を認めるだけでなく、帝国が常に寄せ集められてより合わされた現象であり、その中心は不安と根強い制約で特徴づけられていたことを認めることが重要だ。それは、二十一世紀の世界を適切に理解するために不可欠だ。これはイギリス人については明らかに当てはまることだが、もっと広く一般的に言えることでもある。

現在、イギリス人は、世界の他の場所への負い目を自覚すべく、かつての帝国についてもっと学ぶべきであるとしばしば言われている。ここでも私は賛成する方に心が傾く。だがそこには、すでに知っていると思い込むよりもむしろ、帝国は実際にどうだったかを熟知することの方がイギリス人にとって有益だという利己的な理由もある。それがただ単にグローバルで貪欲だっただけでなく、どれほど不安定で、寄せ集めで、本国以外の他者や要因に左右されていたかを認めることは、没落感やほろ苦い感情を、つまり、この帝国は根深い国家の無気力感と支配力不足のために終わったのだという、長らく付きまとってきたあの感情を和らげるかもしれない。ポール・ケネディが示唆するように、驚くべきはこの帝国が実際これほど長いあいだ続いたという事実であり、最終的な、当然至極の終焉ではない。イギリスの政治家たちは特に、偉大な国本来の運命がなぜか途中で道に迷ってしまったという観念を改めてくれるかもしれない。地政学を解するウィンストン・チャーチルは、かつて次のように宣言した。「この小さな島にいるわれわれは、われわれの場と地位、すなわち、われわれの不滅の天分がわれわれに賦与した場と地位を維持するために、最大限の努力をしなければならない」[47]。チャーチルがイギリスの小ささに内在する難題と障害を認めたのは一〇〇パーセント正しかった。だが、彼の言葉で表明された、失われた帝国以後の特別なグローバルな地位への憧れは、ときに戦後のイギリスの政策を歪めることとなった。特にそれは、アメリカのイーグルの頭上にネズミよろしく這い登り、代行者として帝国を追求したいという永続的な意向を助長した。かの大きな鳥は、何の援助も必要としていない。われわれは自分自身の進路に目を向けるべきだ。

そして、そこにあるのが人種に関する差し迫った問題だ。イギリス人が帝国を思い出すことになれば、帝国と分かちがたく結びついている人種差別をさらにあおるだけだろうと、きわめて誠実に主張する人びとがいる。また、同様に熱を込めて、帝国の遺産の一つは、根絶やしにするには大変な労力を要するイギリスの根深い人種差別だと訴える人もいる。私にはこれらの主張のどちらもが、間違っているというよりも、過度に単純で悲観的であるように思われる。帝国は、本書が示そうと努めてきたように、決してモノクロームで予測可能な実体ではない。イギリス帝国主義者はときに、われわれが現在ひどい人種差別的イデオロギーと見なすようなものを信奉していた。だが、イギリス人がかなりの少数派となる巨大な多民族構成体の運営の現実は、そのようなイデオロギーが実際のところは常に弱体化され制限されることを意味した。イギリス人が今、かつての帝国の不寛容さだけでなく、混血や民族的乱雑さをよく理解することは、悪いことではなさそうだ。より広い知識、たとえば、イギリスのインド支配は実のところ一方ではカトリック教徒のアイルランド人の銃剣武装兵に、他方ではインド人部隊に頼りきっていたことを知ることは、偏狭さではなく、開放的な精神をもたらすかもしれない。たしかに帝国は、人種間、文化間の溝を深める可能性があり、実際にそうなった。だが、それらを振り混ぜてしまうこともあった。イギリスの現在の激しい人種間暴力はある程度は帝国の遺産かもしれないが、この国は今、世界のどこよりも人口当たりの異人種間結婚やそれと同等の関係を生み出しているという事実もまた、ある意味、帝国の遺産だろう。いずれにせよ、世界帝国の過去の経験それ自体がイギリスの人種差別を必然的なものにしていると思い込むべきではない。そちらの道を行くと、自己満足と絶望の両方が待っている。

この帝国の歴史を、疑いをもって、そしてそれがイギリス自体のさまざまな小ささに影響を受けた経緯を理解したうえで見ることは、しかしながら、はるかに広い意味で重要だ。言うまでもなく、以前イギリスによって植民地化された国々にとっては重要である。それらの国の人びとがイギリス人をはじめとする過去の入植者に対して恨みや憎悪までをも抱き、そして支払いを受けるべき貸しがあるという感覚を持っていることは、ほとんど驚くに当たらない。侵略されることは誰も好まない。だが、これらかつての入植者の力と持続的影響を誇張することと、すなわち、実際よりもずっと重大で恐ろしく見せることは可能だ。ある接触状況下では、疑いなく、入植者は破壊的で死をもたらす存在だった。いくつかのアメリカ先住民集団は、いくつかの太平洋民族と同様、イングランド人、ウェールズ人、スコットランド人、アイルランド人の侵入者が持ち込んだ病原菌によって抹殺されるか、その後、土地に飢えた入植者に追われて殺された。また一方では、奴隷として大西洋を渡って運ばれてきたアフリカ人は、イギリス帝国特有のものではないが、たしかにそれによって助長された残虐行為を受けた。だが、他の状況においては、帝国の影響は一様さを欠き、ときには非常に表面的で緩やかだった。環境、経済、習慣、力関係、生活は、完全に破壊されることもあったが、常にそうだというわけでは決してなかった。なぜなら、これらの侵入者は数が限られていることも多く、しばしば現地の一定の寛容さを当てにしていたからだ。たとえば、少数民族の言語は、他の多くの文化の多様性と同様、ヨーロッパの帝国が姿を消したにもかかわらず、一九四五年以降にそれまでよりもずっと速いペースで消滅した。このたびの敵は傲慢な植民地の役人ではなく、もっと狡猾で至る所に姿を現す侵入者だ。すなわち、テレビ、ハリウッド、サイバースペース、巨大な多国籍企業だ。

これらは、強い感情を引き起こす非常に異論の多い問題であり、意見の一致を見るのは絶対に不可能だろう。だが、この最後の例が示す通り、イギリス帝国、そしてヨーロッパの帝国が過去においてなしえたこと——そして、それらがなしえなかったこと、あるいは行わなかったこと——を調査することは、単に学問的な理由のため以上に重要である。われわれはポスト・コロニアルの世界に生きているが、まだポスト・インペリアルの世界には生きていない。今日の列強のすべては、それらがなお過去のヨーロッパの帝国主義の痕跡を帯びているためか、あるいは、それらが自らの帝国の伝統を有するためか、あるいはその両方の理由ためか、「帝国」という記述を避けながらも、実際には帝国の要素と性質を保持している。あの民主主義の途方もない実験を試みたインドは、それにもかかわらず、英国のインド統治でもおそらくそれを凌ぐことはなかったほど残忍に、シーク教徒とカシミールの分離主義者／自由の戦士を扱っている。インドネシアは、ジャワ人が優位を占める大きな多民族国家で、その支配はしばしば、合意よりも軍事力に基礎を置いている。中華人民共和国は、昔の中国の皇帝たちがスペインとポルトガルによる新世界征服のずっと後で征服し、今も――これまた――必ずしも被統治者の明白な合意を得ずにいくつかの省を支配している。[48] そしてここで、猛烈に反帝国的で猛烈に民主的な共和国で、しかも比類なき帝国でもあるアメリカ合衆国が登場するのだ。もともと領土の大半が暴力、購入、弱い他者を犠牲にした移住によって得られたという意味で、それは帝国だ。だがそれは、今や世界中に軍事基地を連ね、卓絶した海軍、どこにでも爆撃可能な空軍を所有してもいる。一九三一年に、アメリカ人ラインホルド・ニーバーは、「わが国は、軍隊を使わずに支配を確立した世界初の帝国だ」、「われわれの軍隊はドルだ」と表明した。ドルは今も支配力を振るっている。だが、今は軍隊も存在している。[49]

これがすべて危険なのだろうか。そうとも限らない。二十一世紀のこのような複数の隠れた帝国は、その大きさゆえに昔のヨーロッパの帝国のようには海外の領土を獲得しそうにない。その必要がないのだ。イギリスの海外事業を――抑制するだけでなく――駆り立てたのは、イギリスのあまりの小ささだった。というのも、他国民の土地と資源がなければ、イギリスは強くなれなかったからだ。小さいものは攻撃的になる傾向があり、大きいものは自信に満ち、内向きになる傾向がある。だが、別の側面もある。イギリスの帝国は、その中心部分が非常に窮屈であり、そして海運力を頼みとしていたため、常に過度に広げられ、しばしば表面的となった。そしてその持続期間は限られているように思われた。現代の大帝国は概して近接した土地を基盤としており、はるかに長く持続しそうに思われ、今は亡きヨーロッパ諸帝国が想像もしなかった大量破壊兵器を所有している。

そしてこのような理由から、イギリスの帝国を知的に、疑いを持って、そして――何よりも――比較しながら見ることは、一方にある小ささと他方にある力と野望の大きさとの複雑な関連性について熟考することと同様、絶対に必要である。一六〇〇年から一八五〇年にかけて、ひとまとまりの小さな島々が、驚くべきことに、そして大きな犠牲を払って、それまで世界に類を見ない最大の世界的な帝国を手に入れた。二十世紀には、この帝国と仲間のヨーロッパ諸帝国がニネヴェやテュロスの仲間入りをし、そして、それらの国々に代わって、どの大陸においても新たな国々が出現した。二十一世紀の難題の一つは、昔の海洋帝国よりも安全かつ危険な、われわれのただ中にある複数の新たな巨大多民族国家を監視し、調和させ、度を越えないように抑える方法を確立することだろう。われわれが虜囚とならないために。

訳者あとがき

本書は、Linda Colley, *Captives: Britain, Empire and the World 1600–1850* (2003) の全訳である。

一七〇〇年以降のイギリスの歴史を専門とし、政治・文化・法制度などさまざまな角度から学際的およびグローバルな視野でナショナリズムや帝国の研究を精力的に続けるリンダ・コリーにとって四冊目の単著である本書は、イギリスの国民意識の醸成について主にフランスとの関係に焦点を当てて論じた前著 *Brit*[o]*ns: Forging the Nation 1707–1837*（川北稔監訳『イギリス国民の誕生』）の出版から一〇年を経て上梓され、議論の対象となる時代は一六〇〇—一八五〇年と広がり、地域はヨーロッパの外——地中海、アメリカ、インド——が中心となっている。

対象とする時代や地域を広げた本書において、著者コリーは、イギリス帝国がその黎明期から悩まされ続けていたイギリス本国の地理的・人口的「小ささ」という脆弱性に光を当てる。そして、その「小ささ」を克服しようとしたり、時には仕方のないものとして受け入れようとして行なわれたさまざまな決断や活動・事業の結果として世界各地で生みだされることになったイギリス人虜囚に注目し、彼らが残した体験記の分析を行っている。ここでコリーが取り組んでいるのは、ヴィクトリア朝を中心とする沈まぬ太陽のごとき繁栄の歴史を経た後の現在から見るレトロスペクティヴな帝国史ではなく、また、帝国や国家や軍の指導者や有力者のふるまいや決断を中心にした帝国史でもない。そのような繁栄が訪れることを予想もできなかった時代の人びとの視点から見た帝国史であり、生活のためやそれ以外の個人的な理由で自主的または半ば強制的にイギリスの帝国活動に参加し虜囚となった多種多様な人びと（軍上層部の人物やその妻もいるが、多くは庶民）の体験から再現される帝国史である。

本書では、こういった変化に富む虜囚体験記の内容に加え、大変興味深いことに、時代や場所、政治や社会情勢が体験記の出版や受容に及ぼした影響に関しても踏み込んだ分析がなされている。出版と同時に激賞された体験記もあれば、日の目を見ずに終わったものもあり、世界各地で今もまだ数多くの物語が読み手を待って眠っているはずだという。さらなる研究が大いに期待される分野である。

コリー自身は、虜囚という個人に注目することによって、そこから当時のイギリスやイギリス人の経験や意識を浮かび上がらせていくという方法をさらに推し進め、本書の五年後には *The Ordeal of Elizabeth Marsh: How a Remarkable Woman Crossed Seas and Empires to Become Part of World History* を出版している。その序文によると、『虜囚』の準備を進める中でエリザベス・マーシュのことを初めて知り、そこから彼女の人生について調べるようになったとのことで、そのマーシュは本書では第三、四章で登場している。

本書の翻訳は、序章と偶数番号の章を中村が、奇数番号の章と終章を土平が担当して第一草稿を作成したのち、すべての章について両名で検討を重ねた。訳文の変更なども繰り返し行なったため、全体が二人による翻訳であるというのが最も正確だと思われる。両名とも十八世紀を中心とするイギリス文学の研究を専門としている関係から、イギリス帝国史やとくに個人の心情などが吐露された虜囚体験記は非常に興味深く、法政大学出版局からこの翻訳のお話をいただいたときには、ぜひ取り組ませてほしいと即答した。とはいえ、当然のことながら新たに調べたり勉強したりしなければならない点も多く、校了までに思いのほかに時間がかかってしまった。

訳出するうえで驚嘆したのは、虜囚体験記を通して実にさまざまなイギリス人の姿が浮かび上がってくる点である。最近のイギリスのＥＵ離脱の動きによりイギリスとは何かについての関心が高まるなか、イギリスおよびイギリス人についてさまざまなことを歴史的な観点から考えさせてくる本書の意義は、いっそう高まっていることと思われる。

最後になったが、翻訳にあたっては、ジョセフ・クローニン氏に英語表現のさまざまな疑問にお答えいただくなど、大変お世話になった。また、法政大学出版社の高橋浩貴氏には、編集で大変お世話になったことは言うまでもない。記して感謝したい。

二〇一六年十一月

中村裕子
土平紀子

著者略歴

リンダ・コリー（Linda Colley, 1949- ）
イギリス出身の歴史家。専門は1700年以降のイギリス史。ブリストル大学を卒業後、ケンブリッジ大学で博士号を取得。同大学クライスツ・カレッジのフェローをつとめた後、イェール大学、ロンドン・スクール・オブ・エコノミクスを経て、現在はプリンストン大学教授。前作 *Britons: Forging the Nation 1707-1837*（1992）でウルフソン賞を受賞（日本語訳は『イギリス国民の誕生』川北稔監訳、名古屋大学出版会、2000年）。グローバルな視点からの学際的な研究を得意とし、『ガーディアン』や『タイムズ・リテラリー・サプリメント』への寄稿、BBCラジオへの出演（*Acts of Union and Disunion* として2014年に出版）、世界各国の大学研究者を結ぶプロジェクトなど幅広く精力的に活動を続けている。

訳者略歴

中村裕子（なかむら・ひろこ）
1965年生。神戸大学文化学研究科博士課程単位取得退学。神戸大学非常勤講師。18世紀イギリス文学専攻。訳書に、ネッド・ウォード『ロンドン・スパイ——都市住民の生活探訪』（共訳、小局刊、2000年）、アルフォンソ・リンギス『汝の敵を愛せ』（洛北出版、2004年）、フィル・モロン『フロイトと作られた記憶』（岩波書店、2004年）ほか。

土平紀子（つちひら・のりこ）
1958年生。神戸大学文化学研究科博士課程単位取得退学。神戸大学非常勤講師。18世紀イギリス文学専攻。訳書に、ネッド・ウォード『ロンドン・スパイ——都市住民の生活探訪』（共訳、小局刊、2000年）、ポール・ポプラウスキー『ジェイン・オースティン事典』（共訳、鷹書房弓プレス、2003年）、ジョン・M・ヒートン『ウィトゲンシュタインと精神分析』（岩波書店、2004年）ほか。

虜囚
一六〇〇～一八五〇年のイギリス、帝国、そして世界

2016年12月20日　初版第1刷発行

著　者　リンダ・コリー
訳　者　中村裕子・土平紀子
発行所　一般財団法人　法政大学出版局
〒102-0071 東京都千代田区富士見2-17-1
電話 03(5214)5540　振替 00160-6-95814
組版：HUP　印刷：平文社　製本：誠製本

Printed in Japan

ISBN978-4-588-37125-7

索　引

ア行

アーヴィング：体験記（Irving, James: narrative）　117, 151-3, 157, (29)n
アーチャー（Archer, Mildred）　402, (46)n
アーノルド将軍（Arnold, General Benedict）　270, 273, 274
アーノルド博士（Arnold, Dr. Thomas）　483
アーマティッジ（Armatage, John）　157
アーミテイジ（Armitage, David）　58, 206, (19)n, (22)n
アームストロング軍曹（Armstrong, Sergeant Benjamin）　438, 439
アーラム2世（Alam II, Shah）　330
アール（Earle, Peter）　55, (22)n
アイルランド（Ireland）　7-10, 46, 62, 77, 85, 147, 159-61, 412, 431, 432, 454, 459, 490, 497, 499, 500, (48)n
『悪より取り戻されし善——忘れえぬ虜囚体験集』（マザー）（*Good Fetched out of Evil: A Collection of Memorables relating to our Captives*）　201
アタグルカル（Attakullakulla, Chief）　246
アダス（Adas, Michael）　144, (18)n, (28)n, (52)n
アダムス（Adams, John）　306
アドラー（Adler, Alfred）　14, (19)n
アドラークロン大佐（Adlercron, Colonel John）　370
アナントプルでの大虐殺（Anantpur massacre）　389, 390, 401
『アニュアル・レジスター』（*Annual Register*）　389
アバークロンビー将軍（Abercromby, General James）　244
アフガニスタン（Afghanistan）　22, 347, 461-8, 470-6, 478-83, 485, 487-90, (51)n
『アフガニスタンの惨事の日誌』（セイル夫人）（*A journal of the Disasters in Afghanistan*）　466
アブナキ族（Abenaki Indians）　199, 202, 222, 223, 224, 238
アマースト将軍（Amherst, General Jeffrey）　245, 246, 259, (36)n
アメラン（Amelang, James）　21, (19)n
アメリカ革命戦争／独立戦争（American Revolutionary War/War of Independence）　23, 273-5, 280, 284, 290, 293, 294, 298, 307, 310, 312-4, 374, 413, 483, (38)n, (52)n
アラウィー朝（Alaouite dynasty）　42
アリン（Allin, Sir Thomas）　78
アルゴンキン族（Algonquin Indians）　190, 234, 240, 302
アルジェ／アルジェリア（摂政領）（Algiers）　42, 53-5, 61-3, 65-70, 72-5, 77, 78, 83-6, 88, 89, 95, 100, 104, 107, 110, 111, 115, 119, 121, 127, 138, 139, 143, 176, 177, (24)n
アレン（Allen, Ethan）　299, 300, 313, (39)n
アンダーソン大尉（Anderson, Captain William）　467-9, 473, (51)n
アンダーヒル（Underhill, Captain John）　188
アンドレ（André, John）　270-5, 278, 281, 310, 315, 319, (37)n
アンビュリー（Anburey, Thomas）　294, (39)n
アン女王（Anne, Queen）　181-3, 209, 213, 215, 240
アン女王戦争（Queen Anne's War）　スペイン継承戦争を見よ
イーグルトン（Eagleton, Terry）　404, (46)n
イーデン（Eden, Emily）　474, 475, 485

イギリス陸軍（British Army） 11, 13, 111, 118, 141, 208, 209, 254, 258, 270, 271, 273, 278, 280, 288, 296, 369, 372, 414, 429, 442, 468
イクイアーノ（Equiano, Olaudah） 157, 158, (29)n
イスラム教徒／ムスリム（Muslims/Islam） 4, 34, 42, 43, 46, 53-7, 60, 76, 78, 80, 90, 94, 99, 104, 107, 109, 110, 113, 114, 125-8, 133-6, 138-43, 146, 149-51, 154-8, 162-5, 168, 169, 171-3, 215, 334, 364, 366, 375, 377, 382, 388, 393, 395, 426, 427, 435, 465, 473, 478, 481, (22)n, (28)n, (30)n
『イスラム教徒の宗教や風俗についての偽りのない忠実な報告』（ピッツ）（*A True and Faithful Account of the Religion and Manners of the Mohammetants*） 140, 141, 156, 162-5
『イラストレイテッド・ロンドン・ニュース』（*Illustrated London News*） 480, (52)n
イロコイ族（Iroquois Indians） 213, 215, 218, 247
インスペクター号（*Inspector* [privateering ship]） 80, 157
インチクウィン伯爵（Inchiquin, William O'Brien, earl of） 69
インド（India） 319-466, 471, 472, 474, 477, 485, 487-9, 493-5, 499, 501, 503, (20)n, (40)n, (41)n, (43)n, (44)n, (47)n, (49)n
ヴァッテル：『国際法』（Vattel, Emeric de: *The Law of Nations*） 244
ウォルヴィン（Walvin, James） 443, (49)n
ヴァンダーリン：『ジェイン・マクリアの殺害』（Vanderlyn, John: *The Murder of Jane McCrea*） 303, 305
ヴィクトリア女王（Victoria, Queen） 414, 460, 462, 466, 487, 489, 491
ウィッジャー（Widger, William） 287, 288, (38)n
ウィリアム3世（William III, of England） 146, 207, 208
ウィリアムズ：『買い戻された虜囚、ザイオンに戻る』（Williams, Reverend John: *The Redeemed Captive Returning to Zion*） 203
ウィリアムズ（Williams, Richard） 238, 239
ウィリアムソン（Williamson, Peter） 232, 248-54, 257, 262, 268, (35)n, (36)n
ウィリアム王戦争（9年戦争）（William's War [Nine Years War], [1689-97]） 207, 210
ウィリアム・ヘンリー砦：イギリスの降伏（Fort William Henry: British surrender） 239
ウィルクス（Wilkes, John） 297
ウェイ（Way, Peter） 259, (36)n
ウェスト（West, Benjamin） 243, 261
ヴェトナム戦争（Vietnam War） 404-6
ウェリントン公爵（Wellington, Arthur Wellesley, duke of） 13, 427, 443
ウェルズリー侯爵（Wellesley, Richard Colley, marquess） 407, 433, 434, (43)n, (50)n
ヴェレルスト：イロコイ族の「王」の肖像（Verelst, John: *portraits of Iroquois 'kings'*） 215-8, 240
ウォード（Ward, James） 350-2
ウォール（Wall, Joseph） 437-42, (48)n
ウォルポール（Walpole, Horace） 361, (35)n, (43)n
エア中尉（Eyre, Lt Vincent） 474, 476, 477, 479, (51)n
エイモス（Amos, James） 67
エイルマー（Aylmer, Gerald） 64
エクセター（Exeter, Devon） 99, 151, 162, 163
エジャトン（Egerton, Judy） 352
エリオット（Elliot, Adam） 96, 117, (25)n
エリオット（Elliott, John H.） 203, (33)n
エリザベス1世（Elizabeth I, of England） 161, 206, 326
エルフィンストン将軍（Elphinstone, General William George Keith） 470
王立海軍（Royal Navy） 10, 15, 30, 40, 43, 56, 58, 63, 78, 79, 87, 88, 92, 93, 98, 143, 156, 157, 167, 176, 208, 218, 225, 249, 276, 279, 283, 287, 289, 366, 386, 428, 429, 432, 433,

458, 470, 494
オークス（Oakes, Harry） 390, (46)n
オークランド伯爵（Auckland, George Eden, earl of） 462, 474, 485
オークリー（Okeley, William） 117-21, 131, 152, 154, 155, (26)n, (27)n, (29)n
オーグルビー：『アフリカ』（Ogilby, John: *Africa*） 51-3
オーストリア継承戦争（ジョージ2世戦争）（War of Austrian Succession [King George II's War]） 207, 211
オーティス（Otis, James） 310
オーム（Orme, Robert） 370, (41)n
オ・グラーダ（ó Gráda, Cormac） 444
オクリー（Ockley, Simon） 140
オコンネル（O'Connell, Daniel） 454, 455
オスウィーゴの戦い（Oswego, battle of [1756]） 235, 238, 249
オスタリー号（*Osterly* [East Indianman]） 342
オスマン帝国（Ottoman empire） 24, 41, 42, 53, 55, 59, 61, 62, 65, 66, 68, 72, 73, 81, 85, 86, 95, 99, 104, 106, 113, 115, 127, 128, 134-6, 138, 142-4, 146, 157, 158, 161, 166, 170-3, 176, 226, (20)n, (21)n, (23)n, (24)n
オタワ族（Ottawa Indians） 234, 236, 240-2, 255
オラン（Oran, Algeria） 161
『オリエンタリズム』（サイード）（*Orientalism*） 133, (27)n, (29)n

カ行

カー（Carr, William） 194
カー（銃砲鋳造師）（Carr [gun-founder]） 77
カーゾン侯爵（Curzon, George Nathaniel, 1st marquess Curzon of Kedleston） 338
カーライル伯爵（Carlisle, Fredrick Howard, earl of） 285
ガイルズ：体験記（Gyles, John: narrative） 197, 198, 200, 207
カストロ：『海景画』（Castro, Lorenzo A: *Sea-piece*） 97
カトリックとイスラム（Catholicism and Islam） 159-65
カナダ（Canada） 5, 8, 173, 175, 193, 198, 199, 200, 202, 208, 213, 219, 225, 254, 264, 267, 274-7, 281, 299, 302, 307, 309-11, 313, 417
カニンガム憲兵司令官（Cunningham, Provost Marshal） 292
カブール（Kabul, Afghanistan） 462-6, 468, 470-4, 480, 483, (50)n
カフ軍曹（Cuff, Sergeant John） 332, 335, 349
『神の至高性と善性……メアリー・ローランドソンの虜囚体験と帰還』（ローランドソン）（*The Sovereignty and Goodness of God... being a Narrative of the Captivity and Restoration of Mrs. Mary Rowlandson*） 196, 232, 306
カリブ海の島（Caribbean） 6-8, 24, 45, 55, 76, 82, 175, 225, 277, 323, 344, 407, 412, 423, 443, 459
カルカッタ（Calcutta） 328, 330, 334, 337-40, 394, 401, 424, 443
ガレー船（galley） 55, 56, 74, 78-80, 88
カンバーランド公爵（Cumberland, William Augustus, duke of） 349, 370
キアナン伍長（Kearnan, Corporal） 445
北アメリカ（America, North） 7, 11, 17, 21-3, 202-8, 210-2, 219, 224-30, 235, 236, 243, 246-8, 250, 253, 254, 259, 260, 263-5, 267, 268, 274-7, 280, 282-4, 286
『北アメリカのインディアンのトマホークから傷ついたフランス人将校を救い出すジョンソン将軍』（ウェスト）（*General Johnson saving a wounded French officer from the tomahawk of a North American Indian*） 243
キプリング（Kipling, Rudyard） 433, (48)n
キャサリン・オブ・ブラガンザ（Catherine of Braganza） 30, 32, 328
カムデンの戦い（Camden, battle of [1780]）

274, 278
キャメロン中尉（Cameron, Lt Robert） 395, 396, (43)n
ギャラハー（Gallagher, Jack） 483
キャロウェー（Calloway, Colin） 307, (31)n, (37)n, (39)n
ギルバート（Gilbert, Benjamin） 307, 309, (39)n
ギルレイ：版画（Gillray, James: print） 295
クート（Coote, Sir Eyre） 376, 424
クック（Cook, Captain James） 11
クラーク歩兵少尉（Clark, Ensign George） 426
クライヴ（Clive, Robert, later 1st baron） 330, 349, 419
クリーク族（Creek Indians） 218, 259, 311
クリストファー（Christopher, Warren） 481, (52)n
クリントン将軍（Clinton, General Henry） 270, 278, 293, 294
グレイス：体験記（Grace, Henry: narrative） 233, 237, (35)n
『グレイトブリテン全島周遊記』（デフォー）（*Tour of the Whole Island of Great Britain*） 121
グレン（Glen, James） 113, 114
グレンヴィル（Grenville, George） 266
クロムウェル（Cromwell, Oliver） 32, 46, 189
ケイ（Kay, John） 111, 112
ゲイ：『乞食オペラ』（Gay, John: *The Beggar's Opera*） 130
ゲイジ将軍（Gage, General Thomas） 290
ゲイツ将軍（Gates, General Horatio） 303
ケネディ（Kennedy, Paul） 498, (45)n, (52)n
ケベック法（Quebec Act [1774]） 311
コヴェントガーデン劇場（Covent Garden Theatre） 129, 130, 134, (27)n
『コーラン』の翻訳（*Qur'an* translations） 138, 140
コーンウォール州（Cornwall） 62, 111, 123, 125
コーンウォリス侯爵（Cornwallis, Charles, marquess） 296, 393, 402, 426, 428, 446
コクセル：体験記（Coxere, Edward: narrative） 117, 149, (29)n
コクラン（Cochrane, Basil） 440
国立陸軍博物館（National Army Museum, London） 421
コケーン（Cockayne, Sir Francis） 119
ゴフ（Gough, Richard） 107, 108, (26)n
コフーン（Colquhoun, Patrick） 411, 490
コルセア（corsairs） 4, 36, 42, 43, 53, 55-9, 61-7, 69, 73, 74, 76, 78-81, 83, 85-90, 93, 95-9, 104, 106-9, 111, 112, 116, 120, 123, 128, 135, 138, 139, 146, 149, 150, 153, 166, 167, 171, 172, 176, 191, 204, 224, 244, 484, (21)n, (25)n
ゴレー島（Goree, Africa） 88, 438
コンウェイ（Conway, Stephen） 275, (37)n, (38)n

サ行

サイード（Said, Edward） 133, 176, 421, (19)n, (27)n, (29)n
サウジー（Southey, Robert） 442
サザランド海尉（Sutherland, Lt James） 117
サフラ（Saphra, Thomas） 157, (29)n, (30)n
サマートン（Summerton, Margaret） 46
サムル（Samru, Begum） 432
サラトガの戦い（Saratoga, battle of [1777]） 274, 278, 281, 282, 294, 295, 297, 298, 369
30年戦争（Thirty Years War [1648]） 189
三位一体修道会（Trinitarians） 68, 104, 105
シアーズ（Sheeres, Henry） 38, (20)n
シーリー（Seeley, Sir John） 496
シェイド（Shade, Sarah） 319, 320, 322, 323, 332, 335, 348, 354, 355, 368, 490
ジェイムズ1世（James I, of England [VI of Scotland]） 62
ジェイムズ2世（James II, of England） 158, 207, 423

ジェファーソン（Jefferson, Thomas）　308, 309, 314
シェルバーン伯爵（Shelburne, William Petty, earl of）　484
7年戦争（Seven Years War [1756-63]）　91, 173, 211, 224, 226, 227, 229, 232, 233, 235, 239, 245, 246, 249, 254, 259, 260, 262-6, 268, 274, 276, 283, 374, 405, 413, 438
シディ・ムハンマド（Sidi Muhammad, Sultan of Morocco）　90, 167-9, 174, 175
ジブラルタル（Gibraltar）　29, 41, 90-2, 106, 128, 135, 143, 158, 160, 161, 166, 167, 175, 182, 208, 484, (25)n, (28)n
シャーマ（Schama, Simon）　118, (26)n
シャーロック（Sherlock, William）　69, 103, (26)n
ジャコバイトの反乱（Jacobite Rebellion）　1715年: 209; 1745-6年: 147, 166
ジャマイカ（Jamaica）　76, 192, 312, 439, 440, 442, (49)n
ジュークス（Jukes, Vincent）　106-10
シュジャー・アル＝ムルク（Shuja ul-Mulkh, Shah）　462, 463, 471, 481
シュフラン提督（Suffren de Saint Tropez, Admiral Pierre de）　364, 374
シュルツ（Schurz, Carl）　490
ジョイス（引用）（Joyce, James [quoted]）　4
ジョージ1世戦争（George I's War [1722-4]）　207
ジョージ2世（George II, of England）　91, 175
ジョージ2世戦争（George II's War [1740-8]）　207, 211
ジョージ3世（George III, of England）　25, 268, 273, 284, 290, 291, 302, 304, 307, 370
ショーデュリー（Chaudhuri, K. N.）　334, (28)n
ショーニー族（Shawnee Indians）　234, 236
ジョーンズ（Jones, David）　302
ジョーンズ（Jones, Philip）　296
ジョーンズ（Jones, Thomas）　157
ジョン・オブ・ロンドン号（*John of London* [vessel]）　96
ジョンストン（Johnston, G. H.）　491, 492, (52)n
ジョンソン（Johnson, James）　222-4
ジョンソン：『アメリカ人虜囚』（Johnson, Susanna: *The Captive American*）　221, 223, 224, 228, 229, 265, (34)n
ジョンソン博士（Johnson, Dr. Samuel）　140, 237, 242, 266
シラージウッダウラ太守（Siraj-ud-Daulah, Nawab of Bengal）　330, 334, 337-9
親英派（Loyalists）　270, 279, 280, 282, 283, 292-4, 296-8, 302, 303, 307, 308, 313
スウィフト：『ガリヴァー旅行記』（Swift, Jonathan: *Gulliver's Travels*）　5, 121, (18)n
スウォートン（Swarton, Hannah）　199
スカリー（Scurry, James）　374, 428, 429, (44)n, (48)n
スキャメル（Scammell, G. V.）　423, (44)n, (47)n
スコット（Scott, Samuel）　ランバートとスコットを見よ
スタッブズ（Stubbs, George）　349-52
スチュアート（Stuart, John）　246
ストープ：『タンジールの突堤の破壊』（Stoop, Dirck: *Demolishing Tangier's mole*）　47
ストーモント子爵（Stormont, David Murray, Viscount）　297
スネリング軍曹（Snelling, Sergeant James）　426
スネル：『女兵士』（Snell, Hannah: *The Female Soldier*）　320-2
スプラット師（Spratt, Reverend Devereux）　117, 139, 149, 150, 154, 156, (28)n, (29)n
スプロート（Sproat, David）　279
スペイン継承戦争（アン女王戦争）（War of Spanish Succession [Queen Anne's War]）　90, 99, 141, 182, 201, 207, 210, 211
『スペクテイター』（*Spectator*）　488
スミス（Smith, Captain John）　185
スミス（Smith, William）　262, (37)n
スミス：『国富論』（Smith, Adam: *Wealth of*

Nations)　13, 91, 226, (19)n
スモーレット：『ハンフリー・クリンカーの冒険』（Smollett, Tobias: *Expedition of Humphry Clinker*）　248, (36)n
セイル：『コーラン』の翻訳（Sale, George: translation of *Qur'an*）　138, 140, 141
セイル将軍（Sale, General Sir Robert）　466
セイル夫人（Sale, Florentia, Lady）　466-8, 489
セネカ族（Seneca Indians）　213, 236, 255, 260
セポイ（sepoys）　329, 343-6, 364, 366, 374, 377, 393, 402, 406, 407, 414, 415, 420, 423-5, 444, 449-51, 453, 456, 458, 459, 465, 470, 472, 493, 494
セリンガパタム（Seringapatam, India）　358, 360, 367, 368, 373-6, 378, 380, 384, 385, 386, 392, 394-7, 402, 435
セントアサフ（St. Asaph, Wales）　99
セントジョン要塞（Fort St. John）　274, 278
セントポール大聖堂（St. Paul's Cathedral）　69, 102, 103, 181, 183

タ行

ダートマス伯爵（Dartmouth, George Legge, earl of）　36, 47
ターナー：『東インド貿易船の難破』（Turner, J. M. W.: *The Loss of an East Indiaman*）　343
ダーントン（Darnton, Robert）　369, (44)n
『タイムズ』（*Times, The*）　394, 488, (45)n
タウンゼンド将軍：ネイティヴアメリカンの絵画（Townshend, General [later marquis] George: paintings of Native Americans）　240-2
ダグラス（Douglas, Mary）　15
タンジール（Tangier）　29-41, 43-9, 51, 56, 59, 70, 80, 86, 90, 91, 94, 107, 118, 135, 142, 143, 159, 161, 173, 190, 328, 471, 472, 484
タンジール突堤（Tangier mole）　30, 36-8, 47
ダンダス（Dundas, Henry, 1st viscount Melville）　398
ダンモア伯爵（Dunmore, John Murray, earl of）　309
チェトウォード：『キャプテン・ロバート・ボイルの航海と冒険』（Chetwode, William: *The Voyages and Adventures of Captain Robert Boyle*）　171, (30)n
チェロキー族（Cherokee Indians）　215, 218, 236, 246, 248, 311
地図製作法（cartography）　121
地中海（Mediterranean）　11, 17, 22, 23, 27-177, 182, 190, 204, 208, 209, 215, 224, 252, 277, 315, 323, 335, 412, 422, 477, 492, 503
チプワ族（Chippewa Indians）　233, 236, 255, 257, 258
チャーチル（Churchill, Winston）　372, 498, 499
チャールズ1世（Charles I, of England）　62, 148, 161
チャールズ2世（Charles II, of England）　30, 32, 34, 36, 38, 40, 43, 45, 46, 48, 68, 93, 188, 423
チャールストンの戦い（Charleston, battle of [1780]）　274, 278
チャムリー（Cholmley, Sir Hugh）　30, 32, 36-9, 41, 43, 142, (19)n, (20)n, (23)n, (28)n
チャリティ・ブリーフ（Charity Briefs）　100, 101
中国（China）　8, 24, 135, 226, 314, 325, 487, 492, 501
チュニス／チュニジア（Tunis/Tunisia）　42, 53-5, 85, 88, 95, 104, 127, 143, 149, 151, 358
チョクトー族（Choctaw Indians）　218, 259
ディアフィールド：インディアンの襲撃（Deerfield, Massachusetts: Indian attack [1704]）　202, 203
デイヴァーズ（Davers, Sir Robert）　258
デイヴィス（Davis, Lennard）　121, (27)n
デイヴィス船長（Daves, Captain）　112, 113
ディキンスン：『神の摂理、人間の最も確かな救済と防御』（Dickenson, Jon-

athan: *God's Protecting Providence, Man's Surest Help and Defence*）　192-4
ディケンズ：「イギリス人虜囚の危機」（Dickens, Charles: 'The Perils of Certain English Prisoners'）　494, 495, (53)n
ディズレーリ（Disraeli, Benjamin）　333
ティプー・スルタン（Tipu Sultan Fath Ali Khan）　353, 354, 358, 359, 363, 364, 367, 372, 377, 380, 382, 383, 390-8, 400-4, 406, 409, 426, 428, 429, 435, 483, 485
テヴィオット伯爵（Teviot, Andrew Rutherford, earl of）　43
デヴォン州（Devon）　62, 101, 111
デグレイヴ号（*Degrave* [East Indiaman]）　19
デフォー（Defoe, Daniel）　3, 5, 13, 18, 63, 74, 121, 122, 171, 218, (18)n
デラウェア族（Delaware Indians）　236, 249, 251-3, 255, 260
デンプスター（Dempster, Alexander）　427, 431
テンプル（Temple, Sir Richard）　422
デンマーク（Denmark）　24, 81, 328
『堂々たる虎の肖像』（スタッブズ）（*Portrait of the Royal Tiger*）　350
ドースト・ムハンマド・ハーン（Dost Muhammad Khan）　462, 474, 476
ドッジ（Dodge, John）　306, (39)n
トマス（Thomas, George）　431-6
トムソン（Thompson, E. P.）　445, (49)n
トムソン（離反者）（Thompson [renegade]）　427
トムソン：「ブリタニアよ、統治せよ」（Thomson, James: 'Rule Britannia'）　58
トムソン：『アジアにおける先の戦争の回想録』（Thomson, William: *Memoirs of the Late War in Asia*）　398-401, (44)n
トモコモ（Tomocomo）　186, 187
トラウトン（Troughton, Thomas）　117, 119, 122, 129, 130, 132, (24)n, (26)n, (29)n
トリポリ（Tripoli）　42, 53, 54, 55, 70, 85, 87, 95, 127, 171
ドルリー：『マダガスカル――ロバート・ドルリーの日記』（Drury, Robert: *Madagascar: or Robert Drury's Journal*）　18, 19
ドレイク海軍士官候補生（Drake, Midshipman William）　394
ドレイトン（Drayton, Michael）　187
ドレッシャー（Drescher, Seymour）　440, (24)n, (26)n, (49)n

ナ行

ナイト（Knight, Francis）　78, 115-7, 171, (23)n, (26)n, (30)n
ナッシュとパーカー（商人）（Nash and Parker [merchants]）　76
ナポレオン・ボナパルト（Napoleon Bonaparte）　25, 323, 393, 411-3, 431
ニーバー（Niebuhr, Reinhold）　501
ニューデヴォンシャー号（*New Devonshire* [East Indiaman]）　325
『ニューヨーク・ガゼット』（*New York Gazette*）　296
ネアン（Nairne, Thomas）　192
ネイティヴアメリカン（Native Americans）　139, 140, 150, 181, 184-90, 196-9, 201, 204, 211, 215, 219, 225, 227, 229-32, 235, 236, 239, 240, 242, 245-7, 249, 252-5, 259, 260, 262-4, 267, 268, 275, 282, 284, 292, 302, 304, 306-14
ネイピア将軍（Napier, General Sir Charles）　432, 442, (48)n, (49)n
ノースコート（Northcote, James）　350
ノース卿（North, Frederick, Lord, 2nd earl of Guildford）　285, 350, 361

ハ行

ハーヴィー（Harvey, Sir Daniel）　136
ハーヴィー男爵：詩（Hervey, John, Baron: verses）　137

パーカー海軍大佐（Parker, Captain Hyde） 167, 172, 174, 175
バーク（Burke, Edmund） 226, 299, 302, 310, 333, 350, 389, 402, (42)n
バーゴイン将軍（Burgoyne, General John） 282, 302, 303, 308, 370
パーチャス（Purchas, Samuel） 54
ハーディング（Hardinge, Sir Henry） 444
バード：インディアンの像（Bird, Francis: statue of Indian） 182-4, 215
バーバー：「近頃バーバリから救い出された虜囚たちを見て」（Barber, Mary: 'On seeing the Captives, lately redeem'd from Barbary'） 132
ハーバート：体験記（Herbert, Charles: narrative） 289, 290, (38)n
バーバリ（Barbary） 51, 53-70, 73-90, 92-4, 97-102, 105-12, 114-6, 119, 122, 124, 125, 127-30, 132-4, 138, 142-4, 146, 148-50, 152-4, 156-9, 161, 244, 484
パーマストン子爵（Palmerston, Henry Temple, Viscount） 416, 441
灰色のフクロウ（Grey Owl） ベラニーを見よ
ハイダル・アリー（Haidar Ali, ruler of Mysore） 335, 342, 357, 362-4, 366, 372, 376, 377, 380, 382, 389, 395, 406, 429, 485
ハウ（Howe, Sir William） 290, 291, 301
ハクスリー（Huxley, Aldous） 369
パジェット将軍（Paget, General Sir Edward） 451
ハズリット：『時代の精神』（Hazlitt, William: *The Spirit of the Age*） 409, (46)n
パターソン（Patterson, Orlando） 82, (24)n
ハディ（Huddy, Captain Joshua） 293, 294
バトラー家（商家）（Butlers, the [merchants]） 160
バトランド（Butland, Mary） 100
ハミルトン（Hamilton, Alexander） 25, 368
ハメット（モロッコの船乗り）（Hamet [Moroccan sailor]） 112-4
バラッド（ballads） 82, 96, 107-9, 112, 116, 127, 156, 170
ハリス（Harris, Edward） 110, 111
ハリス（Harris, Elizabeth） 101
ハリファックス侯爵（Halifax, George Saville, marquess of） 13
ハルスウェル号（*Halsewell* [East Indiaman]） 343
ハルドゥーン：『歴史序説』（Ibn Khaldûn: *Muqaddimah*） 151
ハワード（Howard, John） 374, (44)n
ハワード（Howard, Lady Mary） 101
ハンウィック（Hunwick, John） 151
ハンコック（Hancock, John, Governor of Massachusetts） 285
ハンコック号（*Hancock* [vessel]） 288
ハンソン：体験記（Hanson, Elizabeth: narrative） 200, (35)n
ハンニバル号（*Hannibal* [HMS]） 374
バンプフィールド（Bampfield, Joan） 100
ピアズ（Peers, Douglas） 451, (18)n, (49)n, (50)n
ピアソン（Pearson, Mike Parker） 19, (19)n
ピーウォッシュ（チプワ族）（Peewash [Chippewa]） 255-8
ピーコット族の虐殺（Pequot massacre） 188
『ピーター・ウィリアムソンの……人生が例証するフランス人とインディアンの残酷さ』（ウィリアムソン）（*French and Indhian Cruelty exemplified in the life... of Peter Williamson*） 232, 248-54, 257, 262, 268
ピープス（Pepys, Samuel） 32
東インド会社（East India Company） 43, 134, 322, 324-6, 328-30, 332-50, 361-4, 366, 370-2, 374, 375, 377, 378, 381, 389, 390, 392, 394, 397-9, 401, 402, 405-7, 409, 412, 414, 415, 419, 420, 423-30, 434, 437, 440, 442, 444-52, 456, 458, 468, 471, 485, 493
ピッツ（Pitts, Joseph） 116, 117, 140, 141, 151, 155, 156, 162-5, 490, (29)n, (30)n
ピット（Pitt, William, the Elder, earl of Chatham）

174
ピット（小ピット）(Pitt, William, the Younger) 323, 446
ビューイック（Bewick, Thomas） 350
ヒューズ（Hughes, Thomas） 288, (38)n
ヒューズ：『ダマスカスの包囲攻撃』(Hughes, John: *Siege of Damascus*) 168
ヒューロン族（Huron Indians） 234, 236, 258, 259
ピルスベリ（Pilsberry, Joshua） 282, 298
ビング提督（Byng, Admiral John） 91
ピンダー（Pindar, Sir Paul） 115
フィッツ＝ジェフリー：『虜囚への憐れみ……』(Fitz-Geffrey, Charles: *Compassion towards Captives...*) 205, (33)n
フィラデルフィア号（*Philadelphia* [ship]） 157
フィリップ王戦争（King Philip's War [1675-6]） 190, 196, 203, 210, 213
ブーケ大佐（Bouquet, Colonel Henry） 260, 262
『ブーケ大佐にイングランド人虜囚を引き渡すインディアン』（ウェスト）(*The Indians delivering up the English captives to Colonel Bouquet*) 261
フーコー（Foucault, Michel） 369, (44)n
ブーディノット（Boudinot, Elias） 278
ブーランヴィリエ伯爵：『モハメッド伝』(Boulainvilliers, Henri de, Count: *Life of Mahomet*) 140
フェアボーン（Fairbourne, Sir Palmes） 44
フェイ：体験記（Fay, Eliza: narrative） 368
フェス（Fès, Morocco） 80, 89
フェニックス号（*Phoenix* [brig]） 287
フェルプス（Phelps, Thomas） 117, 133, (24)n, (27)n
フォーブズ兵卒（Forbes, Private） 443
フォックス（Fox, Henry） 209
ブクサルの戦い（Buxar, India, battle of [1764]） 330, 331, 347, 348, 354
フック：『サー・デイヴィッド・ベアード……将軍伝』(Hook, Theodore: *The Life of General... Sir David Baird*) 404, (46)n
ブッシュ（Bush, M. L.） 452, (50)n
プライス（Price, Richard） 410
ブラウン（Brown, Louisa） 371
プラカッシュ（Prakash, Om） 334, (41)n
プラッシーの戦い（Plassey, battle of [1757]） 330, 341, 342, 344, 346-50, 366
ブラッチフォード（Blatchford, John） 288, (38)n
プラット（Pratt, Mary Louise） 17, (19)n
ブラドック将軍（Braddock, General Edward） 234, 236, 237
ブラブルック（Brabrook, Joan） 62
フランクリン（Franklin, Benjamin） 266, 280, 297
フランクリン：『ジョージ・トマス氏の軍事回想録』(Francklin, William: *Military Memoirs of Mr. George Thomas*) 433-5
フランス（France） 8-11, 24, 30, 31, 40, 42, 46, 53, 55-7, 68, 78, 80, 86, 89, 91, 92, 104, 105, 137, 138, 142, 146, 156, 158, 161, 175, 176, 182, 191, 193, 194, 198, 199, 202, 203, 206, 208-10, 213, 219, 222-5, 227, 228, 230, 232, 234-6, 238, 239, 242-4, 246, 249, 250, 275-7, 322, 323, 359, 361, 363-6, 369, 370, 374, 376, 382, 387, 388, 390, 392, 393, 410, 412, 413, 415, 460, 462
フランス革命（French Revolution） 392, 405, 410, 439
ブリストウ：『ジェイムズ・ブリストウの苦難の物語』(Bristow, James: *Narrative...*) 401
プリマス（Plymouth, Devon） 62, 224, 287, 288
ブルーアー（Brewer, John） 10, 229, (18)n, (19)n, (22)n, (27)n, (35)n
ブルックス（Brooks, Francis） 117, (25)n
ブレイク提督（Blake, Admiral Robert） 88
ブレイディ（Brady, Joan） 125, (27)n
フレッチャー（Fletcher, Ebenezer） 306, (39)n

フロイト（Freud, Sigmund） 383
ブローデル（Braudel, Fernand） 40, 41, 59, 86, 90, 423, (21)n, (30)n
プロパガンダ（propaganda） 63, 83, 90, 101, 109, 275, 280, 291, 294, 296, 300, 302-4, 308, 309, 358, 367, 381, 392-4, 491
ベアード将軍（Baird, General Sir David） 404
ベイカー（Baker, Thomas） 171
ヘイスティングズ（Hastings, Warren） 362, 390
ベイリー（Bayly, C. A.） 335, (41)n, (43)n, (45)n, (47)n
ベイリー大佐（Baillie, Colonel William） 357, 359, 403
ベッヒャー：体験記（Becher, Henry: narrative） 368, (48)n
ペティ（Petty, Sir William） 59, 98
ペティクルー（Petticrew, William） 113, 114
ペナント：『4足類の歴史』（Pennant, Thomas: *History of Quadrupeds*） 352
ヘブ（Hebb, David） 62, (22)n
ベラニー（灰色のフクロウ）（Belaney, Archie [Grey Owl]） 253, 254
ベリントン（Berrington, William） 103
ペロウ（Pellow, Thomas） 116, 117, 122-6, 156, 490, (27)n
ベンガル（Bengal） 19, 45, 173, 175, 225, 322, 328, 330, 332, 339, 340, 349, 334, 361, 362, 364, 390, 442, 446-8, 458, 489
ベンティンク、ウィリアム卿（Bentinck, Lord William Cavendish） 453, 454, 458
ヘンドリック（イロコイ族）（Hendrick [Iroquois]） 247
ヘンリー大佐（Henley, Colonel） 293
ホア船長（Hoare, Captain Matthew） 325
ボウヤー大尉（Bowyer, Lt Richard Runwa） 386-9
ボー（Baugh, Daniel） 10
ホー・チ・ミン：『獄中日記』（引用）（Ho Chi Minh: *Prison Diary* [quoted]） 2
ホーキンズ（Hawkins, Ellen） 62
ポーハタン（Powhatan） 185
ポーリ歩兵少尉（Pauli, Ensign） 258
ボールトン（Bolton, John） 325
ポカホンタス（Pocahontas） 185, 186
『ボストン・ガゼット』（*Boston Gazette*） 296
ホブハウス（Hobhouse, Sir John） 487
ホラー：『タンジール』（Hollar, Wenceslaus: *Tangier*） 31, 33, 34, 38
ポリルアの戦い（Pollilur, battle of [1780]） 357-63, 365-7, 384, 395, 398, 403
ホルウェル：『ブラック・ホール監獄での……死についての本当の物語』（Holwell, John Zephaniah: *A Genuine Narrative of the deaths... in the Black Hole*） 337-9, 346
ホワイトウェイ（Whiteway, William） 428-31, 490
ホワイトヘッド（Whitehead, John） 71, 117, 142, (23)n, (27)n, (28)n
ポンティアック戦争（Pontiac's War [1763]） 236, 258, 267
ポンディシェリ攻囲（Pondicherry, siege of [1748]） 322, 340
ポンディシェリ号（*Pondicherry* [East Indiaman]） 343
ボンベイ（Bombay） 32, 45, 328, 329, 330, 340, 344, 345, 368, 390, 396, 422, 447, 458

マ行

マーシュ：『女虜囚』（Marsh, Elizabeth: *The Female Captive*） 116, 118, 143, 151, 167-70, 172-4, (28)n, (29)n, (30)n
マイアミ族（Miami Indians） 233, 255
マイソール戦争（Mysore campaigns） 346, 348, 357-67, 376, 381, 402, 405-7
『マグナリア・クリスティ・アメリカーナ（アメリカにおけるキリストの大いなる御業）』（マザー）（*Magnalia Christi Americana*） 201
マクリア（McCrea, Jane） 302-5, 308

マグワイア（Maguire, John） 283
マコーレー男爵（Macaulay, Thomas Babington, Baron） 338, 487
マザー（Mather, Cotton） 195, 201, 204, 212
マタール（Matar, Nabil） 139, (22)n, (28)n
マッケンジー：『世慣れた人』（Mackenzie, Henry: *Man of the World*） 248, (36)n
マッシー（Massey, Cromwell） 378-80, 383, 386, (44)n, (45)n
マドラス（Madras, Chennai, India） 325, 328, 330, 332-4, 336, 340, 343, 348, 353, 357, 363, 364, 375, 376, 381, 394, 426, 427, 432, 447, 458
マラータ同盟（Maratha Confederacy） 347, 396
マルコム将軍（Malcolm, General Sir John） 453
マルサス：『人口論』（Malthus, Thomas: *Essay on the Principle of Population*） 409-12, 490, (46)n
マンロー（Munro, Innes） 395, (43)n, (44)n, (45)n
ミノルカ（Minorca） 41, 90-2, 106, 128, 135, 158, 161, 166, 175, 182, 208, 361, 484
ムーレイ・イスマイル（Moulay Ismaïl, Sultan of Morocco） 42, 65, 77, 79, 88, 122, 125, 144, 145, 158
ムガール帝国（Mughal empire） 24, 43, 59, 173, 226, 329, 330, 334, 335, 339, 347, 352, 423
ムハンマド（預言者）（Muhammad [Prophet]） 162
メクネス（Meknès, Morocco） 71, 77, 79, 104, 144-6
メタカムの戦争（Metacom's war [1675-6]） フィリップ王戦争を見よ
メノキオ（イタリアの粉屋）（Menocchio [Italian miller]） 164, 165
メルセス修道会（Mercedarians） 68, 104
モーガン（Morgan, Joseph） 141, 142, 147, (26)n
モーキア（Mokyr, Joel） 444
モーツァルト：『後宮からの誘拐』（Mozart, WA.: *The Abduction from the Seraglio*） 173
モールバラ公爵（Marlborough, Charles Churchill, duke of） 349
モナミー：『東インド貿易船』（Monamy, Paul: *East Indiaman*） 327
モノンガヒーラの戦い（Monongahela, battle of [1755]） 234, 237
モリス（Morris, Thomas） 233, 234, 267, (35)n
モリスコス（Moriscos） 54, 56, 141
モルシ（Morsy, Magali） 123, (27)n
モロッコ（Morocco） 4, 29, 32, 38, 42-6, 53-6, 64-8, 70, 71, 73, 74, 76, 80, 83, 88-90, 92, 95, 96, 99, 100, 112-5, 117-9, 122-7, 130, 133, 136, 138, 142-4, 146, 151, 152, 156-61, 167-9, 171, 172, 174, 175, 363, 478
モンカルム侯爵（Montcalm, Louis Joseph, marquis de） 244
モントゴメリー将軍（Montgomery, General Archibald） 236
モンマスの反乱（Monmouth's rebellion [1685]） 189

ヤ・ラ・ワ行

ヤップ（Yapp, M. E.） 480, (50)n, (52)n
ヤマシー戦争（Yamasee War [1715]） 191, 192, 208
ヤング（Young, Arthur） 230, (35)n
ユトレヒト条約（Utrecht, Treaty of [1713]） 182, 202, 209
ヨークタウンの戦い（Yorktown, battle of [1781]） 92, 278, 295, 360
ラーティング（Lurting, Thomas） 117
『ライオンと死したる虎』（スタッブズ）（*Lion and Dead Tiger*） 352
『ライオンと虎の闘い』（ウォード）（*Fight between a Lion and a Tiger*） 351, 352
ライコート：『オスマン帝国の現状』（Rycaut, Paul: *Present State of the Ottoman Empire*） 171, (30)n

ライダー兵卒（Ryder, Private） 443
ラウス：『タンジール――イングランド最後の大西洋前哨基地』（Routh, E. M. G.: *Tangier: England's Lost Atlantic Outpost*） 39, (20)n
ラウリー（Lowry, Jean） 228, (34)n
ラザファード（Rutherfurd, John） 233, 236, 254-8, 267, (35)n, (36)n
ラシュディ（Rushdie, Salman） 496
ラシントン（Lushington, Henry） 480, (52)n
ラバト：ゲゼル市（Rabat, Morocco: Souk el Ghezel） 73
ラム（Ram, Sita） 470
ラムジー（Ramsay, Allan） 284, (38)n
ラルイ（Laroui, Abdallah） 57, (22)n
ランドシア：『ライオン、トラ、ピューマ、そしてヒョウの版画』（Landseer, Edwin: *Engravings of Lions, Tigers, Panthers and Leopards*） 350, 352
ランバートとスコット：東インド会社の絵画（Lambert, George, and Scott,Samuel: *East India Company paintings*） 328, 329
リヴィングトン（Rivington, James） 296
リチャードソン（Richardson, Samuel） 399, 400, 404
リッチ（Rich, John） 130, 134
リトルヘイルズ大佐（Littlehales, Colonel John） 238, 239
リンジー中尉：獄中記録（Lindsay, Lt John: prison diary） 384, 386, 387, 403, (45)n
ルイ14世（Louis XIV, of France） 42, 80, 146
ルポール（Lepore, Jill） 199
レディカーとラインバウ（Rediker, Marcus, and Linebaugh, Peter） 157, (29)n
ローマー大佐（Romer, Colonel William） 207, 208
ローランドソン（Rowlandson, Joseph） 196
ローランドソン（Rowlandson, Mary） 196, 198–200, 204, 207, 213, 214, 218, 232, 306, (32)n, (33)n, (39)n
ローランドソン：『ティプーの死、すなわち、ハーレムに殺到!!!』（Rowlandson, Thomas: *The Death of Tippoo or Besieging a Haram!!!*） 391
ロシア（Russia） 8, 85, 137, 173, 276, 298, 308, 314, 392, 413, 415, 462, 470, 491, 492
ロス：『コーラン』の翻訳（Ross, Alexander: translation of *Qur'an*） 138
ロティエ：銀メダル制作（Roettiers, John: silver medal） 45
ロバートソン大尉（Robertson, Captain Charles） 255
ロビンソン（Robinson, Ronald） 483, (52)n
『ロビンソン・クルーソー』（デフォー）（*Robinson Crusoe*） 3, 4, 18, 74, 171, 458, (18)n
ロブソン（Robson, John） 110
ロリマー（Lorimer, Joyce） 484
ロレンス：『知恵の七柱』（Lawrence, T. E.: *The Seven Pillars of Wisdom*） 433, (48)n
ロング：『ジャマイカの歴史』（Long, Edward: *History of Jamaica*） 439, 440
ロンドン（London） 14, 48, 51, 66, 70, 71, 80, 82, 86, 89, 91, 96, 99, 102, 104, 107, 110, 119, 120, 123, 126, 129, 130, 132, 138, 141, 146, 181, 182, 421
『ロンドン・ガゼット』（*London Gazette*） 203, 394, 426
『ロンドン・クロニクル』（*London Chronicle*） 297
ロンドン鉄器商組合（Ironmongers' Company of London） 159
ワーテルローの戦い（Waterloo, battle of [1815]） 86, 136, 412
ワイルド：イギリス帝国の地図（Wyld, James: map of British Empire） 460
ワシントン（Washington, George） 273, 276, 290, 291, 293, 296, 301
ワンパノアグ族（Wampanoag Indians） 196, 212

補遺　虜囚に関する資料

アメリカでは、虜囚体験記は、歴史家だけでなく小説家、芸術家、そして映画製作者にとっても長らく馴染みのある題材である。大西洋の反対側では、これらのテクストが探求されたり活用されたりすることははるかに少なかった。しかし、海外での虜囚体験についての手稿や出版物は、イングランドおよびその周辺国やそれ以外のヨーロッパ地域でも遅くとも16世紀から今日にいたるまで数多く生み出され続けてきた。すでに明らかにしたように、虜囚体験記の著述様式は昔も今も多様である。そして、イギリスに関する限り、この本で取り上げた3つの大きな地域でのヨーロッパ外戦争だけでなく、ヨーロッパ内戦争に対しても、その反応として幾千もの虜囚体験記が何世紀にもわたって生まれてきた。そのため、後に挙げるリストは、物語の出所、年代、所在といった点において精選されたものとなっている。

このリストはまた、本書で言及されているきわめて自伝的な内容の散文に限っているという点でも選り抜かれたものとなっている。虜囚体験についての数え切れないほどのバラッドや詩や小説、そして、さまざまな種類の公文書に記載された個人体験の記録は、どれも大きな虜囚文化の一部を形成するものであるにもかかわらず、このリストからは省かれている。また、さまざまな題材・資料とともに事実に基づく虜囚物語も収録している、たとえばIncrease Mather, *An Essay for the Recording of Illustrious Providences*（1684）のような総合的なものもリストには含めなかった。イギリス人の虜囚体験記の中でも長さが短いものや内容が薄いものは省いた。また、この時期に北アメリカだけで出版された体験記については、長さや内容において十分なものであっても、大西洋の反対側ではほとんど注目されなかったものについては省いた。1783年以前のものも以後のものもあわせて北アメリカの虜囚体験記全般に興味のある読者は、Alden T. Vaughan, *Narratives of North American Captivity: A Selective Bibliography*（New York, 1983）と、――いっそのこと――ガーランド社から出版されている数百に及ぶこれらの体験記の現代版を参照していただきたい。Robert C. Doyle, *Voices from Captivity: Interpreting the American POW Narrative*（Kansas, 1994）は、ヴェトナム戦争に至るまでアメリカにつきまとってきた虜囚問題を取り上げている。本書で扱った地域以外の場所でのイギリス人虜囚のことを調べたい読者は、I. J. McNiven, L. Russel and K. Schaffer (eds), *Constructions of Colonialism: Perspectives on Eliza Fraser's Shipwreck*（1998）から始められるのがよいだろう。これは、19世紀のオーストラリアでの虜囚体験記の中でも最も有名なものの1つについて編まれた論文集である。最近ではイギリス人とアイルランド人による2つの体験記、John McCarthy and Jill Morrell, *Some Other Rainbow*（1993）とBrian Keenan, *An Evil Cradling*（1992）がある（どちらも、それ以前の虜囚体験記に関する参考文献を挙げている）。

私が焦点を当てた3つの地域の、1600年から1850年のあいだに出版された虜囚体験記については、この時期のすべてのイギリス版およびアイルランド版について、その出版年を知る限り記載した。というのも、これらのテクストの内容――ときにはタイトル――が、時が経つにつれてしばしば大きく変化していることがあるからである。これら

のテクストの多くは1850年以降も多くの版が出され、今でもまだ再発行され続けている。出版されたのは北アメリカだけであっても、広くイギリス帝国に関して重要性のある体験記の場合は、最初の版だと考えられるものの出版年と場所を挙げた。手稿のかたちで残っている体験記については、手稿を見ることのできる文書館の場所やレファレンスを記載し、刊本があればその詳細も付け加えた。

当然のことではあるが、以下にリストアップした刊本のさらなる手稿が、また、地中海や、インドとアフガニスタン、そして北アメリカでこの時期に虜囚になったイングランド人、アイルランド人、スコットランド人、そしてウェールズ人のさらなる著作が、世界中の文書館や、図書館、私人宅でこの先発見されるのを今も待っているはずである。

地中海

Anon: 'The manner of the slavish usage suffered by the English in Barbary written by one who by woeful experience endured the same', Bodleian Library, Oxford, MS Rawlinson. c. 695.

Anon: *An Account of South-West Barbary... by a Person who had been a Slave there*, 1713.

Hector Black: *A Narrative of the Shipwreck of the British Brig Surprise*, 1817.

Francis Brooks: *Barbarian Cruelty*, 1693, 1700.

Edward Coxere: *Adventures by Sea*, ed. E. H. W. Meyerstein (Oxford, 1945). Includes Coxere's memories of captivity in Tripoli.

Adam Elliott: *A Narrative of my Travels, Captivity and Escape from Salle*, 1682, 1731, 1770.

James Irving: Narrative. Beinecke Library, Yale University, Osborn shelves c. 399; version published in Suzanne Schwarz (ed), *Slave Captain* (Wrexham, 1995).

Vincent Jukes: *A Recovery from Apostacy set out in a Sermon*, by William Gouge, 1639.

Francis Knight: *A Relation of Seven Years Slavery*, 1640, 1745.

Thomas Lurting; *The Fighting Sailor Turned Peaceable Christian*, 1680, 1710, 1766, 1770, 1813, 1816, 1821, 1832, 1842.

Elizabeth Marsh: 'Narrative of her Captivity in Barbary'. Charles E. Young Research Library, University of California, Los Angeles; version published as *The Female Captive*, 2 vols, 1769.

William Okeley: *Eben-ezer: or, a Small Monument of Great Mercy*, 1675, 1684, 1764.

Thomas Pellow: *The History of the Long Captivity... of Thomas Pellow*, 1739?, 1740?, 1751, I755.

Thomas Phelps: *A True Account of the Captivity of T. Phelps*, 1685, 1745.

Joseph Pitts: *A True and Faithful Account of the Religion and Manners of the Mohammetans... with an Account of the Author's Being Taken Captive*, 1704, 1717, 1731, 1778, 1810.

Devereux Spratt: *Autobiograpy of the Rev. Devereux Spratt* (1886). Includes account of his captivity in Algiers.

James Sutherland: *A Narrative of the Loss of H. M.'s ship The Litchfield*, 1761, 1768, 1788

Thomas Sweet: *Deare Friends*, 1646. Printed letter narrating his captivity in Algiers, BL, 669. f. 11 (3).

T. S.: *Adventures of Mr. T. S. an English Merchant, Taken Prisoner*, 1670, 1707.

Thomas Troughton: *Barbarian Cruelty*, 1751, 1788, 1807.

John Whitehead: Narrative. BL, Sloane MS. 90.

アメリカ

Ethan Allen: *A Narrative of Colonel Ethan Allen's Captivity* (Philadelphia, PA, I779).
Thomas Anburey: *Travels through the Interior Parts of America*, 2 vols, 1789, 1791.
John Blatchford: *Narrative of the Remarkable Occurrences in the Life of John Blatchford* (New London, CT, 1788).
Jonathan Dickenson: *God's Protecting Providence, Man's Surest Help and Defence*, 1700, 1720, 1759, 1787, 1790.
John Dodge: *A Narrative of the Capture and Treatment of John Dodge, by the English* (Philadelphia, PA, 1779); reprinted in *The Remembrancer*, London, I779.
Ebenezer Fletcher: *Narrative of the Captivity* (Amherst, MA, 1798).
Benjamin Gilbert: *Sufferings of Benjamin Gilbert and his Family*, 1785, 1790.
Henry Grace: *The History of the Life and Sufferings*, 1764, 1765.
John Gyles: 'A Memorial of the Strange Adventures and Signal Deliverances'. New York Public Library; version published as *Memoirs of Odd Adventures, Strange Deliverances* (Boston, MA, 1736).
Elizabeth Hanson: *An Account of the Captivity*, I760, 1782, 1787, 1791.
Charles Herbert: *A Relic of the Revolution* (Boston, MA, 1847).
Thomas Hughes: *A Journal by Thomas Hughes*, ed. E. A. Benians (Cambridge, 1947).
Susanna Johnson: *The Captive American, or, A Narrative of the Sufferings*, 1797, 1802, 1803.
John Leeth: *A Short Biography... with an Account of his Life among the Indians*, ed. R. G. Thwaites (Cleveland, OH, 1904).
Jean Lowry: *A Journal of the Captivity* (Philadelphia, PA, 1760).
Thomas Morris: 'Journal of Captain Thomas Morris', in R. G. Thwaites (ed.), *Early Western Travels 1748-1846* (32 vols, Cleveland, OH, 1904-7), I.
Mary Rowlandson: *A True History of the Captivity and Restoration*, 1682. The first American edition of this narrative is entitled *The Sovereignty and Goodness of God*.
John Rutherfurd: 'Relation of a Captivity among the Indians of North America', National Army Museum, London, Acc 6003/17 (transcript); version published in M. M. Quaife (ed), *The Siege of Detroit in 1763* (Chicago, IL, 1958).
Captain John Smith: *The General Historie of Virginia* (1624): the first full account by Smith of his capture, and 'rescue' by Pocahontas.
Hannah Swarton: Narrative in Alden T. Vaughan and Edward W. Clark (eds), *Puritans among the Indians: Accounts of Captivity and Redemption 1676-1724* (Cambridge, MA, 1981).
William Widger: 'Diary of William Widger of Marblehead, kept at Mill Prison, England, 1781', *Essex Institute Historical Collections*, LXXIII (1937).
John Williams: *The Redeemed Captive, returning to Zion* (Boston, MA, 1707).
Peter Williamson: *French and Indian Cruelty, Exemplified in the Life and Various Vicissitudes*, 1757, 1758, 1759, 1762, 1766, 1787, 1792, 1794, 1801, 1803, 1806, 1807, 1812, 1826.

インドとアフガニスタン

Anon: 'Narrative of events following surrender of Bidnanore'. NLS, MS 8432.
Anon: 'The English Captives at Cabul, by One of the Female Prisoners', *Bentley's Miscellany*, XIV (1843).
William Anderson: Narrative. IOL, MSS Eur. c 703.
Henry Becher: *Remarks and Occurenees of Mr Henry Becher during his imprisonment*, Bombay, 1793.
Richard Runwa Bowyer: Narrative. IOL, MSS Eur. A94 and MSS Eur. A141.
James Bristow: *A Narrative of the Sufferings of James Bristow*, 1792, 1793, 1794, 1828 (Calcutta).
Donald Campbell: *A Narrative of the Extraordinary Adventures and Sufferings by Shipwreck and Imprisonment*, 1796, 1797, 1798, 1801, 1808.
Robert Cameron: Narrative. Scottish Record Office, Edinburgh, RH/4/34.
Arthur Conolly: Narrative. IOL, MSS Eur. B29.
William Drake: Narrative. *Calcutta Gazette*, 8 December 1791; *Times* (London), 10 April 1792.
Vincent Eyre: Narrative. IOL, MSS Eur. A42. Version published as *The Military Operations at Cabul... with a Journal of Imprisonment*, 1843.
Eliza Fay: *Original Letters from India... and the Author's Imprisonment at Calicut*, 1817, 1821.
Robert Gordon: 'Narrative or Journal of the Misfortunes of the Army'. NAM, 6409-67-3.
J. Z. Holwell: *A Genuine Narrative of the Deplorable Deaths... in the Black Hole*, 1758, 1804.
John Kaye, *History of the War in Afghanistan. From the Unpublished Letters and Journals of Political and Military Officers* (2 vols, 1851). Includes selections from captivity narratives which have not otherwise survived.
John Lindsay: 'Prison Life in Seringapatam, 1780-84'. NLS, Acc 9769 (transcript); versions published in 1840, 1849.
Cromwell Massey: Narrative. IOL, MSS Eur B392; editions published in Bangalore in 1876 and 1912.
Innes Munro: *A Narrative of the Military Operations on the Coromandel Coast*, 1789. Includes references to his captivity in Mysore.
Henry Oakes: *An Authentic Narrative of the Treatment of the English*, 1785.
Francis Robson: *The Life of Hyder Aly* (1786). Includes references to his captivity in Mysore.
Florentia Sale: Narrative. IOL, MSS Eur B275; version published as *A Journal of the Disasters in Afghanistan*, 1843, 1846.
James Scurry: *The Captivity, Sufferings and Escape of James Scurry*, 1824, 1831.
Sarah Shade: *A Narrative of the Life*, 1801.
William Thomson: *Memoirs of the Late War in Asia*, 2 vols., 1788. Compilation of captivity narratives from Mysore.
Edward Arthur Henry Webb: Narrative. IOL, MSS Eur D160. This also contains captivity memories by his wife.
William Whiteway: Narrative. Printed in *James Scurry*, 1824.

原　註

この後それぞれの章ごとに挙げていく参照文献が結局のところは本書の進行に沿った参考文献一覧となるので、── 1つの例外を除いて──別に独立した参考文献リストを付け加えることはしない。例外というのは補遺のことで、そこでは、追加の参考文献と、本書で参照した重要な虜囚体験記の出版や出所についての詳細を挙げた。後の巻末註では、虜囚体験記はすべてそれぞれの虜囚の名前で言及されている（例：*Edward Coxere*, 該当ページ）。何度も出版された体験記の場合は、本書が典拠とした版の出版年も記した（例：*Thomas Pellow*（1740?））。巻末註では、出版された体験記ではなく草稿を典拠にした場合はそのことも明示している（例：*John Lindsay* MS）。関心のある読者は、当該の体験記の完全書名や書誌情報・保管情報に関しては補遺をご覧いただきたい。

この註では、出版の場所は、特に記していない限りロンドンである。また、註全体で使われている省略表記は次の通りである。

Add. MS	Additional Manuscript
AHR	*American Historical Review*
BL	British Library, London
CSPD	R. Lemon *et al.* (eds), *Calendar of State Papers: Domestic Series*, 91 vols, (1856-1964)
CSPC	W. Noel Sainsbury *et al.* (eds), *Calendar of State Papers: Colonial Series*, 40 vols, (1860-1939)
DNB	*Dictionary of National Biography*
HMC	Reports of the Royal Commission on Historical Manuscripts
Hansard	*Hansard's Parliamentary Debates*
IOL	India Office Library, British Library, London
JSAHR	*Journal of the Society for Army Historical Research*
MAS	*Modern Asian Studies*
NLS	National Library of Scotland, Edinburgh
OHBE	W. R. Louis *et al.* (eds), *The Oxford History of the British Empire*, (5 vols, Oxford, 1998-9)
I	N. Canny (ed.), *The Origins of Empire*
II	P. J. Marshall (ed.), *The Eighteenth Century*
III	A. N. Porter (ed.), *The Nineteenth Century*
IV	J. M. Brown and W. R. Louis (eds), *The Twentieth Century*
V	R. W. Winks (ed.), *Historiography*
Parl. Hist.	W. Cobbett, *The Parliamentary History of England from the earliest period to 1803* (36 vols, 1806-20)
PP	*Parliamentary Papers*
PRO	Public Record Office, London

RO　Record Office
WMQ　*William and Mary Quarterly*

序　章

（1） Daniel Defoe, *Robinson Crusoe: An Authorative Text, Contexts, and Criticism*, ed. Michael Shinagel（1994）, 15, 100, 174.〔『ロビンソン・クルーソー』、武田将明訳、河出書房新社、2011〕ジョイスの言葉はこの版の323頁から引用した。サー・レズリー・スティーブンは、虜囚状態に対するデフォーの鋭い感受性は彼自身の監獄での経験に由来する部分があると記している。

（2） *Gulliver's Travels*〔『「ガリヴァー旅行記」徹底註釈』本文篇、富山太佳夫訳、岩波書店、2013〕の優れた現代版がクリストファー・フォックスの編集で1995年に出版された。評論もいくつか収録されている。

（3） *OHBE* 1, 77. このシリーズの第5巻は、（当然のごとく）議論の余地はあるが、この並外れた帝国についての専門的かつ広範な見取り図を提供してくれる。興味深い論評の 1 つとしては、Dane Kennedy, 'The boundaries of Oxford's empire', *International History Review*, 23（2001）を参照。

（4） これらの数字は2002年版の *Whitaker's Almanac* による。

（5） Norman Davies, *Europe: A History*（Oxford, 1996）, 1068–9.〔『ヨーロッパ』1-4、別宮貞徳訳、共同通信社、2000〕

（6） E. A. Wrigley *et al.*, *English Population History from Family Reconstitution, 1580–1837*（Cambridge, 1997）, 547.

（7） 18世紀におけるイギリス人の人口に関する不安については、D. V. Glass, *Numbering the People*（1978）を参照。

（8） Daniel A. Baugh, *British Naval Administration in the Age of Walpole*（Princeton, NJ, 1965）, 147 *seq.*; N. A. M. Rodger, 'Guns and Sails in the First Phase of English Colonization, 1500–1650', and 'Sea-Power and Empire, 1688–1793', in *OHBE*, I, 79–98; II, 169–83.

（9） John Brewer, *The Sinews of Power: War, Money and the English State 1688–1783*（1989）.〔『財政＝軍事国家の衝撃——戦争・カネ・イギリス国家1688-1783』、大久保桂子訳、名古屋大学出版会、2003〕イギリスのある政治家は1781年に、「世界のどの場所においても、我らの軍隊は書類上では戦場におけるよりもはるかに多勢である」と不平を述べた。*Parl. Hist.*, XII（1781–2）, 833.

（10） J. A. Houlding, *Fit for Service: The Training of the British Army 1715–1795*（Oxford, 1981）, 7–8; Miles Taylor, 'The 1848 revolutions and the British empire', *Past and Present*, 166（2000）, 150–1.

（11） 海陸の軍事技術におけるヨーロッパと非ヨーロッパの比較については、Michael Adas, *Machines as the Measure of Men: Science, Technology, and Ideologies of Western Dominance*（1989）やDouglas M. Peers（ed.）, *Warfare and Empires: Contact and Conflict between European and non-European Military and Maritime Forces and Cultures*（Aldershot, 1997）を参照。

（12） Patrick O'Brien, 'The impact of the Revolutionary and Napoleonic Wars, 1793–1815, on the long-run growth of the British economy', *Review: Fernand Braudel Center*, XII（1989）,

367-8.

(13) C. W. Pasley, *Essay on the Military Policy and Institutions of the British Empire* (1810), 44; Edward Said, *Culture and Imperialism* (New York, 1992), 11.〔『文化と帝国主義』1・2、大橋洋一訳、みすず書房、1998-2001〕

(14) J. H. Leslie (ed.), 'Letters of Captain Philip Browne, 1737-1746', in *JSAHR*, 5 (1925), 103. ハリファックスに関しては、David Armitage, *The Ideological Origins of the British Empire* (Cambridge, 2000), 142-3〔『帝国の誕生――ブリテン帝国のイデオロギー的起源』、平田雅博ほか訳、日本経済評論社、2005〕を参照。デフォーの言葉は、Lawrence Stone (ed.), *An Imperial State at War: Britain from 1689 to 1815* (1994) の201頁、Daniel A. Baugh, 'Maritime Strength and Atlantic Commerce' の中で引用されている。

(15) J. H. Stocqueler, *The Wellington Manual* (Calcutta, 1840), 195-6; Adam Smith, *An Inquiry into the Nature and Causes of the Wealth of Nations*, ed. R. H. Campbell and A. S. Skinner (2 vols, Oxford, 1976), II, 946.〔『国富論』1-4、大河内一男監訳、中央公論新社、2010〕

(16) Pasley, *Essay on the Military Policy*, 54.

(17) イギリスの初期の国家や国民の発展とその限界については私の *Britons: Forging the Nation 1707-1837* (1992)〔『イギリス国民の誕生』、川北稔監訳、名古屋大学出版会、2000〕, Brendan Bradshaw and John Morrill (eds.), *The British Problem, c. 1534-1707: State Formation in the Atlantic Archipelago* (1996)、そしてBrewer, *Sinews of Power*〔『財政＝軍事国家の衝撃』〕を参照。

(18) アドラーのこうした見方についてはピーター・ゲイから学んだ。

(19) Jill Lepore, *The Name of War: King Philip's War and the Origins of American Identity* (New York, 1998), 74に引用されている。

(20) Mary Louise Pratt, 'Fieldwork in Common Places', in James Clifford and George E. Marcus (eds), *Writing Culture: The Poetics and Politics of Ethnography* (Los Angeles, CA, 1986), 38.〔『文化を書く』、春日直樹ほか訳、紀伊國屋書店、1996〕

(21) Mike Parker Pearson, 'Reassessing *Robert Drury's Journal* as a historical source for southern Madagascar', *History in Africa*, 23 (1996). ピアソン博士にはドルリーに関する資料を送っていただいたことに非常に感謝している。

(22) *Ibid.*; Mike Parker Pearson *et al.*, *The Androy Project: Fifth Report* (1997), 40.

(23) Brian Keenan, *An Evil Cradling* (1993), 58.

(24) James S. Amelang, *The Flight of Icarus: Artisan Autobiography in Early Modern Europe* (Stanford, CA, 1998), 37.

(25) Dominic Lieven, *Empire: The Russian Empire and its Rivals* (2000), 17〔『帝国の興亡』上・下、松井秀和訳、日本経済新聞社、2002〕; Anthony Pagden, *Peoples and Empires* (New York, 2001), xxi.

第一章　タンジール

(1) 本章で私が引用したチャムリーの信書控え帳と文書を所蔵するのは、North Yorkshire RO (ZCG)。さらに、*The Memoirs of Sir Hugh Cholmley* (1787) も参照。この

男は現代において伝記に書かれるにふさわしい。

(2) タンジールと海軍については、Sari R. Hornstein, *The Restoration Navy and English Foreign Trade, 1674-1688* (Aldershot, 1991) を参照。これは貴重な研究だが、植民地の運命へのモロッコの寄与を軽視している。チャムリーの契約に関しては、'A Short Account of the Progress of the Mole at Tangier', in *Tracts on Tangier*, BL, 583. i. 3 (1-8) と、PRO, CO 279/2, fols 18-19を参照。

(3) [Sir Henry Sheeres] *A Discourse touching Tanger* [sic] *in a letter to a person of quality* (1680), 7.

(4) Robert Latham and William Matthews (eds), *The Diary of Samuel Pepys* (11 vols, 1970), IV, 299, 319.〔『サミュエル・ピープスの日記』4、臼田昭訳、国文社、1989〕

(5) Julian S. Corbett, *England in the Mediterranean* (2 vols, 1904), II, 17, 137.

(6) E. M. G. Routh, *Tangier: England's Lost Atlantic Outpost 1661-1684* (1912), 38; Richard T. Godfrey, *Wenceslaus Hollar: A Bohemian Artist in England* (New Haven, CT, 1994), 27, 159-60.

(7) タンジール植民地の人口については、Bodleian Library, MS Rawl. A185; 'A discourse of Tangier', BL, Lansdowne MS 192, fol. 164を参照。

(8) タンジールでの植民地生活については、PRO, CO 279の大量の書簡と、*Memoirs of Sir Hugh Cholmley*, 103-296を参照。

(9) Routh, *Tangier*, 365-9; 'Reasons Touching the Demolishing Tangier', Beinecke Library, Yale University, Osborn MS, Fb. 190 vol. 4. この時期のイングランド王室の収支に関する最も信頼のおける研究は――予想される通り、タンジールにはわずかな注意しか払っていないが―― C. D. Chandaman, *The English Public Revenue 1660-1688* (Oxford, 1975) である。

(10) PRO, MPH 1とチャムリーの信書控え帳の随所を参照。

(11) Bodleian Library, MS Rawl. A342, fol. 151; MS Rawl. A191, fol. 44; Corbett, *England in the Mediterranean*, II, 137.

(12) Frank H. Ellis (ed.), *Poems on Affairs of State: Augustan Satirical Verse, 1660-1714* (7 vols, New Haven, CT, 1975), III, 473-4; Edwin Chappell, *The Tangier Papers of Samuel Pepys* (1935), preface.

(13) *OHBE*, Iを参照。著作の副題が示唆するように、ラウスの時代にすでに、大西洋主義的な見方が影響を及ぼしていた。イングランドの植民地であった当時、タンジールは圧倒的に地中海の勢力と貿易の点から論じられていた。

(14) *The Mediterranean and the Mediterranean World in the Age of Philip II* (2 vols, 1995 edn), II, 1240. 地中海に対する学問的な関心が、復活の兆しを示している。特に、プリンストン大学のモリー・グリーン教授の仕事は、たいへん有望である。

(15) Hornstein, *The Restoration Navy*, 37-8. イングランドのヨーロッパとヨーロッパ圏外の貿易の利益が常に互いに結びつけられていたことは、繰り返すに値する。植民地とヨーロッパ圏外の再輸出は、イングランドの地中海貿易に貢献した。逆に、地中海での利益は、東インドの必需品のために支払った金を相殺するのに役立った。

(16) オスマン帝国の人口と軍隊の規模に関するこの情報を得ることができたのは、ヴァージニア・アクサン教授とシェウケット・パムク教授のおかげである。

(17)　オスマン帝国の財政的情熱のこの事例については、サイモン・プライス博士に感謝している。

(18)　Routh, *Tangier*, 264; P. G. Rogers, *A History of Anglo-Moroccan Relations to 1900*（1970）, 232.

(19)　BL, Lansdowne MS 192, fols 123-9; *A Discourse touching Tanger*［sic］ *... to which is added The Interest of Tanger, by Another Hand*（1680）, 37.

(20)　*An Exact Journal of the Siege of Tangier*（1680）.

(21)　これらの点に関する有益な議論については、Ann Laura Stoler, 'Rethinking colonial categories: European communities and the boundaries of rule', *Comparative Studies in Society and History*, 31（1989）を参照。

(22)　*OHBE*, I, 280を参照。

(23)　Bodleian Library, MS Rawl. C. 423, fols I, 127.

(24)　'Minutes of Courts Martial at Tangier 1663-67', BL, Sloane MS 1957, fols 45-6.

(25)　Rogers, *Anglo-Moroccan Relations*, 52-3.

(26)　Colonel Percy Kirke's Tangier letter-book, Lewis Walpole Library, Farmington, CT, Hazen 2572を参照。

(27)　HMC Dartmouth I, 96-7; PRO, CO 279/32, fols 184-9.

(28)　BL, Lansdowne MS 192, fols. 30 and 132.

第二章　イスラム勢力と海

(1)　シューラ・マークス教授から教えていただいたことであるが、これはホッテントットの女性の「動物性」を強調するのによく使われた方法である。これはまた、他者を貶めたり、女性を見下したりするのにも使われた。(Jennifer L. Morgan, 'Some could suckle over their shoulder', *WMQ*, 54（1997）.

(2)　「バーバリ」現象の記述は多数あるが、質の面で大きなばらつきがある。古いタイプの感情的すぎる本の中にも価値ある資料が含まれており、特にGodfrey Fisher, *Barbary Legend*（Oxford, 1957）や、R. L. Playfair, *The Scourge of Christendom*（1884）は注目すべきである。M. S. Anderson, 'Great Britain and the Barbary states in the eighteenth century', *Bulletin of the Institute of Historical Research*, XXIX（1965）はイギリスの外交資料についてのバランスのとれた概説となっている。John B. Wolf, *The Barbary Coast: Algiers under the Turks 1500-1830*（1979）とP. G. Rogers, *A History of Anglo-Moroccan Relations to 1900*（1970）は北アフリカの二大勢力についての有用な記述である。にもかかわらず、最良の分析の多くは、フランスを基盤とする研究者によるものか、フランス語で書かれたものである。Fernand Braudel, *The Mediterranean and the Mediterranean World in the Age of Philip II*（2 vols, 1995 edn）〔『地中海〈普及版〉』1-4、浜名優美訳、藤原書店、2004〕は必読である。バーバリでの虜囚についてヨーロッパの文脈の中で知りたい場合はBartolomé and Lucile Bennasar, *Les chrétiens d'Allah*（Paris, 1989）を。*Les cahiers de Tunisie*, *Le monde musulman* and *Revue d'hitoire maghrebine*などのフランス語の雑誌には、コルセアやその犠牲者についての新しい価値ある情報が常に掲載されている。

(3)　Jamil M. Abun-Nasr, *A History of the Maghrib in the Islamic Period*（Cambridge, 1987）, 2.

(4) G. A. Starr, 'Escape from Barbary: a seventeenth-century genre', *Huntington Library Quarterly*, 29 (1965), 35に引用されている。

(5) フランスやイタリアのイスラム教徒奴隷については、Moulay Belhamissi, *Les captifs algériens et l'Europe chrétienne* (Algiers, 1988) やPeter Earle, *Corsairs of Malta and Barbary* (1970) を参照。地中海でのキリスト教国の私掠船——イングランドのものも含む——は、同じキリスト教徒を襲うこともあった。

(6) PRO, SP 71/16, fol. 135; Ellen G. Friedman, *Spanish Captives in North Africa in the Early Modern Age* (Madison, WI, 1983).

(7) たとえば、Admiral Herert's letter-book, Beinecke Library, Yale University, Osborn Shelves, f. b. 96を参照。

(8) Abdallah Laroui, *The History of the Maghrib: An Interpretive Essay* (Princeton, NJ, 1977), 244.

(9) John Brewer, *The Sinews of Power: War, Money and the English State, 1688-1783* (New York, 1989), 198.〔『財政＝軍事国家の衝撃』〕

(10) David Armitage, The Ideological Origins of the British Empire (Cambridge, 2000), 100-24〔『帝国の誕生』〕を参照。

(11) Russell King *et al.* (eds), *The Mediterranean: Environment and Society* (1997), 10の、ブローデルの議論に依拠しつつ論じられた箇所。

(12) この後のいくつかの段落は、Robert C. Davis, 'Counting European slaves on the Barbary coast', *Past and Present*, 172 (2001) に負うところが大きい。

(13) バーバリの虜囚についての英語による記述の最も早いものは1570年代から現れる。Nabil Matar, *Turks, Moors and Englishmen in the Age of Discovery* (1999), 181を参照。

(14) William Laird Clowes, *The Royal Navy: A History from the Earliest Times to the Present* (7 vols, 1996 repr.), II, 22.

(15) David Delison Hebb, *Piracy and the English Government 1616-1642* (Aldershot, 1994); Todd Gray, 'Turkish piracy and early Stuart Devon', *Report and Transactions Devonshire Association*, 121 (1989).

(16) *A Relation of the Whole Proceedings concerning the Redemption of the Captives in Algier and Tunis* (1647).

(17) Frank H. Ellis (ed.), *Poems on Affairs of State: Augustan Satirical Verse, 1660-1714* (7 vols, New Haven, CT, 1975), VII, 243. バーバリに対する海軍の攻撃については、Sari R. Hornstein, *The Restoration Navy and English Foreign Trade, 1674-1688* (Aldershot, 1991) を参照。

(18) 'Navy, state, trade, and empire', in *OHBE*, I, 473; Ralph Davis, *The Rise of the English Shipping Industry* (1962), 15.

(19) 'List of Ships and Men Taken', PRO, SP 71/18, fol. 25; Dominique Meunier, *Le Consulat anglais à Tétouan sous Anthony Hatfeild* (Tunis, 1980), 36-40.

(20) W. E. Minchinton (ed.), *Politics and the Port of Bristol in the Eighteenth Century* (1963), 82-3.

(21) Joseph Redington (ed.), *Calendar of Treasury Papers, 1556-1728* (7 vols, 1868-1889), III, 250-1.

(22) Anderson, 'Great Britain and the Barbary states', 103.

(23) Fisher, *Barbary Legend*, 227; *CSPD*, 1661-2, 285.

(24) これは、政府関係文書や当時の印刷物に散見される虜囚買い戻し情報に基づいて私が推定した値である。後に述べるように、不十分な情報に基づいているため、控えめな数値になりすぎているだろう。

(25) Meunier, *Le Consulat anglais à Tétouan*, 39.

(26) PRO, SP, 102/1, fol. 53; British and Foreign State Papers 1812-1814 (1841), 357, 363.

(27) この部分については、スタンフォード大学のギラン・ワイスから、'From Barbary to France: Processions of Redemption and Early Modern Cultural Identity' の原稿を見せていただいた。

(28) PRO, SP 71/16, fol. 256.

(29) *An Exhortation to those Redeemed Slaves, who came in a Solemn Procession to St Paul's Cathedral* (1702), 17; *DNB*, 14, p. 775.

(30) グレゴリー・キングは1680年代に船乗りを兵士や貧民とともにイングランドの社会構造の底辺に位置づけた。Geoffrey Holmes, 'Gregory King and the social structure of pre-industrial England', *Transactions of the Royal Historical Society*, 27 (1977) を参照。

(31) *CSPD*, 1700-1702, 470-1.

(32) 1714年から1719年にかけてのリストは、Meunier, *Le Consulat anglais à Tétouan*, 36-40に掲載されている。トリポリの推定値については、Michel Fontenay, 'Le maghreb barbaresque et l'esclavage Méditerranéen aux XVIè et XVIIè siècles', Les cahiers de Tunisie, XLIV (1991) を参照。

(33) *John Whitehead*, 4-11; Abun-Nasr, *History of the Maghrib*, 161.

(34) オスマン帝国の他の地域でのイギリス人虜囚への言及は、Alfred C. Wood, *A History of the Levant Company* (1964) から拾い集めることができる。

(35) 'Petition of the Poor Seamen Captive in Algiers', 4 March 1641. メイジャ・ジャンソン教授には編集中のこの文書を参照させていただき感謝している。1670年代の西岸については、Guildhall Library, London, Broadside 12. 12を参照。

(36) Christopher Lloyd, *English Corsairs on the Barbary Coast* (1981), 101に引用されている。

(37) さまざまな議論や異論を生まずにはおかないこのテーマについては、手引きとして、Joseph C. Miller, 'Muslim slavery and slaving: a bibliography', *Slavery & Abolition*, 13 (1992) を参照。さらに、J. R. Willis, *Slaves and Slavery in Muslim Africa* (2 vols, 1995); H. A. R. Gibb *et al.* (eds), *The Encyclopedia of Islam* (8 vols, Leiden, 1960-97 edn)、そして '*Abd, Habshī, Hartini, Ghulām*, and *Ma'dhūn*' の記載事項、Bernard Lewis, *Race and Slavery in the Middle East: An Historical Enquiry* (Oxford, 1990) も有益である。

(38) John Braithwaite, *The History of the Revolutions in the Empire of Morocco* (1969 reprint of 1729 edn), 67.

(39) *Thomas Sweet* (1646); Braithwaite, *History of the Revolutions*, 185-6.

(40) *Francis Knight* (1640), 29. ガレー船における戦闘や奴隷の境遇については、Jan Glete, *Navies and Nations: Warships, Navies and State Building in Europe and America, 1500-1860* (2 vols, Stockholm, 1993), I, 114-46, 250-2を参照。

(41) *The Memoirs of Sir Hugh Cholmley* (1787), 137.

(42)　ムーレイ・イスマイルの建築作業に携わった1人のイギリス人に関しては *Thomas Phelps*（1685）を参照。アルジェリアの奴隷や公共事業に関しては、Ellen G. Friedman, 'Christian Captives at "hard labour" in Algiers, 16th-18th centuries', *International Journal of African Historical Studies*, 13（1980）を参照のこと。

(43)　*Thomas Troughton*（1751）, 14-16 and *passim*.

(44)　これらの点については、Davis, 'Counting European Slaves' における議論を参照。

(45)　*The Arabian Journey: Danish Connections with the Islamic World over a Thousand Years*（Århus, 1996）, 87,

(46)　Orlando Patterson, *Slavery and Social Death: A Comparative Study*（1982）, 7〔『世界の奴隷制の歴史』、奥田暁子訳、明石書店、2001〕; Seymour Drescher and Stanley L. Engerman（eds）, *A Historical Guide to World Slavery*（Oxford, 1998）, 284-6.

(47)　有名な例は、1661年2月8日の正午にロンドンのエクスチェインジ〔王立取引所〕をぶらついているときにかつてバーバリの虜囚だった2人の人物に出会ったというサミュエル・ピープスの話である。ピープスの話では、「そして、そこで私たちは4時までアルジェリアやそこでの奴隷の生活について話をして過ごした」とのことである。Robert Latham and William Matthews（eds）, *The Diary of Samuel Pepys*（10 vols, 1970-83）, II, 33-4.〔『サミュエル・ピープスの日記』2、臼田昭訳、国文社、1989〕

(48)　'An account of Mr Russell's Journey from Gibraltar to Sallee [sic]', Bodleian Library, MS Eng. hist. d. 153, fol. I; Proclamation, 12 March 1692, Bristol RO, EP/A/31/4.

(49)　*Gleanings in Africa... with Observations... on the State of Slavery*（1806）, 149; Morgan Godwyn, *The Negro's & Indian's Advocate*（1680）, 28. ドロー・ワーマン教授には1つ目の文献を参照させていただき感謝している。

(50)　Betton Charity Papers, Guildhall Library, London, MS 17034, bundle 4.

(51)　イスタンブールのアーカイヴがよく知られるようになってきたため、オスマン帝国の歴史学は急速かつ刺激的に変化している。現在の修正主義に対する有益な案内書としては、Donald Quataert, *The Ottoman Empire, 1700-1922*（Cambridge, 2000）, Virginia H. Aksan, 'Locating the Ottomans among early modern empires', *Journal of Early Modern History*, 3（1999）、そして、Halil Inalcik and Donald Quataert（eds）, *An Economic and Social History of the Ottoman Empire, 1300-1914*（Cambridge, 1994）などがある。

(52)　彼の *The Perspective of the World*（1984）, 467.〔『世界時間』1・2、村上光彦訳、みすず書房、1996-1999〕

(53)　'The Barbary states', *Quarterly Review*, XV（1816）, 151.

(54)　[Matthew Barton], *An Authentic Narrative of the Loss of His Majesty's Ship the Litchfield*（London, n. d.）, 2.

(55)　Andrew C. Hess, 'The Forgotten Frontier: The Ottoman North African Provinces during the Eighteenth Century' in Thomas Naff and Roger Owen（eds）, *Studies in Eighteenth-Century Islamic History*（Carbondale, II, 1977）, 83.

(56)　Bodleian Library, Rawl. c. 145, fol. 21. 初期近代におけるモロッコの軍隊のダイナミックな発展については、Weston F. Cook, *The Hundred Years War for Morocco*（Boulder, CO, 1994）と Allan Richard Meyers, 'The 'Abid al-Bukhari: Slave Soldiers and Statecraft in

Morocco, 1672-1790', Cornell University PhD dissertation, 1974を参照。

(57) 'Papers regarding the redemption of English captives', Corporation of London RO, Misc. MSS 156. 9; Redington, *Calendar of Treasury Papers*, VII, 62.

(58) *Mediterranean and the Mediterranean World, passim*.

(59) 167-175頁を参照。

(60) 英語での最良の研究は、George Hills, *Rock of Contention: A History of Gibraltar*（1974）とDesmond Gregory, *Minorca: The Illusory Prize*（1990）である。1700年以降の地中海の外交史、海軍史、商業史に興味のある方は、ぜひ、ジブラルタルにある総督の図書館のおびただしい数の文書を閲覧すべきである。現在、それらの文書は事実上、研究者によってまだ手をつけられていない。〔ジブラルタルには、1794年に当時の陸軍大尉ドリンクウォーターが守備隊（garrison）の士官のために総督官邸敷地の向かいに閲覧室を設置したことに始まり、1800年から総督の後援により現在の建物の建築が進められ、1804年に公式に開館したガリスン図書館がある。2011年まで軍関係の民間図書館だったが、その後、政府に譲渡。〕

(61) Gregory, Minorca, 207-9.

(62) これに関しては、Janet Sloss, *A Small Affair: The French Occupation of Minorca during the Seven Years War*（Tetbury, 2000）を参照。

(63) Paul M. Kennedy, *The Rise and Fall of British Naval Mastery*（1976）, 109.

(64) J. A. Houlding, *Fit for Service: The Training of the British Army, 1715-1795*（Oxford, 1981）.

(65) PRO, SP 71/20 Part I, fol. 182.

第三章　物語を語る

(1) たとえば、*Francis Brooks*（1693）, 7を参照。バーバリのコルセアは魔術を使って自分たちを見つけ出すとイギリス人が信じていたことについては、Basil Lubbock（ed.）, *Barlow's Journal*（2 vols, 1934）, II, 55を参照。

(2) *Adam Elliot*（1731）, xxiii.

(3) 他の宗派の活動については、Kenneth L. Carroll, 'Quaker slaves in Algiers, 1679-1688', *Journal of the Friends Historical Society*, 54（1982）, 301-12; and B. Gwynn（ed.）, 'Minutes of the Consistory of the French Church of London... 1679-92', *Huguenot Society Quarto Series*, 58（1994）, 271, 275, 280 and 342を参照。この後半の文献については、ランドルフ・ヴィニュに感謝している。Charles Henry Hull（ed.）, *The Economic Writings of Sir William Petty*（2 vols, 1964 repr.）, II, 512.

(4) Accounts of money collected, Corporation of London RO, GLMS/284 and 285.

(5) この仕組みについては、W. A. Bewes, *Church Briefs, or Royal Warrants for Collections for Charitable Objects*（1816）と、Mark Harris, '"Inky blots and rotten parchment bonds": London, charity briefs and the Guildhall Library', *Historical Research*, LXVI（1993）, 98-110を参照。

(6) R. N. Worth, *Calendar of the Tavistock Parish Records*（Plymouth, 1887）, 56-7.

(7) *Ibid*., 56-63. 虜囚の解放運動において、教会への寄付でも、遺言の条項による貢

献でも、女性が著しく目立っていた。

(8) 1780年以後のイギリスの幅広い社会での奴隷廃止論に関する典型的な記述については、Seymour Drescher, *Capitalism and Antislavery: British Mobilization in Comparative Perspective*（1986）を参照。

(9) Guildhall Library, London, Proc. 23. 20.

(10) 行列に関する報告については、たとえば、*Daily Post*, 5 December 1721と、*Daily Journal*, 12 November 1734を参照。

(11) *The great blessings of redemption from captivity*（1722）, 3 and 22.

(12) *Daily Journal*, 12 November 1734; William Sherlock, *An Exhortation to those Redeemed Slaves who Came in a Solemn Procession to St. Paul's Cathedral*（1702）, 16.

(13) この段落は、未刊の論文Gillian Weiss: 'From Barbary to France: processions of redemption and early modern cultural identity' によるもの。

(14) Joseph Morgan, *Several Voyages to Barbary*（2nd edn, 1736）, 142.

(15) 私は次の2つの資料からジュークスの物語を再構築した。William Gouge, *A Recovery from Apostacy*（1639）; and Richard Gough, *The History of Myddle*, ed. David Hey（New York, 1981）, 115. 後者の資料については、デイヴィッド・アンダーダウン教授にお世話になった。

(16) 詩行の出典は次の通り。*c.* 1790 version of 'Lord Bateman' called 'Young Baker', Bodleian Library, Harding B 6 (86). このバラッドの人気が続いていたため、若きチャールズ・ディケンズと挿絵画家のジョージ・クルックシャンクは、互いの並はずれた才能を生かして新版*The Loving Ballad of Lord Bateman*（1839）作り上げた。

(17) Lewis P. Hinchman and Sandra K. Hinchman（eds）, *Memory, Identity, Community: The Idea of Narrative in the Human Sciences*（Albany, NY, 1997）に含まれる物語へのアプローチが有益だとわかった。

(18) R. L. Playfair, *The Scourge of Christendom*（1884）, 135.

(19) この破壊されたグリニッジ病院の記念碑の碑文の写しを入手できたのは、国立海洋博物館のバーバラ・トムリンソンのおかげである。

(20) 彼の取り調べの報告については、Lancashire RO, QSP 1223/7を参照。

(21) G. E. Hubbard, *The Old Book of Wye: being a record of a Kentish county parish*（Derby, 1951）, 130-1を参照。「17世紀の残りと18世紀の大半は、ワイの教区委員の記述がトルコでの奴隷に関連する項目と無縁だったことはほとんどなかった」。

(22) W. Petticrew to Lord Holderness, 2 October 1753, PRO SP 71/19, fols 123-6に、'A declaration made here by two Moors... before the Governor and Chief Justice [sic]' が入っている。

(23) *Ibid.*, fols 125-6.

(24) *Francis Knight*（1640）, preface.

(25) *Strange and wonderfull things happened to Richard Hasleton... penned as he delivered it from his owne mouth*（1595）を参照。

(26) Simon Schama, *Dead Certainties*,（*Unwarranted Speculations*）（1991）.

(27) *William Okeley*（1676）, preface and opening verse.

(28) *Thomas Troughton*（1751）, 6-8.

(29)　バーバリにいる間にメモを書くことができたように思われる初期のニューイングランドの虜囚の例については、*Narrative of Joshua Gee of Boston, Mass.*（Hartford, CT, 1943), 26-7; *William Okeley*（1676), 26を参照。

(30)　*William Okeley*（1676), preface.

(31)　*Ibid.*, 1764 edn, x-xi.

(32)　Lennard Davis, *Factual Fictions: The Origins of the English Novel*（New York, 1983）を参照。

(33)　P. J. Marshall and Glyndwr Williams, *The Great Map of Mankind*（1982), 53〔『野蛮の博物誌── 18世紀イギリスがみた世界』、大久保桂子訳、平凡社、1989〕; Percy G. Adams, *Travel Literature and the Evolution of the Novel*（Lexington, Kentucky, 1983), 97.

(34)　これらの主張に関する有益な論考については、Stuart B. Schwartz, *Implicit Understandings: Observing, Reporting and Reflecting on the Encounters between Europeans and Other Peoples in the Early Modern Era*（Cambridge, 1994), 1-23のイントロダクションを参照。

(35)　*Thomas Pellow*（1890), 186; P. Mercer, 'Political and Military Developments within Morocco during the early Alawi Period', London University PhD dissertation, 1974, 41.

(36)　Magali Morsy, *La relation de Thomas Pellow: Une lecture du Maroc au 18e siècle*（Paris, 1983).

(37)　Daniel Nordman, 'La mémoire d'un captif', *Annales*, xli（1986）を参照。4年間ベイルートで拘束されたブライアン・キーナンの現代の物語もまた、西洋暦に対する関心の欠如を見せていることは、示唆に富む。*An Evil Cradling*（1992）を参照。

(38)　*Thomas Pellow*（1890), 235; Morsy, *La relation*, 205n.

(39)　Joan Brady, *The Theory of War*（New York, 1993), 94.

(40)　*Thomas Pellow*（1740), 385.

第四章　イスラムとの出会い

(1)　リッチ、コヴェントガーデン、『乞食オペラ』〔海保眞夫訳、法政大学出版局、1993／新装版、2006〕については、John Brewer, *The Pleasures of the Imagination: English Culture in the Eighteenth Century*（1997), 325-56, 428-44を参照。

(2)　'English Slaves in Barbary', *Notes and Queries*, March 5 1921, 187. トラウトンとその仲間は1751年3月22日にロンドンに戻って来た。

(3)　*Poems on Several Occasions*（1734), 271.

(4)　*Thomas Phelps*（1685), preface; *John Whitehead* MS, 4 and 16.

(5)　Edward Said, *Orientalism: Western Conceptions of the Orient*（1995 edn), *passim*.〔『オリエンタリズム』上・下、今沢紀子訳、平凡社、1993〕この豊かで示唆にとむテクストについての議論は今はきわめて多数にのぼる。私がもっとも重要と思う議論は、Sadiq Jalal al-'Azm, 'Orientalism and Orientalism in Reverse', in Jon Rothschild (ed.), *Forbidden Agendas: Intolerance and Defiance in the Middle East*（1984）や、Dennis Porter, '*Orientalism* and its Problems', in Francis Barker *et al.* (eds), *The Politics of Theory*（Clochester, 1983）などである。

(6)　James Grey Jackson, *An Account of the Empire of Morocco*（3rd edn, 1814), 153. この時

点での偏見の遍在性と、それが実際の交際や協力に与えた限定的な影響についての優れた議論は、Rhoads Murray, ‘Bigots or informed observers? A periodization of precolonial English and European writing on the Middle East’, *Journal of the American Oriental Society*, 110（1990）を参照。

（7） 私の *Britons: Forging the Nation 1707–1837*（1992), 35〔『イギリス国民の誕生』〕に引用しているハーヴィー卿による詩。

（8） これらの点についての詳細は、K. N. Chaudhuri, ‘From the Barbarian and the Civilized to the Dialectics of Colour: An Archaeology of Self-Identities’, in Peter Robb（ed.), *Society and Ideology: Essays in South Asian History*（Delhi, 1994）を参照。

（9） Nabil Matar, *Islam in Britain 1558–1685*（Cambridge, 1998), 74–86 と G. J. Toomer, *Eastern Wisedome and Learning: The Study of Arabic in Seventeenth-Century England*（Oxford, 1996）を参照。

（10） Matar, *Islam in Britain*, 73–83.

（11） *Devereux Spratt*, 25–6; Nabil Matar, *Turks, Moors & Englishmen in the Age of Discovery*（New York, 1999), x, 170.

（12） *Sentences of Ali, son-in-law of Mahomet*（1717), preface. オクリーは伝記を書かれるに値する人物であるが、バーバリの虜囚捕獲を非難するときでさえ、「礼儀正しいアジア人（中でもペルシャ人が最も優れている)」の知的優秀さを強調しようとした。*An Account of South-West Barbary*（1713), xix を参照。

（13） Albert Hourani, *Islam in European Thought*（Cambridge, 1991), 10 に引用されている。

（14） *The Koran, commonly called the Alcoran of Mohammed*（1734), preface; *The Life of Mahomet, translated from the French*（1731), dedication.

（15） *A Compleat History of the Piratical States of Barbary*（1750 edn), v. また、モーガンの *Mahometanism Fully Explained*（2 vols, 1723–5）も参照のこと。

（16） 「ムーア人」とは、かつてのスペイン系イスラム教徒で北アフリカに定住するようになった人びとのことであり、通常、皮膚が黒いと思われていたが、シェイクスピアの『オセロ』が示すように、サハラ以南の黒人とはいくぶん対照的に、これは必ずしも劣等性や能力の欠如の証拠としては見られなかった。Khalid Kekkaoui, *Signs of Spectacular Resistance: The Spanish Moor and British Orientalism*（Casablanca, 1998）を参照。

（17） *John Whitehead* MS, fol. 26; *The Memoirs of Sir Hugh Cholmley*（1787), 137.

（18） *Elizabeth Marsh* MS, unfoliated.

（19） ジブラルタルでイギリス人が北アフリカのユダヤ人やムスリムの貿易商を容認していたことについては、George Hills, *Bone of Contention: A History of Gibraltar*（1974）を参照。

（20） たとえば、イェール大学の地図ライブラリーには、北アフリカを明らかにヨーロッパの中に含めている18世紀後期の刺繍された地図がある。*The Adventures of Mr. T. S. an English merchant, taken prisoner by the Turks of Algiers*（1670), 157.

（21） Michael Adas, *Machines as the Measure of Men: Science, Technology and Ideologies of Western Dominance*（1989).

（22） BL, Add. MS 47995, fols 30 and 39.

（23） *A Complete History*, 255–6. 1750年以前のイギリスの不安定さについては、J. H.

Plumb, *The Growth of Political Stability in England, 1675-1725*（1967）と Paul Monod, *Jacobitism and the English People, 1688-1788*（Cambridge, 1989）を参照。
(24)　*Edward Coxere*, facing p. 60.
(25)　*Devereux Spratt*, 11-13, 33-4.
(26)　'Islamic Law and Polemics over Race and Slavery in North and West Africa', in Shaun E. Marmon (ed.), *Slavery in the Islamic Middle East* (Princeton, NJ, 1999), 43.
(27)　*James Irving* MS, 29; *Elizabeth Marsh* (1769), I, 38-9.
(28)　N. J. Dawood (ed.), *The Muquaddimah: An Introduction to History* (Princeton, NJ, 1989), 59-60; *Joseph Pitts* (1704), 24.
(29)　たとえば、John Braithwaite, *The History of the Revolutions in the Empire of Morocco* (1969 reprint of 1729 edn), 214-15 を参照：「道を通るときには［私たちは］必ず侮辱された。3-400 人が一緒になって大きな叫び声を上げ、不信心者に災いあれと叫んでいた。民衆はときに石やれんがの破片を投げつけてきた。」
(30)　*William Okeley* (1684), 12-14.
(31)　*James Irving* (1995), 128.
(32)　Said, *Orientalism*, II.
(33)　Michelle Burnham, *Captivity and Sentiment: Cultural Exchange in American Literature*, 1682-1861 (Hanover, NH, 1997), 2.
(34)　*William Okeley* (1684), 46-7.
(35)　*Joseph Pitts* (1704), 142, 156, 158-62, 171.
(36)　Pierre de Cenival and P. de Cossé Brissac (eds), *Les sources inédites de l'histoire du Maroc: archives et bibliothèques d'Angleterre* (3 vols, Paris, 1918-35), III, 68; *Devereus Spratt*, 26.
(37)　*Genesis*, 41, v. 52.
(38)　William Nelson, *Particulars of the hardships and sufferings of William Nelson... who was afterwards taken prisoner by an Algerine galley* (Grantham, 1820?). 大英図書館が所蔵しているものが私の知る唯一のものだが、置き違えにより見当たらなくなっている。調べることができないので、それが本物かどうか私にはわからない。
(39)　Peter Linebaugh and Marcus Rediker, *The Many-Headed Hydra: Sailors, Slaves, Commoners, and the Hidden History of the Revolutionary Atlantic* (2000) を参照。サフラに関しては、Thomas Pocock , *The Relief of Captives, especially of our own countrymen* (1720), 10-12 を。
(40)　A. R. Meyers, 'The 'Abid al-Bukhari: Slave Soldiers and Statecraft in Morocco, 1672-1790', Cornell University PhD dissertation, 1974, 142-4; *James Irving* (1995), 119; *Thomas Troughton* (1751), 14-16.
(41)　Ian Duffield and Paul Edwards, 'Equiano's Turks and Christians: an eighteenth-century African view of Islam', *Journal of African Studies*, 2 (1975-6) を参照。イクイアーノの出生地は出版された体験記〔『アフリカ人、イクイアーノの生涯の興味深い物語』、久野陽一訳、研究社、2012〕に書かれているアフリカではなくて恐らくはアメリカだと思われるが、その出生地については、Olaudah Equiano, *The Interesting Narrative and Other Writings*, ed. Vincent Caretta (1995) のイントロダクションを参照。
(42)　この点は、強調しすぎるべきではない。北アフリカの黒人奴隷にはより広範囲の機会が開かれていたが、白人奴隷よりは扱いが悪かった。さらに、黒人のイギリス人

は、白人のイギリス人と同じく、ここでの虜囚経験に対してさまざまな反応をした。たとえば、熱心なキリスト教徒であったというトマス・サフラは、イギリスに戻ることを選んだ。

(43) PRO, SP 71/14, Part Two, fol. 221.

(44) これの一側面については、Nicholas B. Harding, 'North African piracy, the Hanoverian carrying trade, and the British state, 1728–1828', *Historical Journal*, 43 (2000) を参照。

(45) Guildhall Library, London, MS 17034, Betton Charity Papers, Bundle 3.

(46) Fernand Braudel. *The Mediterranean and the Mediterranean World in the Age of Philip II* (2 vols, 1995 edn), II, 889.〔『地中海〈普及版〉』4、浜名優美訳、藤原書店、2004〕

(47) バトラー家については、PRO, FO 113/3, fol. 272を参照。

(48) たとえば、BL, Egerton MS 2528, fol. 97を参照。

(49) 1710年代や20年代には、ユニテリアン主義とイスラムとの重なり合いに関する議論が少なからずあった。J. A. I. Champion, 'The Pillars of Priestcraft Shaken: The Church of England and its Enemies, 1660–1730', Cambridge University PhD dissertation, 1992を参照。

(50) *Joseph Pitts* (1704), 14, 82, 104 and 130.

(51) F. E. Peters, *The Hajj: The Muslim Pilgrimage to Mecca and the Holy Places* (Princeton, NJ, 1994), 116–17に引用されている。

(52) *Joseph Pitts* (1704), 68, 86, 115, 182–3.

(53) Carlo Ginzburg, *The Cheese and the Worms: The Cosmos of a Sixteenth-Century Miller* (New York, 1982), 50–1〔『チーズとうじ虫——16世紀の一粉挽屋の世界像』、杉山光信訳、みすず書房、1984／シリーズ《始まりの本》、2012〕を参照。

(54) ハイド・パーカーの一件については、P. G. Rogers, *A History of Anglo-Moroccan Relations to 1900* (1970), 96–9を参照。

(55) John Hughes, *The Siege of Damascus* (London, 1720), 6. マーシュについての詳しい説明は、私の'The Narrative of Elizabeth Marsh: Barbary, Sex, and Power' in Felicity Nussbaum (ed.), *The Global Eighteenth Century* (Baltimore, MD, 2003) を参照。

(56) *Elizabeth Marsh* (1769), II, 18–94.

(57) この点については、'The Narrative of Elizabeth Marsh' でさらに詳しく論じている。

(58) Maija Jansson (ed.), *Proceedings in Parliament, 1614* (Philadelphia, 1988), 200; 'To the Right Honourable the Commons', Guildhall Library, London, Broadside 12. 12.

(59) *Francis Knight* (1640), 50; C. R. Pennell, *Piracy and Diplomacy in Seventeenth-Century North Africa* (1989), 62.

(60) William Chetwood, *Voyages and Adventures of Captain Robert Boyle* (1726), 34; Paul Rycaut, *The Present State of the Ottoman Empire* (1668), 81.『ロビンソン・クルーソー』のこの解釈はマートン・カレッジのベン・ホールデンから得たものである。

(61) この点についての最近の議論については、Stephen O. Murray and Will Roscoe (eds), *Islamic Homosexualiteis: Culture, History and Literature* (New York, 1997) を参照。

(62) この一例が肖像画であった。1760年以前には、サンドウィッチ卿のような高位の野心的なイギリス人男性はトルコの衣装で描かれることもあった。しかしながら、1769年以降は、こんなふうに「東洋風の」衣服で描かれるのは圧倒的に女性が多くな

る。

(63) *Letters from Barbary 1576-1774: Arabic Documents in the Public Record Office*, trans. J. F. P. Hopkins (Oxford, 1982), 84.

(64) Piers Mackesy, *British Victory in Egypt, 1801* (1995), 21; 1816年の爆撃については、Roger Perkins and K. J. Douglas-Morris, *Gunfire in Barbary* (1982) を参照。

第五章　さまざまなアメリカ人、さまざまなイギリス人

(1) バードと彼の作品については、R. Gunnis, *Dictionary of British Sculptors 1660-1851* (1968 rev. edn), 53 を参照。

(2) 1713年までのイギリス帝国の力——と、その限界——については、*OHBE*, I, 423-79を参照。

(3) これを乗り越えようとする優れた研究については、Colin G. Calloway, *New Worlds for All: Indians, Europeans, and the Remaking of Early America* (1997) を参照。アメリカ先住民に関する新しい研究を知りたい読者は、*Native Peoples* や *Ethnohistory* のような定期刊行物に進む前に、まず、J. C. H. King, *First Peoples, First Contacts: Native Peoples of North America* (Cambridge, MA, 1999) やCarl Waldman, *Biographical Dictionary of American Indian History to 1900* (New York, 2001 rev. edn) から始めるのが有益だろう。どちらの著作も、図版が大変豊富である。だが、もしかすると、物や像から入るのが一番いいかもしれない。大英博物館のチェイス・マンハッタン・ギャラリー・オブ・ノース・アメリカと、ニューヨークの国立アメリカインディアン博物館は、どちらも大変素晴らしい。

(4) この文献は膨大な数に上り、今なお増え続けている。入門書としてよいのは、いくつかの物語を部分的に再録したAlden T. Vaughan and Edward W. Clark (eds), *Puritans among the Indians: Accounts of Captivity and Redemption, 1676-1724* (Cambridge, MA, 1981) と、Richard VanDerBeets, *Held Captive by Indians: Selected Narratives, 1642-1836* (Knoxville, Tennessee, 1994) である。今では反論も出ているが、影響力があり、はっきりとアメリカ的解釈を示そうとしたのが、Richard Slotkin, *Regeneration through Violence: The Mythology of the American Frontier, 1600-1860* (Middletown, CT, 1973) である。(アメリカ研究者にとっては) 古い資料に新風を吹き込む近年の専門的な試みについては、John Demos, *The Unredeemed Captive: A Family Story from Early America* (New York, 1994) を参照。

(5) K. O. Kupperman (ed.), *Captain John Smith: A Select Edition of his Writings* (1988) を参照。ジョン・スミスの生命は本当に危険な状況にはなく、むしろ、インディアンとしての再生の前段階として、ポカホンタスによって救われることを前提に、象徴的な処刑にさらされた可能性がある。

(6) K. O. Kupperman, *Setting with the Indians: The Meeting of English and Indian Cultures in America, 1580-1640* (Totowa, NJ, 1980); James H. Merrell, '"The Customes of our Countrey": Indians and Colonists in Early America', in Bernard Bailyn and Philip D. Morgan (eds), *Strangers within the Realm: Cultural Margins of the First British Empire* (1991) を参照。

(7) Kupperman, *Captain John Smith*, 72; Anthony McFarlane, *The British in the Americas*

1480–1815（1992), 57.

（8） K. O. Kupperman (ed.), *America in European Consciousness, 1493–1750*（Chapel Hill, NC, 1995), 17（序論）と、Alden T. Vaughan, 'From White Man to Redskin: changing Anglo-American perceptions of the American Indian', *AHR*, 87（1982）に引用されている。

（9） *CSPC*, V, 97.

（10） アメリカ先住民がヨーロッパ流の戦争に適応した経緯に関する有益な概説については、Patrick M. Malone, *The Skulking Way of War*（1991）を参照。

（11） King, *First Peoples*, 34.

（12） *OHBE*, I, 195, 390, and 328–50 *passim*.

（13） Jill Lepore, *The Name of War: King Philip's War and the Origins of American Identity*（New York, 1998）の記述は見事である。

（14） *CSPC*, XXXIV, 220–1; *OHBE*, II, 352.

（15） この点に関しては、William Cronon, *Changes in the Land: Indians, Colonists, and the Ecology of New England*（New York, 1983）〔『変貌する大地――インディアンと植民者の環境史』、佐野敏行・藤田真理子訳、勁草書房、1995〕を参照。

（16） 虜囚としてはあまりにも手がかかりすぎるという理由で、歩くことができない幼児や、自分1人で食事ができない幼児が殺されることもあっただろう。Demos, *Unredeemed Captive*, 7–27 を参照。

（17） これについては、インディアンに捕らえられたアレクサンダー・ハミルトンの物語を参照。インディアンは、フランス人の指示により、1722年にケネバック川でハミルトンと彼の4人の仲間を捕らえ、褒美として食べ物とタバコを受け取った。*CSPC*, XXXIII, 407–15.

（18） Gregory H. Nobles, *American Frontiers: Cultural Encounters and Continental Conquest*（New York, 1997), 35–6, 74.

（19） *Jonathan Dickenson*（1700), 12, 28, 37.

（20） *Ibid.*, 40–1, 70.

（21） Alden T. Vaughan and Daniel K. Richter, 'Crossing the cultural divide: Indians and New Englanders, 1605–1763', *Proceedings of the American Antiquarian Society*, 90（1980).

（22） Ian K. Steele, 'Surrendering Rites: Prisoners on Colonial North American Frontiers', in Stephen Taylor *et al.*, *Hanoverian Britain and Empire: Essays in Memory of Philip Lawson*（Woodbridge, 1998), 141.

（23） *Mary Rowlandson*（1997), 111; Vaughan and Richter, 'Crossing the Cultural Divide', 82.

（24） *OHBE*, II, 291. さらにMichael Zuckerman, 'Identity in British America: Unease in Eden' in Nicholas Canny and Anthony Pagden (eds), *Colonial Identity in the Atlantic World, 1500–1800*（Princeton, NJ, 1987）も参照。

（25） 素晴らしい現代版については、*The Sovereignty and Goodness of God by Mary Rowlandson*, ed. Neal Salisbury（Boston, MA, 1997）を参照。

（26） *Ibid.*, 71, 81, 94.

（27） VanDerBeets, *Held Captive by Indians*, 94, 97.

（28） これに関しては、June Namias, *White Captives: Gender and Ethnicity on the American*

Frontier（Chapel Hill, NC, 1993）を参照。
(29) Lepore, *Name of War*, 5.
(30) Vaughan and Clark, *Puritans among the Indians*, 153. ハンナの物語はこの本に再録されている。
(31) Demos, *Unredeemed Captive*, 49.
(32) だが、注目すべきは、アメリカの植民地の虜囚体験記がイギリス人の著作の添え物として再録されたことがあった点だ。一例として、ロンドンに拠点を置き、地勢と帝国に強い関心を抱く出版者リチャード・ブロームは、自らの著作*The Present State of His Majesties Isles and Territories in America*（1687）に、クウェンティン・ストックウェルの物語を含めた。
(33) ディアフィールド襲撃については、Demos, *Unredeemed Captive*; L. F. Stock (ed.), *Proceedings and Debates of the British Parliaments respecting North America*（5 vols, Washington, DC, 1924–41), III, 73を参照。
(34) *CSPC*, XXV, 73–5.
(35) J. H. Elliott, *The Old World and the New 1492–1650*（Cambridge, 1970).〔『旧世界と新世界―― 1492–1650』、越智武臣・川北稔訳、岩波書店、1975／岩波モダンクラシックス、2005〕1750年以降のこの地域での出版物の急増を例証するR. C. Simmons, *British Imprints Relating to North America 1621–1760*（1996）は有益な入門書である。だが、この期間中ずっと、イギリスで出版されたフランス、スペイン、イタリアに関する書籍の方がずっと多かった。
(36) Lepore, *Names of War*, 48–56.
(37) 彼の*Pastoral Letter to the English Captives in Africa*（Boston, MA, 1698）と*The Glory of Goodness*（Boston, MA, 1703）を参照。
(38) たとえば、18世紀を通してイギリスで繰り返し版を重ねたジョナサン・ディキンスンの物語の並外れた成功の理由の1つは、そこに記録されている出来事がニューイングランドではなくフロリダで起こったからだと、私は確信している。ディキンスンのテクストと副題はまた、難破やカニバリズムのエピソード、そして、仲間の虜囚のうち、北イングランドの有力なクエーカー教徒のエピソードを強調した。
(39) Charles Fitz-Geffrey, *Compassion towards Captives, chiefly towards our brethren and country-men who are in miserable bondage in Barbarie*（Oxford, 1637), 2–3.
(40) 'The British Empire and the Civic Tradition, 1656–1742', Cambridge PhD dissertation, 1992, 35.
(41) *Mary Rowlandson*（1997), 64; VanDerBeets, *Held Captive by Indians*, 96.
(42) Stock, *Proceedings and Debates*, II, 438. アメリカにおけるイギリス帝国は最初から気風として軍隊的だったという見解の最も強力な主張者でさえ、植民地におけるイギリス正規軍の駐留を次のように描いている。「守備隊は病気にかかり、散らばっており、訓練を受けておらず、しかも人数が少なかった。17世紀には、北米大陸のイギリス正規兵が1000人を超えることはほとんどなかった。300人しかいないこともよくあった。」Stephen Saunders Webb, *The Governors-General: The English Army and the Definition of the Empire, 1589–1681*（Chapel Hill, NC, 1979), 454.
(43) Stock, *Proceedings and Debates*, II, 435.

(44) J. A. Houlding, *Fit for Service: The Training of the British Army, 1715-1795* (Oxford, 1981), 410-13 の Appendix B を参照。

(45) Stock, *Proceedings and Debates*, III, 359-60.

(46) *Ibid*., V, 257.

(47) Vaughan and Richter, 'Crossing the Cultural Divide', 51.

(48) *OHBE*, I, 215.

(49) Lepore, *Name of War*, 173-4.

(50) これについては、Eric Hinderaker, 'The "Four Indian Kings" and the imaginative construction of the First British Empire', *WMQ*, 53 (1996) を、また、ヴェレルストの作品と他の「王」の肖像については、Bruce Robertson, 'The Portraits: An Iconographical Study', in John G. Garratt, *The Four Indian Kings / Les Quatre Rois Indiens* (Ottawa, 1985), 139-49 を参照。

(51) Hugh Honour, *The Golden Land: European Images of America from the Discoveries to the Present Time* (1976), 125.

(52) Richard P. Bond, *Queen Anne's American Kings* (Oxford, 1952), 77. 闘争よりも「関係と取引の連鎖」を強調する、北米の異文化間関係の典型的な分析については、Richard White, *The Middle Ground: Indians, Empires, and Republics in the Great Lakes Region, 1650-1815* (Cambridge, 1991) を参照。

(53) P. J. Marshall and Glyndwr Williams, *The Great Map of Mankind* (1982), 195〔『野蛮の博物誌』〕に引用されている。

第六章　戦争と新世界

(1) *Susanna Johnson* (1797) *passim*. また、*A Narrative of the Captivity of Mrs Johnson* (Lowell, MA., 1834) にはさらなる資料が含まれており、これも参照した。

(2) *Susanna Johnson* (1797), 65-70.

(3) H. V. Bowen, 'British conceptions of global empire, 1756-83', *Journal of Imperial and Commonwealth History* 26 (1998), 6. アメリカの入植者と本国のイギリス人が経験した七年戦争についての最近の最もよい記述は、Fred Anderson, *Crucible of War* (New York, 2000) と Eliga Gould, *The Persistence of Empire* (2000) である。

(4) *An Inquiry into the Nature and Causes of the Wealth of Nations*, ed. R. H. Campbell and A. S. Skinner (2 vols, Oxford, 1976), II, 708. 中国に対する西洋の賞賛が1760年以降に減少したことに関しては、Jonathan Spence, *The Chan's Great Continent* (1998) を参照。

(5) R. C. Simmons and P. D. G. Thomas (eds), *Proceedings and Debates of the British Parliaments respecting North America 1759-1783* (6 vols, 1982-6), I, 71.

(6) たとえば、*Treaty and Convention for the Sick, Wounded, and Prisoners of War* (1759) を参照。

(7) *Jean Lowry* (1760), 17; PRO, T 1/391.

(8) 独立革命以前にイギリスを訪問したアメリカ人一般については、Susan Lindsey Lively, 'Going Home: Americans in Britain, 1740-1776', Harvard University PhD dissertation, 1997 を参照。

(9) Richard C. Simmons, 'Americana in British Books, 1621–1760', in Karen Ordahl Kupperman (ed.), *America in European Consciousness 1493–1750* (1995).

(10) John Brewer, *Party Ideology and Popular Politics at the Accession of George III* (Cambridge, 1976), 139–60.

(11) たとえば、*Elizabeth Hanson* (1760); [Arthur Young], *The Theatre of the Present War in North America* (1758), iv–vを参照。

(12) *Mary Rawlandson* (1997), 69, 75, 76, 79, 81〔『インディアンに囚われた白人女性の物語』、白井洋子訳、刀水書房、1996〕を参照。入植者の1776年以前の経験の特殊性については、Jon Butler, *Becoming America* (Cambridge, MA, 2000) を参照。

(13) *John Rutherfurd* (1958), 233; *Peter Williamson* (1996), 11n; *Henry Grace* (1765), 12.

(14) Thomas Morris (1904), 315, 318. モリスの最初のテクストは、1764年、彼が記述した出来事のすぐ後に書かれた。1775年にある版がジョージ3世に送られたが、体験記が出版されたのはようやく1791年になってからのことであった。元の原稿は残っていないようなので、この間に彼が何を付け加えたかは——付け加えたとしての話だが——わからない。

(15) この軍の総崩れについての片寄りのない説明については、Daniel J. Beattie, 'The Adaption of the British Army to Wilderness Warfare, 1755–1763', in M. Ultee (ed.), *Adapting to Conditions: War and Society in the Eighteenth Century* (Alabama, 1986); *Thomas Morris* (1904), 316を参照。

(16) Anderson, *Crucible of War*, 151–2.

(17) W. J. Eccles, 'The social, economic, and political significance of the military establishment in New France', *Canadian Historical Review*, 52 (1971) を参照。

(18) たとえば、John Shy, *Toward Lexington: The Role of the British Army in the Coming of the American Revolution* (Princeton, NJ, 1965), 1–40を参照。

(19) NLS, MS 6506, fol. 38.

(20) *Gentleman's Magazine* (1758), 259–60; *John Rutherfurd* (1958), 226–7.

(21) *Henry Grace* (1765), 47–8; Ian K. Steele, 'Surrendering Rites: Prisoners on Colonial North American Frontiers', in Stephen Taylor *et al.* (eds), *Hanoverian Britain and Empire: Essays in Memory of Philip Lawson* (Woodbridge, Suffolk, 1998), 141.

(22) このエピソードとインディアン虜囚体験についてのウィリアムの記述は、Huntington Library, Pasadena, LO 977, box 21, deposited dated 5 Feb. 1757とLO 5344, box 115, examination dated 5 Jan. 1758に収蔵。

(23) Ian K. Steele, *Betrayals: Fort William Henry and the 'Massacre'* (Oxford, 1990); インディアンからの攻撃の可能性に直面して脱走したイギリス兵の例については、Robert R. Rea, 'Military deserters from British West Florida', *Louisiana History*, 9 (1968), 124–5を参照。

(24) これらについては、Eileen Harris, *The Townshend Album* (1974) を参照。

(25) これがイギリスにおける一致した見解では決してないが、たとえば、[Horace Walpole], *Reflections on the different ideas of the French and English, in regard to cruelty* (1759) を参照。

(26) *Proceedings of the Committee... for Cloathing French Prisoners of War* (1760); Francis Abell,

Prisoners of War in Britain 1756 to 1815（1914）, 449–50を参照。
（27） *The Law of Nations*（2 vols, 1760 edn）, Book III, 26, 49–56.
（28） PRO, CO/5/50, fols 579 and 611.
（29） Beattie, 'The Adaption of the British Army to Wilderness Warfare', 74n; W. A. Gordon, 'The siege of Louisburg', *Journal of the Royal United Service Institution*, LX（1915）, 125.
（30） アマーストに対する評決については、Michael J. Mullin, 'Sir William Johnson, Indian Relations, and British Policy, 1744 to 1774', University of California, Santa Barbara, 1989 PhD dissertation, 244; Anderson, *Crucible of War*, 546に書かれている。
（31） アマーストと大虐殺に関しては、Bernard Knollenberg, 'General Amherst and germ warfare', *Mississippi Valley Historical Review*, XLI（1965）を参照。ジョン・スチュアートについては、J. Norman Heard, *Handbook of the American Frontier: The Southeastern Woodlands*（1987）, 344とJames W. Convington, *The British meet the Seminoles: Negotiations between British Authorities in East Florida and the Indians*, 1763–8（Gainesvillle, FL, 1961）を参照。
（32） イギリス人入植者の、インディアンの女性を仲間とともにどのように殺してその頭皮をはぎ取ったかについての平然とした告白については、*A Journal of Lieutenant Simon Stevens... with an account of his escape from Quebec*（Boston, MA, 1760）, 12を参照。イギリス正規軍のアメリカでの戦闘における蛮行の例については、P. G. M. Foster, 'Quebec 1759', *JSAHR*, 64（1986）, 221–2を参照。
（33） Richard L. Merritt, *Symbols of American Community 1735–1775*（Westport , CT, 1966）, 164に引用されている。
（34） *Man of the World*（2 vols, 1773）, II, 169–83; Tobias Smollett, *The Expedition of Humphry Clinker*（Oxford, 1966）, 192–4.〔『ハンフリー・クリンカー』1–3、長谷安生訳、私家版、1972–1973〕
（35） J. Bennett Nolan, 'Peter Williamson in America, a colonial odyssey', *Pennsylvania History*, XXX–XXXI（1963–4）, 24–5. ウィリアムソンは、帝国的かつ文化的に特異な1人のスコットランド人としてきちんとした伝記を書かれるに値する人物である。彼の1762年版の体験記は、マイケル・フライによる有用な序文がついて、1996年に再刊された。
（36） *Peter Williamson*（1757）, 10, 14, 20, 24.
（37） *Peter Williamson*（1996）, 14, 87, 89, 92–3, 108 *seq*.
（38） *The trial of divorce at the instance of Peter Williamson*（Edinburgh, 1789）, xxiii
（39） 彼の話は（残念ながら注目されなかったが）ピアース・ブロスナン主演の映画にもなった。彼の話については、Lovat Dickson, *Wilderness Man: The Amazing True Story of Grey Owl*（1999）〔『グレイ・アウル——野性を生きた男』、中沢新一・馬場郁訳、角川書店、2000〕を参照。
（40） ラザファードの家族的背景やデトロイトでの経験の一部は、ウィリアム・クレメンツ・ライブラリーのジェイムズ・スターリング信書控帳から再現することができる。
（41） *John Rutherfurd*（1958）, 227, 229, 233–43.
（42） *Ibid*.（1958）, 220–1, 241, 247, 249.
（43） Peter Way, 'The Cutting Edge of Culture: British Soldiers Encounter Native Americans in the French and Indian War', in Martin Daunton and Rick Halpern（eds）, *Empire*

and Others: British Encounters with Indigenous Peoples 1600–1850（1999）, 142–3; S. H. A. Hervey（ed.）, *Journals of the Hon. William Hervey in America and Europe*（Bury St Edmunds, 1906）, 144.

（44） Rea, 'Military deserters', 126; James Sullivan（ed.）, *The Papers of Sir William Johnson*（14 vols, Albany, NY, 1921–65）, IV, 428. こういった類の越境についての有益な概説は、Colin Calloway, 'Neither red nor white: white renegades on the American Indian frontier', *Western Historical Quarterly*, 17（1986）を参照。

（45） ［William Smith］, *An historical account of the expedition against the Ohio Indians*（1766）, 27 and *passim*.

（46） *Ibid*., 28.

（47） PRO, WO 34/27, fol. 150.

（48） これについては、Philip Lawson, *The Imperial Challenge: Quebec and Britain in the Age of the American Revolution*（Montreal, 1989）と Robert L. Gold, *Borderland Empires in Transition: The Triple Nation Transfer of Florida*（Carbondale, IL, 1969）を参照。

（49） Merritt, *Symbols of American Community*, 119 *seq*. また、T. H. Breen, 'Ideology and nationalism on the eve of the American Revolution: revisions once more in need of revising', *Journal of American History*, 84（1997）も参照。

（50） *OHBE*, II, 100で言及されている人口に基づく。

（51） これについては、Bernard Bailyn, *Voyagers to the West: A Passage in the Peopling of America on the Eve of the Revolution*（New York, 1988）, 3–66を参照。

（52） John Mitchell, *The Present State of Great Britain and North America*（1767）, viii, 114; グレンヴィルの警告については、L. F. Stock（ed.）, *Proceedings and Debates of the British Parliaments respecting North America*（Washington, DC, 5 vols, 1924–41）, V, 566–7を参照。

（53） R. W. Chapman（ed.）, *Boswell Life of Johnson*（Oxford, 1970）, 592.〔『サミュエル・ジョンソン伝』2、中野好之訳、みすず書房、1982〕

（54） これらの点に関するイギリス政府の考えについての最良の説明は今なおJack M. Sosin, *Whitehall and the Wilderness: The Middle West in British Colonial Policy 1760–1775*（Lincoln, NE, 1961）である。

（55） Fernand Ouellet, 'The British Army of Occupation in the St Lawrence Valley', in R. A. Prete（ed.）, *Armies of Occupation*（Kingston, Ont., 1984）, 38–9を参照。

第七章　革命

（1） アンドレの物語と熱狂については、Horace W. Smith, *Andreana*（Philadelphia, PA, 1865）; William Abbatt, *The Crisis of the Revolution: Being the Story of Arnold and André*（New York, 1899）; James Thomas Flexner, *The Traitor and the Spy*（New York, 1953）を参照。

（2） Flexner, *Traitor and Spy*, 146; Abbatt, *Crisis of the Revolution*, 68.

（3） Stephen Conway, *The War of American Independence 1775–1783*（1995）, 48.

（4） *Ibid*., *passim*.

（5） 13植民地を広い帝国のコンテクストの中でとらえる重要な研究が2つあり、D. W. Meinig, *The Shaping of America: A Geographical Perspective on 500 Years of History*（1986）と、

A. J. O'Shaughnessy, *An Empire Divided: The American Revolution and the British Caribbean* (Philadelphia, PA, 2000) である。

（6） Conway, *War of Independence*, 157.

（7） George Adams Boyd, *Elias Boudinot, Patriot and Statesman 1740-1821* (Princeton, NJ, 1952), 45. イギリスに捕らえられたアメリカ革命派に関する研究は多いが、その逆の研究ははるかに少ない。Betsy Knight, 'Prisoner exchange and parole in the American Revolution' *WMQ*, 48 (1991) は、貴重で有益な比較研究論文である。

（8） PRO, CO5/105, fol. 171.

（9） Richard Sampson, *Escape in America: The British Convention Prisoners 1777-1783* (Chippenham, Picton, 1995), 193; BL, Add. MS 38875, fols 74-5.

（10） James Lennox Banks, *David Sproat and Naval Prisoners in the War of the Revolution* (New York, 1909), 116.

（11） スペインに関する概算については、PRO, ADM 98/14, fol. 199を参照。フランクリンの意見については、PRO, ADM 98/12, fol. 262に引用されている。

（12） Ray Raphael, *A People's History of the American Revolution* (New York, 2001), 114; W. V. Hensel, *Major John André as a Prisoner of War* (Lancaster, PA, 1904), 13.

（13） Newberry Library, Chicago, Ayer MS 728, vault box.

（14） Charles H. Metzger, *The Prisoner in the American Revolution* (Chicago, IL, 1971), 4; Memorial of John MacGuire, PRO, 30/55/82. アメリカ革命の恐怖――そしてそれがすべての当事者や関わった民族集団に与えた影響――については、さらなる研究が待たれる。

（15） Larry G. Bowman, *Captive Americans: Prisoners during the American Revolution* (Athens, OH, 1976), 59.

（16） [Allan Ramsay], *Letters on the Present Disturbances in Great Britain and her American Provinces* (1777), 20. この文献については、エリガ・グールド教授にお世話になった。

（17） *William Widger* (1937), 347.

（18） *Thomas Hughes* (1947), 17.

（19） *Charles Herbert* (1847), 19-20; *John Blatchford* (1788), 9.

（20） *Charles Herbert* (1847), 34.

（21） Olive Anderson, 'The treatment of prisoners of war in Britain during the American War of Independence', *Bulletin of the Institute of Historical Research*, 28 (1955), 63; *An Authentic Narrative of Facts relating to the Exchange of Prisoners taken at the Cedars* (1777), 5.

（22） Howe to Lt.-Col. Walcot, 26 January 1777, PRO, 30/55/4, fol. 388; K. G. Davies (ed.), *Documents of the American Revolution 1770-1783: Vol. XI Transcripts, 1775* (Dublin, 1976), 73.

（23） たとえば、Washington to Howe, 10 February 1778: PRO, CO5/95, fol. 322.

（24） Raphael, *People's History*, *passim*. を参照。

（25） Robert John Denn, 'Prison Narratives of the American Revolution', Michigan State University PhD dissertation, 1980, 61-2. 獄中と戦場でのアメリカ人の死傷者数に関して、プロパガンダよりも正確で信頼できる推定数を探究する試みがなされている。これについては、Howard H. Peckham, *The Toll of Independence* (Chicago, IL, 1974) を参照。

（26） *Substance of General Burgoyne's Speeches at a Court Martial... at the Trial of Colonel Henley*

(Newport, MA, 1778); Boyd, *Elias Boudinot*, 45.

(27) Boyd, *Elias Boudinot*, 57.

(28) PRO, CO5/105, fols 315 *seq*. に集められた証言を参照。

(29) *Thomas Anburey* (1791), I, preface.

(30) たとえば、1781年1月5日の決議では、「文明国の慣行」を無視して「捕らえられているわが民にありとあらゆる侮辱をした」としてイギリス人が非難された。Anderson, 'Treatment of Prisoners of War', 75.

(31) Washington to Cornwallis, 18 October 1781, PRO, 30/11/74, fol. 124; Lee Kennett, *The French Forces in America 1780–1783* (1977), 155.

(32) Denn, 'Prison Narratives', 28–30.

(33) 革命派に対するイギリス人の残虐行為の例については、出版された年に5版を重ねた [John Lind], *An Answer to the Declaration of the American Congress* (1776) を、アメリカ人のプロパガンダのネットワークについては、Philip Davidson, *Propaganda and the American Revolution, 1763–1783* (New York, 1973 edn) を参照。

(34) Catherine M. Prelinger, 'Benjamin Franklin and the American prisoners of war in England during the American Revolution', *WMQ*, 32 (1975), 264.

(35) リチャード・サンプソンは、「ほとんどのイギリス軍事史家は、このような人びとを『抹消』することに満足を感じてきたようだ」と述べている。そして、これは軍事史家だけの話ではない。*Escape in America*, xi–xii. *Parl. Hist.*, 19 (1777–8), 1178.

(36) Raphael, *People's History*, 135, 332.

(37) アレンについては、Raphael, *People's History*, 18–21 と、Michael A. Bellesiles, *Revolutionary Outlaws: Ethan Allen and Struggle for Independence on the Early American Frontier* (1995) を参照。

(38) *Ethan Allen* (1930), 37, 40, 82, 118.

(39) Howe to Washington, 1 August 1776, PRO, CO 5/93, fol. 487.

(40) マクリアについては、June Namias, *White Captives: Gender and Ethnicity on the American Frontier* (Chapel Hill, NC, 1993), 117 *seq*. と、*Parl Hist*., 19 (1777–8), 697 を参照。

(41) BL, Add. MS 32413, fol. 71B.

(42) Revd Wheeler Case, *Poems occasioned by... the present grand contest of America for liberty* (New Haven, CT, 1778), 37–9.

(43) Carl Berger, *Broadsides and Bayonets: The Propaganda War of the American Revolution* (San Raphael, CA, 1976 rev. edn), 199.

(44) *John Dodge* (1779), 14; *John Leeth* (1904), 29–30; Neal Salisbury (ed.), *The Sovereignty and Goodness of God by Mary Rowlandson* (1997), 51–5.

(45) *Benjamin Gilbert* (1784), 12; Ebenezer Fletcher (1798), 6.

(46) Sidney Kaplan and Emma Nogrady Kaplan, *The Black Presence in the Era of the American Revolution* (Amherst, MA, 1989) と、Raphael, *People's History*, 177–234 を参照。

(47) 近年、革命のこの側面に関する出版が急増している。その中で最良のものをいくつか挙げておく。Kaplan and Kaplan, *Black Presence*; Sylvia R. Frey, *Water from the Rock: Black Resistance in a Revolutionary Age* (Princeton, NJ, 1991); Gary B. Nash, *Race and Revolution* (Madison, 1990); Colin Calloway, *The American Revolution in Indian Country*

(Cambridge, 1995). Kirk Davis Swinehart's forthcoming Yale University PhD dissertation, 'Indians in the House: Empire and Aristocracy in Mohawk Country, 1738-1845' も参照。

(48) BL, Add. MS 32413, fol. 73; [Lind], *Answer to the Declaration*, 96, 108.

(49) Sidney Kaplan, 'The "Domestic Insurrections" of the Declaration of Independence', *Journal of Negro History*, XLI (1976), 244-5; Benjamin Quarles, 'Lord Dunmore as Liberator', *WMQ*, XV (1958).

(50) Lester C. Olson, *Emblems of American Community in the Revolutionary Era* (Washington, DC, 1991), 80で引用されている。バークについては、Ronald Hoffman and Peter J. Albert (eds), *Peace and the Peacemakers: the Treaty of 1783* (Charlottesville, VA, 1986), 9-10で引用されている。

(51) James W. St. G Walker, *The Black Loyalists* (1976), 4; Jack M. Sosin, 'The use of Indians in the War of the American Revolution: a reassessment of responsibility', *Canadian Historical Review*, 46 (1965).

(52) Raphael, *People's History*, 140.

(53) Robert W. Tucker and David C. Hendrickson, *Empire of Liberty: The Statecraft of Thomas Jefferson* (Oxford, 1990), 305.

(54) Abbatt, *Crisis of the Revolution*, 83.

第八章　インドへのもう一つの道

(1) この章を通して依拠しているのは全45頁の小冊子*Sarah Sade* (1801) である。

(2) Matthew Stephens, *Hannah Snell, The Secret Life of a Female Marine, 1723-1792* (1997) とDianne Dugaw (ed.), *The Female Soldier* (Los Angeles, CA, 1989) を参照。

(3) 話し言葉を中心とした文化で活動している人びとが皆そうであるように、セアラは日付を誤って記憶していることが多い。たとえば、彼女自身の体験記では1741年生まれとなっているが、ストーク・エディスの教区記録簿によると彼女は1746年11月30日に洗礼を受けた。しかし、彼女の物語の登場人物や主要な出来事はすべて実証可能である。たとえば、最初の夫ジョン・カフは、セアラより5年早く、1764年にインドに到着したとマドラス軍の隊員名簿に記録されている、IOL, L/MIL/11/110。私がこの点について述べるのは、帝国史を下から究明することが可能であること——ときにそれとは逆の主張がなされることもあるが——を強調するためである。

(4) *OHBE*, II, 542.

(5) C. W. Pasley, *Essay on the Military Policy and Institutions of the British Empire* (1810), 1-4.

(6) IOL, L/MAR/B/272G と L/MAR/B/272S (2).

(7) 東インド会社の海運の発展についての専門的かつ精彩にとむ説明については、John Keay, *The Honourable Company* (1991) とAnthony Farrington, *Trading Places: The East India Company and Asia 1600-1834* (2002) を参照。興味のある方はグリニッジの国立海洋博物館を訪れ、通常はすべてが展示されていることはないが、東インド貿易船の多数の絵を見せてもらうのがよい。

(8) 簡潔かつ有益な概説については、Philip Lawson, *The East India Company: A History* (1993) を参照。

(9) Brian Allen, 'The East India Company's Settlement Pictures: George Lambert and Samuel Scott', in Pauline Rohatgi and Pheroza Godrej (eds), *Under the Indian Sun* (Bombay, 1995).

(10) *OHBE*, II, 487–507.

(11) 将来のマコーレー卿が述べたように、「それが授与されたあとでは、社は、形のうえでも名目上も独立した勢力ではなくなった。デリーの宮廷のただの手先になった」。社のまったく異なる姿への変容は「徐々に、こっそりと起こった」、*Hansard*, 3rd ser., 19 (1833), 507.

(12) P. J. Marshall, *East India Fortunes: The British in Bengal in the Eighteenth Century* (Oxford, 1976), 217–18.

(13) P. J. Marshall (ed.) *The Writings and Speeches of Edmund Burke: Madras and Bengal, 1774–85* (Oxford, 1981), 402. 死亡率が非常によくわかるものとしては、Theon Wilkinson, *Two Monsoons: The Life and Death of Europeans in India* (1987 edn) を参照。

(14) William Fullarton, *A View of the English Interests in India* (1788 edn), 49–50.

(15) 「かの国［インド］と比べた際のイングランドの力を算定するに当たって、われわれは天秤の一方にわれわれの兵力を、もう一方に住民からなる1億5000万の人材力を置いて推定するという誤りを犯しがちである」、*Hansard*, 3rd ser., 64 (1842), 449. 亜大陸におけるイギリスの覇権が実質的に完全なものとなった時代において、ディズレーリがいまだこれを問題だと感じていたことは興味深い。C. A. Bayly, *Indian Society and the Making of the British Empire* (Cambridge, 1988).

(16) Marshall, *East Indian Fortunes*, 43; Om Prakash (ed.), *European Commercial Enterprise in Pre-Colonial India* (Cambridge, 1998); S. Arasaratnam, *Maritime Commerce and English Power: Southeast India, 1750–1800* (Aldershot, 1996), 242.

(17) C. A. Bayly (ed.), *The Raj: India and the British 1600–1947* (1991), 130. インドでの軍人の労働市場に関しては、D. H. A. Kolff, *Naukar, Rajput and Sepoy* (Cambridge, 1990) と Seema Alavi, *The Sepoys and the Company* (Delhi, 1995) を参照。

(18) NLS, MS 2958, fol. 77.

(19) たとえば、1763年のパトナでの「虐殺」で捕らえられた少なくとも3人のイギリス人民間人が虜囚体験記を書いているが、20世紀になるまでどれも出版されなかった。W. K. Firminger (ed.) *The Diaries of Three Surgeons of Patna* (Calcutta, 1909).

(20) Kate Teltscher, '"The Fearful Name of the Black Hole" : Fashioning an Imperial Myth', in Bart Moore-Gilbert (ed.), *Writing India, 1757–1990* (Manchester, 1996) と S. C. Hill (ed.), *Bengal in 1756–1757* (3 vols, 1905) の特に vol. III を参照。

(21) Hill, *Bengal*, III, 303 and 388.

(22) *Ibid.*, III, 380; Robert Orme, *A History of the Military Transactions* (3 vols, 1803 rev. edn), II, 76.

(23) G. J. Bryant, 'The East India Company and its Army 1600–1778', London University PhD dissertation (1975), 36, 247 と彼の 'Officers of the East India Company's army in the days of Clive and Hastings', *Journal of Imperial and Commonwealth History*, 6 (1978); *OHBE*, II, 202.

(24) K. K. Datta *et al.* (eds), *Fort William-India House Correspondence... 1748–1800* (21 vols,

Delhi, 1949-85) VIII, 287. 拡大のペースについてのイギリス政府の不安については、H. V. Bowen, *Revenue and Reform: The Indian Problem in British Politics 1757-1773* (Cambridge, 1991) を参照。

(25) *British India Analysed* (3 vols, 1793), III, 839.

(26) A. N. Gilbert, 'Recruitment and reform in the East India Company army, 1760-1800', *Journal of British Studies*, XV (1975).

(27) *Ibid.*, 92; *British India Analysed*, III, 827. ほぼ毎年の海上での死傷者数はEdward Dodwell and James Miles, *Alphabetical List of the Offices of the Indian Army* (1838) でたどることができる。

(28) Gilbert, 'Recruitment and reform'.

(29) IOL, MSS Eur. D 1146/6, fol. 111; James Forbes's Memoirs, Yale Center for British Art, New Haven, Rare Books and Manuscripts Department, IV, fol. 8.

(30) *Proposal for Employing Mallayan or Buggess Troops* (Edinburgh, 1769), 2.

(31) *Interesting Historical Events relative to the Provinces of Bengal* (1765), 181.

(32) これらの傾向については、Stewart N. Gordon, 'The slow conquest: administrative integration of Madras into the Maratha empire, 1720-1760', *MAS*, 11 (1977); Burton Stein, 'State formation and economy reconsidered', *MAS*, 19 (1985); Pradeep Barua, 'Military developments in India, 1750-1850', *Journal of Military History*, 58 (1994) を参照。

(33) BL, Add. MS 29898, fol. 41.

(34) Randolf G. S. Cooper, 'Wellington and the Marathas in 1803' *International History Review*, II (1989), 31-2 (傍点は引用者) に引用されている。BL, Add. MS 38408, fols 243-4.

(35) Christie's of London's sales catalogue, *British Pictures*, 8 June 1995, 84-7 に掲載されているこの作品のあるヴァージョンに関するジュディ・エジャトンの説明を参照。

(36) スタッブズと彼の同時代人の描いた虎については、Christopher Lennox-Boyd, Rob Dixon and Tim Clayton, *George Stubbs: The Complete Engraved Works* (1989) と Edwin Landseer, *Twenty Engravings of Lions, Tigers, Panthers and Leopards* (1823) を参照。

(37) Landseer, *Twenty Engravings*, 30.

(38) Egerton, sale catalogue entry, 86; Edmund Burke, *A Philosophical Enquiry into the Origin of Our Ideas o the Sublime and Beautiful*, ed. J. T. Boulton (1958), 66.〔『崇高と美の観念の起原』、中野好之訳、みすず書房、1999〕(バークの引用部分の傍点は引用者。)

(39) Landseer, *Twenty Engravings*, 8.

(40) Lennox-Boyd *et al.*, *George Stubbs*; Amal Chatterjee, *Representations of India, 1740-1840* (Basingstoke, 1998), 78.

(41) Edmund Burke in 1781: *Parl. Hist.*, 22 (1781-2), 316. ティプーと彼の虎については、第9章と、Kate Brittlebank, 'Sakti and Barakat: the power of Tipu's Tiger', *MAS*, 29 (1995) を参照。

第九章　虎と剣

（1）　マイソールでのさまざまな戦闘でスコットランド人の存在が目立ったことに関しては、Ann Buddle *et al.*, *The Tiger and the Thistle*（Edinburgh, 1999）を参照。さらに、本章の注66も参照されたい。

（2）　NLS, MS 38408, fol. 31. これらの壁画やインドのさまざまな事柄に関してクリストファー・ベイリー教授とスーザン・ベイリー博士と論じたことは、私にとって有益だった。

（3）　*Parl. Hist.*, 22（1781-2）, 114; W. S. Lewis *et al.*, *The Yale Edition of Horace Walpole's Correspondence*（48 vols, New Haven, CT, 1937-83）, XXIX, 123.

（4）　M. D. George, *Catalogue of Prints and Drawings in the British Museum: Political and Personal Satires*（11 vols, 1798 edn）, VI, prints 7928, 7929, 7932 and 7939; P. J. Marshall, '"Cornwallis Triumphant"：War in India and the British Public in the Late Eighteenth Century', in Lawrence Freedman *et al.*, *War, Strategy, and International Politics*（Oxford, 1992）, 65-6を参照。

（5）　*Narrative of all the Proceedings and Debates... on East-India Affairs*（1784）, 89.

（6）　*Parl. Hist.*, 21（1780-1）, 1173; P. J. Marshall, *The Impeachment of Warren Hastings*（Oxford, 1965）.

（7）　これらの支配者に関する、3種類のかなり異なるアプローチについては、Nikhiles Guha, *Pre-British State System in South India: Mysore 1761-1799*（Calcutta, 1985）; Burton Stein, 'State formation and economy reconsidered', *MAS*, 19（1985）; and Kate Brittlebank *Tipu Sultan's Search for Legitimacy*（Delhi, 1997）を参照。

（8）　Pradeep Barua, 'Military developments in India, 1750-1850', *Journal of Military History*, 58（1994）.

（9）　*Appendix to the Sixth Report from the Committee of Secrecy... into the Causes of the War in the Carnatic*（1782）, 335, No. 11; C. C. Davies（ed.）, *The Private Correspondence of Lord Macartney*（1950）, 20; *Descriptive List of Secret Department Records*（8 vols, Delhi, 1960-74）, III, 36.

（10）　C. A. Bayly, *Indian Society and the Making of the British Empire*（Cambridge, 1988）, 97に引用されている。

（11）　ポルトガル人の傭兵がハイダルについて明らかにした話については、BL, Add. MS 19287を参照。

（12）　*Descriptive List of Secret Department Records*, III, 80, 129, 156; K. K. Datta *et al.*（eds）, *Fort William-India House Correspondence... 1748-1800*（21 vols, Delhi, 1949-85）, XV, 541を参照。

（13）　[Jonathan Scott], *An Historical and Political View of the Decan, South of the Kistnah*（1971）, 15-22.

（14）　*Parl. Hist.*, 21（1780-1）, 1201-2; さらに、1799年のウェルズリー卿の推論を参照。Edward Ingram（ed.）, *Two Views of British India*（Bath, 1970）, 189.

（15）　当時の推定はさまざまである。これらは、元虜囚の物語から採ったものだ。*Innes Munro*（1789）, 351; NLS, MS 13615A, fol. 32.

（16）　*Robert Cameron MS*（unpaginated）.

(17) *Innes Munro* (1789), 277.

(18) IOL, H/251, fol. 699.

(19) ハクスリーの小説『対位法』における、軍人の義父に対するスパンドレルの批判的な意見。

(20) Michel Foucault, *Discipline and Punish: The Birth of the Prison* (1977), 169.〔『監獄の誕生——監視と処罰』、田村俶訳、新潮社、1977〕

(21) Robert Darnton, *The Business of Enlightenment* (1979), 292-3, 297. 他のヨーロッパの強国における文化の生産者としての陸軍将校については、László Deme, 'Maria Theresa's Noble Lifeguards and the Rise of Hungarian Enlightenment and Nationalism', Béla K. Király and Walter Scott Dillard (eds), *The East Central European Officer Corps 1740-1920s* (New York, 1988) を参照。

(22) Lewis Namier and John Brooke (eds), *The House of Commons 1754-1790* (3 vols, 1964), II, 142.

(23) 'An essay on the art of war', IOL, Orme O. V. 303, fols 109-111; IOL MSS Eur. C. 348, fols 1 and 7.

(24) 彼の *The Story of the Malakand Field Force* (1898) と *London to Ladysmith* (1900) を参照。

(25) G. V. Scammell, 'European exiles, renegades and outlaws and the maritime economy of Asia *c.* 1500-1750', *MAS*, 26 (1992) を参照。

(26) セリンガパタム/シュリーランガパトナは訪れるべき場所で、世界遺産にふさわしい。現代の使いやすい英語の案内書としては、L. N. Swamy, *History of Srirangapatna* (Delhi, 1996) を参照。

(27) *James Scurry* (1824), 48-68 を参照。

(28) John Howard, *The State of the Prisons* (Abingdon, 1977 edn), iii〔『18世紀ヨーロッパ監獄事情』、川北稔・森本真美訳、岩波書店、1994〕; *Gentleman's Magazine* 54 (1784), 950. 当時のヨーロッパの戦争捕虜の扱いに関するさらに幅広い議論については、Michael Lewis, *Napoleon and his British Captives* (1962) を参照。

(29) 負傷者の苦境については、たとえば、BL, Add. MS 41622, fol. 52 *seq.* を参照。

(30) BL, Add. MS 39857, fols 317-18.

(31) *Cromwell Massey* (1912), 24.

(32) [William Thomson], *Memoirs of the Late War in Asia* (2 vols, 1788), II, 45.

(33) IOL, Eur. MSS E. 330. 1857年の反乱の間、インド人はまったく同じやり方で、白人のために伝言を運んだ。Jane Robinson, *Angels of Albion: Women of Indian Mutiny* (1996), 81 を参照。

(34) このことは、マイソールの事実上ほぼすべての虜囚体験記に出てくる。Thomson, *Memoirs* (1789 edn), I, 122, 179-80 を参照。

(35) マッシーのテクストの詳細については、本書の補遺を参照。

(36) これらの新情勢に関しては、ジョン・リンジーの記述も参照されたい。

(37) *Cromwell Massey* (1912) 12-30.

(38) *Robert Gordon* MS, fol. 36 を参照。

(39) Abdelwahab Bouhdiba, *Sexuality in Islam* (1985), 180.

(40) *Cromwell Massey*, (1912), 18.

(41) ティプーの宗教的な駆け引きについては、Brittlebank, *Tipu Sultan's Search for Legitimacy* を参照。

(42) この意見については、ケンブリッジ大学のナイジェル・チャンセラーに感謝している。

(43) *Cromwell Massey*, (1912), 23; Felix Bryk, *Circumcision in Man and Woman: its History, Psychology and Ethnology* (New York, 1934), 29.

(44) Marshall, ' "Cornwallis Triumphant" ', 70-1.

(45) John Lindsay MS (unpaginated).

(46) *Ibid*.

(47) 彼が出版を見込んで元の獄中記を修正した跡はあるものの、最後までやり通すことはなかった。IOL, MSS Eur A94, fol. 149 を参照のこと。

(48) *Ibid*., fols 41-4, 69, 84, 88, 108, 137.

(49) Kate Teltscher, *India Inscribed: European and British Writing on India 1600-1800* (Delhi, 1997), 157-91, 230-33 を参照。

(50) *An authentic narrative of the treatment of the English who were taken prisoners... by Tippoo Saib* (1785), advertisement and 70.

(51) *A Vindication of the Conduct of the English Forces Employed in the Late War* (1787), 34.

(52) この世界的危機の概観については、私の 'Yale, America, and the World in 1801', in Paul Kennedy (ed), *Yale, America and the World* (New Haven, CT, 近刊) を参照。

(53) Marshall, ' "Cornwallis Triumphant" 'を参照。

(54) これらのフランスのヴェンチャーの修正主義的解釈については、Maya Jasanoff, 'Collecting and Empire in India and Egypt, 1760-1830', Yale University Ph. D dissertation, 2003 を参照。

(55) マイソールと革命期のフランスが結びついているとするイギリス人の見解については、C. A. Bayly, *Imperial Meridian: the British Empire and the World 1780-1830* (1989), 113-14 を参照。

(56) *Times*, 10 April 1792; *Fort William-India House Correspondence*, XVI, 422-3; and XVII, 184, 230.

(57) NSL, MS 13775, fol. 274; BL, Add. MS 41622, fol. 245.

(58) *Innes Munro* (1789), 51, 119; *Robert Cameron* (1931), 19.

(59) Anne Buddle, *Tigers round the Throne: The Court of Tipu Sultan* (1990), 11. 東インド会社軍の将校による狡猾で巧妙なティプー擁護については、Edward Moor, *A Narrative of the Operations of Captain Little's Detachment* (1794), 193 *seq*. を参照。

(60) NLS, MS 13790, fols 177-9, 355-6.

(61) ティプーに対する判断がなお相反するものを含むことをイギリスが公式に認めていたことについては、*Copies and Extract of Advices to and from India relative to the... war with the late Tippoo Sultaun* (1800) を参照。

(62) 英国図書館所蔵のこの子供用の戯曲は、1827年頃に出版されたようだ。C. H. Philips (ed.), *Correspondence of David Scott Director and Chairman of the East India Company* (2 vols, 1951), II, 372.

(63) Appendixを参照。

(64) 「一緒にいた2人のハイランドの服装をした将校が、特にティプーの目を引いたようだった。彼は、兵士としてのこの民族の長所をよく知っていると言い、この同類の者たちが何人いるのかと尋ねた」。NLS, MS 13775, fol. 271.

(65) Thomsonについては、*DNB*, 56, 274-5を参照。

(66) *Memoirs*（1st edn), I, iv-v, and *passim*;（2nd edn), 8 *seq*.

(67) リチャードソンの小説とその影響については、Terry Eagleton, *The Rape of Clarissa: Writing, Sexuality and Class Struggle in Samuel Richardson*（Oxford, 1982)〔『クラリッサの凌辱——エクリチュール、セクシュアリティー、階級闘争』、大橋洋一訳、岩波書店、1987／岩波モダンクラシックス、1999〕を参照。

(68) ブリストウの物語の詳細については、Appendixを参照。

(69) 私の著書*Britons: Forging the Nation 1707-1837*（1992), 177-93も参照されたい。

(70) Mildred Archer, *Tippoo's Tiger*（1983).

(71) *Narrative of all the Proceedings and Debates*, 386.

(72) *Oriental Miscellanies: Comprising Anecdotes of an Indian Life*（Wigan, 1840), 177.

(73) Eagleton, *Rape of Clarissa*, 14-15.

(74) Theodore Hook, *The Life of General... Sir David Baird*（2 vols, 1832), I, 43.

(75) 2001年8月21日付のthe London *Guardian* supplementのこの現象に関する記事を参照。

(76) たとえば、*Harry Oakes*（1785), 28.

(77) NLS, MS 13653, fol. 5; *OHBE*, II, 202-3.

第十章　制服姿の虜囚たち

(1) William Hazlitt, *The Spirit of the Age*, ed. E. D. Mackerness（Plymouth, 1991 edn), 165.〔『時代の精神——近代イギリス超人物批評』、神吉三郎訳、講談社、1996〕

(2) *An Essay on the Principle of Population. First edition*（1996 edn)〔『人口の原理』、高野岩三郎・大内兵衛訳、岩波書店、1935／改版1997〕, and the introduction by Samuel Hollander. 同時代の反応については、D. V. Glass（ed.), *Introduction to Malthus*（1953）を参照。

(3) 人口をめぐる議論とイギリスの国力についての捉え方との関連についての啓発的な論考は、J. E. Cookson, 'Political arithmetic and war in Britain, 1793-1815', *War & Society*, I（1983）を参照。

(4) *Ibid*.; A. N. Gilbert, 'Recruitment and reform in the East India Company army, 1760-1800', *Journal of British Studies*, XV（1975), 99.

(5) Colquhoun, *Treatise*, especially vi, 7, 16 and 196; *Memoir on the Necessity of Colonization at the Present Period*（1817), 1.

(6) *PP*, 1831-32, XIII, 319.

(7) 拡大のこの側面については、*OHBE*, II, 184-207を参照。

(8) James D. Tracy（ed.), *The Political Economy of Merchant Empires*（Cambridge, 1991),

163.
(9) M. F. Odintz, 'The British Officer Corps 1754–83', Michigan University PhD dissertation, 1988, 45–6; Peter Burroughs, 'The human cost of imperial defence in the early Victorian age', *Victorian Studies*, 24 (1980), 11.
(10) C. A. Bayly, 'Returning the British to South Asian history: the limits of colonial hegemony', *South Asia*, XVII (1994).
(11) Miles Taylor, 'The 1848 revolutions and the British empire', *Past and Present*, 166 (2000), 150–1.
(12) 'Military forces of the civilized world', *East Indian United Service Journal*, I (1833–4), 94–5. イギリス人はインドでますます多くの警察官を雇うようにもなった。しかし、この場合も、圧倒的多数がインド人だった。
(13) これはポール・ケネディの表現である。*The Rise and Fall of the Great Powers* (1989)〔『大国の興亡――1500年から2000年までの経済の変遷と軍事闘争』上・下、鈴木主税訳、草思社、1988／決定版、1993〕を参照。
(14) *PP*, 1836, XXII, 8 (傍点は引用者); *Hansard*, 2nd ser., 18 (1828), 629.
(15) C. A. Bayly, *Imperial Meridian: The British Empire and the World 1780–1830* (1989) と、私の *Britons: Forging the Nation 1707–1837* (1992), 147 *seq.*〔『イギリス国民の誕生』〕を参照。
(16) 'A grenadier's diary 1842–1856', IOL, MS Photo Eur 97, fol. 40.
(17) P. J. Marshall, 'British immigration into India in the nineteenth century', *Itinerario*, 14 (1990), 182.
(18) 'Foreward', in Ranajit Guha and Gayatri Spivak (eds), *Selected Subaltern Studies* (Oxford, 1988), vi.
(19) *PP*, 1806–7, IV, 427. 脱走兵の詳細については、PRO, WO 25/2935–51を参照。
(20) H. G. Keene, *Hindustan under Free Lances, 1770–1820* (1907), xiii; cf. S. Inayat A. Zaidi, 'Structure and organization of the European mercenary armed forces in the second half of eighteenth-century India', *Islamic Culture*, 63 (1989).
(21) ブローデルはEllen G. Friedman, *Spanish Captives in North Africa in the Early Modern Age* (Madison, WI, 1983), 46に引用されている。
(22) G. V. Scammell, 'European exiles, renegades and outlaws and the maritime economy of Asia *c.* 1500–1750', *MAS*, 26 (1992).
(23) C. S. Srinivasachariar (ed.), *Selections from Orme Manuscripts* (Annamalainagar, 1952), 33.
(24) Coote's journal, 21 January 1760, IOL, Orme India VIII. 1760年代より前の東インド会社軍の種々雑多な構成については、G. J. Bryant, 'The East India Company and its Army 1600–1778', London university PhD dissertation, 1975, 292–3を参照。
(25) K. K. Datta *et al.* (eds), *Fort William-India House Correspondence... 1748–1800* (21 vols, Delhi, 1949–85) XV, 507.
(26) William Hough, *The Practice of Courts-Martial* (1825), 138と 彼 の*The Practice of Courts-Martial and Other Military Courts* (1834), 74.
(27) *Act for punishing mutiny and desertion* (Madras, 1850), 19–20.

(28) イギリス政府には、東インド会社の休職将校たちについて、彼らが「友好的な」インド諸国に助言を与えることによって「ヨーロッパ方式の軍事規律の拡大」を助長することになるのではないかとの深刻な憂慮さえあった。

(29) たとえば、N. B. Kay, *The Allies' War with Tipu Sultan 1790-1793* (Bombay, 1937), 475 の記録を参照。

(30) John Pemble, 'The Second Maratha War' in Maarten Ultee (ed.), *Adapting to Conditions: War and Society in the Eighteenth Century* (Alabama, 1986), 393.

(31) *Henry Becher* (1793), 185, 188; *James Scurry* (1st edn, 1824), 60-2.

(32) NLS, MS 13775, fols 193 and 368.

(33) Gilbert, 'Recruitment and reform'; *James Scurry* (2nd edn, 1824).

(34) このパラグラフは、*James Scurry* (2nd edn, 1824) に添付されているホワイトウェイの体験記に基づいている。

(35) たとえば、サー・フランシス・バーデットの演説を参照。*Hansard*, 20 (1811), 703.

(36) アイルランド人の脱走は、政治的で反イギリス的な理由のみで行われた行為ではなく、主にそれらが理由だったというのでさえない。アイルランド出身の兵士は、ジョージ・ワシントンの大陸軍からも不釣り合いな人数が脱走したようだ。Charles Patrick Neimeyer, 'No Meat, No Soldier: Race, Class and Ethnicity in the Continental Army', Georgetown University PhD dissertation, 1993, 2 vols, I, 101 を参照。

(37) PRO, WO 90/1: General Courts Martial abroad, entry for 21 November 1796.

(38) *Memoirs of the Extraordinary Military Career of John Shipp* (3 vols, 1829), II, 78; Charles J. Napier, *Remarks on Military Law and the Punishment of Flogging* (1837), 127n.

(39) トマスに関しては、BL, Add. Add. MSS 13579 and 13580、そしてWilliam Francklin, *Military Memoirs of Mr George Thomas* (Calcutta, 1803) を参照。

(40) Rudyard Kipling, *The Man who would be King and Other Stories*, ed. Louis L. Cornell (Oxford, 1987)〔『キプリング選集』、岡田六男訳註、春陽堂、1932〕を参照。

(41) ウィリアム・フランクリンについての情報は、以前にイェール大学で私の学生だったエリック・ワイスのおかげで手に入れた。BL, Add. MS 13580, fols 117, 144b.

(42) *Ibid.*, fol. 145; Francklin, *Military Memoirs*, 250.

(43) たとえば、「原住民たち」を統率する不従順でカリスマ的な白人リーダーについての同様の理想化は、虚構の *Narrative of the Singular Activities and Captivity of Thomas Barry among the Monsippi Indians* (Manchester, 179?) にも見られる。

(44) たとえば、ハイダル・アリーに仕えた 1 人のポルトガル人雇われ将校の注目すべき物語を参照。BL, Add. MS 19287.

(45) NLS, MS 8432, fols 116-17.

(46) T. E. Lawrence, *Seven Pillars of Wisdom* (New York, 1991), 31-2.〔『知恵の七柱』1-5、田隅恒生訳、平凡社、2008-2009〕

(47) BL, Add. MS 13579, fol. 56.

(48) これ以降のいくつかのパラグラフは、*The Trial of Lieutenant-Colonel Joseph Wall* (1802) と *Genuine and Impartial Memoirs of the life of Governor Wall* (1802) に基づいている。

(49)　特に、イギリス人脱走兵はときにDという文字の焼き印の刑が宣告されることがあった。焼き印は鞭と同じく奴隷にも科されることが知られていた。

(50)　コクラン事件については、NLS, MS 8460, fols 54 と 56を参照。ジャマイカの歴史を書くためのロングの収集物は、BL, Add. MS 18270, fol. 83.

(51)　とはいえ、Scott Claver, *Under the Lash*（1954）とJ. R. Dinwiddy, 'The Early Nineteenth-century Campaign against Flogging in the Army', in his *Radicalism and Reform in Britain. 1780–1850*（1992）を参照。

(52)　'Free Labor vs Slave Labor: The British and Caribbean Cases', in Seymour Drescher, *From Slavery to Freedom*（1999）. 黒人奴隷と白人兵士との比較は、当時、他のヨーロッパ諸帝国において行われていた。C. R. Boxer, *The Dutch Seaborne Empire 1600–1800*（1965）, 212を参照。

(53)　*Hansard*, 21（1812）, 1275.

(54)　*Ibid*., 1282; Napier, *Remarks on Military Law*, 191–2.

(55)　*Letters from England*, ed. Jack Simmons（Gloucester, 1984）, 64.

(56)　*Statistical report on the sickness, mortality and invaliding among the troops in the West Indies*（1838）, 10, 49 と *Statistical report on... the troops in... British America*（1839）, 10b.

(57)　Peter Stanley, *White Mutiny: British Military Culture in India, 1825–1875*（1998）, 69; Dinwiddy, 'Campaign against flogging', 133.

(58)　*Ibid*., 137–8; James Walvin, *Questioning Slavery*（1996）, 56.

(59)　*Hansad*, 3rd ser., 22（1834）, 239.

(60)　Hough, *Practice of Courts-Martial*（1825）, 157–8; *East Indian United Service Journal*, 4（1834）, selections, 76–9.

(61)　Douglas M. Peers, 'Sepoys, soldiers and the lash: race, caste and army discipline in India, 1820–50', *Journal of Imperial and Commonwealth History*, 23（1995）, 215. インドでのセポイだけでなく白人の反乱については、Alan J. Guy and Peter B. Boyden（eds）, *Soldiers of the Raj: The Indian army 1600–1947*（1997）, 100–117を参照。白人脱走兵はセポイよりも積極的に起訴された可能性があり、このせいもあって白人脱走兵に対してより多くの告発がなされた。

(62)　*Hansard*, 3rd ser., 11（1832）, 1229–30.

(63)　彼らの 'Height and health in the United Kingdom 1815–1860: evidence from the East India Company army', *Explorations in Economic History*, 33（1996）を参照。

(64)　Hough, *Practice of Courts-Martial*（1825）, 154.

(65)　定評ある記述はもちろんE. P. Thompson, *Making of the English Working Class*（1965）〔『イングランド労働者階級の形成』、市橋秀夫・芳賀健一訳、青弓社、2003〕である。

(66)　*PP*, 1831–2, XIII, 158; *A Narrative of the Grievances and Illegal Treatment Suffered by the British Officers*（1810）, 153.

(67)　C. H. Philips（ed.）, *The Correspondence of Lord William Cavendish Bentinck*（2 vols, Oxford, 1977）, II, 1351; インドでの白人兵士の生活スタイルについての鮮明な記述については、Stanley, *White Mutiny*を参照。

(68)　Philip D. Curtin, *Death by Migration: Europe's Encounter with the Tropical World in the Nineteenth Century*（Cambridge, 1989）, 8.

(69) 興味深い試みとして、Kenneth Ballhatchet, *Race, Sex, and Class under the Raj* (1980); P. J. Marshall, 'The white town of Calcutta under the rule of the East India Company', *MAS*, 34 (2000) を参照。

(70) IOL, L/MIL/5/390, fol. 25.

(71) IOL, L/MIL/5/376, fol. 238. 兵士のコモン・ロー上の妻に対する無慈悲な扱いはインド特有のものでも、また、必ずしも人種差別的意図を持ったものでもなかった。経済的なことも1つの要因であった。ナポレオン戦争中にスペインで何年ものあいだアーサー・ウェルズリーとともに戦った軍隊も、同様に、その地を離れる際に現地の伴侶や子どもを後に残していくよう強いられた。

(72) 'A grenadier's diary', 132.

(73) *PP*, 1831-32, XIII, 397-8.

(74) Douglas M. Peers, ' "The habitual nobility of being" : British officers and the social construction of the Bengal army in the early nineteenth century', *MAS*, 25 (1991)

(75) M. Monier-Williams, *A few remarks on the use of spiritous liquors among the European soldiers* (1823), 6; *PP*, 1831-32, XIII, 82, 172.

(76) M. L. Bush (ed.), *Serfdom and Slavery: Studies in Legal Bondage* (1996), introduction, 2.

(77) *A Soldier's Journal... to which are annexed Observations on the Present State of the Army of Great Britain* (1770), 180-1.

(78) IOL, L/MIL/5/397, fols 317-18.

(79) *Hansard*, 3rd ser., 32 (1836), 1043.

(80) *Ibid*., 934; *Hansard*, 3rd ser., 31 (1836), 892.

(81) 'A grenadier's diary', 126, 132-3.

(82) *Ibid*., 141-2.

(83) たとえば、インドでの一見平凡で献身的な兵士がそこでの経験からどのようにしてインドの宗教についての知識とイギリス国家に対する批判精神を獲得したかについては、Carolyn Steedman, *The Radical Soldier's Tale* (1988) を参照。

(84) Hew Strachan, *The Reform of the British Army 1830-54* (Manchester, 1984) を参照。

(85) *Statistical report on... British America*, 10b.

(86) *Report... into the System of Military Punishments*, 187; IOL, L/MIL/5/384, fols 273-7.

(87) *Comparative View of the Extent and Population of the Colonial Possessions of Great Britain and Other Powers* (1839). 地図についてのワイルドの解説。

(88) Olive Anderson, 'The growth of Christian militarism in mid-Victorian Britain', *English Historical Review*, LXXXVI (1971) を参照。

終章　アフガニスタンへ、そしてその先へ

(1) Louis Dupree, *Afghanistan* (Oxford, 1997) は、この地域の歴史に関する英語で書かれた最高の入門書である。1838年の進攻の背景については、M. E. Yapp, *Strategies of British India: Britain, Iran and Afghanistan. 1798-1850* (Oxford, 1980) と、J. A. Norris, *The First Afghan War, 1838-1842* (Cambridge, 1967) を参照。

(2) カブールのイギリス人については、Patrick Macrory, *Kabul Catastrophe: The Story of*

the Disastrous Retreat from Kabul（Oxford, 1986）を参照。

（3） 今日この論旨で最もよく知られているのは、おそらくジョージ・マクドナルド・フレイザーの『フラッシュマン』（1969）だろう。フレイザーは、サー・ジョン・ケイによる典型的なヴィクトリア朝の軍事作戦非難を大いに利用している。

（4） *E. A. H. Webb* MS（unfoliated）; James Lunt（ed.）, *From Sepoy to Subedar: Being the Life and Adventures of Subedar Sita Ram*（1970）, 12.〔『あるインド人傭兵の冒険の人生——セポイからスーバダールまでの道』、本城美和子訳、ロージー企画社、1996〕

（5） Lunt, *From Sepoy to Subedar*, 115 *seq.* 非常に珍しいセポイの虜囚体験記の一例が含まれている。

（6） Peter Collister, 'Hostage in Afghanistan', IOL, MSS Eur C573, fol. 127; Patrick Macrory（ed.）, *Lady Sale: The First Afghan Wars*（1969）, 109.

（7） *Vincent Eyre*（1843）, viii.

（8） J. H. Stocqueler, *Memorials of Afghanistan*（Calcutta, 1843）, 280.

（9） 新しい編集による彼女の虜囚体験記Macrory, *Lady Sale*の情報を参照。1843年に出版される前でも、獄中のレディ・セイルから夫サー・ロバート・セイル将軍への手紙はインド総督に渡され、本国の閣僚に送付されていた。彼女の体験に着想を得た祝賀の歌や詩がつぎつぎと作られ、そしてロンドンのアストリー円形演技場では彼女を称えたサーカスが演じられた。

（10） *William Anderson* MS（unfoliated）.

（11） J. W. Kaye, *History of the War in Afghanistan from the unpublished Letters and Journals of Political and Military Officers*（2 vols, 1851）には、このような「失われた」虜囚体験記がふんだんに引用されている。

（12） 'The English Captives at Cabul', *Bentley's Miscellany*, XIV（1843）, 9, 159.

（13） Lunt, *From Sepoy to Subedar*, 86.

（14） Macroy, *Kabul Catastrophe*, 141 and 173.

（15） *Tait's Edinburgh Magazine*, X（1843）, 458; *Blackwood's Magazine*, 51（1842）, 103, 254. アフガニスタンにおけるイギリス人の兵士、賃金、弾薬の不足については、*A Narrative of the Recent War in Afghanistan... By an Officer*（1842）を参照。

（16） *Quarterly Review*（1846）, 509.

（17） Dupree, *Afghanistan*, 391n. に引用されている。

（18） Louis Dupree, 'The retreat of the British Army from Kabul to Jalalabad in 1842: history and folklore', *Journal of the Folklore Institute*, IV（1967）.

（19） 'English Captives at Cabul', *Bentley's Miscellany*, XV（1844）, 189.

（20） エアは、修正した絵を、*Prison Sketches. Comprising Portraits of the Cabul Prisoners*（1843）として別に発表した。たとえば、エアの虜囚体験記に関する、次のようなサー・チャールズ・ジェイムズ・ネイピア将軍の怒り狂った走り書きを見てほしい。「何ということだ。女性たちを除き、どいつもこいつも最低の野郎だ……穏健に『見たことだけを』話すふりをするどっちつかずの奴が言うことなど信じるものか——真実を話したところで、お前の話など一文の値打ちもない」。ネイピアは、この時点では、帝国の伝統的なタイプの英雄・軍人だった。IOL, MSS Eur B199, fol. 450.

（21） *E. A. H. Webb* MS（unfoliated）.

(22) Stocqueler, *Memorials of Afghanistan*, iii–iv; *Bentley's Miscellany*, XIV (1843), 149.

(23) Henry Lushington, *A Great Country's Little Wars* (1844), 9–10.

(24) Yapp, *Strategies of British India*, 452 *seq*.; *Tait's Edinburgh Magazine*, X (1843), 370; *Illustrated London News*, II (1843), 359.

(25) Warren Christopher *et al*., *American Hostages in Iran: The Conduct of a Crisis* (New Haven, CT, 1985), 1.

(26) *Report of the East India Committee of the Colonial Society on the Causes and Consequences of the Afghan War* (1842), 29.

(27) W. R. Louis (ed.), *Imperialism: The Robinson and Gallagher Controversy* (New York, 1976), 6; アーノルド博士に関する引用があるのは、William Hough, *A Review of the Operations of the British Force at Cabool* (Calcutta, 1849), 154.

(28) 'The failure of the English Guiana Ventures 1595–1667 and James I's foreign policy', *Journal of Imperial and Commonwealth History*, XXI (1993).

(29) フランス人は彼らを1756年に追い払ったが、スペイン人が彼らを放逐したのはアメリカ革命戦争中のことだった。

(30) H. V. Bowen, 'British Conceptions of Global Empire, 1756–83', *Journal of Imperial and Commonwealth History*, 26 (1998), 15で引用されている。

(31) たとえば、C. W. Pasley, *Essay on the Military Policy and Institutions of the British Empire* (1810) を参照。

(32) Peter Yapp (ed.), *The Traveller's Dictionary of Quotation* (1983), 457.

(33) Charles James Cruttwell, *Io Triumphe! A Song of Victory* (1842).

(34) たとえば、Kaye, *History of the War*, II, 489を参照。

(35) Kenneth Pomeranz, *The Great Divergence: China, Europe, and the Making of the Modern World Economy* (Princeton, NJ, 2000), 4〔『大分岐――中国、ヨーロッパ、そして近代世界経済の形成』、川北稔監訳、名古屋大学出版会、2015〕; Paul Kennedy, *The Rise and Fall of the Great Powers* (1988), 190.〔『大国の興亡』〕

(36) *Hansard* 3rd ser., 44 (1842), 492; Michael Adas, *Machines as the Measure of Men: Science, Technology and Ideologies of Western Dominance* (1989), 136.

(37) Macrory, *Kabul Catastrophe*, 48に引用されている。

(38) George Buist, *Outline of the Operations of the British Troops* (Bombay, 1843), 291.

(39) Rosemary Seton, *The Indian 'Mutiny' 1857–58* (1986), xi–xii.

(40) 原稿の形で残っている19世紀後半の労働者の帝国物語については、Carolyn Steedman, *The Radical Soldier's Tale* (1988) を参照。

(41) 人口の飛躍的増加と産業の発展の結びつきについては、E. A. Wrigley and R. S. Schofield, *The Population History of England, 1541–1871* (Cambridge, 1981) で非常に明快に論じられている。

(42) Frederic Bancroft (ed.), *Speeches, Correspondence and Political Papers of Carl Schurz* (6 vols, New York, 1913), VI, 19–20. 傍点は引用者。

(43) *The Howard Vincent Map of the British Empire* by G. H. Johnston (7th edn, 1902), 'Explanation'.

(44) Ronald Robinson and John Gallagher with Alice Denny, *Africa and the Victorians* (2nd

edn, 1981), 11-12.

(45) Charles Dickens, *The Perils of Certain English Prisoners* (1890 edn.), 245, 281, 318-20.〔『チャールズ・ディケンズの「クリスマス・ストーリーズ」』、篠田昭夫訳、溪水社、2011〕執筆の状況については、Peter Ackroyd, *Dickens* (1990), 799-800を参照。

(46) 私の論文 'The significance of the Frontier in British History' in W. R. Louis (ed.), *More Adventures with Britannia* (1998), 15-16を参照。

(47) Correlli Barnett, *The Verdict of Peace* (2001), 81 (傍点は引用者); Paul Kennedy, 'Why did the British empire last so long?' in his *Strategy and Diplomacy 1870-1945* (1983).

(48) これらの点は、'The Collapse of the Tsarist and Soviet Empires in Comparative Perspective', in Emil Brix, Klaus Koch and Elizabeth Vyslonzil (eds), *The Decline of Empire* (Vienna, 2001) 100に詳しく述べられているが、彼の*Empire* (2000), vii-86, 413-22も参照されたい。

(49) David Reynolds, 'American Globalism: Mass, Motion and the Multiplier Effect', in A. G. Hopkins (ed.), *Globalization in World History* (2002), 245に引用されている。

挿絵タイトル・出所一覧

この本の挿絵は本文の欠くべからざる一部であり、それに応じた説明が付けられている。挿絵の正式なタイトルや出所は次のとおりである。

以下の一覧に記載されている図書館、美術館、個人所有者には、所有されている絵の複写を許可していただき、大変感謝している。出所が記載されていない絵は、私が所有している新聞・雑誌、本、写真からのものである。

1. Britain as global empire: a detail from an 1893 map (British Library, Maps, 17.c.13).
2. The Peters World Map, © Akademische Verlagsanstalt, supplied by Oxford Cartographers.
3. The title page of *Madagascar: or Robert Drury's Journal*, London, 1729 (Cambridge University Library).
4. Title page of Wenceslaus Hollar, *Divers Prospects in and about Tangier*, London, 1673 (National Maritime Museum, Greenwich).
5. *The South-east Corner of Tangier*, etching by Wenceslaus Hollar (National Maritime Museum, Greenwich).
6. *Prospect of ye Inner Part of Tangier*, etching by Wenceslaus Hollar (National Maritime Museum, Greenwich).
7. *Prospect of ye Bowling Green at Whitehall*, by Tangier, etching by Wencelaus Hollar (National Maritime Museum, Greenwich).
8. Plan of the mole at Tangier (Public Record Office).
9. Dirck Stoop, *Demolishing Tangier's mole in 1684* (National Maritime Museum, Greenwich).
10. The frontispiece of John Ogilby, *Africa*, London, 1670 (British Library).
11. C. Runker, *View of the City of Algiers*, 1816 (British Library, Maps. K. Top. 117.73.e).
12. *The Going into Slavery at Algiers*, an engraving of *c.* 1700 (National Maritime Museum, Greenwich).
13. A battle between Barbary corsairs and Royal Navy warships, *c.* 1670s (National Maritime Museum, Greenwich).
14. A bird's eye view of Tripoli, *c.* 1660 (British Library, Maps. K. Top. 117.62).
15. Lorenzo A Castro, *Seapiece: A Fight with Barbary Corsairs* (by permission of the Trustees of Dulwich Picture Gallery).
16. Illustration from Thomas Troughton, *Barbarian Cruelty: or an Accurate...Narrative of the Sufferings*, London, 1751 (Beinecke Library, Yale University).
17. Title page of *The History of the Long Captivity and Adventures of Thomas Pellow*, London, *c.* 1740.
18. Frontispiece of William Okeley, *Eben-ezer: or a Small Monument of Great Mercy*, London,

Yale University).
43. Frontispiece of *The Female Soldier*, London, 1750 (British Library).
44. Paul Monamy, *English East Indiaman, c.* 1720 (National Maritime Museum, Greenwich).
45. George Lambert and Samuel Scott, *Bombay, c.* 1731, oil on canvas (reproduced by permission of the India Office Library and Records, British Library, F48).
46. J. M. W. Turner, *The Loss of an East Indiaman* (by permission of the Trustees of the Cecil Higgins Art Gallery, Bedford).
47. *Sepoys of the 3rd Battalion at Bombay* (courtesy of the Print Collection, Lewis Walpole Library, Yale University).
48. George Stubbs, *Tigress* (© Christie's Images Ltd, 2002).
49. James Ward, *Fight between a Lion and a Tiger* (by permission of the Syndics of the Fitzwilliam Museum, Cambridge).
50. Wood and clockwork effigy made for Tipu Sultan (© The Board of Trustees of the Victoria & Albert Museum).
51. A tiger-headed Mysore cannon at Madras.
52. *The Battle of Pollilur*: detail of an 1820 copy by an unknown Indian artist (Collection Otto Money; photograph: A. I. C. Photographic Services).
53. Victorian photograph of the Darya Daulat Bagh, Seringapatam (by permission of the India Office Library and Records, British Library, Photo 96/1 [94]).
54. Detail from *The Battle of Pollilur* (Collection Otto Money).
55. British School, *Mrs. Louisa Brown Holding the Journal of her Son* (by permission of the India Office Library and Records, British Library, F825).
56.–57. Exterior and interior of the officers' dungeon at Seringapatam.
58. Pages from Cromwell Massey's prison journal (by permission of the India Office Library and Records, British Library, MSS. Eur. B392).
59. Unknown Indian artist, *Richard Chase, Prisoner of Tipu*, late eighteenth century (private collection).
60. Thomas Rowlandson, *The Death of Tippoo or Besieging a Haram!!!*, 1799 (Library of Congress, Washington).
61. Robert Home, *Drawing of North-east Angle of Seringapatam*, 1792 (by permission of the India Office Library and Records, British Library, WD3775).
62. Edward Penny, *Clive Receiving a Legacy from the Nawab of Murshidabad*, 1772, oil on canvas (by permission of the India Office Library and Records, British Library, F91).
63. Frontispiece of William Francklin, *Military Memoirs of George Thomas*, London, 1803 (British Library).
64. *Governor Wall*, 1810 (courtesy of the Print Collection, Lewis Walpole Library, Yale University).
65. *Governor Wall Contemplating on his Unhappy Fate* (courtesy of the Print Collection, Lewis Walpole Library, Yale University).
66. Painting of a Company sepoy and his wife by an unknown Indian artist, 1780s (by permission of the India Office Library and Records, British Library, Add. Or. 3923).

67. British officers captured in Afghanistan: a romanticised 1844 print based on an earlier Afghan sketch (courtesy of the Director, National Army Museum, London).
68. Florentia Sale by Vincent Eyre (courtesy of the Director, National Army Museum, London).
69. A sketch of his cell in William Anderson's captivity narrative (by permission of the India Office Library and Records, British Library).
70. Emily Eden, *Dost Muhammad Khan together with Members of his Family*, 1841 (by permission of the India Office Library and Records, British Library, WD1291).
71. Captain Bygrave by Vincent Eyre (courtesy of the Director, National Army Museum, London).
72. Lieutenant Vincent Eyre: self-portrait (courtesy of the Director, National Army Museum, London).
73. Lieutenant Muir by Vincent Eyre (courtesy of the Director, National Army Museum, London).
74. Diagram from J. M. D. Meiklejohn, *A Short Geography*, London, 1913.